2019 고패스

최신기출 525제 | 출제경향 분석

기출 + 유형분석

청소년 상담사
3급 필기
기출문제집

편저자 국가기술전문자격연구소

gopass

We support your challenge!

실패라는 어려움을 겪더라도
끊임없는 도전을 하는 당신은 멋진 사람입니다.
㈜고시넷과 고패스는 당신의 도전과 열정을 응원합니다.

머리말

기출문제는 시험준비의 시작과 끝!

어떤 시험이든 학습 시 기출문제는 중요하고 가장 기본적인 것 입니다.

기출문제를 토대로 학습을 하게 되면 출제 경향을 파악할 수 있고 학습의 가장 큰 틀을 잡을 수 있어 계획적으로 그리고 효율적으로 공부 할 수 있습니다.

여러 회의 기출문제를 풀다보면 공통적으로 나오는 주제들이 있는데, 그 주제들은 필수적으로 알아야 하는 내용들이고, 그러한 문제들을 맞히면 합격점수에 가까운 점수를 확보할 수 있습니다. 또한 기본서의 내용을 완벽하게 숙지했다고 느꼈을 때 기출문제를 풀어보며 자신이 모르는 부분을 확인할 수 있고 꼼꼼하게 학습할 수 있습니다.

본서는 기출로 공부하는 수험생들의 편의를 돕기 위해 기획되었습니다. 최근 3개년의 기출문제를 실어 최신 경향을 파악할 수 있도록 하였으며, 해설부분에는 어느 회차에 해당 주제와 비슷한 문제가 출제되었는지 표기하여 꼭 알아야할 이론들을 집어서 정리할 수 있도록 했습니다.

본서를 다음과 같이 활용하시기 바랍니다.

첫째, 최근 3개년 기출문제로 출제 경향을 파악해보세요.

둘째, 출제 연도와 회차 표기를 통한 문제출제 빈도를 바탕으로 학습계획을 세우세요.

셋째, 빈틈공략 기출이론정리를 통해 14~16년의 출제내용들을 정리 해보세요.

넷째, 빈출이론 특별부록으로 6회 동안 최소 3회 이상 출제되었던 내용들을 다시 한번 살펴볼 수 있습니다.

끝으로 청소년상담사를 준비하고 있는 모두에게 합격의 영광이 있기를 기원합니다.

편저자 일동

청소년상담사 소개

청소년상담사

청소년기본법(제22조 제1항)에 따라 실시되는 '청소년 상담'과 관련된 국내 유일의 국가자격증으로, 청소년상담사 자격시험에 합격하고 청소년상담사 연수기관에서 실시하는 100시간이상의 연수과정을 마친 사람에게 여성가족부장관이 부여하는 국가자격증입니다.

청소년상담사의 직무

청소년의 보호선도 및 건전생활의 지도, 수련활동의 여건조성 장려 및 지원, 청소년단체의 육성 및 활동지원, 청소년을 위한 지역사회의 유익한 환경 조성 및 유해 환경 정화활동 등의 직무를 수행합니다.

청소년상담사 활동 분야

국가정책 차원
- 한국청소년상담복지개발원
- 시·도 청소년상담복지센터
- 시·군·구 청소년상담복지센터
- 경찰청, 법무부
- 군
- 사회복지기관
- 청소년수련관
- 청소년문화관
- 청소년쉼터
- 청소년관련 복지시설

교육차원
- 학교청소년상담사
- 초·중·고등학교 상담교사
- 대학의 학생상담센터

민간차원
- 개인 상담연구소
- 기업상담실
- 사회복지기관
- 아동, 청소년 대상 시설
- 기타

청소년상담사 취업 현황

해당 조사는 2016년 한국청소년상담 복지 개발원에서 이루어진 조사로, 청소년상담사 취업 현황조사는 2~3년 주기로 실시됩니다. 조사당시에는 청소년상담사 자격을 취득하고 난 후 청소년상담복지센터 및 학교 밖 청소년 지원센터 꿈드림에 취업한 비율이 가장 많았으며, 초·중·고등학교, Wee 스쿨·센터·클래스 순으로 취업한 비율이 많았습니다.

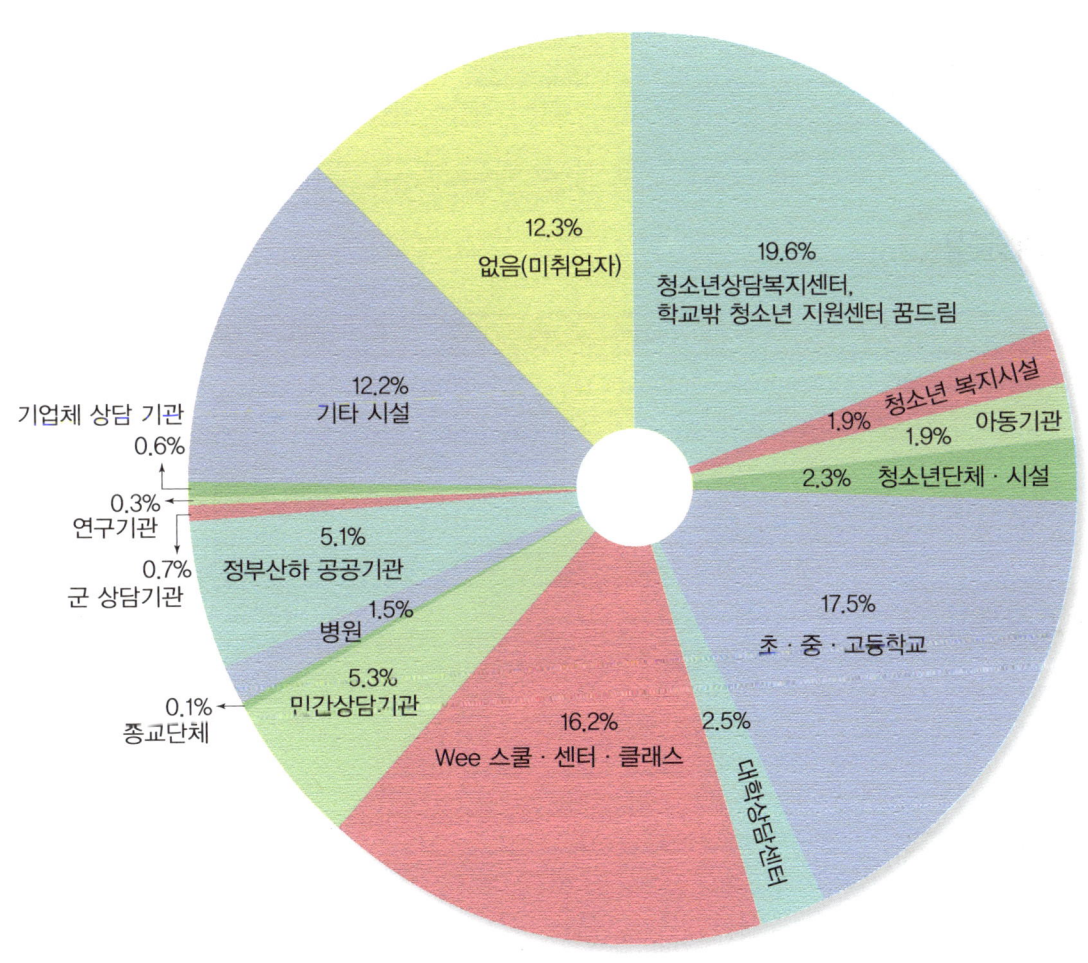

[출처 : 한국청소년상담 복지 개발원]

청소년상담사 시험안내

청소년 상담사 취득절차

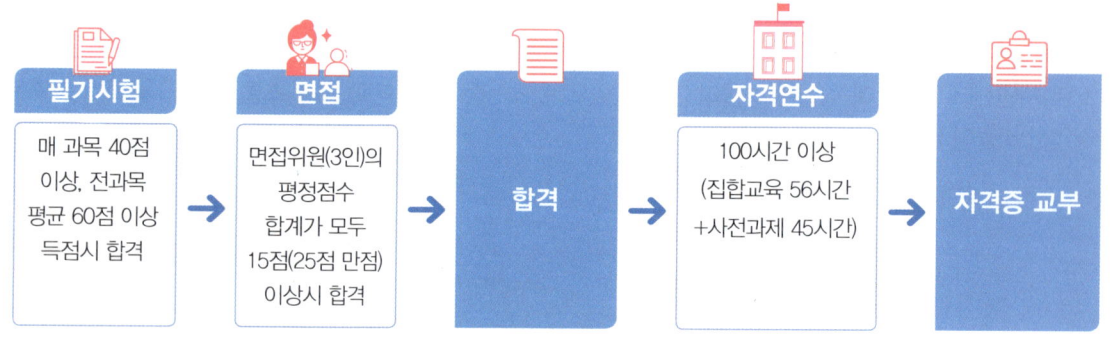

시험일정

구 분	접수기간	시험일정	합격자 발표기간
2019년 18회 필기	2019.08.26~2019.09.04	2019.10.05	2019.11.06
2019년 18회 면접	2019.11.11~2019.11.20	2019.12.07~2019.12.08	2019.12.26~2020.02.25

소관부처

여성가족부(청소년자립지원과)

실시기관

- 필기시험 시행, 응시자격서류 심사, 면접시험 시행
  한국산업인력공단(http://www.q-net.or.kr/)
- 자격시험 연수, 자격증 교부
  한국청소년상담복지개발원(http://www.youthcounselor.or.kr/)

YOUTH COUNSELOR GUIDE

응시자격

등급	응시자격 기준	비고
1급	1. 대학원에서 청소년(지도)학·교육학·심리학·사회사업(복지)학·정신의학·아동(복지)학 분야 또는 그 밖에 여성가족부령으로 정하는 상담 관련 분야(이하 "상담관련분야"라 한다)의 박사학위를 취득한 사람 2. 대학원에서 상담관련분야의 석사학위를 취득한 후 상담 실무경력이 4년 이상인 사람 3. 2급 청소년상담사로서 상담 실무경력이 3년 이상인 사람 4. 제1호 및 제2호에 규정된 사람과 같은 수준 이상의 자격이 있다고 여성가족부령으로 정하는 사람	• 상담분야 박사 • 상담분야 석사+4년 • 2급 자격증+3년
2급	1. 대학원에서 상담관련분야의 석사학위를 취득한 사람 2. 대학 또는 다른 법령에 따라 이와 동등한 학력을 인정받는 기관에서 상담관련분야 학사학위를 취득한 후 상담 실무경력이 3년 이상인 사람 3. 3급 청소년상담사로서 상담 실무경력이 2년 이상인 사람 4. 제1호부터 제3호까지에 규정된 사람과 같은 수준 이상의 자격이 있다고 여성가족부령으로 정하는 사람	• 상담분야 석사 • 상담분야 학사+3년 • 3급 자격증+2년
3급	1. 대학 및 「평생교육법」에 따른 학력이 인정되는 평생교육시설의 상담 관련 분야의 학사학위를 취득한 사람 2. 전문대학 또는 다른 법령에 따라 이와 동등한 학력을 인정받는 기관에서 상담관련분야 전문학사를 취득한 사람으로서 상담 실무경력이 2년 이상인 사람 3. 대학 또는 다른 법령에 따라 이와 동등한 학력을 인정받는 기관에서 학사학위를 취득한 후 상담 실무경력이 2년 이상인 사람 4. 전문대학 또는 다른 법령에 따라 이와 동등한 학력을 인정받는 기관에서 전문학사학위를 취득한 후 상담 실무경력이 4년 이상인 사람 5. 고등학교를 졸업하고 상담 실무경력이 5년 이상인 사람 6. 제1호부터 제4호까지에 규정된 사람과 같은 수준 이상의 자격이 있다고 여성가족부령으로 정하는 사람	• 상담분야 4년제 학사 • 상담분야 2년제+2년 • 타분야 4년제+2년 • 타분야 2년제+4년 • 고졸+5년

※ 비고
1. 상담 실무경력의 인정 범위와 내용은 여성가족부장관이 별도로 정하여 고시한다.
2. 고등학교, 대학, 전문대학 및 대학원이란 각각 「초·중등교육법」 제2조 제4호에 따른 고등학교, 「고등교육법」 제2조 제1호·제4호에 따른 대학·전문대학, 「고등교육법」 제29조에 따른 대학원을 말한다.
3. 응시자격은 응시자격서류제출 마감일을 기준으로 판단한다.

청소년상담사 시험안내

시험과목 및 배점

구분	시험과목		시험방법	
	구분	과목	필기	면접
1급 (5과목)	필수(3과목)	• 상담사 교육 및 사례지도 • 청소년 관련법과 행정 • 상담연구방법론의 실제	과목당 25문항 (5지 선다형)	면접
	선택(2과목)	비행상담, 성상담, 약물상담, 위기상담 중 2과목		
2급 (6과목)	필수(4과목)	• 청소년 상담의 이론과 실제 • 상담연구방법론의 기초 • 심리측정 평가의 활용 • 이상심리		
	선택(2과목)	진로상담, 집단상담, 가족상담, 학업상담 중 2과목		
3급 (6과목)	필수(5과목)	• 발달심리 • 집단상담의 기초 • 심리측정 및 평가 • 상담이론 • 학습이론		
	선택(1과목)	청소년이해론, 청소년수련활동론 중 1과목		

※ 청소년관련법은 청소년기본법, 청소년복지지원법, 청소년보호법, 아동·청소년의 성보호에 관한 법률, 청소년활동진흥법, 학교폭력예방 및 대책에 관한 법률, 소년법을 말하며, 그 밖의 법령을 포함하는 경우 여성가족부장관이 고시한다.
※ 시험과목 중 법령관련 출제 기준일은 시험 시행일이다.

합격기준

구분	합격결정기준
필기시험	매 과목을 100점 만점으로 매 과목 40점 이상, 전 과목 평균 60점이상 득점한 자
면접시험	면접위원(3인)의 평정점수 합계가 모두 15점(25점 만점)이상인 자 ※ 다만, 면접위원의 과반수가 어느 하나의 평가사항에 대하여 1점으로 평정한 때에는 평정점수 합계와 관계없이 불합격으로 한다.

※ 필기시험 합격예정자는 응시자격 서류를 제출해야 하며, 정해진 기간 내 응시서류를 제출하지 않거나 심사결과 부적격자일 경우 필기시험을 불합격 처리한다.

YOUTH COUNSELOR

GUIDE

청소년 상담사 3급 시험 합격률

필기

구분	2014(제12회)	2015(제13회)	2016(제14회)	2016(제15회)	2017(제16회)	2018(제17회)
대 상	7,219	7,159	6,738	7,150	7,558	7,365
응 시	6,207	5,780	5,437	5,431	6,008	5,597
응시율(%)	85.9%	80.7%	80.6%	75.9%	79.4%	75.9%
합 격	2,336	1,801	2,803	1,371	2,047	1,731
합격률(%)	37.6%	31.1%	51.5%	25.2%	34.0%	30.9%

면접

구분	2014(제12회)	2015(제13회)	2016(제14회)	2016(제15회)	2017(제16회)	2018(제17회)
대 상	2,343	2,014	2,961	1,937	2,194	1,998
응 시	2,294	1,959	2,857	1,850	2,132	1,946
응시율(%)	97.9%	97.2%	96.5%	95.5%	83.8%	97.3%
합 격	2,079	1,716	2,319	1,543	1,825	1,701
합격률(%)	90.6%	87.6%	81.2%	83.4%	85.6%	87.4%

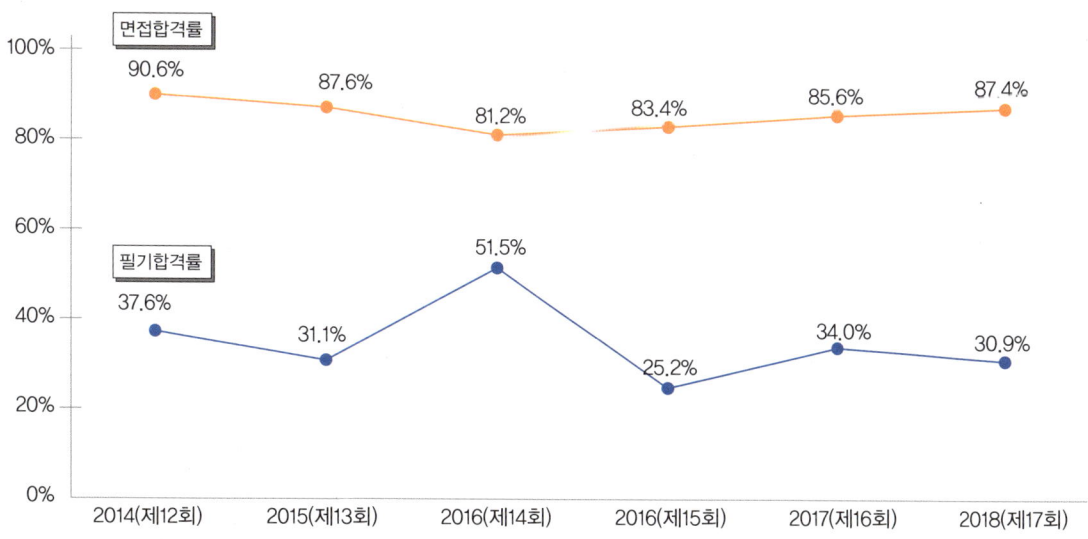

5개년 기출 분석

과 목	주요항목	2014년 12회	2015년 13회	2016년 14회	2016년 15회
발달심리	발달심리학의 기초	6	8	9	9
	발달에 대한 전생애적 접근	6	6	9	4
	주요 발달영역별 접근	18	16	12	12
	합 계	30	30	30	25
집단상담의 기초	집단상담의 이론	22	25	19	15
	집단상담의 실제	6	2	7	6
	청소년 집단상담	2	3	4	4
	합 계	30	30	30	25
심리측정 및 평가	심리측정의 기본개념	14	12	11	10
	검사의 선정과 시행	4	3	4	2
	인지적 검사	3	5	5	5
	정의적 검사	7	7	5	5
	투사적 검사	2	3	5	3
	합 계	30	30	30	25
상담이론	청소년상담의 기초	5	4	4	3
	청소년상담의 이론적 접근	19	20	18	13
	청소년상담의 실제	6	6	8	9
	합 계	30	30	30	25
학습이론	학습의 개념	3	5	5	2
	행동주의 학습이론	8	7	9	7
	인지주의 학습이론	12	11	9	9
	신경생리학적 학습이론	2	3	2	3
	동기와 학습	3	3	4	2
	기타 학습이론에 관한 사항	2	1	1	2
	합 계	30	30	30	25
청소년이해론	청소년 심리	8	11	12	10
	청소년 문화	5	7	4	3
	청소년 복지와 보호	17	12	14	12
	합 계	30	30	30	25
청소년 수련활동론	청소년활동이해	4	7	4	4
	청소년활동 프로그램이론	6	2	3	4
	청소년활동지도	6	6	5	2
	청소년활동기관 설치 및 운영	4	5	4	5
	청소년활동실제	4	4	6	3
	청소년활동 제도 및 지원	5	6	5	6
	청소년활동 여건과 환경	1	0	3	1
	합 계	30	30	30	25

YOUTH COUNSELOR
ANALYSIS

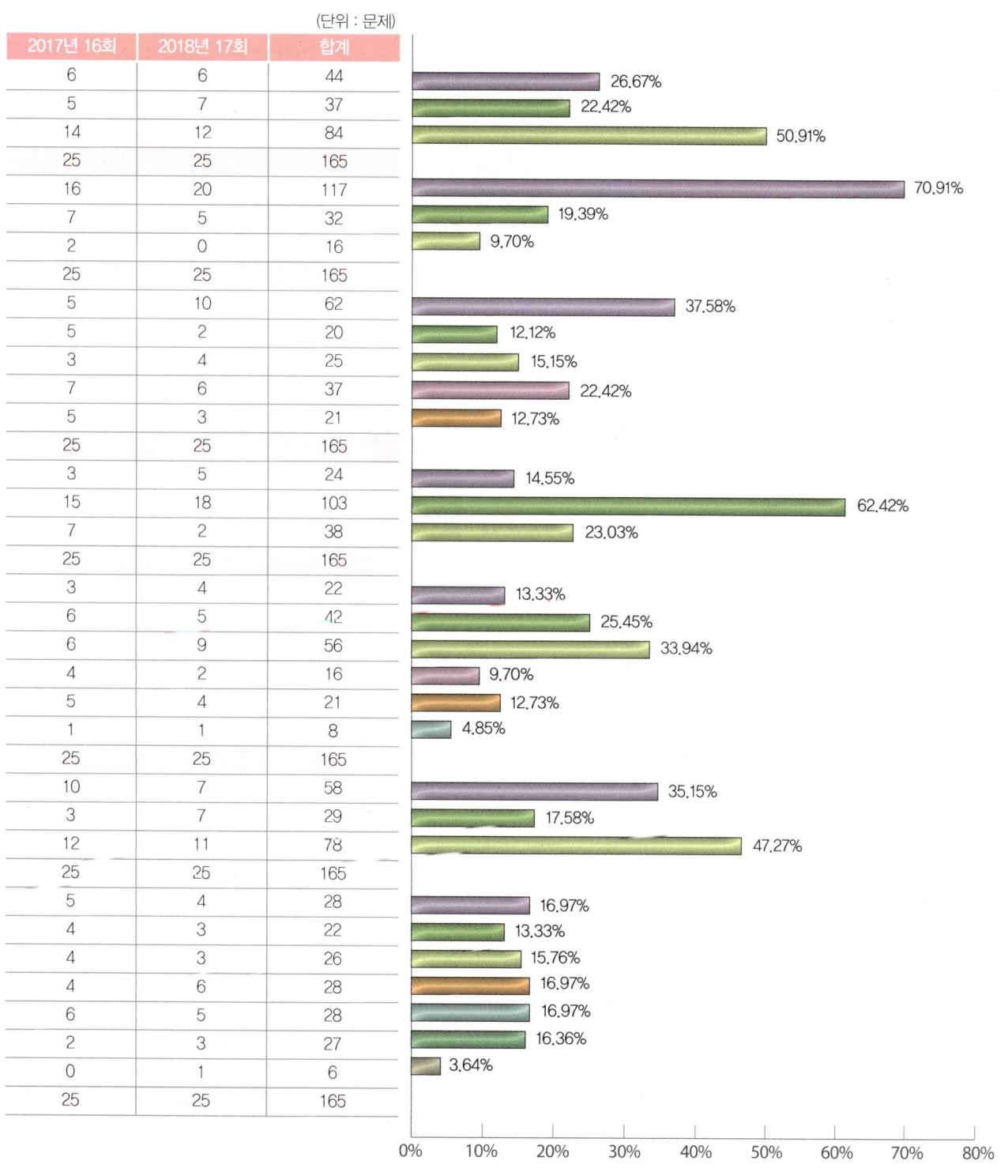

(단위 : 문제)

2017년 16회	2018년 17회	합계
6	6	44
5	7	37
14	12	84
25	25	165
16	20	117
7	5	32
2	0	16
25	25	165
5	10	62
5	2	20
3	4	25
7	6	37
5	3	21
25	25	165
3	5	24
15	18	103
7	2	38
25	25	165
3	4	22
6	5	42
6	9	56
4	2	16
5	4	21
1	1	8
25	25	165
10	7	58
3	7	29
12	11	78
25	25	165
5	4	28
4	3	22
4	3	26
4	6	28
6	5	28
2	3	27
0	1	6
25	25	165

도서 구성 및 특징

최근 3개년 기출문제로 출제경향을 알아보자!

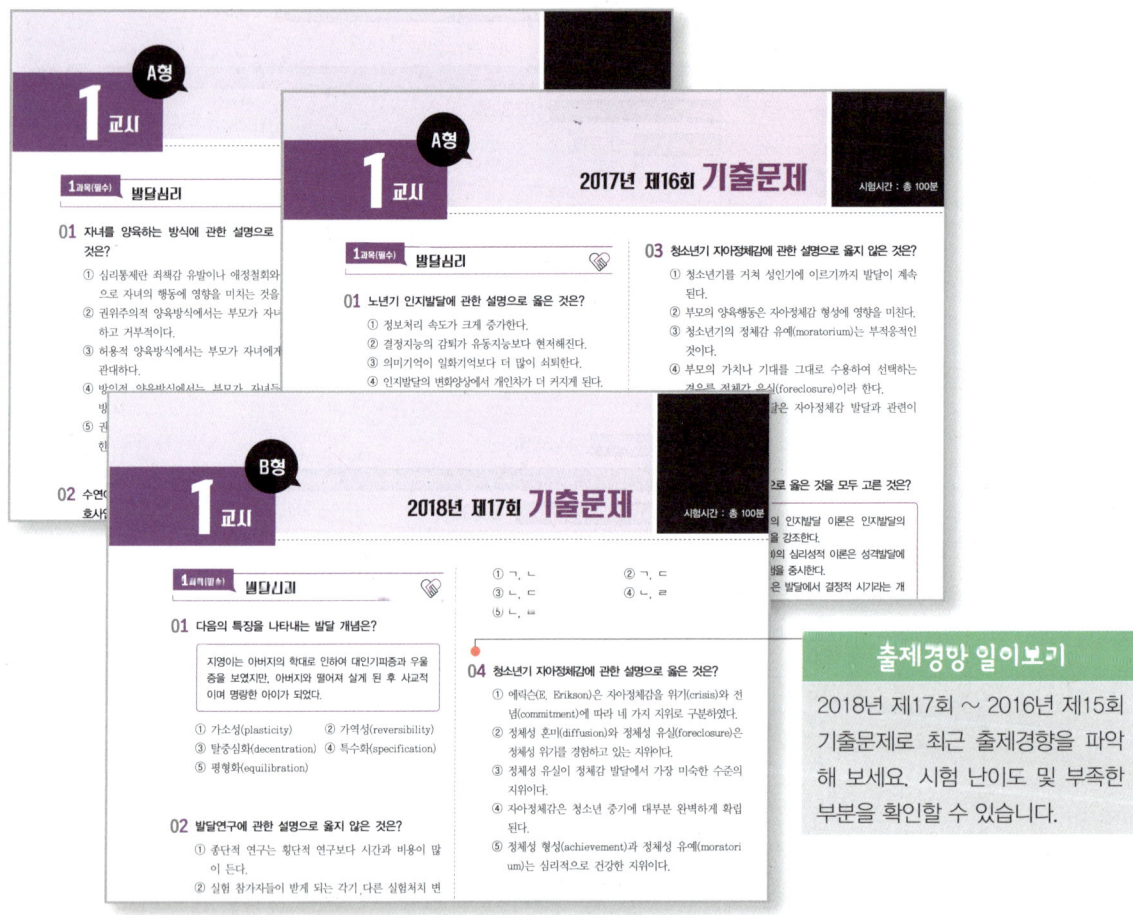

출제경향 일이보기

2018년 제17회 ~ 2016년 제15회 기출문제로 최근 출제경향을 파악해 보세요. 시험 난이도 및 부족한 부분을 확인할 수 있습니다.

정답표로 빠르게 정답확인하기

해설이 시작하기 전 한 눈에 보는 정답표가 있습니다. 문제를 풀고 바로 채점할 때 사용하세요.

YOUTH COUNSELOR
STRUCTION & FEATURE

3개년 기출해설로 기출 빈도와 출제포인트 파악하기!

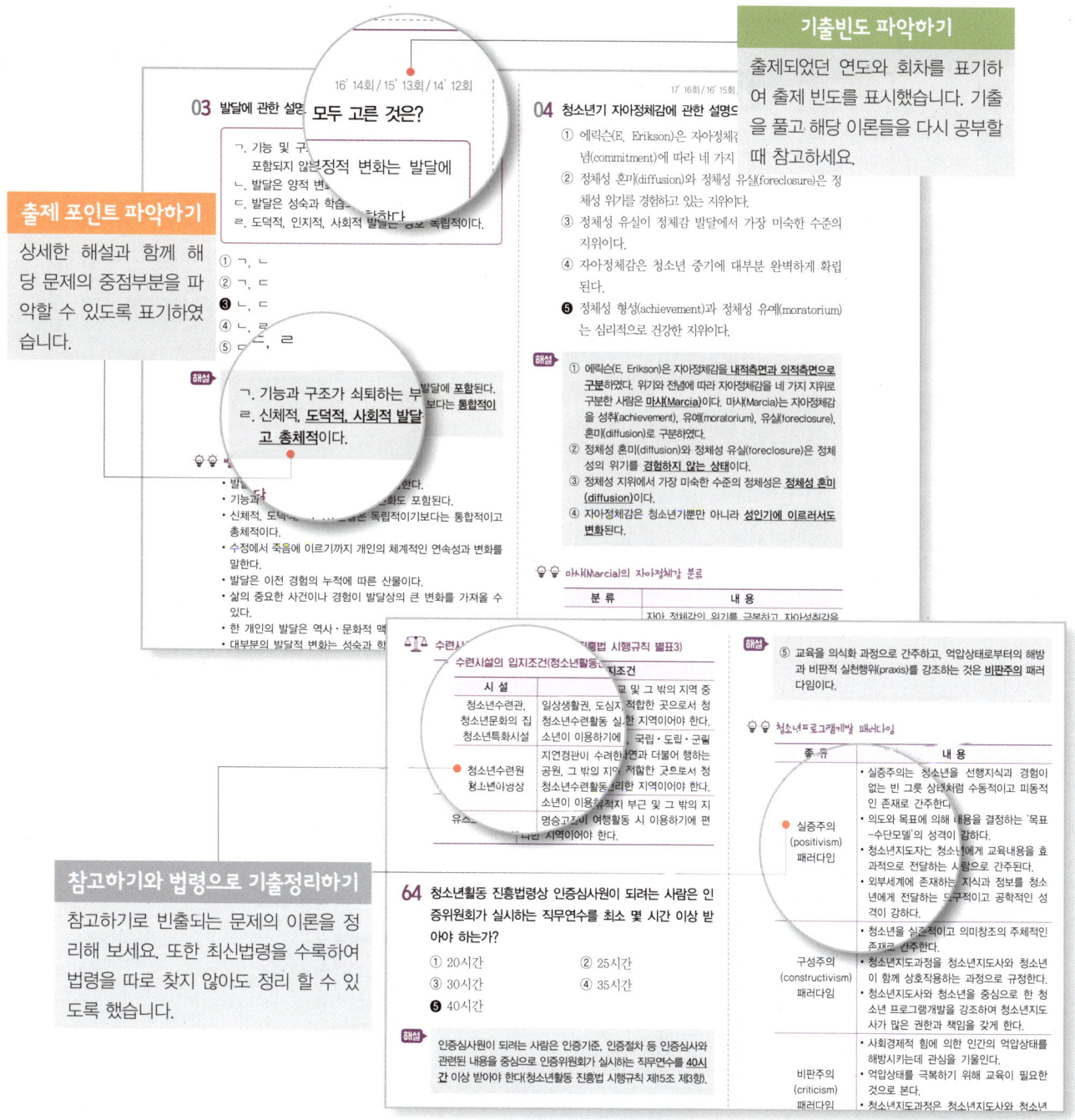

도서 구성 및 특징

빈틈공략 기출이론 정리로 14~16년 출제내용 익히기!

2014년~2016년 출제내용 익히기

최근 3회분의 기출문제만으로는 파악할 수 없던 이론들을 정리하였습니다. 기출문제를 따로 풀지 않아도 출제되었던 내용들을 파악할 수 있습니다.

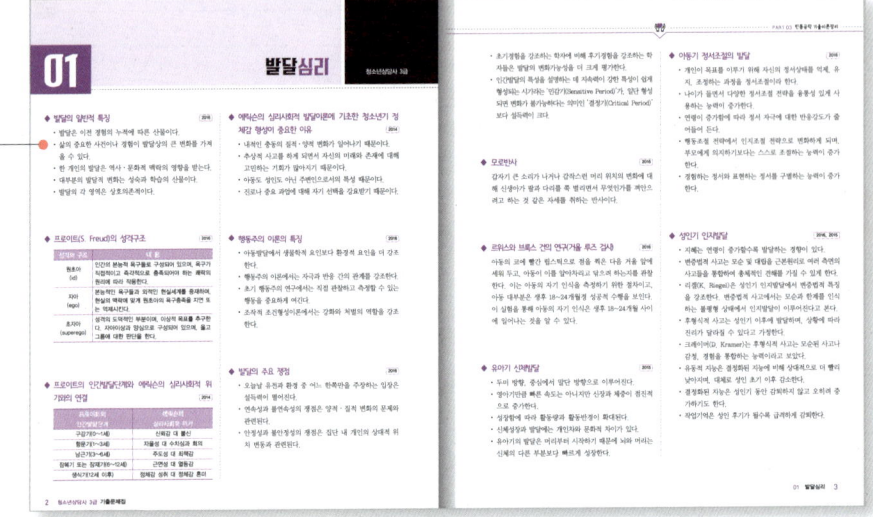

기출 지문 다시보기 O/X로 복습하기

기출지문으로 이루어진 O/X를 통해 앞의 출제 내용들을 다시한번 복습할 수 있습니다. 정답과 해설을 문제와 함께 배치하여 빠르게 채점하고 틀린부분을 확인 할 수 있도록 구성했습니다.

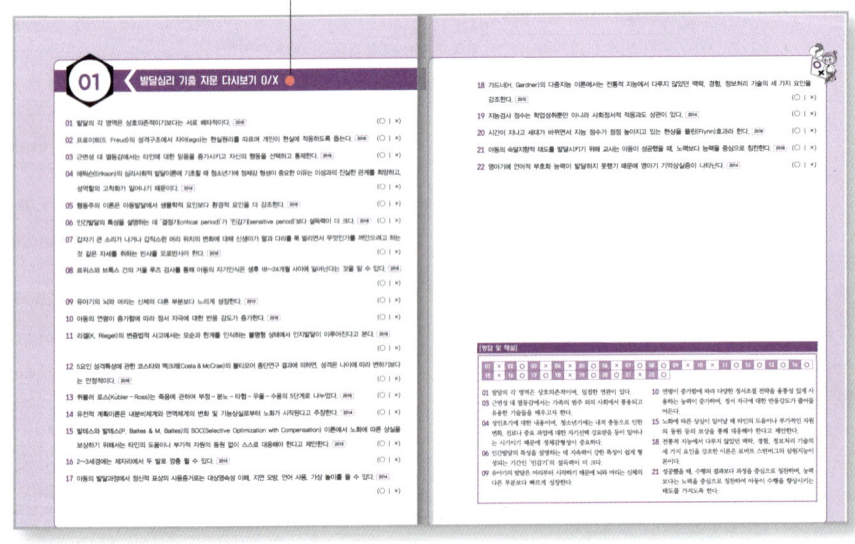

빈출이론 특별부록으로 필수내용 학습하기!

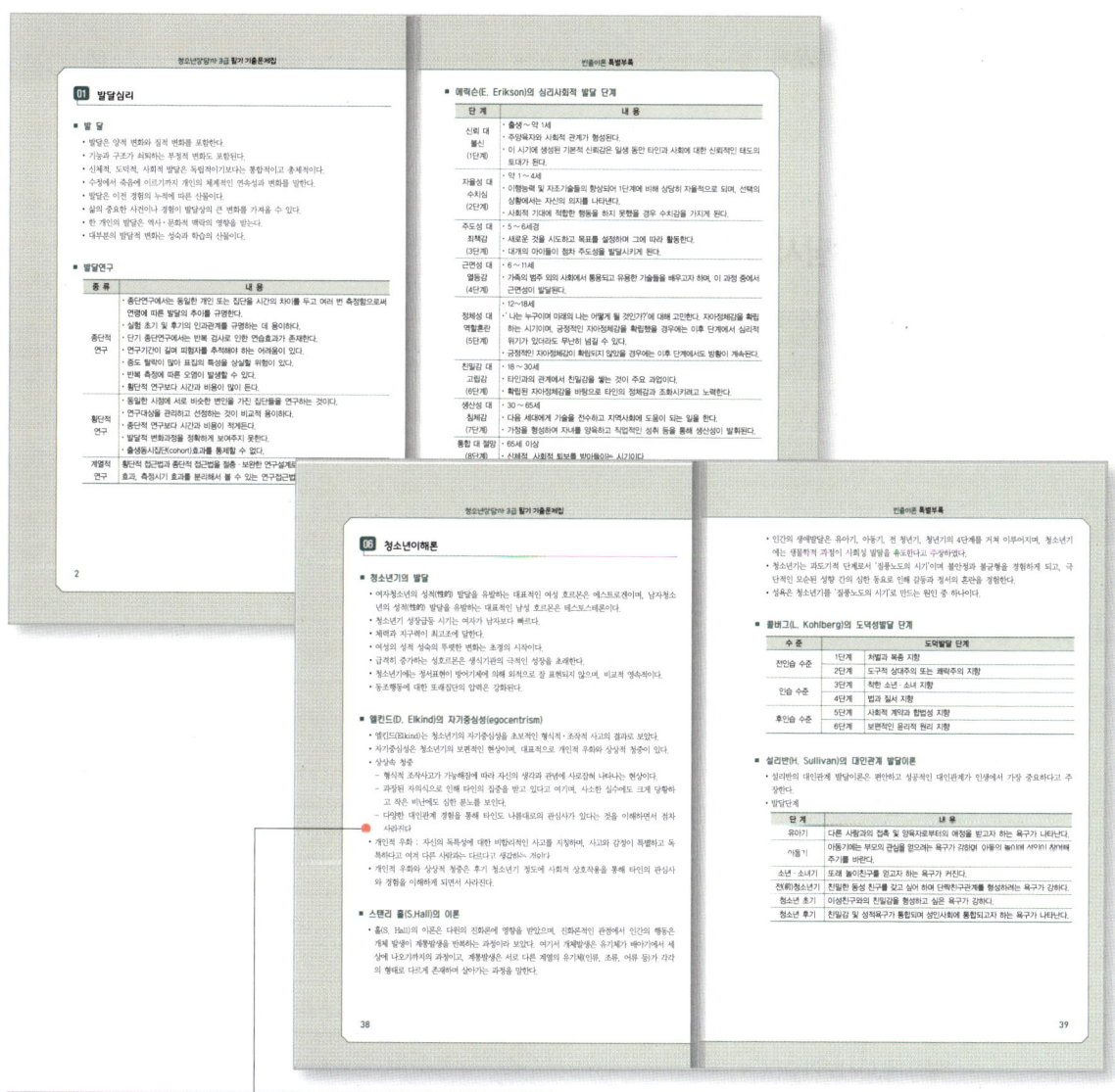

빈출내용 학습하기

기출 분석을 통해 최소 3회 이상 출제되었던 기출내용들을 모아놓았습니다. 소책자로 구성하여 휴대가 간편합니다. 장소에 상관없이 빈출내용을 학습해보세요.

목차

Part 1 청소년상담사 3급 기출문제
- **01.** 2018년 제17회 기출문제 ·· 2
- **02.** 2017년 제16회 기출문제 ·· 34
- **03.** 2016년 제15회 기출문제 ·· 68

Part 2 청소년상담사 3급 기출문제해설
- **01.** 2018년 제17회 기출문제해설 ···································· 105
- **02.** 2017년 제16회 기출문제해설 ···································· 168
- **03.** 2016년 제15회 기출문제해설 ···································· 228

Part 3 빈틈공략 기출이론정리
- **01.** 발달심리 ··· 290
  - 기출 지문 다시보기 O|X ·· 298
- **02.** 집단상담의 기초 ·· 302
  - 기출 지문 다시보기 O|X ·· 310
- **03.** 심리측정 및 평가 ··· 314
  - 기출 지문 다시보기 O|X ·· 320
- **04.** 상담이론 ··· 322
  - 기출 지문 다시보기 O|X ·· 326
- **05.** 학습이론 ··· 328
  - 기출 지문 다시보기 O|X ·· 334
- **06.** 청소년이해론 ··· 336
  - 기출 지문 다시보기 O|X ·· 344
- **07.** 청소년수련활동론 ··· 346
  - 기출 지문 다시보기 O|X ·· 356

청소년상담사 3급

기출문제

01   2018년 제17회 기출문제

02   2017년 제16회 기출문제

03   2016년 제15회 기출문제

2018년 제17회 기출문제

1과목(필수) 발달심리

01 다음의 특징을 나타내는 발달 개념은?

> 지영이는 아버지의 학대로 인하여 대인기피증과 우울증을 보였지만, 아버지와 떨어져 살게 된 후 사교적이며 명랑한 아이가 되었다.

① 가소성(plasticity)
② 가역성(reversibility)
③ 탈중심화(decentration)
④ 특수화(specification)
⑤ 평형화(equilibration)

02 발달연구에 관한 설명으로 옳지 않은 것은?

① 종단적 연구는 횡단적 연구보다 시간과 비용이 많이 든다.
② 실험 참가자들이 받게 되는 각기 다른 실험처치 변인은 종속변인이다.
③ 단기종단연구에서는 반복된 검사의 결과로 연습효과가 발생할 수 있다.
④ 실험설계에서 통제집단은 실험처치를 받지 않는다.
⑤ 상관관계로 인과관계를 결정할 수 없다.

03 발달에 관한 설명으로 옳은 것을 모두 고른 것은?

> ㄱ. 기능 및 구조가 쇠퇴하는 부정적 변화는 발달에 포함되지 않는다.
> ㄴ. 발달은 양적 변화와 질적 변화를 포함한다.
> ㄷ. 발달은 성숙과 학습의 영향을 포함한다.
> ㄹ. 도덕적, 인지적, 사회적 발달은 상호 독립적이다.

① ㄱ, ㄴ
② ㄱ, ㄷ
③ ㄴ, ㄷ
④ ㄴ, ㄹ
⑤ ㄷ, ㄹ

04 청소년기 자아정체감에 관한 설명으로 옳은 것은?

① 에릭슨(E. Erikson)은 자아정체감을 위기(crisis)와 전념(commitment)에 따라 네 가지 지위로 구분하였다.
② 정체성 혼미(diffusion)와 정체성 유실(foreclosure)은 정체성 위기를 경험하고 있는 지위이다.
③ 정체성 유실이 정체감 발달에서 가장 미숙한 수준의 지위이다.
④ 자아정체감은 청소년 중기에 대부분 완벽하게 확립된다.
⑤ 정체성 형성(achievement)과 정체성 유예(moratorium)는 심리적으로 건강한 지위이다.

05 비고츠키(L. Vygotsky)의 인지발달이론에 관한 설명으로 옳지 않은 것은?

① 근접발달영역이란 혼자서 성취하기는 어렵지만 유능한 타인의 도움으로 성취 가능한 것의 범위이다.
② 인지발달을 촉진하는 방법에는 발판화(scaffolding)와 수평적 격차가 있다.
③ 아동의 혼잣말은 문제해결능력을 조절하는 인지적 자기 안내 체계이다.
④ 지식은 사회적 상호작용을 통해 내면화된다.
⑤ 인지발달에 미치는 사회문화적 영향을 강조한다.

06. 피아제(J. Piaget)의 인지발달이론에 관한 설명으로 옳은 것을 모두 고른 것은?

ㄱ. 전조작기의 아동의 사고는 물활론적이며 자아중심적이다.
ㄴ. 아동이 이전에 갖고 있던 도식에 근거하여 새로운 경험을 해석하는 과정을 동화(assimilation)라고 한다.
ㄷ. 인지발달 단계의 순서는 사회문화적 경험에 따라 달라진다.
ㄹ. 구체적 조작기의 아동은 가설-연역적 추론 능력이 있다.

① ㄱ, ㄴ
② ㄱ, ㄷ
③ ㄴ, ㄷ
④ ㄴ, ㄹ
⑤ ㄷ, ㄹ

07. 다음의 사례에 해당하는 인지발달의 개념으로 옳은 것은?

지영이는 검은색 털이 있는 동물을 강아지라고 알고 있었다. 친구의 강아지가 하얀색 털이 있는 것을 보고, 모든 강아지의 털이 검은색은 아니라는 것을 이해하게 되었다.

① 인지적 서열화
② 이중 표상
③ 지연 모방
④ 조절
⑤ 확장된 자기

08. 애착에 관한 설명으로 옳지 않은 것은?

① 애착의 대상이 어머니에 국한된 것은 아니다.
② 회피애착과 저항애착은 모두 불안정한 애착이다.
③ 비사회적 애착 단계의 아동은 일차 애착대상뿐만 아니라 다른 사람과도 애착을 형성한다.
④ 안정애착 아동은 사회적 기술이 우수한 편이다.
⑤ 회피애착 아동은 주양육자와 분리될 때 저항이 거의 없다.

09. 다음에 해당하는 성염색체 이상 증후군은?

• 난소가 제 기능을 하지 못해 여성 호르몬이 부족하고, 사춘기가 되어도 2차 성징이 나타나지 않는다.
• 공간지각 능력은 평균 이하인 경우가 많다.
• 연소자형 관절염과 작은 체격이 보편적인 특성이다.

① 터너 증후군
② 클라인펠터 증후군
③ XYY 증후군
④ 삼중 X 증후군
⑤ 다운 증후군

10. 태내 발달에 관한 설명으로 옳은 것을 모두 고른 것은?

ㄱ. 태내기는 난자와 정자가 수정된 순간부터 출생까지의 기간을 말한다.
ㄴ. 태아기는 8주 이후부터 출생까지의 기간을 말한다.
ㄷ. 배아기에는 심장이 뛰기 시작하며 생식기가 형성된다.
ㄹ. 산모의 흡연은 저체중아 출산 가능성을 높인다.

① ㄱ, ㄴ
② ㄴ, ㄷ
③ ㄱ, ㄴ, ㄷ
④ ㄴ, ㄷ, ㄹ
⑤ ㄱ, ㄴ, ㄷ, ㄹ

11. 다른 유아가 노는 것을 관찰하면서 말을 하거나 제안을 하지만, 자신이 직접 놀이에 참여하지 않는 놀이 유형은?

① 방관자적 놀이
② 몰입되지 않은 놀이
③ 혼자 놀이
④ 협동 놀이
⑤ 연합 놀이

12 운동발달에 관한 설명으로 옳은 것을 모두 고른 것은?

> ㄱ. 신생아기에는 손바닥에 어떤 물건을 쥐어주면 꼭 쥐는 반응을 보인다.
> ㄴ. 생후 3~6개월 된 영아는 뒤집기를 한다.
> ㄷ. 생후 1세 영아는 두발자전거를 탈 수 있다.
> ㄹ. 아동기는 유아기보다 협응능력이 더 발달한다.

① ㄱ　　　　　　　② ㄹ
③ ㄴ, ㄷ　　　　　 ④ ㄷ, ㄹ
⑤ ㄱ, ㄴ, ㄹ

13 생후 1개월 이내 신생아의 감각발달에 관한 설명으로 옳지 않은 것은?

① 시신경과 망막이 완전히 성숙하지는 않다.
② 엄마와 다른 여성의 젖 냄새를 구분한다.
③ 촉각을 이용해서 주위 물체를 구분한다.
④ 단순한 소리의 크기와 음조를 구분한다.
⑤ 쓴맛, 단맛, 신맛을 구별한다.

14 피아제(J. Piaget)의 감각운동기에서 다음 사례에 해당되는 하위단계는?

> • 나무토막을 갖고 놀던 11개월 된 영아가 나무토막이 싫증나서 그것을 옆으로 밀어 놓고 다른 장난감이 쌓인 곳으로 기어간다.
> • 목표를 성취하기 위해서 일련의 행동을 통해 이전보다 적극적으로 주변을 탐색한다.

① 1차 순환반응단계
② 2차 순환반응단계
③ 2차 순환반응의 협응단계
④ 3차 순환반응단계
⑤ 심적 표상단계

15 다음에 해당하는 언어의 구성 지식은?

> • 6세 지민이가 3세 동생에게 새로운 게임을 설명할 때 동생 수준에 맞추어 말한다.
> • 의사소통을 효율적으로 하기 위해서 언어가 어떻게 사용되어야 하는지에 대한 규칙을 알아야 한다.

① 형태론적 지식　　② 화용론적 지식
③ 구문론적 지식　　④ 의미론적 지식
⑤ 음운론적 지식

16 발달 이론가의 주장으로 옳은 것은?

① 미드(M. Mead) : 청년기 발달은 주로 개인차에 영향을 받는다.
② 해비거스트(R. Havighurst) : 청소년기를 질풍노도의 시기라고 하였다.
③ 안나 프로이트(A. Freud) : 청년기에 두드러지게 나타나는 방어기제는 금욕주의와 지성화이다.
④ 마샤(J. Marcia) : 23세부터 28세 사이에 자아정체감이 형성된다.
⑤ 길리건(C. Gilligan) : 여성의 도덕심을 구성하는 핵심 개념은 정의(justice)이다.

17 다음에서 설명하는 노화의 생물학적 이론은?

> DNA 단백질로 구성되어 있는 염색체의 끝 부분이 세포분열을 거듭할수록 점점 짧아지고, 세포는 더 이상 분열하지 못해서 노화를 일으킨다.

① 세포돌연변이 이론
② 텔로미어 이론
③ 면역체계 이론
④ 신경내분비 이론
⑤ 교차결합 이론

18 지능에 관한 설명으로 옳지 않은 것은?

① 유동성 지능은 결정성 지능보다 중추신경계의 기능에 더 의존한다.
② 유동성 지능에는 공간지각능력이 포함된다.
③ 결정성 지능에는 언어이해력이 포함된다.
④ 유동성 지능은 생활 경험과 교육을 통해 축적된 지식이다.
⑤ 결정성 지능과 유동성 지능이 절정에 달하는 시기는 각기 다르다.

19 정신질환의 진단 및 통계 편람(DSM-5)에서 유뇨증을 진단하는 기준으로 옳은 것은?

① 적어도 연속된 5개월 이상 지속적으로 주3회 이상 나타난다.
② 아동의 생활연령이 최소 4세 이상이다.
③ 의도적으로 침구 또는 옷에 반복적으로 소변을 보는 것은 포함하지 않는다.
④ 이뇨제 등 약물에 의한 것은 포함하지 않는다.
⑤ 야간, 주간, 주야간 복합인지 명시할 필요가 없다.

20 다음과 같이 주장한 학자는?

> 부모-자녀 관계의 중요성을 강조했던 다른 정신분석이론가와 달리 청년기 발달에서 친구관계의 역할을 강조하였고, 몇몇 친한 동성친구와 친밀한 관계를 형성하는 것을 '단짝관계(chumship)'라 칭하였다.

① 설리반(H. S. Sullivan)
② 브레이너드(C. Brainerd)
③ 브론펜브레너(U. Bronfenbrenner)
④ 호나이(K. Horney)
⑤ 에릭슨(E. Erikson)

21 청소년기의 특징으로 옳은 것은?

① 형식적 사고가 구체적 사고로 전환된다.
② 전두엽에서 사용되지 않는 시냅스가 계속 제거된다.
③ 대근육과 소근육이 급격히 발달한다.
④ 뇌의 성장급등에 따라 뇌의 무게도 급격히 증가한다.
⑤ 생산성을 획득하지 못하면 침체감을 경험한다.

22 다음에서 설명하는 것은?

> 영아는 낯선 사람을 만났을 때 두려운지 아닌지 애매한 상황을 보다 정확하게 해석하기 위해 믿을만한 사람에게서 정서적 정보를 얻는다.

① 정서 최적화
② 정서적 참조
③ 사회적 비교
④ 사회적 참조
⑤ 자기의식적 정서

23 콜버그(L. Kohlberg)의 도덕성 발달이론에 관한 설명으로 옳은 것은?

① 도덕적 판단보다는 행동을 중요시한다.
② 도덕성의 사고구조보다는 내용을 더 중요시한다.
③ 도덕성 발달은 인지발달과 관련이 없다.
④ 도덕성의 발달을 2수준 6단계로 제시한다.
⑤ 최종단계는 보편적 원리(universal principle) 지향이다.

24 정신질환의 진단 및 통계 편람(DSM-5)에서 제시한 자폐스펙트럼장애의 증상이 아닌 것은?

① 동일성에 대한 고집
② 제한된 관심사
③ 낮은 지능
④ 상동증적 동작
⑤ 감각정보에 대한 과잉 또는 과소반응

25. 정신질환의 진단 및 통계 편람(DSM-5)의 신경발달장애에서 운동장애에 해당하지 않는 것은?

① 발달성 협응장애
② 틱장애
③ 상동증적 운동장애
④ 뚜렛장애
⑤ 신체이형장애

2과목(필수) 집단상담의 기초

26. 개인상담보다는 집단상담에 가장 적합한 청소년은?

① 대인관계에 관심이 많은 청소년
② 의심이 심한 청소년
③ 극도로 의존적인 청소년
④ 반사회적인 청소년
⑤ 주의산만하고 충동적인 청소년

27. 집단상담자가 지켜야 할 윤리와 규범에 관한 것으로 옳은 것을 모두 고른 것은?

> ㄱ. 집단원의 권리보다는 집단의 유지와 권리가 더 존중되어야 한다.
> ㄴ. 집단의 성격과 목표, 특성 등을 집단원들에게 분명하게 안내해야 한다.
> ㄷ. 약물남용의 경우는 비밀보장의 원칙을 예외로 하고 보호자에게 알려야 한다.
> ㄹ. 18세 미만의 청소년은 집단참여에 부모의 동의를 얻도록 법적으로 규정되어 있다.

① ㄱ, ㄴ ② ㄱ, ㄹ
③ ㄴ, ㄷ ④ ㄴ, ㄷ, ㄹ
⑤ ㄱ, ㄴ, ㄷ, ㄹ

28. 집단상담 회기별 계획에 관한 설명으로 옳지 않은 것은?

① 회기를 계획할 때 초반, 중반, 후반의 회기들 간의 차이를 염두에 둘 필요가 없다.
② 집단과 각 구성원의 특성을 이해하고 에너지 수준을 고려하여 회기별 활동을 계획한다.
③ 집단상담과정 중에 참여를 하지 않거나 지각 혹은 탈락한 집단원을 위한 계획도 수립한다.
④ 한 회기동안 적절한 활동을 계획하여 집단원들이 충분히 생각할 시간을 주어야 한다.
⑤ 초반 회기에는 효율적인 집단 분위기를 형성하는 데 도움이 되는 계획을 세울 필요가 있다.

29. 집단상담의 이점으로 옳은 것을 모두 고른 것은?

> ㄱ. 소속감과 연대감을 경험할 수 있다.
> ㄴ. 새로운 대인관계를 학습할 수 있다.
> ㄷ. 집단상담은 모든 사람에게 적합하다.
> ㄹ. 새롭게 터득한 사회기술을 연습할 수 있다.

① ㄱ, ㄴ ② ㄷ, ㄹ
③ ㄱ, ㄴ, ㄹ ④ ㄴ, ㄷ, ㄹ
⑤ ㄱ, ㄴ, ㄷ, ㄹ

30. 사실적인 이야기를 늘어놓으며 집단을 지루하게 하는 집단원에 대한 집단상담자의 자세로 옳지 않은 것은?

① 지루함에 대해 호기심을 갖는다.
② 지루함도 하나의 중요한 정보로 여긴다.
③ 집단상담자의 역전이에 대해 주의를 기울인다.
④ 언제, 어떤 경우에 덜 지루하게 하는지에 대해 파악한다.
⑤ 의존성이 원인이므로 먼저 의존성에 대해 직면시킨다.

31. 다음에서 설명하는 집단상담자의 역할은 어떤 이론에 근거한 것인가?

- 지금 – 여기의 경험 강조
- 알아차림과 접촉 촉진
- 내담자의 감각 사용 촉진
- 내담자의 신체언어와 접촉

① 게슈탈트
② 해결중심
③ 현실치료
④ 행동수정
⑤ 실존주의

32. 차단하기 기법이 필요한 상황에 해당되는 것을 모두 고른 것은?

ㄱ. 집단원이 중언부언할 때
ㄴ. 집단원이 상처를 주는 말을 할 때
ㄷ. 지도자가 주제의 초점을 변경하고자 할 때
ㄹ. 집단이 비생산적인 분위기로 흘러가서 분위기 전환이 필요할 때

① ㄱ, ㄴ
② ㄷ, ㄹ
③ ㄱ, ㄴ, ㄷ
④ ㄴ, ㄷ, ㄹ
⑤ ㄱ, ㄴ, ㄷ, ㄹ

33. 심리극에 근거한 집단상담에 관한 설명으로 옳은 것은?

① 집단 간의 관계에 초점을 맞춘다.
② 다섯 가지 주요 구성요소는 주인공, 연출자, 보조자아, 각본, 무대이다.
③ 주요 개념으로 현재성, 창조성, 자발성, 역할과 역할연기, 텔레와 참만남 등이 있다.
④ 진행단계는 워밍업단계, 준비단계, 실연단계, 종결단계이다.
⑤ 언어를 주요 기반으로 한 실연을 통해 문제해결을 꾀한다.

34. 생산적인 지지와 격려에 해당하는 것은?

① 차선을 우선적으로 결정하려 할 때 지지와 격려하기
② 침묵하던 집단원이 조심스럽게 자기개방을 했을 때 지지와 격려하기
③ 집단원에 대해 매번 지지와 격려하기
④ 집단원이 자신의 나약함을 집단에서 확인하려 할 때 지지와 격려하기
⑤ 집단원이 고통스러운 감정을 충분히 경험하기 전에 지지와 격려하기

35. 정신분석 집단상담에서 '놀림을 받는 집단원 A는 인기가 많은 집단원 B에 대해 불편한 마음을 가지고 있다.' 이때 집단원 A가 드러내는 행동의 방어기제로 옳은 것은?

① 반동형성 : 자신이 B를 불편해 하는 줄도 모른다.
② 억압 : 자신은 B를 싫어하지 않는데 B가 자신을 싫어한다고 한다.
③ 퇴행 : B에게 부정적인 감정을 숨기기 위해 더 잘해준다.
④ 합리화 : B가 잘난 체해서 B를 싫어한다고 말한다.
⑤ 전치 : B에게 말할 때 어린아이같이 말하거나 행동한다.

36 다음은 집단상담 축어록의 일부이다. (ㄱ)~(ㄹ)에 해당되는 것을 순서대로 옳게 연결한 것은?

> 태리 : 저는 요즘 중간고사 공부를 하면서 너무 자신이 한심하다는 생각이 들어요.
> 유진 : 자신이 한심하다는 생각이 든다니 속상하시겠어요(ㄱ). 잠은 잘 자는 편인가요?(ㄴ)
> 태리 : 요즘은 힘도 없고 잠도 잘 못자요.
> 동맥 : 시험공부할 때는 누구나 그런 생각이 들기 마련이지요. 너무 걱정하지 말아요. 다 지나갈 거예요(ㄷ).
> 희성 : 지난번에 유진님도 자격증 공부로 힘들어 했었던 것 같은데, 유진님은 태리님의 이야기를 듣고 어떤 느낌이 드나요?(ㄹ)

① (ㄱ)공감하기, (ㄴ)폐쇄적 질문
  (ㄷ)공감하기, (ㄹ)차단하기
② (ㄱ)공감하기, (ㄴ)폐쇄적 질문
  (ㄷ)구원하기, (ㄹ)연결하기
③ (ㄱ)자기개방, (ㄴ)개방적 질문
  (ㄷ)공감하기, (ㄹ)연결하기
④ (ㄱ)공감하기, (ㄴ)개방적 질문
  (ㄷ)구원하기, (ㄹ)연결하기
⑤ (ㄱ)자기개방, (ㄴ)폐쇄적 질문
  (ㄷ)공감하기, (ㄹ)차단하기

37 교류분석(TA) 집단상담에서 다루는 내용이 아닌 것은?

① 각본분석
② 구조분석
③ 동기분석
④ 게임분석
⑤ 라켓분석

38 현실치료 집단상담의 주요기법이 아닌 것은?

① 질문하기
② 유머사용
③ 역설적 기법
④ 탈숙고(dereflection)
⑤ 직면하기

39 아들러(A. Adler) 집단상담에서 분석과 통찰단계의 활동으로 옳지 않은 것은?

① 집단원의 초기 기억을 탐색한다.
② 가족구도에서 차지하는 심리적 위치를 파악한다.
③ 일과 사회적 상황에서 어떻게 기능하고 있는가를 조사한다.
④ 생활양식에 대한 이해를 바탕으로 대안적인 행동을 하도록 격려한다.
⑤ 지금-여기에서 행동하는 방식의 이면에 숨겨진 동기를 다룬다.

40 집단원의 침묵과 참여 부족의 이유에 해당하는 것을 모두 고른 것은?

> ㄱ. 비밀누설에 대한 두려움
> ㄴ. 말보다는 침묵이 더 효과적이라는 생각
> ㄷ. 자신은 말할 가치가 별로 없다는 느낌
> ㄹ. 집단원이나 지도자에 대한 표현되지 않는 분노감
> ㅁ. 다른 집단원과 비교하여 자신은 기대에 미치지 못한다는 느낌

① ㄱ, ㄴ, ㅁ
② ㄷ, ㄹ, ㅁ
③ ㄱ, ㄴ, ㄷ, ㄹ
④ ㄴ, ㄷ, ㄹ, ㅁ
⑤ ㄱ, ㄴ, ㄷ, ㄹ, ㅁ

41 코리(G. Corey)의 집단발달단계 중 과도기(transition)의 특징으로 옳지 않은 것은?

① 불안이 증가한다.
② 하위 집단을 이루며 서로 분리된다.
③ 변화를 도모하고 과감하게 시도한다.
④ 집단원 자신을 속으로 숨기거나 간접적으로 표현한다.
⑤ 다른 사람들에게 조언을 하는 데 많은 에너지를 쏟는다.

42 집단발달단계의 특징을 발달단계 순서대로 옳게 나열한 것은?

> ㄱ. 갈등과 방어, 집단상담자에 대한 도전
> ㄴ. 집단원의 참여 주저, 긴장과 두려움
> ㄷ. 집단응집력의 증가, 지금-여기에서의 직접적인 대화
> ㄹ. 좌절 감정 다루기, 소극적 태도

① ㄱ-ㄴ-ㄷ-ㄹ
② ㄱ-ㄷ-ㄹ-ㄴ
③ ㄴ-ㄱ-ㄷ-ㄹ
④ ㄴ-ㄱ-ㄹ-ㄷ
⑤ ㄹ-ㄴ-ㄱ-ㄷ

43 집단응집력에 관한 설명으로 옳지 않은 것은?
① 집단원들이 집단에 남아 있도록 하는 힘이다.
② 자신의 내면세계를 타인과 공유하고 수용 받는다.
③ 응집력 자체로는 치료적 요인이 될 수 없다.
④ 지금-여기에 상호 피드백의 활성화는 응집력의 지표이다.
⑤ 더 높은 출석율과 더 많은 참여를 이끌어 낸다.

44 집단원이 경험한 치료적 요인은?

> 이번 회기에 집단지도자는 내가 다른 집단원에게 매우 공격적으로 말하고 있다는 것을 지적해 주었다. 나는 집단지도자에게 화를 내지 않으면서 "솔직히 말해주어 고맙습니다."라고 말하게 된 것이 좋았다. 이전에는 부정적인 피드백에 대해 이런 식으로 반응하지 못했다.

① 대인 간 행동학습   ② 정 화
③ 자기노출   ④ 자기이해
⑤ 지 도

45 집단상담 제안서를 작성할 때 포함될 내용이 아닌 것은?
① 집단의 규범
② 집단에 대한 평가방법
③ 대상, 모임시간, 전체의 길이
④ 집단에서 달성하고자 하는 목표
⑤ 집단에 대한 명확하고 설득력 있는 근거

46 다음은 어떤 집단의 유형에 해당하는가?

> • 집단원 간의 대인관계 과정에 초점을 둔다.
> • 집단원의 자발성과 주관적인 의견에 초점을 둔다.
> • 전문적인 훈련을 받은 지도자와 복수의 집단원들로 이루어진다.
> • 집단원 간의 상호피드백과 지금-여기에서의 경험에 초점을 둔다.

① 위기집단
② 자조집단
③ 교육집단
④ 상담집단
⑤ 과제해결집단

47 집단상담 초기에 비협조적인 학생의 저항에 대처하는 적절한 반응을 모두 고른 것은?

> ㄱ. 집단상담은 어떤 활동을 하는 것 같아요?
> ㄴ. 집단상담에 참여를 하는 데 무엇이 가장 어려울 것 같아요?
> ㄷ. 집단상담을 처음 하면 불편할 수 있어요. 무엇이 불편한지 말해 줄 수 있나요?

① ㄱ   ② ㄴ
③ ㄱ, ㄴ   ④ ㄴ, ㄷ
⑤ ㄱ, ㄴ, ㄷ

48 개인상담과 비교했을 때 집단상담의 단점을 모두 고른 것은?

> ㄱ. 집단압력의 가능성
> ㄴ. 개인작업의 제한성
> ㄷ. 경제성과 효율성
> ㄹ. 대리학습

① ㄱ, ㄴ ② ㄱ, ㄷ
③ ㄱ, ㄹ ④ ㄴ, ㄷ
⑤ ㄷ, ㄹ

49 생산적인 집단을 운영하는 데 방해가 되는 집단원의 진술에 해당하는 것은?

① "다른 친구들이 슬픈 표정을 짓는 것을 보면 저도 왠지 슬퍼요."
② "저는 정말로 아무런 문제가 없어요. 다 괜찮아요."
③ "다른 친구들이 기뻐하는 것을 보면 부럽기도 하고 저도 그렇게 하고 싶어져요."
④ "저만 이런 고민이 있는 것이 아니라서 다행이에요."
⑤ "저도 저 친구처럼 처음 보는 사람에게 말을 걸어보고 싶어요."

50 청소년 집단상담자의 기술과 그 예로 옳지 않은 것은?

① 직면 – "채송이가 진구에 대하여 지금 말한 내용이 지난번에 했던 것과 다른 것 같은데"
② 해석 – "채송이가 진구의 잘못에 대하여 이야기를 할 때 불편해 하는 것은 중학교 1학년 때 따돌림 받았던 경험이 떠올라서 그럴 수 있을 것 같습니다."
③ 명료화 – "불편하다는 것이 무엇을 말하는지 다른 친구들에게 더 이야기해 주면 도움이 될 것 같아요."
④ 연결짓기 – "채송이도 진구처럼 친구들에게 놀림당한다고 한 것 같은데 채송이의 이야기를 들어볼까요?"
⑤ 재진술 – "옆에 있는 친구가 자기 이야기를 잘 들어줘서 기분이 좋았겠어요."

3과목(필수) 심리측정 및 평가

51 다음 설명으로 옳은 것은?

> • 해당 문항의 정답자 수를 그 문항에 반응한 사람의 총수로 나눈 비율이다.
> • 지수는 0.0~1.0의 범위를 가진다.

① 문항추측도 ② Lamda
③ Z score ④ 평균비
⑤ 문항난이도

52 타당도에 관한 설명으로 옳지 않은 것은?

① 타당도는 검사가 측정하고자 하는 것을 실제로 측정한 정도이다.
② 공인타당도에서는 새로 개발한 검사의 점수와 준거검사의 점수를 동일한 시점에서 수집한다.
③ 예언타당도는 준거타당도에 속한다.
④ 안면타당도는 다른 점수와의 관계를 분석하여 추정한다.
⑤ 요인분석으로 구성타당도를 추정할 수 있다.

53 등간척도에 해당하는 것은?

① 온 도 ② 몸무게
③ 성적순위 ④ 길 이
⑤ 수험번호

54 문항반응이론에 관한 설명으로 옳은 것은?

① 반복측정을 가정한다.
② 문항특성곡선으로 문항을 분석한다.
③ 수검자에 따른 측정오차는 동일하다고 가정한다.
④ 문항특성은 수검자의 특성에 영향을 받는다고 가정한다.
⑤ 문항모수치의 변화가능성을 가정한다.

55 규준에 관한 설명으로 옳은 것은?

① 하나의 규준은 다양한 분포로 이루어진다.
② 규준은 규준집단의 점수 분포를 반영한다.
③ Z점수의 평균은 10이고 분산은 5이다.
④ T점수의 평균은 50이고 표준편차는 15이다.
⑤ 스테나인(stanine)의 점수범위는 10~90이다.

56 심리검사에 관한 설명으로 옳지 않은 것은?

① 행동표본을 측정할 수 있다.
② 개인 간 비교가 가능하다.
③ 개인의 행동을 예측할 수 있다.
④ 심리적 속성을 직접적으로 측정한다.
⑤ 심리평가의 근거자료 중 하나이다.

57 내적합치도를 확인할 수 있는 신뢰도 계수로만 나열한 것은?(정답 1개 이상)

① Phi 계수, Delta 계수
② Omega 계수, Phi 계수
③ 반분신뢰도 계수, Cronbach α 계수
④ 반분신뢰도 계수, Kuder-Richardson 계수
⑤ Kuder-Richardson 계수, Cronbach α 계수

58 심리검사 및 평가의 윤리에 관한 내용으로 옳지 않은 것은?

① 검사동의를 구할 때에는 비밀유지의 한계에 대해 알려야 한다.
② 자격을 갖춘 사람이 심리검사를 실시해야 한다.
③ 평가서를 보여주면 안 되는 경우에는 사전에 수검자에게 이 사실을 알려야 한다.
④ 동의할 능력이 없는 사람에게도 평가의 본질과 목적을 알려야 한다.
⑤ 자동화된 서비스를 사용할 경우 검사자는 평가의 해석에 대한 책임을 지지 않는다.

59 만 15세 수검자에게 실시 가능한 성격검사는?

① K-WPPSI   ② Rey-Kim Test
③ MMPI-A   ④ K-DRS-2
⑤ SNSB

60 K-WISC-IV의 작업기억지표(WMI)를 측정하는 소검사는?

① 행렬추리   ② 기호쓰기
③ 동형찾기   ④ 단어추리
⑤ 순차연결

61 신뢰도에 관한 설명으로 옳지 않은 것은?

① 동형신뢰도는 전체 문항을 짝수항과 홀수항으로 나누어서 측정한다.
② 검사-재검사 신뢰도는 검사와 재검사 간 시간 간격의 영향을 받는다.
③ 신뢰도는 측정의 안정성을 나타낸다.
④ 반분신뢰도는 검사-재검사 신뢰도보다 비용 측면에서 장점이 있다.
⑤ 평정자 간 신뢰도는 두 명 이상의 평가자가 필요하다.

62 K-WAIS-Ⅳ에 관한 설명으로 옳은 것을 모두 고른 것은?

> ㄱ. 10개의 핵심소검사와 5개의 보충소검사로 구성된다.
> ㄴ. 소검사들의 표준점수의 평균은 150이고, 표준편차는 50이다.
> ㄷ. 전체지능지수(FSIQ)의 범위가 70~79이면 '경계선'으로 분류한다.
> ㄹ. 동형찾기를 대체하는 보충소검사는 지우기이다.
> ㅁ. 일반능력지수(GAI)는 언어이해와 작업기억의 핵심소검사로 구성된 조합점수이다.

① ㄱ, ㄴ, ㄷ
② ㄱ, ㄷ, ㄹ
③ ㄴ, ㄷ, ㅁ
④ ㄴ, ㄹ, ㅁ
⑤ ㄱ, ㄷ, ㄹ, ㅁ

63 지능을 일반요인 g(general factor)와 특수요인 s(special factor)로 구분한 학자는?

① 스피어만(C. Spearman)
② 써스톤(L. Thurstone)
③ 쏜다이크(E. Thorndike)
④ 케텔(R. Cattell)
⑤ 길포드(J. Guilford)

64 삭스(J. Sacks)의 문장완성검사(SSCT)에서 자기개념 영역에 포함되지 않는 태도는?

① 죄의식(죄책감)
② 이성관계
③ 목 표
④ 두려움
⑤ 자신의 능력

65 K-WISC-Ⅳ 실시에 관한 설명으로 옳은 것을 모두 고른 것은?

> ㄱ. 토막짜기 소검사에서는 수검자의 점수가 2문항 연속해서 0점이면 중지한다.
> ㄴ. 숫자와 순차연결 소검사에서는 문항 반복을 허용하지 않는다.
> ㄷ. 문항을 반복했을 때 기록용지에 R이라고 표기한다.
> ㄹ. 동형찾기 소검사에서는 모든 연령의 시작점이 같다.

① ㄱ, ㄴ
② ㄱ, ㄹ
③ ㄴ, ㄷ
④ ㄴ, ㄹ
⑤ ㄱ, ㄷ, ㄹ

66 심리검사의 실시에 관한 설명으로 옳은 것은?

① 지능검사의 경우 추가 질문을 해서는 안 된다.
② 검사 장소는 소음이 많은 곳으로 선정한다.
③ 검사 장소는 조명이 어두운 곳으로 선정한다.
④ 표준화된 검사의 경우 표준화된 절차에 따른다.
⑤ 지능검사의 경우 수검자의 반응은 핵심단어를 중심으로 축약해서 기록한다.

67 정신상태평가(mental status examination)의 주요 항목에 해당하지 않는 것은?

① 기 억
② 외모와 행동
③ 감정과 정서
④ 면담자에 대한 태도
⑤ 가족력

68 투사적 검사에 관한 설명으로 옳은 것은?

① 벤더게슈탈트검사(BGT)에서 성인이 그린 도형A의 정상적인 위치는 용지의 정중앙이다.
② 주제통각검사(TAT) 카드는 성인 남성과 성인 여성으로만 구별된다.
③ 동작성 가족화 검사(KFD)는 가족의 정서적인 관계를 살펴보는 데 유용하다.
④ 아동용 주제통각검사(CAT)의 카드 수는 주제통각검사(TAT)와 동일하다.
⑤ 벤더게슈탈트검사(BGT)는 8세 이하의 아동에게는 실시할 수 없다.

69 엑스너(J. Exner)의 종합체계의 결정인에 관한 설명으로 옳지 않은 것은?

① 반점의 크기에 기초해서 거리감을 지각한 경우에는 Y로 채점한다.
② 형태를 사용한 경우에는 F로 채점한다.
③ 동물이 인간의 동작을 취하고 있는 경우에는 M으로 채점한다.
④ 유채색 결정인에는 C, CF, FC, Cn이 있다.
⑤ 쌍반응은 (2)로 채점한다.

70 MMPI-2의 척도에 관한 설명으로 옳은 것은?

① 재구성 임상척도는 모두 9개이다.
② TRIN척도는 내용이 유사하거나 상반되는 문항 쌍으로 구성된다.
③ K척도는 긍정왜곡 경향성을 탐지하는 보충척도이다.
④ DEP는 우울 증상을 측정하는 임상척도이다.
⑤ AGGR은 공격적인 성향을 측정하는 내용척도이다.

71 집-나무-사람(HTP) 검사에 관한 설명으로 옳은 것은?

① 머레이(H. Murray)가 개발하였다.
② 집, 나무, 사람의 순서대로 그리도록 한다.
③ 모든 용지를 가로로 제시하여 수검자가 원하는 대로 사용하게 한다.
④ 문맹자에게는 실시할 수 없다.
⑤ 각 그림마다 시간제한을 두어야 한다.

72 홀랜드(J. Holland)의 진로탐색검사의 직업적 성격 유형을 모두 고른 것은?

ㄱ. 통합적 유형	ㄴ. 탐구적 유형
ㄷ. 사회적 유형	ㄹ. 판단적 유형
ㅁ. 예술적 유형	

① ㄱ, ㄴ
② ㄷ, ㄹ
③ ㄴ, ㄷ, ㄹ
④ ㄴ, ㄷ, ㅁ
⑤ ㄱ, ㄷ, ㄹ, ㅁ

73 다음에 해당하는 MBTI의 지표는?

- 실제 경험을 중시하며, 현재에 초점을 맞추어 살아가고자 한다.
- 정확한 것을 좋아하고, 관찰 능력이 뛰어나며, 상세한 것까지 기억을 잘 하는 편이다.

① 내향성(Introversion)
② 감 각(Sensing)
③ 사 고(Thinking)
④ 현 실(Reality)
⑤ 감 정(Feeling)

74 성격평가질문지(PAI)의 임상척도와 그 측정 내용이 옳지 않은 것은?

① ANT : 반사회적 성격장애의 특징과 불법적 행위에 관여한 경험
② ARD : 불안장애와 관련된 구체적인 임상 증상이나 행동
③ ALC : 알코올 남용 및 의존과 관련된 행동
④ BOR : 원한과 앙심, 의심과 불신, 지나친 경계 행동
⑤ DRG : 약물 사용에 따른 문제와 약물의존적 행동

75 다음 사례에서 A양에게 MMPI-2를 실시했을 때 예상되는 결과가 아닌 것은?

> 21세인 A양은 약 2개월 전부터 불안과 걱정이 심해졌고, 강의실에서 무기력하게 엎드려 있는 경우가 많았다. 최근 상담실을 방문하여 "사는 것이 재미없고, 다 귀찮다. 차라리 죽고 싶다."고 울면서 심리적인 고통을 호소하며 상담사에게 도움을 요청하였다.

① 척도 2의 상승
② F척도의 상승
③ S척도의 상승
④ ANX 척도의 상승
⑤ 척도 9의 하락

4과목(필수) 상담이론

76 상담에서 윤리적 의사결정을 할 때 필요한 기본적인 윤리적 원칙을 순서대로 옳게 나열한 것은?

> • (　　) : 내담자가 원하는 것을 선택하고 그것을 할 수 있는 권리를 인정하는 것
> • (　　) : 내담자의 안녕과 복지를 증진시키는 것

① 공정성(justice), 선 의(beneficence)
② 자율성(autonomy), 공정성(justice)
③ 선 의(beneficence), 진실성(veracity)
④ 진실성(veracity), 자율성(autonomy)
⑤ 자율성(autonomy), 선 의(beneficence)

77 상담에 관한 설명으로 옳은 것을 모두 고른 것은?

> ㄱ. 상담자, 내담자, 상담관계가 주요 요소이다.
> ㄴ. 상담자는 상담에 대한 전문적 훈련을 받은 사람이다.
> ㄷ. 상담은 내담자의 문제를 예방하고 해결하며 삶의 질을 향상시킨다.
> ㄹ. 상담자는 내담자의 변화를 위해 내담자 문제를 해결해 주는 주체이다.

① ㄱ, ㄹ　　② ㄴ, ㄷ
③ ㄱ, ㄴ, ㄷ　　④ ㄴ, ㄷ, ㄹ
⑤ ㄱ, ㄴ, ㄷ, ㄹ

78 상담자가 기본적으로 갖추어야 하는 자질이 아닌 것은?

① 유 머
② 개방성
③ 유연성
④ 유창성
⑤ 문화적 차이에 대한 민감성

79 상담자의 윤리적 행동으로 옳은 것을 모두 고른 것은?

> ㄱ. 내담자와의 다중관계는 그 자체로 착취적이므로 한계를 명확히 하는 것이 좋다.
> ㄴ. 전문적으로 훈련받지 않은 영역에 대한 상담이라도 내담자와의 관계를 위해 상담을 계속 수행한다.
> ㄷ. 상담 중 내담자의 학교폭력 가해 사실을 알게 된 경우, 내담자에게 비밀보장 예외에 대한 설명을 하고 관련 기관에 신고해야 한다.

① ㄱ
② ㄷ
③ ㄱ, ㄷ
④ ㄴ, ㄷ
⑤ ㄱ, ㄴ, ㄷ

80 아들러(A. Adler) 개인심리학에 관한 설명으로 옳지 않은 것은?

① 범인류적 유대감(공동체감)을 중시한다.
② 인간을 전체적 존재로 본다.
③ 증상의 원인을 찾는 데 초점을 둔다.
④ 사회 및 교육 문제에 관심을 갖는다.
⑤ 역경을 이겨 내는 능력을 발달시키기 위해 격려를 사용한다.

81 정신분석에 관한 설명으로 옳지 않은 것은?

① 도덕적 불안은 초자아와 자아 사이의 갈등에서 발생한다.
② 수면 중에는 자아의 방어가 없기 때문에 잠재몽은 왜곡되지 않는다.
③ 원초아는 쾌락원리에 따라 작동하고 일차과정 사고를 한다.
④ 정신분석에서 치료자의 주된 과제 중 하나는 전이를 유도하고 해석하는 것이다.
⑤ 자유연상은 내담자의 마음에 떠오르는 모든 내용을 검열하지 않고 표현하게 하는 것이다.

82 다음 사례에서 초등학생 민수에게 사용된 행동주의 상담기법은?

> 민수는 낮은 학업 성적으로 인해 학교 적응에 어려움을 겪고 있다. 상담자는 민수가 평소 컴퓨터 게임하는 것을 매우 좋아한다는 사실을 알았다. 상담자는 민수가 하루 계획한 학업량을 달성하는 경우, 컴퓨터 게임을 30분 동안 하도록 개입하였다.

① 자기교수훈련, 정적강화
② 프리맥의 원리, 정적강화
③ 체계적 둔감법, 자기교수훈련
④ 자극통제, 부적강화
⑤ 프리맥의 원리, 부적강화

83 방어기제와 그 예로 옳은 것은?

① 주지화 : 사랑하는 사람을 사고로 잃은 사람이 그 죽음을 인정하지 않는다.
② 투사 : 아내를 미워하는 남편이 아내가 자신을 미워한다고 인식한다.
③ 합리화 : 직장상사에게 야단을 맞은 사람이 상사에게 대들지 못하고 부하 직원에게 짜증을 낸다.
④ 승화 : 실연을 당한 남자가 여성의 심리에 대한 지적인 분석을 하며 자신의 고통을 회피한다.
⑤ 반동형성 : 대소변을 잘 가리던 아이가 동생이 태어난 이후 대소변을 가리지 못하게 된다.

84 실존주의 상담의 인간관에 관한 설명으로 옳은 것을 모두 고른 것은?

> ㄱ. 인간은 자기인식 능력을 지닌 존재이다.
> ㄴ. 개인은 그가 처한 객관적 상황 속에서 이해되어야 한다.
> ㄷ. 인간은 자신의 의사와 상관없이 이 세상에 우연히 던져진 존재이다.
> ㄹ. 인간이 처한 실존상황의 주된 네 가지 조건은 죽음, 고독, 자유, 희망이다.

① ㄱ, ㄷ
② ㄴ, ㄹ
③ ㄱ, ㄴ, ㄷ
④ ㄴ, ㄷ, ㄹ
⑤ ㄱ, ㄴ, ㄷ, ㄹ

85 다음 사례에서 게슈탈트 이론의 접촉경계 혼란 현상은?

> 고등학생 A는 우울과 신체화 증상을 자주 호소한다. 이러한 증상은 학교에서 친구들과 갈등이 생길 때 더욱 심하게 경험하게 되는데, 특별히 자각하지 못한 채 자동적으로 일어난다고 하였다.

① 반전
② 투사
③ 편향
④ 융합
⑤ 내사

86 인간중심 상담에 관한 설명으로 옳은 것을 모두 고른 것은?

> ㄱ. 현재 경험이 자기개념과 불일치할 때 불안을 경험하게 된다.
> ㄴ. 내적 경험을 무시하고 부모의 기준에 맞추는 것이 부적응의 원인이다.
> ㄷ. 자기실현 경향성은 자기를 보존, 유지, 향상시키고자 하는 후천적인 상위의 욕구다.
> ㄹ. 무조건적 사랑을 받은 아동은 자신의 특성을 선택적으로 수용한다.
> ㅁ. 상담자는 내담자의 감정, 사고, 행동에 대하여 평가를 하지 않는다.

① ㄱ, ㄴ
② ㄷ, ㄹ
③ ㄱ, ㄴ, ㅁ
④ ㄷ, ㄹ, ㅁ
⑤ ㄱ, ㄴ, ㄷ, ㅁ

87 다음 사례에서 합리정서행동상담(REBT)의 ABCDE 절차와 내용의 연결이 옳지 않은 것은?

> 늘 우수한 성적을 유지하던 지호는 최근 중간고사에서 평균 정도의 성적을 받은 후 심한 무력감을 호소하여 상담에 의뢰되었다.

① A – "중간고사에서 평균 점수를 받았어요."
② B – "평균이라니! 저는 정말 바보 멍청이에요."
③ C – "학교 다니기 싫어요. 전 망했어요."
④ D – "중간고사에서 원하는 성적을 받지 못했다니 정말 속상하겠구나."
⑤ E – "한 번 시험을 망쳤다고 내가 바보라는 뜻은 아니죠. 이번 시험을 못 본 이유를 잘 살펴보고 다시 노력해 보겠어요."

88 벡(A. Beck)의 인지치료에 관한 설명으로 옳은 것을 모두 고른 것은?

> ㄱ. 협동적 경험주의 관점을 따른다.
> ㄴ. 심리교육적 모델에 근거하고 있다.
> ㄷ. 내담자의 자가치료(self-treatment) 능력을 키우는 데 초점을 둔다.
> ㄹ. 1960년대에 정신분석과 행동치료로 잘 치료되지 않던 우울증에 대한 새로운 치료법으로 개발되었다.

① ㄱ, ㄹ
② ㄴ, ㄷ
③ ㄱ, ㄴ, ㄷ
④ ㄴ, ㄷ, ㄹ
⑤ ㄱ, ㄴ, ㄷ, ㄹ

89 현실치료에 관한 설명으로 옳지 않은 것은?

① 내담자는 자신의 행동에 대해 선택권이 있다.
② 인간은 즐거움, 자유, 실현, 소속, 힘의 욕구를 가지고 태어난다.
③ 전행동은 행동하기, 생각하기, 느끼기, 생리적 반응으로 구성되어 있다.
④ 행동은 자신의 욕구를 충족시키기 위한 노력이다.
⑤ 계획은 간단하고, 실현가능하고, 즉각적이어야 한다.

90 게슈탈트 상담의 치료 기법에 관한 설명으로 옳지 않은 것은?

① 내담자의 꿈에 대해 의미를 해석하고 지적 통찰에 이르도록 돕는다.
② 자신의 진정한 감정을 회피하는 내담자에게 진실을 그대로 받아들이도록 직면 기법을 사용한다.
③ 빈의자 기법은 내사된 가치관을 의식화함으로써 부인하고 있을지 모르는 자신의 어떤 측면에 접촉하도록 도와준다.
④ 거부하고 부인했던 자신의 성격의 측면들을 통합하고 수용하기 위해 내적 대화 기법을 사용한다.
⑤ 인격 기능의 두 측면인 상전과 하인의 갈등과 대립을 다룸으로써 통합에 이르게 한다.

91 교류분석상담에 관한 설명으로 옳은 것은?

① 세 자아 상태 중 두 자아만 자극과 반응을 주고받는 것이 건강한 상태이다.
② 교류분석을 통해 부적절한 교차적 교류나 이면적 교류를 중단하도록 촉진한다.
③ 게임은 긍정적 스트로크를 주고받게 한다.
④ 각본은 최근 개인이 경험한 사건에 따라 결정된다.
⑤ 내담자의 삶의 입장을 자기긍정-타인부정의 입장으로 변화시킨다.

92 상담의 통합적 접근에 관한 설명으로 옳지 않은 것은?

① 여러 접근법에서 기법을 체계적으로 가져온 접근이다.
② 각 내담자의 독특한 욕구에 맞추기 위한 접근이다.
③ 통합적 입장을 취하는 상담자가 과거에 비해 증가하는 추세이다.
④ 치료과정이 고도로 조직화된 접근이다.
⑤ 이론적 통합은 토대가 되는 치료이론들과 그 이론들의 기법을 통합하는 것이다.

93 여성주의 상담에 관한 설명으로 옳은 것을 모두 고른 것은?

> ㄱ. 사회의 변화에도 관심을 가진다.
> ㄴ. 사회적 성역할 기대가 개인의 정체성 형성에 많은 영향을 미친다고 본다.
> ㄷ. 남녀를 이분법적으로 구분하지 않고 다양성을 인정하고 수용하도록 돕는다.
> ㄹ. 남녀의 행동 차이는 사회화 과정보다는 선천적인 것에 기인하는 것이 더 크다고 본다.

① ㄱ, ㄴ
② ㄷ, ㄹ
③ ㄱ, ㄴ, ㄷ
④ ㄴ, ㄷ, ㄹ
⑤ ㄱ, ㄴ, ㄷ, ㄹ

94 다음은 어떤 상담접근의 목표인가?

> 상담자는 내담자가 스스로 삶의 의미와 목적을 발견하고, 삶을 주체적으로 선택하고 책임지도록 돕는다.

① 인간중심 상담
② 개인심리학적 접근
③ 게슈탈트 상담
④ 인지치료
⑤ 실존주의 상담

95 합리정서행동상담(REBT)에 관한 설명으로 옳은 것은?

① 동물실험에서 얻은 결과를 인간에게 적용하였다.
② 인간은 가상적인 최종목표를 추구하는 존재로 보았다.
③ 인간은 선천적으로 합리적이면서도 비합리적이라고 보았다.
④ 우울한 사람들이 부정적인 생각을 갖는 세 가지 주제, 인지삼제를 개념화하였다.
⑤ 다양한 정신장애의 원인을 실존적 불안을 다루는 방식에서 찾았다.

96 상담과정에 관한 설명으로 옳은 것은?

① 해석은 상담의 필수요소이다.
② 직면은 상담의 어느 시기라도 할 수 있다.
③ 요약은 내담자의 산만한 생각과 감정을 정리해볼 기회를 갖게 한다.
④ 저항은 상담과정에서 일어나지 않도록 해야 한다.
⑤ 상담 중 침묵에 대해서는 직접 다루지 않는 것이 좋다.

97 직면에 관한 설명으로 옳지 않은 것은?

① 신념과 행동의 불일치를 깨닫게 해준다.
② 자신의 현실을 되돌아보게 한다.
③ 모순되는 행동을 직시하여 새로운 조망을 갖도록 돕는다.
④ 내담자의 건설적인 변화를 위해 새로운 내·외적 행동의 발달을 촉진한다.
⑤ 내담자의 행동들 간의 관계, 행동의 의미, 동기에 대해 설명해 준다.

98 상담 과정 중 초기단계에 해당하는 것을 모두 고른 것은?

> ㄱ. 내담자의 호소문제를 탐색한다.
> ㄴ. 내담자와 상담관계를 형성한다.
> ㄷ. 내담자 호소문제의 해결정도를 평가한다.
> ㄹ. 내담자의 상담에 대한 기대를 탐색한다.
> ㅁ. 내담자가 상담을 통한 자신의 변화를 인식하도록 촉진한다.

① ㄱ, ㅁ
② ㄱ, ㄴ, ㄹ
③ ㄴ, ㄷ, ㄹ
④ ㄱ, ㄴ, ㄷ, ㅁ
⑤ ㄱ, ㄴ, ㄷ, ㄹ, ㅁ

99 다문화 상담 역량을 갖춘 상담자의 자질로 옳은 것을 모두 고른 것은?

> ㄱ. 다른 문화적 배경을 가진 내담자가 자신의 영적 멘토에게 자문을 구하지 않도록 한다.
> ㄴ. 내담자의 문화적 배경에 대해 구체적인 정보와 지식을 학습한다.
> ㄷ. 다문화적 관점을 발전시키기 위해 일상에서 소수자들을 접할 기회를 갖는다.
> ㄹ. 자신의 가치관과 편견이 다른 문화권의 내담자를 상담할 때 방해가 될 수 있음을 안다.

① ㄱ, ㄴ
② ㄴ, ㄷ
③ ㄷ, ㄹ
④ ㄴ, ㄷ, ㄹ
⑤ ㄱ, ㄴ, ㄷ, ㄹ

100 상담이론과 기법이 옳게 짝지어진 것은?

① 개인심리학 - 혐오기법
② 인지치료 - 역기능적 신념 수정
③ 정신분석 - 빈 의자 기법
④ 게슈탈트 상담 - 자유연상
⑤ 해결중심 상담 - 자동적 사고 수정

2018년 제17회 기출문제

2교시 B형 | 시험시간 : 총 50분

1과목(필수) 학습이론

01 밀러와 달라드(N. Miller & J. Dollard)의 관찰학습에 관한 내용으로 옳지 않은 것은?

① 지연 모델링(delayed modeling)
② 일반화된 모방(generalized imitation)
③ 맞춤 의존적 행동(matched-dependent behavior)
④ 동일 행동(same behavior)
⑤ 모사 행동(copying behavior)

02 자기조절(self-regulation)에 관한 정보처리이론적 관점의 설명으로 옳은 것을 모두 고른 것은?

ㄱ. 메타인지적 인식을 강조한다.
ㄴ. 개인적, 행동적, 환경적 요인들 간의 역동적 관계를 강조한다.
ㄷ. 타인과의 상호작용을 통한 자기성찰(self-reflection)을 강조한다.
ㄹ. 시연, 정교화, 조직화와 같은 학습전략을 강조한다.

① ㄹ
② ㄱ, ㄷ
③ ㄱ, ㄹ
④ ㄴ, ㄷ
⑤ ㄱ, ㄴ, ㄹ

03 다음 사례에 해당하는 장기기억의 유형은?

지난주 토요일 오전, 동네 카페에 커피를 마시러 갔고 점원과 그날 날씨에 대해 이야기 나눈 것을 기억한다.

① 절차기억　② 재인기억
③ 의미기억　④ 일화기억
⑤ 미래기억

04 다음 사례에서 반두라(A. Bandura)의 관찰학습에 영향을 주는 하위과정을 바르게 연결한 것은?

경수는 기차역 대합실 TV에서 프로 테니스 선수가 백핸드를 완벽하게 구사하는 것을 보고(A), '아! 저렇게 팔목을 구부리지 않아야 하는구나'라고 혼잣말을 하며 마음속으로 그 동작을 모방하였다(B).

① A : 주의과정,　B : 파지과정
② A : 동기과정,　B : 파지과정
③ A : 운동재현과정,　B : 주의과정
④ A : 동기과정,　B : 운동재현과정
⑤ A : 운동재현과정,　B : 파지과정

05 장기기억의 인출 사례로 옳지 않은 것은?

① 작년 여름에 갔던 한라산 백록담을 보았을 때의 모습을 마음에 그려본다.
② 어제 봤던 사건 뉴스의 내용을 떠올린다.
③ 어린 시절에 즐겨 들었던 노래를 마음속으로 되풀이한다.
④ 지난주에 읽었던 수필의 전반적 줄거리를 회상한다.
⑤ 처음 듣는 영어단어의 발음을 들은 직후 마음속으로 그 소리를 시연한다.

06 기억에 관한 설명으로 옳은 것을 모두 고른 것은?

> ㄱ. 과잉학습(overlearning)의 양이 많을수록 기억하기 쉽다.
> ㄴ. 학습한 맥락과 상이한 맥락에서 회상할 때 기억하기 쉽다.
> ㄷ. 기억향상을 위한 청킹(chunking)은 감각기억에서 시작된다.
> ㄹ. 최신효과는 기억 목록 첫 부분의 항목이 많이 회상되는 것이다.

① ㄱ
② ㄷ
③ ㄱ, ㄷ
④ ㄱ, ㄹ
⑤ ㄴ, ㄷ

07 다음 A양의 심리상태를 설명한 개념으로 옳은 것은?

> 전학을 간 초등학교 5학년 A양은 낯선 환경 탓에 제대로 적응하지 못할 것 같아 고민이 많았다. 하지만, 옆자리 학생이 이전 학교의 단짝 친구와 닮아서 마음이 훨씬 편해졌다.

① 증진적 조건화(incremental conditioning)
② 조작적 조건화(operant conditioning)
③ 자연적 조건화(natural conditioning)
④ 도구적 조건화(instrumental conditioning)
⑤ 반응적 조건화(respondent conditioning)

08 톨만(E. Tolman)의 학습이론에 관한 설명으로 옳지 않은 것은?

① 유기체의 행동은 목표지향적이다.
② 학습은 강화와 독립적으로 일어난다.
③ 유기체는 강화 기대를 학습한다.
④ 유전의 역할을 고려하지 않았다.
⑤ 유기체는 잠재적 학습을 한다.

09 반두라(A. Bandura)의 관찰학습에 관한 설명으로 옳은 것을 모두 고른 것은?

> ㄱ. 모방은 관찰학습의 필요조건이다.
> ㄴ. 정보를 전달하는 것이면 어떠한 것이라도 모델이 될 수 있다.
> ㄷ. 관찰학습은 학습능력을 요구한다.
> ㄹ. 관찰학습은 조작적 조건화와 동일하다.

① ㄱ, ㄴ
② ㄴ, ㄷ
③ ㄷ, ㄹ
④ ㄱ, ㄷ, ㄹ
⑤ ㄴ, ㄷ, ㄹ

10 학습심리에 대한 학자별 이론적 주장의 연결이 옳지 않은 것은?

① 헵(D. Hebb) - 인간에게는 최적 각성 수준이 존재한다.
② 쏜다이크(E. Thorndike) - 학습은 점진적으로 이루어진다.
③ 헐(C. Hull) - 문제해결과정에는 대리적 시행착오가 존재한다.
④ 반두라(A. Bandura) - 인간은 행동을 할 때 자기조절적 특성을 지니고 있다.
⑤ 거스리(E. Guthrie) - 행동 동반 자극들의 연합이 반복되면 그 행동은 추후 유사 상황에서 이어지는 경향이 있다.

11 조건형성이론에 관한 설명으로 옳은 것은?

① 후진적 조건화에서 무조건자극은 나중에 제공된다.
② 고차적 조건화는 고전적 조건화의 한 형태이다.
③ 상금은 일차적 강화물에 해당된다.
④ 부적 강화는 특정 행동의 감소를 목적으로 한다.
⑤ 연속강화계획은 소거로부터의 저항이 가장 큰 강화계획이다.

12 내성법(introspection)을 통하여 인간의식의 기본요소를 분석하고 확인하는 데 목적을 둔 심리학파는?

① 기본주의(fundamentalism)
② 구조주의(structuralism)
③ 기능주의(functionalism)
④ 행동주의(behaviorism)
⑤ 인지주의(cognitivism)

13 다음 A군의 심리를 설명하는 개념으로 옳은 것은?

> 시험불안이 높은 A군은 시험 전 선생님이 시험지가 담긴 황색 봉투를 교탁 위에 '툭' 내려놓는 소리에 소스라치게 놀랐다. 이것이 반복되면서 A군에게 있어서 시험 전 황색 봉투와 이것이 내는 소리는 두려움의 대상이다. 이후 A군은 시험시간이 아님에도 불구하고 선생님이 출석부를 교탁 위에 '툭' 내려놓는 소리에 깜짝 놀란다.

① 의미 조건형성(semantic conditioning)
② 차별적 강화(differential reinforcement)
③ 감각 전조건형성(sensory preconditioning)
④ 내수용기 조건형성(interoceptive conditioning)
⑤ 조작적 조건형성(operant conditioning)

14 학습에 관한 설명으로 옳은 것은?

① 학습과 수행은 구분되어야 한다.
② 학습은 과정이 아니라 결과이다.
③ 성숙에 의한 변화도 학습에 포함된다.
④ 정서적 변화는 학습의 범주에 포함되지 않는다.
⑤ 일시적 행동의 변화는 학습의 범주에 포함된다.

15 다음 사례를 설명하는 개념으로 옳은 것은?

> 운동선수가 해외 원정경기를 할 때 자국의 응원단이 많거나 운동장 환경이 비슷하면 경기력이 높아진다. 자국에서 경기할 때와 유사한 환경으로 인하여 긴장이 줄어 자신의 실력을 제대로 발휘할 수 있기 때문이다.

① 조 형
② 변 별
③ 일차적 강화
④ 자발적 회복
⑤ 일반화

16 자기가치(self-worth)와 관련된 내용으로 옳지 않은 것은?

① 불가능한 목표설정은 자기손상(self-handicapping) 전략의 예로 자기가치 보호가 목적이다.
② 자기가치는 자신에 대한 구체적인 인지적 평가이다.
③ 숙달목표지향성보다 수행목표지향성이 높은 학생들은 자기손상전략을 사용하는 경우가 많다.
④ 자기효능감의 수준은 과제 영역에 따라 다를 수 있다.
⑤ 자기효능감은 자신의 능력에 대한 스스로의 판단을 나타낸다.

17 인간 뇌 기능에 관한 설명 중 옳은 것을 모두 고른 것은?

> ㄱ. 전두엽은 추론, 계획세우기 등의 고차원적 사고 과정을 조절한다.
> ㄴ. 브로카 영역은 언어 이해에 중요한 기능을 담당하며, 뇌의 좌측 측두엽에 위치한다.
> ㄷ. 두정엽은 온도와 통증 등 체감각을 처리한다.
> ㄹ. 편도체는 시각정보의 해석과 기억을 주로 담당한다.
> ㅁ. 후두엽은 정서와 관련된 기억에 관여한다.

① ㄱ, ㄴ
② ㄱ, ㄷ
③ ㄱ, ㄹ, ㅁ
④ ㄴ, ㄷ, ㄹ
⑤ ㄴ, ㄷ, ㅁ

18 처벌에 관한 설명으로 옳지 않은 것은?

① 반응대가는 처벌의 한 형태이다.
② 처벌 받은 행동은 억제될 뿐이다.
③ 처벌의 결과는 유기체에게 혐오적이어야 한다.
④ 사회적 고립은 일차적 처벌 중 하나이다.
⑤ 처벌 전에는 사전 경고를 하는 것이 바람직하다.

19 인간 뇌와 학습에 관한 설명으로 옳은 것은?

① 전두엽의 발달은 15세 이전에 완성된다.
② 시냅스 수의 과밀 현상은 8세 전후에 가장 높게 나타난다.
③ 해마가 일부 손상되어도 학습은 가능하다.
④ 대뇌피질은 출생 시 가장 발달된 영역이다.
⑤ 세로토닌(serotonin)은 뇌를 손상되기 쉬운 구조로 만든다.

20 수행목표지향성에 관한 설명으로 옳은 것을 모두 고른 것은?

> ㄱ. 수행회피목표지향성이 높은 경우 타인과 비교하여 자신이 유능하게 평가받는 것에 초점을 둔다.
> ㄴ. 수행회피목표지향성이 높은 경우 지능에 대한 고정적 관점을 가진다.
> ㄷ. 수행접근목표지향성이 높은 경우 과제 실패의 원인을 자신의 능력에 귀인하는 경향이 높다.
> ㄹ. 수행접근목표지향성이 숙달목표지향성보다 높은 경우 도전적 과제를 선호한다.

① ㄱ, ㄴ
② ㄱ, ㄹ
③ ㄴ, ㄷ
④ ㄱ, ㄷ, ㄹ
⑤ ㄴ, ㄷ, ㄹ

21 정서에 관한 설명으로 옳지 않은 것은?

① 상황적 흥미는 맥락 의존적이며 일시적으로 지속된다.
② 불안과 걱정은 작업기억의 용량을 차지하여 효율적인 정보처리를 방해한다.
③ 일반적으로 비정서적인 정보보다 정서적인 정보를 쉽게 인출한다.
④ 역-도슨의 법칙(Yerkes-Dodson Law)에 의하면 어려운 과제는 높은 각성 수준에서 가장 잘 성취된다.
⑤ 정서-상태 의존 인출은 정보인출 시의 기분과 정보부호화 시의 기분이 일치할 때 기억이 향상되는 현상이다.

22 동기에 관한 설명으로 옳지 않은 것은?

① 자신이 좋아하는 일을 하는 대가로 보상을 받다가 보상이 사라지면 내재적 동기가 더욱 높아진다.
② 적절한 수준의 도전적 과제는 내재적 동기를 높인다.
③ 실패에 대한 원인을 내적이고 통제 불가능하며 안정적인 요인으로 귀인하면 내재적 동기는 낮아진다.
④ 보상이 성취에 대한 정보적 기능을 가지면 내재적 동기를 증가시킬 수 있다.
⑤ 수행 수준과 관계없이 과제 참여 자체를 보상하는 것은 내재적 동기를 감소시킨다.

23 다음 각 사례들에 해당하는 귀인 편향을 보기에서 바르게 골라 짝지은 것은?

> ㄱ. 정수가 집안 사정으로 수학시간에 결석이 많았으나, A교사는 시험 채점 후 "정수는 수학에 소질이 없어서 성적이 나쁜 거야"라고 생각함.
> ㄴ. A교사는 다른 교사들과 팀티칭에 동일하게 참여 후 "이번 팀티칭은 성공적이었어. 내가 이 일에 많은 기여를 했기 때문이지"라고 생각함.
> ㄷ. A교사는 기말고사 후 "지난 중간고사 때 내가 잘 가르쳐서 우리 반 아이들 성적이 좋았는데, 이번에는 아이들이 내 수업에 집중하지 않아서 성적이 떨어진 것 같아"라 고 생각함.

〈보 기〉
a. 기본귀인오류(fundamental attribution error)
b. 자기접대편향(self-servicing bias)
c. 자기중심편향(self-centering bias)
d. 잘못된 일치 효과(false consensus effect)

① ㄱ - a, ㄴ - b, ㄷ - d
② ㄱ - a, ㄴ - c, ㄷ - b
③ ㄱ - b, ㄴ - d, ㄷ - c
④ ㄱ - c, ㄴ - b, ㄷ - a
⑤ ㄱ - d, ㄴ - a, ㄷ - c

24 에클스와 웍필드(J. Eccles & A. Wigfield)의 기대×가치 이론에 관한 설명으로 옳은 것은?

① 비용신념은 성취행동에 정적 영향을 준다.
② 자기효능감은 기대보다 가치 요인과 정적 관계를 가진다.
③ 과제 흥미는 기대 요인에 포함된다.
④ 과제 곤란도에 대한 지각은 기대지각과 부적 관계를 가진다.
⑤ 기대×가치 이론은 정서적 기억의 영향을 고려하지 않는다.

25 구성주의 학습이론에 관한 설명으로 옳지 않은 것은?

① 구성주의는 학습자의 능동적 지식 구성을 강조한다.
② 인지적 구성주의는 개인 내면의 지식과 신념 구성에 초점을 둔다.
③ 사회적 구성주의는 학습에 있어서 문화적 맥락과 상황을 중시한다.
④ 비고츠키(L. Vygotsky)의 사회적 구성주의는 근접발달영역 안의 학습활동을 할 때 의미 있는 학습이 이루어진다고 본다.
⑤ 피아제(J. Piaget)의 인지적 구성주의에서는 정보의 정확한 표상을 중시한다.

2과목(선택) 청소년이해론

26 소년법에 따라 감호 위탁 처분을 받은 청소년을 보호자 대신 보호할 수 있는 자가 상담·주거·학업·자립 등의 서비스를 제공하는 청소년복지지원법상의 시설은?

① 꿈드림센터
② 꿈키움센터
③ 청소년희망센터
④ 청소년특화시설
⑤ 청소년회복지원시설

27 다음 중 관념론적 관점에서 청소년문화를 설명한 것을 모두 고른 것은?

ㄱ. 청소년문화는 청소년집단의 생활양식의 총체이다.
ㄴ. 청소년문화는 청소년들의 행위를 규제하는 규칙의 체계이다.
ㄷ. 구체적으로 관찰된 행동 그 자체가 청소년문화이다.
ㄹ. 청소년들의 생활양식이 기초하고 있는 관념체계를 청소년문화로 간주한다.

① ㄱ, ㄴ
② ㄱ, ㄷ
③ ㄴ, ㄷ
④ ㄴ, ㄹ
⑤ ㄷ, ㄹ

28 탭스콧(D. Tapscott)이 제시한 용어로 디지털혁명이 가속화되는 가운데 인터넷을 일상생활의 동반자처럼 활용하는 세대를 지칭하는 용어는?

① N세대
② X세대
③ Y세대
④ C세대
⑤ P세대

29 다음이 공통적으로 설명하는 여성가족부의 청소년 정책 사업은?

• 자격과 경험을 갖춘 청소년상담전문가가 위기청소년의 삶의 현장을 직접 찾아가 심리적·정서적 지지와 함께 지역사회 자원 연계서비스를 제공함.
• 중·고위험군 청소년에 대한 1:1 찾아가는 상담지원 서비스를 통해 문제해결에 도움을 제공하고 위기요인을 개선시킴.
• 위기청소년을 위해 지역사회의 청소년 협력자원을 발굴·연계하며, 그들과 지속적인 관계를 형성하여 지원함.

① 청소년동반자
② 청소년방과후아카데미
③ 청소년우대 사업
④ 드림스타트
⑤ 청소년 특별지원 사업

30 다음이 공통적으로 설명하는 학자는?

• 버밍엄(Birmingham) 학파의 일원으로 청소년문화를 하위문화로 개념 짓고, 이를 계급과의 관련하에 본격적으로 연구하였다.
• 영국의 노동계급 청소년들을 대상으로 민속지적 방법을 통해 청소년들의 문화를 생생하게 연구하였다.
• '학교와 계급 재생산(Learning to Labour)'을 발간하였다

① 터너(V. Turner)
② 파슨스(T. Parsons)
③ 윌리스(P. Willis)
④ 미드(M. Mead)
⑤ 부르디외(P. Bourdieu)

31 '열광적으로 추종한다'는 의미로 청소년들이 스타와 같은 특정 대상에 몰두하여 자신이 좋아하는 대상을 공유하는 사람들끼리 스타일을 함께함으로써 자신의 정체성을 드러내고 싶어 하는 현상은?

① 히끼꼬모리 문화
② 리셋 신드롬(reset syndrome)
③ 보보스(BOBOS) 문화
④ 팬덤(fandom) 문화
⑤ 차브(chav) 문화

32 프랭클린과 프리먼(B. Franklin & M. Freeman)이 분류한 가정에서의 아동과 청소년 권리 유형에 해당되지 않는 것은?

① 복지권(welfare rights)
② 보호권(protective rights)
③ 성인권(adult rights)
④ 부모에 대응하는 권리(rights against parents)
⑤ 천부권(entitlements rights)

33 청소년 기본법상 다음 (   )에 들어갈 용어는?

> 청소년의 기본적 인권은 청소년활동·청소년복지·청소년(   ) 등 청소년육성의 모든 영역에서 존중되어야 한다.

① 보 호   ② 참 여
③ 자 율   ④ 문 화
⑤ 상 담

34 프로이트(S. Freud)의 심리성적 발달단계 중 사춘기 이후 청소년에 해당하는 특성으로 옳은 것은?

① 동성 부모를 적대시한다.
② 신체를 자기 뜻대로 조절하는 것을 즐긴다.
③ 이성에 대해 성적 관심이 커진다.
④ 동성과의 우정 관계에 집중한다.
⑤ 외모에 관심이 집중된다.

35 피아제(J. Piaget)의 인지발달이론 중 형식적 조작기의 특성이 아닌 것은?

① 직관적 사고   ② 사고과정에 대한 사고
③ 가능성에 대한 사고   ④ 논리적 사고
⑤ 추상적 사고

36 엘킨드(D. Elkind)가 제시한 청소년의 자아중심적 특성이 반영된 생각의 예로 옳은 것은?

① "1+1의 답이 2만은 아닐 거야"
② "나의 독특성을 어른들은 이해하지 못해"
③ "도대체 내가 누구인지 모르겠어"
④ "남들이 겪는 일이라면 나에게도 일어나겠지"
⑤ "인류 역사를 관통하는 보편적 진리가 있을까?"

37 길리건(C. Gilligan)의 도덕성 발달이론에 관한 설명으로 옳은 것은?

① 행동주의적 발달 모델을 제시하였다.
② 남성과 여성은 도덕적 판단 기준에서 차이가 없다고 보았다.
③ 도덕성 발달을 4수준으로 구분하였다.
④ 전인습적 수준을 도덕성 발달의 최종 단계로 제시하였다.
⑤ 관심, 배려, 상호의존성을 중심으로 도덕성 발달을 연구하였다.

38 에릭슨(E. Erikson)의 심리사회적 발달단계 중 청소년기 정체감 발달에 관한 설명으로 옳지 않은 것은?

① 친밀하고 의미 있는 관계 형성의 기초가 된다.
② 심리사회적 유예 상태가 요구된다.
③ 영유아기에 형성된 신뢰를 바탕으로 발달한다.
④ 근면성 성취에 필요한 전제 조건이다.
⑤ 성취하지 못할 경우 자기회의에 빠지게 된다.

39 청소년기 진로선택 및 진로발달을 설명한 학자와 그 내용이 바르게 연결된 것을 모두 고른 것은?

> ㄱ. 긴즈버그(E. Ginzberg) – 현실에서 실제 직업선택을 하기 전에 가치, 능력, 흥미 순으로 시험적인 직업선택 과정 진행
> ㄴ. 로우(A. Roe) – 생애 초기 부모와의 관계에서 형성된 직업 욕구에 따라 직업선택
> ㄷ. 수퍼(D. Super) – 진로 자기개념의 발달과 진로의식 성숙이 전 생애를 통해 진행
> ㄹ. 홀랜드(J. Holland) – 생애역할에 따른 6개의 흥미 유형을 기초로 자신의 흥미 파악

① ㄱ, ㄴ ② ㄴ, ㄷ
③ ㄷ, ㄹ ④ ㄱ, ㄴ, ㄹ
⑤ ㄴ, ㄷ, ㄹ

40 브론펜브레너(U. Bronfenbrenner)의 생태학적 모델에서 청소년 환경체계의 예가 옳은 것은?

① 미시체계 – 대중매체
② 중간체계 – 부모의 직장
③ 외체계 – 여성가족부
④ 거시체계 – 확대가족
⑤ 시간체계 – 종교단체

41 청소년이 또래집단과 유사한 언어표현, 행동, 옷차림 등을 하는 현상과 관련된 개념이 아닌 것은?

① 사회적 비교 ② 주지화
③ 강화와 처벌 ④ 동조
⑤ 관찰학습

42 바움린드(D. Baumrind)가 제시한 부모 유형과 청소년 자녀의 특성이 바르게 연결된 것은?

① 허용적(permissive) 부모 – 복종적 자녀
② 무관심한(uninvolved) 부모 – 자율적 자녀
③ 권위적(authoritative) 부모 – 독립적 자녀
④ 통합적(integrative) 부모 – 효율적 자녀
⑤ 권위주의적(authoritarian) 부모 – 적응적 자녀

43 청소년 기본법상 청소년정책위원회의 주요 기능으로 옳은 것을 모두 고른 것은?

> ㄱ. 청소년육성에 관한 기본계획의 수립에 관한 사항을 심의·조정한다.
> ㄴ. 청소년정책의 분야별 주요시책에 관한 사항을 심의·조정한다.
> ㄷ. 청소년정책의 제도개선에 관한 사항을 심의·조정한다.
> ㄹ. 둘 이상의 행정기관에 관련된 청소년정책의 조정에 관한 사항을 심의·조정한다.

① ㄱ, ㄴ
② ㄱ, ㄷ
③ ㄱ, ㄴ, ㄷ
④ ㄴ, ㄷ, ㄹ
⑤ ㄱ, ㄴ, ㄷ, ㄹ

44 뒤르껭(E. Durkheim)이 제시한 자살의 종류에 해당되지 않는 것은?

① 모방적 자살 ② 이타적 자살
③ 아노미적 자살 ④ 이기적 자살
⑤ 숙명론적 자살

45 청소년쉼터에 관한 내용으로 옳은 것을 모두 고른 것은?

> ㄱ. 「청소년복지 지원법」에서 규정하고 있는 청소년복지시설이다.
> ㄴ. 보호기간을 기준으로 단기쉼터와 중장기쉼터의 2가지 유형으로 구분되고 있다.
> ㄷ. 국가나 지방자치단체에서 직영하거나 민간단체에 위탁하여 운영하기도 한다.
> ㄹ. 중장기쉼터는 보호기간이 2년 이내이며 2회 최장 2년에 한하여 연장가능하다.

① ㄱ, ㄴ ② ㄱ, ㄷ
③ ㄴ, ㄷ ④ ㄴ, ㄹ
⑤ ㄷ, ㄹ

46 비행에 관해 다음과 같이 주장한 학자는?

> • 일탈행위는 문화적으로 규정된 목표와 그 목표를 달성하기 위하여 사회적으로 구조화된 제도적 수단이 조화적으로 작용하지 않는 경우에 생긴다.
> • 아노미적 사회구조에 대한 적응유형을 동조형, 의례형, 혁신형, 도피형, 반역형으로 분류한다.

① 코헨(A. Cohen)
② 서덜랜드(E. Sutherland)
③ 허쉬(T. Hirschi)
④ 레머트(M. Lemert)
⑤ 머튼(R. Merton)

47 청소년 복지 지원법상 청소년복지시설 또는 청소년복지지원기관에 해당되는 것을 모두 고른 것은?

> ㄱ. 청소년치료재활센터
> ㄴ. 공동생활가정
> ㄷ. 이주배경청소년지원센터
> ㄹ. 청소년상담복지센터

① ㄷ, ㄹ ② ㄱ, ㄴ, ㄷ
③ ㄱ, ㄴ, ㄹ ④ ㄱ, ㄷ, ㄹ
⑤ ㄴ, ㄷ, ㄹ

48 학교폭력예방 및 대책에 관한 법률상 가해학생에 대한 조치로 옳지 않은 것은?

① 피해학생에 대한 서면사과
② 일시보호
③ 출석정지
④ 학급교체
⑤ 사회봉사

49 정기·임시회의를 통한 청소년 관련 정책의 모니터링, 청소년 의견 제안과 정책자문, 각종 토론회·워크숍 개최 등 다양한 활동을 위해 여성가족부 및 지방자치단체에서 설치·운영 중인 청소년 기구는?

① 청소년특별회의
② 청소년운영위원회
③ 청소년참여위원회
④ 청소년의회
⑤ 청소년정책위원회

50 마짜와 사이크스(D. Matza & G. Sykes)의 비행에 관한 중화기술 유형으로 옳지 않은 것은?

① 가해의 부정
② 책임의 부정
③ 피해자의 부정
④ 비난자의 부정
⑤ 높은 충성심에 호소

3과목(선택) 청소년수련활동론

51 청소년활동 진흥법령상 청소년수련시설 종합평가를 실시하여야 하는 자는?

① 여성가족부장관
② 보건복지부장관
③ 한국청소년수련시설협회장
④ 한국청소년상담복지개발원장
⑤ 한국청소년활동진흥원 이사장

52 다음에서 설명하는 수련활동은?

> • 지도상에 표시된 몇 개의 지점을 통과하여 가능한 빨리 결승점에 도달하는 활동
> • 지도와 나침반으로 자기의 길을 찾아야 하므로 추리력, 판단력, 기억력, 협동심을 요구함

① 하이킹
② 서바이벌게임
③ 천체탐사활동
④ 오리엔티어링
⑤ 모의올림픽게임

53 다음에서 설명하는 매듭법은?

> • 로프 두 개의 끝을 서로 잇는 매듭법이다.
> • 맺기 쉽고 풀기 쉬워 구급법에 가장 많이 쓰인다.
> • 본매듭 또는 바른매듭이라고도 불린다.

① 고매듭　② 맞매듭
③ 당김매듭　④ 접친매듭
⑤ 장구매듭

54 청소년활동 진흥법상 청소년수련시설이 아닌 것은?

① 유스호스텔　② 청소년수련원
③ 청소년야영장　④ 청소년수련관
⑤ 청소년자립지원관

55 청소년수련활동 인증위원회의 인증위원 구성에서 (　)에 들어갈 알맞은 숫자는?

> 인증위원회는 위원장과 부위원장 각 1명을 포함한 (　) 명 이내의 위원으로 구성한다.

① 15　② 20
③ 25　④ 30
⑤ 35

56 청소년활동 진흥법상 수련시설의 허가 또는 등록을 취소할 수 있는 자는?

① 여성가족부장관
② 보건복지부장관
③ 한국청소년수련시설협회장
④ 한국청소년활동진흥원 이사장
⑤ 특별자치시장 · 특별자치도지사 · 시장 · 군수

57 시·도지사 및 시장·군수 등이 읍·면·동에 1개소 이상 설치·운영하여야 하는 수련시설은?

① 유스호스텔
② 청소년수련관
③ 청소년문화의 집
④ 청소년야영장
⑤ 청소년수련원

58 청소년활동 진흥법령상 위험도가 높은 청소년수련활동이 아닌 것은?

① 래프팅
② 패러글라이딩
③ 10km 도보이동
④ 암벽 클라이밍
⑤ 2시간 이내의 야간등산

59 프로그램 개발 과정에서 적용되는 다음의 요구분석 기법은?

- 교육과정 개발에 활용되어 온 직무분석의 기법
- 교육이나 훈련을 목적으로 교육목표와 교육내용을 비교적 단시간 내에 추출하는 데 효과적인 방법
- 분석 협조자(panel member)로 구성된 위원회를 중심으로 집중적인 워크숍 개최

① 데이컴법
② 관찰법
③ 개별이력분석법
④ 델파이법
⑤ 능력분석법

60 프로그램 평가에 관한 설명으로 옳은 것을 모두 고른 것은?

ㄱ. 요구평가 : 현재수준과 기대수준의 격차에 대한 분석
ㄴ. 타당성조사 : 프로그램의 효율성에 대한 분석
ㄷ. 과정평가 : 프로그램 계획과 집행 사이의 격차에 대한 분석
ㄹ. 비용분석 : 프로그램 진행 중 수행하고자 하는 방법에 대한 분석
ㅁ. 결과평가 : 프로그램의 종료시점에서 목적과 목표에 대한 효과 분석

① ㄱ, ㄷ
② ㄱ, ㄷ, ㅁ
③ ㄴ, ㄷ, ㄹ
④ ㄴ, ㄹ, ㅁ
⑤ ㄱ, ㄴ, ㄹ, ㅁ

61 청소년활동 진흥법령상 청소년수련시설의 종사자를 대상으로 실시하여야 하는 안전교육 내용이 아닌 것은?

① 청소년수련활동 및 수련시설의 안전 관련 법령
② 청소년수련활동 안전사고 예방 및 관리
③ 수련시설의 안전점검 및 위생관리
④ 수련시설 종사자의 안전관리 역량 강화
⑤ 안전 관련 보험의 가입 여부 및 보험의 종류와 약관

62 다음이 설명하는 프로그램 내용 편성의 원리는?

- 프로그램 내용의 선정 시 프로그램의 목표를 충실하게 반영해야 한다.
- 프로그램이 왜 실시되어야 하는가를 판단해 주는 준거가 된다.

① 통합성의 원리 ② 계속성의 원리
③ 타당성의 원리 ④ 계열성의 원리
⑤ 범위의 원리

63 청소년활동 진흥법상 청소년수련시설 운영 중지 명령의 사유에 해당하는 것은?

① 청소년활동이 아닌 용도로 수련시설을 이용하는 경우
② 정당한 사유 없이 청소년의 수련시설 이용을 제한하는 경우
③ 수련시설 종합평가에서 가장 낮은 등급을 연속하여 3회 이상 받은 경우
④ 시설이 붕괴되거나 붕괴할 우려가 있는 등 안전 확보가 현저히 미흡한 경우
⑤ 청소년단체가 아닌 자에게 수련시설을 위탁하여 운영하게 하는 경우

64 학교 밖 청소년 지원에 관한 법률상 '학교 밖 청소년 지원센터'의 주요 업무가 아닌 것은?

① 학교 밖 청소년에 대한 사회적 인식 개선
② 학교 밖 청소년 지원 프로그램의 개발 및 보급
③ 학교 밖 청소년 지원 우수사례의 발굴 및 확산
④ 방과 후 활동 지원센터의 운영 모형 개발
⑤ 학교 밖 청소년 지원을 위한 지역사회 자원의 발굴 및 연계·협력

65 청소년활동 진흥법상 수련시설의 안전점검에 관한 내용으로 옳지 않은 것은?

① 수련시설의 운영대표자는 시설에 대하여 정기 및 수시 안전점검을 실시하여야 한다.
② 지방자치단체는 안전점검을 받아야 하는 시설의 범위·시기, 안전점검기관, 안전점검 절차 및 안전기준을 정하여야 한다.
③ 지방자치단체는 예산의 범위에서 안전점검이나 시설의 보완 및 개수·보수에 드는 비용의 전부를 보조할 수 있다.
④ 수련시설의 운영대표자는 안전점검 결과를 특별자치시장·특별자치도지사·시장·군수·구청장에게 제출하여야 한다.
⑤ 특별자치시장·특별자치도지사·시장·군수·구청장은 필요한 경우 시설의 보완을 요구할 수 있으며 수련시설의 운영대표자는 그 요구에 따라야 한다.

66 특별한 교육 및 활동이 필요한 청소년을 대상으로 지원하는 청소년 기본법령상의 방과 후 사업에 명시되지 않은 활동은?

① 청소년의 역량 개발 지원
② 청소년의 기본학습 및 보충학습 지원
③ 학교폭력 예방 및 대책에 관한 계획의 이행 지도
④ 청소년의 안전하고 건강한 방과 후 활동을 위한 급식, 시설 지원 및 상담
⑤ 청소년의 방과 후 활동을 지원하는 기관 및 단체 등의 개발 및 연계

67 청소년 기본법령상 ( )에 들어갈 내용이 순서대로 옳게 나열한 것은?

> 청소년수련시설에 종사하는 청소년지도사는 ( )년마다 ( )시간 이상의 보수교육을 받아야 한다.

① 1, 8
② 2, 8
③ 1, 15
④ 2, 15
⑤ 2, 20

68 청소년활동 진흥법상 국가 또는 지방자치단체의 지원 대상인 청소년교류활동에 해당하지 않는 것은?

① 국제청소년교류활동
② 청소년자원봉사활동의 활성화
③ 지방자치단체의 자매도시협정
④ 청소년교류센터의 설치·운영
⑤ 남·북청소년교류활동

69 문제해결 학습과정을 순서대로 옳게 나열한 것은?

> ㄱ. 문제 인식   ㄴ. 자료수집
> ㄷ. 결과의 검토 ㄹ. 해결방법의 계획
> ㅁ. 활동의 전개

① ㄱ-ㄴ-ㄷ-ㄹ-ㅁ
② ㄱ-ㄹ-ㄴ-ㅁ-ㄷ
③ ㄱ-ㄹ-ㄷ-ㄴ-ㅁ
④ ㄱ-ㄹ-ㅁ-ㄴ-ㄷ
⑤ ㄱ-ㅁ-ㄹ-ㄴ-ㄷ

70 다음이 공통으로 설명하는 하트(R. Hart)의 청소년 참여 사다리 단계는?

> • 청소년들이 제도나 규정에 따라 대표자로 회의에 참여하나 주도하지는 않는다.
> • 실질적인 청소년 참여로 보지 않는다.

① 청소년이 명목상(tokenism)으로 참여하는 단계
② 성인들이 정보를 제공하고 협의하는 단계
③ 성인 주도로 청소년과 의사결정을 공유하는 단계
④ 청소년이 주도하고 감독하는 단계
⑤ 성인들이 지시하고 정보를 제공하는 단계

71 멘토링 활동에 관한 설명으로 옳은 것을 모두 고른 것은?

> ㄱ. 멘토는 이타이카 왕 오디세우스 친구 이름인 멘토에서 유래하였다.
> ㄴ. 멘토링은 시기에 따라 예방 멘토링과 치료 멘토링으로 구분한다.
> ㄷ. 멘토는 모델링을 통하여 멘티에게 영향을 준다.
> ㄹ. 선도조건부 기소유예 처분을 받은 청소년을 대상으로 한 멘토링은 예방 멘토링에 해당된다.

① ㄱ, ㄴ
② ㄷ, ㄹ
③ ㄱ, ㄴ, ㄷ
④ ㄱ, ㄴ, ㄹ
⑤ ㄴ, ㄷ, ㄹ

72. 청소년의 발달 자산(developmental assets)에 관한 설명으로 옳은 것을 모두 고른 것은?

> ㄱ. 서치연구소(Search Institute)가 제시하였다.
> ㄴ. 20개의 외적 자산과 20개의 내적 자산으로 구분한다.
> ㄷ. 가정의 지지, 타인을 위한 봉사, 창의적 활동은 외적 자산에 속한다.
> ㄹ. 대인관계역량, 자아존중감, 목적의식은 내적 자산에 속한다.

① ㄱ, ㄷ
② ㄷ, ㄹ
③ ㄱ, ㄴ, ㄹ
④ ㄴ, ㄷ, ㄹ
⑤ ㄱ, ㄴ, ㄷ, ㄹ

73. 다음 활동이 모두 이루어지는 청소년 체험활동 단계로 옳은 것은?

> 목표의 상세화, 학습방법의 구체화, 현장답사, 사전교육, 체험 준비물 안내

① 활동 협의 단계
② 활동계획 수립 단계
③ 체험활동 단계
④ 정리활동 단계
⑤ 평가 및 반성 단계

74. 다음이 공통으로 설명하는 활동지도 이론은?

> • 대표적인 학자는 듀이(J. Dewey)이다.
> • 학습의 중심은 개개인의 현실세계의 내적 의식 구축에 있다.
> • 청소년활동은 자기중심교육과 반성적 사고에 초점을 둔다.
> • 활동의 적용은 야외교육, 수련활동에 적합하다.

① 경험주의이론
② 인지주의이론
③ 인본주의이론
④ 사회학습이론
⑤ 행동주의이론

75. 청소년활동 진흥법의 내용 중 ( )에 들어갈 용어로 옳은 것은?

> 특별자치시장·특별자치도지사·시장·군수·구청장은 청소년활동을 지원하기 위하여 필요한 경우 명승고적지, 역사유적지 또는 자연경관이 수려한 지역으로서 청소년활동에 적합하고 이용이 편리한 지역을 ( )(으)로 지정할 수 있다.

① 청소년 블루존
② 청소년 두드림존
③ 청소년수련거리
④ 청소년수련지구
⑤ 청소년야영장

2017년 제16회 기출문제

1과목(필수) 발달심리

01 노년기 인지발달에 관한 설명으로 옳은 것은?
① 정보처리 속도가 크게 증가한다.
② 결정지능의 감퇴가 유동지능보다 현저해진다.
③ 의미기억이 일화기억보다 더 많이 쇠퇴한다.
④ 인지발달의 변화양상에서 개인차가 더 커지게 된다.
⑤ 정보의 조직화와 정교화 책략 사용이 증가한다.

02 발달 이론가와 성인 발달에 관한 주장이 바르게 연결되지 않은 것은?
① 발테스와 발테스(P. Baltes & M. Baltes) – 성공적 노화를 선택, 최적화, 상실의 3가지 요인으로 설명한다.
② 에릭슨(E. Erikson) – 성인중기에 생산성을 확립할 방법을 찾지 못한 성인들은 침체감을 경험한다.
③ 해비거스트(R. Havighurst) – 사회적 활동수준을 유지하는 것이 성인후기 삶의 만족도를 높인다.
④ 레빈슨(D. Levinson) – 인생주기 중 모두 5번에 걸친 전환기(과도기)를 제안한다.
⑤ 라부비비에(G. Labouvie – Vief) – 성인기에는 가설적 사고에서 실용적 사고로 변화한다.

03 청소년기 자아정체감에 관한 설명으로 옳지 않은 것은?
① 청소년기를 거쳐 성인기에 이르기까지 발달이 계속된다.
② 부모의 양육행동은 자아정체감 형성에 영향을 미친다.
③ 청소년기의 정체감 유예(moratorium)는 부적응적인 것이다.
④ 부모의 가치나 기대를 그대로 수용하여 선택하는 경우를 정체감 유실(foreclosure)이라 한다.
⑤ 추상적 사고의 발달은 자아정체감 발달과 관련이 있다.

04 발달이론에 관한 설명으로 옳은 것을 모두 고른 것은?

ㄱ. 피아제(J. Piaget)의 인지발달 이론은 인지발달의 연속성(continuity)을 강조한다.
ㄴ. 프로이트(S. Freud)의 심리성적 이론은 성격발달에 있어 생애초기 경험을 중시한다.
ㄷ. 동물행동학적 이론은 발달에서 결정적 시기라는 개념을 주장한다.
ㄹ. 브론펜브레너(U. Bronfenbrenner)의 생태학적 이론에서 부모와 아동의 상호작용은 중간체계에 해당한다.

① ㄱ, ㄴ
② ㄴ, ㄷ
③ ㄷ, ㄹ
④ ㄱ, ㄴ, ㄷ
⑤ ㄴ, ㄷ, ㄹ

05 청소년기 신경계 발달 특징에 관한 설명으로 옳은 것을 모두 고른 것은?

> ㄱ. 전두엽에서 사용되지 않는 시냅스가 계속해서 제거된다.
> ㄴ. 신경전달물질인 도파민의 분비가 급격히 감소한다.
> ㄷ. 뇌신경의 수초화가 계속 진행되며, 그 진행속도는 뇌 영역마다 차이가 있다.
> ㄹ. 뇌의 성장급등과 더불어 뇌의 무게도 급격히 증가한다.

① ㄱ, ㄴ
② ㄱ, ㄷ
③ ㄷ, ㄹ
④ ㄱ, ㄴ, ㄹ
⑤ ㄴ, ㄷ, ㄹ

06 영아기 발달의 특징에 관한 설명으로 옳지 않은 것은?

① 감각 중 시각이 가장 늦게 발달한다.
② 습관화 절차로 영아기 학습능력을 관찰할 수 있다.
③ 깊이 지각은 만 1세 이전에 발달한다.
④ 만 3개월 된 영아는 언어의 음소를 변별할 수 있다.
⑤ 생후 1주된 신생아는 지연모방을 할 수 있다.

07 유아기 소근육 운동기술의 발달을 순서대로 바르게 나열한 것은?

> ㄱ. 직선과 원을 따라 그린다.
> ㄴ. 물건을 손으로 잡는다.
> ㄷ. 신발 끈을 혼자 묶는다.
> ㄹ. 직선을 따라 가위질을 한다.

① ㄱ - ㄴ - ㄹ - ㄷ
② ㄴ - ㄱ - ㄷ - ㄹ
③ ㄴ - ㄱ - ㄹ - ㄷ
④ ㄷ - ㄹ - ㄱ - ㄴ
⑤ ㄹ - ㄴ - ㄱ - ㄷ

08 다음에 제시된 아동의 사회인지능력을 측정하는 과제는?

> 한울이는 친구 민수가 자신과 다른 생각을 가질 수 있고, 자신이 아는 것을 민수가 모를 수 있다는 사실을 이해한다.

① 자기 인식 과제
② 정서 조절 과제
③ 심적 회전 과제
④ 틀린 믿음 과제
⑤ 애착 과제

09 다음과 같은 특징을 보이는 아동기 장애는?

> • 과제나 활동에 필요한 물건을 자주 잃어버린다.
> • 과제나 놀이를 할 때 지속적으로 주의 집중할 수 없다.
> • 지시를 끝까지 듣지 못하고 학업에 어려움을 보인다.
> • 손발을 만지작거리며 가만두지 못하거나 의자에 앉아서도 꿈틀거린다.

① 주의력결핍 과잉행동장애
② 틱장애
③ 적대적 반항장애
④ 품행장애
⑤ 자폐스펙트럼장애

10 피아제(J. Piaget) 이론에서 생후 10개월 된 영아가 할 수 있는 행동으로 적합한 것을 모두 고른 것은?

> ㄱ. 1주일 전에 본 이웃집 아이의 행동을 모방한다.
> ㄴ. 영아가 보고 있는 물건을 가리개로 가리면, 가리개를 치우고 물건을 잡는다.
> ㄷ. 물건을 A에서 찾은 후에는 물건이 B에 숨겨지는 것을 보아도 A에서 계속 찾는다.
> ㄹ. 자신이 물체에 어떤 변화를 일으킬 수 있는지 알아보기 위해 블록을 던져보거나 굴려본다.

① ㄱ, ㄴ   ② ㄴ, ㄷ
③ ㄷ, ㄹ   ④ ㄱ, ㄴ, ㄷ
⑤ ㄴ, ㄷ, ㄹ

11 다음 행동은 콜버그(L. Kohlberg)가 제안한 도덕발달의 어떤 단계에 해당하는가?

> "동생이랑 사이좋게 지내. 잘 놀아주지 않으면 혼내 줄 거야."라는 엄마의 이야기를 듣고 철수는 야단맞지 않으려고 친구와 놀러가고 싶은 것을 참고 동생과 놀았다.

① 처벌 – 복종 지향
② 단순 쾌락 지향
③ 착한 소년 – 착한 소녀 지향
④ 사회질서 유지 지향
⑤ 사회계약 지향

12 까꿍놀이와 같은 사회놀이에 관한 설명으로 옳지 않은 것은?

① 언어발달과 관련이 없다.
② 사회적 발달에 중요하다.
③ 두 사람 간의 정서적 교류를 촉진한다.
④ 생후 4~6개월에 시작된다.
⑤ 주고받기의 기본을 배우게 된다.

13 공동주의(joint attention)에 관한 설명으로 옳지 않은 것은?

① 타인이 바라보는 곳과 동일한 방향으로 따라 보는 것이다.
② 생후 3개월 이전에는 나타나지 않는다.
③ 상대방의 마음을 이해하는 데 중요하다.
④ 공동주의를 더 많이 하는 아동이 언어발달이 더 빠르다.
⑤ 주의력결핍 과잉행동장애 아동은 공동주의에 결함이 있다.

14 기형발생물질에 관한 설명으로 옳은 것을 모두 고른 것은?

> ㄱ. 신체발달에 유해한 영향을 미치는 시기는 신체기관에 따라 다르다.
> ㄴ. 노출된 물질의 양에 따라 효과가 다르다.
> ㄷ. 출생 초기에는 효과가 나타나지 않다가 수년 후에 나타날 수 있다.
> ㄹ. 신체의 주요 구조적 이상은 접합기에 발생한다.

① ㄱ, ㄴ   ② ㄱ, ㄷ
③ ㄴ, ㄹ   ④ ㄷ, ㄹ
⑤ ㄱ, ㄴ, ㄷ

15 다음은 토마스와 체스(A. Thomas & S. Chess)의 기질 모델에서 어떤 유형에 해당하는가?

> • 활동수준이 낮다.
> • 수면 패턴 등 일상생활 리듬이 비교적 규칙적이다.
> • 새로운 자극에 더디게 반응한다.
> • 소리 내어 웃는 일이 적고 기분이 부정적이다.

① 순한 기질   ② 까다로운 기질
③ 억제형 기질   ④ 우울한 기질
⑤ 느린 기질

16 다음과 같은 상황을 설명하는 비고츠키(L. Vygotsky)의 개념이 아닌 것은?

> 진수가 선물로 받은 퍼즐을 잘 맞추지 못하고 있자, 옆에 있던 아빠가 "모퉁이부터 맞추어보면 좋지 않을까?"라고 말하면서 모서리에 해당하는 조각 하나를 진수 앞에 두었다. 그러자 진수는 점차 모서리 조각을 스스로 찾아서 퍼즐을 맞출 수 있게 되었다.

① 사적 언어
② 발판화(scaffolding)
③ 유도된 참여
④ 근접발달 영역
⑤ 유도된 학습

17 에릭슨(E. Erikson)이 제안한 발달단계별 위기의 순서가 바르게 나열된 것은?

① 신뢰 대 불신 – 근면성 대 열등감 – 자율성 대 수치심
② 주도성 대 죄책감 – 자율성 대 수치심 – 친밀감 대 고립감
③ 정체성 대 역할 혼란 – 생산성 대 침체감 – 근면성 대 열등감
④ 자율성 대 수치심 – 근면성 대 열등감 – 정체성 대 역할 혼란
⑤ 생산성 대 침체감 – 친밀감 대 고립감 – 자아통합 대 절망

18 다음에서 설명하는 애착 유형은?

> "부모님을 생각하면 아직도 화가 난다. 나를 따뜻하게 돌봐 주지 않으셔서 나는 아직도 사랑에 목이 마르다. 다른 사람이 나를 진정으로 사랑해 주지 않는 것 같다. 나는 이것 때문에 걱정이 되고 스트레스를 받는다. 나는 상대방에게 가까이 가려 하지만 이러한 나의 행동은 상대방을 달아나고 싶게 만들기도 한다."

① 안정 애착 ② 저항 애착
③ 회피 애착 ④ 혼란 애착
⑤ 거부 애착

19 만 8개월 영아는 양육자가 눈에 보이지 않으면 심한 불안을 보이며 양육자를 찾는다. 이러한 현상과 관련된 영아기 인지발달은?

① 보존 개념
② 지각 항상성
③ 대상 영속성
④ 자기 중심성
⑤ 상징적 사고

20 만 3세 아동이 주어 뒤에 조사 '가'를 붙이는 규칙을 학습한 후, "곰가 꿈에서 나를 따라왔어요."라고 말하였다. 이러한 현상을 (A)(이)라 하며 언어 발달이 단순히 (B)에 의한 것이 아님을 제안하는 것이다. ( )에 들어갈 내용으로 적합한 것은?

① A : 변형 규칙   B : 보편문법
② A : 과잉 일반화   B : 보편문법
③ A : 변형 규칙   B : 모방
④ A : 통사적 제약   B : 보편문법
⑤ A : 과잉 일반화   B : 모방

21 만 5세, 7세, 9세 아동 각각 100명을 표집하고 이들을 대상으로 실험을 실시하여 연령에 따른 시공간적 추론 능력의 발달을 알아보았다. 이러한 연구 설계의 단점에 해당하는 것을 모두 고른 것은?

> ㄱ. 연구 기간이 길고 피험자를 추적해야 하는 어려움이 있다.
> ㄴ. 발달적 변화과정을 정확하게 보여주지 못한다.
> ㄷ. 중도 탈락이 많아 표집의 특성을 상실할 위험이 있다.
> ㄹ. 출생동시집단(cohort)효과를 통제할 수 없다.
> ㅁ. 반복 측정에 따른 오염이 발생할 수 있다.

① ㄱ, ㄴ
② ㄱ, ㄷ
③ ㄴ, ㄹ
④ ㄷ, ㅁ
⑤ ㄷ, ㄹ, ㅁ

22 자신에 대한 기술을 통해 나타난 자기 개념 수준이다. 발달적 출현 순서가 바르게 나열된 것은?

> ㄱ. "나는 여자예요."
> ㄴ. "나는 수줍음이 심해요."
> ㄷ. "나는 그림을 잘 그려요."
> ㄹ. "나는 멋진 신발을 가진 사람이에요."
> ㅁ. "나는 어떤 사람이 되어야 할지 깨달았어요!"

① ㄱ - ㄴ - ㄷ - ㄹ - ㅁ
② ㄱ - ㄹ - ㄷ - ㄴ - ㅁ
③ ㄴ - ㄷ - ㄹ - ㄱ - ㅁ
④ ㄷ - ㄱ - ㄹ - ㅁ - ㄴ
⑤ ㄹ - ㄱ - ㄷ - ㅁ - ㄴ

23 정신역동이론에 따르면 남근기 부모의 위협을 상상하는 아동이 자신의 콤플렉스를 극복하는 방어기제로 초자아 형성을 유도하는 것은?

① 투 사
② 퇴 행
③ 합리화
④ 동일시
⑤ 반동형성

24 만 7세 수진이는 할머니에게 받은 선물이 속옷인 것을 발견하고 실망스러웠지만 자신의 마음을 억누르고 웃으며 할머니에게 "고맙습니다."라고 말하였다. 이는 수진이가 무엇을 획득했음을 의미하는가?

① 자기 중심성
② 사회적 참조
③ 정서표출 규칙
④ 문화적 상대성
⑤ 혼합 정서

25 다음의 예시는 성 유형화에 관한 이론 중 무엇을 지지하는가?

> 여자 아이는 바느질이 "여자를 위한 것"이고 비행기 만들기는 "남자를 위한 것"이라고 배운다. 이후 여자 아이는 이러한 개념에 일관된 행동을 하기 위하여 이와 관련된 정보에 주의를 기울이고 기억하는 반면, 비행기 모델을 만드는 것과 관련된 정보는 무시할 것이다. 이러한 과정이 이후 여자 아이가 성 역할과 관련된 사회적 정보를 처리하는 각본이 된다.

① 핼펀(D. Halpern)의 생물학적 관점
② 반두라(A. Bandura)의 사회학습이론
③ 콜버그(L. Kohlberg)의 인지발달이론
④ 벰(S. Bem), 마틴(C. Martin)의 성 도식 이론
⑤ 프로이트(S. Freud)의 정신분석이론

2과목(필수) 집단상담의 기초

26 인지행동적 접근을 취하는 집단상담의 특징으로 옳은 것은?

① 치료적 변화를 야기하는 것은 기법이 아니라 집단원과의 관계의 질이라고 본다.
② 의미, 목표지향적 행동, 소속감, 사회적 관심에 초점을 둔다.
③ 바람직한 변화를 유발하기 위해 행동의 변화를 우선시한다.
④ 심리적 문제는 역기능적 인지 처리의 결과로 발생한다고 본다.
⑤ 영적이고 자아초월적인 의식 상태, 신비 경험, 절정 경험 등에 관심을 갖는다.

27 사실적 이야기를 장황하게 말하는 집단원에 대한 상담자의 개입 방법으로 옳지 않은 것은?

① 사실적 이야기를 장황하게 말하는 것과 자기 개방을 차별화시켜 줄 필요가 있다.
② 이야기의 세부 사항보다는 그 사건에 대한 집단원의 감정과 생각에 초점을 맞추도록 돕는다.
③ 구체적이고 명료하게 자신을 표현하도록 가르칠 필요가 있다.
④ 방어의 한 형태이므로 연결하기(linking) 기법을 통해 그 행동을 멈추도록 돕는다.
⑤ 공감적 이해를 통해 집단원의 사실적 이야기가 현재에 미친 영향을 표현하도록 돕는다.

28 마음챙김 및 수용 기반 인지행동치료의 접근법에 관한 설명으로 옳은 것을 모두 고른 것은?

> ㄱ. 마음챙김 기반의 스트레스 감소 프로그램(MBSR) : 고통감내 기술, 의미창출 기술 등을 통해 정서를 수용하도록 돕는 역설적인 치료법
> ㄴ. 변증법적 행동치료(DBT) : 바디스캔 명상, 정좌 명상, 하타요가 등을 8주 프로그램으로 운영
> ㄷ. 마음챙김 기반의 인지치료(MBCT) : 마음챙김 훈련을 통해 우울증을 유발하는 자동적 사고의 부정적 영향력을 약화시키는 것이 주요 목표
> ㄹ. 수용전념치료(ACT) : 정신병리가 경험 회피와 인지적 융합으로 인한 심리적 경직성에 의해 발생한다고 봄

① ㄱ, ㄴ
② ㄷ, ㄹ
③ ㄱ, ㄴ, ㄷ
④ ㄴ, ㄷ, ㄹ
⑤ ㄱ, ㄴ, ㄷ, ㄹ

29 숨겨진 안건(hidden agenda)에 관한 설명으로 옳지 않은 것은?

① 집단 이전에 형성된 집단원 간 갈등, 강제적인 참여, 특정 종교 등이 숨겨진 안건에 해당된다.
② 숨겨진 안건이 있을 경우 집단원은 자신을 방어하고, 위험을 감수하려고 하지 않는다.
③ 상담자는 집단원이 숨겨진 안건을 알아차려서 말로 표현하도록 도전할 필요가 있다.
④ 집단 과정 중에 형성된 갈등은 숨겨진 안건에 해당되지 않는다.
⑤ 집단초기라도 숨겨진 안건이 집단 역동에 영향을 미친다면 이를 표면화시켜서 다룰 필요가 있다.

30 해결중심 집단상담 이론에 관한 설명으로 옳지 않은 것은?

① 심리적 장애나 역기능적 행동보다는 긍정적인 측면에 초점을 맞춘다.
② 초이론적 변화 모델에 기반을 두고 단계별로 적절한 개입을 한다.
③ 문제대화보다는 해결대화에 참여하도록 독려한다.
④ 집단원의 강점, 자원, 성공경험을 활용한다.
⑤ 상담자는 '알지 못함의 자세'를 취한다.

31 다음 특징들이 공통적으로 나타나는 집단발달단계에서 상담자의 역할로 옳은 것은?

- 복합적 감정
- 자기 관여의 감소
- 집단경험에 대한 최종 평가 작업

① 행동 패턴의 의미를 설명하여 집단원이 더 깊은 자기 탐색에 도달할 수 있도록 돕는다.
② 집단원이 두려움과 기대를 표현하도록 노움으로써 신뢰를 형성한다.
③ 집단에서 해결하지 못한 문제를 표현하고 다룰 수 있는 기회를 제공한다.
④ 보편성을 제공할 수 있는 공통 주제들을 탐색하고 다른 집단원의 작업과 연계한다.
⑤ 집단원 간에 발생한 갈등 상황을 인식하고 다룬다.

32 집단응집력에 관한 설명으로 옳지 않은 것은?

① 집단 내에서 함께 하는 느낌 또는 공동체라는 느낌을 의미한다.
② 집단회기가 진행되면서 자연스럽게 발달되고 유지된다.
③ 집단매력도와 관련이 있다.
④ '지금-여기'에 초점을 맞추어 피드백을 하려는 집단원의 의지는 집단응집력 지표 중 하나이다.
⑤ 초기부터 종결단계까지 항상 중요하다.

33 코리(G. Corey)가 제안한 집단 초기 단계의 특징으로 옳은 것을 모두 고른 것은?

ㄱ. 위험을 감수하는 행동이 상대적으로 적고 탐색도 머뭇거리면서 일어난다.
ㄴ. 어느 수준까지 자기를 개방하고 참여할 것인지 결정한다.
ㄷ. 변화에 대한 자신의 시도가 지지받는다고 느끼며 새로운 행동을 시도해본다.
ㄹ. 통제와 힘을 얻고자 하는 역동이 드러나거나, 다른 집단원들과 갈등을 경험하기도 한다.
ㅁ. 저항과 방어 심리가 다양한 행동 패턴으로 나타난다.

① ㄱ, ㄴ
② ㄴ, ㄷ
③ ㄱ, ㄴ, ㅁ
④ ㄴ, ㄹ, ㅁ
⑤ ㄱ, ㄷ, ㄹ, ㅁ

34 청소년 집단상담 운영 시 고려해야 할 사항으로 옳지 않은 것은?

① 집단상담에 적합하지 않은 청소년을 선별하여 제외한다.
② 청소년 집단상담 운영에 관련된 법률을 충분히 숙지하여야 한다.
③ 자발성이 낮은 집단인 경우 집단 초기에 재미있는 활동들을 활용하는 것이 좋다.
④ 개인의 목표를 현실적인 수준에서 달성 가능하도록 설정하는 것이 좋다.
⑤ 참여동기가 낮은 집단인 경우 집단 초기 오리엔테이션을 짧게 진행하는 것이 좋다.

35 청소년 집단상담에서 피드백에 관한 설명으로 옳지 않은 것은?

① 집단원의 변화에 대한 동기를 높일 수 있다.
② 집단원은 자신의 행동이 타인에게 미치는 영향을 이해할 수 있다.
③ 상담자는 초기에 부정적 피드백, 종결기에 긍정적 피드백을 주로 사용한다.
④ 상담자의 피드백은 집단원에게 교육적 효과가 있다.
⑤ 상담자는 자신의 피드백에 대한 집단원의 반응을 면밀히 관찰해야 한다.

36 청소년 집단상담자의 자기개방 기법에 관한 설명으로 옳지 않은 것은?

① 집단원과 신뢰로운 관계가 형성된 후에 자기개방을 한다.
② 타인의 경험이 아니라 반드시 자기 자신의 경험을 표현한다.
③ 집단원이 관심을 가지고 있는 주제에 대해 자기개방을 한다.
④ 종결단계에서 적극적으로 사용해야 한다.
⑤ 자기개방을 하기 위해서는 모험을 감행해야 한다.

37 청소년 집단상담자의 바람직한 행동으로 옳은 것은?

① 집단원이 말할 때마다 즉각적인 반응을 한다.
② 하위집단 간의 갈등이 자체적으로 해결될 때까지 기다린다.
③ 지속적으로 자기개방을 한다.
④ 집단원에게 끊임없는 칭찬과 지지를 한다.
⑤ 침묵하는 집단원에 대해 수용적인 태도를 보여준다.

38 다음 상황에서 상담자가 적용한 집단기술을 모두 고른 것은?

> 향기(별칭) : TV에서 폭행을 당하는 친구를 보면 제가 왕따 당했던 기억이 떠올라요. 지금 괴롭힘을 당하는 그 친구의 마음이 이해가 돼요. 그렇게 친구를 괴롭히는 아이들은 반드시 벌을 받아야 해요.
>
> 집단상담자 : TV를 보면서 과거 생각이 나서 많이 힘들었나 보다. 또 너를 괴롭혔던 친구들에게 화도 나고 많이 속상하구나. 향기가 힘들었던 이야기를 용기내어 해 주어서 고마워. 그런데 그때 힘들었던 상황을 어떻게 견뎠는지 궁금한데, 말해 줄 수 있겠니?

〈보 기〉
ㄱ. 공감　　　　ㄴ. 해석
ㄷ. 재명명　　　ㄹ. 격려
ㅁ. 질문

① ㄱ, ㅁ
② ㄱ, ㄹ, ㅁ
③ ㄴ, ㄷ, ㄹ
④ ㄱ, ㄷ, ㄹ, ㅁ
⑤ ㄴ, ㄷ, ㄹ, ㅁ

39 청소년 집단상담자의 인간적 자질로 옳은 것을 모두 고른 것은?

ㄱ. 유머 감각
ㄴ. 자신의 청소년기에 대한 통찰
ㄷ. 청소년의 유행과 비속어, 은어에 대한 숙지
ㄹ. 대인관계 기술
ㅁ. 창의성

① ㄱ, ㄴ, ㄷ
② ㄱ, ㄴ, ㅁ
③ ㄴ, ㄷ, ㄹ
④ ㄴ, ㄷ, ㅁ
⑤ ㄱ, ㄷ, ㄹ, ㅁ

40 학교폭력 가해자가 교칙에 따라 의무적으로 참여하는 청소년 집단상담에서 상담자의 역할로 옳은 것은?

① 집단원의 참여거부권을 수용해야 한다.
② 부모나 법적 보호자의 허락을 확인하지 않아도 된다.
③ 사전 동의 절차를 진행하지 않아도 된다.
④ 비밀보장을 반드시 지켜야 한다.
⑤ 집단원에게 집단이탈 시 발생하는 결과에 대해 고지하지 않아도 된다.

41 집단상담 이론에 관한 설명으로 옳은 것은?

① REBT는 CBT와 달리 집단원에게 교육적인 입장을 취한다.
② 이야기치료는 현재 행동을 평가하고, 욕구실현이 가능하도록 계획하고 실천하게 돕는다.
③ 현실치료는 집단원의 직접적인 체험, 자각, 지금-여기, 해결되지 않은 문제 등을 다룬다.
④ 게슈탈트는 실제적이고 시간 효율적인 개입으로 무엇이 잘못되었는지에서 무엇이 잘되고 있는지로 초점을 바꾼다.
⑤ REBT는 상담자의 무조건적 수용을 통해 집단원으로 하여금 자신이 받아들여질 것이라고 느끼게 한다.

42 현실치료 집단상담에서 각 질문에 해당되는 WDEP 모델을 순서대로 나열한 것은?

> ㄱ. 지난 주와 달리 이번 주에 하고 싶은 것은 무엇입니까?
> ㄴ. 원하는 것을 가질 수 있다면, 당신은 무엇을 갖고 싶습니까?
> ㄷ. 현재의 상황을 그렇게 바라보는 것이 당신에게 도움이 되고 있나요?

① D - E - P
② D - W - E
③ W - D - E
④ W - D - P
⑤ W - E - P

43 상담윤리에 위배되는 집단상담자의 행동은?

① 비밀보장의 중요성 및 한계상황을 설명했다.
② 상담자의 자격과 경력이 집단 진행에 적합하다는 점을 제시했다.
③ 집단원 다수의 압력으로부터 하늘(별칭)을 보호하는 개입을 했다.
④ 3회기에 알게 된 산(별칭)의 자살 구상을 8회기 집단 종결 후 학급담임교사에게 즉각 알렸다.
⑤ 개인상담 병행 여부를 확인하고 집단상담 참여 사실을 개인상담자에게 알리도록 조언했다.

44 집단상담자의 역할과 작업의 연결이 옳지 않은 것은?

① 집단의 시작을 돕기 - 두 사람씩 만나서 5분간 예기불안, 기대 등을 나누게 했다.
② 회기 종결을 돕기 - 종결활동을 구조화하여 미완성문장을 돌아가면서 완성하게 했다.
③ 집단 분위기 조성 - 진솔하고 온화한 분위기를 만드는 워밍업 활동을 진행했다.
④ 상호작용 촉진 - 집단원이 자신을 공개하면 한 사람 이상 피드백할 것을 제안했다.
⑤ 행동모범 보이기 - 회기 중 집단원의 행동과 집단역동을 관찰하여 기록했다.

45 집단상담계획에 관한 설명으로 옳은 것을 모두 고른 것은?

> ㄱ. 계획서를 근거로 집단원의 욕구를 파악한다.
> ㄴ. 비구조화 집단을 계획할 때 개괄적 틀(frame)이 필요하다.
> ㄷ. 집단 규모를 정할 때 집단의 유형 및 초점을 고려해야 한다.
> ㄹ. 계획서에는 목적, 대상, 활동내용 등이 포함되어야 한다.

① ㄱ, ㄴ
② ㄱ, ㄷ
③ ㄴ, ㄹ
④ ㄴ, ㄷ, ㄹ
⑤ ㄱ, ㄴ, ㄷ, ㄹ

46 다음 상황의 해결에 공통적으로 유용한 집단상담기술은?

> • 집단원들에게 보편성을 체험하게 하고 싶다.
> • 구조화집단이라 역동을 활발하게 일으키기가 어렵다.
> • 집단원의 자기노출 시 다른 집단원의 피드백이 뒤따르지 않는다.

① 연결하기
② 차단하기
③ 해석하기
④ 명료화하기
⑤ 자기개방하기

47 집단상담 참여 소감의 일부이다. ( )에 들어갈 내용을 순서대로 나열한 것은?

> • ( )집단 : 내가 가진 문제에 이름을 붙였다. 나와 문제를 떼어놓고 볼 수 있게 되어 문제를 다루기 편했다. 그리고 서로 도와 각자의 삶을 긍정적인 이야기로 새로 만들어서 좋았다.
> • ( )집단 : 나를 나타내는 색으로 그림을 그렸다. 음악을 듣고 감상을 말했다. 책상을 차례로 두드려 박자를 만들었는데 잘 어우러졌다. 거울처럼 동작하기를 하면서 짝의 마음이 느껴져 놀랐다.

① 강점중심상담, 게슈탈트
② 이야기치료, 게슈탈트
③ 이야기치료, 표현예술치료
④ 해결중심상담, 게슈탈트
⑤ 강점중심상담, 표현예술치료

48 시간제한적 단기집단상담을 성공적으로 진행하기 위한 상담자 또는 집단원의 역할로 옳은 것을 모두 고른 것은?

> ㄱ. 특별히 주의를 기울여 집단원을 선별해야 한다.
> ㄴ. 초점을 명확히 하여 집단 발달과 응집력을 촉진해야 한다.
> ㄷ. 초점을 유지하기 위해 진행과정을 꾸준히 평가해야 한다.
> ㄹ. 상담사보다 집단원들이 더 적극적 자세를 취해야 한다.

① ㄱ, ㄴ
② ㄷ, ㄹ
③ ㄱ, ㄴ, ㄷ
④ ㄴ, ㄷ, ㄹ
⑤ ㄱ, ㄴ, ㄷ, ㄹ

49 집단상담자 기술사용에 관한 설명으로 옳은 것은?

① 집단 역동을 촉진하는 상담자의 기술은 집단 회기의 상황에 맞춰 사용될 때 가장 유용하다.
② 연결하기, 차단하기 같은 개인상담 기본기술을 집단상담에서도 능숙하게 사용할 수 있어야 한다.
③ 대부분의 집단상담기술은 일상생활에서도 경험하는 것들이어서 집단원들의 변화를 일으키는 데 효과적이다.
④ 여성주의 집단상담자는 집단원의 능동성·긍정성 증진을 위해 집단참여 전 변화 경험을 묻는 것이 바람직하다.
⑤ 통합적 접근의 집단 구성 시 이론적 통합보다 기술적 통합에 초점을 둘 때 기법을 더 풍부하게 개발할 가능성이 있다.

50 집단의 유형 중 상담집단의 특징으로 옳지 않은 것은?

① 주제 및 내용, 집단지도성에 초점
② 상호피드백 및 지금-여기에 초점
③ 집단원의 자발성 및 주관성에 초점
④ 일상적인 삶의 문제 해결에 초점
⑤ 대인관계 과정에 초점

3과목(필수) 심리측정 및 평가

51 심리적 구성개념에 관한 설명으로 옳은 것은?

① 구체적이고 가설적인 개념이다.
② 물리적으로 존재하는 개념이다.
③ 측정 시 오차가 발생하지 않는다.
④ 심리검사를 통해 수량화가 불가능하다.
⑤ 조작적 정의를 통해 간접적으로 측정할 수 있다.

52 규준에 관한 설명으로 옳은 것을 모두 고른 것은?

> ㄱ. Z점수는 평균이 0, 표준편차가 10이다.
> ㄴ. T점수는 평균이 50, 표준편차가 50이다.
> ㄷ. 스태나인(stanine) 점수는 원점수를 0~8까지의 범주로 나눈 것이다.
> ㄹ. 백분위는 규준집단에서 주어진 점수보다 낮은 점수를 받은 사람의 비율이다.

① ㄱ, ㄴ
② ㄱ, ㄷ
③ ㄱ, ㄹ
④ ㄴ, ㄷ
⑤ ㄴ, ㄹ

53 척도에 관한 설명으로 옳지 않은 것은?

① 비율척도 : 절대 영점이 존재하지 않는다.
② 서열척도 : 단위 사이의 간격에 관한 정보가 없다.
③ 등간척도 : 수치 간의 비율적 정보는 가능하지 않다.
④ 명명척도 : 개인 간의 순위에 관한 정보를 알 수 없다.
⑤ 등간척도 : 수치 사이의 간격이 동일하다는 정보를 제공한다.

54 신뢰도에 관한 설명으로 옳지 않은 것은?
① 반분법은 신뢰도를 과소 추정하게 된다.
② 동형법은 검사 – 재검사법의 단점을 보완할 수 있다.
③ 검사 – 재검사법은 두 검사 간의 시간간격을 고려한다.
④ 신뢰도계수는 진점수 변량에 대한 관찰점수 변량의 비율이다.
⑤ 내적일관성 방법은 단일시행으로 신뢰도계수를 구할 수 있다.

55 검사가 측정하려고 하는 이론적 구성개념이나 특성을 측정하는 정도를 검증하는 것은?
① 안면타당도(face validity)
② 내용타당도(content validity)
③ 구성타당도(construct validity)
④ 공인타당도(concurrent validity)
⑤ 예언타당도(predictive validity)

56 다음에 해당하는 관찰법은?

> 상담사가 별거 중인 부부에게 부부관계에 대해 이야기하도록 요청한 후 상담실에 설치된 일방거울을 통해 관찰한다.

① 유사관찰법
② 자연관찰법
③ 자기관찰법
④ 참여관찰법
⑤ 무선관찰법

57 심리검사 선정기준으로 옳지 않은 것은?
① 신뢰도와 타당도가 높은 검사를 선정한다.
② 검사의 경제성과 실용성을 고려해 선정한다.
③ 수검자의 특성과 상관없이 의뢰 목적에 맞춰 선정한다.
④ 객관적 검사와 투사적 검사의 장단점을 고려해 선정한다.
⑤ 여러 검사 중 수검자에게 가장 필요한 정보를 제공해 줄 수 있는 검사를 선정한다.

58 심리검사 실시에 관한 설명으로 옳은 것은?
① 검사자의 기대는 검사결과에 영향을 미치지 않는다.
② 신경심리검사를 실시할 때 수검자의 정서적 안정도는 고려하지 않는다.
③ 검사 전 수집한 수검자에 관한 정보는 검사 과정에 영향을 미치지 않는다.
④ 표준화검사에서 검사자는 수검자가 동기를 가질 수 있도록 독려할 수 있다.
⑤ 표준화검사는 검사실시에 관한 표준조건을 엄격히 준수할 것을 요구하지 않는다.

59 심리검사에 관한 윤리적 지침으로 옳지 않은 것은?
① 자격을 갖춘 사람이 검사를 실시해야 한다.
② 수검자에게 검사문항을 사전에 보여주지 않는다.
③ 반응의 왜곡을 방지하기 위해 검사 목적을 알리지 않는다.
④ 기관에서는 검사자료에 대한 접근을 엄격히 통제해야 한다.
⑤ 법이 요구할 경우 검사결과는 수검자의 동의없이 공개할 수도 있다.

60 MBTI에 관한 설명으로 옳은 것을 모두 고른 것은?

> ㄱ. 특질이 성격의 기본단위라는 입장을 취한다.
> ㄴ. 이상행동의 진단보다 개인이 가진 타고난 심리적 경향성을 측정한다.
> ㄷ. 융(C. Jung)의 심리유형에 관한 내용을 이론적 바탕으로 하고 있다.
> ㄹ. ISTJ형은 감각을 주 기능으로 사용하는 내향적 판단형이다.

① ㄱ, ㄴ
② ㄱ, ㄷ
③ ㄱ, ㄴ, ㄷ
④ ㄴ, ㄷ, ㄹ
⑤ ㄱ, ㄴ, ㄷ, ㄹ

61 지능검사와 그 활용에 관한 설명으로 옳지 않은 것은?

① 개인의 성격을 측정하는 도구로도 활용할 수 있다.
② 학습과 진로지도 자료로 활용할 수 있다.
③ 지능지수가 높다고 해서 반드시 높은 학업성취를 보이는 것은 아니다.
④ 검사의 전체 소요시간은 여러 요인에 따라 달라질 수 있다.
⑤ 웩슬러 지능검사의 특징 중 하나는 정신연령 개념을 도입한 것이다.

62 한국판 카우프만 아동용 지능검사(K-ABC)에 관한 설명으로 옳은 것은?

① 신경심리학과 인지처리과정 이론을 근거로 개발되었다.
② 만 6세~16세 11개월의 아동과 청소년에게 실시할 수 있다.
③ 습득도척도는 순차처리척도와 동시처리척도로 구성된다.
④ 개인의 지적능력을 평가하기 위해 언어성, 동작성 및 전체 IQ를 산출한다.
⑤ 언어장애를 가지고 있는 아동에게 적용하지 못한다.

63 성격평가질문지(PAI)에서 치료고려척도에 해당하는 것은?

① 공격성척도
② 지배성척도
③ 온정성척도
④ 약물문제척도
⑤ 저빈도척도

64 MMPI-A에서 품행문제를 측정하며 거짓말, 적대적이고 반항적인 행동, 낮은 치료동기를 반영하는 척도는?

① 척도 2
② 척도 4
③ 척도 7
④ 척도 8
⑤ 척도 0

65 MMPI-2의 척도에 관한 설명으로 옳은 것은?

① FBS : 개인의 상해와 관련하여 자신의 증상을 과장하려는 경향을 측정
② VRIN : 모든 문항에 대해 '그렇다' 또는 '아니다'로 반응하는 경향을 탐지
③ 척도 1 : 심리적 에너지와 열정, 활력, 과장된 자기지각 경향을 측정
④ 척도 4 : 대인관계 상황에서 수줍음, 직업에 대한 흥미를 측정
⑤ 척도 9 : 신체기능에 대한 과도한 불안과 집착, 염려하는 경향을 측정

66 K-WAIS-IV에 관한 설명으로 옳지 않은 것은?

① 15개의 소검사로 구성되어 있다.
② 전체척도 점수(FSIQ)가 70~79이면 경계선 범위로 분류한다.
③ 전체척도 점수(FSIQ)는 전반적 인지능력을 나타내는 평가치이다.
④ 작업기억(WMI)의 핵심소검사는 숫자, 산수 소검사이다.
⑤ 언어이해지표(VCI)의 핵심소검사는 상식, 이해, 공통성, 어휘 소검사이다.

67 내담자가 3개월 전부터 환청과 함께 대인관계를 기피하고 두려워하는 증상, 우울하고 죽고 싶다는 생각, 원인을 알 수 없는 두통, 만성적인 피로감을 호소하며 상담실을 방문했다. MMPI-2에서 이 내담자의 증상을 측정하는 것과 관련이 적은 척도는?

① F척도
② 척도 1
③ 척도 2
④ 척도 5
⑤ 척도 8

68 성격검사에 관한 설명으로 옳지 않은 것은?

① 16성격요인검사는 케텔(R. Cattell)의 성격특성 이론을 근거로 개발되었다.
② 에니어그램은 인간의 성격유형을 8개로 설명한다.
③ NEO 인성검사는 Big 5 성격요인을 평가한다.
④ 캘리포니아 성격검사(CPI)는 해석이 용이하도록 4개의 군집으로 나누어 설명한다.
⑤ MBTI는 16가지의 성격유형을 포함한다.

69 로르샤하(Rorschach) 검사의 결정인 기호 중 무채색 반응에 해당하는 것은?

① C ② F
③ T ④ Y
⑤ C'

70 집-나무-사람(HTP) 검사에 관한 일반적인 해석으로 옳지 않은 것은?

① 과도한 지우개 사용은 불안정, 초조함을 반영한다.
② 지나치게 작은 크기의 그림은 높은 활동성과 심리적 에너지를 반영한다.
③ 그림이 용지의 아래쪽에 위치한 경우 불안정, 부적절감을 반영한다.
④ 나무 그림에서 둥치(trunk)는 수검자의 자아강도나 심리적 힘에 관한 정보를 제공한다.
⑤ 사람 그림에서 불균형하게 큰 머리는 공상에 몰두하는 경향을 반영하는 것일 수 있다.

71 주제통각검사(TAT)에 관한 설명으로 옳은 것은?

① 숫자만 표시된 카드는 성별에 상관없이 성인에게만 실시한다.
② 카드 뒷면에 GF라고 적혀 있는 경우 소녀와 성인 여성 모두에게 실시 가능하다.
③ 흑백으로 인쇄된 20장의 그림 카드와 한 장의 백지 카드로 구성되어 있다.
④ 마이어스(I. Myers)와 브릭스(K. Briggs)에 의해 개발되었다.
⑤ 사고의 내용이 아니라 순수한 지각 과정에 관한 정보를 제공한다.

72 객관적 검사와 비교해 볼 때 투사적 검사에 관한 설명으로 옳은 것을 모두 고른 것은?

> ㄱ. 검사 자극이 모호하기 때문에 방어가 더 쉽다.
> ㄴ. 검사 – 재검사 신뢰도가 더 낮다.
> ㄷ. 무의식적 내용의 반응을 더 많이 얻을 수 있다.
> ㄹ. 실시와 채점이 더 용이하다.

① ㄱ, ㄴ
② ㄱ, ㄷ
③ ㄴ, ㄷ
④ ㄱ, ㄴ, ㄹ
⑤ ㄴ, ㄷ, ㄹ

73 로르샤하(Rorschach) 검사의 엑스너(J. Exner) 종합체계에서 수검자가 자극을 얼마나 인지적으로 조직화했는가를 평가하는 것은?

① R
② Z점수
③ AG
④ Afr
⑤ Isolate/R

74 진로검사에 관한 설명으로 옳은 것은?

① 홀랜드 검사는 개별 실시가 가능하나 집단 실시는 불가능하다.
② 홀랜드의 진로탐색검사는 홀랜드(J. Holland)의 4가지 직업적 성격유형을 바탕으로 한다.
③ 위스콘신카드분류검사(WCST)는 직업카드분류검사에 해당한다.
④ 한국판 스트롱 직업흥미검사는 일반직업분류(GOT), 기본흥미척도(BIS) 2개로 구성되어 있다.
⑤ 커리어넷의 직업가치관검사는 직업경험을 통하여 충족하고자 하는 욕구 또는 상대적으로 중요시하는 것을 평가한다.

75 벤더게슈탈트검사(BGT)에 관한 설명으로 옳은 것을 모두 고른 것은?

> ㄱ. 노인에게는 실시할 수 없다.
> ㄴ. 8개의 도형으로 구성되어 있다.
> ㄷ. 언어로 적절히 반응할 수 없는 수검자에게 비언어적 검사로 사용할 수 있다.
> ㄹ. 인지, 정서, 성격과 같은 수검자의 심리적 특성에 대해서도 분석 가능하다.

① ㄱ, ㄴ
② ㄱ, ㄷ
③ ㄴ, ㄷ
④ ㄷ, ㄹ
⑤ ㄱ, ㄴ, ㄹ

4과목(필수) 상담이론

76 교류분석의 교차적 교류에 해당하는 것은?

① 자녀 : 아빠는 몇 시에 퇴근하세요?
  엄마 : 학원 갈 시간 다 됐지…
② 친구1 : 지금 몇 시야?
  친구2 : 3시.
③ 언니 : 오늘 점심은 내가 살게.
  동생 : 고마워.
④ 남편 : 요즘 애들은 너무 예의가 없어.
  아내 : 그러게요. 우리 때와는 너무 달라요.
⑤ 과장 : (지각한 직원에게) 지금 몇 시죠?
  직원 : 아직 10시가 안 됐는데요.

77 상담자 윤리 기준에 위배되지 않는 경우는?

① 동의를 구하지 않고 사례발표를 위해 상담내용을 녹음하였다.
② 상담을 전공한 김교사는 반 학생에게 소정의 상담료를 받으며 주 1회 상담을 진행하였다.
③ 약물남용 사실을 알고 부모에게 알리려고 하였으나 내담자가 약물을 중단하겠다고 하여 부모에게 알리지 않았다.
④ 상담 중 가정폭력 사실을 알게 되었으나 내담자의 어머니가 자녀의 상처받은 마음만 달래주고 더 이상 개입하지 말아달라고 하여 상담에만 전념하였다.
⑤ 판사가 정보공개를 요청하여 내담자에게 그 사실을 알리고 필요한 최소한의 정보를 공개하였다.

78 아들러(A. Adler) 개인심리학의 격려에 관한 설명으로 옳지 않은 것은?

① 상담자의 기본적인 태도이자 마음자세이다.
② 역경에 처했을 때 견뎌낼 수 있는 능력을 발달시킨다.
③ 상담의 모든 과정에 사용되며 내담자와 관계를 형성하는 데 유용하다.
④ 잘한 일이나 우수한 결과에 초점을 맞추는 행위이다.
⑤ 타인과 긍정적인 관계를 유지하기 위한 핵심적 요소로 인간관계를 촉진하는 역할을 한다.

79 상담의 기본원리와 설명의 연결이 옳은 것을 모두 고른 것은?

> ㄱ. 개별화의 원리 : 내담자를 하나의 인격체로 존중하는 것
> ㄴ. 수용의 원리 : 각각의 내담자에게 적합한 상담방법을 활용하는 것
> ㄷ. 자기결정의 원리 : 내담자 스스로 문제를 해결하고 성장할 수 있다고 믿는 것
> ㄹ. 감정표현의 원리 : 내담자가 감정을 솔직하게 표현할 수 있도록 돕는 것
> ㅁ. 무비판적 태도의 원리 : 내담자의 감정에 민감하고 적절하게 반응하는 것

① ㄱ, ㄴ
② ㄷ, ㄹ
③ ㄱ, ㄴ, ㄷ
④ ㄷ, ㄹ, ㅁ
⑤ ㄴ, ㄷ, ㄹ, ㅁ

80 여성주의상담 이론으로 옳은 것을 모두 고른 것은?

> ㄱ. 밀러(J. Miller)의 관계 모형
> ㄴ. 펠스마와 보거스(D. Pelsma & S. Bogers)의 과정 시향 모형
> ㄷ. 앳킨슨(D. Atkinson)의 기대-가치 이론 모형
> ㄹ. 비버즈(R. Beavers)의 순환 모형

① ㄱ
② ㄴ
③ ㄱ, ㄷ
④ ㄴ, ㄹ
⑤ ㄴ, ㄷ, ㄹ

81 상담초기의 상담자 반응으로 옳지 않은 것은?

① "점심시간에 혼자 밥 먹을 때 기분이 어땠나요?"
② "학교생활에 대해서 좀 더 이야기해 줄 수 있나요?"
③ "열심히 공부했는데 결과가 기대에 미치지 못해 실망했군요."
④ "노력하겠다고 말을 하지만 구체적인 행동으로 옮기지는 않고 있네요."
⑤ "남자친구의 마음을 어떻게 하면 돌릴 수 있을지가 가장 큰 고민이군요."

82 인간중심상담 이론에 관한 설명으로 옳지 않은 것은?

① 자아는 성격의 조화와 통합을 위해 노력하는 원형이다.
② 현재 경험이 자기개념과 불일치할 때 불안을 경험하게 된다.
③ 실현화 경향성은 자기를 보전, 유지하고 향상시키고자 하는 선천적 성향이다.
④ 가치의 조건화는 주요 타자로부터 긍정적 존중을 받기 위해 그들이 원하는 가치와 기준을 내면화하는 것이다.
⑤ 현상학적 장은 경험적 세계 또는 주관적 경험으로 특정 순간에 개인이 지각하고 경험하는 모든 것을 뜻한다.

83 아들러(A. Adler) 개인심리학의 강점으로 옳은 것을 모두 고른 것은?

ㄱ. 실존주의, 현실치료, 가족치료 등 상담이론에 영향
ㄴ. 사회와 교육 문제에 대한 폭넓은 관심
ㄷ. 경험적 연구를 통해 풍부한 치료적 성과 확증

① ㄱ
② ㄴ
③ ㄱ, ㄴ
④ ㄴ, ㄷ
⑤ ㄱ, ㄴ, ㄷ

84 상담자와 내담자 간의 치료적 존중에 관한 설명으로 옳지 않은 것은?

① 내담자의 절망감, 고립감, 실패, 불완전성을 수용한다.
② 서로 가치관과 규범이 다를 때, 상호존중이 어렵다.
③ 내담자가 자신의 방향을 선택할 권리를 인정한다.
④ 내담자의 책임감 있는 행동능력을 강화한다.
⑤ 상담자가 내담자에 대한 비판을 잠시 보류한다.

85 행동주의 이론가와 그들의 이론 내용에 관한 설명이 옳지 않은 것은?

① 파블로프(I. Pavlov) - 개의 소화샘 연구에서 비롯된 고전적 조건형성
② 스키너(B. Skinner) - 반응의 결과가 행동의 재발 빈도를 좌우하는 강화 원리
③ 왓슨(J. Watson) - 조작적 조건화를 적용한 정서 조건형성
④ 달라드와 밀러(J. Dollard & N. Miller) - 역조건형성이 습관을 바꾸는 과정
⑤ 울프(J. Wolpe) - 새로운 반응이 습관적 반응을 감소시키는 상호억제

86 상담 성과 또는 영향에 관한 설명으로 옳은 것은?

① 내담자의 희망과 낙관적 태도는 상담 성과의 필수 요소는 아니다.
② 상담자의 카리스마나 상담 장면의 신비성은 내담자의 변화를 촉진할 수 없다.
③ 내담자의 긍정적인 변화에 상담 외적 영향은 크지 않다.
④ 상담을 통해서 내담자가 피해를 입을 수도 있다.
⑤ 각 이론의 독특성이 이론 간 공통성보다 상담 성과에 더 작용한다.

87 상담의 공통적 치료요인과 설명의 연결이 옳은 것을 모두 고른 것은?

> ㄱ. 대리학습 : 정서적 환기, 긴장 해방, 정화
> ㄴ. 희망 : 향상에 대한 기대
> ㄷ. 동일시 : 타인과 자신을 연관시켜 유사성을 자각
> ㄹ. 현실검증 : 피드백과 직면
> ㅁ. 노출 : 다른 사람들도 나와 비슷한 문제로 분투한다는 점을 자각

① ㄱ, ㄴ
② ㄴ, ㄷ, ㄹ
③ ㄷ, ㄹ, ㅁ
④ ㄱ, ㄴ, ㄷ, ㄹ
⑤ ㄱ, ㄴ, ㄷ, ㄹ, ㅁ

88 다문화적 관점에서 각 상담이론의 장점 또는 단점의 연결이 옳은 것은?

① 여성주의 : 관습의 힘과 불공평을 비판하므로 가부장사회의 여성 내담자에게 적합하다.
② 행동주의 : 감정의 정화를 강조하므로 감정표현이 어려운 내담자에게 부적절하다.
③ 현실치료 : 선택이론에 의해서 내담자들 간의 세계관 차이는 고려하지 않는다.
④ 게슈탈트 : 형태실험은 행동을 촉진하므로 정서를 억제하는 문화권의 내담자에게 적합하다.
⑤ 인간중심접근 : 소수민족의 내담자 위기를 다룰 때 필요한 구체적 대처기술이 부족하다.

89 해결중심 상담의 질문기법과 그 적용 예가 옳은 것을 모두 고른 것은?

> ㄱ. 행동평가 질문 : 당신의 행동은 자신에게 도움이 됩니까?
> ㄴ. 예외 질문 : 어떻게 하면 덜 고통스러웠던 상황이 다시 일어날 수 있을까요?
> ㄷ. 상담 전 변화 질문 : 예약 후 오늘 오기까지 혹시 어떤 변화가 있었나요?
> ㄹ. 대처 질문 : 그러한 상황 속에서 어떤 경험을 했나요?
> ㅁ. 논박 질문 : 최악이라고 상상한 것이 현실이 된다면 정말 파멸일까요?

① ㄱ, ㄴ
② ㄱ, ㅁ
③ ㄴ, ㄷ
④ ㄷ, ㄹ
⑤ ㄹ, ㅁ

90 게슈탈트의 형성과 해소 주기에서 다음 내용에 관한 단계로 옳은 것은?

> 함께 대화를 나누고 있는 영희가 철수의 얘기를 듣지 않고 딴 생각을 하면서 멍하니 있었다. 철수는 그런 영희에게 "영희야 나 좀 봐줘! 그리고 내 말 좀 들어봐." 라고 말하였다.

① 신체감각 ② 에너지 동원
③ 알아차림 ④ 접촉 시도
⑤ 게슈탈트 해소

91 상담의 단계와 설명의 연결이 옳은 것은?

> ㄱ. 관계형성   ㄴ. 목표와 전략 수립
> ㄷ. 과정목표 설정   ㄹ. 이별 감정 다루기
> ㅁ. 미해결 과제 점검 ㅂ. 상담기간 합의
> ㅅ. 저항해결   ㅇ. 타협적 목표달성

① 초기 - ㄱ, ㄴ, ㅂ
② 중기 - ㄴ, ㄷ, ㅁ
③ 중기 - ㄴ, ㄷ, ㅅ
④ 종결 - ㄷ, ㄹ, ㅇ
⑤ 종결 - ㄹ, ㅅ, ㅇ

92 현실치료의 개념에 관한 설명으로 옳지 않은 것은?

① 힘과 성취의 욕구 : 구뇌(old brain)에서 유발되며 칭찬과 인정을 원하는 기본 욕구
② 지각체계 : 지식 여과기와 가치 여과기로 구성
③ 선택이론 : 인간 행동의 대부분은 내적으로 동기화
④ 전(全)행동 : 욕구만족을 위한 활동하기, 생각하기, 느끼기, 생리반응 등의 행동
⑤ 행동체계 : 불균형이 심할 때 강한 좌절과 충동 발생

93 합리적 신념과 비합리적 신념을 구분하는 기준으로 옳지 않은 것은?

① 현실적인 실현가능성
② 사고의 융통성
③ 기능적 유용성
④ 논리적 일치성
⑤ 개인의 선호성

94 다음 설명에 해당하는 통합주의 접근의 관점은?

> 단일의 이론적 학파에 근거를 두고, 이론의 장점과 다른 치료적 접근의 실제를 선택적으로 결합하는 통합방식이며, 마음챙김 기반 인지치료(MBCT)가 이에 해당된다.

① 동화적 통합(assimilative integration)
② 기술적 통합(technical integration)
③ 공통요인적 접근(common factors approach)
④ 다세대 접근(multi-generational approach)
⑤ 이론적 통합(theoretical integration)

95 정신분석이론에서의 불안에 관한 내용으로 옳은 것은?

① 현실적 불안과 신경증적 불안은 내적 힘의 불균형에 의해 촉발된다.
② 어두운 골목에서 누군가 따라오는 것을 감지할 때 느끼는 불안을 신경증적 불안이라 한다.
③ 초자아가 자아를 압도하는 상태를 도덕적 불안이라 한다.
④ 실존적 불안은 존재가 주는 것들에 직면할 때 나타나는 어쩔 수 없는 결과이다.
⑤ 원초아가 자아를 압도하는 상태를 현실적 불안이라 한다.

96 실존주의상담에 적합한 내담자로 옳은 것을 모두 고른 것은?

> ㄱ. 정체성에 혼란을 느끼는 청소년
> ㄴ. 남편과 사별한 중년 여성
> ㄷ. 명예퇴직한 중년 남성
> ㄹ. 만성 질환을 앓고 있는 노인

① ㄱ, ㄴ　　② ㄱ, ㄹ
③ ㄴ, ㄷ　　④ ㄴ, ㄷ, ㄹ
⑤ ㄱ, ㄴ, ㄷ, ㄹ

97 성격발달의 관점에 관한 설명으로 옳지 않은 것은?

① 에릭슨(E. Erikson)은 발달단계별 위기극복을 위한 자아의 역할을 강조했다.
② 프로이트(S. Freud)의 항문기는 에릭슨의 주도성 대 죄의식 단계와 시기적으로 일치한다.
③ 프로이트(S. Freud)는 구강기에서 남근기까지를 성격형성의 기초라고 보았다.
④ 에릭슨(E. Erikson)은 성격발달의 각 단계는 연속적이고 유기적인 관계가 있다고 보았다.
⑤ 프로이트(S. Freud)는 항문기의 과도한 배변훈련이 인색, 강박, 통제적 성격특성을 갖게 한다고 보았다.

98 청소년상담의 목표 설정 시 고려할 점으로 옳지 않은 것은?

① 행동용어로 구체화하여 설정한다.
② 내담자의 문제해결뿐만 아니라 예방 및 성장에 초점을 두어 설정한다.
③ 내담자의 의뢰 사유나 주변 여건을 함께 고려한다.
④ 내담자가 실현가능한 목표를 설정한다.
⑤ 상담동기가 낮은 경우 상담자가 주도적으로 설정한다.

99 합리정서행동상담의 ABCDE 절차와 내용의 연결이 옳지 않은 것은?

① A – 결과와 관계된 선행사건 탐색
② B – 결과를 일으킨 행동 탐색
③ C – 부적절한 정서적·행동적 결과 탐색
④ D – 탐색된 사고 체계 논박
⑤ E – 사고변화에 따른 정서적·행동적 효과 확인

100 다음 사례에서 필요한 청소년상담자의 자질로 옳은 것은?

> 엄마의 과도한 기대와 인색한 칭찬으로 인해 늘 완벽해야 한다는 생각을 갖고 있는 내담자와 상담하면서 자신의 어머니가 떠오르곤 했는데, 상담의 과정에서 내담자와 함께 그의 어머니를 비난하고 있는 자신을 발견했다.

① 다문화적 이해능력
② 심리평가 및 진단능력
③ 자기이해 및 성찰능력
④ 의사소통능력
⑤ 상담실무능력

2교시 A형 — 2017년 제16회 기출문제
시험시간 : 총 50분

1과목(필수) 학습이론

01 이론적 관점과 주요 관심사의 연결이 옳지 않은 것은?

① 행동주의 – 자극과 반응의 연합
② 인지주의 – 지각, 문제 해결, 추론의 발달
③ 사회학습이론 – 관찰을 통한 학습
④ 사회인지이론 – 사회구조와 인지발달의 관계
⑤ 인지신경과학 – 뇌의 구조 및 활동과 학습과정의 관련성

02 학습동기 중 호기심과 탐색 행동에 관한 설명으로 옳지 않은 것은?

① 화이트(R. White)는 탐색행동의 근원이 환경을 다루고 싶어하는 내적 욕구에 있다고 하였다.
② 얼(R. Earl)은 아동이 이미 적응된 자극보다 약간 덜 복잡한 자극을 탐색하려는 동기가 있다고 하였다.
③ 유기체는 새로운 것이나 신기한 것과 상호작용하고 싶어하며 그 과정에서 학습한다.
④ 진화론적 관점에서 볼 때 동물은 자신의 생존을 보장받기 위하여 탐색을 한다.
⑤ 벌린(D. Berlyne)은 탐색과 놀이행동에 깔려 있는 기본 기제를 각성 수준이라고 하였다.

03 진화론적 관점으로 옳지 않은 것은?

① 종 특유의 차이가 학습에 영향을 미친다.
② 동일한 종 내에서 자연적인 변이성이 발생한다.
③ 학습된 행동 특성은 모두 유전된다.
④ 유기체 속성과 환경적 요구의 상호작용으로 자연선택이 이루어진다.
⑤ 자연선택을 통해 적응이 이루어진다.

04 학자와 그 주장의 연결이 옳은 것을 모두 고른 것은?

ㄱ. 홉스(T. Hobbes) – 생득적 관념(innate idea)이 모든 지식의 근원이다.
ㄴ. 로크(J. Locke) – 마음은 관념들로 이루어져 있으며, 관념은 순수한 이성적 사고에서 생긴다.
ㄷ. 갈(F. Gall) – 뇌의 부위에 따라 기능이 다르다.
ㄹ. 칸트(I. Kant) – 의식적 경험은 경험적 세계에서 유발되는 감각적 경험과 생득적 정신 능력의 영향을 모두 받는다.

① ㄱ
② ㄴ
③ ㄱ, ㄷ
④ ㄴ, ㄹ
⑤ ㄷ, ㄹ

05 학습에 있어 기능주의에 관한 설명으로 옳지 않은 것은?

① 다윈(C. Darwin)의 진화론에서 영향을 받았다.
② 유기체의 신체적 적응 기능만을 강조하였다.
③ 유기체의 정신과정과 행동이 유기체가 환경에 적응하도록 도와준다.
④ 제임스(W. James)는 개인이 자신의 환경에 적응하도록 돕는 것이 의식의 목적이라고 하였다.
⑤ 듀이(J. Dewey)는 심리학적 실험의 결과가 교육과 일상의 삶에 활용될 수 있어야 한다고 주장하였다.

06 학생의 학습에 대한 교사의 기대에 관한 설명으로 옳은 것을 모두 고른 것은?

> ㄱ. 교사의 기대가 바뀌지 않아 학생의 성취수준이 그 기대수준에 계속 머무는 것을 기대유지효과라고 한다.
> ㄴ. 학생의 신체적 매력도 교사의 기대에 영향을 미칠 수 있다.
> ㄷ. 교사의 부정적인 기대가 실제로 실현되는 현상을 골렘 효과(Golem effect)라고한다.
> ㄹ. 교사 자신의 능력과 학생의 학습을 어느 정도 통제할 수 있다는 교사의 신념도 교사의 기대에 영향을 미치는 요인이다.

① ㄱ, ㄴ
② ㄴ, ㄷ
③ ㄷ, ㄹ
④ ㄱ, ㄴ, ㄹ
⑤ ㄱ, ㄴ, ㄷ, ㄹ

07 외재적 보상의 효과에 관한 인지평가이론의 설명으로 옳지 않은 것은?

① 수행수준에 관계없이 과제 수행 자체에 대해 보상을 주는 경우 내재적 동기는 손상되지 않으며 오히려 증가한다.
② 보상을 받는 사람에게 자기결정성에 대한 정보를 제공할 수 있다.
③ 보상을 통제로 받아들이면 내재적 동기를 감소시킬 가능성이 커진다.
④ 보상을 정보로 받아들이면 유능감에 변화가 생기기 시작한다.
⑤ 보상이 실제 행동 또는 발전과 연관될 때 개인에게 자신의 기술 또는 능력에 대한 정보를 줄 수 있다.

08 동기에 관한 자기결정성 이론이 가정하는 욕구가 아닌 것은?

① 유능(competence)
② 자율성(autonomy)
③ 관계(relatedness)
④ 환경과의 관계에서 자기결정적이고자 하는 욕구
⑤ 외적 보상에 기반한 수행 욕구

09 행동주의 학습이론의 기본 가정에 관한 설명으로 옳지 않은 것은?

① 특정 대상에 대해 특정 정서를 갖는 것은 학습으로 간주할 수 없다.
② 동물 연구에서 나온 학습 원리를 인간 학습에 적용할 수 있다.
③ 새로운 행동의 형성·유지·제거는 환경과의 상호작용에 의해 결정된다.
④ 정상행동뿐만 아니라 이상행동도 동일한 학습원리로 설명할 수 있다.
⑤ 직접 관찰할 수 있거나 측정 가능한 행동에 초점을 둔다.

10 다음에 해당하는 개념은?

> 자습시간에 복습을 한 학생에게 숙제를 면제해 주었더니 자습시간에 복습하는 행동이 늘었다.

① 정적 강화
② 부적 강화
③ 차별 강화
④ 행동 연쇄
⑤ 자기 강화

11 행동주의 학습 개념과 사례의 연결이 옳지 않은 것은?

① 홍수법(flooding) : 뱀 공포 치료를 원하는 내담자에게 뱀을 몸에 감고 1시간 이상을 버티게 했다.
② 조형(shaping) : 옹알이를 시작한 아기에게 '엄마'라는 말을 가르치기 위해 '음음' → '음마' → '엄마' 단계로 강화하였다.
③ 혐오치료(aversion therapy) : 알코올 중독 치료를 원하는 내담자에게 구토제를 복용하도록 하여 술을 마실 때마다 구토를 경험하게 하였다.
④ 자발적 회복(spontaneous recovery) : 등교거부가 심한 학생에게 교문, 현관, 복도, 교실 순으로 조금씩 시간을 보내면서 자연스럽게 학교에 익숙해지도록 하였다.
⑤ 소거(extinction) : 우는 행동을 줄이기 위해 울 때마다 주었던 관심과 도움을 더 이상 주지 않았다.

12 강화에 관한 설명으로 옳은 것을 모두 고른 것은?

> ㄱ. 강화계획에 따른 강화 효과의 차이는 없다.
> ㄴ. 강화물의 양이나 제시 시점은 강화 효과에 영향을 미치지 않는다.
> ㄷ. 한 번 형성된 행동을 유지시키기 위해서는 강화를 즉시 중단하는 것보다 점진적으로 줄이는 것이 좋다.
> ㄹ. 효과적인 강화를 위해서는 학습자에게 직접 강화물을 확인하여 강화를 개별화하는 것이 좋다.

① ㄱ, ㄴ
② ㄴ, ㄷ
③ ㄷ, ㄹ
④ ㄱ, ㄴ, ㄹ
⑤ ㄱ, ㄴ, ㄷ, ㄹ

13 행동 수정에 관한 설명으로 옳은 것을 모두 고른 것은?

> ㄱ. 행동 수정의 효과를 평가하기 위해서는 개입 전·후뿐만 아니라 중간 과정에서도 행동 측정을 반복하는 것이 좋다.
> ㄴ. 목표 행동을 유발하거나 강화할만한 구체적인 사건을 찾기 위한 기능적 행동 평가를 해야 한다.
> ㄷ. 행동 수정의 전(全) 과정에서 학습자가 행동 수정의 과정을 눈치 채지 못하도록 신중을 기해야 한다.
> ㄹ. 기초선(baseline) 측정을 위해서는 2명 이상의 관찰자가 동일한 상황에서 표적 행동을 관찰하는 것이 바람직하다.

① ㄱ, ㄴ
② ㄴ, ㄷ
③ ㄷ, ㄹ
④ ㄱ, ㄴ, ㄹ
⑤ ㄱ, ㄴ, ㄷ, ㄹ

14 일차(primary) 강화물에 해당하는 것을 모두 고른 것은?

```
ㄱ. 물        ㄴ. 돈
ㄷ. 상장      ㄹ. 수면
ㅁ. 토큰
```

① ㄱ, ㄹ
② ㄴ, ㄷ
③ ㄷ, ㅁ
④ ㄱ, ㄴ, ㄹ
⑤ ㄴ, ㄷ, ㅁ

15 욕구위계이론에서 매슬로우(A. Maslow)가 주장한 내용으로 옳지 않은 것은?

① 다양한 욕구 사이에 위계가 존재한다.
② 자아실현의 욕구는 욕구위계 중 가장 높은 단계에 해당한다.
③ 아래 단계의 욕구가 어느 정도 충족된 후에 위 단계의 욕구가 나타나는 것이 일반적이다.
④ 사랑과 소속의 욕구, 자존의 욕구, 자아실현의 욕구는 성장 욕구에 속한다.
⑤ 안전의 욕구는 사랑과 소속의 욕구 아래 단계에 위치한다.

16 귀인이론에 관한 설명으로 옳지 않은 것은?

① 성공 상황에서 노력 요인으로 귀인할 경우 학습 행동을 동기화할 수 있다.
② 귀인 성향은 과거 성공, 실패 상황에서의 반복적인 원인 탐색 경험에 의해 형성된다.
③ 귀인의 결과에 따라 자부심, 죄책감, 수치심 등의 정서가 유발되기도 한다.
④ 와이너(B. Weiner)는 인과 소재, 안정성, 통제성 등의 차원으로 귀인 유형을 구분하였다.
⑤ 능력 귀인은 내적, 안정적, 통제 가능한 귀인 유형으로 분류된다.

17 암묵기억(implicit memory)에 관한 설명으로 옳지 않은 것은?

① 습관은 암묵기억이 아니다.
② 절차기억은 암묵기억이다.
③ 비선언적 기억(nondeclarative memory)이라고도 한다.
④ 자전거를 타는 것은 암묵기억이다.
⑤ 말로 표현되는 것이 아니다.

18 망각에 관한 설명으로 옳은 것은?

① 언어정보는 언어기억만 방해한다.
② 망각은 인출실패를 포함한다.
③ 간섭(interference)이론보다는 쇠퇴(decay)이론에 의해 더 잘 설명된다.
④ 망각의 유일한 원인은 부호화(encoding)실패이다.
⑤ 역행간섭보다는 순행간섭이 망각에 더 큰 역할을 한다.

19 인지과정에 관한 설명으로 옳은 것을 모두 고른 것은?

```
ㄱ. 새로운 과제를 수행할 때 주의가 더 많이 요구된다.
ㄴ. 과제가 경쟁관계에 있을 때 선택적 주의가 발생한다.
ㄷ. 과잉 학습된 과제나 반복적인 정보를 처리할 때 자동성이 발생한다.
ㄹ. 계열처리는 무의식적으로, 병열처리는 의식석으로 발생한다.
```

① ㄱ, ㄴ
② ㄷ, ㄹ
③ ㄱ, ㄴ, ㄷ
④ ㄴ, ㄷ, ㄹ
⑤ ㄱ, ㄴ, ㄷ, ㄹ

20 해마에 관한 설명으로 옳지 않은 것은?
① 외현기억에 중요한 기능을 한다.
② 장기기억은 응고화되면 해마보다는 대뇌피질에 의존한다.
③ 공간기억에 중요한 역할을 한다.
④ 손상되면 학습이 불가능하다.
⑤ 손상되면 부신호르몬 분비가 증가한다.

21 장기상승작용(long-term potentiation)에 관한 설명으로 옳은 것을 모두 고른 것은?

> ㄱ. 해마가 아닌 다른 뇌 영역에서도 일어날 수 있다.
> ㄴ. 몇 주간 지속되기도 한다.
> ㄷ. 시냅스 후막이 탈분극 되어야 발생한다.
> ㄹ. 햅(D. Hebb)의 법칙을 따른다.

① ㄱ, ㄴ
② ㄴ, ㄷ
③ ㄱ, ㄷ, ㄹ
④ ㄴ, ㄷ, ㄹ
⑤ ㄱ, ㄴ, ㄷ, ㄹ

22 뇌 쾌락중추에 강화물로 직접적인 전기 자극을 주는 것에 관한 설명으로 옳은 것은?
① 훈련 이전의 박탈은 필요 없다.
② 포만 상태가 발생한다.
③ 인간에게만 작용한다.
④ 급격히 소거되지 않는다.
⑤ 대부분의 강화 계획(schedule)에 작용한다.

23 반두라(A. Bandura)의 관찰학습 과정 중 파지과정(retentional process)에서 발생하지 않는 것은?
① 인지적 조직화
② 인지적 시연
③ 행위의 관찰
④ 상징적 부호화
⑤ 시연의 활성

24 메타인지에 관한 설명으로 옳지 않은 것은?
① 학습과 기억을 증진시키기 위해 자신의 학습과 인지과정을 조절하는 것이다.
② 메타인지가 활성화되면 학습방해가 일어나지 않는다.
③ 자신의 현재 지식수준을 점검하는 것은 메타인지 기술이다.
④ 집중이 잘 되는 장소를 찾는 것은 메타인지 기술이다.
⑤ 자신이 읽은 내용에 대해 질문하는 것은 메타인지 기술이다.

25 사회인지이론에서 자기조절(self-regulation)에 관한 설명으로 옳은 것을 모두 고른 것은?

> ㄱ. 자기조절은 학습될 수 있다.
> ㄴ. 자기조절 체계는 개방적 특성을 갖는다.
> ㄷ. 반두라(A. Bandura)는 자기조절이 자기관찰, 자기평가, 자기반응의 하위과정으로 구성된다고 한다.
> ㄹ. 짐머만(B. Zimmerman)의 자기조절 단계는 '수행 또는 의지 통제', '선견', '자아 성취'이다.

① ㄱ, ㄴ
② ㄴ, ㄹ
③ ㄱ, ㄴ, ㄷ
④ ㄴ, ㄷ, ㄹ
⑤ ㄱ, ㄴ, ㄷ, ㄹ

2과목(선택) 청소년이해론

26 청소년기의 일반적인 발달 특징으로 옳은 것은?

① 정서표현이 아동기보다 더 직접적이고 일시적이다.
② 사춘기는 남아가 여아보다 더 빨리 시작된다.
③ 청소년 초기보다 후기에 성역할 고정관념이 강화된다.
④ 에스트로겐은 여아의 사춘기 발달에 중요하다.
⑤ 동조행동에 대한 또래집단의 압력은 약화된다.

27 학교 밖 청소년 지원에 관한 법률상 '학교 밖 청소년'에 해당되지 않는 것은?

① 중학교에서 2개월 동안 무단결석한 청소년
② 중학교에서 질병으로 6개월째 취학을 유예한 청소년
③ 중학교 졸업 후 고등학교에 진학하지 않은 청소년
④ 고등학교에서 제적 처분된 청소년
⑤ 고등학교를 자퇴한 청소년

28 다음에서 설명하는 문화이론의 관점은?

- 상호의존과 균형을 중시함
- 전반적인 사회질서를 흐트러뜨리지 않고 유지하려 함
- 콩트(A. Comte)와 스펜서(H. Spencer)에 의해 기초가 형성되었음

① 문화기능주의적 관점
② 문화진화론적 관점
③ 문화갈등론적 관점
④ 문화상대주의적 관점
⑤ 문화관념론적 관점

29 설리반(H. Sullivan)이 주장한 대인관계 발달이론의 내용으로 옳지 않은 것은?

① 아동기에는 부모의 관심을 얻으려는 욕구가 강하다.
② 편안하고 성공적인 대인관계가 인생에서 가장 중요하다.
③ 전(前)청소년기에는 단짝친구관계를 형성하려는 욕구가 강하다.
④ 인간은 자신 속에 없는 것도 타인에게서 발견할 수 있다.
⑤ 청소년 초기에는 이성관계를 형성하려는 욕구가 강하다.

30 청소년 관련법에서 규정하고 있는 청소년 연령이 바르게 연결된 것을 모두 고른 것은?

ㄱ. 소년법 – 19세 미만
ㄴ. 청소년 보호법 – 18세 미만
ㄷ. 청소년 기본법 – 9세 이상 24세 이하
ㄹ. 청소년복지 지원법 – 19세 미만
ㅁ. 아동·청소년의 성보호에 관한 법률 – 18세 미만

① ㄱ, ㄴ
② ㄱ, ㄷ
③ ㄱ, ㄹ
④ ㄴ, ㄷ, ㅁ
⑤ ㄴ, ㄷ, ㄹ, ㅁ

31. 소년법상 소년에 대한 보호처분 결정으로 옳은 것을 모두 고른 것은?

> ㄱ. 1호 - 보호자 감호위탁
> ㄴ. 3호 - 단기보호관찰
> ㄷ. 6호 - 소년보호시설 감호위탁
> ㄹ. 8호 - 1개월 내 소년원 송치
> ㅁ. 10호 - 소년교도소 송치

① ㄱ, ㄴ ② ㄱ, ㄷ, ㄹ
③ ㄴ, ㄷ, ㄹ ④ ㄱ, ㄴ, ㄷ, ㄹ
⑤ ㄱ, ㄴ, ㄷ, ㄹ, ㅁ

32. 지역사회 청소년통합지원체계와 연계 가능한 기관을 모두 고른 것은?

> ㄱ. 청소년쉼터   ㄴ. 학 교
> ㄷ. 병 원   ㄹ. 경찰서
> ㅁ. 지방고용노동청

① ㄱ, ㄷ ② ㄴ, ㄷ, ㄹ
③ ㄱ, ㄴ, ㄷ, ㄹ ④ ㄱ, ㄴ, ㄹ, ㅁ
⑤ ㄱ, ㄴ, ㄷ, ㄹ, ㅁ

33. 일반적으로 청소년기에 발달하는 타인에 대한 인상형성(impression formation)의 특징으로 옳지 않은 것은?

① 점점 더 조직화된다.
② 점진적으로 분화된다.
③ 보다 더 추상적이 된다.
④ 추론을 더 많이 사용한다.
⑤ 점점 더 자기중심적이 된다.

34. 친구, 이웃, 학교 등 사회와의 결속이 약한 사람이 비행을 쉽게 저지른다는 비행이론은?

① 사회유대이론 ② 차별접촉이론
③ 사회학습이론 ④ 아노미이론
⑤ 낙인이론

35. 유엔아동권리협약의 기본원칙에 포함되지 않는 것은?

① 차별금지의 원칙
② 권한제한의 원칙
③ 아동의사 존중의 원칙
④ 아동이익 최우선의 원칙
⑤ 생명·생존·발달 존중의 원칙

36. 프로이트(S. Freud)의 방어기제에 관한 설명으로 옳은 것을 모두 고른 것은?

> ㄱ. 반동형성 : "미운 사람 떡 하나 더 준다."
> ㄴ. 합리화 : 실패의 실제 원인은 감추고 그럴듯한 이유를 제시함
> ㄷ. 승 화 : 성적 본능이나 공격성이 사회적으로 바람직한 행동으로 나타남
> ㄹ. 퇴 행 : 극심한 스트레스나 좌절을 경험하면 어렸을 때의 행동양식으로 돌아감
> ㅁ. 투 사 : "꿩 대신 닭"

① ㄱ, ㄴ ② ㄷ, ㄹ
③ ㄱ, ㄴ, ㄷ ④ ㄱ, ㄴ, ㄷ, ㄹ
⑤ ㄱ, ㄴ, ㄷ, ㄹ, ㅁ

37. 청소년비행 중 지위비행에 해당하는 것은?

① 절 도 ② 주거침입
③ 음 주 ④ 폭 행
⑤ 친구 협박

38 시간이 경과함에 따라 물질문화와 정신문화 간의 간격이 점점 더 벌어지는 현상은?

① 문화접변 ② 문화전계
③ 문화결핍 ④ 문화이식
⑤ 문화지체

39 셀만(R. Selman)의 역할수용능력 발달단계 중 제3자적 역할수용단계에 관한 설명으로 옳은 것을 모두 고른 것은?

ㄱ. 자신과 타인의 조망을 동시에 고려
ㄴ. 동일한 상황을 각기 서로 다르게 볼 수 있음
ㄷ. 가장 높은 단계의 조망수용능력임
ㄹ. 자신을 주체 및 객체로서 바라볼 수 있음

① ㄱ, ㄴ   ② ㄷ, ㄹ
③ ㄱ, ㄴ, ㄷ   ④ ㄱ, ㄴ, ㄹ
⑤ ㄴ, ㄷ, ㄹ

40 청소년쉼터에 관한 설명으로 옳지 않은 것은?

① 일시쉼터는 가출청소년을 24시간 이내 일시 보호하는 곳이다.
② 일시쉼터는 조기발견과 초기개입을 목적으로 한다.
③ 단기쉼터는 가출청소년을 3개월 내외 보호하는 곳으로 가정 및 사회복귀를 목적으로 한다.
④ 중장기쉼터는 가정복귀가 어려운 가출청소년을 1년 이내로 보호하는 곳이다.
⑤ 중장기쉼터는 가출청소년의 자립지원을 목적으로 한다.

41 바움린드(D. Baumrind)의 부모 유형에 관한 설명으로 옳지 않은 것은?

① 권위있는(authoritative) 부모는 자녀의 독립심을 격려한다.
② 권위있는(authoritative) 부모는 훈육 시 논리적으로 설명한다.
③ 권위주의적(authoritarian) 부모는 애정적, 반응적이고 자녀와 항상 대화를 갖는다.
④ 허용적(indulgent) 부모는 일관성 없는 훈육을 한다.
⑤ 허용적(indulgent) 부모는 자녀에 대한 통제가 거의 없다.

42 자신의 흥미와 욕구를 만족시키기 위해 규범을 준수하는 사람이 있다면, 이는 콜버그(L. Kohlberg)의 도덕성발달 단계 중 어느 단계에 해당되는가?

① 법과 질서 지향
② 도구적 상대주의 지향
③ 착한 아이 지향
④ 벌과 복종 지향
⑤ 사회계약 지향

43 긴즈버그(E. Ginzberg)의 직업선택 발달이론 중 현실기(realistic period)에 관한 설명으로 옳은 것은?

① 아동기에 경험한다.
② 시험기(tentative period) 다음에 경험한다.
③ 주로 자신의 기호와 흥미에 기초한 선택을 한다.
④ 현실적 고려 없이 자신의 직업을 선택한다.
⑤ 눈에 잡히는 특성만으로 세상을 이해한다.

44 학교폭력예방 및 대책에 관한 법률상 학교폭력에 관한 설명으로 옳지 않은 것은?

① 신체·언어·성·사이버 폭력, 따돌림, 금품갈취 등이 포함된다.
② 학교 내외에서 학생을 대상으로 발생한 폭력이다.
③ 학교폭력 관련 사항을 심의하는 교내 기구는 학교폭력대책자치위원회이다.
④ 학교장은 학생, 교직원 및 학부모 대상 학교폭력 예방교육을 학기별 1회 이상 실시해야 한다.
⑤ 학교폭력대책자치위원회는 피해학생 보호 조치로 학교장에게 피해학생의 전학을 요청할 수 있다.

45 청소년 흡연예방과 관련된 정부 부처별 정책이 바르게 연결된 것은?

① 교육부 - 건강증진법 제정·운영
② 보건복지부 - 담배사업법 제정·운영
③ 여성가족부 - 청소년보호종합대책 추진
④ 문화체육관광부 - 인터넷상의 청소년 유해약물 유통 규제
⑤ 경찰청 - 흡연관련 영상물 등급 분류 소위원회 운영

46 다음에 해당되는 학자는?

- 1904년 「Adolescence(청소년기)」 저서 출간
- 청소년기를 독립된 발달단계로 규정

① 홀(S. Hall)
② 프로이트(S. Freud)
③ 에릭슨(E. Erikson)
④ 반두라(A. Bandura)
⑤ 피아제(J. Piaget)

47 다문화가족의 청소년 지원을 위한 이주배경청소년지원센터 설치·운영을 규정하고 있는 법은?

① 다문화가족 지원법
② 청소년 기본법
③ 청소년 보호법
④ 청소년활동 진흥법
⑤ 청소년복지 지원법

48 청소년복지 지원법상 일정 기간 지원을 받았는데도 가정·학교·사회로 복귀하여 생활할 수 없는 청소년에게 자립하여 생활할 수 있는 능력과 여건을 갖추도록 지원하는 시설은?

① 청소년쉼터
② 청소년회복지원시설
③ 청소년자립지원관
④ 청소년치료재활센터
⑤ 청소년특화시설

49 다음 현상은 마르샤(J. Marcia)의 자아정체감 상태 중 어디에 해당하는가?

고등학교 2학년인 상미는 자존감이 비교적 높고 자율성은 있으나, 대학진학의 필요성에 대해 고민하고 대안을 탐색하면서 방황하고 있다.

① 정체감 유예
② 정체감 분리
③ 정체감 성취
④ 정체감 혼미
⑤ 정체감 유실

50 다음이 설명하는 청소년 참여기구는?

- 10 ~ 20인 이하의 청소년으로 구성됨
- 청소년활동 진흥법에 의해 전국 공공청소년수련시설에 설치·운영됨
- 청소년수련시설의 환경 개선, 프로그램 모니터링, 각종 행사, 홍보 등의 활동을 함

① 청소년의회
② 청소년특별회의
③ 청소년운영위원회
④ 청소년참여위원회
⑤ 청소년지역사회위원회

3과목(선택) 청소년수련활동론

51 청소년활동 진흥법상 청소년활동시설이 아닌 것은?

① 청소년특화시설
② 청소년회복지원시설
③ 유스호스텔
④ 평생교육시설
⑤ 과학관

52 인증수련활동의 최대 유효기간은 인증 받은 날로부터 몇 년 이내인가?

① 1년
② 3년
③ 4년
④ 6년
⑤ 7년

53 청소년 기본법령상 1급 청소년지도사가 반드시 배치되어야 하는 경우는?

① 청소년회원 수가 2,000명 이하인 청소년단체
② 수용정원이 500명 이하인 청소년수련원
③ 수용정원이 500명 이하인 청소년수련관
④ 숙박정원이 500명 이하인 유스호스텔
⑤ 수용정원이 500명 이하인 청소년문화의집

54 청소년참여정책의 성과와 특징에 관한 설명으로 옳지 않은 것은?

① 청소년특별회의는 2년마다 정책과제를 발굴·건의한다.
② 청소년특별회의는 청소년정책과제의 설정·추진·점검을 위해 청소년전문가와 청소년이 함께 참여한다.
③ 2012년 여성가족부는 청소년참여 정책공로로 UN 공공행정상을 수상하였다.
④ 청소년참여위원회는 중앙부처와 지방자치단체에 청소년활동, 정책 등을 건의·시행함을 목적으로 한다.
⑤ 청소년운영위원회는 공공청소년수련시설에서 청소년의 욕구와 의견을 반영하고자 설치·운영되고 있다.

55 칙센트미하이(M. Csikszentmihalyi)의 몰입경험 이론에서 활동과제의 수준이 자신의 수행능력보다 낮을 때 나타나는 것은?

① 불안(anxiety)
② 몰입(flow)
③ 걱정(worry)
④ 지루함(boredom)
⑤ 각성(arousal)

56 청소년활동 진흥법상 시설붕괴 우려로 안전 확보가 현저히 미흡한 경우 시장·군수·구청장이 청소년수련활동 주최자에게 시설운영 또는 활동의 중지를 명할 수 있는 최대 기간은?

① 3개월　　② 4개월
③ 5개월　　④ 6개월
⑤ 1년

57 집단중심의 청소년활동 지도방법에 해당하는 것을 모두 고른 것은?

> ㄱ. 역할연기
> ㄴ. CAI(Computer Assisted Instruction)
> ㄷ. 도제학습
> ㄹ. 감수성훈련
> ㅁ. 브레인스토밍

① ㄱ, ㄴ, ㄷ　　② ㄱ, ㄷ, ㄹ
③ ㄱ, ㄹ, ㅁ　　④ ㄴ, ㄹ, ㅁ
⑤ ㄱ, ㄴ, ㄹ, ㅁ

58 청소년활동 진흥법상 청소년수련활동인증프로그램의 신청 시 작성해야 할 내용으로 옳은 것을 모두 고른 것은?

> ㄱ. 활동의 장소　　ㄴ. 시 기
> ㄷ. 목 적　　　　　ㄹ. 인증심사원
> ㅁ. 내 용　　　　　ㅂ. 개별 청소년 인적사항

① ㄱ, ㄴ, ㄹ　　② ㄴ, ㄷ, ㅁ
③ ㄱ, ㄴ, ㄷ, ㅁ　　④ ㄴ, ㄷ, ㅁ, ㅂ
⑤ ㄷ, ㄹ, ㅁ, ㅂ

59 청소년활동 진흥법상 숙박형 청소년수련활동에 해당되는 것을 모두 고른 것은?

> ㄱ. 만 13세인 청소년이 자신의 주거지를 떠나 청소년수련시설이 아닌 장소에서 숙박하는 청소년수련활동
> ㄴ. 만 15세인 청소년이 자신의 주거지를 떠나 청소년수련시설이 아닌 장소에서 야영하는 청소년수련활동
> ㄷ. 만 17세인 청소년이 자신의 주거지를 떠나 청소년수련시설에서 야영하는 청소년수련활동
> ㄹ. 만 19세인 청소년이 자신의 주거지를 떠나 청소년수련시설에서 숙박하는 청소년수련활동

① ㄱ, ㄴ
② ㄱ, ㄴ, ㄷ
③ ㄱ, ㄷ, ㄹ
④ ㄴ, ㄷ, ㄹ
⑤ ㄱ, ㄴ, ㄷ, ㄹ

60 2015 개정 교육과정에서 제시하고 있는 창의적 체험활동의 4대 영역 중 다음이 설명하고 있는 것은?

> • 학생의 개별적 활동보다는 친구와 협력하여 공동으로 문제를 해결하는 경험을 제공한다.
> • 학생들이 자발적으로 집단활동에 참여하여 협동하는 태도를 기르고, 각자의 흥미, 적성, 취미, 특기를 신장하는 활동으로서 학술활동, 문화예술활동, 스포츠활동, 실습노작활동, 청소년단체활동 등이 포함된다.

① 자치활동
② 적응활동
③ 진로활동
④ 행사활동
⑤ 동아리활동

61 청소년 자기도전포상제에 참여할 수 있는 청소년의 연령은?

① 만 9세 ~ 만 13세
② 만 10세 ~ 만 14세
③ 만 11세 ~ 만 15세
④ 만 12세 ~ 만 16세
⑤ 만 13세 ~ 만 17세

62 규범적 요구(normative needs)에 관한 설명으로 옳지 않은 것은?

① 객관적인 차원에서 진단된 요구이다.
② 인정기준에 의해 결정되는 요구도 포함된다.
③ 성취기준에 의해 결정된 요구도 포함된다.
④ 학습자 개인이 주관적으로 인지한 요구를 말한다.
⑤ 자격기준에 의해 결정된 요구도 포함된다.

63 청소년활동 진흥법령상 다음의 입지조건을 갖추어야 하는 수련시설은?

> 자연경관이 수려한 지역, 국립·도립·군립공원, 그 밖의 지역 중 자연과 더불어 행하는 청소년수련활동 실시에 적합한 곳으로서 청소년이 이용하기에 편리한 지역

① 청소년수련관, 청소년문화의집
② 청소년수련관, 청소년야영장
③ 청소년수련원, 청소년문화의집
④ 청소년수련원, 청소년야영장
⑤ 청소년야영장, 청소년특화시설

64 청소년활동 진흥법령상 인증심사원이 되려는 사람은 인증위원회가 실시하는 직무연수를 최소 몇 시간 이상 받아야 하는가?

① 20시간 ② 25시간
③ 30시간 ④ 35시간
⑤ 40시간

65 청소년프로그램개발 패러다임 중 실증주의(positivism)에 관한 설명으로 옳지 않은 것은?

① 청소년은 선행지식과 경험이 없는 빈 그릇 상태로 간주된다.
② 목표에 의해 내용이 결정되는 특성이 강하다.
③ 청소년지도자는 청소년에게 교육내용을 효과적으로 전달하는 사람으로 간주된다.
④ 외부세계에 존재하는 지식과 정보를 청소년에게 전달하는 도구적이고 공학적인 성격이 강하다.
⑤ 교육을 의식화 과정으로 간주하고, 억압상태로부터의 해방과 비판적 실천행위(praxis)를 강조한다.

66 청소년활동 프로그램의 최종 종결단계에서 이루어지는 일반적인 지도전략으로 옳지 않은 것은?

① 활동의 성과를 평가하고, 그 결과에 대하여 포상한다.
② 참여결과가 일상생활에 적용될 수 있도록 지도한다.
③ 활동목표 달성을 위한 세부 단위활동을 안내한다.
④ 활동의 성과를 다른 참가자와 교환하고 통합하는 기회를 갖도록 지도한다.
⑤ 활동의 결과로 청소년 자신에게 나타난 변화를 인식하도록 도와준다.

67 ( )에 들어갈 내용으로 옳은 것은?

> 한국청소년수련원의 K 지도사는 2017년 9월 16 ~ 17일 양일간 숙박형 수련활동을 실시하고자 한다. 이 경우, 청소년활동 진흥법령상 K 지도사는 관할시장, 군수, 구청장 등에게 참가자모집 ( ) 전까지 숙박형 청소년수련활동 계획신고서를 제출해야 한다.

① 3일
② 5일
③ 7일
④ 10일
⑤ 14일

68 프로그램개발 통합모형에서 프로그램 기획단계에 수행되어야 할 내용으로 옳지 않은 것은?

① 청소년의 요구 분석
② 프로그램 아이디어 창출
③ 프로그램 개발의 타당성 분석
④ 프로그램 평가보고서 작성
⑤ 프로그램 개발의 기본방향 설정

69 청소년방과후아카데미의 5대 프로그램 영역으로 옳지 않은 것은?

① 자립자활 ② 학습지원
③ 자기개발 ④ 전문체험
⑤ 생활지원

70 청소년활동 진흥법령상 ( )에 들어갈 내용으로 옳은 것은?

> 여성가족부장관 또는 시장, 군수, 구청장은 수련시설의 종합 안전·위생 점검을 ( )마다 1회 이상 실시하여야 한다.

① 1년 ② 2년
③ 3년 ④ 4년
⑤ 5년

71 청소년활동 진흥법상 청소년문화활동의 정의이다. ( )에 들어갈 각 활동으로 옳은 것은?

> 청소년이 예술활동, ( ), ( ), ( ) 등을 통하여 문화적 감성과 더불어 살아가는 능력을 함양하는 체험활동을 말한다.

① 동아리활동, 봉사활동, 수련활동
② 동아리활동, 봉사활동, 교류활동
③ 스포츠활동, 봉사활동, 교류활동
④ 스포츠활동, 동아리활동, 봉사활동
⑤ 스포츠활동, 동아리활동, 교류활동

72 다음이 설명하고 있는 것은?

- 하트(R. Hart)가 제시한 청소년의 참여수준 8단계 중 가장 낮은 단계
- 청소년들이 활동내용에 대해 전혀 이해하지 못한 채 청소년지도자의 지시에 일방적으로 따라다니는 상태

① 장식(decoration) 단계
② 조작(manipulation) 단계
③ 명목주의(tokenism) 단계
④ 성인주도(adult initiated) 단계
⑤ 제한적 위임과 정보제공(assigned but informed) 단계

73 콜브(D. Kolb)의 경험학습 4단계 중 다음에 해당되는 것은?

청소년들이 현장견학에서 체험한 내용을 토대로 논리적 분석과 이해과정을 통해 가설적 지식을 도출하는 단계

① 적극적 실험(active experimentation)
② 반성적 관찰(reflective observation)
③ 추상적 개념화(abstract conceptualization)
④ 구체적 경험(concrete experience)
⑤ 비판적 사고(critical thinking)

74 청소년 기본법상 시·도 및 시·군·구 청소년육성 전담기구에 둘 수 있는 것은?

① 청소년보호위원회
② 청소년정책위원회
③ 청소년정책실무위원회
④ 청소년육성 전담공무원
⑤ 청소년수련활동인증위원회

75 청소년활동의 지도원리로 옳지 않은 것은?

① 청소년중심의 원리
② 획일적 지도의 원리
③ 상호학습의 원리
④ 동기유발 및 유지의 원리
⑤ 전인성의 원리

2016년 제15회 기출문제

시험시간 : 총 100분

1과목(필수) 발달심리

01 자녀를 양육하는 방식에 관한 설명으로 옳지 않은 것은?

① 심리통제란 죄책감 유발이나 애정철회와 같은 방법으로 자녀의 행동에 영향을 미치는 것을 말한다.
② 권위주의적 양육방식에서는 부모가 자녀에게 냉담하고 거부적이다.
③ 허용적 양육방식에서는 부모가 자녀에게 지나치게 관대하다.
④ 방임적 양육방식에서는 부모가 자녀들의 요구를 방치하거나 자녀들의 요구에 둔감하다.
⑤ 권위적 양육방식에서는 부모가 자녀를 많이 통제한다.

02 수연이는 대학교에서 경제학을 전공하고 있지만 변호사인 부모님의 뜻에 따라 아무런 고민 없이 변호사가 되기로 결정했다. 이러한 수연이의 정체감 상태는 어디에 해당하는가?

① 정체감 획득
② 정체감 유예
③ 정체감 확산
④ 정체감 유실
⑤ 부정적 정체감

03 발달의 비연속적 측면을 강조하는 이론이 아닌 것은?

① 피아제(J. Piaget)의 인지발달이론
② 브레이너드(C. Brainerd)의 흐릿한 흔적이론
③ 프로이트(S. Freud)의 정신분석이론
④ 콜버그(L. Kohlberg)의 도덕성발달이론
⑤ 에릭슨(E. Erikson)의 심리사회이론

04 강희의 행동을 설명하는 개념은?

중학생 강희는 아침에 학교에 가려다가 이마에 커다란 여드름이 난 것을 보았다. 강희는 "나 오늘 학교에 안 가. 사람들이 모두 내 얼굴만 쳐다볼 거란 말이야." 라고 하면서 짜증을 냈다.

① 개인적 우화
② 이상주의적 사고
③ 상상적 관중(청중)
④ 이원적 사고
⑤ 상대적 사고

05 알츠하이머병에 관한 설명으로 옳지 않은 것은?

① 뇌혈관의 폐쇄로 발병하는 치매이다.
② 연령이 증가하면서 발병률이 증가한다.
③ 유전 가능성이 있다.
④ 초기에 가장 두드러진 증상은 기억력 장애이다.
⑤ 대표적인 노인성 치매이다.

06 운동발달의 역동적 체계이론에 관한 설명으로 옳은 것을 모두 고른 것은?

ㄱ. 운동기술은 분리된 능력들이 합쳐진 하나의 체계이다.
ㄴ. 운동기술의 발달은 유전이 전적으로 결정한다.
ㄷ. 영아는 능동적으로 기존의 운동기술을 새롭고 복잡한 운동체계로 재조직한다.
ㄹ. '만지고 싶은 물건에 도달하기'와 같은 목표가 운동기술의 발달에 영향을 미친다.

① ㄱ, ㄷ
② ㄱ, ㄹ
③ ㄴ, ㄷ
④ ㄱ, ㄴ, ㄹ
⑤ ㄱ, ㄷ, ㄹ

07 청소년의 신체발달에 관한 설명으로 옳은 것은?

① 여자 청소년보다 남자 청소년에게 성장급등(growth spurt)이 더 일찍 일어난다.
② 요즘 청소년들이 과거 청소년들보다 성장이 더 느리다.
③ 청소년들의 신체발달에는 개인차가 없다.
④ 사춘기가 오는 시기는 청소년의 발달에 영향을 미친다.
⑤ 모든 여자 청소년들은 첫 생리를 하자마자 임신이 가능하다.

08 기형발생 물질에 의한 구조적 기형이 발생할 가능성이 가장 큰 태내 발달단계는?

① 접합기 ② 배아기
③ 태아기 ④ 민감기
⑤ 수정기

09 기질과 애착에 관한 설명으로 옳은 것을 모두 고른 것은?

> ㄱ. 주양육자가 아동의 기질을 고려하여 적절하게 양육한다면 아동의 까다로운 기질이 반드시 불안정 애착으로 이어지는 것은 아니다.
> ㄴ. 불안정-회피애착 아동은 주양육자에게 과도한 집착을 보인다.
> ㄷ. 내적작동모델(internal working model)은 아동의 대인관계에 대한 지표역할을 한다.
> ㄹ. 기질은 행동 또는 반응의 개인차를 설명해 주는 생물학적 기초를 가지고 있다.

① ㄱ, ㄹ ② ㄱ, ㄴ, ㄷ
③ ㄱ, ㄷ, ㄹ ④ ㄴ, ㄷ, ㄹ
⑤ ㄱ, ㄴ, ㄷ, ㄹ

10 지능발달에 관한 설명으로 옳지 않은 것은?

① 결정성 지능은 유동성 지능보다 학교교육이나 문화의 영향을 덜 받는다.
② 지능의 상관은 이란성 쌍생아보다 일란성 쌍생아 간에 더 높다.
③ 가드너(H. Gardner)에 따르면 인간의 지능은 다양한 차원으로 구성되어 있다.
④ 스턴버그(R. Sternberg)는 지능의 삼두(삼원)이론을 주창했다.
⑤ 문제에 대한 하나의 최적의 답을 만들어내는 능력은 수렴적 사고이다.

11 두뇌발달에 관한 설명으로 옳은 것은?

① 뉴런의 크기와 시냅스 생성은 외부 감각경험의 영향을 받지 않는다.
② 청소년기는 두뇌 성장급등기이다.
③ 두뇌 가소성은 좌뇌와 우뇌의 기능분화를 의미한다.
④ 영아기에는 수초화가 활발하게 이루어진다.
⑤ 전두엽의 발달은 영아기에 완성된다.

12 사회정서발달에 관한 설명으로 옳지 않은 것은?

① 수치심과 죄책감은 2차 정서이다.
② 전생애 동안 애착의 유형은 변하지 않는다.
③ 일반적으로 아동의 정서조절은 외적 규제에서 내적 자기조절로 발달한다.
④ 안정애착은 아동의 사회정서발달에 긍정적인 영향을 준다.
⑤ 조망수용능력은 타인에 대한 이해와 관련이 있다.

13 도덕성 발달에 관한 설명으로 옳은 것은?

① 피아제(J. Piaget)의 자율적 도덕성에서는 규칙이란 절대적인 것이 아니라 바뀔 수 있는 임의의 것이다.
② 콜버그(L. Kohlberg)의 도덕성 발달의 최종단계는 사회적 계약 지향 단계이다.
③ 길리건(C. Gilligan)은 여성의 도덕성을 구성하는 핵심개념으로 정의(justice)를 주장한다.
④ 길리건(C. Gilligan)은 피아제(J. Piaget)의 도덕성 발달이론이 남성편향적이라고 비판한다.
⑤ 피아제(J. Piaget)에 따르면 인지적 추론수준과 도덕성 발달수준은 관계가 없다.

14 피아제(J. Piaget)의 인지발달에 관한 설명으로 옳지 않은 것은?

① 감각운동기는 6개의 하위단계로 구성된다.
② 형식적 조작기에 들어가면 추상적이고 가설적인 사고가 발달한다.
③ 질량, 수, 부피에 관한 보존 개념은 동일한 연령에서 나타난다.
④ 인지발달 단계의 순서는 불변한다.
⑤ 조절(accommodation)은 새로운 경험을 수용하고 설명하기 위해 기존의 도식을 수정하는 것이다.

15 아동·청소년기 발달정신병리에 관한 설명으로 옳은 것을 모두 고른 것은?

ㄱ. 청소년기보다 아동기에 발병하는 품행장애는 예후가 더 좋다.
ㄴ. 청소년기의 섭식장애는 남자보다 여자에게서 더 많이 발생한다.
ㄷ. 학습장애는 타고난 기질적 요인의 영향을 받지 않는다.
ㄹ. ADHD의 치료법에는 인지행동치료, 약물치료 등이 있다.

① ㄱ
② ㄴ
③ ㄱ, ㄴ
④ ㄴ, ㄷ
⑤ ㄴ, ㄹ

16 레빈슨(D. Levinson)의 인생의 사계절(seasons of life) 이론에 관한 설명으로 옳은 것은?

① 인생주기 중 모두 4번에 걸친 전환기를 설정한다.
② 인생(생애)구조란 개인의 인생 기초가 되는 설계를 의미한다.
③ 꿈이나 도전과 같은 인생구조적 요인은 남녀 모두에게 동일하다.
④ 전환기에서는 개인의 요구와 사회적 요구를 조화시키며 인생구조를 형성한다.
⑤ 성인중기(중년기)에는 타인의 권위에서 벗어나 자신을 분명하게 드러내고자 한다.

17 성역할 발달에 관한 설명으로 옳은 것은?

① 심리적 양성성은 한 사람 내에 여성적 특성과 남성적 특성이 공존하는 것을 의미한다.
② 셀먼(R. Selman)은 성도식 이론을 주창했다.
③ 성역할 발달은 생물학적 성에 따라 모두 결정된다.
④ 생물학적 성을 결정하는 호르몬은 도파민이다.
⑤ 성 일관성(gender consistency)은 어떤 행동이 여성과 남성에게 적합한 행동인가에 대한 신념을 의미한다.

18 수퍼(D. Super)의 직업적 자아개념이론에 관한 설명으로 옳지 않은 것은?

① 청년은 자아상과 정체감에 일치하는 직업을 선택한다.
② 전생애 동안 사회적 관계에서의 다양한 생애 역할을 통해 자아개념이 발달한다.
③ 결정화(crystallization)단계에서는 특정 직업을 선택하고, 직업을 자아개념의 일부로 간주하기 시작한다.
④ 강화(consolidation)단계에서는 자신이 선택한 분야에서 더 높은 지위에 오르기 위해 노력한다.
⑤ 직업 정체감의 확립은 일생을 통해 일어난다.

19 마음이론의 발달에 관한 설명으로 옳지 않은 것은?

① 내적 욕구와 바람이 행동을 결정한다는 사실에 대한 이해는 2세경에 발달한다.
② 틀린 믿음에 대한 이해는 6세경에 발달한다.
③ 형제가 있는 아동은 없는 아동보다 틀린 믿음을 더 잘 이해한다.
④ 부모와 대화가 풍부한 아동은 틀린 믿음을 잘 이해한다.
⑤ 마음이론의 발달에는 생물학적 요인이 작용한다.

20 발달연구 설계에 관한 설명으로 옳지 않은 것은?

① 횡단연구에서 나타나는 각 연령 간 집단의 차이는 연령 자체의 영향 때문이다.
② 종단연구에서는 동일한 개인 또는 집단을 시간의 차이를 두고 여러 번 측정함으로써 연령에 따른 발달의 추이를 규명한다.
③ 동시대출생집단효과(cohort effect)는 연령 자체보다는 사회·역사적 요인에 의해 발생한다.
④ 단기종단연구에서는 반복 검사로 인한 연습효과가 존재한다.
⑤ 계열법은 횡단적 접근법과 종단적 접근법을 절충·보완한 연구 설계이다.

21 발달연구의 자료수집 방법에 관한 설명으로 옳은 것은?

① 자연관찰은 실험실관찰보다 가외변인의 통제가 더욱 용이하다.
② 개인의 정보를 가장 정확하게 수집할 수 있는 방법은 질문지법이다.
③ 사례연구에서는 소수의 피험자를 깊이 연구함으로써 개인의 복잡한 내적 현상을 기술한다.
④ 구조적 면접법은 정해진 질문 없이 전문 면접관에 의해 체계적으로 이루어진다.
⑤ 면접법에서 면접자의 특성은 자료수집 과정에 영향을 미치지 않는다.

22 발달의 동물행동학적 이론에 관한 설명으로 옳은 것을 모두 고른 것은?

> ㄱ. 인간발달에 있어 진화론적 관점을 강조한다.
> ㄴ. 종 특유 행동은 생존을 위한 진화의 산물이다.
> ㄷ. 로렌츠(K. Lorenz) 이론에서 각인은 결정적 시기와 상관없이 이루어지는 본능적 행동이다.
> ㄹ. 동물행동학적 관점에서 볼 때 어머니와 유아 긴 애착은 생존을 위한 것이다.

① ㄱ, ㄴ
② ㄷ, ㄹ
③ ㄱ, ㄴ, ㄷ
④ ㄱ, ㄴ, ㄹ
⑤ ㄱ, ㄴ, ㄷ, ㄹ

23 브론펜브레너(U. Bronfenbrenner)의 생태학적 이론에 관한 설명으로 옳지 않은 것은?

① 인간발달을 사회문화적 맥락에서 이해한다.
② 미시체계에서는 아동과 부모의 직접적 상호작용이 일어난다.
③ 부모의 직장은 아동에 있어 거시체계에 해당된다.
④ 부모가 자녀의 학교 담임선생님을 전혀 모르는 것은 중간체계가 취약하다는 것을 의미한다.
⑤ 시간체계는 사람과 환경의 일생 동안의 변화를 포함한다.

24 다음에 제시되어 있는 아동의 언어발달 특성을 설명하는 개념은?

> 비록 문화적 환경이 다르더라도 다양한 문화권에 속한 아동들이 범하는 문법적 오류나 언어발달 과정은 매우 유사하다.

① 스키너(B. Skinner)의 강화
② 촘스키(N. Chomsky)의 언어습득장치
③ 레너버그(E. Lenneberg)의 결정적 시기
④ 반두라(A. Bandura)의 모방
⑤ 브루너(J. Bruner)의 언어습득 지원체계

25 4세 혜원이는 엄마의 생일을 맞아 자신이 아끼고 좋아하는 캐릭터 인형을 선물하였다. 이러한 혜원이의 행동을 설명하는 개념은?

① 물활론적 사고
② 가역성
③ 전인과성 사고
④ 직관적 사고
⑤ 자아중심성

2과목(필수) 집단상담의 기초

26 다음에서 게슈탈트 집단상담자가 사용한 기법은?

> 집단상담자는 사람들이 너무 이기적이라고 불평하는 집단원에게 이기적인 사람이 되어 연기해 보도록 권유함으로써 그러한 이기적인 욕구나 감정이 자신의 것임을 알아차리도록 하였다.

① 빈 의자 기법　② 직면시키기
③ 수프에 침 뱉기　④ 거울기법
⑤ 창조적 투사하기

27 참만남집단에 관한 설명으로 옳지 않은 것은?

① 개인경험에 중점을 둔다.
② 체험집단이라고도 불린다.
③ 지금-여기에 초점을 맞춘다.
④ 구체적인 집단목표를 설정한다.
⑤ 몇 시간에서 며칠간 진행되기도 한다.

28 집단상담자 윤리에 관한 설명으로 옳은 것을 모두 고른 것은?

> ㄱ. 상담료는 잠재적 집단원들의 재정 상태와 지위를 고려하여 결정한다.
> ㄴ. 다중관계의 범위에는 집단원뿐 아니라 수퍼바이저와의 관계도 포함된다.
> ㄷ. 집단상담자는 집단원의 사생활 보호와 비밀유지에 대한 윤리적 책임은 있지만 법적 책임은 없다.
> ㄹ. 다른 전문가에게 상담을 받고 있는 잠재적 집단원에게는 그 전문가에게 집단 참여 사실을 알리도록 조언해야 한다.

① ㄱ, ㄴ　② ㄷ, ㄹ
③ ㄱ, ㄴ, ㄹ　④ ㄴ, ㄷ, ㄹ
⑤ ㄱ, ㄴ, ㄷ, ㄹ

29 얄롬(I. Yalom)의 치료집단의 갈등에 관한 진술에서 ( )에 들어갈 말을 순서대로 옳게 나열한 것은?

> 일차가족과의 관계에서의 경험은 개인에게 ( )의 원인을 제공하여 집단상담자에 대한 태도와 집단에서의 역할 결정에 영향을 미친다. 집단상담자는 집단에서 발생하는 ( )에 작용하는 집단원, 대인관계, 집단역동을 확인해야 한다. 이러한 감정의 일부는 집단원의 자기경멸의 ( )로 인해 발생하는 것이기 때문이다.

① 관계왜곡 - 불안 - 전이
② 신경증 - 불안 - 투사
③ 관계왜곡 - 적개심 - 투사
④ 신경증 - 불안 - 투사적 동일시
⑤ 관계왜곡 - 분노감 - 투사적 동일시

30 과거에는 다룰 수 없었던 외상 경험의 수정을 위해 집단원을 보다 안전하고 지지적인 환경에 노출시키는 것을 뜻하는 개념은?

① 자기개방
② 모험시도
③ 현실검증
④ 합의적 검증
⑤ 교정적 정서체험

31 실존주의 집단상담에 관한 설명으로 옳은 것은?
① 정신병리의 원인에 대한 체계적인 이론을 기초로 집단원을 범주화한다.
② 공포를 집단원들의 실존에 대한 대표적인 정서반응으로 간주한다.
③ 집단원의 일중독 문제를 실존적 분노 회피를 위한 방어적 노력이라고 여긴다.
④ 집단원들을 불안의 원천인 죽음이라는 실존적 조건 속에서 살아가는 존재로 본다.
⑤ 과거는 현재에 중요한 영향을 미친다는 가정하에 집단원들의 과거에 관심을 갖는다.

32 얄롬(I. Yalom)이 주장한 집단상담의 치료적 요인의 내용으로 옳은 것을 모두 고른 것은?

> ㄱ. 실존적 요인은 삶의 방식에 대한 궁극적인 책임이 집단원 자신에게 있다는 사실을 학습하는 것이다.
> ㄴ. 지금-여기 상호작용은 현재 집단에서의 경험에 초점을 맞춤으로써 집단의 힘과 효과를 증가시키는 것이다.
> ㄷ. 정화는 집단의 궁극적인 목표로, 집단원의 내면에 누적되어 있는 감정을 표현함으로써 그 감정을 해소하는 것이다.

① ㄱ
② ㄷ
③ ㄱ, ㄴ
④ ㄴ, ㄷ
⑤ ㄱ, ㄴ, ㄷ

33 현실치료 집단상담에 관한 설명으로 옳은 것을 모두 고른 것은?

> ㄱ. 불행의 가장 주된 근원을 중요한 사람과의 관계라고 간주한다.
> ㄴ. 집단원 개개인을 독특한 문화적 존재로 보고 자율성을 성취하도록 돕는다.
> ㄷ. 집단원의 매 순간의 모든 행동은 욕구 충족을 위한 선택의 결과라고 가정한다.
> ㄹ. 집단상담의 목표에는 집단원의 기본욕구 충족을 통한 사회적 관심 증가가 포함된다.

① ㄱ, ㄷ
② ㄴ, ㄹ
③ ㄱ, ㄷ, ㄹ
④ ㄴ, ㄷ, ㄹ
⑤ ㄱ, ㄴ, ㄷ, ㄹ

34 집단규범에 관한 설명으로 옳지 않은 것은?

① 집단상담자와 영향력 있는 집단원들에 의해 구성·발달된다.
② '해야 할 것'과 '해서는 안 되는 것'에 대한 공유된 신념이다.
③ 자기개방, 느낌 중심의 상호작용, 즉시성, 자기탐색 등이 포함된다.
④ 집단원들이 집단참여를 통해 얻고자 하는 것의 성취를 촉진하는 기능이 있다.
⑤ 암묵적 규범 외에도 집단에 대해 집단원이 나름대로 가지고 있는 신념을 토대로 이루어지는 명시적 규범으로 구성된다.

35 집단상담자가 갖추어야 할 인간적 자질에 관한 설명으로 옳은 것을 모두 고른 것은?

> ㄱ. 자기수용 – 다른 사람의 삶과 가치를 인정해 주는 것
> ㄴ. 개방적 태도 – 집단상담 방식에 지속인 변화를 추구하는 것
> ㄷ. 심리적 에너지 – 자신이 소진되지 않도록 스스로를 돌보는 것
> ㄹ. 타인의 복지에 대한 관심 – 주변 사람들을 배려하는 마음으로 보살피는 것

① ㄱ, ㄴ
② ㄱ, ㄷ
③ ㄴ, ㄹ
④ ㄷ, ㄹ
⑤ ㄴ, ㄷ, ㄹ

36 다음의 집단상담자가 사용한 상담기술에 관한 설명으로 옳지 않은 것은?

> 세훈 : 공부를 열심히 해서 목표를 꼭 이루고 싶어요. 하지만 부모님이 공부하라고 말하면 공부가 싫어져요.
> 집단상담자 : 열심히 공부하는 것이 중요하다고 말하면서 부모님 때문에 공부가 싫다고 말하니 네가 원하는 것이 무엇인지 알기가 어렵구나.

① 적절한 시기를 포착해서 사용해야 한다.
② 집단원의 근본적인 문제가 무엇인지 알려준다.
③ 구체적이고 관찰 가능한 행동에 초점을 맞춰 진술한다.
④ 돌보는 태도와 존중하는 방식으로 한다.
⑤ 집단원이 스스로에 대해 정직한 평가를 할 수 있도록 돕는다.

37 집단상담의 평가에 관한 설명으로 옳지 않은 것은?

① 심리검사를 사용할 수 있다.
② 집단상담 서비스의 질을 관리하고 발전시키기 위한 것이다.
③ 집단상담자는 주관적인 평가를 내릴 수 있으므로 평가의 주체에서 제외시킨다.
④ 솔직히 털어놓고 의견을 교환하는 평가방식은 평가규준이 불분명하다.
⑤ 집단상담자, 집단원, 프로그램, 상담기관 모두 평가의 대상이 될 수 있다.

38 응집력이 높은 집단의 특징으로 옳은 것은?

① 집단원들이 집단상담자의 역할을 공유하지 않는다.
② 집단규범을 어기는 집단원이 있을 때 기꺼이 도전한다.
③ 집단원들의 집단에 대한 애착과 정서적 관여도가 낮다.
④ 집단원들 간의 상호작용보다 집단원과 집단상담자 간의 상호작용이 더 활발하다.
⑤ 갈등을 인식하지만 공개적으로 다루지는 않는다.

39 집단원의 문제행동과 그것을 다루기 위한 집단상담자의 반응으로 옳지 않은 것은?

① 대화 독점 : "이야기하고 싶은 것이 많은 것처럼 보이는데, 그것을 한 문장으로 말해 보시겠어요?"
② 우월한 태도 : "다른 사람들의 문제는 작고 사소하다고 여기는 태도가 당신의 근본적인 문제인 것 같군요."
③ 소극적 참여 : "뭔가 생각하고 있는 듯 보이는데, 우리에게 그 생각을 나누어 주시겠어요?"
④ 과거 이야기 장황하게 늘어놓기 : "과거 이야기보다 자신이 지금 어떻게 느끼고 있는지 말씀해 주시겠어요?"
⑤ 조언 일삼기 : "별님, 별님의 조언이 어떤 점에서 달님에게 도움이 될 것 같다고 생각하시나요?"

40 집단상담자의 개입을 집단발달 단계에 따라 순서대로 나열한 것은?

> ㄱ. "집단에서 자신에 대해 배운 것들 중 가장 중요한 것은 무엇인가요?"
> ㄴ. "집단을 신뢰하고 자신을 드러내는 것을 주저하는 것은 자연스러운 일이에요. 두 명씩 짝을 지어 무엇을 주저하고 있는지 말해 볼까요?"
> ㄷ. "앞으로도 이런 감정이 들 때 회피하지 않기 위해 여기서 아버지를 떠오르게 하는 사람에게 자신의 감정을 말해 보겠어요?"
> ㄹ. "이 집단에서 얻고 싶은 것이 무엇인가요?"

① ㄴ - ㄱ - ㄷ - ㄹ
② ㄴ - ㄷ - ㄹ - ㄱ
③ ㄷ - ㄴ - ㄱ - ㄹ
④ ㄹ - ㄴ - ㄷ - ㄱ
⑤ ㄹ - ㄷ - ㄴ - ㄱ

41 코리(G. Corey)의 집단발달 단계 중 작업단계의 특징으로 옳은 것은?

① 모든 집단원들이 최적의 기능을 발휘한다.
② 집단원들이 서서히 집단작업의 강도를 줄인다.
③ 지금 - 여기보다는 그때 - 거기에서 일어난 일에 대하여 이야기한다.
④ 변화를 도모하고 새로운 행동을 과감하게 시도한다.
⑤ 집단에 대한 신뢰 여부가 핵심 주제이다.

42 우볼딩(R. Wubbolding)이 주장한 현실치료의 지침으로 옳은 것을 모두 고른 것은?

> ㄱ. 가장 자기다운 모습으로 상담해야 한다.
> ㄴ. 웃음은 고통에 대한 치유약이므로 상담 중에 유머를 적극적으로 활용한다.
> ㄷ. 상담자 윤리강령에 따라 집단원의 궁극적인 복지를 위해 상담을 전개한다.
> ㄹ. '예상하지 않은 행동하기'를 통해 집단원으로 하여금 자신의 또다른 바람을 탐색하도록 하여 잠시나마 고통상태에서 벗어나게 한다.

① ㄱ, ㄷ ② ㄴ, ㄹ
③ ㄱ, ㄴ, ㄷ ④ ㄴ, ㄷ, ㄹ
⑤ ㄱ, ㄴ, ㄷ, ㄹ

43 학교 기반의 집단상담을 계획하고 준비하는 과정에 관한 설명으로 옳지 않은 것은?

① 반사회적 성향이 있어 담임교사로부터 의뢰된 학생은 집단원 선별 과정을 생략한다.
② 특정 시기에 공통적으로 겪을 수 있는 문제 해결에 초점을 맞춘다.
③ 집단상담의 주제 선정을 위한 요구조사가 권장된다.
④ 집단상담 시작 전에 참여학생의 학부모로부터 참여동의서를 받는다.
⑤ 집단상담의 이점에 대해 학교행정가와 교사에게 설명한다.

44 청소년 집단상담 과정 중에 제공되는 피드백에 관한 설명으로 옳은 것은?

① 다른 집단원에 대한 감정과 생각을 여과 없이 되돌려 주는 것이다.
② 집단상담자의 피드백 모델링은 집단원들의 심리적 의존성을 키울 수 있다.
③ 집단원에게 자신의 행동이 다른 집단원들에게 미치는 영향을 인식하도록 돕는다.
④ 집단원의 자료에 기초하여 대안적인 설명이나 해석을 제공해 주는 것이다.
⑤ 집단초기에는 부정적 피드백이 긍정적 피드백보다 집단응집력 형성에 도움이 된다.

45 효과적인 청소년 집단상담 운영 방안에 관한 설명으로 옳은 것을 모두 고른 것은?

> ㄱ. 집단원 간의 신뢰와 응집력을 높이기 위하여 개방집단으로 구성한다.
> ㄴ. 사전에 설정된 주제를 다루기 위하여 구조화집단으로 운영한다.
> ㄷ. 학교폭력 문제를 신속하게 해결하기 위해 피해자와 가해자를 하나의 집단으로 구성한다.
> ㄹ. 학급단위 집단상담은 대체로 심리교육집단 형태로 운영한다.

① ㄱ, ㄷ ② ㄴ, ㄹ
③ ㄱ, ㄴ, ㄷ ④ ㄱ, ㄷ, ㄹ
⑤ ㄱ, ㄴ, ㄷ, ㄹ

46 법원의 수강명령으로 의뢰된 청소년 대상 집단프로그램 운영 시 유의사항으로 옳은 것은?

① 집단원이 지각과 결석을 자주 하더라도 집단에 참여하지 않을 권리가 있으므로 이를 허용한다.
② 집단과정 중에 언급된 모든 내용은 비밀이 보장된다는 것을 약속한다.
③ 집단원에게 중도에 포기할 권리가 없음을 알린다.
④ 집단 참여가 집단원에게 가져다주는 유익을 강조하면서 적극적인 참여를 독려한다.
⑤ 법원에서 필요한 상담 내용을 요구하더라도 비밀보장의 원칙에 따라 거부한다.

47 적대적 행동을 보이는 청소년 집단원에 대한 집단 상담자의 대처방안으로 옳지 않은 것은?

① 적대적 행동이 집단 응집력 형성에 미치는 영향을 살핀다.
② 다른 집단원이 적대적 행동으로부터 받은 느낌을 표현하고 적대적 집단원은 이를 경청하게 한다.
③ 적대적 행동 이면의 감정을 자각하도록 돕는다.
④ 적대적 행동을 집단에서 다루기 힘든 경우에는 개인상담을 병행한다.
⑤ 즉각적으로 개입하기보다는 적대적 행동의 무의식적 의도를 파악하기 위해 관찰만 계속한다.

48 집단상담자가 사용한 상담 기술의 목적에 관한 설명으로 옳은 것은?

> 백현 : 다른 사람에게 제 마음을 표현하는 것이 어려워요. 무슨 말을 어떻게 시작해야 할지 모르겠어요. 특히 여자애들 앞에만 서면 머리가 하얘져요.
> 수호 : (입을 꽉 다문 상태에서 고개를 끄덕인다.)
> 집단상담자 : 백현이와 수호는 친구에게 마음을 표현하는 게 어렵고, 특히 여자애들에게 말을 건네기가 어렵구나.

① 집단원들 간의 상호작용과 응집력 촉진
② 집단원의 역기능적인 언어적·비언어적 행동 중단
③ 집단의 초점을 다시 제 궤도에 올려놓기
④ 집단 구조 개선과 집단원 성장 촉진을 위한 틀 제공
⑤ 집단의 방향에 대한 집단원의 책임감을 일깨워주기

49 청소년 집단상담의 과정 분석(processing)에 관한 설명으로 옳은 것을 모두 고른 것은?

> ㄱ. 집단 목적과 규정 및 한계에 관하여 언급한다.
> ㄴ. 가장 먼저 반응을 보인 집단원에게 초점을 설정·유지한다.
> ㄷ. 활동경험을 집단원 개개인의 삶과 연관지어 탐색하도록 돕는다.
> ㄹ. 과거에 초점을 두기보다 과거 경험이 현재에 미치는 영향을 탐색하도록 돕는다.

① ㄱ, ㄴ
② ㄴ, ㄷ
③ ㄷ, ㄹ
④ ㄱ, ㄴ, ㄷ
⑤ ㄴ, ㄷ, ㄹ

50 쉼터에서 생활하는 청소년들을 대상으로 개방집단을 운영하는 경우 유의할 점이 아닌 것은?

① 한 회기 내에 다룰 수 있는 문제에 초점을 맞춘다.
② 매 회기마다 회기 종결에 대한 느낌을 탐색할 수 있는 시간을 충분히 확보한다.
③ 꾸준히 참여하는 핵심집단원들을 확보한다.
④ 신규 집단원에 대한 오리엔테이션은 반드시 회기 내에 실시한다.
⑤ 타당한 이유 없이 지각과 결석을 반복하는 집단원에게는 집단 참여의 제한을 고려한다.

3과목(필수) 심리측정 및 평가

51 T점수에 관한 설명으로 옳은 것은?

① 평균은 50이다.
② 표준편차는 15이다.
③ 정규분포를 이루지 않는다.
④ -값이 나온다는 단점이 있다.
⑤ 중앙치와 최빈치를 사용하여 계산한다.

52 신뢰도에 관한 설명으로 옳은 것은?

① 검사-재검사 신뢰도는 실시 간격의 영향을 받지 않는다.
② 문항의 난이도는 신뢰도 계수에 영향을 주지 않는다.
③ 문항들의 내용이 이질적일수록 신뢰도는 높아진다.
④ 채점자 간 차이와 검사시간은 신뢰도에 영향을 주지 않는다.
⑤ 검사점수의 일관성과 반복 가능성을 의미한다.

53 정답과 오답으로 채점하는 검사에서 사용하는 신뢰도 추정치는?

① 문항추측도
② 요인부하량
③ KR(Kuder-Richardson)-20
④ 문항난이도
⑤ 문항변별도

54 검사점수에 관한 설명으로 옳지 않은 것은?

① 원점수는 규준집단에서 개인의 상대적 위치에 관한 정보를 제공한다.
② 규준집단에서 개인의 위치를 알아보기 위해 유도된 점수(derived score)를 사용한다.
③ T점수로 변환하면 상이한 검사에서 측정된 점수에 대한 비교가 가능하다.
④ 표준점수는 평균에서 이탈된 정도를 알려준다.
⑤ T점수와 스태나인(stanine)은 정규화된 표준점수이다.

55 백분위 점수(percentile score)에 관한 설명으로 옳지 않은 것은?

① 백분위 점수는 원점수의 최저 점수부터 정한다.
② 백분위 점수가 낮을수록 개인의 원점수는 낮다.
③ 객관적 검사의 경우 백분위 점수는 검사대상에 관계없이 사용할 수 있다.
④ 백분위 점수 40과 50의 원점수 차이와 백분위 점수 80과 90의 원점수 차이는 같다.
⑤ 백분위 점수는 서열척도이다.

56 준거타당도에 관한 설명으로 옳지 않은 것은?

① 외적 준거를 이용하여 타당도를 알아본다.
② "현재의 점수로 미래의 수행수준을 예언할 수 있을까?"라는 의문과 관련이 있다.
③ 타당화검사 점수와 준거측정치 간의 상관계수를 사용하여 추정한다.
④ 검사에서 사용하는 준거는 검사의 목적에 따라 다르다.
⑤ 예언타당도의 대안으로 공인(concurrent)타당도를 사용하지 못한다.

57 문항반응이론의 가정에 관한 설명으로 옳지 않은 것은?

① 측정오차는 모든 수검자에게 동일하다.
② 1개의 검사를 구성하는 모든 문항은 1개의 잠재적 특성을 측정한다.
③ 특정 문항에 대한 반응은 다른 문항의 반응에 영향을 미치지 않는다.
④ 문항 난이도는 수검자 집단의 특성에 의해 영향을 받지 않는다.
⑤ 사용하는 검사 또는 문항에 따라 수검자의 능력은 변화되지 않는다.

58 척도에 관한 설명으로 옳은 것을 모두 고른 것은?

> ㄱ. 비율척도는 절대 영점을 가정한다.
> ㄴ. 성별은 서열척도이다.
> ㄷ. 온도는 명명척도이다.
> ㄹ. 등간척도와 비율척도는 연속변수이다.

① ㄱ
② ㄱ, ㄹ
③ ㄴ, ㄹ
④ ㄱ, ㄴ, ㄷ
⑤ ㄴ, ㄷ, ㄹ

59 측정의 표준오차(SEM)에 관한 설명으로 옳은 것은?

① 관찰점수의 표준편차와 신뢰도 계수를 사용하여 추정한다.
② 표준오차는 관찰점수들의 합으로 계산한다.
③ 표준오차가 클수록 점수들 간의 이질성은 낮아진다.
④ 신뢰구간을 계산할 때 표준오차를 사용하지 못한다.
⑤ 표준오차는 정규분포를 이루지 않는다.

60 아동용 웩슬러 지능검사(K-WISC-IV) 실시에 관한 설명으로 옳은 것은?

① 첫 번째로 실시하는 소검사는 공통성이다.
② 산수는 모든 연령에 대해 시작점이 동일하다.
③ 아동이 질문에 반응하지 않았을 때는 기록용지에 NR로 표기한다.
④ 행렬추리는 초시계로 정확하게 시간을 측정해야 한다.
⑤ 아동이 "모르겠어요."라고 대답할 때는 기록용지에 CK로 표기한다.

61 지능에 관한 설명으로 옳은 것을 모두 고른 것은?

> ㄱ. 비네(A. Binet)는 정신연령(Mental Age)이라는 용어를 사용하였다.
> ㄴ. 비율IQ의 산출공식은 $\dfrac{생활연령(CA)}{정신연령(MA)} \times 100$ 이다.
> ㄷ. 웩슬러는 비율IQ의 문제점을 보완하기 위해 편차IQ 개념을 도입하였다.
> ㄹ. 웩슬러형 지능검사에서는 평균 100, 표준편차 10인 표준점수를 사용한다.

① ㄱ, ㄴ
② ㄱ, ㄷ
③ ㄱ, ㄹ
④ ㄴ, ㄹ
⑤ ㄴ, ㄷ, ㄹ

62 성인용 웩슬러 지능검사(K-WAIS-IV)의 지각추론지수(PRI)에 포함되지 않는 소검사는?

① 퍼즐
② 무게비교
③ 행렬추론
④ 동형찾기
⑤ 빠진 곳 찾기

63 만 4세 수검자에게 실시 가능한 검사는?

① K-DRS
② WPPSI
③ MMPI-A
④ MMTIC
⑤ SNSB

64 심리평가자의 윤리적 의무에 관한 설명으로 옳지 않은 것은?

① 심리평가에 관한 동의를 받을 때 비밀보장과 그 예외조항을 설명해야 한다.
② 임상 수련생은 수련감독자의 지속적인 감독하에 심리평가를 실시해야 한다.
③ 검사 목적에 맞게 검사를 선정하여 사용해야 한다.
④ 동의할 능력이 없는 수검자에게는 평가의 본질과 목적에 대해 알리지 않아야 한다.
⑤ 능력검사의 검사 자극이나 문항이 대중매체에 노출되지 않도록 해야 한다.

65 수검자의 원점수, 환산점수, 검사자극에 관한 수검자의 반응, 진술 및 행동을 지칭하는 용어는?

① 검사도구
② 검사자료
③ 검사지침서
④ 진단도구
⑤ 진단보고서

66 집-나무-사람(H-T-P) 검사에 관한 설명으로 옳은 것은?

① 나무를 그리게 할 때는 종이를 가로방향으로 제시한다.
② 집을 그리게 할 때는 종이를 세로방향으로 제시한다.
③ 결과를 해석할 때는 구조적 요소와 내용적 요소를 고려한다.
④ 집의 '지붕'은 수검자의 내부와 외부를 구분하는 경계를 의미한다.
⑤ 나무의 '가지'는 초자아의 강도를 나타낸다.

67 내용, 조작, 산출의 3차원으로 구성된 지능의 구조 모델을 제시한 학자는?

① 길포드(J. Guilford)
② 케텔(R. Cattell)
③ 스피어만(C. Spearman)
④ 써스톤(L. Thurstone)
⑤ 쏜다이크(E. Thorndike)

68 투사적 검사가 아닌 것은?

① DAP
② HTP
③ TAT
④ SCT
⑤ CBCL

69 MMPI-2의 재구성 임상척도에 관한 설명으로 옳지 않은 것은?

① 진단적 변별성을 높이기 위한 목적으로 개발되었다.
② 임상척도들의 공통된 일반요인을 추출하여 의기소침(RCd) 척도를 추가하였다.
③ 임상척도들 간에 상관이 높다는 문제점을 보완했다.
④ 모든 임상척도에 대응되는 재구성 임상척도가 있다.
⑤ T점수 65점 이상을 유의미한 상승으로 해석한다.

70 홀랜드(J. Holland)의 진로탐색검사에 관한 설명으로 옳은 것은?

① 집단검사로는 사용할 수 없다.
② 결과를 해석할 때는 일관성, 변별성, 긍정응답률을 고려한다.
③ LIASEC라는 육각형 모형으로 되어 있다.
④ 현실적 유형은 교육적인 활동이나 치료적인 활동을 좋아한다.
⑤ 관습적 유형은 자유롭고 변화를 좋아한다.

71 문장완성검사(SCT)에 관한 설명으로 옳은 것을 모두 고른 것은?

ㄱ. 단어연상 검사를 변형하여 발전시킨 것이다.
ㄴ. 미완성문장을 사용하여 수검자의 욕구, 감정, 태도를 파악한다.
ㄷ. 반드시 객관적 채점체계를 적용해야 한다.
ㄹ. 집단으로 실시하는 것이 가능하다.

① ㄱ, ㄴ
② ㄱ, ㄷ
③ ㄴ, ㄹ
④ ㄱ, ㄴ, ㄹ
⑤ ㄴ, ㄷ, ㄹ

72 MBTI의 각 차원에 관한 설명으로 옳은 것은?

① 감각(S) : 육감에 의존하고 미래지향적이다.
② 인식(P) : 분명한 목적과 방향을 가지고 행동한다.
③ 직관(N) : 영감과 내적인 인식에 의존한다.
④ 사고(T) : 계획적이고 신속하게 의사결정을 내린다.
⑤ 판단(J) : 원리원칙에 입각하여 논리적이고 분석적으로 판단한다.

73 로샤(Rorschach) 검사의 반응내용(contents) 채점 기호가 아닌 것은?

① F
② A
③ H
④ Na
⑤ Xy

74 NEO-PI-R에 포함되어 있는 척도와 그 특성의 연결이 옳지 않은 것은?

① 신경증척도(N) - 충동성
② 외향성척도(E) - 활동성
③ 개방성척도(O) - 심미성
④ 친화성척도(A) - 이타성
⑤ 성실성척도(C) - 지배성

75 성격평가질문지(PAI)에 관한 설명으로 옳은 것은?

① 타당도척도는 3개의 척도로 구성되어 있다.
② 공격성척도(AGG)는 보충척도이다.
③ 긍정적 인상척도(PIM)는 타당도척도이다.
④ 대인관계척도는 3개의 척도로 구성되어 있다.
⑤ 임상척도의 점수가 높을수록 증상이 심각하지 않은 것으로 해석된다.

4과목(필수) 상담이론

76 상담에 관한 설명으로 옳지 않은 것은?

① 상담자, 내담자, 상담관계가 있어야 한다.
② 전문자격을 갖춘 사람이 담당한다.
③ 상담관계는 일반 대인관계와 다르다.
④ 조력하는 과정이다.
⑤ 상담 대상자는 자발적인 신청자로 제한한다.

77 다음 사례에서 내담자가 사용하는 방어기제는?

> 중학생인 세준이는 이성문제로 상담을 신청하였다. 주호소문제는 자신은 관심이 없는데 어떤 여학생이 자신을 일방적으로 좋아해서 공부에 방해가 된다는 것이었다. 세준이는 그 여학생이 자신을 좋아하는 증거라며 몇 가지 사건을 얘기했지만, 상담자는 타당한 근거를 전혀 찾지 못하였다.

① 투 사
② 치 환
③ 억 압
④ 반동형성
⑤ 합리화

78 다음 현상을 설명하는 인간중심 상담 개념은?

> 완벽주의 성향이 강한 은이의 어머니는 은이가 어려서부터 방을 깨끗하게 정리정돈할 때마다 칭찬하셨다. 성격이 털털한 은이는 정리정돈의 필요성을 느끼지 못하지만 어머니의 인정을 받기 위해 자기 방뿐만 아니라 온 집안 청소를 한다. 친구 만나는 것을 좋아하지만 청소를 하다보면 시간이 없다.

① 일치성
② 자기실현 경향성
③ 가치의 조건
④ 동일시
⑤ 융 합

79 여성주의 상담의 창안자 가운데 관계적-문화적 이론을 발전시킨 사람은?

① 엔스(C. Enns)
② 밀러(J. Miller)
③ 에스핀(O. Espin)
④ 브라운(L. Brown)
⑤ 길리건(C. Gilligan)

80 다음 사례에서 슬비가 고착되어 있는 심리성적 발달단계는?

> 고등학생인 슬비는 돈을 쓰는 것이 아까워 친구들과 거의 어울리지 않는다. 더욱이 자신이 좋아하는 것도 돈이 아까워서 하지 못한다. 이 때문에 친구들과 어울리지 못하고 외로움과 소외감을 느끼지만 돈은 아껴 써야 한다는 생각이 든다. 슬비는 외로움이 심해져 상담실을 찾았다.

① 구강기
② 항문기
③ 남근기
④ 잠복기
⑤ 성기기

81 상담의 이론적 접근에 따른 주요 상담목표로 옳지 않은 것은?

① 정신분석 : 자아 기능 강화
② 인지치료 : 왜곡된 인지 수정
③ 현실치료 : 의미있는 관계 형성
④ 행동치료 : 부적응 행동의 소거와 적응적 행동 학습
⑤ 실존치료 : 생활양식 이해를 통한 공동체감 형성

82 효과적인 상담목표 설정을 위한 기준으로 옳지 않은 것은?

① 구체적이어야 한다.
② 상담기간 내에 달성 가능하여야 한다.
③ 내담자의 호소문제를 중심으로 상담자가 설정한다.
④ 측정 가능하여야 한다.
⑤ 내담자의 준비도를 감안하여야 한다.

83 다음의 설명이 나타내는 기법을 순서대로 옳게 나열한 것은?

- 내담자의 감정을 상담자가 동일한 뜻의 말로 부언하는 기법
- 내담자의 모호한 말을 명확하게 확인하기 위한 질문 형태의 기법
- 상담자와 내담자의 상호작용을 내담자에게 보여주는 기법
- 상담자가 치료 목적으로 자신의 경험을 드러내는 기법

① 반영, 직면, 즉시성, 자기개방
② 반영, 명료화, 공감, 직면
③ 즉시성, 명료화, 직면, 공감
④ 반영, 명료화, 즉시성, 자기개방
⑤ 즉시성, 명료화, 반영, 직면

84 합리정서행동치료(REBT)에 관한 설명으로 옳지 않은 것은?

① 과거 사건보다는 현재 경험에 초점을 둔다.
② 내담자의 신념을 정서와 행동의 원인으로 본다.
③ 단기치료 모델을 지향한다.
④ 비합리적 사고는 경험적인 현실과 일치하지 않는다.
⑤ ABCDE 모델에서 D는 Doing으로 합리적으로 행동하기이다.

85 현실치료에 관한 설명으로 옳지 않은 것은?

① 내담자가 실행하지 못한 것에 대한 변명을 허용하지 않는다.
② 전행동(total behavior)의 '생각하기'에는 공상과 꿈이 포함된다.
③ 개인은 현실에 대한 지각을 통해 현실 그 자체를 알 수 있다.
④ 내담자 개인의 책임을 강조한다.
⑤ WDEP에서 E는 선택행동에 대한 자기평가를 의미한다.

86 개인심리학(individual psychology)에 관한 설명으로 옳은 것을 모두 고른 것은?

ㄱ. 인간을 분리하여 볼 수 없는 전체적 존재로 본다.
ㄴ. 리비도(libido)를 인간 성장의 가장 중요한 힘으로 본다.
ㄷ. 목적론보다는 결정론을 더 중시한다.
ㄹ. 더 나은 세계를 만들기 위해 현재, 과거, 미래 인류와 갖는 유대감, 즉 공동체감을 중시한다.

① ㄱ, ㄴ
② ㄱ, ㄹ
③ ㄴ, ㄷ
④ ㄴ, ㄷ, ㄹ
⑤ ㄱ, ㄴ, ㄷ, ㄹ

87 교류분석에서 시간의 구조화에 해당하는 것을 모두 고른 것은?

> ㄱ. 공생(symbiosis)
> ㄴ. 친밀관계(intimacy)
> ㄷ. 의식(ritual)
> ㄹ. 소일(pastime)
> ㅁ. 차단/폐쇄(withdrawal)
> ㅂ. 라켓(racket)

① ㄱ, ㄴ
② ㄷ, ㄹ
③ ㄴ, ㄷ, ㄹ
④ ㄴ, ㄷ, ㄹ, ㅁ
⑤ ㄱ, ㄴ, ㄷ, ㄹ, ㅁ, ㅂ

88 상담자의 역할로 옳은 것을 모두 고른 것은?

> ㄱ. 학교 밖 청소년의 밀린 임금을 대신 받아 주었다.
> ㄴ. 초등학생을 대상으로 집단따돌림 예방 교육을 실시하였다.
> ㄷ. 성적이 떨어져 비관하는 학생을 돕기 위해 학부모를 면담했다.
> ㄹ. 소극적인 아동에게 주장훈련을 실시하였다.

① ㄱ, ㄴ
② ㄴ, ㄷ
③ ㄷ, ㄹ
④ ㄴ, ㄷ, ㄹ
⑤ ㄱ, ㄴ, ㄷ, ㄹ

89 접수면접에 관한 설명으로 옳지 않은 것은?

① 접수면접의 주된 기능은 상담에 필요한 내담자의 기초정보를 수집하는 것이다.
② 전문적 교육을 받은 접수면접자가 심리검사를 사용할 수 있도록 한다.
③ 접수면접자는 내담자와 상담자를 연결시키는 역할을 한다.
④ 접수면접에서 내담자의 외모 및 행동을 관찰하는 것이 필요하다.
⑤ 내담자를 격려하여 호소문제와 관련된 감정을 충분히 해소할 수 있게 한다.

90 상담자의 첫 면담 준비사항에 관한 설명으로 옳지 않은 것은?

① 상담자에 대한 첫 인상이 중요하므로 복장에 신경을 쓴다.
② 개인적 걱정이나 감정으로부터 벗어나 내담자를 맞이할 수 있는 마음의 준비를 한다.
③ 접수면접에서 누락된 주요 정보를 확인한다.
④ 내담자에 대한 선입견을 줄이기 위해 상담신청서는 활용하지 않는다.
⑤ 불참한 내담자에게 이유를 확인하고 참석을 독려할 수 있다.

91 다음의 대화에서 상담자가 활용하고 있는 상담기술은?

> 상담자 : 경수가 상담하는 내내 평소와 달리 고개를 푹 숙이고 있으니까 이 주제를 이야기하는 것이 불편한 것 같구나.
> 경수 : (망설이며) 선생님은 큰누나하고 동갑이잖아요. 어떻게 사춘기 남자 아이의 마음을 제대로 이해할 수 있겠어요. 선생님도 큰누나처럼 저를 야단만 칠까봐 불편해요.

① 즉시성 ② 직 면
③ 요 약 ④ 정보제공
⑤ 명료화

92 상담자 윤리 규정의 기능에 관한 설명으로 옳지 않은 것은?

① 비전문적인 상담으로부터 내담자 보호
② 상담자 스스로 자신의 상담활동을 점검하고 향상시키기 위한 지침 제공
③ 내담자와 보호자가 상담에 관한 결정을 하는 데 필요한 정보 제공
④ 상담자의 전문적 치료행위에 관한 법률적 책임 면제
⑤ 상담에서 발생할 수 있는 윤리적 문제의 처리기준 제공

93 체계적 둔감화에 관한 설명으로 옳은 것을 모두 고른 것은?

> ㄱ. 고전적 조건형성 원리에 기초한 행동치료 기법이다.
> ㄴ. 특정한 대상에 불안을 느끼는 경우에 효과적이다.
> ㄷ. 이완훈련, 불안위계 목록 작성, 둔감화로 구성된다.
> ㄹ. 심상적 홍수법(imaginal flooding)과는 달리 불안 유발 심상에 노출되지 않는다.

① ㄱ, ㄴ ② ㄱ, ㄷ
③ ㄱ, ㄴ, ㄷ ④ ㄴ, ㄷ, ㄹ
⑤ ㄱ, ㄴ, ㄷ, ㄹ

94 다음 사례에서 상담자가 실존치료적 접근으로 시도할 수 있는 개입방법과 그 예가 옳게 짝지어진 것은?

> 중학생인 진우는 운동으로 근육을 단련하는 데에 지나치게 몰두해서 수업시간에도 책상 밑에서 운동기구로 운동을 하느라고 수업에 집중하지 못한다. 이 문제로 담임교사가 상담을 의뢰하였다.

① 역설적 의도 – 하루 종일 운동 외에 다른 활동은 절대 하지 않도록 해보라고 제안함
② 소크라테스 대화법 – 수업에 집중하지 못해서 생기는 손해를 깨닫도록 논리적으로 교육함
③ 탈숙고(dereflection) – 운동에 대한 집착이 문제라는 생각을 의식적으로 피해보도록 함
④ 동기강화 – 운동하는 것처럼 공부를 열심히 할 수 있도록 동기를 강화시킴
⑤ 역할전환 – 자기가 운동에 전혀 관심이 없는 학생인 것처럼 가장해서 역할해보기

95 상담 종결 시기를 결정할 때 고려 사항이 아닌 것은?

① 내담자의 이전 상담 경험
② 상담기관의 관련 지침
③ 상담 기간
④ 호소문제의 해결 정도
⑤ 내담자의 상담 외 지지체계

96 인지적 왜곡의 유형과 그 예가 바르게 짝지어진 것은?

① 과잉일반화 : "우리 학교 전교 1등 학생이 담배를 피우는 것을 보면 흡연은 나쁜 행동이 아니다."
② 임의적 추론 : "담임선생님이 나를 별명으로 부르는 것은 성적이 낮다는 이유로 나를 무시하기 때문이다."
③ 개인화 : "선생님이 유독 나만 주시하고 트집을 잡는 데는 내 잘못도 있을 것이다."
④ 의미확대 : "나는 어디 가든지 사람들의 주목을 받아야 한다."
⑤ 이분법적 사고 : "혈액형은 각각 완전히 다른 거야, A형이면서 B형일 수는 없어!"

97 게슈탈트 상담기법과 그 목표를 짝지은 것으로 옳지 않은 것은?

① 실연(enactment) : 명확하고 생생한 내담자 환경 자각
② 과장하기 : 자기 감정이나 욕구에 대한 내담자 이해 촉진
③ 꿈 작업 : 억압하거나 회피했던 충동과의 접촉 및 통합
④ 실험하기 : 문제 명료화와 새로운 해결책 모색 촉진
⑤ 빈 의자 기법 : 내면에 억압된 자기와의 접촉

98 청소년상담자가 갖추어야 할 자질이 아닌 것은?

① 심리적 안정과 조화
② 청소년기 미성숙한 행동의 이해와 수용 능력
③ 역동적인 청소년기 경험
④ 주요 상담이론 활용 능력
⑤ 청소년 정책에 대한 이해와 적용 능력

99 상담 진행과정에 관한 설명으로 옳지 않은 것은?

① 초기 : 내담자 동기 파악과 구조화가 진행됨
② 초기 : 비자발적 내담자의 경우 상담목표를 설정하지 않음
③ 중기 : 내담자가 자신의 문제를 이해하고 반복적인 학습이 일어남
④ 중기 : 문제 해결 과정에서 저항이 나타날 수 있음
⑤ 종결기 : 상담목표를 기준으로 상담성과를 평가함

100 상담기법에 관한 진술로 옳은 것을 모두 고른 것은?

ㄱ. '정보 제공'은 글자 그대로 정보를 제공하는 것이 아니라 내담자 스스로 정보를 찾도록 돕는 것을 말한다.
ㄴ. '과제 부여'는 상담자가 내담자와 함께 논의하여 정할 때 더 효과적이다.
ㄷ. '자기개방'을 하는 경우 상담자가 내담자에게 비밀 유지 책임을 물을 수 없다.
ㄹ. '해석'에 앞서 모순에 직면시키는 과정이 있어야 한다.

① ㄱ, ㄴ
② ㄱ, ㄹ
③ ㄴ, ㄷ
④ ㄴ, ㄷ, ㄹ
⑤ ㄱ, ㄴ, ㄷ, ㄹ

2교시 A형

2016년 제15회 기출문제
시험시간 : 총 50분

1과목(필수) 학습이론

01 성취목표지향성에 관한 설명으로 옳은 것은?

① 수행목표지향 학생은 숙달목표지향 학생보다 자신의 학습과 이해 향상에 초점을 둔다.
② 수행목표지향 학생이 숙달목표지향 학생보다 시험에서 덜 불안해 한다.
③ 숙달목표지향 학생은 다른 학생과 비교해서 자신의 능력이 어느 정도인지에 초점을 둔다.
④ 숙달목표와 수행목표는 상호배타적인 관계이기 때문에 하나가 높으면 다른 하나가 낮은 특성이 있다.
⑤ 어려움에 직면할 때 숙달목표지향 학생은 수행목표지향 학생보다 더 끈기 있게 학습한다.

02 와이너(B. Weiner)의 귀인이론에 관한 설명으로 옳은 것을 모두 고른 것은?

ㄱ. 귀인은 학습결과의 원인에 대한 학습자의 믿음을 말한다.
ㄴ. 안정성 차원은 학습자의 심리 상태가 안정적인지를 가리킨다.
ㄷ. 학습자가 노력 유무에서 원인을 찾을 때 학습자의 학습동기는 높아진다.
ㄹ. 학습자가 낮은 시험점수의 이유를 시험난이도에서 찾으면 외적이고 통제 불가능한 요인으로 귀인하는 것이다.

① ㄱ, ㄴ
② ㄱ, ㄹ
③ ㄴ, ㄷ
④ ㄱ, ㄷ, ㄹ
⑤ ㄴ, ㄷ, ㄹ

03 정서와 학습동기에 관한 설명으로 옳지 않은 것은?

① 교수자는 학생의 상황적 흥미보다 개인적 흥미를 더 잘 변화시킬 수 있다.
② 학생의 삶과 연결하여 설명하면 학생의 흥미와 동기가 증진된다.
③ 학습자 흥미를 유발하도록 환경을 만들어 주면 학습동기가 높아진다.
④ 정서는 학습결과를 어떻게 귀인하는가에 따라 달라진다.
⑤ 학생들이 느끼는 정서는 이들의 학습동기와 연관이 있다.

04 자기효능감에 관한 설명으로 옳지 않은 것은?

① 자기 자신에 대한 정서적 반응 또는 가치평가이다.
② 비슷한 과제에 대한 과거 성공경험이 중요한 요인이다.
③ 자기효능감이 높은 학생이 낮은 학생에 비해 더 빨리 효과적인 전략으로 수정한다.
④ 교사의 격려가 학생의 자기효능감을 증진시킨다.
⑤ 동일시 모델을 관찰하는 것은 자기효능감에 영향을 미친다.

05 학습심리학자가 설명한 주요 개념의 내용으로 옳지 않은 것은?

① 분트(W. Wundt)는 사고의 기본 구성요소를 밝히고자 내성법(introspection)을 사용하였다.
② 베르트하이머(M. Wertheimer)는 요소 간 연합을 설명하는 회피학습을 연구하였다.
③ 쏜다이크(E. Thorndike)는 유기체가 행동 후 만족스런 상태를 경험하면 그 행동이 강화된다는 효과의 법칙을 제안하였다.
④ 에빙하우스(H. Ebbinghaus)는 학습이 연합 경험의 횟수로 결정된다는 가정하에 망각곡선을 연구하였다.
⑤ 제임스(W. James)는 인간의 의식과정이 총체로서 환경적응에 관여한다는 기능주의적 입장을 취했다.

06 통찰학습에 관한 설명으로 옳은 것을 모두 고른 것은?

> ㄱ. '전체는 부분의 합 이상이다'라는 형태주의에 기반을 둔다.
> ㄴ. 학습자는 문제해결에서 구조화하고 조직화하는 과정을 거친다.
> ㄷ. 문제해결에서 숙고 과정을 거치면서 학습자가 갑자기 문제를 해결한다.
> ㄹ. 학습자는 통찰로 해결한 문제와 구조적으로 유사한 문제를 쉽게 해결한다.

① ㄱ, ㄴ
② ㄱ, ㄷ
③ ㄱ, ㄴ, ㄹ
④ ㄴ, ㄷ, ㄹ
⑤ ㄱ, ㄴ, ㄷ, ㄹ

07 가네(R. Gagné)의 학습이론에 관한 설명으로 옳지 않은 것은?

① 학습의 인지과정으로 학습을 위한 준비, 획득과 수행, 학습의 전이 과정을 제안한다.
② 하나의 학습이론에서 제시하는 학습의 본질을 모든 학습에 적용할 수는 없다고 가정한다.
③ 학습의 결과 영역을 지적 기능과 운동 기능의 2가지로 구분한다.
④ 하위요소를 먼저 학습하지 않고는 상위요소를 학습할 수 없다는 학습위계를 제안한다.
⑤ 새로운 기능을 습득하기 위한 내적 조건과 내적 과정을 지원하는 환경적 자극을 강조한다.

08 구성주의 학습이론에 관한 설명으로 옳지 않은 것은?

① 학습에 대한 상대주의적 접근을 강조한다.
② 학습자와 환경 간의 상호작용으로 지식이 형성된다.
③ 외부에서 제공되는 정보에 집중하고 기존 정보와 연결하여 그대로 저장한다.
④ 개인의 내적 이해에 초점을 맞추어 학습에서 개인차를 인정한다.
⑤ 학습자가 정보를 내면화하는 과정에서 지식을 능동적으로 재조직한다.

09 반복적으로 제시되는 자극에 대하여 정향반응이 감소하는 현상은?

① 변 별
② 소 거
③ 민감화
④ 습관화
⑤ 자극일반화

10 고전적 조건형성의 원리를 적용한 연구사례가 아닌 것은?

① 밀러(N. Miller)는 바이오피드백을 이용하여 자율적 내장 반응을 조건화하였다.
② 파블로프(I. Pavlov)는 음식물과 결합하여 종소리에 대한 개의 소화액 분비를 유발하였다.
③ 월페(J. Wolpe)는 체계적 둔감화 절차를 이용하여 공포증 환자의 불안 증상을 해소하였다.
④ 왓슨(J. Watson)은 망치소리를 이용하여 흰쥐에 대한 어린 아동의 조건공포 반응을 형성하였다.
⑤ 로스바움(B. Rothbaum)은 가상현실노출치료(VRET)를 사용하여 환자의 고소 공포증을 치료하였다.

11 (   )에 들어갈 용어로 옳은 것은?

> 고전적 조건형성에서 (   )는(은) 일반적으로 조건자극과 무조건자극 간의 간격을 말한다.

① 차폐
② 근접성
③ 수반성
④ 자발적 회복
⑤ 잠재적 억제

12 조작적 조건형성의 원리에 관한 설명으로 옳지 않은 것은?

① 조건형성에서 근접성이 수반성보다 더 강력한 효과성 변인이다.
② 정적 강화는 어떤 반응 후에 바람직한 자극이 제시될 때 그 반응이 증가하는 현상이다.
③ 부적 강화는 어떤 반응 후에 혐오스런 자극이 제거될 때 그 반응이 증가하는 현상이다.
④ 제 1유형의 처벌은 어떤 반응 후에 혐오스런 자극이 제시될 때 그 반응이 감소하는 현상이다.
⑤ 조건형성에서 연속강화보다 부분강화를 적용할 때 소거에 대한 저항이 더 오래 지속된다.

13 다음의 밑줄 친 부분에서 적용된 강화계획은?

> 학생들에게 일련의 연산 과제와 스티커를 제시하고, "10문제를 정확하게 마칠 때마다 자신이 좋아하는 스티커를 1개씩 가져도 좋아요."라고 말하는 교사는 "앞으로 30분마다 점검하여 10문제를 정확하게 맞힌 사람은 자신이 좋아하는 스티커를 1개씩 가져도 좋아요."라고 말하는 교사보다 높은 비율의 수행을 기대할 수 있다.

① 연속강화
② 고정간격강화
③ 고정비율강화
④ 변동간격강화
⑤ 변동비율강화

14 다음 사례에서 적용된 조작적 조건형성 방법은?

> 김 선생님은 수업 중에 한 아이가 자주 의자에서 일어나 돌아다니는 행동을 목격하였다. 그는 그 아이가 자기 의자에 앉아 있을 때 일관되게 칭찬하여 앉아 있는 행동을 증가시킴으로써 돌아다니는 행동을 소거하였다.

① 처벌
② 상표제도
③ 차별강화
④ 행동연쇄
⑤ 행동조성

15 부분강화 효과에 관한 좌절 가설의 설명으로 옳은 것을 모두 고른 것은?

> ㄱ. 소거는 능동적인 학습 과정이다.
> ㄴ. 강화 받던 행동이 강화 받지 못하면 좌절을 경험하게 되며, 증가된 좌절은 반응에 대한 신호가 되므로 소거에 대한 저항이 오래 지속된다.
> ㄷ. 강화 훈련 과정에서 존재하는 조건들이 행동 발생의 단서가 되며, 유기체의 외부 환경(예 강화와 비강화의 연속적 순서)이 그 주요 단서로 작용한다.

① ㄱ ② ㄱ, ㄴ
③ ㄱ, ㄷ ④ ㄴ, ㄷ
⑤ ㄱ, ㄴ, ㄷ

16 정적 강화가 일어날 때 뇌의 보상중추에서 주로 분비되는 신경전달물질은?

① 도파민 ② GABA
③ 세로토닌 ④ 글루타메이트
⑤ 노르에피네프린

17 비정서적 사건에 비해서 정서적 사건의 기억에 더 밀접하게 관여하는 뇌 부위는?

① 해 마 ② 대상회
③ 측두엽 ④ 편도체
⑤ 전전두엽

18 정보처리이론을 활용하여 기억을 설명한 것으로 옳지 않은 것은?

① 컴퓨터를 모델로 삼고 설명한다.
② 기억의 주요 과정은 부호화, 저장, 인출이다.
③ 감각기억, 단기기억, 장기기억의 방향으로 정보가 부호화된다.
④ 장기기억의 지식은 인출되어 감각기억에서부터 새로운 정보와 연결된다.
⑤ 단기기억 단계에서 새롭게 학습해야 하는 정보는 유지시연보다 정교화 시연을 할 때 더 효과적이다.

19 고전적 조건형성에서 레스콜라-와그너(Rescorla-Wagner) 모형으로 설명할 수 있는 현상을 모두 고른 것은?

> ㄱ. 잠재적 억제 현상
> ㄴ. 소거 절차에 의한 조건반응의 감소 현상
> ㄷ. 전형적인 조건형성 곡선의 부적 체감 기울기 현상
> ㄹ. 두드러진 자극이 더 짧은 시간 안에 더 많은 학습을 일으키는 현상

① ㄱ, ㄴ ② ㄱ, ㄷ
③ ㄴ, ㄹ ④ ㄱ, ㄷ, ㄹ
⑤ ㄴ, ㄷ, ㄹ

20 사회인지학습의 유형이 아닌 것은?

① 억진학습(flipped learning)
② 관찰학습(observational learning)
③ 모방학습(modeling)
④ 사회학습(social learning)
⑤ 대리학습(vicarious learning)

21 반두라(A. Bandura)의 사회인지학습이론에 관한 설명으로 옳지 않은 것은?

① 학습과 수행을 구별한다.
② 강화는 학습이 일어나기 위한 필수요건이다.
③ 인간은 대리적 강화를 통해서 학습할 수 있다.
④ 상호작용적 결정론(reciprocal determinism)을 전제한다.
⑤ 다른 사람의 행동관찰을 통해서 새로운 행동을 학습할 수 있다.

22 다음 내용이 설명하는 것은?

> 아동의 학습장면에서 성인과 아동이 여러 측면에서 학습과정의 주도권을 공유하는 것을 흔히 볼 수 있다. 예를 들면, 성인과 아동은 한 학습과제에 대한 특정 목표를 같이 설정할 수 있고, 성공적인 학습에 대한 준거를 성인이 결정하고 그에 맞추어 아동이 자신의 수행을 평가해 보게 할 수도 있다. 아동의 학습이 진전되면서 성인의 도움(scaffolding)은 점차 사라지는 것이 좋다.

① 발견학습(discovery learning)
② 협력학습(cooperative learning)
③ 공동조절학습(co-regulated learning)
④ 자기조절학습(self-regulated learning)
⑤ 타인조절학습(other-regulated learning)

23 톨만(E. Tolman)의 학습이론과 관련이 없는 것은?

① 인지도   ② 장소학습
③ 잠재학습 ④ 반응학습
⑤ 방사형 미로학습

24 처리수준(levels of processing) 이론에 관한 설명으로 옳지 않은 것은?

① 이중저장모델에 대한 이론적 대안이다.
② 학습의도 자체보다는 처리의 깊이가 중요하다.
③ 심층처리가 되면 우연학습도 의도학습만큼이나 효과적이다.
④ 구조처리를 하는 조건이 어의처리를 하는 조건보다 재생률이 높다.
⑤ 주어진 학습재료가 어떻게 부호화되느냐에 따라 기억의 지속성이 결정된다.

25 단기기억의 특징이 아닌 것은?

① 용량이 제한되어 있다.
② 절차기억이 저장되어 있다.
③ 정보를 유지하는 시간이 제한되어 있다.
④ 망각의 일차적 원인은 간섭(interference)이다.
⑤ 음향부호(acoustic code)가 어문적 정보 유지에 이용된다.

2과목(선택) 청소년이해론

26 브론펜브레너(U. Bronfenbrenner)의 생태학적 체계 중 가정과 학교, 또래집단 사이의 상호작용으로 이루어지는 체계는?

① 미시체계   ② 중간체계
③ 외체계   ④ 거시체계
⑤ 시간체계

27 청소년비행이론에 관한 설명으로 옳은 것을 모두 고른 것은?

> ㄱ. 하위문화이론 : 하층 청소년들의 태도·행위가 중간계층의 기준과 맞지 않아 나타난 지위좌절이 비행을 야기한다.
> ㄴ. 아노미이론 : 문화적으로 규정된 목표와 자신이 갖고 있는 제도화된 수단의 불일치가 비행을 야기한다.
> ㄷ. 차별접촉이론 : 개인마다 다른 신체적 특징, 체격, 유전적 요인이 비행의 차이를 야기한다.
> ㄹ. 중화이론 : 자신의 비행행위를 정당화하는 잠재적 가치가 비행을 야기한다.

① ㄱ, ㄴ   ② ㄱ, ㄷ
③ ㄴ, ㄹ   ④ ㄱ, ㄴ, ㄹ
⑤ ㄴ, ㄷ, ㄹ

28 스턴버그(R. Sternberg)의 사랑의 이론에 관한 설명으로 옳지 않은 것은?

① 친밀감, 열정, 책임(commitment)은 사랑의 3요소이다.
② 친밀감은 사랑의 정서적 측면을 반영한다.
③ 열정은 사랑의 동기적 측면을 이루는 구성요소이다.
④ 책임은 사랑의 인지적 측면을 나타낸다.
⑤ 사랑의 유형은 9가지이다.

29 엘킨드(D. Elkind)의 청소년기 '자기중심성(egocentrism)'에 관한 설명으로 옳은 것을 모두 고른 것은?

ㄱ. 대표적 현상으로 개인적 우화와 상상적 청중이 있다.
ㄴ. 개인적 우화는 자신의 독특성에 대한 합리적 사고를 지칭한다.
ㄷ. 상상적 청중은 다른 사람들이 자기를 관심의 초점으로 생각하는 현상이다.
ㄹ. 개인적 우화와 상상적 청중은 후기 청소년기가 되면서 점차 사라진다.

① ㄱ, ㄴ   ② ㄱ, ㄷ
③ ㄱ, ㄹ   ④ ㄱ, ㄷ, ㄹ
⑤ ㄱ, ㄴ, ㄷ, ㄹ

30 여자청소년의 성적(性的) 발달을 유발하는 대표적인 여성 호르몬은?

① 안드로겐
② 에스트로겐
③ 스테로이드
④ 테스토스테론
⑤ 프로스타글라딘

31 피아제(J. Piaget)의 형식적 조작기에 나타나는 사고의 특징으로 옳지 않은 것은?

① 물활론적 사고
② 가능성의 사고
③ 추상적 사고
④ 가설연역적 사고
⑤ 사고과정에 대한 사고

32 학교 밖 청소년 지원에 관한 법률상 '학교 밖 청소년'이 아닌 것은?

① 질병으로 초등학교 취학의무를 유예한 11세 청소년
② 중학교 입학 후 2개월째 결석한 14세 청소년
③ 고등학교에서 제적처분을 받은 17세 청소년
④ 고등학교에서 자퇴한 17세 청소년
⑤ 중학교 졸업 후 고등학교에 진학하지 않은 17세 청소년

33 청소년 비행에 관한 설명으로 옳지 않은 것은?

① 청소년의 상해, 절도, 폭행은 지위비행이다.
② 충동성이 높은 청소년은 비행을 저지를 가능성이 높다.
③ 타인에게 인정받기 위해 비행을 저지르기도 한다.
④ 가정, 학교, 지역사회는 청소년 비행에 영향을 미친다.
⑤ 갈등과 긴장이 계속되는 가족 관계는 청소년의 비행을 유발할 가능성이 높다.

34 수퍼(D. Super)의 직업발달 5단계가 아닌 것은?

① 유지기   ② 환상기
③ 확립기   ④ 쇠퇴기
⑤ 탐색기

35 콜버그(L. Kohlberg)의 도덕성발달 단계 순서에 따라 옳게 나열된 것은?

> ㄱ. 착한 소년·소녀 지향
> ㄴ. 법과 질서 지향
> ㄷ. 처벌과 복종 지향
> ㄹ. 보편적인 윤리적 원리 지향
> ㅁ. 사회적 계약과 합법성 지향
> ㅂ. 도구적 상대주의 또는 쾌락주의 지향

① ㄱ - ㄷ - ㅂ - ㄴ - ㄹ - ㅁ
② ㄱ - ㄷ - ㅂ - ㄴ - ㅁ - ㄹ
③ ㄷ - ㅂ - ㄱ - ㄴ - ㅁ - ㄹ
④ ㄷ - ㅂ - ㄴ - ㄱ - ㄹ - ㅁ
⑤ ㅂ - ㄷ - ㄱ - ㄴ - ㄹ - ㅁ

36 마르샤(J. Marcia)의 자아정체감에 관한 설명으로 옳은 것을 모두 고른 것은?

> ㄱ. 정체감 유실은 위기를 이미 경험한 상태이다.
> ㄴ. 정체감 성취를 이룬 사람은 이후에 정체감 유실이 나타나지 않는다.
> ㄷ. 정체감 혼미는 위기를 경험하지 않고, 삶의 목표와 가치도 탐색하지 않은 상태이다.
> ㄹ. 정체감 유예는 삶의 목표와 가치에 대해 회의하고 대안을 탐색하나 아직 의사결정을 내리지 못한 상태이다.

① ㄱ, ㄷ   ② ㄴ, ㄹ
③ ㄷ, ㄹ   ④ ㄱ, ㄷ, ㄹ
⑤ ㄱ, ㄴ, ㄷ, ㄹ

37 인지발달에 있어 비계(scaffolding)와 사회문화적 요인의 중요성을 강조한 학자는?

① 피아제(J. Piaget)
② 비고츠키(L. Vygotsky)
③ 길리건(C. Gilligan)
④ 로저스(C. Rogers)
⑤ 매슬로우(A. Maslow)

38 홀랜드(J. Holland)의 직업성격 유형이 아닌 것은?

① 탐구적 유형
② 예술적 유형
③ 사회적 유형
④ 잠재적 유형
⑤ 기업적 유형

39 학교폭력예방 및 대책에 관한 법률상 옳지 않은 것을 모두 고른 것은?

> ㄱ. 학교의 장은 학교폭력의 예방 및 대책 등을 위한 교직원 및 학부모에 대한 교육을 학기별로 1회 이상 실시하여야 한다.
> ㄴ. 교육부장관은 학교폭력의 예방 및 대책에 관한 기본계획을 매년 수립하여야 한다.
> ㄷ. 교육부장관은 시·도교육청에 학교폭력의 예방과 대책을 담당하는 전담부서를 설치·운영하여야 한다.
> ㄹ. 학교폭력의 예방 및 대책에 관련된 사항을 심의하기 위하여 교육청에 학교폭력 대책자치위원회를 둔다.

① ㄱ, ㄴ   ② ㄱ, ㄹ
③ ㄴ, ㄷ   ④ ㄱ, ㄴ, ㄹ
⑤ ㄴ, ㄷ, ㄹ

40 약물남용에 관한 설명으로 옳은 것은?

① 약물의존과 금단증상은 관계가 없다.
② 약물남용을 하더라도 약물중독에는 이르지 않는다.
③ 약물남용은 일시적 현상으로 만성화될 가능성이 낮다.
④ 담배나 술은 환각을 목적으로 지속하여 사용을 하더라도 약물남용이 아니다.
⑤ 내성이란 동일한 효과를 얻기 위해 약물의 양과 횟수가 늘어나는 것을 말한다.

41 ( )에 들어갈 기관은?

> ( )는(은) 위탁소년의 자질과 비행행동을 과학적으로 진단하여 적합한 처우지침을 수립하고, 그 결과를 가정법원 소년부에 송부하여 심판의 자료로 사용토록 하는 기관이다.

① 소년분류심사원
② 소년교도소
③ 보호관찰소
④ 청소년쉼터
⑤ 청소년상담복지센터

42 중추신경 억제제로 옳은 것은?

① 술(알코올)
② 담배(니코틴)
③ 카페인
④ 코카인
⑤ 필로폰

43 청소년기 대중스타 수용현상에 관한 설명으로 옳지 않은 것은?

① 대중스타는 청소년 수용자의 정체감 형성에 영향을 미친다.
② 대중스타 수용을 통해 사회참여의 기회를 갖기도 한다.
③ 대중스타에 대한 집단적 추구를 통해 또래집단과의 동질성을 확보하기도 한다.
④ 일방적으로 대중문화와 대중스타를 수용하고 소비하는 청소년들을 생비자(prosumer)라고 한다.
⑤ 청소년기의 긴장과 갈등, 현실세계의 억압된 불만을 해소시키는 기능이 있다.

44 다음의 소비이론을 주장한 학자는?

> • 소비는 소비자의 사회적 지위나 성공에 대한 과시적 상징수단이다.
> • 소비행위는 소비자 자신에 대한 표현이며 그가 속한 사회적 계급을 상징한다.
> • 소비는 상품 사용으로부터 효용을 얻기보다는 사치나 낭비 그 자체로부터 효용을 얻는 것이다.

① 에쎄(H. Esser)
② 윌리스(P. Willis)
③ 베블렌(T. Veblen)
④ 부르디외(P. Bourdieu)
⑤ 보드리야르(J. Baudrillard)

45 문화특성에 관한 설명으로 옳은 것을 모두 고른 것은?

> ㄱ. 축적성 : 문화는 다양한 상징적 수단을 통해 세대와 세대를 이어간다.
> ㄴ. 공유성 : 개개인의 독특한 취향과 성격, 버릇, 기질 등은 문화로 보기 어렵다.
> ㄷ. 학습성 : 문화는 유전적인 특질이 아닌, 후천적으로 습득되는 성질의 것이다.
> ㄹ. 총체성 : 문화란 인간이 획득한 지식, 도덕, 법, 관습 등을 포함하는 복합체이다.

① ㄱ, ㄴ
② ㄷ, ㄹ
③ ㄱ, ㄷ, ㄹ
④ ㄴ, ㄷ, ㄹ
⑤ ㄱ, ㄴ, ㄷ, ㄹ

46 청소년복지 지원법상 청소년복지시설을 모두 고른 것은?

> ㄱ. 청소년 쉼터
> ㄴ. 청소년자립지원관
> ㄷ. 청소년치료재활센터
> ㄹ. 이주배경청소년지원센터

① ㄱ, ㄴ
② ㄷ, ㄹ
③ ㄱ, ㄴ, ㄷ
④ ㄴ, ㄷ, ㄹ
⑤ ㄱ, ㄴ, ㄷ, ㄹ

47 청소년쉼터에 관한 설명으로 옳은 것은?

① 일시쉼터는 24시간 이내 일시보호가 가능하며 최장 3일까지 연장이 가능하다.
② 단기쉼터는 일반청소년의 가출예방과 가출청소년의 조기발견 및 초기개입을 지향한다.
③ 단기쉼터는 6개월 이내 단기보호가 가능하며 최장 12개월까지 연장이 가능하다.
④ 중장기쉼터는 1년 이내 중장기보호가 가능하며 최장 2년까지 연장이 가능하다.
⑤ 중장기쉼터는 주택가에 위치하며 청소년의 자립지원을 지향한다.

48 다음은 청소년 기본법의 제정목적이다. (   )에 들어갈 용어가 아닌 것은?

> 이 법은 청소년의 권리 및 책임과 (   )·(   )·(   )·(   )의 청소년에 대한 책임을 정하고 청소년정책에 관한 기본적인 사항을 규정함을 목적으로 한다.

① 가 정
② 학 교
③ 사 회
④ 국 가
⑤ 지방자치단체

49 다음이 설명하는 개념은?

> • 교사의 긍정적 기대는 학생의 긍정적인 자기충족적 예언을 실현하는 데 도움을 준다.
> • 교사가 학생을 기대하고 믿어주면, 그 기대와 믿음의 결과가 학생에게 나타난다.

① 낙인이론
② 모델링 효과
③ 프리맥 원리
④ 피그말리온 효과
⑤ 반응 – 촉진 효과

50 유엔아동권리협약에 관한 설명으로 옳은 것은?

① 국제인권법의 하나로 20세 이하 아동의 인권을 다룬다.
② 우리나라에서는 헌법과 동등한 법적 지위를 가지며 국회에서 제정하는 국내법과 동일한 효력을 지닌다.
③ 비준국인 우리나라는 협약 이행사항에 대한 국가보고서를 제출할 의무가 없다.
④ 아동의 학습권, 보호받을 권리, 발달권, 참여권을 규정하고 있다.
⑤ 발달권에는 초등교육의 무상 의무교육, 중등교육의 장려, 고등교육의 개방이 포함된다.

3과목(선택) 청소년수련활동론

51 청소년활동 진흥법상 다음에서 설명하는 청소년활동 유형은?

> 청소년이 청소년활동에 자발적으로 참여하여 청소년 시기에 필요한 기량과 품성을 함양하는 교육적 활동으로서 청소년지도자와 함께 청소년수련거리에 참여하여 배움을 실천하는 체험활동

① 청소년문화활동
② 청소년수련활동
③ 청소년자기계발활동
④ 청소년직업체험활동
⑤ 청소년교류활동

52 경험학습이론에 관한 설명으로 옳지 않은 것은?

① 체험중심의 활동을 통해 청소년들의 참여를 강조한다.
② 청소년활동의 내용 및 방법은 일상생활과 관련성을 가진다.
③ 청소년 행동변화를 유발하기 위하여 반성적 사고과정을 중시한다.
④ 청소년지도자는 참가자들이 활동경험을 공유할 수 있는 분위기를 조성한다.
⑤ 콜브(D. Kolb)에 의하면 구체적 경험, 추상적 개념화, 적극적 실험, 반성적 관찰의 순서로 진행된다.

53 청소년활동의 목표 진술방법으로 옳지 않은 것은?

① 관찰 가능한 행동동사를 사용한다.
② 청소년의 입장에서 진술한다.
③ 다른 목표와 조화를 유지한다.
④ 청소년기관장이 지향하는 이념을 진술한다.
⑤ 활동이 끝났을 때 기대되는 행동으로 진술한다.

54 다음에서 설명하는 프로그램 내용 조직의 원리는?

> 이전의 내용과 다음 단계의 내용 사이에 충분하고도 조화로운 연속성이 보장되어야 한다.

① 개별성
② 타당성
③ 계속성
④ 다양성
⑤ 통합성

55 프로그램 개발 과정에서 청소년들이 원하는 주제, 내용, 방법 등을 체계적으로 조사하고 분석하는 것은?

① 환경분석   ② 요구분석
③ 직무분석   ④ 판별분석
⑤ 경로분석

56 의사결정 평가모형에 관한 설명으로 옳은 것을 모두 고른 것은?

> ㄱ. 평가의 목적은 프로그램을 실시하기 전에 설정해 두었던 목표에 어느 정도 도달하였는가를 판단하는 것이다.
> ㄴ. 의사결정자에게 필요한 정보를 제공하여 의사결정을 돕고자 한다.
> ㄷ. CIPP 평가모형은 상황평가, 투입평가, 과정평가, 산출평가의 과정을 강조한다.
> ㄹ. 전문가들이 현장을 방문하여 수행과정을 관찰·평가한 후 프로그램을 인증할 때 사용된다.

① ㄱ, ㄴ   ② ㄴ, ㄷ
③ ㄷ, ㄹ   ④ ㄱ, ㄴ, ㄹ
⑤ ㄱ, ㄷ, ㄹ

57 프로그램 도입단계에서 청소년지도자의 수행 과업으로 옳지 않은 것은?

① 참가자에게 프로그램의 목표를 제시한다.
② 다양한 자극을 사용하여 참가자들의 동기를 유발한다.
③ 참가자의 긍정적인 참여결과에 대해 칭찬하고 상을 준다.
④ 활동 주제와 관련된 참가자의 선행경험을 재생하도록 돕는다.
⑤ 청소년지도자와 청소년 간, 참여 청소년들 간의 친밀감을 조성한다.

58 청소년지도방법의 원리로 옳지 않은 것은?

① 청소년이 활동의 주체가 되어 참여하도록 지도한다.
② 청소년 간에 유기적인 협력이 이루어질 수 있도록 지도한다.
③ 청소년의 실천적 행위와 체험이 될 수 있도록 지도한다.
④ 청소년 간에 대립 구조를 조장하여 목표를 선점할 수 있도록 지도한다.
⑤ 청소년이 처해 있는 삶의 상황과 관계를 총체적으로 고려하여 지도한다.

59 청소년활동 진흥법상 다음이 설명하는 청소년수련시설은?

> 청소년의 숙박 및 체류에 적합한 시설·설비와 부대·편익시설을 갖추고 숙식편의 제공, 여행청소년의 활동지원을 주된 기능으로 한다.

① 청소년수련관   ② 청소년문화의 집
③ 청소년야영장   ④ 청소년특화시설
⑤ 유스호스텔

60 청소년 기본법령상 청소년 방과 후 활동 종합지원사업이 아닌 것은?

① 청소년의 역량 개발 지원
② 청소년의 기본학습 및 보충학습 지원
③ 청소년 유해약물 피해 예방 및 치료와 재활
④ 청소년의 안전하고 건강한 방과 후 활동을 위한 학부모 교육
⑤ 청소년의 안전하고 건강한 방과 후 활동을 위한 급식, 시설 지원 및 상담

[기출수정]

61 청소년활동 진흥법령상 청소년수련시설의 안전관련 기준에 관한 설명으로 옳은 것을 모두 고른 것은?

> ㄱ. 정기안전점검 및 수시안전점검을 받아야 하는 시설의 범위·시기, 안전점검기관, 안전점검절차 및 안전기준은 여성가족부령으로 정한다.
> ㄴ. 수련시설의 종합 안전점검의 주기, 절차, 방법 등 필요한 사항은 대통령령으로 정한다.
> ㄷ. 여성가족부장관 또는 특별자치시장·특별자치도지사·시장·군수·구청장은 수련시설에 대한 종합 안전·위생 점검을 3년마다 1회 실시할 수 있다.
> ㄹ. 여성가족부장관 또는 특별자치시장·특별자치도지사·시장·군수·구청장은 정기적으로 수련시설에 대한 종합 안전·위생 점검을 실시하고 그 결과를 공개하여야 한다.

① ㄱ, ㄴ ② ㄱ, ㄹ
③ ㄴ, ㄹ ④ ㄱ, ㄴ, ㄷ
⑤ ㄱ, ㄷ, ㄹ

62 청소년 기본법령상 수용인원이 30명인 청소년수련시설의 청소년지도사 배치대상과 배치기준으로 옳은 것은?

① 청소년수련관 - 2급 1명, 3급 1명
② 청소년수련원 - 2급 1명, 3급 1명
③ 청소년특화시설 - 3급 2명
④ 청소년수련관 - 2급 2명, 3급 1명
⑤ 청소년수련원 - 3급 2명

63 청소년 기본법상 한국청소년단체협의회의 기능이 아닌 것은?

① 외국 청소년단체와의 교류·지원
② 청소년지도자의 연수와 권익증진
③ 청소년활동에 관한 연구·조사·지원
④ 청소년관련분야의 국제기구활동
⑤ 청소년수련시설의 안전에 관한 홍보 및 실천운동

64 국립청소년수련시설이 아닌 것은?

① 국립평창청소년수련원
② 국립중앙청소년디딤센터
③ 국립고흥청소년우주체험센터
④ 국립김제청소년농업생명체험센터
⑤ 국립영덕청소년해양환경체험센터

65 다음이 설명하는 것은?

> • 청소년들의 문화적 감성 함양과 역량 개발을 지원하는 시설, 조직, 프로그램 등으로 구성된 지역적 공간
> • 청소년들이 상시적으로 다양한 문화 활동을 할 수 있는 지역

① 청소년 레드존 ② 청소년 블루존
③ 청소년 스쿨존 ④ 오리엔티어링
⑤ 청소년어울림마당

66 범정부적 차원의 청소년정책과제의 설정·추진 및 점검을 위하여 청소년 분야의 전문가와 청소년이 참여하는 기구는?

① 청소년특별회의
② 청소년보호위원회
③ 청소년정책위원회
④ 청소년정책실무위원회
⑤ 학교밖청소년지원위원회

67 청소년활동 진흥법상 청소년수련시설의 종합평가에 관한 내용이다. (   )에 들어갈 용어로 옳은 것은?

> ㄱ. (   )은(는) 수련시설의 전문성 강화와 운영의 개선 등을 위하여 시설 운영 등 수련시설 전반에 대한 종합평가를 정기적으로 실시하고 그 결과를 공개하여야 한다.
> ㄴ. 수련시설 종합평가의 주기·방법·절차 및 평가결과의 공개 등에 필요한 사항은 (   )령으로 정한다.

① 대통령, 보건복지부
② 국무총리, 여성가족부
③ 여성가족부장관, 여성가족부
④ 여성가족부장관, 대통령
⑤ 국무총리, 보건복지부

68 청소년활동 진흥법령상 청소년운영위원회에 관한 설명으로 옳은 것은?

① 10명 이상 20명 이하의 청소년으로 구성하여야 한다.
② 위원의 임기는 2년으로 한다.
③ 위원장은 위원 중에서 연장자가 한다.
④ 여성가족부장관은 청소년운영위원회의 의견을 수련시설 운영에 반영하여야 한다.
⑤ 청소년운영위원회의 구성·운영 등에 필요한 사항은 조례로 정한다.

69 청소년수련활동 인증제의 공통기준으로 옳은 것은?

① 숙박관리
② 이동관리
③ 프로그램 지원운영
④ 휴식관리
⑤ 영양관리자 자격

70 청소년활동 진흥법령상 인증수련활동의 기록 유지·관리 등에 관한 설명으로 옳지 않은 것은?

① 국가는 인증을 받은 청소년수련활동을 공개하여야 한다.
② 국가는 인증수련활동에 참여한 청소년의 활동기록을 유지·관리하여야 한다.
③ 국가는 청소년이 요청하는 경우 청소년 본인의 동의 하에 활동기록을 제공하여야 한다.
④ 보건복지부령에서 정하는 인증기준에 따라 심사하고, 인증을 요청한 자에게 그 결과를 통지하여야 한다.
⑤ 인증위원회의 구성·운영 등에 필요한 사항은 대통령령으로 정한다.

71 국제청소년성취포상제에 관한 설명으로 옳은 것은?

① 참여할 수 있는 연령은 만 9세부터 24세까지이다.
② 은장은 만 12세 이상을 대상으로 한다.
③ 금장 단계에 한하여 합숙활동을 해야 한다.
④ 포상 활동영역은 자율활동, 동아리활동, 봉사활동, 진로활동이다.
⑤ 포상 단계별 최소 활동 기간은 동장 3개월, 은장 6개월, 금장 9개월이다.

72 청소년활동 진흥법령상 청소년수련활동 인증제의 취소 등에 관한 내용이다. (   )에 들어갈 숫자가 옳은 것은?

> 인증위원회가 인증을 취소하거나 정지하려는 경우에는 (   )일 이상의 기간을 정하여 인증의 취소 또는 정지처분 대상자에게 의견을 제출할 기회를 주어야 한다.

① 10   ② 15
③ 20   ④ 25
⑤ 30

73 2015 개정 교육과정상 창의적 체험활동의 영역으로 옳은 것을 모두 고른 것은?

- ㄱ. 자율활동
- ㄴ. 모험활동
- ㄷ. 동아리활동
- ㄹ. 봉사활동
- ㅁ. 진로활동
- ㅂ. 교류활동

① ㄱ, ㄴ, ㄷ, ㄹ
② ㄱ, ㄷ, ㄹ, ㅁ
③ ㄱ, ㄷ, ㅁ, ㅂ
④ ㄴ, ㄹ, ㅁ, ㅂ
⑤ ㄷ, ㄹ, ㅁ, ㅂ

74 청소년활동 진흥법령상 인증을 받아야 하는 청소년수련활동으로 옳은 것을 모두 고른 것은?

- ㄱ. 래프팅
- ㄴ. 산악스키
- ㄷ. 패러글라이딩
- ㄹ. 사연암벽 클라이밍
- ㅁ. 청소년 참가인원이 50명 이하인 청소년수련활동

① ㄱ, ㄴ
② ㄱ, ㄷ, ㄹ
③ ㄴ, ㄷ, ㅁ
④ ㄱ, ㄴ, ㄷ, ㄹ
⑤ ㄱ, ㄴ, ㄹ, ㅁ

75 ( )에 들어갈 용어로 옳은 것은?

( )(이)란 중학교 교육과정 중 한 학기 동안 학생들이 시험부담에서 벗어나 꿈과 끼를 찾을 수 있도록 수업운영을 토론, 실습 등 학생참여형으로 개선하고, 진로탐색 활동 등 다양한 체험활동이 가능하도록 교육과정을 유연하게 운영하는 제도

① 자유학기제
② 홈스쿨링
③ 방과후돌봄서비스
④ 자기도전성취포상제
⑤ 청소년 멘토링

PART 02

청소년상담사 3급
기출문제해설

- 01 2018년 제17회 기출문제해설
- 02 2017년 제16회 기출문제해설
- 03 2016년 제15회 기출문제해설

한 눈에 보는 정답

[2018년 제17회 1교시 정답]

발달심리

01	①	02	②	03	③	04	⑤	05	②
06	①	07	④	08	③	09	①	10	⑤
11	①	12	⑤	13	③	14	①	15	②
16	③	17	①	18	④	19	③	20	①
21	②	22	④	23	⑤	24	③	25	⑤

집단상담의 기초

26	①	27	③	28	①	29	③	30	⑤
31	①	32	⑤	33	③	34	③	35	④
36	②	37	③	38	④	39	③	40	⑤
41	③	42	③	43	③	44	①	45	①
46	④	47	⑤	48	①	49	③	50	⑤

심리측정 및 평가

51	⑤	52	④	53	①	54	②	55	②
56	④	57	③④⑤	58	⑤	59	③	60	⑤
61	①	62	②	63	①	64	②	65	③
66	④	67	⑤	68	③	69	④	70	⑤
71	②	72	④	73	②	74	④	75	③

상담이론

76	⑤	77	③	78	④	79	②	80	③
81	②	82	②	83	②	84	①	85	①
86	③	87	④	88	②	89	③	90	①
91	②	92	④	93	③	94	⑤	95	③
96	③	97	⑤	98	②	99	④	100	②

[2018년 제17회 2교시 정답]

학습이론

01	①	02	③	03	④	04	①	05	⑤
06	①	07	⑤	08	④	09	②	10	③
11	②	12	①	13	②	14	①	15	⑤
16	②	17	②	18	④	19	③	20	②
21	④	22	①	23	②	24	④	25	⑤

청소년이해론

26	⑤	27	④	28	①	29	①	30	③
31	④	32	⑤	33	①	34	③	35	①
36	②	37	⑤	38	③	39	②	40	③
41	②	42	③	43	⑤	44	①	45	②
46	④	47	④	48	②	49	①	50	④

청소년수련활동론

51	①	52	④	53	②	54	⑤	55	①
56	⑤	57	③	58	⑤	59	①	60	②
61	⑤	62	③	63	④	64	④	65	②
66	①	67	③	68	②	69	②	70	①
71	③	72	⑤	73	②	74	①	75	④

[2017년 제16회 1교시 정답]

34p

발달심리

01	④	02	①	03	③	04	②	05	②
06	⑤	07	③	08	④	09	①	10	②
11	①	12	①	13	⑤	14	⑤	15	⑤
16	①	17	④	18	②	19	③	20	⑤
21	③	22	②	23	②	24	③	25	④

39p

집단상담의 기초

26	④	27	④	28	②	29	④	30	②
31	③	32	②	33	①	34	⑤	35	③
36	④	37	⑤	38	⑤	39	②	40	①
41	⑤	42	②	43	④	44	⑤	45	④
46	①	47	⑤	48	⑤	49	①	50	①

44p

심리측정 및 평가

51	⑤	52	③	53	①	54	④	55	③
56	①	57	③	58	⑤	59	③	60	④
61	⑤	62	①	63	①	64	②	65	①
66	⑤	67	④	68	⑤	69	⑤	70	②
71	②	72	③	73	②	74	⑤	75	④

48p

상담이론

76	①	77	⑤	78	④	79	②	80	①
81	④	82	①	83	④	84	②	85	③
86	④	87	②	88	⑤	89	③	90	④
91	①	92	①	93	④	94	①	95	⑤
96	⑤	97	②	98	⑤	99	②	100	③

A형

[2017년 제16회 2교시 정답]

54p

학습이론

01	④	02	②	03	③	04	⑤	05	②
06	⑤	07	①	08	⑤	09	①	10	②
11	③	12	③	13	④	14	①	15	④
16	①	17	①	18	②	19	③	20	④
21	⑤	22	①	23	②	24	②	25	③

59p

청소년이해론

26	④	27	①	28	②	29	④	30	②
31	②	32	⑤	33	③	34	①	35	②
36	⑤	37	⑤	38	⑤	39	④	40	①④
41	③	42	②	43	⑤	44	⑤	45	③
46	①	47	⑤	48	⑤	49	①	50	③

63p

청소년수련활동론

51	②	52	③	53	③	54	①	55	④
56	①	57	③	58	⑤	59	②	60	⑤
61	①	62	④	63	⑤	64	⑤	65	⑤
66	④	67	⑤	68	⑤	69	⑤	70	②
71	④	72	②	73	③	74	④	75	②

한 눈에 보는 정답

[2016년 제15회 1교시 정답]

68p

발달심리

01	⑤	02	④	03	②	04	③	05	①
06	⑤	07	④	08	②	09	③	10	①
11	④	12	②	13	①	14	③	15	⑤
16	②	17	①	18	③	19	②	20	①
21	③	22	④	23	③	24	②	25	⑤

72p

집단상담의 기초

26	⑤	27	④	28	③	29	③	30	⑤
31	④	32	①	33	①	34	⑤	35	④
36	②	37	③	38	③	39	②	40	③
41	④	42	⑤	43	①	44	③	45	②
46	④	47	⑤	48	①	49	③	50	④

78p

심리측정 및 평가

51	①	52	⑤	53	③	54	①	55	④
56	⑤	57	①	58	②	59	①	60	③
61	②	62	④	63	②	64	④	65	②
66	③	67	③	68	⑤	69	②	70	③
71	④	72	③	73	①	74	⑤	75	③

82p

상담이론

76	⑤	77	①	78	③	79	②	80	②
81	⑤	82	③	83	④	84	⑤	85	③
86	②	87	④	88	④	89	⑤	90	④
91	①	92	④	93	③	94	①	95	①
96	②	97	①	98	③	99	②	100	③

[2016년 제15회 2교시 정답]

87p

학습이론

01	⑤	02	④	03	①	04	①	05	②
06	⑤	07	③	08	③	09	④	10	①
11	②	12	①	13	③	14	③	15	②
16	②	17	④	18	④	19	③	20	①
21	②	22	③	23	④	24	④	25	②

91p

청소년이해론

26	②	27	④	28	⑤	29	④	30	②
31	①	32	②	33	①	34	②	35	③
36	②	37	③	38	③	39	②	40	③
41	①	42	①	43	②	44	③	45	⑤
46	③	47	⑤	48	②	49	④	50	③

96p

청소년수련활동론

51	②	52	⑤	53	④	54	③	55	②
56	②	57	③	58	④	59	⑤	60	②
61	③	62	②	63	③	64	②	65	⑤
66	①	67	③	68	③	69	③	70	④
71	③	72	⑤	73	②	74	④	75	①

1과목(필수) 발달심리

15' 13회

01 다음의 특징을 나타내는 발달 개념은?

> 지영이는 아버지의 학대로 인하여 대인기피증과 우울증을 보였지만, 아버지와 떨어져 살게 된 후 사교적이며 명랑한 아이가 되었다.

❶ 가소성(plasticity)
② 가역성(reversibility)
③ 탈중심화(decentration)
④ 특수화(specification)
⑤ 평형화(equilibration)

해설
① 가소성(plasticity) : 가소성은 **긍정적 혹은 부정적인 삶의 경험에 반응하여 변화할 수 있는 능력**이다. 사례는 지영이의 환경이 정상화되어 위축된 발달이 정상적으로 회복되는 역량의 사례로 볼 수 있다.
② 가역성(reversibility) : 구체적 조작기의 아동에게 발달하는 논리적 사고방법의 특징이며 경험적, 개념적으로 일어난 행위를 원상태로 되돌릴 수 있는 능력이다.
③ 탈중심화(decentration) : 자신이 중심인 것에서 벗어나서 타인의 관점을 수용하고 타인의 입장에서 이해하게 되는 것을 말한다.
④ 특수화(specification) : 수퍼의 직업발달과업에서 객관적으로 선택한 직업에 대해 진로계획을 구체화하는 것이다.
⑤ 평형화(equilibration) : 피아제(Piaget)이론의 가장 중요한 개념 중의 하나이며, 동화(습득한 지식)와 조절(새로운 정보)이 균형을 이루도록 하는 적응의 과정이다.

17' 16회 / 16' 15회 / 16' 14회 / 15' 13회 / 14' 12회

02 발달연구에 관한 설명으로 옳지 않은 것은?

① 종단적 연구는 횡단적 연구보다 시간과 비용이 많이 든다.
❷ 실험 참가자들이 받게 되는 각기 다른 실험처치 변인은 종속변인이다.
③ 단기종단연구에서는 반복된 검사의 결과로 연습효과가 발생할 수 있다.
④ 실험설계에서 통제집단은 실험처치를 받지 않는다.
⑤ 상관관계로 인과관계를 결정할 수 없다.

해설
② 실험 참가자들이 받게 되는 각기 다른 실험 처치 변인은 **독립변인**이다.

 발달연구

종류	내용
종단적 연구	• 종단연구에서는 동일한 개인 또는 집단을 대상으로 시간의 차이를 두고 여러 번 측정함으로써 연령에 따른 발달의 추이를 규명한다. • 실험 초기 및 후기의 인과관계를 규명하는데 용이하다. • 단기종단연구에서는 반복 검사로 인한 연습효과가 존재한다. • 연구기간이 길며 피험자를 추적해야 하는 어려움이 있다. • 중도 탈락이 많아 표집의 특성을 상실할 위험이 있다. • 반복 측정에 따른 오염이 발생할 수 있다. • 횡단적 연구보다 시간과 비용이 많이 든다.
횡단적 연구	• 동일한 시점에 서로 비슷한 변인을 가진 집단들을 연구하는 것이다. • 연구대상을 관리하고 선정하는 것이 비교적 용이하다. • 종단적 연구보다 시간과 비용이 적게 든다. • 발달적 변화과정을 정확하게 보여주지 못한다. • 출생동시집단(cohort)효과를 통제할 수 없다.
계열적 연구	횡단적 접근법과 종단적 접근법을 절충·보완한 연구설계로, 연령효과와 동시대 출생집단효과, 측정시기 효과를 분리해서 볼 수 있는 연구접근법이다.

16' 14회 / 15' 13회 / 14' 12회

03 발달에 관한 설명으로 옳은 것을 모두 고른 것은?

> ㄱ. 기능 및 구조가 쇠퇴하는 부정적 변화는 발달에 포함되지 않는다.
> ㄴ. 발달은 양적 변화와 질적 변화를 포함한다.
> ㄷ. 발달은 성숙과 학습의 영향을 포함한다.
> ㄹ. 도덕적, 인지적, 사회적 발달은 상호 독립적이다.

① ㄱ, ㄴ
② ㄱ, ㄷ
❸ ㄴ, ㄷ
④ ㄴ, ㄹ
⑤ ㄷ, ㄹ

해설
ㄱ. 기능과 구조가 쇠퇴하는 부정적 변화도 발달에 포함된다.
ㄹ. 신체적, 도덕적, 사회적 발달은 독립적이기보다는 통합적이고 총체적이다.

💡 발달

- 발달은 양적 변화와 질적 변화를 포함한다.
- 발달에는 기능과 구조가 쇠퇴하는 부정적 변화도 포함된다.
- 신체적, 도덕적, 사회적 발달은 독립적이기보다는 통합적이고 총체적이다.
- 수정에서 죽음에 이르기까지 개인의 체계적인 연속성과 변화를 말한다.
- 발달은 이전 경험의 누적에 따른 산물이다.
- 삶의 중요한 사건이나 경험이 발달상의 큰 변화를 가져올 수 있다.
- 한 개인의 발달은 역사·문화적 맥락의 영향을 받는다.
- 대부분의 발달적 변화는 성숙과 학습의 산물이다.

17' 16회 / 16' 15회 / 16' 14회 / 15' 13회 / 14' 12회

04 청소년기 자아정체감에 관한 설명으로 옳은 것은?

① 에릭슨(E. Erikson)은 자아정체감을 위기(crisis)와 전념(commitment)에 따라 네 가지 지위로 구분하였다.
② 정체성 혼미(diffusion)와 정체성 유실(foreclosure)은 정체성 위기를 경험하고 있는 지위이다.
③ 정체성 유실이 정체감 발달에서 가장 미숙한 수준의 지위이다.
④ 자아정체감은 청소년 중기에 대부분 완벽하게 확립된다.
❺ 정체성 형성(achievement)과 정체성 유예(moratorium)는 심리적으로 건강한 지위이다.

해설
① 에릭슨(E. Erikson)은 자아정체감을 <u>내적측면과 외적측면으로 구분</u>하였다. 위기와 전념에 따라 자아정체감을 네 가지 지위로 구분한 사람은 <u>마샤(Marcia)</u>이다. 마샤(Marcia)는 자아정체감을 성취(achievement), 유예(moratorium), 유실(foreclosure), 혼미(diffusion)로 구분하였다.
② 정체성 혼미(diffusion)와 정체성 유실(foreclosure)은 정체성의 위기를 <u>경험하지 않는 상태</u>이다.
③ 정체성 지위에서 가장 미숙한 수준의 정체성은 <u>정체성 혼미(diffusion)</u>이다.
④ 자아정체감은 청소년기뿐만 아니라 <u>성인기에 이르러서도 변화</u>된다.

💡 마샤(Marcia)의 자아정체감 분류

분류	내용
성 취 (achievement)	자아 정체감의 위기를 극복하고 자아성취감을 확립하여 자신의 신념이나 직업 등에 대해 의사결정을 할 수 있는 상태이다.
유 예 (moratorium)	자아정체감 위기에 처해 있으면서 삶의 목표와 가치에 대해 회의하고 대안을 탐색하나 아직 의사결정을 내리지 못한 상태이다.
유 실 (foreclosure)	자아정체감과 관련된 위기를 경험하지 않고 부모나 다른 사람들의 기대를 수용하여 자신의 의사결정을 내리는 경우이며, 무조건 엄마의 말에 순응하는 '마마보이'와 관련이 깊다.
혼 미 (diffusion)	위기를 경험하지 않고, 삶의 목표와 가치도 탐색하지 않은 상태이다.

17' 16회 / 15' 13회

05 비고츠키(L. Vygotsky)의 인지발달이론에 관한 설명으로 옳지 않은 것은?

① 근접발달영역이란 혼자서 성취하기는 어렵지만 유능한 타인의 도움으로 성취 가능한 것의 범위이다.
❷ 인지발달을 촉진하는 방법에는 발판화(scaffolding)와 수평적 격차가 있다.
③ 아동의 혼잣말은 문제해결능력을 조절하는 인지적 자기 안내 체계이다.
④ 지식은 사회적 상호작용을 통해 내면화된다.
⑤ 인지발달에 미치는 사회문화적 영향을 강조한다.

해설
② 인지발달을 촉진시키는 방법으로 <u>발판화(scaffolding)와 유도된 참여</u>가 있다.

💡 **비고츠키(L. Vygotsky)의 인지발달이론**
- 아이를 사회적 존재로 바라보며, 사회문화적 영향이 인지발달에 영향을 미친다고 본다.
- 인지발달을 촉진시키는 데 부모나 교사의 역할을 중시하며, 근접발달 영역(ZPD)에서 상호작용해야 한다고 주장한다.
- 근접발달영역이란 혼자서 성취하기는 어렵지만 유능한 타인의 도움으로 성취 가능한 것의 범위이며, 아동보다 유능한 사람의 도움을 받으면 아동은 현재보다 더 잘할 수 있다.
- 인지발달을 촉진시키는 방법으로 아이가 문제를 해결하는 데 필요한 도움만 주는 발판화(scaffolding)와 아동이 속한 사회 및 문화에서 또래 및 성인과 상호작용하며 사회화 과정이 이루어지는 유도된 참여가 있다.
- 언어는 타인과 상호작용을 위해 필수적인 것으로 사고를 내면화된 언어로 바라보았다. 언어와 인지 간의 관련성은 다음과 같이 발달하게 된다.
  - 4세 이하 어린아이의 행동은 타인의 언어에 의해 직접적으로 통제된다.
  - 4세에서 6세정도 되면, 자신의 규제를 위해 혼잣말을 하게 되는데, 이것은 문제해결능력을 조절하는 인지적 자기 안내 체계이다.
  - 아동기에 들어서면서 혼잣말을 하는 사적언어는 점차 내면화 된다.
- 지식은 사회적 상호작용을 통해 내면화되며, 특정 문화권의 지식 및 가치가 전달되어 아동의 인지발달이 이루어진다.

16' 15회 / 15' 13회 / 14' 12회

06 피아제(J. Piaget)의 인지발달이론에 관한 설명으로 옳은 것을 모두 고른 것은?

ㄱ. 전조작기의 아동의 사고는 물활론적이며 자아중심적이다.
ㄴ. 아동이 이전에 갖고 있던 도식에 근거하여 새로운 경험을 해석하는 과정을 동화(assimilation)라고 한다.
ㄷ. 인지발달 단계의 순서는 사회문화적 경험에 따라 달라진다.
ㄹ. 구체적 조작기의 아동은 가설-연역적 추론 능력이 있다.

❶ ㄱ, ㄴ
② ㄱ, ㄷ
③ ㄴ, ㄷ
④ ㄴ, ㄹ
⑤ ㄷ, ㄹ

해설
ㄷ. 피아제(J. Piaget)는 인지발달의 단계에 도달하는 시간은 개인의 지능이나 사회적 경험에 의해 달라지나 <u>인지발달단계의 순서는 변하지 않는다</u>고 주장한다.
ㄹ. 가설-연역적 추론 능력이 생기는 단계는 **형식적 조작기**이며, 이때의 아동들은 추상적이고 가설적인 사고가 발달한다.

💡 **피아제(J. Piaget)의 인지발달이론**
- "발달은 연속적인가, 비연속적인가?"라는 기본 쟁점에 대한 입장을 기준으로 발달이론을 구분할 경우, 피아제(J. Piaget)의 인지발달이론은 비연속적 발달이론에 해당한다.
- 도식(scheme)은 사물, 사건이나 사실에 대한 전체적 개념을 뜻한다. 도식은 환경과의 끊임없는 접촉과 경험으로 인해 생성되며 더 복잡하게 발달하게 된다.
- 적응(adaptation)은 도식이 변화하는 과정이며, 동화와 조절로 인한 평형상태이다.
  - 동화(assimilation) : 아동이 이전에 갖고 있던 도식에 근거하여 새로운 경험을 해석하는 과정이다.
  - 조절(accommodation) : 새로운 경험을 수용하고 설명하기 위해 기존의 도식을 수정하는 것이다.
- 인지발달단계는 연령에 따른 차이는 있지만 순서대로 이루어지며, 불변한다.

단계	내용
감각운동기 (0~2세)	• 감각 및 운동경험으로 세상을 인지한다. • 기본적인 반사활동(빨기, 먹기, 울기 등)이 주로 일어나며, 손과 눈의 협응이 이루어진다. • 감각운동기 후기에는 대상영속성의 개념을 얻게 되어 대상이 눈앞에서 없어도 그 대상이 존재한다는 것을 인식한다.
전조작기 (2~7세)	• 언어능력이 발달하며 상징적 사고와 표상적 사고가 발달한다. • 아동의 사고는 물활론적이며 자아중심적이다.
구체적 조작기 (7~12세)	• 관찰가능한 구체적 사건이나 사물에 한정하여 조작적사고가 가능하다. • 질량, 수, 부피에 관한 보존개념이 나타나며, 탈중심화로 인해 타인의 조망을 이해한다.
형식적 조작기 (12세 이후)	• 추상적이고 가설적인 사고가 발달한다. • 논리적인 사고로 문제를 해결할 수 있다.

16' 15회 / 15' 13회 / 14' 12회

07 다음의 사례에 해당하는 인지발달의 개념으로 옳은 것은?

> 지영이는 검은색 털이 있는 동물을 강아지라고 알고 있었다. 친구의 강아지가 하얀색 털이 있는 것을 보고, 모든 강아지의 털이 검은색은 아니라는 것을 이해하게 되었다.

① 인지적 서열화
② 이중 표상
③ 지연 모방
❹ 조 절
⑤ 확장된 자기

 ④ 조절(accommodation)은 새로운 경험을 수용하고 설명하기 위해 **기존의 도식을 수정**하는 것이다. 사례에서 지영이는 기존에 검은 털이 있는 동물을 강아지라고 인식했으나, 친구의 강아지를 보고 모든 강아지의 털은 검은색이 아님을 이해하며 '검은 털이 있는 동물은 강아지'라는 기존의 도식을 수정한 것을 알 수 있다.

17' 16회 / 16' 15회 / 16' 14회 / 15' 13회 / 14' 12회

08 애착에 관한 설명으로 옳지 않은 것은?

① 애착의 대상이 어머니에 국한된 것은 아니다.
② 회피애착과 저항애착은 모두 불안정한 애착이다.
❸ 비사회적 애착 단계의 아동은 일차 애착대상뿐만 아니라 다른 사람과도 애착을 형성한다.
④ 안정애착 아동은 사회적 기술이 우수한 편이다.
⑤ 회피애착 아동은 주양육자와 분리될 때 저항이 거의 없다.

 ③ 비사회적 애착단계의 아동은 사람이나 물체들에 대한 **특별한 반응이 없으며**, 웃는 표정에 반응을 좀 더 보이는 정도이다. 애착대상뿐만 아니라 다른 사람과도 애착을 형성하는 단계는 **다인수 애착단계**이다.

💡💡 애 착

• 영아가 지니고 있는 귀여운 모습은 애착을 이끌어내는 한 요인이 된다.
• 낯선이 불안과 분리불안은 주양육자에 대한 인지적 표상이 형성되었음을 말해준다.
• 양육자와 분리될 때 아동이 보이는 반응은 양육방식의 문화적 차이로 인해 달라질 수 있다.
• 영아기에 형성된 애착유형은 성장 후에도 지속되는 경향이 있다.
• 불안정 애착은 정서발달에 부정적인 영향을 준다.
• 안정애착을 형성한 아동은 또래관계, 주도성, 사회적 기술이 우수하다.
• 애착은 지적 호기심과 학업성취도 등의 인지발달에 영향을 준다.
• 할로우(H. Harlow)와 동료들은 인공어미 연구를 통해 접촉의 중요성을 발견하였다.

16' 14회 / 15' 13회 / 14' 12회

09 다음에 해당하는 성염색체 이상 증후군은?

> • 난소가 제 기능을 하지 못해 여성 호르몬이 부족하고, 사춘기가 되어도 2차 성징이 나타나지 않는다.
> • 공간지각 능력은 평균 이하인 경우가 많다.
> • 연소자형 관절염과 작은 체격이 보편적인 특성이다.

❶ 터너 증후군　　　② 클라인펠터 증후군
③ XYY 증후군　　　④ 삼중 X 증후군
⑤ 다운 증후군

② 클라인 펠터 증후군 : 일반적으로 남아들은 성염색체 XY를 포함한 46개의 염색체를 가지고 태어나지만 X염색체의 분리과정에서 이상이 생겨 **X염색체를 2개 이상 보유**하고 태어나는 경우를 말한다. 대표적인 증상으로는 큰 키와 여성형 유방, 불임을 들 수 있다.
③ XYY 증후군(제이콥스 증후군) : 남성에만 존재하는 염색체인 **Y염색체를 하나 더 가지고 있는 염색체 질환**이다. 외견상의 이상은 발견되지 않으나, 언어장애나 학습 지연 등의 문제를 보일 수 있다.
④ 삼중 X 증후군 : 여성의 성염색체 XX에 X를 하나 더 가지게 되어 **XXX의 성염색체**를 가지게 된다. 의학적인 문제는 거의 나타나지 않는 것으로 알려져 있다.
⑤ 다운 증후군 : **21번 염색체**를 하나 더 가지게 되어 발생하는 증후군이며, 염색체 이상으로 얼굴과 신체구조의 이상증상을 나타내고, 지능 장애를 보인다.

태내 발달 단계

단 계	내 용
발아기 (수정~ 착상 후 2주)	정자와 난자가 만나 수정된 이후 수정란이 착상하는 2주간의 기간이다.
배아기 (착상 후 3주~8주)	• 중요 신체기관 및 신경계가 형성되는 시기이다. • 4주 차가 되면 심장박동이 시작되며, 신경계와 순환계가 형성되고, 8주 차에는 눈, 입, 귀, 팔, 다리, 손발, 성기가 형성되며, 근육과 연골조직이 발달된다. • 태아 신체의 주요 부위들이 생성되기 때문에 산모의 상태가 굉장히 중요한 시기이다.
태아기 (착상 후 8주 이후 ~출생)	• 형성된 신체기관들이 정교해지고, 중추신경계가 발달하게 되며, 성별 구분이 또한 가능해진다. • 5개월 차가 되면 손·발톱과 솜털이 생기고, 7개월 차가 되면 호흡기와 순환계의 기능이 완전해진다.

16' 15회 / 16' 14회 / 15' 13회

10 태내 발달에 관한 설명으로 옳은 것을 모두 고른 것은?

> ㄱ. 태내기는 난자와 정자가 수정된 순간부터 출생까지의 기간을 말한다.
> ㄴ. 태아기는 8주 이후부터 출생까지의 기간을 말한다.
> ㄷ. 배아기에는 심장이 뛰기 시작하며 생식기가 형성된다.
> ㄹ. 산모의 흡연은 저체중아 출산 가능성을 높인다.

① ㄱ, ㄴ   ② ㄴ, ㄷ
③ ㄱ, ㄴ, ㄷ   ④ ㄴ, ㄷ, ㄹ
❺ ㄱ, ㄴ, ㄷ, ㄹ

해설
ㄱ. 태내기는 정자와 난자가 만나 **수정된 순간부터 모체에서 자라나는 기간**을 뜻한다.
ㄴ. 태내 발달은 크게 발아기, 배아기, 태아기로 나뉘게 된다. 수정부터 수정란이 착상하는 2주 까지를 **발아기(배종기)**라 하며, **배아기**는 착상 후 2주~8주간의 기간을 의미하고, **태아기**는 8주 이후부터 출생까지를 말한다.
ㄷ. 배아기는 **중요 신체기관 및 신경계가 형성되는 시기**이고, 착상 후 **4주**가 되면 심장이 뛰기 시작하며, **8주**가 되면 생식기가 형성된다.
ㄹ. 산모의 흡연은 **선천성 기형, 조산 및 미숙아 출생, 자궁 내 태아발육 지연** 등을 일으킬 가능성을 높인다.

15' 13회 / 14' 12회

11 다른 유아가 노는 것을 관찰하면서 말을 하거나 제안을 하지만, 자신이 직접 놀이에 참여하지 않는 놀이유형은?

❶ 방관자적 놀이
② 몰입되지 않은 놀이
③ 혼자 놀이
④ 협동 놀이
⑤ 연합 놀이

해설
① 방관자적 놀이 : 유아가 다른 아이들이 노는 것을 흥미로워 하지만, **같이 어울리지 않는 것**을 말한다.
② 몰입되지 않은 놀이 : 주변에 흥미가 있어 **바라만 본다**.
③ 혼자 놀이 : 옆에 엄마나 친구가 있어도 **함께 놀지 않고 홀로 논다**.
④ 협동 놀이 : 유아가 하나의 활동을 하면서 놀게 되며 **각자의 역할분담이 생겨 협동**하며 놀게 된다.
⑤ 연합 놀이 : 둘 이상의 유아가 공통적인 활동을 하며 놀지만, **역할분담이 존재하지 않는다.**

💡 밀드레드 파튼(Mildred Parten)의 놀이 형태

놀이 형태	내 용
몰입되지 않은 놀이	놀이로는 볼 수 없는 단계이며, 주변에 흥미가 있어 그저 바라만 본다. 흥미 있는 것이 없을 경우에는 여기저기 서성이거나, 자신의 몸을 만지작거리거나 하는 행동을 보인다.
방관자적 놀이	유아가 다른 아이들이 노는 것을 흥미로워 하고 지켜보며 말도 걸지만 같이 어울리지는 않는다.
혼자 놀이	옆에 엄마나 친구가 있어도 함께 놀지 않고 홀로 논다.
평행 놀이	또래 유아와 같은 공간에 있지만 같이 놀지 않고 각자 따로 논다. 두 아이는 서로의 놀이에 직접적인 영향을 미치지는 않는다.
연합 놀이	둘 이상의 유아가 공통적인 활동을 하며 놀지만, 각자의 방식대로 행동하게 되고, 놀이를 하는 데 있어서 리더나 일정한 목표는 없다.
협동 놀이	하나의 활동을 같이 하면서 서로 도우며 놀이를 하고 역할 분담이 생겨 협동하며 놀게 된다.

17' 16회 / 15' 13회

12 운동발달에 관한 설명으로 옳은 것을 모두 고른 것은?

> ㄱ. 신생아기에는 손바닥에 어떤 물건을 쥐어주면 꼭 쥐는 반응을 보인다.
> ㄴ. 생후 3~6개월 된 영아는 뒤집기를 한다.
> ㄷ. 생후 1세 영아는 두발자전거를 탈 수 있다.
> ㄹ. 아동기는 유아기보다 협응능력이 더 발달한다.

① ㄱ
② ㄹ
③ ㄴ, ㄷ
④ ㄷ, ㄹ
❺ ㄱ, ㄴ, ㄹ

 ㄷ. 1세의 아이는 아직 다리에 힘이 없기 때문에 자전거의 페달을 밟는 운동을 하는 것은 가능성이 낮으며, <u>5세~6세</u> 정도가 되면 두발자전거를 탈 수 있게 된다.

13 생후 1개월 이내 신생아의 감각발달에 관한 설명으로 옳지 않은 것은?

① 시신경과 망막이 완전히 성숙하지는 않다.
② 엄마와 다른 여성의 젖 냄새를 구분한다.
❸ 촉각을 이용해서 주위 물체를 구분한다.
④ 단순한 소리의 크기와 음조를 구분한다.
⑤ 쓴맛, 단맛, 신맛을 구별한다.

 ③ 출생 시 입술과 혀를 제외한 촉각은 크게 발달되어 있지 않고, 촉각을 이용하여 주변환경을 인지할 뿐이다. 생후 6개월 정도 지나게 되면 촉각으로 주위의 물건을 탐색하게 되고, 1세 이후에는 손의 감촉만으로 익숙한 물체의 인식이 가능하게 된다.

17' 16회 / 14' 12회

14 피아제(J. Piaget)의 감각운동기에서 다음 사례에 해당되는 하위단계는?

> • 나무토막을 갖고 놀던 11개월 된 영아가 나무토막이 싫증나서 그것을 옆으로 밀어 놓고 다른 장난감이 쌓인 곳으로 기어간다.
> • 목표를 성취하기 위해서 일련의 행동을 통해 이전보다 적극적으로 주변을 탐색한다.

① 1차 순환반응단계
② 2차 순환반응단계
❸ 2차 순환반응의 협응단계
④ 3차 순환반응단계
⑤ 심적 표상단계

사례에서 영아가 나무토막을 옆으로 밀어 놓고 다른 장난감이 쌓인 곳으로 기어갔다는 것은 <u>목표를 달성하기 위한 행동</u>이며, 2차 순환반응기의 도식을 조합한 것으로 2차 순환반응의 협응단계에 해당된다는 것을 알 수 있다.

💡💡 감각운동기 하위 6단계

단 계	내 용
반사기 (출생~1개월)	보기, 잡기, 때리기 등과 같은 반사적인 행동들을 보이게 되며, 의도성이 없는 행동들로 이루어져 있다.
1차 순환반응 (1~4개월)	• 우연한 행동으로 인해 흥미를 느끼게 되면, 그 행동을 반복하게 되는데, 빨기, 잡기 등의 감각운동이 반복되는 것을 그 예로 들 수 있다. • 다양한 반응들이 숙달되고 협응을 이룬다.
2차 순환반응 (4~10개월)	• 주변환경에 흥미를 가지게 되며, 외부에서 흥미로운 것을 발견하고 반복하게 된다. • 딸랑이 흔들기와 같은 행동을 예로 들 수 있다.
2차 순환반응의 협응 (10~12개월)	2차 순환반응에서 얻은 행동들을 새로운 상황에 직면했을 때 목표를 이루기 위해서 두 가지 행동들을 협응하게 된다.
3차 순환반응 (12~18개월)	유아가 흥미로운 것을 발견하기 위해 적극적으로 행동들을 반복하는 과정에서 시행착오를 겪게 되고 새로운 행동유형을 만들어 내게 된다.
정신적 표상 (18~24개월)	이전단계까지는 행동으로 먼저 실천하고 그 결과를 관찰하였지만, 정신적 표상단계에서는 사고 후 행동하여 문제해결 능력이 빨라진다.

15 다음에 해당하는 언어의 구성 지식은?

• 6세 지민이가 3세 동생에게 새로운 게임을 설명할 때 동생 수준에 맞추어 말한다.
• 의사소통을 효율적으로 하기 위해서 언어가 어떻게 사용되어야 하는지에 대한 규칙을 알아야 한다.

① 형태론적 지식
❷ 화용론적 지식
③ 구문론적 지식
④ 의미론적 지식
⑤ 음운론적 지식

해설 ② 화용론적 지식은 언어 자체뿐만 아니라 언어의 주변상황까지 고려한 것으로 듣는 사람, 말하는 사람, 시간, 장소 등의 맥락을 고려한다. 사례는 3세 동생의 수준에 맞추어 말하는 것, 의사소통의 효율성을 고려하는 것으로 보아 화용론적 지식에 해당한다.

17' 16회

16 발달 이론가의 주장으로 옳은 것은?

① 미드(M. Mead) : 청년기 발달은 주로 개인차에 영향을 받는다.
② 해비거스트(R. Havighurst) : 청소년기를 질풍노도의 시기라고 하였다.
❸ 안나 프로이트(A. Freud) : 청년기에 두드러지게 나타나는 방어기제는 금욕주의와 지성화이다.
④ 마샤(J. Marcia) : 23세부터 28세 사이에 자아정체감이 형성된다.
⑤ 길리건(C. Gilligan) : 여성의 도덕심을 구성하는 핵심개념은 정의(justice)이다.

해설
① 미드(M. Mead)는 청소년기의 혼란과 갈등이 사춘기의 보편적 산물이 아니라 문화적 맥락에 따라 다를 수 있다고 주장하였다.
② 해비거스트(R. Havighurst)는 사회적 활동수준을 유지하는 것이 성인후기 삶의 만족도를 높인다고 주장하였다.
④ 마샤(J. Marcia)는 에릭슨의 이론을 기반으로 자아정체감 상태 모형을 제시한 학사이다. 자아 정체감은 유아기와 아동기를 통해 자신에 대한 개념을 발달시켜가며, 청소년기에 이르러서 확립되고, 청소년기 이후에도 끊임없이 영향을 준다.
⑤ 길리건(C. Gilligan)은 여성의 도덕심을 구성하는 핵심개념은 공동체적 관계와 배려, 책임을 강조하는 대인지향성에 있다고 주장하였다.

17 다음에서 설명하는 노화의 생물학적 이론은?

> DNA 단백질로 구성되어 있는 염색체의 끝 부분이 세포분열을 거듭할수록 점점 짧아지고, 세포는 더 이상 분열하지 못해서 노화를 일으킨다.

① 세포돌연변이 이론
❷ 텔로미어 이론
③ 면역체계 이론
④ 신경내분비 이론
⑤ 교차결합 이론

[해설] ② 텔로미어는 염색체의 양 끝단에 위치하는 부분이다. 텔로미어 이론은 세포분열이 일어날 때 유전정보가 들어있는 염색체 부분이 아닌 텔로미어가 짧아지게 되고, 일정 횟수 분열 후 더 이상 분열하지 않으면 세포의 노화가 찾아오게 되어 생명체의 노화가 일어나게 된다는 이론이다.

16' 15회

18 지능에 관한 설명으로 옳지 않은 것은?

① 유동성 지능은 결정성 지능보다 중추신경계의 기능에 더 의존한다.
② 유동성 지능에는 공간지각능력이 포함된다.
③ 결정성 지능에는 언어이해력이 포함된다.
❹ 유동성 지능은 생활 경험과 교육을 통해 축적된 지식이다.
⑤ 결정성 지능과 유동성 지능이 절정에 달하는 시기는 각기 다르다.

[해설] ④ 유동성 지능은 유전적 영향과 생리적 영향을 받는 지능으로 청소년기까지 발달하다가 나이가 들어감에 따라 쇠퇴한다. 결정성 지능은 교육이나 환경 및 문화의 영향을 받는 지능으로써 나이가 들어감에 따라 유지되거나 높아지게 된다.

19 정신질환의 진단 및 통계 편람(DSM-5)에서 유뇨증을 진단하는 기준으로 옳은 것은?

① 적어도 연속된 5개월 이상 지속적으로 주3회 이상 나타난다.
② 아동의 생활연령이 최소 4세 이상이다.
③ 의도적으로 침구 또는 옷에 반복적으로 소변을 보는 것은 포함하지 않는다.
❹ 이뇨제 등 약물에 의한 것은 포함하지 않는다.
⑤ 야간, 주간, 주야간 복합인지 명시할 필요가 없다.

[해설]
① 적어도 연속된 3개월 이상 지속적으로 주2회 이상 나타난다.
② 아동의 생활연령이 최소 5세이다.
③ 의도적으로 침구 또는 옷에 반복적으로 소변을 보는 것도 포함한다.
⑤ 야간, 주간, 주야간 복합인지 명시해야 한다.

💡 유뇨증 진단 기준
- 적어도 연속된 3개월 동안 주 2회의 빈도로 일어난다.
- 아동의 생활연령이 최소 5세 이상이다.
- 의도적이든 자신도 모르는 상태에서 소변을 보는 것이든 관계없이 침구 또는 옷에 반복적으로 소변을 본다.
- 이뇨제 등 약물에 의하거나 당뇨병이나 경련성 질환과 같이 의학적 상태에 따른 생리효과로 인한 것이 아니어야 한다.
- 야간형, 주간형, 주·야간형으로 분류하여 명시해야 한다.

20 다음과 같이 주장한 학자는?

> 부모-자녀 관계의 중요성을 강조했던 다른 정신분석이론가와 달리 청년기 발달에서 친구관계의 역할을 강조하였고, 몇몇 친한 동성친구와 친밀한 관계를 형성하는 것을 '단짝관계(chumship)'라 칭하였다.

❶ 설리반(H. S. Sullivan)
② 브레이너드(C. Brainerd)
③ 브론펜브레너(U. Bronfenbrenner)
④ 호나이(K. Horney)
⑤ 에릭슨(E. Erikson)

[해설] ① 설리반은 <u>연령에 따라 타인과의 상호작용에 대한 형태와 욕구가 달라진다</u>고 보았다. 아동후기에서 청소년기의 친구는 친밀감에 대한 높은 욕구를 충족시키는 역할을 하며, 특히 청소년기 이전의 아동들이 몇몇 동성친구와 친밀한 관계를 가지는 것을 단짝관계라고 하였다. 초기 청소년기에는 이성에 관한 친밀감의 욕구가 증가하게 되며, 후기 청소년기에는 성인사회로 통합되고자 하는 욕구가 발생하고, 초기 청소년기에서 발생했던 혼란이나 스트레스의 안정을 찾게 된다.

17' 16회 / 16' 15회 / 16' 14회 / 14' 12회

21 청소년기의 특징으로 옳은 것은?

① 형식적 사고가 구체적 사고로 전환된다.
❷ 전두엽에서 사용되지 않는 시냅스가 계속 제거된다.
③ 대근육과 소근육이 급격히 발달한다.
④ 뇌의 성장급등에 따라 뇌의 무게도 급격히 증가한다.
⑤ 생산성을 획득하지 못하면 침체감을 경험한다.

[해설] ① 청소년기에 들어서 <u>형식적 사고가 가능</u>해진다. 유아기에 구체적 사고정도의 범위에서 머물렀다면 청소년기에는 형식적 사고의 범위까지 넓어지게 된다.
③ 대근육과 소근육은 <u>유아기</u>에 급격히 발달한다.
④ <u>영유아기</u>에 뇌의 성장이 급등하며 뇌의 무게가 급격히 증가한다.
⑤ <u>에릭슨(E. Erikson)</u>은 <u>성인 중기</u>에 생산성을 확립할 방법을 찾지 못한 성인들은 침체감을 경험한다고 주장하였다.

💡💡 청소년기의 특징
- 사춘기가 오는 시기는 청소년의 발달에 영향을 미친다.
- 사춘기를 아동기와 구분 지을 수 있는 중심적인 특징은 생식능력이다.
- 사춘기의 성적 성숙에 영향을 주는 요인은 유전, 건강, 영양 등이다.
- 청소년의 성장급등은 남학생보다 여학생에게서 먼저 나타난다.
- 청소년의 성적 성숙은 그 시기에 있어서 개인차를 보인다.
- 성장폭발, 성장가속화, 성장불균형, 성장의 개인차 등의 특징이 있다.
- 2차 성징의 출현은 안드로겐과 에스트로겐 호르몬 작용 때문이다.
- 뇌신경의 수초화가 계속 진행되며, 그 진행속도는 뇌 영역마다 차이가 있다.
- 전두엽에서 사용되지 않는 시냅스가 계속 제거된다.
- 신경전달물질인 도파민이 증가한다.
- 청소년기에 들어서는 형식적 사고가 가능해진다.

15' 13회

22 다음에서 설명하는 것은?

영아는 낯선 사람을 만났을 때 두려운지 아닌지 애매한 상황을 보다 정확하게 해석하기 위해 믿을만한 사람에게서 정서적 정보를 얻는다.

① 정서 최적화
② 정서적 참조
③ 사회적 비교
❹ 사회적 참조
⑤ 자기의식적 정서

[해설] 사회적 참조는 <u>영아가 불확실한 상황을 인식하기 위해 다른 사람의 정서적 반응에 의존하는 것</u>을 의미하며, 생후 8~10개월부터 이러한 현상이 나타난다.

17' 16회 / 16' 14회 / 15' 13회

23 콜버그(L. Kohlberg)의 도덕성 발달이론에 관한 설명으로 옳은 것은?

① 도덕적 판단보다는 행동을 중요시한다.
② 도덕성의 사고구조보다는 내용을 더 중요시한다.
③ 도덕성 발달은 인지발달과 관련이 없다.
④ 도덕성의 발달을 2수준 6단계로 제시한다.
❺ 최종단계는 보편적 원리(universal principle) 지향이다.

[해설] ①·② 도덕성 발달이론은 도덕적 갈등 상황을 제시하고 응답자의 도덕적 판단에 대한 설명에 근거해서 발달단계를 구분한다. 따라서 행동보다는 <u>도덕적 판단과 도덕성의 사고구조를 중요시</u> 한다.
③ <u>인지적 능력은 도덕발달의 필수조건</u>이며, 콜버그는 도덕적 발달단계를 인지발달 수준과 도덕적 판단능력에 따라 총 3가지 수준으로 나누었다.
④ 도덕성 발달을 <u>3가지 수준</u>(전인습적 수준, 인습적 수준, 후인습적 수준) <u>6단계</u>로 제시한다.

24 정신질환의 진단 및 통계 편람(DSM-5)에서 제시한 자폐스펙트럼장애의 증상이 아닌 것은?

① 동일성에 대한 고집
② 제한된 관심사
❸ 낮은 지능
④ 상동증적 동작
⑤ 감각정보에 대한 과잉 또는 과소반응

해설 DSM-5에서 자폐스펙트럼장애의 증상으로 사회적 상호작용의 질적 손상·의사소통 장해, 상동적인 행동 및 특이한 감각적 행위, 제한된 특정분야에 대한 관심과 몰두 등이 있다.

💡 **DSM-5의 자폐스펙트럼장애 진단기준**
- 사회적 의사소통·상호교류의 지속적 장애
  - 사회적 상호교환성 결핍
  - 사회적 상호작용에 사용되는 언어적·비언어적 의사소통의 현저한 장해
  - 발달수준에 적절한 친구 관계 형성의 실패
- 제한·반복적인 상동적 행동 및 관심, 활동(다음 항목 중 최소 2가지 항목에 해당)
  - 상동화 및 반복적인 움직임 혹은 언어
  - 특이하고 비효율적으로 고정된 일 혹은 의식에 집착
  - 제한된 특정분야에 대한 관심
  - 감각정보에 대한 과잉 또는 과소반응 또는 유별난 관심
- 어린시절부터 증상이 관찰됨(사회적 요구가 많아질 때까지는 증상이 발현되지 않을 수 있음)

25 정신질환의 진단 및 통계 편람(DSM-5)의 신경발달장애에서 운동장애에 해당하지 않는 것은?

① 발달성 협응장애
② 틱장애
③ 상동증적 운동장애
④ 뚜렛장애
❺ 신체이형장애

해설 ⑤ 신체이형장애는 DSM-5에서 **강박 및 관련장애**에 속한다. DSM-5 신경발달장애에서 운동장애에는 발달성 협응장애, 상동증적 운동장애, 틱장애(증상 지속 기간 및 임상양상에 따라 뚜렛장애, 지속성 운동 또는 음성 틱장애, 잠정적 틱장애 등으로 세분)가 해당된다.

2과목(필수) 집단상담의 기초

26 개인상담보다는 집단상담에 가장 적합한 청소년은?

❶ 대인관계에 관심이 많은 청소년
② 의심이 심한 청소년
③ 극도로 의존적인 청소년
④ 반사회적인 청소년
⑤ 주의산만하고 충동적인 청소년

해설 집단상담은 집단의 목표와 부합되고, 집단과정을 방해하지 않으며 집단경험에 의해 그들의 복지가 위태롭지 않을 사람들을 선발해야 한다(집단상담자의 윤리강령). 의심이 심한 청소년, 극도로 의존적인 청소년, 반사회적인 청소년, 주의산만하고 충동적인 청소년의 경우 집단 목표와 과정에 적합한지를 집단상담자가 고려하여 판단해야 한다.

27 집단상담자가 지켜야 할 윤리와 규범에 관한 것으로 옳은 것을 모두 고른 것은?

ㄱ. 집단원의 권리보다는 집단의 유지와 권리가 더 존중되어야 한다.
ㄴ. 집단의 성격과 목표, 특성 등을 집단원들에게 분명하게 안내해야 한다.
ㄷ. 약물남용의 경우는 비밀보장의 원칙을 예외로 하고 보호자에게 알려야 한다.
ㄹ. 18세 미만의 청소년은 집단참여에 부모의 동의를 얻도록 법적으로 규정되어 있다.

① ㄱ, ㄴ
② ㄱ, ㄹ
❸ ㄴ, ㄷ
④ ㄴ, ㄷ, ㄹ
⑤ ㄱ, ㄴ, ㄷ, ㄹ

해설
ㄱ. 집단의 유지와 권리의 존중과 함께 **집단원의 권리를 존중**해야 한다.
ㄹ. 18세 미만의 청소년은 집단참여에 부모님의 동의를 얻도록 **법적으로 규정되어 있지는 않으나**, 미성년자의 집단상담 참여에 대해 부모나 보호자의 동의를 얻는 것이 바람직하다.

집단상담자의 윤리와 행동
- 집단의 성격과 목표, 특성 등을 집단원들에게 분명하게 안내해야 한다.
- 비밀보장의 중요성 및 한계상황을 설명해야 한다.
  - 약물남용의 경우는 비밀보장의 원칙을 예외로 하고 보호자에게 알려야 한다.
  - 집단원이 치명적인 전염병을 앓고 있다는 것을 알았을 때 관계 기관에 신고해야 한다.
  - 학교폭력으로 힘들어서 자살할 구체적인 계획을 세웠다는 이야기를 듣고 이 사실을 학부모와 담임교사에게 알린다.
- 상담료는 잠재적 집단원들의 재정 상태와 지위를 고려하여 결정한다.
- 다중관계의 범위에는 집단원뿐 아니라 수퍼바이저와의 관계도 포함되며, 다중관계는 상담자의 객관성 및 전문적 판단을 흐리게 하거나 집단원이 집단상담에 충분히 참여할 수 있는 것을 방해하기 때문에 피해야 한다.
- 다른 전문가에게 상담을 받고 있는 잠재적 집단원에게는 그 전문가에게 집단참여 사실을 알리도록 조언해야 한다.
- 비자발적 집단인 경우, 특정 활동을 거부할 수 있는 권리, 적극적인 집단참여가 집단 밖의 생활에 미칠 수 있는 영향 등에 대해 명확하게 알려주어야 한다.
- 집단과 관련된 훈련이나 교육, 수퍼비전을 받는 등 집단상담자로서의 최소한의 준비와 자격을 갖춘 후에 진행해야 한다.
- 집단원의 자료를 연구, 교육, 출판의 목적으로 사용할 때 집단원의 신원이 드러나지 않도록 하여야 한다.

17' 16회

28 집단상담 회기별 계획에 관한 설명으로 옳지 않은 것은?

❶ 회기를 계획할 때 초반, 중반, 후반의 회기들 간의 차이를 염두에 둘 필요가 없다.
② 집단과 각 구성원의 특성을 이해하고 에너지 수준을 고려하여 회기별 활동을 계획한다.
③ 집단상담과정 중에 참여를 하지 않거나 지각 혹은 탈락한 집단원을 위한 계획도 수립한다.
④ 한 회기동안 적절한 활동을 계획하여 집단원들이 충분히 생각할 시간을 주어야 한다.
⑤ 초반 회기에는 효율적인 집단 분위기를 형성하는 데 도움이 되는 계획을 세울 필요가 있다.

해설 ① 회기를 계획할 때에는 초반, 중반, 후반의 회기들 간의 <u>차이를 염두에 둘 필요가 있으며</u>, 일정한 간격을 두어 상담경험에 대한 생각을 해볼 수 있게 한다.

16' 14회 / 14' 12회

29 집단상담의 이점으로 옳은 것을 모두 고른 것은?

> ㄱ. 소속감과 연대감을 경험할 수 있다.
> ㄴ. 새로운 대인관계를 학습할 수 있다.
> ㄷ. 집단상담은 모든 사람에게 적합하다.
> ㄹ. 새롭게 터득한 사회기술을 연습할 수 있다.

① ㄱ, ㄴ
② ㄷ, ㄹ
❸ ㄱ, ㄴ, ㄹ
④ ㄴ, ㄷ, ㄹ
⑤ ㄱ, ㄴ, ㄷ, ㄹ

해설 ㄷ. 집단상담은 모든 사람에게 적합한 것이 아니며, <u>신상을 보호할 필요가 있는 사람이나, 대인관계가 좋지 못한 사람, 심리검사 결과 해석이 필요한 사람 등에게는 적합한 상담방법이 아니다.</u>

 집단상담의 장점과 단점
- 장점
  - 소속감과 연대감의 경험이 가능하며, 새로운 대인관계를 학습할 수 있다.
  - 새롭게 터득한 사회기술을 연습할 수 있으며, 새로운 행동을 연습하는 장이 된다.
  - 개인상담에 비해 시간과 비용면에서 효율적이다.
  - 대리학습이 가능하다.
  - 소속감이 생기고 동료의식이 발달한다.
- 단점
  - 다른 사람들의 기대를 따라야 될 것 같은 집단압력의 가능성이 발생한다.
  - 개인적인 문제나 관심사가 깊게 다루어지지 않는다.

30 사실적인 이야기를 늘어놓으며 집단을 지루하게 하는 집단원에 대한 집단상담자의 자세로 옳지 않은 것은?

① 지루함에 대해 호기심을 갖는다.
② 지루함도 하나의 중요한 정보로 여긴다.
③ 집단상담자의 역전이에 대해 주의를 기울인다.
④ 언제, 어떤 경우에 덜 지루하게 하는지에 대해 파악한다.
❺ 의존성이 원인이므로 먼저 의존성에 대해 직면시킨다.

[해설] 자신의 생각 혹은 느낌을 드러내는 것을 두려워하는 것과, 과거의 사실에 대해 털어놓으면 집단상담자가 해결할 수 있다는 오해 등이 사실적 이야기 늘어놓기의 원인이 될 수 있다. 의존성이 원인인 경우는 집단원이 '**의존적 자세**'를 보일 경우이다. 이 경우에는 집단원이 먼저 자신의 문제를 올바르게 인식하게 하고, 타인에게 의존하게 되는 연결고리를 끊어주어야 한다.

31 다음에서 설명하는 집단상담자의 역할은 어떤 이론에 근거한 것인가?

- 지금 – 여기의 경험 강조
- 알아차림과 접촉 촉진
- 내담자의 감각 사용 촉진
- 내담자의 신체언어와 접촉

❶ 게슈탈트   ② 해결중심
③ 현실치료   ④ 행동수정
⑤ 실존주의

[해설] 게슈탈트 이론에서 집단상담자는 <u>내담자의 모든 감각을 활용하도록 촉진</u>하여 <u>지금-여기 경험</u>을 통해 게슈탈트를 형성하도록 한다. 경험적 치료로서 내담자가 변화를 체험하여 <u>현실적 순간을 알아차릴 수 있는 분위기를 조성</u>해야 하며, 집단상담자와 내담자는 진정한 관계에 기초한 상호 조화를 이루어야 한다. 게슈탈트치료는 내담자의 문제를 집단 전체가 아닌 개인별로 다루기 때문에 집단상담자는 <u>내담자의 신체언어 및 언어사용습관에도 관심</u>을 가지고 지켜봐야 한다.

 게슈탈트 집단상담

- 목 표
  - 통찰을 행동으로 옮긴다.
  - 자기 내부의 양극단을 통합시킨다.
  - 자신과 타인 간의 접촉을 경험하게 한다.
  - 집단원 자신의 한계를 분명하게 정의한다.
- 특 징
  - 유기체의 자각 또는 알아차림을 통한 접촉 결여를 주요 문제로 간주한다.
  - 내담자의 현재 경험에 초점을 맞춘다.

32 차단하기 기법이 필요한 상황에 해당되는 것을 모두 고른 것은?

ㄱ. 집단원이 중언부언할 때
ㄴ. 집단원이 상처를 주는 말을 할 때
ㄷ. 지도자가 주제의 초점을 변경하고자 할 때
ㄹ. 집단이 비생산적인 분위기로 흘러가서 분위기 전환이 필요할 때

① ㄱ, ㄴ   ② ㄷ, ㄹ
③ ㄱ, ㄴ, ㄷ   ④ ㄴ, ㄷ, ㄹ
❺ ㄱ, ㄴ, ㄷ, ㄹ

[해설] 차단하기란 <u>집단구성원에게 부정적인 영향을 주는 의사소통에 집단 상담자가 직접 개입</u>하여 집단원의 언어 및 비언어 행동을 중지시키는 것을 말한다. ㄱ, ㄴ, ㄷ, ㄹ의 상황은 <u>언어적인 행동이 부정적인 영향을 주고 집단구성원의 성장을 저해하는 상황</u>이기 때문에 상담자가 차단하기 기법을 통해 개입이 필요하다.

 차단하기(Blocking)

- 차단하기는 집단역동에 방해가 되는 집단원의 의사소통에 직접 개입하여 역기능적 행동을 중지시키는 것이다.
- 부드러운 어조와 태도로 차단하기 기법을 사용할 수 있으며, 다른 집단원의 피드백과 병행할 수 있다.
- 질문을 사용하여 차단할 경우 집단원에게 변명할 기회가 되지 않도록 유의해야 한다.
- 집단원의 행동이 집단에 부정적인 영향을 미칠 수 있다고 판단되는 시점에 즉각 개입하는 것이 필요하다.

33 심리극에 근거한 집단상담에 관한 설명으로 옳은 것은?

① 집단 간의 관계에 초점을 맞춘다.
② 다섯 가지 주요 구성요소는 주인공, 연출자, 보조자아, 각본, 무대이다.
❸ 주요 개념으로 현재성, 창조성, 자발성, 역할과 역할연기, 텔레와 참만남 등이 있다.
④ 진행단계는 워밍업단계, 준비단계, 실연단계, 종결단계이다.
⑤ 언어를 주요 기반으로 한 실연을 통해 문제해결을 꾀한다.

 심리극은 자신에 문제에 대하여 직접 연기하는 집단상담기법이다.
① 심리극은 내재된 **자신의 감정이나 무의식**을 깨달아 현재 문제를 해결하는데 초점을 맞춘다.
② 심리극의 구성요소로는 **주인공, 연출자, 보조자아, 관객, 심리극의 장소와 무대, 무대소품과 조명 및 음향**이다.
④ 진행단계는 **워밍업단계 → 실연(實演)단계 → 종결단계**이다.
⑤ 언어보다는 **행동**을 주요 기반으로 한 실연(實演)을 통해 문제해결을 꾀한다.

💡 심리극

- 주요 개념으로 현재성, 창조성, 자발성, 역할과 역할연기, 텔레와 참만남 등이 있다.
- 자발성은 상황에 따라 반응할 준비가 되어있다는 것을 의미하며 창조성과 밀접한 관련성을 가진다.
- 다양한 역할을 해 볼 수 있는 기회를 제공하여 억압된 감정을 방출하도록 한다.
- '지금 여기'에서의 진솔한 참만남을 강조한다.
- 심리극의 구성요소로는 주인공, 연출자, 보조자아, 관객, 심리극의 장소와 무대, 무대소품과 조명 및 음향이 있다.
- 일반적으로 워밍업, 실연, 종결 단계로 진행된다.
- 창조성에 대한 인간의 잠재력을 성격의 핵심요인으로 간주한다.
- 언어보다는 행동을 기반으로 한 실연을 통해 문제해결을 꾀한다.

34 생산적인 지지와 격려에 해당하는 것은?

① 차선을 우선적으로 결정하려 할 때 지지와 격려하기
❷ 침묵하던 집단원이 조심스럽게 자기개방을 했을 때 지지와 격려하기
③ 집단원에 대해 매번 지지와 격려하기
④ 집단원이 자신의 나약함을 집단에서 확인하려 할 때 지지와 격려하기
⑤ 집단원이 고통스러운 감정을 충분히 경험하기 전에 지지와 격려하기

 지지와 격려는 집단원들이 집단 상담에 대한 두려움과 불안감을 극복하도록 하며 자기개방을 하고 집단원들 간에 상호작용을 촉진시키는 기술이다. 자기개방과 함께 적극참여를 할 경우 지지와 격려를 보내는 것은 생산적인 지지와 격려이지만, 일시적 위안, 부정적 감정으로부터 일시적 구원을 위한 지지와 격려는 집단원의 경험을 방해하기 때문에 자제해야 한다.

35 정신분석 집단상담에서 '놀림을 받는 집단원 A는 인기가 많은 집단원 B에 대해 불편한 마음을 가지고 있다.' 이때 집단원 A가 드러내는 행동의 방어기제로 옳은 것은?

① 반동형성 : 자신이 B를 불편해 하는 줄도 모른다.
② 억압 : 자신은 B를 싫어하지 않는데 B가 자신을 싫어한다고 한다.
③ 퇴행 : B에게 부정적인 감정을 숨기기 위해 더 잘 해준다.
❹ 합리화 : B가 잘난 체해서 B를 싫어한다고 말하다
⑤ 전치 : B에게 말할 때 어린아이같이 말하거나 행동한다.

④ 합리화는 자신에게 불쾌한 상황을 합리화하여 불안을 회피하는 것이다.
① 받아들이기 힘든 경험을 의식하지 않도록 무의식 속에 억누르는 **억압**에 해당한다.
② 자신의 감정을 다른 사람의 감정에 해당하는 것으로 여기는 **투사**에 해당한다.
③ 수용하기 힘든 심리와 반대의 행동을 하는 **반동형성**에 해당한다.
⑤ 이전 발달단계로 돌아가 현재의 불안을 회피하려는 **퇴행**에 해당한다.

36 다음은 집단상담 축어록의 일부이다. (ㄱ) ~ (ㄹ)에 해당되는 것을 순서대로 옳게 연결한 것은?

> 태리 : 저는 요즘 중간고사 공부를 하면서 너무 자신이 한심하다는 생각이 들어요.
> 유진 : 자신이 한심하다는 생각이 든다니 속상하시겠어요(ㄱ). 잠은 잘 자는 편인가요?(ㄴ)
> 태리 : 요즘은 힘도 없고 잠도 잘 못자요.
> 동맥 : 시험공부할 때는 누구나 그런 생각이 들기 마련이지요. 너무 걱정하지 말아요. 다 지나갈 거예요(ㄷ).
> 희성 : 지난번에 유진님도 자격증 공부로 힘들어 했었던 것 같은데, 유진님은 태리님의 이야기를 듣고 어떤 느낌이 드나요?(ㄹ)

① (ㄱ)공감하기, (ㄴ)폐쇄적 질문
  (ㄷ)공감하기, (ㄹ)차단하기
❷ (ㄱ)공감하기, (ㄴ)폐쇄적 질문
  (ㄷ)구원하기, (ㄹ)연결하기
③ (ㄱ)자기개방, (ㄴ)개방적 질문
  (ㄷ)공감하기, (ㄹ)연결하기
④ (ㄱ)공감하기, (ㄴ)개방적 질문
  (ㄷ)구원하기, (ㄹ)연결하기
⑤ (ㄱ)자기개방, (ㄴ)폐쇄적 질문
  (ㄷ)공감하기, (ㄹ)차단하기

해설
(ㄱ) 태리의 말에 **공감**하며, 자신이 태리의 입장이 되어 상황과 감정을 표현하고 있다. 공감을 통해 집단의 응집력을 향상시키고 치료적 효과를 높일 수 있다.
(ㄴ) 폐쇄적 질문은 대답이 한정되는 질문으로 물었을 때 예나 아니오로 대답할 수 있는 질문이며, 잠을 잘 자는 편이냐고 묻는 질문은 **단답형으로 대답할 수 있는 폐쇄적 질문**으로 볼 수 있다.
(ㄷ) 유진은 태리에게 위안을 주는 행동을 하며, 원천적인 문제 해결이 아닌 **임시방편적인 해결**을 취하고 있다. 구원하기는 공감하기와 비슷하지만, 타인의 고통스러운 감정을 지켜보기 어려워 사전에 봉쇄하는 가식적 지지 행위이다.
(ㄹ) 희성은 태리의 말과 행동을 **유진의 경험으로 연결**하고 있으며, 어떤 느낌이 드는지 물어봄으로써 집단원 간의 상호작용을 촉진하고 있다.

37 교류분석(TA) 집단상담에서 다루는 내용이 아닌 것은?

① 각본분석
② 구조분석
❸ 동기분석
④ 게임분석
⑤ 라켓분석

해설
① 각본분석은 내담자가 자신의 자아상태를 통찰하고 자신의 인생각본을 분석하는 것으로 내담자의 생활양식을 재결단할 수 있는 토대를 제공한다.
② 구조분석은 내담자의 부모·어른·아동 자아상태의 내용 및 기능을 내담자에게 인식하도록 하는 것이며, 비효율적인 사고, 행동, 감정을 변화시키는 방법이다.
④·⑤ 게임분석은 내담자와 타인의 이면적 교류를 분석하는 것이다. 대부분의 게임에서 내담자는 라켓감정(생의 초기에 중요한 인물과의 상호작용을 통해 형성된 만성적 부정 감정 양식)을 느끼게 되며, 개인의 라켓을 분석하고 이해하여 게임 및 인생각본에 어떻게 관련되는지 이해한다. 게임과 라켓분석을 통해 타인과의 의사교류를 이해할 수 있다.

38 현실치료 집단상담의 주요기법이 아닌 것은?

① 질문하기
② 유머사용
③ 역설적 기법
❹ 탈숙고(dereflection)
⑤ 직면하기

해설
④ 탈숙고(dereflection)는 **실존주의 치료**에서 사용하는 기법으로 지나치게 소극적인 내담자를 자발적으로 활동할 수 있도록 촉진하거나 잘못된 능동성이 올바른 방향으로 일어나도록 하는 기법이다. 현실치료 집단상담의 주요기법으로는 **질문하기, 동사로 표현하기, 긍정적으로 접근하기, 은유적 표현 사용하기, 직면하기, 역설적 기법, 유머사용하기**가 있다.

39 아들러(A. Adler) 집단상담에서 분석과 통찰단계의 활동으로 옳지 않은 것은?

① 집단원의 초기 기억을 탐색한다.
② 가족구도에서 차지하는 심리적 위치를 파악한다.
③ 일과 사회적 상황에서 어떻게 기능하고 있는가를 조사한다.
❹ 생활양식에 대한 이해를 바탕으로 대안적인 행동을 하도록 격려한다.
⑤ 지금-여기에서 행동하는 방식의 이면에 숨겨진 동기를 다룬다.

해설
④ 대안적인 행동을 하도록 격려하는 단계는 마지막 단계인 **재정향 단계**로, 재정향 단계에서는 새로운 결정과 목표의 수정이 이루어진다. 집단원이 과거의 잘못된 행동과 태도를 버리고 효과적인 대안을 선택해서 실행하는 단계이며, '마치 ~ 인 것처럼'과 같은 행동지향적 기법을 자주 사용한다.

40 집단원의 침묵과 참여 부족의 이유에 해당하는 것을 모두 고른 것은?

ㄱ. 비밀누설에 대한 두려움
ㄴ. 말보다는 침묵이 더 효과적이라는 생각
ㄷ. 자신은 말할 가치가 별로 없다는 느낌
ㄹ. 집단원이나 지도자에 대한 표현되지 않는 분노감
ㅁ. 다른 집단과 비교하여 자신은 기대에 미치지 못한다는 느낌

① ㄱ, ㄴ, ㅁ
② ㄷ, ㄹ, ㅁ
③ ㄱ, ㄴ, ㄷ, ㄹ
④ ㄴ, ㄷ, ㄹ, ㅁ
❺ ㄱ, ㄴ, ㄷ, ㄹ, ㅁ

해설
ㄱ, ㄴ, ㄷ, ㄹ, ㅁ 모두 옳다. 집단원의 침묵과 참여 부족에는 성격적 특성(ㄱ, ㄴ), 집단원이나 상담자에 대한 저항감 및 열등감(ㄷ, ㄹ, ㅁ), 집단 진행 방향에 대한 불만 등 다양한 원인이 존재하며, 상담자의 적절한 개입으로 집단원이 적극적으로 참여하도록 유도한다.

41 코리(G. Corey)의 집단발달단계 중 과도기(transition)의 특징으로 옳지 않은 것은?

① 불안이 증가한다.
② 하위 집단을 이루며 서로 분리된다.
❸ 변화를 도모하고 과감하게 시도한다.
④ 집단원 자신을 속으로 숨기거나 간접적으로 표현한다.
⑤ 다른 사람들에게 조언을 하는 데 많은 에너지를 쏟는다.

해설
③ 변화를 도모하고 과감하게 시도하는 단계는 **작업단계**이다.

💡💡 코리(G. Corey)의 집단발달 4단계

단계	내용

초기단계
(Initial Stage)
	• 위험을 감수하는 행동이 상대적으로 적고 탐색도 머뭇거리면서 일어난다.
	• 어느 수준까지 자기를 개방하고 참여할 것인지 결정한다.
	• 집단상담을 준비하는 개별면담에서 집단상담자의 임무
	  - 집단상담에 대한 이해 도모
	  - 발생 가능한 문제 파악
	  - 집단참여를 촉진하기 위한 정보 제공
	  - 집단상담에 대한 현실적 기대 형성 조력

과도기단계
(Transition Stage)
	• 하위 집단을 이루며 집단원들이 서로 분리된다.
	• 집단원 자신을 속으로 숨기거나 간접적으로 표현한다.
	• 다른 사람들에게 조언을 하는 데 많은 에너지를 쏟는다.
	• 불안이 증가한다.
	• 방어적 태도로 인하여 갈등이 나타난다.
	• 집단상담사에 대한 노선이 나타나 갈등이 야기되며, 집단원 간에도 갈등이 나타난다.
	• 표출된 갈등의 중재기술
	  - 부적절한 공격행동은 차단하며, 집단원들의 의사소통 내용을 명료화, 재진술해 준다.
	  - 불만은 수용하고 갈등과 관련된 느낌과 생각을 직접 충분히 표현하도록 한다.
	  - 집단응집력을 기반으로 갈등을 직접 다루어야 한다.
	• 집단상담자는 집단이 두려움과 기대를 표현하도록 도와 신뢰를 형성하며, 집단원 간의 갈등 상황을 인식하고 다뤄야 한다.

단계	내용

작업단계
(Working Stage)
	• 변화를 도모하고 새로운 행동을 과감하게 시도한다.
	• 상담자의 역할
	  – 집단원의 사고와 정서변화를 촉진하며, 적절한 행동모델이 된다.
	  – 행동 패턴의 의미를 설명하여 집단원이 더 깊은 자기 탐색에 도달할 수 있도록 돕는다.
	  – 보편성을 제공할 수 있는 공통 주제들을 탐색하고 다른 집단원의 작업과 연계한다.

통합과 종결단계	• 집단경험에 대한 최종 평가 작업이다.
	• 좌절을 극복하고 집단에서의 분리에 대한 감정을 다루며, 집단에서 다루려고 했던 문제를 완결한다.
	• 복합적 감정이 나타나고 자기 관여가 감소한다.
	• 상담자의 역할
	  – 집단에서 해결하지 못한 문제를 표현하고 다룰 수 있는 기회를 제공한다.
	  – 집단원들의 변화를 강화하고 특별한 기술들을 다양한 일상에서 적용시키도록 돕는다.

42 집단발달단계의 특징을 발달단계 순서대로 옳게 나열한 것은?

> ㄱ. 갈등과 방어, 집단상담자에 대한 도전
> ㄴ. 집단원의 참여 주저, 긴장과 두려움
> ㄷ. 집단응집력의 증가, 지금-여기에서의 직접적인 대화
> ㄹ. 좌절 감정 다루기, 소극적 태도

① ㄱ - ㄴ - ㄷ - ㄹ
② ㄱ - ㄷ - ㄹ - ㄴ
❸ ㄴ - ㄱ - ㄷ - ㄹ
④ ㄴ - ㄱ - ㄹ - ㄷ
⑤ ㄹ - ㄴ - ㄱ - ㄷ

 집단발달단계는 초기 → 과도기 → 작업 → 종결단계를 거치게 된다.
ㄴ. **초기단계**의 서로 알아가는 단계이기 때문에 집단원들은 불안과 긴장, 두려움을 느끼고 참여를 주저하며 자기 문제에 대한 초점을 회피하려 한다.
ㄱ. **과도기단계**에서는 시작단계보다 깊은 내면의 수준을 다루며, 과정 중 갈등이 생기고, 방어태도를 보이게 되며 집단상담자에 대해 도전한다.
ㄷ. **작업단계**에서 집단원은 문제 탐색을 위한 노력을 하게 되며, 집단원들 간의 신뢰와 응집력이 증가하게 된다. 지금-여기에서의 직접적인 대화를 통한 상호작용이 일어나게 된다.
ㄹ. **종결단계**에서 집단원들은 집단상담이 끝나간다는 반응 아쉬운 반응과 함께 성취감 등의 감정을 느끼게 되며, 집단경험을 집단원들과 나누며 감정을 정리한다. 새로운 과제들에 대해서는 소극적 태도로 참여하고 다른 집단원들과의 애착과 정서적 관여가 감소하게 된다.

17' 16회 / 16' 14회 / 15' 13회

43 집단응집력에 관한 설명으로 옳지 않은 것은?

① 집단원들이 집단에 남아 있도록 하는 힘이다.
② 자신의 내면세계를 타인과 공유하고 수용 받는다.
❸ 응집력 자체로는 치료적 요인이 될 수 없다.
④ 지금-여기에 상호 피드백의 활성화는 응집력의 지표이다.
⑤ 더 높은 출석율과 더 많은 참여를 이끌어 낸다.

 ③ 얄롬은 집단의 <u>치료적 효과를 주는 요인</u>으로서 집단응집력을 제시하고 있으며, 집단응집력은 초기부터 종결단계까지 중요하게 작용한다.

💡 **집단응집력**

• 집단원들이 집단에 남아있도록 하는 힘이며, 집단 내에서 함께 하는 느낌 또는 공동체라는 느낌을 의미한다.
• 집단매력도와 관련이 있으며 더 높은 출석율과 더 많은 참여를 이끌어 낸다.
• 집단응집력을 통해 자신의 내면세계를 타인과 공유하고 수용받는다.
• '지금-여기'에 초점을 맞추어 피드백을 하려는 집단원의 의지는 집단응집력 지표 중 하나이다.
• 초기부터 종결단계까지 항상 중요하다.

44 집단원이 경험한 치료적 요인은?

16' 14회

이번 회기에 집단지도자는 내가 다른 집단원에게 매우 공격적으로 말하고 있다는 것을 지적해 주었다. 나는 집단지도자에게 화를 내지 않으면서 "솔직히 말해 주어 고맙습니다."라고 말하게 된 것이 좋았다. 이전에는 부정적인 피드백에 대해 이런 식으로 반응하지 못했다.

❶ 대인 간 행동학습
② 정 화
③ 자기노출
④ 자기이해
⑤ 지 도

해설
① 대인 간 행동학습은 다른 집단원들과 상호작용으로 대인관계 형성의 방식을 시험하거나 대인관계에 대한 아이디어를 얻는 것으로 사례자는 집단지도자에게 전에 반응하지 않았던 새로운 반응을 시험해 보며 대인간 행동학습을 경험하였다.
② 정화 : 집단원의 내면에 누적되어 있는 감정을 표현함으로써 그 감정을 해소하는 것이다.
③ 자기노출 : 대화하는 동안 자신에 대한 감정이나 집단원에 대한 감정을 진술하게 말하는 것이다.
④ 자기이해 : 자신에 대한 본질적 문제나 무의식 등을 인식하는 것이다.
⑤ 지도 : 상담자 혹은 집단원이 충고를 하거나 정보를 제시하여 일정한 방향으로 이끄는 것을 말한다.

45 집단상담 제안서를 작성할 때 포함될 내용이 아닌 것은?

❶ 집단의 규범
② 집단에 대한 평가방법
③ 내상, 보임시간, 전체의 길이
④ 집단에서 달성하고자 하는 목표
⑤ 집단에 대한 명확하고 설득력 있는 근거

해설
집단상담 제안서 작성 시 **이론적 근거**(집단에 대한 명확하고 설득력 있는 근거), 집단상담의 **목표** 및 세부목표, 실제적인 **고려사항**(집단상담의 대상, 회기의 시간, 횟수, 진행기간 등), 구체적인 **절차**, **평가**가 제시되는 것이 필요하다.

46 다음은 어떤 집단의 유형에 해당하는가?

- 집단원 간의 대인관계 과정에 초점을 둔다.
- 집단원의 자발성과 주관적인 의견에 초점을 둔다.
- 전문적인 훈련을 받은 지도자와 복수의 집단원들로 이루어진다.
- 집단원 간의 상호피드백과 지금-여기에서의 경험에 초점을 둔다.

① 위기집단
② 자조집단
③ 교육집단
❹ 상담집단
⑤ 과제해결집단

해설
④ 상담집단은 대인 관계문제를 해결하거나 개인적 자질을 획득하고 향상하는 것에 초점을 두는 집단으로 집단의 상호과정이 강조된다. 내담자는 집단원들의 피드백을 통해 개인의 문제 및 대인관계 등에 대한 이해도를 높이고 새로운 행동방식을 연습하여 실생활에서 실천할 수 있게 된다.

47 집단상담 초기에 비협조적인 학생의 저항에 대처하는 적절한 반응을 모두 고른 것은?

ㄱ. 집단상담은 어떤 활동을 하는 것 같아요?
ㄴ. 집단상담에 참여를 하는 데 무엇이 가장 어려울 것 같아요?
ㄷ. 집단상담을 처음 하면 불편할 수 있어요. 무엇이 불편한지 말해 줄 수 있나요?

① ㄱ
② ㄴ
③ ㄱ, ㄴ
④ ㄴ, ㄷ
❺ ㄱ, ㄴ, ㄷ

해설
집단상담 초기에서는 익숙하지 않은 상황으로 인해 집단원이 불안해하는 경향이 크다. 따라서 집단상담자는 비협조적인 학생의 저항을 **이해**하고 집단원의 **저항이유를 경청**하며 **터놓고 다루도록 하며**, 집단 내의 **신뢰로운 분위기를 조성**하여 집단원이 상호작용할 수 있도록 한다.

48 개인상담과 비교했을 때 집단상담의 단점을 모두 고른 것은?

> ㄱ. 집단압력의 가능성
> ㄴ. 개인작업의 제한성
> ㄷ. 경제성과 효율성
> ㄹ. 대리학습

❶ ㄱ, ㄴ   ② ㄱ, ㄷ
③ ㄱ, ㄹ   ④ ㄴ, ㄷ
⑤ ㄷ, ㄹ

[해설] ㄱ·ㄴ 다른 사람들의 기대를 따라야 될 것 같은 **집단압력의 가능성**이 발생하며 개인상담에 비해 **개인적인 문제나 관심사가 깊게 다루어지지 않는다**는 단점이 있다.
ㄷ·ㄹ 집단상담은 개인상담에 비해 상담자의 시간과 노력 등을 절약할 수 있어 경제적이고 효율적이며, 실생활과 유사한 환경에서 대리학습이 가능하다는 것이 장점이다.

49 생산적인 집단을 운영하는 데 방해가 되는 집단원의 진술에 해당하는 것은?

① "다른 친구들이 슬픈 표정을 짓는 것을 보면 저도 왠지 슬퍼요."
❷ "저는 정말로 아무런 문제가 없어요. 다 괜찮아요."
③ "다른 친구들이 기뻐하는 것을 보면 부럽기도 하고 저도 그렇게 하고 싶어져요."
④ "저만 이런 고민이 있는 것이 아니라서 다행이에요."
⑤ "저도 저 친구처럼 처음 보는 사람에게 말을 걸어보고 싶어요."

[해설] 집단원의 진술은 **문제없는 사람으로 자처**하는 경우로 상담자 혹은 집단원들은 그의 행동에 대한 솔직한 피드백을 주어 그러한 태도가 집단에 어떠한 영향을 미치는지 함께 의견을 나누어 볼 수 있도록 한다.

50 청소년 집단상담자의 기술과 그 예로 옳지 않은 것은?

① 직면 - "채송이가 진구에 대하여 지금 말한 내용이 지난번에 했던 것과 다른 것 같은데"
② 해석 - "채송이가 진구의 잘못에 대하여 이야기를 할 때 불편해 하는 것은 중학교 1학년 때 따돌림 받았던 경험이 떠올라서 그럴 수 있을 것 같습니다."
③ 명료화 - "불편하다는 것이 무엇을 말하는지 다른 친구들에게 더 이야기해 주면 도움이 될 것 같아요."
④ 연결짓기 - "채송이도 진구처럼 친구들에게 놀림당한다고 한 것 같은데 채송이의 이야기를 들어볼까요?"
❺ 재진술 - "옆에 있는 친구가 자기 이야기를 잘 들어줘서 기분이 좋았겠어요."

[해설] ⑤ 재진술은 집단원이 이야기의 내용을 다른 말로 바꾸어 같은 내용을 반영하는 것으로 집단원이 어떠한 말을 하고 있는지 더 명확히 할 수 있다. 사례는 집단원의 마음을 감지하고 공감하는 **공감적 반응하기**에 해당한다.

3과목(필수) 심리측정 및 평가

51 다음 설명으로 옳은 것은?

- 해당 문항의 정답자 수를 그 문항에 반응한 사람의 총수로 나눈 비율이다.
- 지수는 0.0~1.0의 범위를 가진다.

① 문항추측도 ② Lamda
③ Z score ④ 평균비
❺ 문항난이도

해설 ⑤ **문항난이도**란 문항의 쉽고 어려운 정도를 나타내는 것이며, **문항에 반응한 사람 중 정답을 맞춘 사람의 비율**이다. 성취검사나 적성검사에 주로 사용된다. 문항의 난이도를 측정하는 것은 적절한 난이도 수준의 문항을 선택하기 위해서이며, 수검자의 문항에 대한 본래의 지식과 추측에 의한 영향을 받는다.

52 타당도에 관한 설명으로 옳지 않은 것은?

① 타당도는 검사가 측정하고자 하는 것을 실제로 측정한 정도이다.
② 공인타당도에서는 새로 개발한 검사의 점수와 준거검사의 점수를 동일한 시점에서 수집한다.
③ 예언타당도는 준거타당도에 속한다.
❹ 안면타당도는 다른 점수와의 관계를 분석하여 추정한다.
⑤ 요인분석으로 구성타당도를 추정할 수 있다.

해설 ④ 안면타당도(=내용타당도, 이론타당도)는 **논리적 사고를 토대**로 하는 **주관적인 타당도**로, 다른 점수와의 관계를 분석하여 추정하는 것과 같이 **객관적 자료를 근거로 삼지 않는다**.

53 등간척도에 해당하는 것은?

❶ 온 도
② 몸무게
③ 성적순위
④ 길 이
⑤ 수험번호

해설 등간척도는 **척도 간의 간격을 균일하게 하여 측정하는 척도**로서 측정하고자 하는 것을 분류하고 서열을 정할 수 있다. 온도와 시험점수, 지능 등이 대표적인 예이다. ③ 성적순위는 **서열척도**, ② 몸무게와 ④ 길이는 **비율척도**, ⑤ 수험번호는 **명명척도**에 해당한다.

54 문항반응이론에 관한 설명으로 옳은 것은?

① 반복측정을 가정한다.
❷ 문항특성곡선으로 문항을 분석한다.
③ 수검자에 따른 측정오차는 동일하다고 가정한다.
④ 문항특성은 수검자의 특성에 영향을 받는다고 가정한다.
⑤ 문항모수치의 변화가능성을 가정한다.

해설
① 반복측정이 **불필요함**을 가정한다.
③ 수검자에 따라 측정오차는 **상이**하다고 가정한다.
④ 사용하는 검사 또는 문항에 따라 **수검자의 능력은 변화되지 않는다**고 가정한다.
⑤ 문항은 고유한 특성을 가지고 있어 집단의 특성에 따라 문항의 난이도, 변별도, **추측도 모수는 불변**한다고 가정한다(문항모수치 불변).

55 규준에 관한 설명으로 옳은 것은?

① 하나의 규준은 다양한 분포로 이루어진다.
❷ 규준은 규준집단의 점수 분포를 반영한다.
③ Z점수의 평균은 10이고 분산은 5이다.
④ T점수의 평균은 50이고 표준편차는 15이다.
⑤ 스테나인(stanine)의 점수범위는 10~90이다.

[해설]
① 규준은 <U>하나의 분포</U>를 이루는 점수집단 형태로 이루어진다.
③ Z점수의 <U>평균은 0, 표준편차는 1</U>이다.
④ T점수의 평균은 50, <U>표준편차는 10</U>이다.
⑤ 스테나인의 점수는 원점수를 백분위로 변환한 뒤 비율에 따라 <U>1~9 구간으로 구분</U>하여 <U>각 구간별</U>로 일정한 <U>점수나 등급을 부여</U>한 것이다. 대표적으로 수능점수를 등급화한 것을 예로 들 수 있다.

56 심리검사에 관한 설명으로 옳지 않은 것은?

① 행동표본을 측정할 수 있다.
② 개인 간 비교가 가능하다.
③ 개인의 행동을 예측할 수 있다.
❹ 심리적 속성을 직접적으로 측정한다.
⑤ 심리평가의 근거자료 중 하나이다.

[해설]
④ 심리적 속성은 <U>추상적인 개념</U>이므로 직접적으로 측정할 수 없다. 다만, 심리검사는 심리적 속성을 <U>객관적으로 나타내기 위한 과학적 방법</U>이다.

💡 심리검사
• 심리검사는 심리평가의 근거 자료 중 하나이다.
• 개인 간의 비교가 가능하며, 개인의 행동을 예측할 수 있다.
• 행동표본을 측정할 수 있다.
• 심리적 구인은 심리적 특성을 추상적으로 나타낸 것이므로 직접적인 측정이 불가능하다.
• 검사명칭이 같아도 측정내용이 다를 수 있다.
• 심리생리적 측정방식은 자기보고 편파가 작다.
• 규준의 표본크기가 큰 경우에도 신뢰도와 타당도 검증이 필요하다.
• 사용자의 자격은 검사 종류에 따라 제한되어야 한다.

57 내적 합치도를 확인할 수 있는 신뢰도 계수로만 나열한 것은?

① Phi 계수, Delta 계수
② Omega 계수, Phi 계수
❸ 반분신뢰도 계수, Cronbach α 계수
❹ 반분신뢰도 계수, Kuder-Richardson 계수
❺ Kuder-Richardson 계수, Cronbach α 계수

[해설]
문항 내적 합치도는 검사의 문항 간 정답과 오답의 일관성을 종합적으로 추정한 상관계수로 나타내는 신뢰도 유형이다. 내적 합치도를 확인할 수 있는 신뢰도 계수로는 <U>KR(Kuder-Richardson)-20, KR(Kuder-Richardson)-21, 크론바흐(Cronbach) 알파, 반분신뢰도 계수, Hoyt 신뢰도</U>가 해당한다.

58 심리검사 및 평가의 윤리에 관한 내용으로 옳지 않은 것은?

① 검사 동의를 구할 때에는 비밀유지의 한계에 대해 알려야 한다.
② 자격을 갖춘 사람이 심리검사를 실시해야 한다.
③ 평가서를 보여주면 안 되는 경우에는 사전에 수검자에게 이 사실을 알려야 한다.
④ 동의할 능력이 없는 사람에게도 평가의 본질과 목적을 알려야 한다.
❺ 자동화된 서비스를 사용할 경우 검사자는 평가의 해석에 대한 책임을 지지 않는다.

[해설]
⑤ 자동화된 서비스를 사용해도 검사자는 자신이 제시한 결과 해석에 대해 <U>책임을 져야 한다</U>.

심리검사 및 평가의 윤리

구분	내용
심리검사	• 검사 동의를 구할 때에는 비밀유지의 한계에 대해 알려야 한다. • 검사의 필요성과 검사 유형 및 용도, 목적을 설명해야 한다. • 검사 목적에 맞게 검사를 선정하여 사용해야 한다. • 자격을 갖춘 사람이 심리검사를 실시해야 한다. • 능력검사의 검사 자극이나 문항이 대중매체에 노출되지 않도록 해야 한다. • 검사자는 실시하는 검사의 제작 방식에 대한 충분한 지식을 갖추어야 한다. • 검사규준 및 검사도구와 관련된 최근 동향과 연구방향을 민감하게 파악해야 한다. • 검사자는 자신이 제시한 결과 해석에 대해 책임을 져야 한다.
심리평가	• 심리평가에 관한 동의를 받을 때 비밀보장과 그 예외조항을 설명해야 한다. • 임상 수련생은 수련감독자의 지속적인 감독하에 심리평가를 실시해야 한다. • 평가서를 보여주면 안 되는 경우에는 사전에 수검자에게 이 사실을 알려야 한다. • 동의할 능력이 없는 사람에게도 평가의 본질과 목적을 알려야 한다. • 심리검사 결과 해석 시 수검자의 연령과 교육수준에 맞게 설명해야 한다. • 심리검사 결과가 수검자의 삶에 영향을 줄 수 있음을 인식해야 한다.

15' 13회

59 만 15세 수검자에게 실시 가능한 성격검사는?

① K-WPPSI
② Rey-Kim Test
❸ MMPI-A
④ K-DRS-2
⑤ SNSB

 ③ MMPI-A : 청소년을 위해 개발된 심리검사로 기존 성인을 대상으로 하는 MMPI-2검사에서 청소년에게 적절하지 않은 문항들을 제거하고 청소년을 대상으로 개발된 심리검사이다.
① K-WPPSI : 한국 웩슬러 유아 지능검사라고 하며, 미취학 아동 및 초등학교 저학년을 대상으로 지능을 측정하기 위해 만들어진 검사이다.
② Rey-Kim Test : 김홍근 교수가 1999년에 개발한 기억장애 평가 검사이며, 국내 최초로 표준화된 기억검사이다. 성인용 Rey-Kim Test 외에 아동용 Rey-Kim 기억검사가 있어 틱장애나 ADHD장애를 가지고 있는 만 7세~15세 아동의 기억기능을 검사하는 데 사용된다.
④ K-DRS-2 : 기존 북미에서 널리 사용되고 있던 치매검사인 DRS를 국내 실정에 맞게 재표준화시킨 한국판 치매 평가검사이다. K-DRS에서는 만 55~64세, 만 65~84세로 연령수준을 나누고 6년 이하 및 7년 이상으로 교육연한을 나눠 총 네 개의 규준을 제시하여 65세 이전에 나타날 수 있는 인지저하를 조기에 진단할 수 있다.
⑤ SNSB : 서울신경심리검사라고 하며, 주로 중장년과 노인들을 대상으로 시행한다. 인지기능에 대한 종합적·심층적 평가를 통해 치매를 조기진단하고 각각의 인지기능을 측정하여 저하정도를 파악할 수 있는 검사이다.

16' 14회

60 K-WISC-Ⅳ의 작업기억지표(WMI)를 측정하는 소검사는?

① 행렬추리
② 기호쓰기
③ 동형찾기
④ 단어추리
❺ 순차연결

작업기억지표(WMI)를 측정하는 소검사로는 숫자, 순차연결, 산수가 있다. ① 행렬추리는 지각추론(PRI), ② 기호쓰기와 ③ 동형찾기는 처리속도(PSI), ④ 단어추리는 언어이해(VCI)를 측정하는 소검사이다.

K-WISC-IV(아동용) 소검사

지수	소검사 구성
언어이해 (VCI)	• 핵심소검사 : 공통성, 어휘, 이해 • 보충소검사 : 상식, 단어추리
지각추론 (PRI)	• 핵심소검사 : 토막짜기, 공통그림찾기, 행렬추리 • 보충소검사 : 빠진곳찾기
작업기억 (WMI)	• 핵심소검사 : 숫자, 순차연결 • 보충소검사 : 산수
처리속도 (PSI)	• 핵심소검사 : 기호쓰기, 동형찾기 • 보충소검사 : 선택

17' 16회 / 16' 15회 / 16' 14회 / 15' 13회

61 신뢰도에 관한 설명으로 옳지 않은 것은?

❶ 동형신뢰도는 전체 문항을 짝수항과 홀수항으로 나누어서 측정한다.
② 검사-재검사 신뢰도는 검사와 재검사 간 시간 간격의 영향을 받는다.
③ 신뢰도는 측정의 안정성을 나타낸다.
④ 반분신뢰도는 검사-재검사 신뢰도보다 비용 측면에서 장점이 있다.
⑤ 평정자 간 신뢰도는 두 명 이상의 평가자가 필요하다.

해설 ① 전체 문항을 짝수항과 홀수항으로 나누어 측정하는 것은 **반분(검사)신뢰도**에 해당한다.

신뢰도

• 신뢰도는 검사점수의 안정성 정도, 일관성과 반복 가능성을 의미한다.
• 신뢰도에서 측정의 표준오차는 검사점수에 어느 정도의 오차가 있는가를 알려준다.
• 다양한 신뢰도 추정방법에 따른 측정오차의 종류는 서로 다르다.
• 진변량과 오차변량들 간의 관계에서 신뢰도를 추정할 수 있다.
• 검사-재검사 신뢰도는 두 번에 걸쳐 피험자를 측정하고 측정치 간의 일관성을 관찰한 것으로 검사와 재검사 간 시간 간격의 영향을 받는다.

• 동형법은 검사-재검사법의 단점을 보완할 수 있으며 두 개의 동형검사 간 상관계수를 통해 신뢰도를 추정할 수 있다. 하지만 검사내용의 차이에 따른 오차가 있을 수 있으며, 완벽한 동형검사를 제작하기는 어렵다.
• 반분신뢰도는 검사-재검사 신뢰도보다 비용 측면에서 장점이 있지만, 신뢰도를 과소 추정하게 된다.
• 평정자 간 신뢰도는 평정자들 사이의 평정결과 유사정도를 나타내는 것으로 두 명 이상의 평가자가 필요하다.
• 내적일관성 방법은 검사에 구성되어 있는 문항들의 일관성 정도를 측정하는 것이며, 단일시행으로 신뢰도계수를 구할 수 있다.

17' 16회

62 K-WAIS-IV에 관한 설명으로 옳은 것을 모두 고른 것은?

> ㄱ. 10개의 핵심소검사와 5개의 보충소검사로 구성된다.
> ㄴ. 소검사들의 표준점수의 평균은 150이고, 표준편차는 50이다.
> ㄷ. 전체지능지수(FSIQ)의 범위가 70~79이면 '경계선'으로 분류한다.
> ㄹ. 동형찾기를 대체하는 보충소검사는 지우기이다.
> ㅁ. 일반능력지수(GAI)는 언어이해와 작업기억의 핵심소검사로 구성된 조합점수이다.

① ㄱ, ㄴ, ㄷ
❷ ㄱ, ㄷ, ㄹ
③ ㄴ, ㄷ, ㅁ
④ ㄴ, ㄹ, ㅁ
⑤ ㄱ, ㄷ, ㄹ, ㅁ

해설 ㄴ. 소검사들의 표준점수의 평균은 10, 표준편차는 3이다.
ㅁ. 일반능력지수(GAI)는 **언어이해 소검사**와 **지각추론 소검사**로 구성된 조합점수이다.

웩슬러 지능검사

- 웩슬러 지능검사는 소검사 간 점수들의 분산을 통해 각 소검사가 표상하는 인지적 특성을 추론할 수 있다.
- 소검사의 표준점수 평균은 10, 표준편차는 3이며, 지표별 IQ 및 전체 IQ는 평균 100, 표준편차 15이다.
- K-WISC-IV와 K-WAIS-IV는 규준참조검사이다.
- 아동용 웩슬러 지능검사(K-WISC-IV)
  - 실시 연령은 6세에서 16세 11개월이다.
  - 검사 시간 전 도구들을 아동의 눈에 띄지 않도록 한다.
  - 지능검사를 실시할 경우, 검사문항이나 실시 지시문을 변경하지 않아야 한다.
  - 검사 실시 중 오답을 한 경우라도 피드백을 진행하지 않아야 하며, 심리검사 기록용지 혹은 지침서를 아동이 보지 못하게 한다.
  - 문항의 실시 지침에 추가적 질문을 시행할 것이 명시되어 있지 않으면 추가적 탐문을 하지 않는다.
  - 3~6문항이 연속으로 0점일 경우 중지규칙을 적용한다.
  - 소검사

지 수		소검사 구성
언어이해 (VCI)	핵심검사	공통성, 어휘, 이해
	보충검사	상식, 단어추리
지각추론 (PRI)	핵심검사	토막짜기, 공통그림찾기, 행렬추리
	보충검사	빠진곳찾기
작업기억 (WMI)	핵심검사	숫자, 순차연결
	보충검사	산 수
처리속도 (PSI)	핵심검사	기호쓰기, 동형찾기
	보충검사	선 택

- 성인용 웩슬러 지능검사(K-WAIS-IV)
  - 16세 11개월 이후의 연령에 실시한다.
  - 검사중지규칙은 2~4개 문항이 연속 실패했을 경우 적용한다.
  - 소검사

지 수		소검사 구성
언어이해 (VCI)	핵심검사	공통성, 어휘, 상식
	보충검사	이 해
지각추론 (PRI)	핵심검사	토막짜기, 행렬추론, 퍼즐
	보충검사	빠진곳찾기, 무게비교
작업기억 (WMI)	핵심검사	숫자, 산수
	보충검사	순서화
처리속도 (PSI)	핵심검사	동형찾기, 기호쓰기
	보충검사	지우기

- 지능검사의 해석지침
  - 지능검사를 통해 사고로 인한 뇌손상과 인지능력 손상정도를 평가하여 해석할 수 있다.
  - 언어성 검사와 동작성 검사의 점수 간 비교를 통해 뇌손상이나 정신적 장애와 연관 가능성을 검토할 수 있다.
  - 언어성 지능이 동작성 지능보다 높은 경우 지적 활동은 높으나 낯선 상황에 대한 순발력이나 대응력은 낮다. 반면, 동작성 지능이 언어성 지능보다 높은 경우에는 낯선상황에 대한 순발력 및 대응력이 높다.
  - 전체지능, 언어성 지능, 동작성 지능에서 15점 이상의 차이가 나며, 소검사 간에 3점 이상의 차이가 났을 경우 통계적으로 유의한 것으로 본다.
  - 지능검사는 객관적인 검사로 해석 시 각 수검자의 과거 성장 배경, 현재 상황, 행동 특성 등을 고려한다.

63 지능을 일반요인 g(general factor)와 특수요인 s(special factor)로 구분한 학자는?

❶ 스피어만(C. Spearman)
② 써스톤(L. Thurstone)
③ 쏜다이크(E. Thorndike)
④ 케텔(R. Cattell)
⑤ 길포드(J. Guilford)

해설
① 스피어만(C. Spearman)은 다양한 지적 과제를 일반적으로 고루 해결할 수 있는 지능을 **일반요인 g**(general factor)라고 하였으며, 특정과제를 수행하는 데에만 사용되는 지능을 **특수요인 s**(special factor)라 하였다.
② 써스톤(L. Thurstone)은 지능이 여러 요인으로 구성되며, 인간의 지능에는 **7가지의 요인(기본정신능력)**이 있다고 주장하였다.
③ 쏜다이크(E. Thorndike)는 사람들과의 관계 속에서 현명하게 행동하는 **사회적 지능**을 처음 제시한 학자이다.
④ 케텔(R. Cattell)은 써스톤의 기본정신능력검사와 IPAT검사를 토대로 지능을 **유동성 지능과 결정적 지능**으로 구분하였다.
⑤ 길포드(J. Guilford)는 인간의 지능이 7가지 요인보다 훨씬 많은 요인들로 구성되어 있으며, **3가지의 필수적 차원**(내용, 정신적 조작, 산출)이 존재한다고 보았다. 이를 토대로 써스톤(L. Thurstone)의 지능요인들을 확장시켜 지능구조모형 SOI(Structure-Of-Intellect Model)를 만들었다.

64 삭스(J. Sacks)의 문장완성검사(SSCT)에서 자기개념 영역에 포함되지 않는 태도는?

① 죄의식(죄책감) ❷ 이성관계
③ 목표 ④ 두려움
⑤ 자신의 능력

해설
② 삭스(J. Sacks)는 문장완성검사(SSCT)를 크게 4영역(가족, 성, 대인관계, 자기개념)으로 분류하였다. 자기개념 영역에서는 <u>두려움, 죄의식(죄책감), 목표, 자신의 능력, 과거와 미래에 대한 태도</u>가 포함되며, <u>이성관계는 성 영역</u>에 포함된다.

💡 SSCT의 영역별 태도

영역	태도
가족	부모 및 가족에 대한 태도
성	이성, 결혼, 성 관계에 대한 태도
대인관계	친구, 지인, 직장동료, 직장상사에 관한 태도
자기개념	두려움, 죄의식, 목표, 자신의 능력, 과거와 미래에 대한 태도

65 K-WISC-IV 실시에 관한 설명으로 옳은 것을 모두 고른 것은?

ㄱ. 토막짜기 소검사에서는 수검자의 점수가 2문항 연속해서 0점이면 중지한다.
ㄴ. 숫자와 순차연결 소검사에서는 문항 반복을 허용하지 않는다.
ㄷ. 문항을 반복했을 때 기록용지에 R이라고 표기한다.
ㄹ. 동형찾기 소검사에서는 모든 연령의 시작점이 같다.

① ㄱ, ㄴ
② ㄱ, ㄹ
❸ ㄴ, ㄷ
④ ㄴ, ㄹ
⑤ ㄱ, ㄷ, ㄹ

해설
ㄱ. 토막짜기 소검사에서 수검자의 점수가 <u>3문항 연속해서 0점일</u> 경우 검사를 중지한다.
ㄹ. 동형찾기 소검사에서는 연령에 따라 검사문항의 <u>시작점이 다르다.</u>

66 심리검사의 실시에 관한 설명으로 옳은 것은?

① 지능검사의 경우 추가 질문을 해서는 안 된다.
② 검사 장소는 소음이 많은 곳으로 선정한다.
③ 검사 장소는 조명이 어두운 곳으로 선정한다.
❹ 표준화된 검사의 경우 표준화된 절차에 따른다.
⑤ 지능검사의 경우 수검자의 반응은 핵심단어를 중심으로 축약해서 기록한다.

해설
① 지능검사 시행 시 수검자의 대답이 명확하지 않을 경우에는 <u>추가 질문</u>을 하여 명확한 대답을 요구한다.
②·③ 검사 장소는 <u>조용하고 조명이 적당히 밝으며 외부의 간섭이 적은 곳</u>으로 선정한다.
⑤ 지능검사를 시행하면서 수검자의 반응은 <u>그대로 기록</u>하도록 한다.

67 정신상태평가(mental status examination)의 주요 항목에 해당하지 않는 것은?

① 기억
② 외모와 행동
③ 감정과 정서
④ 면담자에 대한 태도
❺ 가족력

해설
정신상태 평가의 주요항목에는 15가지의 영역이 있으며 <u>외모, 언어</u>, 운동 활동, <u>면담 시 상호작용, 사고, 기분과 정서, 지각, 행동, 기억</u>, 의식, 집중, <u>지남력</u>, 정보와 지능, 판단력, 통찰력이 해당된다.

68 투사적 검사에 관한 설명으로 옳은 것은?

① 벤더게슈탈트검사(BGT)에서 성인이 그린 도형A의 정상적인 위치는 용지의 정중앙이다.
② 주제통각검사(TAT) 카드는 성인 남성과 성인 여성으로만 구별된다.
❸ 동작성 가족화 검사(KFD)는 가족의 정서적인 관계를 살펴보는 데 유용하다.
④ 아동용 주제통각검사(CAT)의 카드 수는 주제통각검사(TAT)와 동일하다.
⑤ 벤더게슈탈트검사(BGT)는 8세 이하의 아동에게는 실시할 수 없다.

① 도형A가 용지 상부의 1/3 이내, 모서리 어떤 부분이든 상관없이 가장자리에서 2.5cm 이상 떨어진 경우 정상적인 위치라고 본다.
② 주제통각검사(TAT) 카드는 공용도판, 남자도판, 여자도판, 성인도판, 비성인도판, 성인남자도판, 성인여자도판, 소년도판, 소녀도판으로 구별된다.
④ 아동용 주제통각검사(CAT)는 9개의 표준판과 9개의 보충판으로 구성되어 카드는 총 18장이다. 반면, 주제통각검사(TAT)는 30장의 흑백 사진 카드와 1장의 백지카드로 구성되어 총 31장의 카드로 구성되어 있다.
⑤ 벤더게슈탈트검사(BGT)는 만 5세 이상의 아동 및 성인에게 실시할 수 있다.

69 엑스너(J. Exner)의 종합체계의 결정인에 관한 설명으로 옳지 않은 것은?

❶ 반점의 크기에 기초해서 거리감을 지각한 경우에는 Y로 채점한다.
② 형태를 사용한 경우에는 F로 채점한다.
③ 동물이 인간의 동작을 취하고 있는 경우에는 M으로 채점한다.
④ 유채색 결정인에는 C, CF, FC, Cn이 있다.
⑤ 쌍반응은 (2)로 채점한다.

① 반점의 크기나 모양에 기초하여 거리를 지각하면 FD로 채점한다.

💡 로르샤하(Rorschach) 검사의 결정인 기호
- F : 형태
- M : 운동
- C : 유채색
- C' : 무채색
- T : 음영 – 재질
- V : 음영 – 차원
- Y : 음영 – 확산
- FD : 형태차원
- (2) / rF, Fr : 쌍반응과 반사반응

70 MMPI-2의 척도에 관한 설명으로 옳은 것은?

❶ 재구성 임상척도는 모두 9개이다.
② TRIN척도는 내용이 유사하거나 상반되는 문항 쌍으로 구성된다.
③ K척도는 긍정왜곡 경향성을 탐지하는 보충척도이다.
④ DEP는 우울 증상을 측정하는 임상척도이다.
⑤ AGGR은 공격적인 성향을 측정하는 내용 척도이다.

② 내용이 서로 유사하거나 상반되는 문항 쌍으로 구성되는 척도는 VRIN척도이며, TRIN척도는 20개의 문항 쌍으로 되어 있고, 내용이 상반되는 문항 쌍으로만 구성되어 있다.
③ K척도는 정신장애를 가지고 있지만 프로파일상으로는 정상인으로 나타나는 사람들을 식별하기 위한 척도이다.
④ 우울 증상을 측정하는 임상척도는 D이며, DEP는 우울을 나타내는 내용척도에 해당한다.
⑤ AGGR은 공격적인 성향을 측정하는 PSY-5 척도이다.

71 집-나무-사람(HTP) 검사에 관한 설명으로 옳은 것은?

① 머레이(H. Murray)가 개발하였다.
❷ 집, 나무, 사람의 순서대로 그리도록 한다.
③ 모든 용지를 가로로 제시하여 수검자가 원하는 대로 사용하게 한다.
④ 문맹자에게는 실시할 수 없다.
⑤ 각 그림마다 시간제한을 두어야 한다.

해설
① HTP 검사는 존 벅(John Buck)에 의해 개발된 검사이다.
③ 집을 그릴 때는 용지를 가로로 제시하며, 나무와 사람을 그릴 때는 용지를 세로로 제시한다.
④ 집-나무-사람을 순차적으로 그린 후 내담자로 하여금 그 그림에 대해 자유롭게 얘기 하는 방식으로 진행되기 때문에 문맹자에게도 실시할 수 있다.
⑤ 그림을 그릴 때 시간제한을 두지 않는다.

72 홀랜드(J. Holland)의 진로탐색검사의 직업적 성격유형을 모두 고른 것은?

ㄱ. 통합적 유형
ㄴ. 탐구적 유형
ㄷ. 사회적 유형
ㄹ. 판단적 유형
ㅁ. 예술적 유형

① ㄱ, ㄴ
② ㄷ, ㄹ
③ ㄴ, ㄷ, ㄹ
❹ ㄴ, ㄷ, ㅁ
⑤ ㄱ, ㄷ, ㄹ, ㅁ

해설
홀랜드의 직업적 성격유형은 현실적 유형, 탐구적 유형, 예술적 유형, 사회적 유형, 진취적 유형, 관습적 유형 6가지로 구성되어 있다.

 홀랜드(J. Holland)의 진로탐색검사의 직업적 성격유형

유형	특 징
현실형 (Realistic)	솔직, 성실, 검소, 지구력 있음, 신체적으로 건강, 말이 적음, 고집이 셈, 직선적, 단순
탐구형 (Investigative)	논리적, 분석적, 합리적, 정확, 비판적, 내성적, 신중
예술형 (Artistic)	감수성·상상력 풍부, 자유분방, 개방적, 독창적, 개성 강함
사회형 (Social)	친절, 이해심 많음, 봉사 선호, 감정적, 이상주의적
진취형 (Enterprising)	지배적, 통솔력·지도력 있음, 설득적, 경쟁적, 외향적, 열성적
관습형 (Conventional)	원칙, 계획, 정리, 조직하는 일 선호, 체계적인 작업환경에서 사무적 능력 발휘, 창의적·모험적인 일 비선호

73 다음에 해당하는 MBTI의 지표는?

- 실제 경험을 중시하며, 현재에 초점을 맞추어 살아가고자 한다.
- 정확한 것을 좋아하고, 관찰 능력이 뛰어나며, 상세한 것까지 기억을 잘 하는 편이다.

① 내향성(Introversion)
❷ 감 각(Sensing)
③ 사 고(Thinking)
④ 현 실(Reality)
⑤ 감 정(Feeling)

해설
① 내향성(Introversion) : 내적 활동을 추구하는 편이며, 생각이 많고 말보다는 글로 표현하는 것을 더 편하다고 느낀다.
③ 사고(Thinking) : 판단하고 결정을 내릴 때 객관적인 사실에 집중하며 공정성 및 원칙과 규칙을 중요시한다.
⑤ 감정(Feeling) : 판단하고 결정을 내릴 때 인간적 관계 및 상황적 특성을 중점적으로 고려하며, 정서측면을 중요시한다.

MBTI 지표

지표	내 용
외향(E) -내향(I)	• 심리적 에너지 방향이 자신 내면에 향해 있는 것인지, 외부로 향해 있는 것인지를 나타내는 지표이다. • 외향성(Extraversion) : 주로 자신의 외부에 관심이 있고, 사교적이고 활동적인 편이다. 말로 표현하는 것과 자신을 드러내는 것을 좋아 한다. • 내향성(Introversion) : 내적 활동을 추구하는 편이며, 생각이 많고 말보다는 글로 표현하는 것을 더 편하다고 느낀다.
감각(S) -직관(N)	• 대상을 인식하고 지각하는 방식을 나타내는 지표이다. • 감각형(Sensing) : 실제 경험을 중시하며, 현재에 초점을 맞추어 살아가고자 한다. 정확한 것을 좋아하고, 관찰 능력이 뛰어나며, 상세한 것까지 기억을 잘 하는 편이다. • 직관형(Intuition) : 실제 경험보다는 육감에 의존하며, 가능성을 중요시하고 상세한 것 보다는 큰 그림을 보려는 경향이 있다. 대체로 창조적이고 상상력이 풍부하다.
사고(T) -감정(F)	• 수집한 정보를 토대로 판단 및 결정을 내릴 때 사고와 감정 중에 어느 것을 중점적으로 생각하는지 나타내는 지표이다. • 사고형(Thinking) : 판단하고 결정을 내릴 때 객관적인 사실에 집중하며 공정성 및 원칙과 규칙을 중요시한다. • 감정형(Feeling) : 판단하고 결정을 내릴 때 인간적 관계 및 상황적 특성을 중점적으로 고려하며, 정서측면을 중요시한다.
판단(J) -인식(P)	• 상황에 대처하는 방식에 있어서 판단과 인식 중 어느 쪽을 선호하는지 나타내는 지표이다. • 판단형(Judging) : 빠르게 합리적이고 옳은 결정을 내리려 하며, 체계적으로 행동하는 경향이 있다. • 인식형(Perceiving) : 사전에 계획이 있다고 하더라도 상황이 변함에 따라 계획을 유연성 있게 변화시킨다.

17' 16회 / 16' 15회 / 16' 14회 / 14' 12회

74 성격평가질문지(PAI)의 임상척도와 그 측정 내용이 옳지 않은 것은?

① ANT : 반사회적 성격장애의 특징과 불법적 행위에 관여한 경험
② ARD : 불안장애와 관련된 구체적인 임상 증상이나 행동
③ ALC : 알코올 남용 및 의존과 관련된 행동
❹ BOR : 원한과 앙심, 의심과 불신, 지나친 경계 행동
⑤ DRG : 약물 사용에 따른 문제와 약물의존적 행동

해설 ④ BOR은 **경계선적 특징**을 나타내는 척도로, 불안정한 대인관계, 충동성, 통제가 불가능한 분노 등을 나타내는 경계선적 성격장애의 특징에 관한 문항들로 구성되어 있다.

75 다음 사례에서 A양에게 MMPI-2를 실시했을 때 예상되는 결과가 아닌 것은?

> 21세인 A양은 약 2개월 전부터 불안과 걱정이 심해졌고, 강의실에서 무기력하게 엎드려 있는 경우가 많았다. 최근 상담실을 방문하여 "사는 것이 재미없고, 다 귀찮다. 차라리 죽고 싶다."고 울면서 심리적인 고통을 호소하며 상담사에게 도움을 요청하였다.

① 척도 2의 상승   ② F척도의 상승
❸ S척도의 상승   ④ ANX 척도의 상승
⑤ 척도 9의 하락

해설 ③ S척도는 자신을 좋게 과장하여 방어적으로 응답하는 **과장된 자기제시 척도**이다. 사례에서는 A양이 무기력해 하고 심리적 고통을 호소하고 있으므로 ① 척도 2(우울증 척도)의 상승, ② F척도(비전형 척도)의 상승, ④ ANX 척도(불안 척도)의 상승, ⑤ 척도 9(경조증 척도 ; 심리적 · 정신적 에너지 수준)의 하락이 예상된다.

4과목(필수) 상담이론

76 상담에서 윤리적 의사결정을 할 때 필요한 기본적인 윤리적 원칙을 순서대로 옳게 나열한 것은?

- ( ) : 내담자가 원하는 것을 선택하고 그것을 할 수 있는 권리를 인정하는 것
- ( ) : 내담자의 안녕과 복지를 증진시키는 것

① 공정성(justice), 선 의(beneficence)
② 자율성(autonomy), 공정성(justice)
③ 선 의(beneficence), 진실성(veracity)
④ 진실성(veracity), 자율성(autonomy)
❺ 자율성(autonomy), 선 의(beneficence)

해설
⑤ 자율성(autonomy)은 내담자의 자유로운 선택 및 행동 등 <u>개인의 권리가 존중</u>되어야 함을 의미한다. 선의(beneficence)는 내담자가 <u>사회에서 성장하고 발전</u>하도록 하며 내담자의 안녕과 복지를 증진시키는 것을 뜻한다.

16' 15회 / 16' 14회 / 14' 12회

77 상담에 관한 설명으로 옳은 것을 모두 고른 것은?

- ㄱ. 상담자, 내담자, 상담관계가 주요 요소이다.
- ㄴ. 상담자는 상담에 대한 전문적 훈련을 받은 사람이다.
- ㄷ. 상담은 내담자의 문제를 예방하고 해결하며 삶의 질을 향상시킨다.
- ㄹ. 상담자는 내담자의 변화를 위해 내담자 문제를 해결해 주는 주체이다.

① ㄱ, ㄹ ② ㄴ, ㄷ
❸ ㄱ, ㄴ, ㄷ ④ ㄴ, ㄷ, ㄹ
⑤ ㄱ, ㄴ, ㄷ, ㄹ

해설
ㄹ. 상담자는 내담자 문제를 주체적으로 해결해 주는 것이 아니라 내담자가 자신에 대한 이해를 높이고 내담자의 합리적이고 현실적인 행동 변화를 위해 <u>조력하는 역할</u>을 한다.

17' 16회 / 16' 15회 / 16' 14회 / 15' 13회 / 14' 12회

78 상담자가 기본적으로 갖추어야 하는 자질이 아닌 것은?

① 유 머
② 개방성
③ 유연성
❹ 유창성
⑤ 문화적 차이에 대한 민감성

해설
상담자가 갖추어야 하는 자질로 개방성, 유연성, 문화적 차이에 대한 민감성, 유머, 상담에 대한 전문성, 자기이해 및 성찰능력, 사회 정책에 대한 이해와 적용능력, 사회문화적 요인에 대한 이해, 개인의 발달적 특성을 고려한 내담자의 행동 이해 등이 있다. 유창성은 상담자가 갖추어야 하는 자질에 포함되지 않는다.

17' 16회 / 14' 12회

79 상담자의 윤리적 행동으로 옳은 것을 모두 고른 것은?

- ㄱ. 내담자와의 다중관계는 그 자체로 착취적이므로 한계를 명확히 하는 것이 좋다.
- ㄴ. 전문적으로 훈련받지 않은 영역에 대한 상담이라도 내담자와의 관계를 위해 상담을 계속 수행한다.
- ㄷ. 상담 중 내담자의 학교폭력 가해 사실을 알게 된 경우, 내담자에게 비밀보장 예외에 대한 설명을 하고 관련 기관에 신고해야 한다.

① ㄱ ❷ ㄷ
③ ㄱ, ㄷ ④ ㄴ, ㄷ
⑤ ㄱ, ㄴ, ㄷ

ㄱ. 객관성 및 전문적 판단에 영향을 미칠 수 있기 때문에 내담자와의 <u>다중 관계는 피해야 한다.</u> 상담에 영향을 줄 수 있는 관계에 있는 사람들은 다른 상담 전문가에게 의뢰하도록 한다.
ㄴ. 전문적으로 훈련을 받지 않은 영역이라 상담자가 전문적 한계를 느끼는 경우에는 <u>**다른 상담 전문가에게 상담을 의뢰**</u>해야 한다.

17' 16회 / 16' 15회 / 16' 14회 / 14' 12회

80 아들러(A. Adler) 개인심리학에 관한 설명으로 옳지 않은 것은?

① 범인류적 유대감(공동체감)을 중시한다.
② 인간을 전체적 존재로 본다.
❸ 증상의 원인을 찾는 데 초점을 둔다.
④ 사회 및 교육 문제에 관심을 갖는다.
⑤ 역경을 이겨 내는 능력을 발달시키기 위해 격려를 사용한다.

 ③ 아들러의 개인심리학에서는 내담자가 사회에서 타인들과 서로 상호작용하며 생활할 수 있는 생활양식으로 바꾸도록 <u>**재정향 혹은 재교육을 하는 데 초점**</u>을 맞춘다.

 개인심리학

- 인간을 분리하여 볼 수 없는 전체적 존재로 본다.
- 더 나은 세계를 만들기 위해 현재, 과거, 미래 인류와 갖는 유대감, 즉 공동체감(범인류적 유대감)을 중시한다.
- 내담자가 사회에서 타인들과 서로 상호작용하며 생활할 수 있는 생활양식으로 바꾸도록 재정향 혹은 재교육을 하는 데 초점을 맞춘다.
- 열등감과 완전함 추구 성향을 선천적인 것으로 보았다.
- 아들러의 개인심리학은 실존주의, 현실치료, 가족치료 등 상담이론에 영향을 주었으며, 사회와 교육문제에 대한 폭넓은 관심을 가진다.
- 인간은 성적 충동보다 사회적 관계에 의해 일차적으로 동기화된다.

- 역경을 이겨 내는 능력을 발달시키기 위해 격려를 사용한다.
- 핵심 신념과 가정은 행동에 영향을 미치며 삶의 사건들을 해석하고 의미를 부여한다.
- 출생순위와 가족 내의 위치는 심리적 특성과 대인관계 방식에 영향을 미친다.
- 공감과 상호존중을 특징으로 하는 사회적 관심은 정신건강의 핵심 지표이다.
- 개인심리학은 결정론 보다 목적론을 더 중시하며, 인간의 모든 행동은 목표를 지향한다고 본다.

14' 12회

81 정신분석에 관한 설명으로 옳지 않은 것은?

① 도덕적 불안은 초자아와 자아 사이의 갈등에서 발생한다.
❷ 수면 중에는 자아의 방어가 없기 때문에 잠재몽은 왜곡되지 않는다.
③ 원초아는 쾌락원리에 따라 작동하고 일차과정 사고를 한다.
④ 정신분석에서 치료자의 주된 과제 중 하나는 전이를 유도하고 해석하는 것이다.
⑤ 자유연상은 내담자의 마음에 떠오르는 모든 내용을 검열하지 않고 표현하게 하는 것이다.

 ② 잠재몽은 의식에서 수용되기 어려운 무의식적 소원이 형태가 바뀌어 나타난 것으로 압축, 치환, 상징화 등의 <u>**방어기제를 통해 왜곡·변형**</u>된다.

15' 13회

82 다음 사례에서 초등학생 민수에게 사용된 행동주의 상담기법은?

> 민수는 낮은 학업 성적으로 인해 학교 적응에 어려움을 겪고 있다. 상담자는 민수가 평소 컴퓨터 게임하는 것을 매우 좋아한다는 사실을 알았다. 상담자는 민수가 하루 계획한 학업량을 달성하는 경우, 컴퓨터 게임을 30분 동안 하도록 개입하였다.

① 자기교수훈련, 정적강화
❷ 프리맥의 원리, 정적강화
③ 체계적 둔감법, 자기교수훈련
④ 자극통제, 부적강화
⑤ 프리맥의 원리, 부적강화

해설 프리맥의 원리란 <u>선호도가 높은 행동이 선호도가 낮은 행동에 대해 강화력을 가진다</u>는 원리를 말한다. 민수가 하루 계획한 학업량을 달성하는 경우, 즉 선호도가 낮은 행동을 완수하는 경우에, 선호도가 높은 행동인 컴퓨터 게임을 30분 동안 할 수 있도록 보상을 주는 것이다. 또한 <u>행동에 대한 보수가 주어지기 때문에 정적강화</u>라 할 수 있다.

16' 15회 / 16' 14회

83 방어기제와 그 예로 옳은 것은?

① 주지화 : 사랑하는 사람을 사고로 잃은 사람이 그 죽음을 인정하지 않는다.
❷ 투사 : 아내를 미워하는 남편이 아내가 자신을 미워한다고 인식한다.
③ 합리화 : 직장상사에게 야단을 맞은 사람이 상사에게 대들지 못하고 부하 직원에게 짜증을 낸다.
④ 승화 : 실연을 당한 남자가 여성의 심리에 대한 지적인 분석을 하며 자신의 고통을 회피한다.
⑤ 반동형성 : 대소변을 잘 가리던 아이가 동생이 태어난 이후 대소변을 가리지 못하게 된다.

해설
② 투사는 자신의 감정을 다른 사람의 감정에 해당하는 것으로 여기는 것을 말하며 아내를 미워하는 남편이 아내가 자신을 미워한다고 생각하는 것은 투사의 예에 해당한다.
① <u>부인 또는 부정</u>의 예이며, 죽음을 인식하게 되는 경우 그 고통을 감당하기가 어렵기 때문에 무의식적으로 부정하는 경우이다.
③ <u>전위</u>에 해당하며, 전위는 어떤 대상에 대해 느낀 자신의 감정을 그 대상보다 약한 상대에게 표출하는 것이다.
④ <u>주지화</u>에 해당하는 사례이며, 심리적 고통을 피하기 위해 추론이나 분석 등의 지적 능력을 이용하는 것이다.
⑤ <u>퇴행</u>과 관련되며, 갈등과 불안으로 인해 미성숙한 단계로 되돌아가게 된다.

16' 14회

84 실존주의 상담의 인간관에 관한 설명으로 옳은 것을 모두 고른 것은?

> ㄱ. 인간은 자기인식 능력을 지닌 존재이다
> ㄴ. 개인은 그가 처한 객관적 상황 속에서 이해되어야 한다.
> ㄷ. 인간은 자신의 의사와 상관없이 이 세상에 우연히 던져진 존재이다.
> ㄹ. 인간이 처한 실존상황의 주된 네 가지 조건은 죽음, 고독, 자유, 희망이다.

❶ ㄱ, ㄷ
② ㄴ, ㄹ
③ ㄱ, ㄴ, ㄷ
④ ㄴ, ㄷ, ㄹ
⑤ ㄱ, ㄴ, ㄷ, ㄹ

해설
ㄴ. 개인은 그가 처한 <u>주관적 상황</u> 속에서 이해되어야 한다.
ㄹ. 인간이 처한 실존상황의 주된 네 가지 조건은 <u>죽음, 고독, 무의미, 자유</u>이다.

85 다음 사례에서 게슈탈트 이론의 접촉경계 혼란 현상은?

> 고등학생 A는 우울과 신체화 증상을 자주 호소한다. 이러한 증상은 학교에서 친구들과 갈등이 생길 때 더욱 심하게 경험하게 되는데, 특별히 자각하지 못한 채 자동적으로 일어난다고 하였다.

① 반전 ② 투사
③ 편향 ④ 융합
⑤ 내사

 해설

① **반전**은 **타인이나 환경에 하고 싶은 행동을 자신에게 하는 것**을 말하며, 반전현상이 일어나게 되면 외부로 나가는 에너지가 통제되기 때문에 우울감, 죄책감, 통증 등의 증상이 나타날 수 있다.
② 투사는 자신의 감정을 타인의 감정으로 여기는 것이다.
③ 편향은 자신이 감당하기 힘들 것이라 예상하는 환경과의 접촉을 피하거나 약화시키는 것을 말한다.
④ 융합은 서로 다른 두 사람이 동일한 가치와 태도를 가지고 있는 것처럼 여기는 것을 말한다.
⑤ 내사는 개인이 환경으로부터 요구를 선별하지 않고 무비판적으로 받아들이는 것이다.

17' 16회 / 15' 13회 / 14' 12회

86 인간중심 상담에 관한 설명으로 옳은 것을 모두 고른 것은?

> ㄱ. 현재 경험이 자기개념과 불일치할 때 불안을 경험하게 된다.
> ㄴ. 내적 경험을 무시하고 부모의 기준에 맞추는 것이 부적응의 원인이다.
> ㄷ. 자기실현 경향성은 자기를 보존, 유지, 향상시키고자 하는 후천적인 상위의 욕구다.
> ㄹ. 무조건적 사랑을 받은 아동은 자신의 특성을 선택적으로 수용한다.
> ㅁ. 상담자는 내담자의 감정, 사고, 행동에 대하여 평가를 하지 않는다.

① ㄱ, ㄴ
② ㄷ, ㄹ
❸ ㄱ, ㄴ, ㅁ
④ ㄷ, ㄹ, ㅁ
⑤ ㄱ, ㄴ, ㄷ, ㅁ

해설
ㄷ. 로저스(Rogers)는 자기실현 경향성을 후천적인 상위의 욕구가 아닌 **선천적인 성향**으로 보았다.
ㄹ. 부모로부터 **조건적 사랑을 받은 아동**이 자신을 있는 그대로 받아들이지 못하고 자신의 특성을 선택적으로 수용한다.

💡 인간중심 상담

분류	내용
기본 개념	충분히 기능하는 사람, 자기실현 경향성, 자기와 자기개념
관점	• 공감적 이해를 통해 오랫동안 감추고 있던 이야기를 내담자가 꺼낼 수 있도록 돕는 것을 중시한다. • 내담자가 비행행동을 하고 있음에도 불구하고 내담자 안에는 성장 동기가 있음을 신뢰한다. • 내담자에게 필요한 것은 무조건적이고 긍정적으로 수용해주는 것이라고 본다. • 내적 경험을 무시하고 부모의 기준에 맞추는 것이 부적응의 원인이라고 보며, 부모로부터 조건적 사랑을 받은 아동이 자신을 있는 그대로 받아들이지 못하고 자신의 특성을 선택적으로 수용한다고 본다. • 로저스(Rogers)는 자기실현 경향성을 후천적인 상위의 욕구가 아닌 선천적인 성향으로 보았다.
상담과정 및 기법	• 상담자는 내담자의 감정, 사고, 행동에 대하여 어떠한 평가도 하지 않는다. • 상담자는 내담자를 대신하여 상담에 관하여 결정하지 않는다. • 상담자는 내담자가 스스로 자신을 이해하고 수용하도록 분위기를 만든다. • 상담자는 공감적인 자세를 유지하고 자신의 내면세계를 적당히 노출한다. • 내담자는 '지금 여기'에서 느끼는 것을 표현하면서 자기의 감정에 솔직해지려는 노력을 하게 된다.
특징	• 현재경험이 자기개념과 불일치할 때 불안을 경험하게 된다. • 실현화 경향성은 자기를 보전, 유지하고 향상시키고자 하는 선천적 성향이다. • 가치의 조건화는 주요 타자로부터 긍정적 존중을 받기 위해 그들이 원하는 가치와 기준을 내면화하는 것이다. • 현상학적 장은 경험적 세계 또는 주관적 경험으로 특정 순간에 개인이 지각하고 경험하는 모든 것을 뜻한다.

87 다음 사례에서 합리정서행동상담(REBT)의 ABCDE 절차와 내용의 연결이 옳지 않은 것은?

> 늘 우수한 성적을 유지하던 지호는 최근 중간고사에서 평균 정도의 성적을 받은 후 심한 무력감을 호소하여 상담에 의뢰되었다.

① A – "중간고사에서 평균 점수를 받았어요."
② B – "평균이라니! 저는 정말 바보 멍청이에요."
③ C – "학교 다니기 싫어요. 전 망했어요."
❹ D – "중간고사에서 원하는 성적을 받지 못했다니 정말 속상하겠구나."
⑤ E – "한 번 시험을 망쳤다고 내가 바보라는 뜻은 아니죠. 이번 시험을 못 본 이유를 잘 살펴보고 다시 노력해 보겠어요."

해설
④ D(Dispute)는 내담자가 자신의 비합리적인 사고나 신념을 검토하도록 상담자가 촉구하는 것으로서 내담자가 가진 비합리적인 사고나 신념에 대해 **논리적으로 반박**하여 내담자가 **자기패배적 생각을 바꾸도록 하는 것**이다. 따라서 동감하는 것이 아니라 지호가 가지고 있는 생각에 대해 논박하는 문장이 들어가야 옳다.
① A(Activating Event)는 개인에게 정서적 혼란을 일으킨 선행사건을 말한다.
② B(Belief System)은 사건으로 인해 개인이 가지는 태도나 사고방식을 말하며, 비합리적 신념체계라 한다.
③ C(Consequence)는 선행사건에 대해 개인의 사고방식을 가지고 그 선행사건을 해석함으로써 느끼게 되는 감정의 결과이다.
⑤ E(Effect)는 논박 효과의 결과로서 내담자의 생각이 바뀌어 자기 수용적 태도 및 긍정적 감정을 보이는 결과를 말한다.

88 벡(A. Beck)의 인지치료에 관한 설명으로 옳은 것을 모두 고른 것은?

> ㄱ. 협동적 경험주의 관점을 따른다.
> ㄴ. 심리교육적 모델에 근거하고 있다.
> ㄷ. 내담자의 자가치료(self-treatment) 능력을 키우는 데 초점을 둔다.
> ㄹ. 1960년대에 정신분석과 행동치료로 잘 치료되지 않던 우울증에 대한 새로운 치료법으로 개발되었다.

① ㄱ, ㄹ
② ㄴ, ㄷ
③ ㄱ, ㄴ, ㄷ
④ ㄴ, ㄷ, ㄹ
❺ ㄱ, ㄴ, ㄷ, ㄹ

해설
ㄱ. 인지치료는 **치료자와 내담자의 협동적인 관계**를 중시하며, 함께 같은 목표를 향해서 협동적 작업을 하는 협동적 경험주의 관점을 따른다.
ㄴ·ㄷ. 인지치료는 내담자의 **자가치료 능력 발달에 초점**을 두어 스스로 자신의 문제를 해결할 수 있는 방법을 알려준다. 이러한 점에서 인지치료는 심리교육적 모델에 근거하고 있다.
ㄹ. 벡(A. Beck)의 인지치료는 1960년대 정신분석과 행동치료로 잘 치료되지 않았던 우울증에 대한 새로운 치료법으로 개발되었으며, 개인의 **주관적 경험과 이성적 판단**과 증상에 대한 객관적 평가를 중시하며 심리검사를 활용한다.

89 현실치료에 관한 설명으로 옳지 않은 것은?

① 내담자는 자신의 행동에 대해 선택권이 있다.
❷ 인간은 즐거움, 자유, 실현, 소속, 힘의 욕구를 가지고 태어난다.
③ 전행동은 행동하기, 생각하기, 느끼기, 생리적 반응으로 구성되어 있다.
④ 행동은 자신의 욕구를 충족시키기 위한 노력이다.
⑤ 계획은 간단하고, 실현가능하고, 즉각적이어야 한다.

해설 ② 현실치료에서 인간의 기본욕구로는 <u>생존, 사랑과 소속, 힘, 자유, 즐거움</u>에 대한 욕구가 있다.

현실치료

- 내담자는 기본적 욕구 충족을 위해 자신의 행동에 대해 선택권이 있으며, 행동은 자신의 욕구를 충족시키기 위한 노력이다.
- 현실치료의 목표는 내담자가 현재 행동을 평가하고 더 효과적인 행동을 할 수 있는 심리적 힘을 키우도록 돕는 것에 있다.
- 현실치료는 인간 행동의 대부분은 내적으로 동기화하여 선택한 것으로 보는 선택이론에 근거한다.
- 인간은 지각체계를 통해 실제세계를 인지하게 되는데, 감각체계에서 지식여과기와 가치여과기를 통과한 것만 인지하게 되고, 인지한 것은 지각세계에 전달된다.
- 행동체계는 행동 통제 기능의 만족스러운 결과 혹은 좋은 세계와의 괴리를 좁히기 위한 체계이며, 불균형이 심할 때 강한 좌절과 충동이 발생하게 된다.
- 전(全)행동은 욕구만족을 위한 활동이다. 행동하기, 생각하기, 느끼기, 생리적 반응으로 구성되어 있으며 '생각하기'에는 공상과 꿈이 포함된다.
- 내담자의 문제들은 대부분 불만족스러운 관계 혹은 관계 결여와 관련되어 있어 내담자의 인간관계 개선에 특히 관심을 가진다.
- WDEP 체계
  - W(Want) : 내담자가 자신의 좋은 세계(quality world)를 탐색하여 자신의 바람을 명료하게 밝히도록 돕는다.
  - D(Doing) : 내담자가 현재 어떤 행동을 하며 살아가고 있는지 현재행동에 초점을 두어 명확하게 인식하도록 돕는다.
  - E(Evaluate) : 선택행동에 대한 자기평가를 의미하며, 내담자의 전행동과 욕구나 바람과의 관계를 점검하여 생산적 행동과 비생산적 행동을 구분한다.
  - P(Plan) : 생산적 행동으로의 변화를 위한 계획수립을 돕는다. 계획은 간단하고, 실현가능하고, 즉각적이어야 한다.
- 치료기법
  - 내담자의 말과 행동이 일치하지 않는 것을 인식시켜서 자신의 말과 행동을 책임지게 하며, 내담자가 실행하지 못한 것에 대한 변명을 허용하지 않는다.
  - 현재의 행동에 초점을 두고 개인적인 책임을 강조한다.
  - 내담자와 유머를 나누면서 수평적인 관계를 재확인하고 편안한 분위기에서 솔직한 대화를 나눌 수 있다.
  - 내담자가 자주 사용하는 언어적 표현을 사용하여 내담자와 소통하는 것이 중요하다.
  - 내담자가 대인관계에 어려움을 겪고 있거나 새로운 행동을 실천하고자 할 때 역할연기를 활용한다.
  - 맞닥뜨림, 역설적 기법 등을 사용한다.

14' 12회

90 게슈탈트 상담의 치료 기법에 관한 설명으로 옳지 않은 것은?

❶ 내담자의 꿈에 대해 의미를 해석하고 지적 통찰에 이르도록 돕는다.
② 자신의 진정한 감정을 회피하는 내담자에게 진실을 그대로 받아들이도록 직면 기법을 사용한다.
③ 빈의자 기법은 내사된 가치관을 의식화함으로써 부인하고 있을지 모르는 자신의 어떤 측면에 접촉하도록 도와준다.
④ 거부하고 부인했던 자신의 성격의 측면들을 통합하고 수용하기 위해 내적 대화 기법을 사용한다.
⑤ 인격 기능의 두 측면인 상전과 하인의 갈등과 대립을 다룸으로써 통합에 이르게 한다.

해설 ① 꿈은 <u>내담자의 일부가 투사된 것</u>으로 보아 꿈에서 본 것은 '지금-여기'에서 일어나고 있는 것처럼 연기를 권유하며, 꿈과 동일시되도록 함으로써 나타나는 말과 행동 및 특정한 감정을 내담자에게 알려주어 내담자가 직면할 수 있도록 한다.

게슈탈트 치료

- 게슈탈트 상담의 중요한 목표는 알아차림과 접촉의 증가다.
- 게슈탈트 치료는 지금-여기의 경험을 강조하며, 내담자가 자신의 감각을 완전히 사용하고 신체언어와 접촉할 수 있도록 독려한다.
- 게슈탈트 상담기법으로는 '지금-여기'의 체험에 초점 맞추기, 직면, 역할 연기, 빈 의자 기법, 꿈 작업하기, 창조적 투사, 실험, 과장하기가 있다.

91 교류분석상담에 관한 설명으로 옳은 것은?

① 세 자아 상태 중 두 자아만 자극과 반응을 주고받는 것이 건강한 상태이다.
❷ 교류분석을 통해 부적절한 교차적 교류나 이면적 교류를 중단하도록 촉진한다.
③ 게임은 긍정적 스트로크를 주고받게 한다.
④ 각본은 최근 개인이 경험한 사건에 따라 결정된다.
⑤ 내담자의 삶의 입장을 자기긍정-타인부정의 입장으로 변화시킨다.

해설
① 자아(성격)는 부모자아, 어른 자아, 어린이 자아로 구성되어 있으며, **세 가지 자아가 균형**이 맞을 때 건강한 상태이다.
③ 게임은 겉으로 친밀한 것처럼 보이지만 결과적으로는 **불쾌한 라켓 감정을 유발**하는 이면교류를 말하는 것으로 긍정적 스트로크를 주고받게 한다고 볼 수 없다.
④ 각본은 어린 시절에 형성된 무의식적 인생계획으로 **부모, 문화, 사회적 환경**에 의해 형성된다.
⑤ 내담자의 삶의 입장을 **자기긍정-타인긍정**의 입장으로 변화시킨다.

교류분석상담
• 번(Berne)이 창시한 이론이다.
• 인간의 행동동기로서 심리적 욕구로 자극 욕구, 구조 욕구, 자세 욕구를 강조한다.
• 의사교류 자극에 대해 상대방의 지각과 반응에 따라 의사소통의 성질이 결정된다고 본다. 따라서 의사소통하는 각 개인의 세 가지 자아 상태 분석과 함께 구조분석, 의사교류분석, 게임분석, 생활각본분석을 통해 의사소통의 문제를 파악하고 의사소통의 질을 개선할 수 있는 구체적인 방법을 제시해 준다.

92 상담의 통합적 접근에 관한 설명으로 옳지 않은 것은?

① 여러 접근법에서 기법을 체계적으로 가져온 접근이다.
② 각 내담자의 독특한 욕구에 맞추기 위한 접근이다.
③ 통합적 입장을 취하는 상담자가 과거에 비해 증가하는 추세이다.
❹ 치료과정이 고도로 조직화된 접근이다.
⑤ 이론적 통합은 토대가 되는 치료이론들과 그 이론들의 기법을 통합하는 것이다.

해설
④ 몇 개의 이론이나 기술적 접근을 **통합하거나 절충한 것으로** 치료과정이 고도로 조직화된 접근이라고 보기는 어렵다.

상담의 통합적 접근(절충적 접근)
• 각 내담자의 독특한 욕구에 맞추기 위해 여러 접근법에서 기법을 체계적으로 가져온 접근이며, 실용주의(pragmatism)에 근거한다.
• 통합의 궁극적 목표는 치료의 효과와 유용성을 높이는 것이다.
• 모든 내담자들에게 효과적인 단일 접근법은 없다고 믿기 때문에 한 가지 상담이론에 얽매이지 않으며, 두 가지 이상의 상담이론과 기법을 사용하는 접근법이다.
• 동일한 내담자에 대해 서로 다른 이론의 기법 적용을 허용한다.
• 개별 내담자에게 최상의 심리치료가 어떤 것인지 알 수 없기 때문에 내담자에게 효과적인 상담방법을 탐색한다.
• 내담자의 발달수준에 따라 다양한 상담이론을 활용하는 데 유리하다.
• 이론적 통합은 토대가 되는 치료이론들과 그 이론들의 기법을 통합하는 것이다.
• 이론적 근거 없이 여러 상담이론의 기법을 단순히 조합하는 것으로는 절충적 상담의 장점을 발휘할 수 없다고 본다. 따라서 상담성과를 높이기 위해 특정 상담이론의 기법을 수정하기도 하고 다양한 이론적 접근들을 필요에 따라 선별적으로 적용한다.
• 통합적 입장을 취하는 상담자가 과거에 비해 증가하는 추세이다.

16' 14회 / 14' 12회

93. 여성주의 상담에 관한 설명으로 옳은 것을 모두 고른 것은?

ㄱ. 사회의 변화에도 관심을 가진다.
ㄴ. 사회적 성역할 기대가 개인의 정체성 형성에 많은 영향을 미친다고 본다.
ㄷ. 남녀를 이분법적으로 구분하지 않고 다양성을 인정하고 수용하도록 돕는다.
ㄹ. 남녀의 행동 차이는 사회화 과정보다는 선천적인 것에 기인하는 것이 더 크다고 본다.

① ㄱ, ㄴ
② ㄷ, ㄹ
❸ ㄱ, ㄴ, ㄷ
④ ㄴ, ㄷ, ㄹ
⑤ ㄱ, ㄴ, ㄷ, ㄹ

해설
ㄹ. 남녀의 행동차이는 선천적인 것에 기인하기보다는 **사회화 과정**에 의한 것으로 본다.

💡 여성주의상담
- 남녀를 이분법적으로 구분하지 않고 다양성을 인정하고 수용하도록 돕는다.
- 내담자들의 문제는 개인적 특성보다 사회정치적 환경에 의해 더 잘 유발된다.
- 내담자의 개인적 변화뿐 아니라 사회의 변화에도 관심을 갖는다.
- 사회적 성역할 기대가 개인의 정체성 형성에 많은 영향을 미친다고 본다.
- 남여의 행동 차이는 선천적이기보다 사회화에 의한 것이다.
- 상담의 원리는 계층, 인종 등에 확대 적용할 수 있다.
- 치료의 핵심은 권력에 대한 관심이며, 내담자와 상담자는 평등한 치료적 관계를 유지한다.

94. 다음은 어떤 상담접근의 목표인가?

상담자는 내담자가 스스로 삶의 의미와 목적을 발견하고, 삶을 주체적으로 선택하고 책임지도록 돕는다.

① 인간중심 상담
② 개인심리학적 접근
③ 게슈탈트 상담
④ 인지치료
❺ 실존주의 상담

해설
① 인간중심 상담은 내담자의 **왜곡된 자기개념을 수정**하고 자기존중을 회복하도록 돕는 것을 목표로 한다.
② 개인심리학적 접근의 목표는 생활양식 속에서의 **그릇된 목표나 신념을 바로 잡아주는 것**이다.
③ 게슈탈트 상담은 '**지금-여기**'의 자신을 자각하게 하여 문제해결을 돕는다.
④ 인지치료는 내담자의 **자동적 사고 및 부적절한 사고를 수정**하여 새로운 사고를 세우는 데 도움을 준다.

16' 15회 / 15' 13회 / 14' 12회

95. 합리정서행동상담(REBT)에 관한 설명으로 옳은 것은?

① 동물실험에서 얻은 결과를 인간에게 적용하였다.
② 인간은 가상적인 최종목표를 추구하는 존재로 보았다.
❸ 인간은 선천적으로 합리적이면서도 비합리적이라고 보았다.
④ 우울한 사람들이 부정적인 생각을 갖는 세 가지 주제, 인지삼제를 개념화하였다.
⑤ 다양한 정신장애의 원인을 실존적 불안을 다루는 방식에서 찾았다.

해설
각각 ① 행동주의, ② 개인심리 상담, ④ 인지치료 상담, ⑤ 실존주의 상담에 관한 설명이다.

💡 합리정서행동상담(REBT)
- 인간은 선천적으로 합리적이면서도 비합리적이라고 보았다.
- 과거 사건보다는 현재 경험에 초점을 두며, 자동적인 사고 및 부적절한 사고를 수정하여 새로운 사고를 세우는 것을 목표로 한다.
- 신념의 합리성 기준은 개인의 삶을 이롭게 하는 것이 된다.
- 내담자의 신념을 정서와 행동의 원인으로 본다.
- 단기치료 모델을 지향하며, 치료과정은 ABCDE 모형으로 설명할 수 있다.
- 비합리적 사고는 경험적인 현실과 일치하지 않는다.
- 삶에 대해 현실적이고 관대한 철학을 갖도록 돕는다.

96 상담과정에 관한 설명으로 옳은 것은?

① 해석은 상담의 필수요소이다.
② 직면은 상담의 어느 시기라도 할 수 있다.
❸ 요약은 내담자의 산만한 생각과 감정을 정리해볼 기회를 갖게 한다.
④ 저항은 상담과정에서 일어나지 않도록 해야 한다.
⑤ 상담 중 침묵에 대해서는 직접 다루지 않는 것이 좋다.

해설
① 해석은 내담자의 경험이나 행동의 의미에 대해 상담자가 설명해 주는 것으로서, 상담의 필수요소는 아니다. 다만, 해석을 시행할 때에는 시기를 잘 파악하여 <u>신중하게 사용</u>되어야 한다.
② 직면은 상담에서 <u>내담자가 감정을 감당할 수 있을 때 사용</u>하도록 한다.
④ 저항은 내담자의 억압된 감정들이 각성되는 경우 불안감을 견디기 어려워 나타나는 방어기제로서 상담자는 이를 <u>자연스럽게 받아들이도록 한다.</u>
⑤ 상담 중 침묵이 저항으로 일어난 경우에 상담자는 내담자의 <u>숨은 감정을 언급하고 직접적으로 다루도록 하며</u>, 내담자가 무슨 말을 해야 할지 모르는 경우에는 <u>침묵을 깨어 내담자를 도와주도록 한다.</u>

97 직면에 관한 설명으로 옳지 않은 것은?

① 신념과 행동의 불일치를 깨닫게 해 준다.
② 자신의 현실을 되돌아보게 한다.
③ 모순되는 행동을 직시하여 새로운 조망을 갖도록 돕는다.
④ 내담자의 건설적인 변화를 위해 새로운 내·외적 행동의 발달을 촉진한다.
❺ 내담자의 행동들 간의 관계, 행동의 의미, 동기에 대해 설명해 준다.

해설
⑤ 내담자의 행동들 간의 관계, 행동의 의미, 동기에 대해 설명해 주는 것은 <u>해석</u>이다.

 직 면

- 문제해결에 방해되는 신념과 행동의 불일치에 초점을 맞춘다.
- 자신의 현실을 돌아보게 하며, 모순되는 행동을 직시하여 새로운 조망을 가지게 한다.
- 때로는 유머를 사용해서 부드럽게 직면하게 할 수 있으며, 내담자가 정서적으로 감당할 수 있을 때 제공하는 것이 좋다.
- 내담자가 습관적으로 사용하는 방어기제도 직면의 대상이 될 수 있다.
- 내담자의 건설적인 변화를 위해 새로운 내·외적 행동의 발달을 촉진한다.

98 상담 과정 중 초기단계에 해당하는 것을 모두 고른 것은?

ㄱ. 내담자의 호소문제를 탐색한다.
ㄴ. 내담자와 상담관계를 형성한다.
ㄷ. 내담자 호소문제의 해결정도를 평가한다.
ㄹ. 내담자의 상담에 대한 기대를 탐색한다.
ㅁ. 내담자가 상담을 통한 자신의 변화를 인식하도록 촉진한다.

① ㄱ, ㅁ
❷ ㄱ, ㄴ, ㄹ
③ ㄴ, ㄷ, ㄹ
④ ㄱ, ㄴ, ㄷ, ㅁ
⑤ ㄱ, ㄴ, ㄷ, ㄹ, ㅁ

해설
상담과정의 초기단계에서는 내담자의 호소문제를 탐색하고 상담을 구조화하며, 최근의 주요 기능 상태, 문제 이해 및 평가, 우호적 분위기 조성이 이루어져야 한다.
ㄷ. 내담자 호소문제의 해결정도를 평가하는 것은 상담 <u>종결시기를 결정할 때</u> 고려해야 할 사항이다.
ㅁ. 내담자가 상담을 통한 자신의 변화를 인식하도록 촉진하는 것은 <u>상담의 중기단계</u>에 해당한다.

99 다문화 상담 역량을 갖춘 상담자의 자질로 옳은 것을 모두 고른 것은?

> ㄱ. 다른 문화적 배경을 가진 내담자가 자신의 영적 멘토에게 자문을 구하지 않도록 한다.
> ㄴ. 내담자의 문화적 배경에 대해 구체적인 정보와 지식을 학습한다.
> ㄷ. 다문화적 관점을 발전시키기 위해 일상에서 소수자들을 접할 기회를 갖는다.
> ㄹ. 자신의 가치관과 편견이 다른 문화권의 내담자를 상담할 때 방해가 될 수 있음을 안다.

① ㄱ, ㄴ
② ㄴ, ㄷ
③ ㄷ, ㄹ
❹ ㄴ, ㄷ, ㄹ
⑤ ㄱ, ㄴ, ㄷ, ㄹ

해설
ㄱ. 다른 문화적 배경을 가진 내담자는 자신의 영적 멘토에게 자문을 구하도록 하여 <u>정서적 지원</u>을 받을 수 있도록 한다.

100 상담이론과 기법이 옳게 짝지어진 것은?

① 개인심리학 - 혐오기법
❷ 인지치료 - 역기능적 신념 수정
③ 정신분석 - 빈 의자 기법
④ 게슈탈트 상담 - 자유연상
⑤ 해결중심 상담 - 자동적 사고 수정

해설
① 혐오기법은 <u>행동주의</u> 상담이론에서 사용하는 기법이다.
③ 빈 의자 기법은 <u>게슈탈트</u> 상담이론에 해당되는 내용이다.
④ 자유연상기법은 <u>정신분석</u>상담에 해당된다.
⑤ 자동적 사고 수정은 <u>인지치료</u>의 목적에 해당한다.

2018년 제17회 기출문제해설

2교시 B형 | 시험시간 : 총 50분

1과목(필수) 학습이론

01 밀러와 달라드(N. Miller & J. Dollard)의 관찰학습에 관한 내용으로 옳지 않은 것은?

❶ 지연 모델링(delayed modeling)
② 일반화된 모방(generalized imitation)
③ 맞춤 의존적 행동(matched-dependent behavior)
④ 동일 행동(same behavior)
⑤ 모사 행동(copying behavior)

해설
① 지연 모델링(delayed modeling)은 유아가 어떤 행동을 보고 시간이 지난 후에 따라하는 것을 말하며, **피아제(Piajet)**가 아동의 발달에서 제시한 개념이다.

17' 16회 / 14' 12회

02 자기조절(self-regulation)에 관한 정보처리이론적 관점의 설명으로 옳은 것을 모두 고른 것은?

ㄱ. 메타인지적 인식을 강조한다.
ㄴ. 개인적, 행동적, 환경적 요인들 간의 역동적 관계를 강조한다.
ㄷ. 타인과의 상호작용을 통한 자기성찰(self-reflection)을 강조한다.
ㄹ. 시연, 정교화, 조직화와 같은 학습전략을 강조한다.

① ㄹ　　② ㄱ, ㄷ
❸ ㄱ, ㄹ　　④ ㄴ, ㄷ
⑤ ㄱ, ㄴ, ㄹ

해설
자기조절은 자신의 행동을 수정하거나 환경을 변화시켜 자신의 목표와 합치시키는 심적 및 행동적 과정이다. 정보처리이론적 관점은 사람의 인지과정을 컴퓨터의 정보처리 과정과 같이 설명하려 하는 것이다. 이러한 점에서 **자신의 학습과 인지과정을 조절하고 과제 수행에 어려움이 있을 때 자신의 전략을 점검**하는 메타인지는 정보처리이론적 관점이라 할 수 있다. ㄱ, ㄹ은 정보처리이론의 관점에서의 자기조절에 관한 설명인 반면 ㄴ과 ㄷ은 **사회인지 학습이론적** 관점이다.

03 다음 사례에 해당하는 장기기억의 유형은?

지난주 토요일 오전, 동네 카페에 커피를 마시러 갔고 점원과 그날 날씨에 대해 이야기 나눈 것을 기억한다.

① 절차기억
② 재인기억
③ 의미기억
❹ 일화기억
⑤ 미래기억

해설
④ 일화기억은 **공간·시간적 맥락과 함께 구체적인 사건**에 대한 기억이다.
① 절차기억은 기술이나 조작에 관해 어렸을 때의 경험 혹은 오랜 숙련을 통해 형성된 기억이다.
② 재인기억은 주어진 정보를 통해 기존에 학습 했던 정보와 일치하는지 여부를 확인하는 기억이다.
③ 의미기억은 세상에 대해 조직화된 지식으로 일화기억에 지속적인 영향을 미친다.
⑤ 미래기억이란 미래에 수행해야 할 것을 기억하는 것이다.

04 다음 사례에서 반두라(A. Bandura)의 관찰학습에 영향을 주는 하위과정을 바르게 연결한 것은?

> 경수는 기차역 대합실 TV에서 프로 테니스 선수가 백핸드를 완벽하게 구사하는 것을 보고(A), '아! 저렇게 팔목을 구부리지 않아야 하는구나'라고 혼잣말을 하며 마음속으로 그 동작을 모방하였다(B).

❶ A : 주의과정, B : 파지과정
② A : 동기과정, B : 파지과정
③ A : 운동재현과정, B : 주의과정
④ A : 동기과정, B : 운동재현과정
⑤ A : 운동재현과정, B : 파지과정

해설 ① 사례에서 테니스 선수의 동작을 보는 것은 해당 모델을 지각하는 과정인 **주의과정**에 해당하며, 마음속으로 동작을 모방하는 것은 기억속에 저장하는 과정으로 **파지과정**에 해당한다. 파지과정에서는 인지적 조직화, 인지적 시연, 상징적 부호화, 시연의 활성 등이 발생한다.

💡 반두라(A. Bandura)의 관찰학습
- 학습과 수행을 구별하며, 인간은 대리적 강화를 통해 학습할 수 있다고 본다.
- 다른 사람의 행동관찰을 통해서 새로운 행동을 학습할 수 있다.
- 행동, 환경, 개인이 서로 양방향적 영향을 미치는 상호작용적 결정론(reciprocal determinism)을 전제한다.
- 정보를 전달하는 것이면 어떤 것도 모델이 되며, 모델은 반드시 실제 인물이 아니라도 효과가 있다.
- 학습이 이루어지기 위해서는 모델의 행동을 기억해야 한다.
- 모델의 매력도는 관찰학습에 영향을 미치며, 모델의 신뢰성(credibility)은 관찰학습에 도움을 준다.
- 관찰한 것을 반드시 모방하게 되는 것은 아니다.
- 관찰학습은 학습능력을 요구한다.
- 관찰학습과정
  - 주의과정 : 모델을 시각하는 과정이다.
  - 파지과정 : 속으로 모방하며 기억에 저장하는 과정이다.
  - 생산과정 : 기억에 저장했던 모델 행동을 적절한 행동으로 전환하는 과정이다.
  - 동기화과정 : 행동에 영향을 주는 강화조건에 따라 모델 행동이 수행되는 과정으로 자기효능감은 동기화의 중요한 변수이다.

05 장기기억의 인출 사례로 옳지 않은 것은?
① 작년 여름에 갔던 한라산 백록담을 보았을 때의 모습을 마음에 그려본다.
② 어제 봤던 사건 뉴스의 내용을 떠올린다.
③ 어린 시절에 즐겨 들었던 노래를 마음속으로 되풀이한다.
④ 지난주에 읽었던 수필의 전반적 줄거리를 회상한다.
❺ 처음 듣는 영어단어의 발음을 들은 직후 마음속으로 그 소리를 시연한다.

해설 ⑤ 처음 듣는 영어 단어의 발음을 듣고 마음속으로 그 소리를 시연하는 것은 **단기기억이 손실되는 것을 막기 위한 과정**이며, 장기기억으로의 인출과는 관련이 없다.

06 기억에 관한 설명으로 옳은 것을 모두 고른 것은?

> ㄱ. 과잉학습(overlearning)의 양이 많을수록 기억하기 쉽다.
> ㄴ. 학습한 맥락과 상이한 맥락에서 회상할 때 기억하기 쉽다.
> ㄷ. 기억향상을 위한 청킹(chunking)은 감각기억에서 시작된다.
> ㄹ. 최신효과는 기억 목록 첫 부분의 항목이 많이 회상되는 것이다.

❶ ㄱ
② ㄷ
③ ㄱ, ㄷ
④ ㄱ, ㄹ
⑤ ㄴ, ㄷ

해설 ㄴ. 학습한 맥락과 연결되거나 **비슷한 맥락**에서 회상할 때 기억하기가 쉽다.
ㄷ. 청킹(chunking)은 **단기기억**으로부터 시작되며, 분리되어 있는 기억 항목들을 의미 있는 단위로 조합하는 것을 말한다.
ㄹ. 최신효과는 **가장 나중의 기억**이 제일 많이 기억에 남는 것을 말한다. 처음의 기억이 많이 회상되는 것은 **초두효과**이다.

07 다음 A양의 심리상태를 설명한 개념으로 옳은 것은?

전학을 간 초등학교 5학년 A양은 낯선 환경 탓에 제대로 적응하지 못할 것 같아 고민이 많았다. 하지만, 옆자리 학생이 이전 학교의 단짝 친구와 닮아서 마음이 훨씬 편해졌다.

① 증진적 조건화(incremental conditioning)
② 조작적 조건화(operant conditioning)
③ 자연적 조건화(natural conditioning)
④ 도구적 조건화(instrumental conditioning)
❺ 반응적 조건화(respondent conditioning)

[해설] ⑤ 사례에서 A양은 낯선 학교에서 이전 학교의 단짝 친구를 닮은 옆자리 학생으로 인해 마음이 편해진 것으로 보아 A양은 주어진 환경에 수동적으로 반응한 것으로 볼 수 있으므로 **반응적 조건화**에 해당한다. 반응적 조건화는 **고전적 조건화**라고 불리기도 한다.

16' 15회

08 톨만(E. Tolman)의 학습이론에 관한 설명으로 옳지 않은 것은?

① 유기체의 행동은 목표지향적이다.
② 학습은 강화와 독립적으로 일어난다.
③ 유기체는 강화 기대를 학습한다.
❹ 유전의 역할을 고려하지 않았다.
⑤ 유기체는 잠재적 학습을 한다.

[해설] ④ 톨만은 **유전, 연령, 훈련 등의 영향**으로 학습에 **개인차**가 있다는 것을 인정하였다.

16' 15회 / 16' 14회 / 14' 12회

09 반두라(A. Bandura)의 관찰학습에 관한 설명으로 옳은 것을 모두 고른 것은?

ㄱ. 모방은 관찰학습의 필요조건이다.
ㄴ. 정보를 전달하는 것이면 어떠한 것이라도 모델이 될 수 있다.
ㄷ. 관찰학습은 학습능력을 요구한다.
ㄹ. 관찰학습은 조작적 조건화와 동일하다.

① ㄱ, ㄴ　　❷ ㄴ, ㄷ
③ ㄷ, ㄹ　　④ ㄱ, ㄷ, ㄹ
⑤ ㄴ, ㄷ, ㄹ

[해설] ㄱ. 관찰학습은 타인의 행동을 관찰하고 모방하여 학습이 가능하다는 이론으로, 모방은 관찰학습의 **충분조건**이 된다.
ㄹ. 조작적 조건화는 특정 행동을 유도시키기 위해 보상과 강화를 제공하지만, 관찰학습은 타인의 행동을 보고 학습하는 것이므로 동일하지 않다.

17' 16회 / 16' 15회 / 16' 14회 / 15' 13회

10 학습심리에 대한 학자별 이론적 주장의 연결이 옳지 않은 것은?

① 헵(D. Hebb) - 인간에게는 최적 각성 수준이 존재한다.
② 쏜다이크(E. Thorndike) - 학습은 점진적으로 이루어진다.
❸ 헐(C. Hull) - 문제해결과정에는 대리적 시행착오가 존재한다.
④ 반두라(A. Bandura) - 인간은 행동을 할 때 자기조절적 특성을 지니고 있다.
⑤ 거스리(E. Guthrie) - 행동 동반 자극들의 연합이 반복되면 그 행동은 추후 유사 상황에서 이어지는 경향이 있다.

③ 톨만(E. Tolman)의 잠재학습에서는 문제해결과정에 대리적 시행착오가 존재한다고 보며, 헐(C. Hull)은 인간이 내적인 욕구를 감소시키는 방향으로 행동한다고 주장하였다.

학습심리학자

- 분트(W. Wundt) : 사고의 기본 구성요소를 밝히고자 내성법(introspection)을 사용하였다.
- 쏜다이크(E. Thorndike) : 유기체가 행동 후 만족스런 상태를 경험하면 그 행동이 강화된다는 효과의 법칙을 제안하였으며, 학습은 점진적으로 이루어진다고 주장하였다.
- 에빙하우스(H. Ebbinghaus) : 학습이 연합 경험의 횟수로 결정된다는 가정하에 망각곡선을 연구하였다.
- 제임스(W. James) : 인간의 의식과정이 총체로서 환경적응에 관여한다는 기능주의적 입장을 취했다.
- 헵(D. Hebb) : 인간에게는 최적 각성 수준이 존재한다.
- 반두라(A. Bandura) : 인간은 행동을 할 때 자기조절적 특성을 지니고 있다.
- 거스리(E. Guthrie) : 행동 동반 자극들의 연합이 반복되면 그 행동은 추후 유사 상황에서 이어지는 경향이 있다.
- 왓슨(J. Watson)과 손다이크(E. Thorndike)는 행동주의적 관점을 채택하였으며, 브루너(J. Bruner)와 레빈(K. Lewin)은 인지적 관점을 채택하였다.
- 쏜다이크(E. Thorndike), 스키너(B. Skinner), 헐(C. Hull)은 행동주의 학파이며, 공통적으로 기능주의의 영향을 받아 기능주의 관점을 채택하였다고도 할 수 있다.

16' 14회

11 조건형성이론에 관한 설명으로 옳은 것은?

① 후진적 조건화에서 무조건자극은 나중에 제공된다.
❷ 고차적 조건화는 고전적 조건화의 한 형태이다.
③ 상금은 일차적 강화물에 해당된다.
④ 부적 강화는 특정 행동의 감소를 목적으로 한다.
⑤ 연속강화계획은 소거로부터의 저항이 가장 큰 강화계획이다.

해설
① 후진적 조건화에서 무조건 자극이 우선적으로 제공된 후, 조건자극이 제공된다.
③ 상금은 이차적 강화물에 해당된다.
④ 부적 강화는 특정행동을 했을 때 부정적 요인을 감소시켜 주어 특정 행동의 빈도를 높여주는 방법이다.
⑤ 소거로부터의 저항이 가장 큰 강화계획은 비율강화계획 중 변동비율계획(예 : 도박)이다.

12 내성법(introspection)을 통하여 인간의식의 기본요소를 분석하고 확인하는 데 목적을 둔 심리학파는?

① 기본주의(fundamentalism)
❷ 구조주의(structuralism)
③ 기능주의(functionalism)
④ 행동주의(behaviorism)
⑤ 인지주의(cognitivism)

② 구조주의는 심리적 상태를 스스로 관찰한 자료를 토대로 분석하는 방법인 내성법 혹은 자기성찰법을 이용하여 의식의 기본요소를 발견해 내는 데 목적이 있다.
① 기본주의는 근본주의라고도 하며, 성서의 내용을 진리로 여기고 그대로 따르려고 하는 입장이다.
③ 기능주의는 심리과정의 기능에 중점을 둔 것이며, 환경 적응에 있어서 개인의 정신, 지성, 행동의 역할에 관심을 가진다.
④ 행동주의는 인간의 의식이 아닌 외적·반응적인 객관적 행동에 중점을 둔다.
⑤ 인지주의는 인간을 사고하는 존재로 바라보며, 사고과정과 인지과정에 초점을 둔다.

13 다음 A군의 심리를 설명하는 개념으로 옳은 것은?

> 시험불안이 높은 A군은 시험 전 선생님이 시험지가 담긴 황색 봉투를 교탁 위에 '툭' 내려놓는 소리에 소스라치게 놀랐다. 이것이 반복되면서 A군에게 있어서 시험 전 황색 봉투와 이것이 내는 소리는 두려움의 대상이다. 이후 A군은 시험시간이 아님에도 불구하고 선생님이 출석부를 교탁 위에 '툭' 내려놓는 소리에 깜짝 놀란다.

① 의미 조건형성(semantic conditioning)
② 차별적 강화(differential reinforcement)
❸ 감각 전조건형성(sensory preconditioning)
④ 내수용기 조건형성(interoceptive conditioning)
⑤ 조작적 조건형성(operant conditioning)

해설 ③ 감각 전조건형성은 두 개의 중성자극이 우선적으로 짝지어진 후 그 중 한가지의 중성자극이 무조건 자극과 짝을 이룬 후 연관이 없던 다른 중성자극이 일어나면 먼저 짝을 이루었던 조건반응이 일어나는 것이다. 사례에서 A군은 기존에 시험 전 황색 봉투를 내려놓는 소리에 대한 두려움이 있었고 시험과 상관없는 시간에 출석부를 내려놓는 소리에 대해 조건반응이 일어나는 것은 감각 전조건형성에 의한 것이라고 할 수 있다.

14 학습에 관한 설명으로 옳은 것은?

❶ 학습과 수행은 구분되어야 한다.
② 학습은 과정이 아니라 결과이다.
③ 성숙에 의한 변화도 학습에 포함된다.
④ 정서적 변화는 학습의 범주에 포함되지 않는다.
⑤ 일시적 행동의 변화는 학습의 범주에 포함된다.

해설 ② 학습은 강화된 훈련의 결과로 나타나는 행동 잠재력의 비교적 영속적인 변화의 과정이다.
③ 성숙에 의한 변화는 학습이 아니다.
④ 학습에는 가치, 태도, 정서반응의 습득도 포함된다.
⑤ 학습은 변화된 행동이 비교적 지속되어야 함을 전제로 하며, 행동의 변화는 경험이나 연습을 통해 얻어진다.

15 다음 사례를 설명하는 개념으로 옳은 것은?

> 운동선수가 해외 원정경기를 할 때 자국의 응원단이 많거나 운동장 환경이 비슷하면 경기력이 높아진다. 자국에서 경기할 때와 유사한 환경으로 인하여 긴장이 줄어 자신의 실력을 제대로 발휘할 수 있기 때문이다.

① 조 형
② 변 별
③ 일차적 강화
④ 자발적 회복
❺ 일반화

해설 ⑤ 사례에서 운동선수가 해외 원정경기를 나갔을 때 자국의 경기환경과 비슷할 경우 경기력이 올라간다는 것은 조건형성의 효과가 유사한 자극에도 비슷한 효과를 내는 것이며, 이것을 일반화라고 한다.

16 자기가치(self-worth)와 관련된 내용으로 옳지 않은 것은?

① 불가능한 목표설정은 자기손상(self-handicapping) 전략의 예로 자기가치 보호가 목적이다.
❷ 자기가치는 자신에 대한 구체적인 인지적 평가이다.
③ 숙달목표지향성보다 수행목표지향성이 높은 학생들은 자기손상전략을 사용하는 경우가 많다.
④ 자기효능감의 수준은 과제 영역에 따라 다를 수 있다.
⑤ 자기효능감은 자신의 능력에 대한 스스로의 판단을 나타낸다.

해설 ② 자기가치는 자신을 가치 있는 존재로 인식하는 것으로 자신에 대한 전체적인 평가를 의미한다.

17 인간 뇌 기능에 관한 설명 중 옳은 것을 모두 고른 것은?

> ㄱ. 전두엽은 추론, 계획세우기 등의 고차원적 사고 과정을 조절한다.
> ㄴ. 브로카 영역은 언어 이해에 중요한 기능을 담당하며, 뇌의 좌측 측두엽에 위치한다.
> ㄷ. 두정엽은 온도와 통증 등 체감각을 처리한다.
> ㄹ. 편도체는 시각정보의 해석과 기억을 주로 담당한다.
> ㅁ. 후두엽은 정서와 관련된 기억에 관여한다.

① ㄱ, ㄴ　　　❷ ㄱ, ㄷ
③ ㄱ, ㄹ, ㅁ　④ ㄴ, ㄷ, ㄹ
⑤ ㄴ, ㄷ, ㅁ

해설
ㄴ. 브로카 영역은 **대뇌 피질 영역**에 해당한다. 대뇌 피질 영역 중 브로카와 베르니케 영역이 손상되면 실어증을 초래하게 된다.
ㄹ. 편도체는 비정서적 사건에 비해서 **정서적 사건의 기억에 더 밀접**하게 관여하는 뇌 부위이다.
ㅁ. 후두엽은 **시각정보를 분석하고 통합**하는 기능을 한다.

 두정엽
신체 감각 정보를 받아들이고 해석하는 역할을 담당하고, 주의집중, 단어의 소리 정보 처리, 사물의 공간적 특성에 대한 사고에 관여하는 기관이다.

18 처벌에 관한 설명으로 옳지 않은 것은?

① 반응대가는 처벌의 한 형태이다.
② 처벌 받은 행동은 억제될 뿐이다.
③ 처벌의 결과는 유기체에게 혐오적이어야 한다.
❹ 사회적 고립은 일차적 처벌 중 하나이다.
⑤ 처벌 전에는 사전 경고를 하는 것이 바람직하다.

해설
④ 사회적 고립은 유쾌자극을 철회하는 **부적 처벌**에 해당한다.

 강화와 처벌
- 강 화
  - 강화란 바람직한 행동의 빈도를 늘리는 것이다.
  - 정적강화 : 어떤 반응 후에 바람직한 자극이 제시될 때 그 반응이 증가하는 현상이다.
  - 부적강화 : 어떤 반응 후에 혐오스런 자극이 제거될 때 그 반응이 증가하는 현상이다. 숙제를 제출한 학생에게 청소를 면제한 경우 숙제 제출 빈도가 늘어나는 것을 예로 들 수 있다.
  - 한 번 형성된 행동을 유지시키기 위해서는 강화를 즉시 중단하는 것보다 점진적으로 줄이는 것이 좋다.
  - 효과적인 강화를 위해서는 학습자에게 직접 강화를 확인하여 강화를 개별화하는 것이 좋다.
- 처 벌
  - 처벌은 바람직하지 않은 행동의 빈도를 감소시키는 것이다.
  - 행동과 처벌 사이의 시간간격이 짧을수록 처벌효과가 커진다.
  - 처음부터 강한 강도의 처벌을 사용하는 것이 문제행동 감소에 효과적이며, 벌의 강도가 강할수록 벌 받은 행동은 더 많이 감소한다.
  - 벌보다 강화가 더 강력할 경우, 벌 받은 행동은 덜 감소한다.
  - 정적처벌 : 혐오스러운 것을 제시하여 행동의 빈도를 감소시킨다.
  - 부적처벌 : 정적 강화물을 제거하여 행동의 빈도를 감소시키는 것으로 수업시간에 떠드는 학생을 짧은 시간 동안 다른 학생들로부터 격리시키는 일시격리(time out)가 해당된다.

19 인간 뇌와 학습에 관한 설명으로 옳은 것은?

① 전두엽의 발달은 15세 이전에 완성된다.
② 시냅스 수의 과밀 현상은 8세 전후에 가장 높게 나타난다.
❸ 해마가 일부 손상되어도 학습은 가능하다.
④ 대뇌피질은 출생 시 가장 발달된 영역이다.
⑤ 세로토닌(serotonin)은 뇌를 손상되기 쉬운 구조로 만든다.

해설
① 유아기에 전두엽 발달이 최고조로 달하며, 성인이 된 이후에도 **계속적으로 발달**된다.
② 시냅스 수 과밀 현상은 **임신 5개월에서 생후 1세 전**까지 가장 높게 나타난다.
④ 대뇌피질은 출생 시 **발달이 가장 덜 된 부위**이다.
⑤ 세로토닌(serotonin)은 **기억에 관련된 뇌의 신경전달 물질**이다.

16' 15회 / 16' 14회 / 15' 13회 / 14' 12회

20 수행목표지향성에 관한 설명으로 옳은 것을 모두 고른 것은?

> ㄱ. 수행회피목표지향성이 높은 경우 타인과 비교하여 자신이 유능하게 평가받는 것에 초점을 둔다.
> ㄴ. 수행회피목표지향성이 높은 경우 지능에 대한 고정적 관점을 가진다.
> ㄷ. 수행접근목표지향성이 높은 경우 과제 실패의 원인을 자신의 능력에 귀인하는 경향이 높다.
> ㄹ. 수행접근목표지향성이 숙달목표지향성보다 높은 경우 도전적 과제를 선호한다.

① ㄱ, ㄴ
② ㄱ, ㄹ
❸ ㄴ, ㄷ
④ ㄱ, ㄷ, ㄹ
⑤ ㄴ, ㄷ, ㄹ

해설
ㄱ. <u>수행목표지향성</u>이 높은 경우 타인과의 비교를 통해 자신이 유능하게 평가받는 것에 초점을 둔다.
ㄹ. 수행목표지향성보다 <u>숙달목표지향성이 높은 경우</u>에 새롭고 도전적인 과제를 학습할 때 더 큰 만족감을 느낀다.

21 정서에 관한 설명으로 옳지 않은 것은?

① 상황적 흥미는 맥락 의존적이며 일시적으로 지속된다.
② 불안과 걱정은 작업기억의 용량을 차지하여 효율적인 정보처리를 방해한다.
③ 일반적으로 비정서적인 정보보다 정서적인 정보를 쉽게 인출한다.
❹ 역스-도슨의 법칙(Yerkes-Dodson Law)에 의하면 어려운 과제는 높은 각성 수준에서 가장 잘 성취된다.
⑤ 정서-상태 의존 인출은 정보인출 시의 기분과 정보 부호화 시의 기분이 일치할 때 기억이 향상되는 현상이다.

해설
④ 역스-도슨의 법칙(Yerkes-Dodson Law)은 과제 수행을 가장 잘 할 수 있는 <u>최적의 각성수준이 존재</u>하며, 과제의 특성에 따라서 <u>어려운 과제는 낮은 각성수준에서, 쉬운 과제는 높은 각성수준에서</u> 과제수행의 효율이 최대가 된다.

16' 14회 / 14' 12회

22 동기에 관한 설명으로 옳지 않은 것은?

❶ 자신이 좋아하는 일을 하는 대가로 보상을 받다가 보상이 사라지면 내재적 동기가 더욱 높아진다.
② 적절한 수준의 도전적 과제는 내재적 동기를 높인다.
③ 실패에 대한 원인을 내적이고 통제 불가능하며 안정적인 요인으로 귀인하면 내재적 동기는 낮아진다.
④ 보상이 성취에 대한 정보적 기능을 가지면 내재적 동기를 증가시킬 수 있다.
⑤ 수행 수준과 관계없이 과제 참여 자체를 보상하는 것은 내재적 동기를 감소시킨다.

해설
① 내재적 동기는 학습활동 자체가 보상으로 작용하는 동기이다. 내재적으로 동기화된 과제를 수행할 때 외적 보상을 받게 되면 자신의 과제수행 이유가 외적 보상으로 귀인하여 내재 동기가 감소하는 현상(과잉정당화)이 일어나게 되며, 이러한 상태에서 외재적 보상이 사라지게 되면 <u>동기 자체를 잃게 된다</u>.

💡💡 **외재적 동기와 내재적 동기**

- 외재적 동기
  - 동기의 근원이 외부에 있으며, 보상이나 처벌, 압력 등의 외부적 요인으로 인해 유발된다.
  - 외적 보상의 강도가 높아져야 같은 동기유발을 할 수 있게 된다.
- 내재적 동기
  - 학습활동 자체가 보상으로 작용하는 동기이며, 과제가 주는 즐거움, 흥미 등이 속한다.
  - 외적 보상이 수행에 대한 정보를 제공할 경우 내재적 동기가 손상될 가능성이 적다.
  - 내재적 동기가 활성화되면 자발적이고 능동적인 학습활동을 할 수 있다.
  - 내재적으로 동기화된 과제를 수행할 때 외적 보상을 받게 되면, 자신의 과제수행 이유를 외적 보상으로 귀인하여 내재 동기가 감소하는 현상인 과잉정당화(over justification)가 나타날 수 있다.

23 다음 각 사례들에 해당하는 귀인 편향을 보기에서 바르게 골라 짝지은 것은?

ㄱ. 정수가 집안 사정으로 수학시간에 결석이 많았으나, A교사는 시험 채점 후 "정수는 수학에 소질이 없어서 성적이 나쁜 거야"라고 생각함.
ㄴ. A교사는 다른 교사들과 팀티칭에 동일하게 참여 후 "이번 팀티칭은 성공적이었어. 내가 이 일에 많은 기여를 했기 때문이지"라고 생각함.
ㄷ. A교사는 기말고사 후 "지난 중간고사 때 내가 잘 가르쳐서 우리 반 아이들 성적이 좋았는데, 이번에는 아이들이 내 수업에 집중하지 않아서 성적이 떨어진 것 같아"라고 생각함.

〈보 기〉
a. 기본귀인오류(fundamental attribution error)
b. 자기접대편향(self-servicing bias)
c. 자기중심편향(self-centering bias)
d. 잘못된 일치 효과(false consensus effect)

① ㄱ - a, ㄴ - b, ㄷ - d
❷ ㄱ - a, ㄴ - c, ㄷ - b
③ ㄱ - b, ㄴ - d, ㄷ - c
④ ㄱ - c, ㄴ - b, ㄷ - a
⑤ ㄱ - d, ㄴ - a, ㄷ - c

해설
ㄱ - a : 기본귀인오류란 타인이 한 행동의 원인을 상황적 요인보다는 그 사람의 동기, 태도, 능력 등의 내적 요인영향을 과도하게 평가하는 것이다. A교사가 정수의 집안 사정(상황적 요인)은 고려하지 않은 채 정수의 성적이 낮은 이유를 소질이 없다(내적 요인)고 생각하는 것에서 A교사는 기본귀인오류를 가지고 있다는 것을 알 수 있다.
ㄴ - c : 타인과의 상호작용으로 인한 결과가 긍정적이든 부정적이든 자신이 타인보다 더 많은 기여를 했다고 생각하는 경향을 자기중심편향이라고 한다. 사례에서 A교사는 팀티칭에 다른 교사들보다 많은 기여를 했기 때문에 일이 성공적이었다라고 생각하는 자기중심편향을 보이고 있다.
ㄷ - b : 좋은 결과에 대해서는 자신으로 인해서 좋은 결과가 나왔다고 생각하는 반면, 나쁜 결과에 대해서는 외부의 요인과 연관시키는 경향을 자기접대편향이라 한다. 사례에서 A교사는 반 아이들의 성적이 잘 나왔을 때에는 자신이 잘 가르쳐서 그런 것이라고 생각하는 반면 성적이 잘 나오지 않자 그 원인을 아이들이 수업에 집중하지 않아 그런 것이라는 외부의 탓을 하는 자기접대편향을 보이고 있다.
d. 잘못된 일치 효과는 타인도 자신과 같은 생각과 느낌을 가질 것이라고 믿는 것을 의미한다.

24 에클스와 윅필드(J. Eccles & A. Wigfield)의 기대가치 이론에 관한 설명으로 옳은 것은?

① 비용신념은 성취행동에 정적 영향을 준다.
② 자기효능감은 기대보다 가치 요인과 정적 관계를 가진다.
③ 과제 흥미는 기대 요인에 포함된다.
❹ 과제 곤란도에 대한 지각은 기대지각과 부적 관계를 가진다.
⑤ 기대×가치 이론은 정서적 기억의 영향을 고려하지 않는다.

해설
① 비용신념은 과제수행에 참여하는 중에 인식되는 부정적인 측면으로서 비용이 너무 크면 행동수행을 하지 않을 수 있어 성취행동에 **부정적인 영향**을 주게 된다.
② 자기효능감은 과제 수행 시 개인 능력에 대한 신념으로 수행 성과에 대한 기대가 다음 행동의 동기가 되므로 **기대와 관련을 가진다.**
③ 과제 흥미는 유용성, 비용 등과 함께 **가치 요인**에 포함된다. 기대 요인은 미래의 성공에 대한 개인적인 신념을 말하며, 학업성취 행동은 기대와 가치라는 두 개의 요인으로 예측될 수 있다.
⑤ 기대×가치 이론은 정서적 기억의 영향을 고려하며, 정서적 기억은 **목표와 자기도식을 매개로 개인의 기대에 영향을** 미친다.

💡 에클스와 윅필드(Eccles & Wigfield)의 기대-가치 이론
- 기대가치이론은 개인이 가지고 있는 과제 성공에 대한 기대와 주관적인 가치를 토대로 자신의 행동을 수정하고 개발한다는 이론이다.
- 기대 요인은 미래의 성공에 대한 개인적인 신념을 말하며, 가치 요인은 흥미, 유용성, 비용 등과 같은 주관적인 가치판단을 말한다.
- 과제에 대한 개인의 정서적 경험은 과제가치에 영향을 준다.
- 과제가치
  - 내재가치 : 과제를 수행할 때 경험하는 흥미
  - 획득가치 : 과제를 잘하는 것에 대한 중요성
  - 효용가치 : 미래 목표 측면에서 개인이 과제에 가지는 유용성
- 정서적 기억은 목표와 자기도식을 매개로 개인의 기대에 영향을 미친다.
- 학업성취 행동은 기대와 가치라는 두 개의 요인으로 예측될 수 있다.

16' 15회 / 16' 14회 / 14' 12회

25 구성주의 학습이론에 관한 설명으로 옳지 않은 것은?

① 구성주의는 학습자의 능동적 지식 구성을 강조한다.
② 인지적 구성주의는 개인 내면의 지식과 신념 구성에 초점을 둔다.
③ 사회적 구성주의는 학습에 있어서 문화적 맥락과 상황을 중시한다.
④ 비고츠키(L. Vygotsky)의 사회적 구성주의는 근접발달영역 안의 학습활동을 할 때 의미 있는 학습이 이루어진다고 본다.
❺ 피아제(J. Piaget)의 인지적 구성주의에서는 정보의 정확한 표상을 중시한다.

해설
⑤ 피아제(J. Piaget)의 인지적 구성주의에서는 **개별적인 인지작용**을 가장 중시하며, 정보의 정확한 표상을 중시하는 것은 객관주의 인식론이다.

💡 구성주의 학습이론
- 학습이란 개인적인 경험에 근거해서 의미를 개발하는 능동적인 과정이다.
- 학습에 대한 상대주의적 접근을 강조한다.
- 수업의 중심은 학생이며, 일정한 교육목표를 규정하여 학습자들에게 일방적으로 제시하는 강의식보다는 문제중심, 토의식, 발견학습의 교수방법을 강조한다.
- 학습자와 환경 간의 상호작용으로 지식이 형성된다.
- 개인이 경험하는 세계는 자신에 의해 의미가 부여되고 구성된다.
- 반성적 수업(reflective instruction)을 강조한다.
- 개인의 내적 이해에 초점을 맞추어 학습에서 개인차를 인정한다.
- 학습자가 정보를 내면화하는 과정에서 지식을 능동적으로 재조직한다.
- 인지적 구성주의는 개인 내면의 지식과 신념 구성에 초점을 두며, 사회적 구성주의는 학습에 있어서 문화적 맥락과 상황을 중시한다.
- 비고츠키(L. Vygotsky)의 사회적 구성주의는 근접발달영역 안의 학습활동을 할 때 의미 있는 학습이 이루어진다고 본다.

2과목(선택) 청소년이해론

26 소년법에 따라 감호 위탁 처분을 받은 청소년을 보호자 대신 보호할 수 있는 자가 상담·주거·학업·자립 등의 서비스를 제공하는 청소년복지지원법상의 시설은?

① 꿈드림센터 ② 꿈키움센터
③ 청소년희망센터 ④ 청소년특화시설
❺ 청소년회복지원시설

해설
⑤ **청소년회복지원시설**은 「소년법」 제32조 제1항 제1호에 따른 감호 위탁 처분을 받은 청소년에 대하여 보호자를 대신하여 그 청소년을 보호할 수 있는 자가 상담·주거·학업·자립 등 서비스를 제공하는 시설이다(청소년복지지원법 제31조 제4호).
① 꿈드림센터는 학교 밖 청소년들을 돕기 위해 상담·교육·취업 지원 등을 하는 기관이다.
② 꿈키움센터는 학교 부적응 학생, 기소유예 대상자 등 위기청소년을 대상으로 대안교육, 인성교육 프로그램, 심리상담 등을 지원하는 기관이다.
③ 청소년희망센터는 한국청소년상담복지개발원 내에 설치된 기구로 청소년들의 권리 보장을 위한 다양한 활동을 진행한다.
④ 청소년특화시설은 청소년의 직업체험, 문화예술, 과학정보, 환경 등 특정 목적의 청소년활동을 전문적으로 실시할 수 있는 시설과 설비를 갖춘 수련시설이다(청소년활동 진흥법 제10조 제1호 라목).

27 다음 중 관념론적 관점에서 청소년문화를 설명한 것을 모두 고른 것은?

> ㄱ. 청소년문화는 청소년집단의 생활양식의 총체이다.
> ㄴ. 청소년문화는 청소년들의 행위를 규제하는 규칙의 체계이다.
> ㄷ. 구체적으로 관찰된 행동 그 자체가 청소년문화이다.
> ㄹ. 청소년들의 생활양식이 기초하고 있는 관념체계를 청소년문화로 간주한다.

① ㄱ, ㄴ ② ㄱ, ㄷ
③ ㄴ, ㄷ ❹ ㄴ, ㄹ
⑤ ㄷ, ㄹ

해설
ㄱ. 청소년문화를 청소년집단의 생활양식의 총체라고 보는 관점은 **총체론적 관점**이다.
ㄷ. 관념론적 청소년 문화란 **청소년들의 구체적 행동을 규제하는 개념체**이다.

28 탭스콧(D. Tapscott)이 제시한 용어로 디지털혁명이 가속화되는 가운데 인터넷을 일상생활의 동반자처럼 활용하는 세대를 지칭하는 용어는?

❶ N세대 ② X세대
③ Y세대 ④ C세대
⑤ P세대

해설
② X세대 : 캐나다의 더글러스 쿠플랜드 소설에서 처음 사용되었으며, 전 세대와 다른 특징을 가지고 있지만 그 특징을 정의할 용어가 없다는 의미로 X를 사용하여 X세대라 명명하였다.
③ Y세대 : 밀레니엄세대 혹은 에코세대라 불리며, 개인적, 개방적, 감성주의를 특징으로 가지고 있다.
④ C세대 : 초고속정보통신망의 보급이 확산되고, 컴퓨터 사용이 일반화되면서 나타난 세대로, 초반에는 컴퓨터, 만화 게임 등에 몰입하는 세대를 지칭했으나, 콘텐츠 세대로서의 C세대는 직접 콘텐츠를 생산하고, 공유하며 능동적으로 소비에 참여하는 세대를 지칭하게 되었다.
⑤ P세대 : 사회 전반적으로 적극적인 참여(Participation)를 하며, 열정(Passion)과 힘(Power)을 바탕으로 하여 사회 패러다임의 변화시키는 세대이다.

29 다음이 공통적으로 설명하는 여성가족부의 청소년정책 사업은?

> • 자격과 경험을 갖춘 청소년상담전문가가 위기청소년의 삶의 현장을 직접 찾아가 심리적·정서적 지지와 함께 지역사회 자원 연계서비스를 제공함.
> • 중·고위험군 청소년에 대한 1:1 찾아가는 상담지원 서비스를 통해 문제해결에 도움을 제공하고 위기요인을 개선시킴.
> • 위기청소년을 위해 지역사회의 청소년 협력자원을 발굴·연계하며, 그들과 지속적인 관계를 형성하여 지원함.

❶ 청소년동반자
② 청소년방과후아카데미
③ 청소년우대 사업
④ 드림스타트
⑤ 청소년 특별지원 사업

해설
② 청소년방과후아카데미 : 초등 4학년부터 중학 3학년까지의 청소년을 대상으로 하며, 청소년들의 삶의 질 향상을 위해 **전문체험 및 학습프로그램, 청소년 생활관리 등의 종합서비스를 지원하는 것**으로 여성가족부와 지방자치단체에서 실시하고 있는 국가 정책지원 사업이다.
③ 청소년우대 사업 : 청소년을 대상으로 국가 또는 지방자치단체가 운영하는 **수송시설, 문화시설, 여가시설 등의 이용료를 면제하거나 할인**해 주는 사업이다.
④ 드림스타트 : 아동의 성장 및 복지 여건이 취약한 가정을 선정하여 그 가정의 지원대상아동과 가족을 대상으로 **보건, 복지, 보호, 교육, 치료 등을 종합적으로 지원**하는 통합서비스이다.
⑤ 청소년 특별지원 사업 : 보호자가 있어도 실질적 보호를 받지 못하거나, 보호자가 없어 사회 및 경제적으로 어려움을 겪는 청소년들에게 **의식주 비용 등의 기초생계비와 숙식 제공 등의 서비스를 지원**하는 사업이다.

30 다음이 공통적으로 설명하는 학자는?

- 버밍엄(Birmingham) 학파의 일원으로 청소년문화를 하위문화로 개념 짓고, 이를 계급과의 관련하에 본격적으로 연구하였다.
- 영국의 노동계급 청소년들을 대상으로 민속지적 방법을 통해 청소년들의 문화를 생생하게 연구하였다.
- '학교와 계급 재생산(Learning to Labour)'을 발간하였다.

① 터너(V. Turner)
② 파슨스(T. Parsons)
❸ 윌리스(P. Willis)
④ 미드(M. Mead)
⑤ 부르디외(P. Bourdieu)

해설 ③ 윌리스(P. Willis)는 '학교와 계급 재생산(Learning to Labour)'에서 노동계급 학생들의 특성을 저항 개념과 연관하여 설명하였으며, 그들의 집단적 하위문화의 특성과 연계하여 어떻게 부모와 같은 노동 직업을 갖게 되는가를 연구하였다.

31 '열광적으로 추종한다'는 의미로 청소년들이 스타와 같은 특정 대상에 몰두하여 자신이 좋아하는 대상을 공유하는 사람들끼리 스타일을 함께함으로써 자신의 정체성을 드러내고 싶어 하는 현상은?

① 히끼꼬모리 문화
② 리셋 신드롬(reset syndrome)
③ 보보스(BOBOS) 문화
❹ 팬덤(fandom) 문화
⑤ 차브(chav) 문화

해설
① 히끼꼬모리 문화 : 은둔형외톨이를 뜻하며, 장기간에 걸쳐 집안 외에서의 생활이 상실된 상태에 있는 것을 말한다.
② 리셋 신드롬(reset syndrome) : 리셋 신드롬이 있는 사람은 컴퓨터의 리셋 버튼을 눌러 컴퓨터를 다시 시작할 수 있듯이, 현실세계에서도 가능하다고 믿으며, 어려움이 생기면 회피하고 다시 시작하려고 한다. 이 증상의 대표적인 특징으로는 가상공간과 현실세계의 구분을 하지 못하는 것에 있다.
③ 보보스(BOBOS) 문화 : 부르주아(Bourgeois) 문화와 보헤미안(Bohemian) 문화가 결합되어 출현한 문화로 디지털 시대의 새로운 계층문화를 말한다. 부르주아의 야망과 성취 그리고 보헤미안의 자유로움을 동시에 충족시키려는 것이 특징이다.
⑤ 차브(chav) 문화 : 영국에서 생겨난 문화로, 저급한 취향·패션을 즐기면서 일탈을 하는 청소년 문화이다.

32 프랭클린과 프리먼(B. Franklin & M. Freeman)이 분류한 가정에서의 아동과 청소년 권리 유형에 해당되지 않는 것은?

① 복지권(welfare rights)
② 보호권(protective rights)
③ 성인권(adult rights)
④ 부모에 대응하는 권리(rights against parents)
❺ 천부권(entitlements rights)

해설 프랭클린과 프리먼(B. Franklin & M. Freeman)은 아동과 청소년의 권리의 유형을 복지권(welfare rights), 보호권(protective rights), 성인권(adult rights), 부모에 대응하는 권리(rights against parents)로 분류하였다. 복지권은 아동과 청소년들의 생존 및 복지를 위한 기본권적 권리이며, 보호권은 유해환경이나 부적절한 양육 등으로부터 보호받을 권리를 말한다. 성인권은 사회적 차원에서 성인과 부당하게 차별 받지 않을 권리이며, 부모에 대응되는 권리는 부모의 과도한 통제 없이 독립적 자기결정 및 행동을 할 수 있는 권리이다. 천부권(entitlements rights)은 콜스(Coles)의 청소년권리 영역에 해당한다.

33 청소년 기본법상 다음 (　　)에 들어갈 용어는?

> 청소년의 기본적 인권은 청소년활동·청소년복지·
> 청소년(　　) 등 청소년육성의 모든 영역에서 존중
> 되어야 한다.

❶ 보호
② 참여
③ 자율
④ 문화
⑤ 상담

해설 › 청소년의 기본적 인권은 청소년활동·청소년복지·청소년**보호** 등 청소년육성의 모든 영역에서 존중되어야 한다(청소년 기본법 제5조 제1항).

16' 15회

35 피아제(J. Piaget)의 인지발달이론 중 형식적 조작기의 특성이 아닌 것은?

❶ 직관적 사고
② 사고과정에 대한 사고
③ 가능성에 대한 사고
④ 논리적 사고
⑤ 추상적 사고

해설 › ① 직관적 사고는 **전조작기의 사고**에서 나타나는 특성이며, 형식적 조작기에서는 사고과정에 대한 사고, 가능성의 사고, 추상적 사고, 가설연역적 사고, 논리적 사고가 가능하다.

15' 13회

34 프로이트(S. Freud)의 심리성적 발달단계 중 사춘기 이후 청소년에 해당하는 특성으로 옳은 것은?

① 동성 부모를 적대시한다.
② 신체를 자기 뜻대로 조절하는 것을 즐긴다.
❸ 이성에 대해 성적 관심이 커진다.
④ 동성과의 우정 관계에 집중한다.
⑤ 외모에 관심이 집중된다.

해설 ›
③ 청소년기는 성기기에 해당하며, 육체적인 성숙이 일어나고 이성에 대한 성적 관심이 커진다.
① **남근기(만 3세~6세)** 에는 이성부모에게 애정을 독점하려고 하며 동성 부모를 적대시하게 된다. 프로이트는 남자 아동이 아버지와 경쟁하는 관계에서 겪는 심리적 갈등을 오이디푸스 콤플렉스라고 명명하였다.
④ 동성과의 우정관계에 집중하는 단계는 **잠복기(만 6세~사춘기 이전)** 이며, 이 시기에는 성적 욕망의 표출이 뚜렷이 나타나지 않는다.
②·⑤ 이성에 대한 관심이 커지고 호르몬의 영향으로 성적 성숙이 이루어진다. 잠복기 이전에는 자신의 신체에서 성적 쾌감을 추구하나, 생식기(12세 이후)에서는 이성으로부터 그 쾌감을 추구한다.

16' 15회 / 16' 14회 / 15' 13회 / 14' 12회

36 엘킨드(D. Elkind)가 제시한 청소년의 자아중심적 특성이 반영된 생각의 예로 옳은 것은?

① "1+1의 답이 2만은 아닐 거야"
❷ "나의 독특성을 어른들은 이해하지 못해"
③ "도대체 내가 누구인지 모르겠어"
④ "남들이 겪는 일이라면 나에게도 일어나겠지"
⑤ "인류 역사를 관통하는 보편적 진리가 있을까?"

해설 › ② 자아중심적인 청소년은 타인의 관심을 끊임없이 받고 있다고 느끼며, 그 결과 **자신이 매우 특별하고 독특한 존재라고 인식**하게 된다.

37 길리건(C. Gilligan)의 도덕성 발달이론에 관한 설명으로 옳은 것은?

① 행동주의적 발달 모델을 제시하였다.
② 남성과 여성은 도덕적 판단 기준에서 차이가 없다고 보았다.
③ 도덕성 발달을 4수준으로 구분하였다.
④ 전인습적 수준을 도덕성 발달의 최종 단계로 제시하였다.
❺ 관심, 배려, 상호의존성을 중심으로 도덕성 발달을 연구하였다.

해설
① 길리건(C. Gilligan)은 <u>여성의 도덕성 발달과정에 관한 이론을 제시한 학자</u>로 서양의 윤리관은 남성중심의 윤리관이며, <u>남성과 여성의 도덕적 지향·선호가 다르다고 주장</u>하였다.
② 여성의 도덕성이 남성보다 뒤처지는 것이 아니며, 남성과 여성의 도덕적 <u>관점 및 판단하는 기준이 다르다</u>고 주장하였다.
③ 도덕성 발달을 자기 이익 지향(1수준), 자아와 타자의 연결 인식(1수준 과도기), 자기희생(2수준), 자신과 타인을 위한 돌봄(2수준 과도기), 자신과 타인과의 역동(3수준)인 <u>3수준 2과도기</u>로 구분하였다.
④ 전인습적 수준은 <u>콜버그의 도덕성 발달이론에서의 수준</u>이며 진정한 의미의 도덕성이 없고, 처벌과 복종에 의해 결정된다.

38 에릭슨(E. Erikson)의 심리사회적 발달단계 중 청소년기 정체감 발달에 관한 설명으로 옳지 않은 것은?

① 친밀하고 의미 있는 관계 형성의 기초가 된다.
② 심리사회적 유예 상태가 요구된다.
③ 영유아기에 형성된 신뢰를 바탕으로 발달한다.
❹ 근면성 성취에 필요한 전제 조건이다.
⑤ 성취하지 못할 경우 자기회의에 빠지게 된다.

해설
④ 근면성이 형성되는 단계는 <u>6~11세경</u>이며, 이 시기의 아동들은 성취동기가 강하다. 아동이 열심히 하는 일에 대해서 부모가 칭찬을 하게 되면 근면성을 더욱 발달시킬 수 있으나, 타인과 비교를 하게 되면 자신에 대해 부족함을 느껴 열등감에 빠질 수 있다.

39 청소년기 진로선택 및 진로발달을 설명한 학자와 그 내용이 바르게 연결된 것을 모두 고른 것은?

> ㄱ. 긴즈버그(E. Ginzberg) - 현실에서 실제 직업선택을 하기 전에 가치, 능력, 흥미 순으로 시험적인 직업선택 과정 진행
> ㄴ. 로우(A. Roe) - 생애 초기 부모와의 관계에서 형성된 직업 욕구에 따라 직업선택
> ㄷ. 수퍼(D. Super) - 진로 자기개념의 발달과 진로 의식 성숙이 전 생애를 통해 진행
> ㄹ. 홀랜드(J. Holland) - 생애역할에 따른 6개의 흥미유형을 기초로 자신의 흥미 파악

① ㄱ, ㄴ
❷ ㄴ, ㄷ
③ ㄷ, ㄹ
④ ㄱ, ㄴ, ㄹ
⑤ ㄴ, ㄷ, ㄹ

해설
ㄱ. 현실에서 실제 직업선택을 하기 전인 현실기에서는 <u>탐색, 구체화, 특수화</u> 단계를 거쳐 실제적으로 취업하려 노력한다. <u>흥미, 능력, 가치, 전환을 거치는 단계는 잠정기</u>이며, 청소년 시기에는 자신의 흥미, 능력 취미에 따라 직업을 선택하려 한다.
ㄹ. 홀랜드는 <u>직업적 성격유형</u>을 6가지로 나누었으며, 대부분의 사람들이 6가지 직업적 성격유형 중 하나로 분류될 수 있다고 주장하였다.

40 브론펜브레너(U. Bronfenbrenner)의 생태학적 모델에서 청소년 환경체계의 예가 옳은 것은?

① 미시체계 - 대중매체
② 중간체계 - 부모의 직장
❸ 외체계 - 여성가족부
④ 거시체계 - 확대가족
⑤ 시간체계 - 종교단체

해설
③ 외체계는 아동이 직접적으로 경험하는 것은 아니나 아동에게 영향을 미치는 지역사회 수준의 사회적 환경으로 부모의 직장, 정부기관, 대중매체 등이 있다.
① 미시체계에는 **학교, 또래집단, 형제자매, 가정**이 속한다.
② 중간체계는 **가정과 학교, 또래집단 사이의 상호작용**으로 이루어지는 체계이다.
④ 거시체계는 아동이 속해있는 문화적 환경으로, **관습과 일상생활습관**을 예로 들 수 있다.
⑤ 시간체계는 생애 전반에 걸쳐 나타나는 변화와 **사회역사적 환경**을 의미한다.

41 청소년이 또래집단과 유사한 언어표현, 행동, 옷차림 등을 하는 현상과 관련된 개념이 아닌 것은?

① 사회적 비교
❷ 주지화
③ 강화와 처벌
④ 동 조
⑤ 관찰학습

해설
② 주지화란 자아에 대한 위협이나 불편한 감정 등을 피하기 위해 **분석적인 사고와 같은 인지적 과정을 이용하는 방어기제**로, 청소년의 문화 현상과 관련된 개념이 아니다.

17' 16회 / 15' 13회

42 바움린드(D. Baumrind)가 제시한 부모 유형과 청소년 자녀의 특성이 바르게 연결된 것은?

① 허용적(permissive) 부모 - 복종적 자녀
② 무관심한(uninvolved) 부모 - 자율적 자녀
❸ 권위적(authoritative) 부모 - 독립적 자녀
④ 통합적(integrative) 부모 - 효율적 자녀
⑤ 권위주의적(authoritarian) 부모 - 적응적 자녀

해설
③ **권위적(authoritative) 부모**는 자녀의 독립심을 격려하며, 훈육 시 논리적으로 설명한다. 자녀는 **애착관계가 단단하게 형성되며 독립적이고 주체적인 특성**을 가지게 된다.
① **허용적(permissive) 부모**는 애정이 높고 통제가 낮으며, 일관성 없는 훈육을 하게 된다. 자녀를 올바른 방향으로 훈육하기 보다는 자녀의 행동을 다 허용해주게 되며, **자녀는 충동적이거나 반항적인 특성**을 지니게 된다.
② **무관심한(uninvolved) 부모**는 애정과 통제가 모두 낮으며, 아이가 어떤 행동을 하든지 관심을 두지 않거나 양육을 거부한다. 자녀는 **애착관계형성이나 사회적·정서적 기술의 발달에 문제**가 생기기 쉽다.
⑤ **권위주의적(authoritarian) 부모**는 애정이 낮고 통제가 높으며, 엄하고 처벌적인 훈육방식을 선호한다. 자녀에게 많은 요구를 하지만 요구에 대한 논리적인 설명을 하지 않으며, 자녀에 대한 지지가 부족하다. 아이들은 **항상 불안한 심리상태를 가지며 낮은 수준의 자존감**을 가지게 된다.

43 청소년 기본법상 청소년정책위원회의 주요 기능으로 옳은 것을 모두 고른 것은?

ㄱ. 청소년육성에 관한 기본계획의 수립에 관한 사항을 심의·조정한다.
ㄴ. 청소년정책의 분야별 주요시책에 관한 사항을 심의·조정한다.
ㄷ. 청소년정책의 제도개선에 관한 사항을 심의·조정한다.
ㄹ. 둘 이상의 행정기관에 관련된 청소년정책의 조정에 관한 사항을 심의·조정한다.

① ㄱ, ㄴ
② ㄴ, ㄷ
③ ㄱ, ㄴ, ㄷ
④ ㄴ, ㄷ, ㄹ
❺ ㄱ, ㄴ, ㄷ, ㄹ

해설
ㄱ, ㄴ, ㄷ, ㄹ 모두 청소년정책위원회의 주요 기능에 해당한다.

청소년정책위원회(청소년 기본법 제10조 제2항)

청소년정책위원회는 다음 각 호의 사항을 심의·조정한다.
1. 제13조 제1항에 따른 청소년육성에 관한 기본계획의 수립에 관한 사항
2. 청소년정책의 분야별 주요 시책에 관한 사항
3. 청소년정책의 제도개선에 관한 사항
4. 청소년정책의 분석·평가에 관한 사항
5. 둘 이상의 행정기관에 관련되는 청소년정책의 조정에 관한 사항
6. 그 밖에 청소년정책의 수립·시행에 필요한 사항으로서 대통령령으로 정하는 사항

44 뒤르껭(E. Durkheim)이 제시한 자살의 종류에 해당되지 않는 것은?

❶ 모방적 자살
② 이타적 자살
③ 아노미적 자살
④ 이기적 자살
⑤ 숙명론적 자살

 뒤르껭은 자살을 <u>이타적, 이기적, 숙명적, 아노미적 유형</u>으로 나누어 본다.

자살의 유형

유형	내 용
이타적 자살	• 타인을 위해 자살을 택하는 것을 말하며, 고도로 사회적 통합이 이루어진 사회에서 나타난다. • 자살폭탄테러 등을 예로 들 수 있다.
이기적 자살	• 개인주의적 성향의 사회에서 이루어지며, 개인이 사회에 대한 소속감을 상실하여 발생하게 된다. • 이혼자, 미망인, 독신자 등의 자살을 예로 들 수 있다.
숙명적 자살	• 과도한 규제 사회에서 나타나며 억압적인 환경에서 많이 나타난다. • 전쟁포로나 노예의 자살을 예로 들 수 있다.
아노미적 자살	• 근대사회에서 나타나는 유형으로 사회 규범이 혼란에 빠졌을 때 나타난다. • 갑작스러운 실직으로 인한 자살을 예로 들 수 있다.

45 청소년쉼터에 관한 내용으로 옳은 것을 모두 고른 것은?

ㄱ. 「청소년복지 지원법」에서 규정하고 있는 청소년복지시설이다.
ㄴ. 보호기간을 기준으로 단기쉼터와 중장기쉼터의 2가지 유형으로 구분되고 있다.
ㄷ. 국가나 지방자치단체에서 직영하거나 민간단체에 위탁하여 운영하기도 한다.
ㄹ. 중장기쉼터는 보호기간이 2년 이내이며 2회 최장 2년에 한하여 연장가능하다.

① ㄱ, ㄴ ❷ ㄱ, ㄷ
③ ㄴ, ㄷ ④ ㄴ, ㄹ
⑤ ㄷ, ㄹ

해설
ㄴ. 청소년쉼터는 입소기간을 기준으로 일시쉼터, 단기쉼터, 중장기쉼터 **3가지 유형**으로 구분되고 있다.
ㄹ. 중장기 쉼터는 **보호기간이 3년이며, 필요시 1년 단위 연장**이 가능하다.

청소년 쉼터

- 「청소년복지 지원법」에서 규정하고 있는 청소년복지시설로 9세~24세의 가출청소년을 대상으로 주거·학업·자립 등을 지원한다.
- 청소년의 가출예방을 위한 거리상담 지원활동을 한다.
- 청소년 쉼터는 국가나 지방자치단체에서 직영하거나 민간단체에 위탁하여 운영하기도 한다.

구 분	입소기간	주요기능
일시쉼터 (30개소)	7일 이내	조기발견을 통한 초기개입, 일시보호
단기쉼터 (53개소)	3개월 ~9개월	사례관리를 통한 신속한 가정복귀 및 유관시설 연계 등
중장기쉼터 (40개소)	3년, 필요 시 1년 단위 연장	사회진출을 위한 취업 등 자립지원

〈출처 : 여성가족부〉

46 비행에 관해 다음과 같이 주장한 학자는?

> - 일탈행위는 문화적으로 규정된 목표와 그 목표를 달성하기 위하여 사회적으로 구조화된 제도적 수단이 조화적으로 작용하지 않는 경우에 생긴다.
> - 아노미적 사회구조에 대한 적응유형을 동조형, 의례형, 혁신형, 도피형, 반역형으로 분류한다.

① 코헨(A. Cohen)
② 서덜랜드(E. Sutherland)
③ 허쉬(T. Hirschi)
④ 레머트(M. Lemert)
❺ 머튼(R. Merton)

해설
① 코헨(A. Cohen) : 코헨은 비행하위문화이론을 주장하였으며, 비행을 주류문화의 하위범주로 보는 것이다.
② 서덜랜드(E. Sutherland) : 차별접촉이론을 주장하였으며, 문제행동을 사회화 관점으로 이해한 이론이다. 문제행동에 대해 사회가 무감각하거나 우호적인 분위기일 경우, 비행이 학습된다고 보았다.
③ 허쉬(T. Hirschi) : 사회유대이론을 주장하였고, 개인과 사회의 유대가 손상될 경우에 청소년의 문제행동이 나타난다고 보았다.
④ 레머트(M. Lemert) : 낙인이론을 주장하였으며, 청소년의 1차적 비행으로 인해 사회적으로 비행자라 인식되어 사회적 냉대나 제재를 받게 될 때 2차적인 비행을 저지르게 된다고 주장하였다.

💡💡 **머튼(R. Merton)의 아노미 이론**
- 아노미란 사회를 지배하는 강력한 가치관이 약화되고 여러 가지 서로 다른 가치관들이 공존하고 있는 현상이다.
- 머튼은 아노미 상황에서 문화적 목표와 제도화된 수단에 따라 서로 다른 적응유형을 보인다고 주장하였다.
- 적응유형

유 형	문화적 목표	제도화된 수단
동조형	수 용	수 용
혁신형	수 용	거 부
의례형	거 부	수 용
도피형	거 부	거 부
반역형	문화적 목표와 제도화된 수단 모두 거부하고 새로운 문화적 목표 및 제도화된 수단으로 대체하려는 유형이다.	

47 청소년 복지 지원법상 청소년복지시설 또는 청소년복지지원기관에 해당되는 것을 모두 고른 것은?

> ㄱ. 청소년치료재활센터
> ㄴ. 공동생활가정
> ㄷ. 이주배경청소년지원센터
> ㄹ. 청소년상담복지센터

① ㄷ, ㄹ
② ㄱ, ㄴ, ㄷ
③ ㄱ, ㄴ, ㄹ
❹ ㄱ, ㄷ, ㄹ
⑤ ㄴ, ㄷ, ㄹ

해설
ㄱ·ㄷ·ㄹ 청소년복지시설의 종류로는 청소년쉼터, 청소년자립지원관, 청소년치료재활센터, 청소년회복지원시설이 있으며, 청소년복지지원기관으로는 청소년상담복지센터와 이주배경청소년지원센터가 있다.
ㄴ. 공동생활가정이란 사회적인 보호가 필요한 아동이나 청소년들을 대상으로 하는 소규모의 보호형태이며, 보호대상아동에게 가정과 같은 주거여건과 보호, 양육, 자립지원 서비스를 제공하는 것을 목적으로 하는 시설이다. 아동복지법에 법제화되어 있으며, 보호와 자립, 치료프로그램을 통해 아동·청소년을 치유하는 보호양육방식이다.

48 학교폭력예방 및 대책에 관한 법률상 가해학생에 대한 조치로 옳지 않은 것은?

① 피해학생에 대한 서면사과
❷ 일시보호
③ 출석정지
④ 학급교체
⑤ 사회봉사

해설 일시보호는 자치위원회가 피해학생을 보호하기 위해 학교의 장에게 요청할 수 있는 조치 중 하나이다.

가해학생에 대한 조치
(학교폭력예방 및 대책에 관한 법률 제17조 제1항)

자치위원회는 피해학생의 보호와 가해학생의 선도·교육을 위하여 가해학생에 대하여 다음 각 호의 어느 하나에 해당하는 조치(수개의 조치를 병과하는 경우를 포함한다)를 할 것을 학교의 장에게 요청하여야 하며, 각 조치별 적용 기준은 대통령령으로 정한다. 다만, 퇴학처분은 의무교육과정에 있는 가해학생에 대하여는 적용하지 아니한다.
1. 피해학생에 대한 서면사과
2. 피해학생 및 신고·고발 학생에 대한 접촉, 협박 및 보복행위의 금지
3. 학교에서의 봉사
4. 사회봉사
5. 학내외 전문가에 의한 특별 교육이수 또는 심리치료
6. 출석정지
7. 학급교체
8. 전 학
9. 퇴학처분

49 정기·임시회의를 통한 청소년 관련 정책의 모니터링, 청소년 의견 제안과 정책자문, 각종 토론회·워크숍 개최 등 다양한 활동을 위해 여성가족부 및 지방자치단체에서 설치·운영 중인 청소년 기구는?

① 청소년특별회의
② 청소년운영위원회
❸ 청소년참여위원회
④ 청소년의회
⑤ 청소년정책위원회

해설
① 청소년특별회의는 범정부적 차원으로 청소년정책과제를 설정하고 추진·점검하기 위해 **청소년 대표 및 전문가들의 토론과 활동을 통해, 정책과제를 정부에 제안**하는 회의이다.
② 청소년운영위원회는 청소년활동진흥법에 의거하여 운영되며, **청소년수련시설의 운영 및 프로그램 등에 대해 청소년들이 직접 자문하고 평가**하도록 하여 청소년이 주인이 되는 시설이 되도록 하기 위한 위원회이다.
④ **선거권이 없는 19세 이하 청소년들의 의견이 정책에 반영될 수 있도록 다양한 활동들을 전개할 수 있게 하는 단체**로 세계의 많은 나라들이 청소년 혹은 어린이 의회를 구성하여 운영하고 있다. 대한민국의 청소년의회는 비영리민간단체로 등록되어 있다.
⑤ 청소년정책위원회는 **청소년정책 강화를 위해 다양한 분야별 정책에 대해 총괄 및 조정하는 역할**을 한다. 여성가족부 장관을 위원장으로 하며, 교육부, 법무부 등 관계부처 차관급 및 민간전문가들로 구성되어 있다.

16' 14회

50 마짜와 사이크스(D. Matza & G. Sykes)의 비행에 관한 중화기술 유형으로 옳지 않은 것은?

① 가해의 부정
② 책임의 부정
③ 피해자의 부정
❹ 비난자의 부정
⑤ 높은 충성심에 호소

해설
④ 비난자의 부정이 아닌 **비난자에 대한 비난**이며, 자신을 비난하는 사람들의 잘못을 찾아내서 자신의 잘못보다 더 나쁘다고 말한다.
① 가해의 부정은 자신의 행위로 손상을 입거나 재산상 피해를 당한 사람이 없음을 이유로 자신의 행위를 합리화하는 것이다.
② 책임의 부정은 자신의 비행행위는 외부 요인 혹은 압력으로 인해 어쩔 수 없이 저지른 것이라며 비행의 책임을 부정하는 것이다.
③ 피해자의 부정은 자신으로 인해 피해를 입은 사람이 있다는 것을 인정하지만, 피해를 입어야 마땅하다는 듯이 여겨 자신의 행위를 합리화하는 것이다.
⑤ 높은 충성심에의 호소는 비행청소년이 속한 집단에서 요구하는 충성심에 부응하기 위해 어쩔 수 없이 비행을 저지른 것으로 주장함으로써 자신을 정당화시키는 것이다.

3과목(선택) 청소년수련활동론

51 청소년활동 진흥법령상 청소년수련시설 종합평가를 실시하여야 하는 자는?

❶ 여성가족부장관
② 보건복지부장관
③ 한국청소년수련시설협회장
④ 한국청소년상담복지개발원장
⑤ 한국청소년활동진흥원 이사장

해설: 청소년 활동 진흥법 제19조의2 제1항에 따르면 **여성가족부장관**은 수련시설의 전문성 강화와 운영의 개선 등을 위하여 시설 운영 및 관리 체계, 활동프로그램 운영 등 **수련시설 전반에 대한 종합평가를 정기적으로 실시**하고 그 결과를 공개하여야 한다.

52 다음에서 설명하는 수련활동은?

- 지도상에 표시된 몇 개의 지점을 통과하여 가능한 빨리 결승점에 도달하는 활동
- 지도와 나침반으로 자기의 길을 찾아야 하므로 추리력, 판단력, 기억력, 협동심을 요구함

① 하이킹
② 서바이벌게임
③ 천체탐사활동
❹ 오리엔티어링
⑤ 모의올림픽게임

해설: ④ 오리엔티어링은 **지도와 나침반을 이용**하여 지도상의 표시된 몇 개의 지점을 통과하고 목표물을 가능한 빠르게 찾아 결승점으로 돌아오는 활동으로 군사훈련의 일환으로 시작되어 청소년지도자에 의해 스포츠로 발전되어 왔다.

53 다음에서 설명하는 매듭법은?

- 로프 두 개의 끝을 서로 잇는 매듭법이다.
- 맺기 쉽고 풀기 쉬워 구급법에 가장 많이 쓰인다.
- 본매듭 또는 바른매듭이라고도 불린다.

① 고매듭
❷ 맞매듭
③ 당김매듭
④ 접친매듭
⑤ 장구매듭

해설:
② 맞매듭은 역사가 긴 단순한 매듭으로 로프를 물체 주위에 고정시키거나 붕대를 감는 데 사용되어 왔다.
① 고매듭은 로프의 끝 부분을 당기면 쉽게 풀리는 매듭으로 가장 단순한 매듭이다.
③ 당김매듭은 로프의 팽팽함을 유지하기 위해 사용한다.
④ 접친매듭은 길이가 다른 두 개의 로프를 연결하기 위해 사용하는 매듭법이다.
⑤ 장구매듭은 같은 굵기인 두 개의 로프를 연결하는 데 사용된다.

54 청소년활동 진흥법상 청소년수련시설이 아닌 것은?

① 유스호스텔
② 청소년수련원
③ 청소년야영장
④ 청소년수련관
❺ 청소년자립지원관

해설: ⑤ 청소년자립지원관은 **청소년복지지원법에 의한 청소년복지시설**에 해당한다.

청소년활동시설의 종류(청소년활동 진흥법 제10조)

청소년활동시설의 종류는 다음 각 호와 같다.
1. 청소년수련시설
   가. 청소년수련관 : 다양한 청소년수련거리를 실시할 수 있는 각종 시설 및 설비를 갖춘 종합수련시설
   나. 청소년수련원 : 숙박기능을 갖춘 생활관과 다양한 청소년수련거리를 실시할 수 있는 각종 시설과 설비를 갖춘 종합수련시설
   다. 청소년문화의 집 : 간단한 청소년수련활동을 실시할 수 있는 시설 및 설비를 갖춘 정보·문화·예술 중심의 수련시설
   라. 청소년특화시설 : 청소년의 직업체험, 문화예술, 과학정보, 환경 등 특정 목적의 청소년활동을 전문적으로 실시할 수 있는 시설과 설비를 갖춘 수련시설
   마. 청소년야영장 : 야영에 적합한 시설 및 설비를 갖추고, 청소년수련거리 또는 야영편의를 제공하는 수련시설
   바. 유스호스텔 : 청소년의 숙박 및 체류에 적합한 시설·설비와 부대·편익시설을 갖추고, 숙식편의 제공, 여행청소년의 활동지원(청소년수련활동 지원은 제11조에 따라 허가된 시설·설비의 범위에 한정한다)을 기능으로 하는 시설
2. 청소년이용시설 : 수련시설이 아닌 시설로서 그 설치 목적의 범위에서 청소년활동의 실시와 청소년의 건전한 이용 등에 제공할 수 있는 시설

14' 12회

55 청소년수련활동 인증위원회의 인증위원 구성에서 ( )에 들어갈 알맞은 숫자는?

> 인증위원회는 위원장과 부위원장 각 1명을 포함한 ( )명 이내의 위원으로 구성한다.

❶ 15
② 20
③ 25
④ 30
⑤ 35

해설 인증위원회는 위원장과 부위원장 각 1명을 포함한 **15명** 이내의 위원으로 구성한다(청소년활동 진흥법 제35조 제3항).

56 청소년활동 진흥법상 수련시설의 허가 또는 등록을 취소할 수 있는 자는?

① 여성가족부장관
② 보건복지부장관
③ 한국청소년수련시설협회장
④ 한국청소년활동진흥원 이사장
❺ 특별자치시장·특별자치도지사·시장·군수

해설 수련시설의 허가 또는 등록을 취소할 수 있는 자는 **특별자치시장, 특별자치도지사, 시장, 군수, 구청장**이다.

 허가 또는 등록의 취소(청소년활동 진흥법 제22조)

특별자치시장·특별자치도지사·시장·군수·구청장은 수련시설 설치·운영자가 다음 각 호의 어느 하나에 해당하는 경우에는 그 수련시설의 허가 또는 등록을 취소할 수 있다. 다만, 제1호 또는 제2호에 해당하는 경우에는 허가 또는 등록을 취소하여야 한다.
1. 거짓이나 그 밖의 부정한 방법으로 허가를 받거나 등록을 한 경우
2. 최근 2년 이내에 제72조 제2항 제8호에 따른 과태료처분을 2회 이상 받고 다시 같은 호에 따른 위반행위를 한 경우
3. 정당한 사유 없이 수련시설의 허가를 받거나 등록을 한 후 1년 이내에 그 수련시설의 설치 착수 또는 운영을 시작하지 아니하거나 특별자치시장·특별자치도지사·시장·군수·구청장이 정하는 기간에 수련시설의 등록을 하지 아니한 경우
4. 고의 또는 중대한 과실로 제20조의2 제1항 각 호의 사유가 발생한 경우
5. 제19조의2에 따른 종합평가에서 가장 낮은 등급을 연속하여 3회 이상 받은 경우

57 시·도지사 및 시장·군수 등이 읍·면·동에 1개소 이상 설치·운영하여야 하는 수련시설은?

① 유스호스텔
② 청소년수련관
❸ 청소년문화의 집
④ 청소년야영장
⑤ 청소년수련원

해설 시·도지사 및 시장·군수·구청장은 읍·면·동에 제10조 제1호 다목에 따른 **청소년문화의 집**을 1개소 이상 설치·운영하여야 한다(청소년활동 진흥법 제11조 제1항 제3호).

수련시설의 설치·운영 등(청소년활동 진흥법 제11조 제1항)

국가 및 지방자치단체는 「청소년기본법」제18조 제1항에 따라 다음 각 호와 같은 수련시설을 설치·운영하여야 한다.
1. 국가는 둘 이상의 시·도 또는 전국의 청소년이 이용할 수 있는 국립청소년수련시설을 설치·운영하여야 한다.
2. 특별시장·광역시장·특별자치시장·도지사·특별자치도지사(이하 "시·도지사"라 한다) 및 시장·군수·구청장은 각각 제10조 제1호 가목에 따른 청소년수련관을 1개소 이상 설치·운영하여야 한다.
3. 시·도지사 및 시장·군수·구청장은 읍·면·동에 제10조 제1호 다목에 따른 청소년문화의 집을 1개소 이상 설치·운영하여야 한다.
4. 시·도지사 및 시장·군수·구청장은 제10조 제1호 라목부터 바목까지의 규정에 따른 청소년특화시설·청소년야영장 및 유스호스텔을 설치·운영할 수 있다.

16' 15회 / 15' 13회

58 청소년활동 진흥법령상 위험도가 높은 청소년수련활동이 아닌 것은?

① 래프팅   ② 패러글라이딩
③ 10km 도보이동   ④ 암벽 클라이밍
❺ 2시간 이내의 야간등산

해설 <u>4시간 이상의 야간등산</u>을 위험도가 높은 청소년수련활동으로 분류한다.

 위험도가 높은 청소년수련활동
(청소년활동 진흥법 시행규칙 별표 7)

구 분	프로그램
수상활동	래프팅, 모터보트, 동력요트, 수상오토바이, 고무보트, 수숭스쿠터, 호버크래프트, 수상스키, 조정, 카약, 카누, 수상자전거, 서프보드, 스킨스쿠버
항공활동	패러글라이딩, 행글라이딩
산악활동	클라이밍(자연암벽, 빙벽), 산악스키, 야간등산(4시간 이상의 경우만 해당한다)
장거리걷기활동	10Km 이상 도보이동
그 밖의 활동	유해성 물질(발화성, 부식성, 독성 또는 환경유해성 등), 집라인(Zip-line), ATV탑승 등 사고위험이 높은 물질·기구·장비 등을 활용하여 이루어지는 청소년수련활동

15' 13회

59 프로그램 개발 과정에서 적용되는 다음의 요구분석 기법은?

- 교육과정 개발에 활용되어 온 직무분석의 기법
- 교육이나 훈련을 목적으로 교육목표와 교육내용을 비교적 단시간 내에 추출하는 데 효과적인 방법
- 분석 협조자(panel member)로 구성된 위원회를 중심으로 집중적인 워크숍 개최

❶ 데이컴법
② 관찰법
③ 개별이력분석법
④ 델파이법
⑤ 능력분석법

해설
② <u>관찰법은 관찰자가 직접 현장 상황을 보고 듣고 필요한 정보를 정확히 알아내는 방법</u>이며 말보다 많은 정보를 얻을 수 있는 장점이 있다.
③ <u>개별이력분석법은 주로 전문직에 종사하고 있는 사람들의 요구를 분석하고자 할 때 사용</u>하며, 각각의 이력을 보고 요구를 파악하는 것이다.
④ 델파이법은 <u>전문가의 직관과 판단으로 미래를 예측하거나 연구하는 것</u>으로 미국 랜드연구소에서 개발한 의견조사 방법이다. 지역적으로 산재해 있는 사람들의 상호작용을 촉진시킬 수 있다는 장점이 있다.
⑤ 능력분석법은 특정 영역에서 <u>전문가가 갖추어야 할 능력을 현재 그 영역에서 활동하고 있는 사람으로부터 확인</u>하여 교육적 요구를 분석하는 방법이다.

60 프로그램 평가에 관한 설명으로 옳은 것을 모두 고른 것은?

- ㄱ. 요구평가 : 현재수준과 기대수준의 격차에 대한 분석
- ㄴ. 타당성조사 : 프로그램의 효율성에 대한 분석
- ㄷ. 과정평가 : 프로그램 계획과 집행 사이의 격차에 대한 분석
- ㄹ. 비용분석 : 프로그램 진행 중 수행하고자 하는 방법에 대한 분석
- ㅁ. 결과평가 : 프로그램의 종료시점에서 목적과 목표에 대한 효과 분석

① ㄱ, ㄷ ❷ ㄱ, ㄷ, ㅁ
③ ㄴ, ㄷ, ㄹ ④ ㄴ, ㄹ, ㅁ
⑤ ㄱ, ㄴ, ㄹ, ㅁ

해설
- ㄴ. 타당성조사는 프로그램 수행의 **개연성 및 목표 도달가능 정도를 분석**하는 것이다.
- ㄹ. 비용분석은 **프로그램 종료 후** 프로그램의 상대적인 가치나 장점을 분석하여 동일 프로그램 수행 시 가장 좋은 **가격 대비 효율성을 분석**하는 것이다.

61 청소년활동 진흥법령상 청소년수련시설의 종사자를 대상으로 실시하여야 하는 안전교육 내용이 아닌 것은?

① 청소년수련활동 및 수련시설의 안전 관련 법령
② 청소년수련활동 안전사고 예방 및 관리
③ 수련시설의 안전점검 및 위생관리
④ 수련시설 종사자의 안전관리 역량 강화
❺ 안전 관련 보험의 가입 여부 및 보험의 종류와 약관

해설
⑤ **숙박형 등 청소년수련활동계획의 신고가 수리된 자는 모집 활동 및 계약을 할 경우** 보험 등 관련 보험의 가입 여부 및 보험의 종류와 약관의 사항을 표시하고 고지해야 한다(청소년활동 진흥법 제9조의5 제3호).

 안전교육의 내용(청소년활동 진흥법 시행규칙 제8조의4 제1항)
법 제18조의4 제1항에 따른 안전교육의 내용은 다음 각 호와 같다.
1. 청소년수련활동 및 수련시설의 안전관련 법령
2. 청소년수련활동 안전사고 예방 및 관리
3. 수련시설의 안전점검 및 위생관리
4. 그 밖에 수련시설 종사자 등의 안전관리 역량 강화 및 안전사고 예방을 위하여 필요한 사항

16' 15회

62 다음이 설명하는 프로그램 내용 편성의 원리는?

- 프로그램 내용의 선정 시 프로그램의 목표를 충실하게 반영해야 한다.
- 프로그램이 왜 실시되어야 하는가를 판단해 주는 준거가 된다.

① 통합성의 원리 ② 계속성의 원리
❸ 타당성의 원리 ④ 계열성의 원리
⑤ 범위의 원리

해설
① 통합성의 원리는 **각 과목과 과정 간의 밀접한 연계**로 프로그램의 통합성을 높여야 한다는 원리이다.
② 계속성의 원리는 이전의 내용과 다음 단계의 내용 사이에 **충분하고도 조화로운 연속성**이 보장되어야 한다는 원리이다.
④ 계열성의 원리는 프로그램의 질적 심화와 양적 확대가 이루어져야 하는 것처럼 학습의 점진적인 발달을 이루는 데에는 **적합한 계열성이 수립**되어야 한다는 것을 말한다.
⑤ 범위의 원리는 **학습 전이가치가 높은 내용에 우선순위**를 두어 내용을 선정 및 조직해야 한다는 것이다.

17' 16회

63 청소년활동 진흥법상 청소년수련시설 운영 중지 명령의 사유에 해당하는 것은?

① 청소년활동이 아닌 용도로 수련시설을 이용하는 경우
② 정당한 사유 없이 청소년의 수련시설 이용을 제한하는 경우
③ 수련시설 종합평가에서 가장 낮은 등급을 연속하여 3회 이상 받은 경우

④ 시설이 붕괴되거나 붕괴할 우려가 있는 등 안전 확보가 현저히 미흡한 경우
⑤ 청소년단체가 아닌 자에게 수련시설을 위탁하여 운영하게 하는 경우

해설 특별자치시장, 특별자치도지사, 시장, 군수, 구청장은 수련시설의 운영 또는 청소년활동 중에 **시설이 붕괴되거나 붕괴할 우려가 있는 등 안전 확보가 현저히 미흡한 경우**에는 수련시설 설치·운영자 또는 위탁운영단체, 숙박형 등 청소년수련활동 주최자에게 **3개월 이내의 기간을 정하여 시설 운영 또는 활동의 중지를 명할 수 있다.**

 운영 중지 명령(청소년활동 진흥법 제20조의2 제1항)

특별자치시장·특별자치도지사·시장·군수·구청장은 수련시설의 운영 또는 청소년활동 중에 다음 각 호의 어느 하나에 해당하는 사유가 발생한 경우에는 수련시설 설치·운영자 또는 위탁운영단체, 숙박형등 청소년수련활동 주최자에게 3개월 이내의 기간을 정하여 시설 운영 또는 활동의 중지를 명할 수 있다.
1. 시설이 붕괴되거나 붕괴할 우려가 있는 등 안전 확보가 현저히 미흡한 경우
2. 숙박형 등 청소년수련활동의 실시 중 참가자 또는 이용자의 생명 또는 신체에 심각한 피해를 입히는 사고가 발생한 경우
3. 「성폭력범죄의 처벌 등에 관한 특례법」 제2조의 성폭력범죄 또는 「아동·청소년의 성보호에 관한 법률」 제2조 제2호 및 제3호의 아동·청소년대상 성범죄 및 아동·청소년대상 성폭력범죄가 발생한 경우
4. 「아동복지법」 제17조의 금지행위가 발생한 경우

64 학교 밖 청소년 지원에 관한 법률상 '학교 밖 청소년 지원센터'의 주요 업무가 아닌 것은?

① 학교 밖 청소년에 대한 사회적 인식 개선
② 학교 밖 청소년 지원 프로그램의 개발 및 보급
③ 학교 밖 청소년 지원 우수사례의 발굴 및 확산
❹ 방과 후 활동 지원센터의 운영 모형 개발
⑤ 학교 밖 청소년 지원을 위한 지역사회 자원의 발굴 및 연계·협력

해설 ④ 방과 후 활동 지원센터의 운영 모형 개발은 청소년 기본법 시행령에서 **여성가족부 장관이 설치하는 청소년 방과 후 활동 지원센터의 사업임**을 명시하고 있다.

 학교 밖 청소년 지원센터의 업무 (학교 밖 청소년 지원에 관한 법률 제12조 제2항)

지원센터는 다음 각 호의 업무를 수행한다.
1. 제8조부터 제11조(상담지원, 교육지원, 직업체험 및 취업지원, 자립지원)까지의 학교 밖 청소년 지원
2. 학교 밖 청소년 지원을 위한 지역사회 자원의 발굴 및 연계·협력
3. 학교 밖 청소년 지원 프로그램의 개발 및 보급
4. 학교 밖 청소년 지원 프로그램에 대한 정보제공 및 홍보
5. 학교 밖 청소년 지원 우수사례의 발굴 및 확산
6. 학교 밖 청소년에 대한 사회적 인식 개선
7. 그 밖에 학교 밖 청소년 지원을 위하여 필요한 사업

65 청소년활동 진흥법상 수련시설의 안전점검에 관한 내용으로 옳지 않은 것은?

① 수련시설의 운영대표자는 시설에 대하여 정기 및 수시 안전점검을 실시하여야 한다.
❷ 지방자치단체는 안전점검을 받아야 하는 시설의 범위·시기, 안전점검기관, 안전점검 절차 및 안전기준을 정하여야 한다.
③ 지방자치단체는 예산의 범위에서 안전점검이나 시설의 보완 및 개수·보수에 드는 비용의 전부를 보조할 수 있다.
④ 수련시설의 운영대표자는 안전점검 결과를 특별자치시장·특별자치도지사·시장·군수·구청장에게 제출하여야 한다.
⑤ 특별자치시장·특별자치도지사·시장·군수·구청장은 필요한 경우 시설의 보완을 요구할 수 있으며 수련시설의 운영대표자는 그 요구에 따라야 한다.

해설 ② 정기 안전점검 및 수시 안전점검을 받아야 하는 시설의 범위·시기, 안전점검기관, 안전점검 절차 및 안전기준은 **대통령령**으로 정한다(청소년활동 진흥법 제18조 제5항).

수련시설의 안전점검 등(청소년활동 진흥법 제18조)

① 수련시설의 운영대표자는 시설에 대하여 정기 안전점검 및 수시 안전점검을 실시하여야 한다.
② 수련시설의 운영대표자는 제1항에 따라 정기 안전점검 및 수시 안전점검을 실시한 후 그 결과를 특별자치시장·특별자치도지사·시장·군수·구청장에게 제출하여야 한다.
③ 제2항에 따른 결과를 받은 특별자치시장·특별자치도지사·시장·군수·구청장은 필요한 경우 수련시설의 운영대표자에게 시설의 보완 또는 개수(改修)·보수(補修)를 요구할 수 있다. 이 경우 수련시설의 운영대표자는 그 요구에 따라야 한다.
④ 국가 또는 지방자치단체는 예산의 범위에서 제1항부터 제3항까지의 규정에 따른 안전점검이나 시설의 보완 및 개수·보수에 드는 비용의 전부 또는 일부를 보조할 수 있다.
⑤ 제1항 및 제2항에 따른 정기 안전점검 및 수시 안전점검을 받아야 하는 시설의 범위·시기, 안전점검기관, 안전점검 절차 및 안전기준은 대통령령으로 정한다.

16' 15회

66 특별한 교육 및 활동이 필요한 청소년을 대상으로 지원하는 청소년 기본법령상의 방과 후 사업에 명시되지 않은 활동은?

① 청소년의 역량 개발 지원
② 청소년의 기본학습 및 보충학습 지원
❸ 학교폭력 예방 및 대책에 관한 계획의 이행 지도
④ 청소년의 안전하고 건강한 방과 후 활동을 위한 급식, 시설 지원 및 상담
⑤ 청소년의 방과 후 활동을 지원하는 기관 및 단체 등의 개발 및 연계

해설 ③ 학교폭력 예방 및 대책에 관한 계획의 이행 지도는 **학교폭력 예방 및 대책에 관한 법률**에서 교육감이 학교폭력 예방과 사후조치 등을 위해 수행할 수 있는 업무 중 하나이다.

방과 후 활동 종합지원사업의 활동
(청소년 기본법 시행령 제33조의4 제2항)

방과 후 사업은 다음 각 호의 활동을 포함한다.
1. 청소년의 역량 개발 지원
2. 청소년의 기본학습 및 보충학습 지원
3. 청소년의 안전하고 건강한 방과 후 활동을 위한 급식, 시설 지원 및 상담
4. 청소년의 안전하고 건강한 방과 후 활동을 위한 학부모 교육, 청소년의 방과 후 활동을 지원하는 기관 및 단체 등의 개발 및 연계
5. 그 밖에 청소년의 방과 후 활동을 지원하기 위해 필요한 활동

16' 14회 / 15' 13회

67 청소년 기본법령상 (   )에 들어갈 내용이 순서대로 옳게 나열한 것은?

> 청소년수련시설에 종사하는 청소년지도사는 (   )년마다 (   )시간 이상의 보수교육을 받아야 한다.

① 1, 8
② 2, 8
③ 1, 15
❹ 2, 15
⑤ 2, 20

해설 청소년단체 중 여성가족부장관이 정하여 고시하는 단체, 지방청소년활동진흥센터 및 청소년수련시설에 종사하는 청소년지도사는 <u>2년마다</u> <u>15시간 이상</u>의 보수교육을 받아야 한다(청소년 기본법 시행규칙 제10조의2 제1항).

💡 **청소년지도사와 청소년상담사의 보수교육시간**

- 청소년지도사 : 2년마다 15시간 이상의 보수교육을 받아야 한다(청소년 기본법 시행규칙 제10조의 2 제1항).
- 청소년상담사 : 매년 8시간 이상의 보수교육을 받아야 한다(동법 제10조의3 제1항).

68 청소년활동 진흥법상 국가 또는 지방자치단체의 지원 대상인 청소년교류활동에 해당하지 않는 것은?

① 국제청소년교류활동
❷ 청소년자원봉사활동의 활성화
③ 지방자치단체의 자매도시협정
④ 청소년교류센터의 설치·운영
⑤ 남·북청소년교류활동

[해설] 국가 또는 지방자치단체의 지원 대상에 해당하는 청소년교류활동은 <u>국제청소년교류활동, 지방자치단체의 자매도시협정, 교포청소년교류활동, 청소년교류활동의 사후지원, 청소년 교류센터의 설치·운영, 남·북청소년 교류활동의 제도적 지원</u>이 있다.

69 문제해결 학습과정을 순서대로 옳게 나열한 것은?

```
ㄱ. 문제 인식      ㄴ. 자료수집
ㄷ. 결과의 검토    ㄹ. 해결방법의 계획
ㅁ. 활동의 전개
```

① ㄱ-ㄴ-ㄷ-ㄹ-ㅁ
❷ ㄱ-ㄹ-ㄴ-ㅁ-ㄷ
③ ㄱ-ㄹ-ㄷ-ㄴ-ㅁ
④ ㄱ-ㄹ-ㅁ-ㄴ-ㄷ
⑤ ㄱ-ㅁ-ㄹ-ㄴ-ㄷ

[해설] 문제해결 학습은 학습자가 주도적으로 행하는 문제해결 과정을 강조하는 것으로 <u>문제를 확인하고 해결방법을 탐색 및 계획하게 되며, 자료를 수집하여 해결 활동을 전개하고 그 결과를 검토하는 절차</u>를 거치게 된다.

17' 16회 / 15' 13회

70 다음이 공통으로 설명하는 하트(R. Hart)의 청소년 참여 사다리 단계는?

> • 청소년들이 제도나 규정에 따라 대표자로 회의에 참여하나 주도하지는 않는다.
> • 실질적인 청소년 참여로 보지 않는다.

❶ 청소년이 명목상(tokenism)으로 참여하는 단계
② 성인들이 정보를 제공하고 협의하는 단계
③ 성인 주도로 청소년과 의사결정을 공유하는 단계
④ 청소년이 주도하고 감독하는 단계
⑤ 성인들이 지시하고 정보를 제공하는 단계

[해설]
① 명목주의 단계는 청소년이 자신의 의견을 표출하긴 하지만, <u>청소년수련활동에는 전혀 영향을 미치지 못하는 상태에 해당</u>하는 단계이다.
② 성인들이 정보를 제공하고 협의하는 단계는 <u>형식적 참여수준</u>에 해당하는 자문과 정보제공단계이다.
③ 성인 주도로 청소년과 의사결정을 공유하는 단계는 <u>실질적 참여 수준</u>에 해당한다.
④ 청소년이 주도하고 감독하는 단계는 <u>실질적 참여수준</u>에 해당하며, 청소년 참여 사다리단계에서 가장 높은 단계이다.
⑤ 성인들이 지시하고 정보를 제공하는 단계는 <u>형식적 참여수준</u>에 해당하며, 제한적 위임과 정보제공단계이다.

💡💡 하트(R. Hart)의 참여 사다리(청소년 참여수준)

수 준	내 용
비참여적 수준	• 조작(manipulation) : 청소년 참여수준 중 가장 낮은 단계이며, 청소년들이 활동내용에 대해 전혀 이해하지 못한 채 청소년지도자의 지시에 일방적으로 따라다니는 상태이다. • 장식(Decoration) : 성인들이 설계한 활동에 동원되는 상태이며, 수련활동에 대한 이해도가 낮은 상태이다. • 명목상참여(Tokenism) : 청소년이 의제에 대해 자문을 제공할 수 있지만, 의제형성이나 피드백 기회를 제공받지 못한다. 청소년들이 제도나 규정에 따라 대표자로 회의에 참여하지만 주도하지는 않으며 실질적인 청소년 참여로 보지 않는다.

형식적 참여수준	• 제한적 위임과 정보제공(Assigned but informed) : 청소년에게 역할을 주고 수련활동 참여에 대한 정보를 제공해 준다. • 자문과 정보제공(Consulted and informed) : 성인이 세운 계획에 청소년들은 의견을 말할 수 있으며, 의견이 어떻게 반영되는지에 대한 정보가 청소년들에게 제공된다.
실질적 참여수준	• 성인 주도하에 의사결정 공유(Adult-initiated, shared decision with children) : 성인이 수련활동을 주도하지만, 청소년이 의사결정과정에 참여할 수 있다. • 청소년주도 및 감독(Child-initiated and directed) : 청소년이 수련활동을 주도하게 되며, 성인은 도움만 주는 상태이다. • 청소년주도 및 성인과 의사결정공유(Child initiated, shared decisions with adults) : 청소년이 주도하고 의사결정을 하며, 성인에게도 의사결정과정의 기회가 주어진다.

71 멘토링 활동에 관한 설명으로 옳은 것을 모두 고른 것은?

> ㄱ. 멘토는 이타카 왕 오디세우스 친구 이름인 멘토에서 유래하였다.
> ㄴ. 멘토링은 시기에 따라 예방 멘토링과 치료 멘토링으로 구분한다.
> ㄷ. 멘토는 모델링을 통하여 멘티에게 영향을 준다.
> ㄹ. 선도조건부 기소유예 처분을 받은 청소년을 대상으로 한 멘토링은 예방 멘토링에 해당된다.

① ㄱ, ㄴ
② ㄷ, ㄹ
❸ ㄱ, ㄴ, ㄷ
④ ㄱ, ㄴ, ㄹ
⑤ ㄴ, ㄷ, ㄹ

해설 ㄹ. 선도조건부 기소유예 처분을 받은 청소년을 대상으로 한 멘토링은 <u>치료 멘토링</u>에 속한다.

72 청소년의 발달 자산(developmental assets)에 관한 설명으로 옳은 것을 모두 고른 것은?

> ㄱ. 서치연구소(Search Institute)가 제시하였다.
> ㄴ. 20개의 외적 자산과 20개의 내적 자산으로 구분한다.
> ㄷ. 가정의 지지, 타인을 위한 봉사, 창의적 활동은 외적 자산에 속한다.
> ㄹ. 대인관계역량, 자아존중감, 목적의식은 내적 자산에 속한다.

① ㄱ, ㄷ
② ㄷ, ㄹ
③ ㄱ, ㄴ, ㄹ
④ ㄴ, ㄷ, ㄹ
❺ ㄱ, ㄴ, ㄷ, ㄹ

해설 ㄱ. 미국의 <u>서치 연구소</u>는 청소년의 발달자산을 제시하였고, 상당한 연구 역량을 축적하고 있는 기관이다.
ㄴ·ㄷ·ㄹ. 청소년의 발달자산은 <u>가족, 사회를 통해 제공되는 20개의 외적 자산</u>(가정의 지지, 타인을 위한 봉사, 창의적 활동 등)과 <u>청소년 내적 가치나 역량인 20개의 내적 자산</u>(대인관계역량, 자아존중감, 목적의식 등)으로 구성되어 있다.

73 다음 활동이 모두 이루어지는 청소년 체험활동 단계로 옳은 것은?

> 목표의 상세화, 학습방법의 구체화, 현장답사, 사전교육, 체험 준비물 안내

① 활동 협의 단계
❷ 활동계획 수립 단계
③ 체험활동 단계
④ 정리활동 단계
⑤ 평가 및 반성 단계

① 활동 협의 단계는 장소나 시간, 활동영역을 정하고 학생의 흥미를 수용하는 단계이다.
③ 체험활동 단계는 계획했던 체험을 실시하는 단계이다.
④ 정리활동 단계에서는 체험활동에서의 정리를 위해 보고서를 쓰거나 질의응답, 토의와 같은 과정을 실행한다.
⑤ 평가 및 반성 단계에서는 체험활동에 대한 소감문을 쓰거나 반성이 이루어지고 평가 및 추수지도의 활동이 이루어진다.

74 다음이 공통으로 설명하는 활동지도 이론은?

- 대표적인 학자는 듀이(J. Dewey)이다.
- 학습의 중심은 개개인의 현실세계의 내적 의식 구축에 있다.
- 청소년활동은 자기중심교육과 반성적 사고에 초점을 둔다.
- 활동의 적용은 야외교육, 수련활동에 적합하다.

❶ 경험주의이론
② 인지주의이론
③ 인본주의이론
④ 사회학습이론
⑤ 행동주의이론

② 인지주의이론 : 학습내용과 사고가 내적·정신적으로 연계되어 학습이 이루어진다.
③ 인본주의이론 : 잠재적 능력으로 인해 학습이 일어난다.
④ 사회학습이론 : 타인을 관찰하며 학습을 하게 된다는 이론이다.
⑤ 행동주의이론 : 관측가능한 행동을 연구의 초점으로 두었으며, 행동의 반응과 결과에 따라 행동을 수정하거나 치료할 수 있다고 본다.

75 청소년활동 진흥법의 내용 중 (　)에 들어갈 용어로 옳은 것은?

특별자치시장·특별자치도지사·시장·군수·구청장은 청소년활동을 지원하기 위하여 필요한 경우 명승고적지, 역사유적지 또는 자연경관이 수려한 지역으로서 청소년활동에 적합하고 이용이 편리한 지역을 (　)(으)로 지정할 수 있다.

① 청소년 블루존
② 청소년 두드림존
③ 청소년수련거리
❹ 청소년수련지구
⑤ 청소년야영장

특별자치시장·특별자치도지사·시장·군수·구청장은 청소년활동을 지원하기 위하여 필요한 경우 명승고적지, 역사유적지 또는 자연경관이 수려한 지역으로서 청소년활동에 적합하고 이용이 편리한 지역을 **청소년수련지구**로 지정할 수 있다(청소년활동 진흥법 제47조 제1항).

2017년 제16회 기출문제해설

1과목(필수) 발달심리

01 노년기 인지발달에 관한 설명으로 옳은 것은?

① 정보처리 속도가 크게 증가한다.
② 결정지능의 감퇴가 유동지능보다 현저해진다.
③ 의미기억이 일화기억보다 더 많이 쇠퇴한다.
❹ 인지발달의 변화양상에서 개인차가 더 커지게 된다.
⑤ 정보의 조직화와 정교화 책략 사용이 증가한다.

해설
① 노년기에는 정보처리 속도가 둔화되며, 노년기 인지기능의 저하는 처리속도의 감소와 관련이 있다.
② 경험을 통해 획득되는 결정지능보다 유전적·생리적 영향을 받는 유동지능의 감퇴가 현저해진다.
③ 경험에 의한 기억인 일화기억이 지식을 기억하는 의미기억보다 더 많이 쇠퇴한다.
⑤ 노인들은 인지기능의 쇠퇴에 대응하여 목표범위를 좁히는 등의 최적화 책략을 사용한다.

02 발달 이론가와 성인 발달에 관한 주장이 바르게 연결되지 않은 것은?

❶ 발테스와 발테스(P. Baltes & M. Baltes) – 성공적 노화를 선택, 최적화, 상실의 3가지 요인으로 설명한다.
② 에릭슨(E. Erikson) – 성인중기에 생산성을 확립할 방법을 찾지 못한 성인들은 침체감을 경험한다.
③ 해비거스트(R. Havighurst) – 사회적 활동수준을 유지하는 것이 성인후기 삶의 만족도를 높인다.
④ 레빈슨(D. Levinson) – 인생주기 중 모두 5번에 걸친 전환기(과도기)를 제안한다.
⑤ 라부비비에(G. Labouvie–Vief) – 성인기에는 가설적 사고에서 실용적 사고로 변화한다.

해설
발테스와 발테스(P. Baltes & M. Baltes)는 성공적인 노화를 선택, 최적화, 보상 3가지 요인으로 설명한다.

03 청소년기 자아정체감에 관한 설명으로 옳지 않은 것은?

① 청소년기를 거쳐 성인기에 이르기까지 발달이 계속된다.
② 부모의 양육행동은 자아정체감 형성에 영향을 미친다.
❸ 청소년기의 정체감 유예(moratorium)는 부적응적인 것이다.
④ 부모의 가치나 기대를 그대로 수용하여 선택하는 경우를 정체감 유실(foreclosure)이라 한다.
⑤ 추상적 사고의 발달은 자아정체감 발달과 관련이 있다.

해설
청소년기에 겪는 정체감 유예는 부적응적인 것이 아니라, 정체감 성취를 위해 꼭 필요한 과정 중 하나이다.

마샤(Marcia)의 자아정체감 분류

분류	내용
성취(achievement)	자아정체감의 위기를 극복하고 자아성취감을 확립하여 자신의 신념이나 직업 등에 대해 의사결정을 할 수 있는 상태이다.
유예(moratorium)	자아정체감 위기에 처해 있으면서 삶의 목표와 가치에 대해 회의하고 대안을 탐색하나 아직 의사결정을 내리지 못한 상태이다.
유실(foreclosure)	자아정체감과 관련된 위기를 경험하지 않고 부모나 다른 사람들의 기대를 수용하여 자신의 의사결정을 내리는 경우이며, 무조건 엄마의 말에 순응하는 '마마보이'와 관련이 깊다.
혼미(diffusion)	위기를 경험하지 않고, 삶의 목표와 가치도 탐색하지 않은 상태이다.

04 발달이론에 관한 설명으로 옳은 것을 모두 고른 것은?

> ㄱ. 피아제(J. Piaget)의 인지발달 이론은 인지발달의 연속성(continuity)을 강조한다.
> ㄴ. 프로이트(S. Freud)의 심리성적 이론은 성격발달에 있어 생애초기 경험을 중시한다.
> ㄷ. 동물행동학적 이론은 발달에서 결정적 시기라는 개념을 주장한다.
> ㄹ. 브론펜브레너(U. Bronfenbrenner)의 생태학적 이론에서 부모와 아동의 상호작용은 중간체계에 해당한다.

① ㄱ, ㄴ ❷ ㄴ, ㄷ
③ ㄷ, ㄹ ④ ㄱ, ㄴ, ㄷ
⑤ ㄴ, ㄷ, ㄹ

[해설]
ㄱ. 피아제(J. Piaget)는 인지발달 단계를 감각운동기, 전조작기, 구체적 조작기, 형식적 조작기 4가지 단계로 나누었으며, 단계를 거쳐 순차적으로 발달한다는 **불연속성을 강조**한다.
ㄹ. 부모와 아동의 상호작용은 **미시체계**에 해당한다. 중간체계는 미시체계들 간의 상호관계를 나타내며 가족과 학교 간의 관계를 대표적인 예로 들 수 있다.

18' 17회 / 16' 15회 / 16' 14회 / 14' 12회

05 청소년기 신경계 발달 특징에 관한 설명으로 옳은 것을 모두 고른 것은?

> ㄱ. 전두엽에서 사용되지 않는 시냅스가 계속해서 제거된다.
> ㄴ. 신경전달물질인 도파민의 분비가 급격히 감소한다.
> ㄷ. 뇌신경의 수초화가 계속 진행되며, 그 진행속도는 뇌 영역마다 차이가 있다.
> ㄹ. 뇌의 성장급등과 더불어 뇌의 무게도 급격히 증가한다.

① ㄱ, ㄴ ❷ ㄱ, ㄷ
③ ㄷ, ㄹ ④ ㄱ, ㄴ, ㄹ
⑤ ㄴ, ㄷ, ㄹ

[해설]
ㄴ. 청소년기는 신경전달물질인 **도파민의 분비가 증가**하는 시기이다.
ㄹ. **영유아기**에 뇌의 성장급등과 더불어 **뇌의 무게도 급격히 증가**한다.

14' 12회

06 영아기 발달의 특징에 관한 설명으로 옳지 않은 것은?

① 감각 중 시각이 가장 늦게 발달한다.
② 습관화 절차로 영아기 학습능력을 관찰할 수 있다.
③ 깊이 지각은 만 1세 이전에 발달한다.
④ 만 3개월 된 영아는 언어의 음소를 변별할 수 있다.
❺ 생후 1주된 신생아는 지연모방을 할 수 있다.

[해설]
지연모방이란 **일정 시간이 지난 후**에 특정 행동을 기억해 내고 **자발적으로 흉내내는 것**을 말한다. 지연모방은 정신적 통합기인 **생후 18~24개월 사이**에 나타나게 된다.

💡 **영아기 발달의 특징**
- 신생아는 머리 크기가 성인 머리의 약 70%에 이를 만큼 머리부터 발달한다.
- 촉각은 출생 시 입술과 혀에 집중되어 있으며 환경에 대한 지식을 습득하는 주요 수단으로 사용된다.
- 감각 중 시각이 가장 늦게 발달한다.
- 만 3개월 된 영아는 언어의 음소를 변별할 수 있다.
- 깊이 지각은 만 1세 이전에 발달하며, 생후 1년 동안은 협응기능이 발달한다.
- 잡기 기능은 물건을 가슴으로 덮치듯이 잡기 – 팔로 끌어당기기 – 손바닥으로 잡기 – 손가락으로 잡기 순으로 발달한다.
- 이행운동 기능은 머리들기 – 뒤집기 – 혼자앉기 – 혼자서기 – 가구잡고 걷기 – 잘 걷기 – 계단오르기 등의 순으로 발달한다.
- 습관화 절차로 영아기 학습능력을 관찰할 수 있다.

07 유아기 소근육 운동기술의 발달을 순서대로 바르게 나열한 것은?

> ㄱ. 직선과 원을 따라 그린다.
> ㄴ. 물건을 손으로 잡는다.
> ㄷ. 신발 끈을 혼자 묶는다.
> ㄹ. 직선을 따라 가위질을 한다.

① ㄱ - ㄴ - ㄹ - ㄷ
② ㄴ - ㄱ - ㄷ - ㄹ
❸ ㄴ - ㄱ - ㄹ - ㄷ
④ ㄷ - ㄹ - ㄱ - ㄴ
⑤ ㄹ - ㄴ - ㄱ - ㄷ

해설 유아기 소근육 운동기술은 눈과 손의 협응에 이용하는 근육이 발달하여 손의 사용이 정교해짐에 따라 **잡기 → 직선과 원 따라 그리기 → 선 따라 가위질하기 → 신발 끈 혼자 묶기**의 순으로 나타나게 된다.

08 다음에 제시된 아동의 사회인지능력을 측정하는 과제는?

> 한울이는 친구 민수가 자신과 다른 생각을 가질 수 있고, 자신이 아는 것을 민수가 모를 수 있다는 사실을 이해한다.

① 자기 인식 과제　　② 정서 조절 과제
③ 심적 회전 과제　　❹ 틀린 믿음 과제
⑤ 애착 과제

해설 틀린 믿음은 <u>다른 사람이 자신과 다른 생각을 가질 수 있고, 자신이 아는 것을 다른 사람이 모를 수 있다는 것을 이해하는 것이다.</u> 틀린 믿음에 대한 이해는 4세경부터 발달한다. 타인이나 또래와의 상호작용은 마음이론(마음이 행동에 어떤 영향을 주는지에 대한 이해)의 이해를 도와 형제가 없는 아동보다는 형제가 있는 아동이 틀린 믿음을 더 잘 이해하게 되고, 부모와 대화가 풍부한 아동 역시 틀린 믿음을 잘 이해한다.

09 다음과 같은 특징을 보이는 아동기 장애는?

> • 과제나 활동에 필요한 물건을 자주 잃어버린다.
> • 과제나 놀이를 할 때 지속적으로 주의 집중할 수 없다.
> • 지시를 끝까지 듣지 못하고 학업에 어려움을 보인다.
> • 손발을 만지작거리며 가만두지 못하거나 의자에 앉아서도 꿈틀거린다.

❶ 주의력결핍 과잉행동장애
② 틱장애
③ 적대적 반항장애
④ 품행장애
⑤ 자폐스펙트럼장애

해설 주의력결핍 과잉행동장애(ADHD)는 <u>주의력 부족, 충동성, 과잉행동</u>이 핵심증상으로 나타나며, 집중 효율성의 저하와 같은 실행기능의 문제와 관련이 있는 질병이다.

💡 **주의력결핍 과잉행동장애(ADHD)**
• 실행기능의 문제와 관련이 있다.
• 아동기에는 남아가 여아보다 주의력결핍 및 과잉행동장애(ADHD)의 유병률이 높다.
• 과제나 활동에 필요한 물건을 자주 잃어버리며, 과제나 놀이를 할 때 지속적으로 주의 집중할 수 없다.
• 지시를 끝까지 듣지 못하고 학업에 어려움을 보인다.
• 손발을 만지작거리며 가만두지 못하거나 의자에 앉아서도 꿈틀거린다.
• 치 료
  – 주의 및 억제를 다루는 뇌 영역들 간의 정보를 전달하는 신경전달물질과 관련된 치료를 실행한다.
  – ADHD의 치료법에는 인지행동치료, 약물치료 등이 있다.
  – 투약의 효과는 아동에 따라 다르게 나타난다.
  – 흔하게 나타나는 부작용은 식욕부진과 불면증이다.
  – 심리 치료와 병행하는 것이 도움이 된다.

10 피아제(J. Piaget) 이론에서 생후 10개월 된 영아가 할 수 있는 행동으로 적합한 것을 모두 고른 것은?

> ㄱ. 1주일 전에 본 이웃집 아이의 행동을 모방한다.
> ㄴ. 영아가 보고 있는 물건을 가리개로 가리면, 가리개를 치우고 물건을 잡는다.
> ㄷ. 물건을 A에서 찾은 후에는 물건이 B에 숨겨지는 것을 보아도 A에서 계속 찾는다.
> ㄹ. 자신이 물체에 어떤 변화를 일으킬 수 있는지 알아보기 위해 블록을 던져보거나 굴려본다.

① ㄱ, ㄴ ❷ ㄴ, ㄷ
③ ㄷ, ㄹ ④ ㄱ, ㄴ, ㄷ
⑤ ㄴ, ㄷ, ㄹ

해설
ㄴ·ㄷ. 생후 10개월이 되면 영아는 물건이 있던 같은 지점에 물건을 숨기면 찾을 수 있게 되지만, 영아가 보는 앞에서 물건을 다른 곳에 숨기면 처음 찾은 곳에서 물건을 계속 찾으려고 한다. 대상영속성에 해당하는 행동이며, 생후 8~12개월에 나타난다.
ㄱ. 1주일 전에 본 이웃집 아이의 행동을 모방하는 행동은 **지연모방**이 가능한 것으로 **정신적 표상단계(18개월~24개월)**에서 이루어진다.
ㄹ. 자신이 물체에 어떤 변화를 일으킬 수 있는지 알아보기 위해 블록을 던져보거나 굴려보는 것은 **3차 순환 반응기(12개월~18개월)**에 나타난다.

18' 17회 / 16' 14회 / 15' 13회

11 다음 행동은 콜버그(L. Kohlberg)가 제안한 도덕발달이 어떤 단계에 해당하는가?

> "동생이랑 사이좋게 지내. 잘 놀아주지 않으면 혼내 줄 거야." 라는 엄마의 이야기를 듣고 철수는 야단맞지 않으려고 친구와 놀러가고 싶은 것을 참고 동생과 놀았다.

❶ 처벌 – 복종 지향 ② 단순 쾌락 지향
③ 착한 소년-착한 소녀 지향 ④ 사회질서 유지 지향
⑤ 사회계약 지향

해설
동생이랑 잘 놀아주지 않았을 경우에는 **처벌**이 가해진다는 말을 듣고 동생과 놀았다는 것은 **처벌-복종을 지향하는 것**으로 **전인습적 수준**이라 할 수 있다.

💡 **콜버그(L. Kohlberg)의 도덕성발달**
- 도덕적 갈등상황을 제시하고 응답자의 도덕적 판단에 대한 설명에 근거하여 발달단계를 구분하며, 도덕발달은 일정한 순서에 따라 진행된다.
- 인지적 능력은 도덕발달의 필수조건이지만, 충분조건은 아니며, 사회적 경험은 도덕발달에 영향을 미치게 된다.

수준	도덕 발달 단계	내용
전인습수준	1단계 : 처벌과 복종 지향	• 신체적·물리적 힘이 도덕 판단의 기준이 되며, 권력자로부터 가해지는 처벌을 피하기 위한 방향으로 옳고 그름의 판단이 이루어진다. • 집단따돌림 가해자가 무서워서 그에 동조하는 청소년에게 해당되는 것을 예로 들 수 있다.
	2단계 : 도구적 상대주의 또는 쾌락주의 지향	• 옳은 행동을 자신과 타인의 필요를 충족시켜주는 행동으로 본다. • 아동은 자신의 흥미와 욕구를 만족시키기 위해 규범을 준수하게 된다.
인습수준	3단계 : 착한 소년·소녀 지향	• 다른 사람에 대한 배려, 신의 등이 도덕적 사고 판단의 기준이 된다. • 옳고 그름의 판단 기준으로 자신 주변사람들과의 관계 유지 및 기대를 중요하게 여긴다. • 하인즈 딜레마 이야기를 들은 아이가 "남의 물건을 훔친 하인즈는 도둑으로 소문이 나서 그 동네에서는 창피해서 살 수 없을 거예요."라는 반응을 보인 것을 사례로 들 수 있다.
	4단계 : 법과 질서 지향	• 법과 주어진 사회적 의무가 도덕적 판단의 기준이 되며, 법과 질서를 지키려는 경향이 뚜렷하다. • 일정한 가치체계나 사회 전체적인 입장에서 도덕성을 판단한다.

후인습수준	5단계 : 사회적 계약과 합법성 지향	• 법과 규칙은 사람에 의해 만들어진 것이며, 법과 규칙을 지킴으로써 기본적인 개인의 권리를 보호할 수 있다고 생각한다. • 가치나 권리 등은 법 이상이 될 수 있으며 법은 변화할 수 있다고 본다.
	6단계 : 보편적인 윤리적 원리 지향	• 가장 보편적인 원리에 따라 도덕 판단을 하며, 스스로의 양심에 따라 옳은 것을 판단한다. • 콜버그의 도덕성발달 단계에서 가장 높은 단계이다.

12 까꿍놀이와 같은 사회놀이에 관한 설명으로 옳지 않은 것은?

❶ 언어발달과 관련이 없다.
② 사회적 발달에 중요하다.
③ 두 사람 간의 정서적 교류를 촉진한다.
④ 생후 4~6개월에 시작된다.
⑤ 주고받기의 기본을 배우게 된다.

해설 ① 까꿍놀이와 같은 사회놀이는 주양육자의 목소리와 말소리를 들려주기 때문에 언어자극을 주게 되어 <u>언어발달에 긍정적인 영향</u>을 미치게 된다.

13 공동주의(joint attention)에 관한 설명으로 옳지 않은 것은?

① 타인이 바라보는 곳과 동일한 방향으로 따라 보는 것이다.
② 생후 3개월 이전에는 나타나지 않는다.
③ 상대방의 마음을 이해하는 데 중요하다.
④ 공동주의를 더 많이 하는 아동이 언어발달이 더 빠르다.
❺ 주의력결핍 과잉행동장애 아동은 공동주의에 결함이 있다.

해설 ⑤ 공동주의는 <u>사물이나 사건에 대한 주의를 타인과 공유하는 상호작용</u>으로 사회적 의사소통기술 발달에 중요한 역할을 할 뿐만 아니라 타인의 마음상태를 추측하는 역할을 한다. <u>주로 자폐성 장애를 가진 아동들에게 공동주의 능력이 부족한 것으로</u> 나타난다.

14' 12회

14 기형발생물질에 관한 설명으로 옳은 것을 모두 고른 것은?

ㄱ. 신체발달에 유해한 영향을 미치는 시기는 신체기관에 따라 다르다.
ㄴ. 노출된 물질의 양에 따라 효과가 다르다.
ㄷ. 출생 초기에는 효과가 나타나지 않다가 수년 후에 나타날 수 있다.
ㄹ. 신체의 주요 구조적 이상은 접합기에 발생한다.

① ㄱ, ㄴ
② ㄱ, ㄷ
③ ㄴ, ㄹ
④ ㄷ, ㄹ
❺ ㄱ, ㄴ, ㄷ

해설 ㄹ. 신체의 주요 구조적 이상은 <u>주요 신체기관과 신경계가 형성되는 시기인 배아기에 발생</u>한다. 배아기는 기형발생물질에 민감하게 영향을 받는 시기이며, 기형발생물질에 의한 구조적 기형이 발생할 가능성이 가장 크다.

15 다음은 토마스와 체스(A. Thomas & S. Chess)의 기질 모델에서 어떤 유형에 해당하는가?

- 활동수준이 낮다.
- 수면 패턴 등 일상생활 리듬이 비교적 규칙적이다.
- 새로운 자극에 더디게 반응한다.
- 소리 내어 웃는 일이 적고 기분이 부정적이다.

① 순한 기질
② 까다로운 기질
③ 억제형 기질
④ 우울한 기질
❺ 느린 기질

해설 토마스와 체스는 기질의 특성을 9가지로 나누었으며, 이것을 기초로 영아의 기질을 **순한 기질, 까다로운 기질, 느린 기질**로 나누었다. 느린 기질의 아동은 비활동적이고 온순하며 새로운 자극에 대한 **반응이 드러나지 않거나 더디게 반응**한다.

💡 토마스와 체스(A. Thomas & S. Chess)의 기질유형

단계	내 용
순한 기질	• 수면이 규칙적이고 낯선 사람에게도 미소를 잘 짓는다. • 환경의 변화에 잘 적응하며 대체로 평온한 정서상태를 유지한다.
까다로운 기질	• 일상적인 생활습관이 불규칙적이다. • 환경의 변화에 부정적이며 적응하는 데 오랜시간이 걸린다. • 낯선 환경이나 사람에 대해 심하게 위축된다.
느린 기질	• 일상적인 생활습관이 비교적 규칙적이다. • 낯선 상황에서 처음에는 움츠러들지만 곧바로 불안이 없어지고 흥미를 갖는다.

18' 17회 / 15' 13회

16 다음과 같은 상황을 설명하는 비고츠키(L. Vygotsky)의 개념이 아닌 것은?

진수가 선물로 받은 퍼즐을 잘 맞추지 못하고 있자, 옆에 있던 아빠가 "모퉁이부터 맞추어보면 좋지 않을까?" 라고 말하면서 모서리에 해당하는 조각 하나를 진수 앞에 두었다. 그러자 진수는 점차 모서리 조각을 스스로 찾아서 퍼즐을 맞출 수 있게 되었다.

❶ 사적 언어
② 발판화(scaffolding)
③ 유도된 참여
④ 근접발달 영역
⑤ 유도된 학습

해설 사적 언어는 **문제 해결을 위해 자신과 대화하는 것**을 말하며, 자신의 생각을 조절하고 반영하여 문제를 해결하게 된다. 사적 언어는 아동이 자라면서 내적 언어로 바뀌게 된다. 해당 사례는 사적 언어와는 관련이 없다. 사례에서는 진수가 선물로 받은 퍼즐을 잘 맞출 수 있도록 옆에서 아빠가 도와주고 있는 상황이므로, **유도된 참여와 학습**이 이루어지고 있다고 볼 수 있고 아빠의 도움으로 퍼즐 맞추는 것을 할 수 있는 수준이므로 **근접발달 영역**에 있으며, **발판화(scaffolding)**가 이루어지고 있다고 할 수 있다.

16' 15회 / 14' 12회

17 에릭슨(E. Erikson)이 제안한 발달단계별 위기의 순서가 바르게 나열된 것은?

① 신뢰 대 불신 – 근면성 대 열등감 – 자율성 대 수치심
② 주도성 대 죄책감 – 자율성 대 수치심 – 친밀감 대 고립감
③ 정체성 대 역할혼란 – 생산성 대 침체감 – 근면성 대 열등감
❹ 자율성 대 수치심 – 근면성 대 열등감 – 정체성 대 역할혼란
⑤ 생산성 대 침체감 – 친밀감 대 고립감 – 자아통합 대 절망

해설 ④ 자율성 대 수치심은 **2단계**이고 근면성 대 열등감은 **4단계**, 정체성 대 역할혼란은 **5단계**에 해당한다.

에릭슨(E. Erikson)의 심리사회적 발달단계

에릭슨은 사람의 행동과 사고에 있어서 각 시기에 성취해야 할 심리적 발달과업이 있다고 주장하였으며 심리사회적 발달단계를 8단계로 나누었다.

단 계	내 용
신뢰 대 불신 (1단계)	• 출생~약 1세 • 주양육자와 사회적 관계가 형성된다. • 이 시기에 생성된 기본적 신뢰감은 일생 동안 타인과 사회에 대한 신뢰적인 태도의 토대가 된다.
자율성 대 수치심 (2단계)	• 약 1~4세 • 이행능력과 자조기술이 향상되어 1단계에 비해 상당히 자율적이게 되며, 선택의 상황에서는 자신의 의지를 나타낸다. • 사회적 기대에 적합한 행동을 하지 못했을 경우 수치감을 가지게 된다.
주도성 대 죄책감 (3단계)	• 5~6세경 • 새로운 것을 시도하고 목표를 설정하며 그에 따라 활동한다. • 대개의 아이들이 점차 주도성을 발달시키게 된다.
근면성 대 열등감 (4단계)	• 6~11세 • 가족 외의 사회에서 통용되고 유용한 기술들을 배우고자 하며, 이 과정 중에서 근면성이 발달된다.
성체성 내 역할혼란 (5단계)	• 12~18세 • '나는 누구이며 미래의 나는 어떻게 될 것인가?'에 대해 고민한다. 자아정체감을 확립하는 시기이다. • 긍정적인 자아정체감을 확립했을 경우에는 이후 단계에서 심리적 위기가 있더라도 무난히 넘길 수 있다. • 긍정적인 자아정체감이 확립되지 않았을 경우에는 이후 단계에서도 방황이 계속된다.
친밀감 대 고립감 (6단계)	• 18~30세 • 타인과의 관계에서 친밀감을 쌓는 것이 주요 과업이다. • 확립된 자아정체감을 바탕으로 타인의 정체감과 조화시키려고 노력한다.
생산성 대 침체감 (7단계)	• 30~65세 • 다음 세대에게 기술을 전수하고 지역사회에 도움이 되는 일을 한다. • 가정을 형성하여 자녀를 양육하고 직업적인 성취 등을 통해 생산성이 발휘된다.
통합 대 절망 (8단계)	• 65세 이상 • 신체적, 사회적 퇴보를 받아들이는 시기이다.

18 다음에서 설명하는 애착 유형은?

"부모님을 생각하면 아직도 화가 난다. 나를 따뜻하게 돌봐 주지 않으셔서 나는 아직도 사랑에 목이 마르다. 다른 사람이 나를 진정으로 사랑해 주지 않는 것 같다. 나는 이것 때문에 걱정이 되고 스트레스를 받는다. 나는 상대방에게 가까이 가려 하지만 이러한 나의 행동은 상대방을 달아나고 싶게 만들기도 한다."

① 안정 애착 ❷ 저항 애착
③ 회피 애착 ④ 혼란 애착
⑤ 거부 애착

[해설] "부모님을 생각하면 아직도 화가 난다."는 부분과 "상대방에게 가까이 가려하지만 이러한 행동이 상대방을 달아나고 싶게 만들기도 한다."라는 부분에서 저항 애착과 관련이 있다는 것을 유추할 수 있다. 저항 애착을 가진 아동은 주양육자가 돌아오면 화를 내면서도 지나치게 곁에 머무르려고 하며 매달린다. 또한 안아줘도 쉽게 달래지지 않는다.

애착의 유형

유 형		내 용
안정 애착		• 안정 애착을 형성한 영아들은 주양육자를 안전기지로 삼아 주변을 탐색하게 된다. • 낯선 사람과도 상호작용을 잘 하며, 주양육자가 잠시 떠나는 것에 크게 불안해하지 않는다. • 주양육자가 떠났다가 돌아오면 반가워하며 쉽게 안정을 되찾는다.
불안정 애착	회피 애착	• 회피 애착을 형성한 영아들은 주양육자에게 무반응하는 것처럼 보이며, 사라져도 슬퍼하지 않는다. • 낯선 사람에게도 무반응하며 주양육자가 잠시 사라졌다가 돌아오더라도 회피하거나 천천히 반기며, 안아주어도 주양육자와 물리적 거리를 유지하려고 노력한다.
	저항 애착	• 주양육자의 부재에 불안감을 느끼지만 돌아오면 분노나 저항을 보이고 밀어내면서도 지나치게 매달리거나 칭얼댄다. • 쉽게 달래지지 않는다. • 주양육자가 옆에 있어도 낯선 사람을 경계한다.
	혼란 애착	• 저항애착과 회피애착의 복합된 형태로서 일관성 없이 혼란스러운 행동을 보인다. • 주양육자에 대한 접촉욕구를 강하게 보이면서도 갑자기 회피하거나 멍한 행동을 보이게 된다.

19 만 8개월 영아는 양육자가 눈에 보이지 않으면 심한 불안을 보이며 양육자를 찾는다. 이러한 현상과 관련된 영아기 인지발달은?

① 보존 개념
② 지각 항상성
❸ 대상 영속성
④ 자기 중심성
⑤ 상징적 사고

해설 대상 영속성이란 눈에 물체가 보이지 않더라도 물체가 계속 존재한다는 것을 아는 것으로, 만 8개월의 영아가 양육자가 눈에 보이지 않으면 심한 불안을 보이며 양육자를 찾는다는 것은 아직 대상 영속성의 인지발달이 이루어지지 않았다는 것을 알 수 있다.

20 만 3세 아동이 주어 뒤에 조사 '가'를 붙이는 규칙을 학습한 후, "곰가 꿈에서 나를 따라왔어요."라고 말하였다. 이러한 현상을 (A)(이)라 하며 언어 발달이 단순히 (B)에 의한 것이 아님을 제안하는 것이다. ( )에 들어갈 내용으로 적합한 것은?

① A : 변형 규칙 B : 보편문법
② A : 과잉 일반화 B : 보편문법
③ A : 변형 규칙 B : 모방
④ A : 통사적 제약 B : 보편문법
❺ A : 과잉 일반화 B : 모방

해설 아동이 이제까지 배운 문법적 지식을 너무 넓은 범위에 대해 적용시키는 것을 과잉 일반화라고 한다. 아동이 조사 '가'를 배우고 '곰가'라고 말하는 것은 조사 '가'를 과잉 일반화시키는 것으로 언어발달이 단순히 모방에 의한 것이 아님을 보여주는 사례라고 볼 수 있다.

18´ 17회 / 16´ 15회 / 16´ 14회 / 15´ 13회 / 14´ 12회

21 만 5세, 7세, 9세 아동 각각 100명을 표집하고 이들을 대상으로 실험을 실시하여 연령에 따른 시공간적 추론 능력의 발달을 알아보았다. 이러한 연구 설계의 단점에 해당하는 것을 모두 고른 것은?

ㄱ. 연구 기간이 길고 피험자를 추적해야 하는 어려움이 있다.
ㄴ. 발달적 변화과정을 정확하게 보여주지 못한다.
ㄷ. 중도 탈락이 많아 표집의 특성을 상실할 위험이 있다.
ㄹ. 출생동시집단(cohort)효과를 통제할 수 없다.
ㅁ. 반복 측정에 따른 오염이 발생할 수 있다.

① ㄱ, ㄴ
② ㄱ, ㄷ
❸ ㄴ, ㄹ
④ ㄷ, ㅁ
⑤ ㄷ, ㄹ, ㅁ

해설 횡단적 연구는 동일한 시점에 다른 집단들을 비교하는 연구로서 문제의 사례는 횡단적 연구설계에 해당한다. ㄴ과 ㄹ은 횡단적 연구의 단점이고 ㄱ, ㄷ, ㅁ은 종단적 연구의 단점이다.

💡💡 종단적 연구와 횡단적 연구

종류	내용
종단적 연구	• 종단연구에서는 동일한 개인 또는 집단을 시간의 차이를 두고 여러번 측정함으로써 연령에 따른 발달의 추이를 규명한다. • 실험 초기 및 후기의 인과관계를 규명하는 데 용이하다. • 단기종단연구에서는 반복 검사로 인한 연습효과가 존재한다. • 연구기간이 길며 피험사를 추석해야 하는 어려움이 있다. • 중도 탈락이 많아 표집의 특성을 상실할 위험이 있다. • 반복 측정에 따른 오염이 발생할 수 있다. • 횡단적 연구보다 시간과 비용이 많이 든다.
횡단적 연구	• 동일한 시점에 서로 비슷한 변인을 가진 집단들을 연구하는 것이다. • 연구대상을 관리하고 선정하는 것이 비교적 용이하다. • 종단적 연구보다 시간과 비용이 적게든다. • 발달적 변화과정을 정확하게 보여주지 못한다. • 출생동시집단(cohort)효과를 통제할 수 없다.

22 자신에 대한 기술을 통해 나타난 자기 개념 수준이다. 발달적 출현 순서가 바르게 나열된 것은?

> ㄱ. "나는 여자예요."
> ㄴ. "나는 수줍음이 심해요."
> ㄷ. "나는 그림을 잘 그려요."
> ㄹ. "나는 멋진 신발을 가진 사람이에요."
> ㅁ. "나는 어떤 사람이 되어야 할지 깨달았어요!"

① ㄱ - ㄴ - ㄷ - ㄹ - ㅁ
❷ ㄱ - ㄹ - ㄷ - ㄴ - ㅁ
③ ㄴ - ㄷ - ㄹ - ㄱ - ㅁ
④ ㄷ - ㄱ - ㄹ - ㅁ - ㄴ
⑤ ㄹ - ㄱ - ㄷ - ㅁ - ㄴ

[해설]
ㄱ. **영아기**에 자신이 속해있는 범주(성별이나 나이 등)를 인식하기 시작한다.
ㄹ. **아동 전기**에 자신의 특성을 중심(좋아하는 것, 소유물, 신체 등)으로 자기 인지가 발달된다.
ㄷ. **아동 중기**에 타인이 자신의 행위를 관찰할 수 있다는 것을 인식하며, 구체화된 범주에서 자신을 묘사한다.
ㄴ. **아동 후기**에 자신의 심리적 특성에 대한 언급이 가능해진다.
ㅁ. **청년기**에 자신의 추상적 특성(신념, 성격특성 등)을 통해 자신을 나타내며, 자신에 대해 더 잘 이해할 수 있게 된다.

23 정신역동이론에 따르면 남근기 부모의 위협을 상상하는 아동이 자신의 콤플렉스를 극복하는 방어기제로 초자아 형성을 유도하는 것은?

① 투 사   ② 퇴 행
③ 합리화   ❹ 동일시
⑤ 반동형성

[해설]
④ 동일시는 타인의 특징을 자신의 것으로 여겨 불안을 다스리는 방어기제로 부모의 행동을 따라하고 동일시하여 콤플렉스를 극복하고 성역할에 대해 학습하게 된다.
① 투사는 자신의 감정을 다른 사람의 감정에 해당하는 것으로 여기는 것이다.
② 퇴행은 이전 발달단계로 돌아가 현재의 불안을 회피하려 하는 것이다.
③ 합리화는 실패의 실제 원인을 감추고 그럴듯한 이유를 제시하는 것이다.
⑤ 반동형성은 수용하기 힘든 심리와 반대의 행동을 하는 것이다.

24 만 7세 수진이는 할머니에게 받은 선물이 속옷인 것을 발견하고 실망스러웠지만 자신의 마음을 억누르고 웃으며 할머니에게 "고맙습니다."라고 말하였다. 이는 수진이가 무엇을 획득했음을 의미하는가?

① 자기 중심성
② 사회적 참조
❸ 정서표출 규칙
④ 문화적 상대성
⑤ 혼합 정서

[해설]
정서표출 규칙은 사회에서 장소, 그리고 상황에 따라서 어떻게 정서를 표출하는 것이 적절한지에 대한 것이다. 수진이가 실망스러운 마음을 억누르고 감사하다는 표현을 한 행동을 토대로 수진이는 정서표출 규칙을 획득한 것으로 볼 수 있다.

25 다음의 예시는 성 유형화에 관한 이론 중 무엇을 지지하는가?

> 여자 아이는 바느질이 "여자를 위한 것"이고 비행기 만들기는 "남자를 위한 것"이라고 배운다. 이후 여자 아이는 이러한 개념에 일관된 행동을 하기 위하여 이와 관련된 정보에 주의를 기울이고 기억하는 반면, 비행기 모델을 만드는 것과 관련된 정보는 무시할 것이다. 이러한 과정은 이후 여자 아이가 성 역할과 관련된 사회적 정보를 처리하는 각본이 된다.

① 핼펀(D. Halpern)의 생물학적 관점
② 반두라(A. Bandura)의 사회학습이론
③ 콜버그(L. Kohlberg)의 인지발달이론
❹ 벰(S. Bem), 마틴(C. Martin)의 성 도식 이론
⑤ 프로이트(S. Freud)의 정신분석이론

해설 성 도식 이론은 <u>아동의 성 유형화를 정보처리적 관점에서 설명하는 이론</u>이다. 성 도식이란 성에 관한 인지구조를 말하며, <u>2~3세에 기본적인 성 정체성을 확립한 것을 기초</u>로 성도식의 형성과 정교화의 과정을 통해 <u>성 역할이 발달</u>한다고 본다.

2과목(필수) 집단상담의 기초

26 인지행동적 접근을 취하는 집단상담의 특징으로 옳은 것은?

① 치료적 변화를 야기하는 것은 기법이 아니라 집단원과의 관계의 질이라고 본다.
② 의미, 목표지향적 행동, 소속감, 사회적 관심에 초점을 둔다.
③ 바람직한 변화를 유발하기 위해 행동의 변화를 우선시한다.
❹ 심리적 문제는 역기능적 인지 처리의 결과로 발생한다고 본다.
⑤ 영적이고 자아초월적인 의식 상태, 신비 경험, 절정 경험 등에 관심을 갖는다.

해설
④ 인지행동적 접근에서 심리의 문제는 왜곡되거나 부정적인 인지구조로 인해 생겨난다고 보며, <u>부정적이거나 왜곡된 관점을 더 나은 다른 관점으로 바라볼 수 있도록 치료방향을 설정</u>한다.
① <u>다양한 기법을 통해 인지의 변화를 촉진시켜 치료적 변화를 야기한다.</u>
② 의미, 목표지향적 행동, 소속감, 사회적 관심에 초점을 두는 것은 <u>개인심리학적 접근</u>의 특징이다.
③ 바람직한 변화를 유발하기 위해 행동의 변화에 초점을 둔 것은 <u>행동주의적 접근</u>이다.
⑤ 영적이고 자아초월적인 의식 상태, 신비 경험, 절정 경험 등에 관심을 갖는 것은 <u>자아초월 심리학</u>이다.

27 사실적 이야기를 장황하게 말하는 집단원에 대한 상담자의 개입방법으로 옳지 않은 것은?

① 사실적 이야기를 장황하게 말하는 것과 자기 개방을 차별화시켜 줄 필요가 있다.
② 이야기의 세부 사항보다는 그 사건에 대한 집단원의 감정과 생각에 초점을 맞추도록 돕는다.
③ 구체적이고 명료하게 자신을 표현하도록 가르칠 필요가 있다.
❹ 방어의 한 형태이므로 연결하기(linking) 기법을 통해 그 행동을 멈추도록 돕는다.
⑤ 공감적 이해를 통해 집단원의 사실적 이야기가 현재에 미친 영향을 표현하도록 돕는다.

[해설] 상담자는 사실적 이야기를 장황하게 늘어놓는 집단원에 대해 **집단 안의 역동에 참여하여 '지금-여기'에서 느껴지는 감정에 초점을 맞추도록 돕는다.**
④ 연결하기 기법은 **집단원의 행동 혹은 말을 다른 집단원의 관심사와 연결시키는 데 사용하는 기법**이며 상호작용이나 응집력을 촉진할 필요가 있을 경우에 사용하도록 한다.

28 마음챙김 및 수용 기반 인지행동치료의 접근법에 관한 설명으로 옳은 것을 모두 고른 것은?

ㄱ. 마음챙김 기반의 스트레스 감소 프로그램(MBSR) : 고통감내 기술, 의미창출 기술 등을 통해 정서를 수용하도록 돕는 역설적인 치료법
ㄴ. 변증법적 행동치료(DBT) : 바디스캔 명상, 정좌명상, 하타 요가 등을 8주 프로그램으로 운영
ㄷ. 마음챙김 기반의 인지치료(MBCT) : 마음챙김 훈련을 통해 우울증을 유발하는 자동적 사고의 부정적 영향력을 약화시키는 것이 주요 목표
ㄹ. 수용전념치료(ACT) : 정신병리가 경험 회피와 인지적 융합으로 인한 심리적 경직성에 의해 발생한다고 봄

① ㄱ, ㄴ
❷ ㄷ, ㄹ
③ ㄱ, ㄴ, ㄷ
④ ㄴ, ㄷ, ㄹ
⑤ ㄱ, ㄴ, ㄷ, ㄹ

[해설]
ㄱ. **변증법적 행동치료(DBT)에 관한 설명**이다. DBT는 리네한(Linehan)에 의해 개발되었으며 경계선 성격 장애 환자들을 위한 치료법으로 사용되고 있으며 고통감내 기술, 의미창출 기술 등을 통해 정서를 수용하도록 돕는 역설적인 치료법이다.
ㄴ. **마음챙김 기반의 스트레스 감소 프로그램(MBSR)에 관한 설명**이다. MBSR은 존 카밧-진(Jon Kabat-Zinn)에 의해 개발된 프로그램으로서 불교의 명상법을 이용한 스트레스 감소 프로그램으로 바디스캔, 명상, 정좌명상, 하타 요가 등을 8주 프로그램으로 운영한다.

29 숨겨진 안건(hidden agenda)에 관한 설명으로 옳지 않은 것은?

① 집단 이전에 형성된 집단원 간 갈등, 강제적인 참여, 특정 종교 등이 숨겨진 안건에 해당된다.
② 숨겨진 안건이 있을 경우 집단원은 자신을 방어하고, 위험을 감수하려고 하지 않는다.
③ 상담자는 집단원이 숨겨진 안건을 알아차려서 말로 표현하도록 도전할 필요가 있다.
❹ 집단 과정 중에 형성된 갈등은 숨겨진 안건에 해당되지 않는다.
⑤ 집단초기라도 숨겨진 안건이 집단 역동에 영향을 미친다면 이를 표면화시켜서 다룰 필요가 있다.

[해설] ④ 숨겨진 안건이란 집단에서 노출하지는 않고 있지만 집단 활동에 영향을 초래할 수 있는 관심거리나 문제를 말한다. **집단 과정 중에 형성된 갈등이 노출되지 않은 상태라면 이 또한 숨겨진 안건에 해당**된다고 볼 수 있다.

30 해결중심 집단상담 이론에 관한 설명으로 옳지 않은 것은?

① 심리적 장애나 역기능적 행동보다는 긍정적인 측면에 초점을 맞춘다.
❷ 초이론적 변화 모델에 기반을 두고 단계별로 적절한 개입을 한다.
③ 문제대화보다는 해결대화에 참여하도록 독려한다.
④ 집단원의 강점, 자원, 성공경험을 활용한다.
⑤ 상담자는 '알지 못함의 자세'를 취한다.

해설 ② 초이론적 변화 모델은 내담자가 변화하기 위한 준비도에 대해 이해하고 그에 맞는 개입을 하는 이론적 모델이며, 이러한 초이론적 변화 모델을 기반으로 단계별로 적절한 개입을 하는 것은 **동기강화상담**이다.

14' 12회

31 다음 특징들이 공통적으로 나타나는 집단발달단계에서 상담자의 역할로 옳은 것은?

- 복합적 감정
- 자기 관여의 감소
- 집단경험에 대한 최종 평가 작업

① 행동 패턴의 의미를 설명하여 집단원이 더 깊은 자기 탐색에 도달할 수 있도록 돕는다.
② 집단원이 두려움과 기대를 표현하도록 도움으로써 신뢰를 형성한다.
❸ 집단에서 해결하지 못한 문제를 표현하고 나눌 수 있는 기회를 제공한다.
④ 보편성을 제공할 수 있는 공통 주제들을 탐색하고 다른 집단원의 작업과 연계한다.
⑤ 집단원 간에 발생한 갈등 상황을 인식하고 다룬다.

해설 ③ 사례의 특징들이 공통적으로 나타나는 단계는 **종결단계**이며, 집단에서 해결하지 못한 문제를 다룰 수 있는 기회를 제공해야 한다.
① · ④ 작업단계, ② · ⑤ 과도기 단계에서의 상담자 역할이다.

18' 17회

32 집단응집력에 관한 설명으로 옳지 않은 것은?

① 집단 내에서 함께 하는 느낌 또는 공동체라는 느낌을 의미한다.
❷ 집단회기가 진행되면서 자연스럽게 발달되고 유지된다.
③ 집단매력도와 관련이 있다.
④ '지금-여기'에 초점을 맞추어 피드백을 하려는 집단원의 의지는 집단응집력 지표 중 하나이다.
⑤ 초기부터 종결단계까지 항상 중요하다.

해설 ② 집단응집력은 집단원들이 집단에 갖는 매력의 정도와 관심도이며, 집단원들이 집단에 남아 있도록 하는 힘이다. 집단응집력은 회기가 진행되며 자연스럽게 발달되는 것이 아니라 **집단원들의 적극적 참여와 갈등, 미해결 과제 등을 해결해야 집단의 응집력이 높아진다.**

18' 17회 / 16' 15회 / 16' 14회 / 14' 12회

33 코리(G. Corey)가 제안한 집단 초기 단계의 특징으로 옳은 것을 모두 고른 것은?

ㄱ. 위험을 감수하는 행동이 상대적으로 적고 탐색도 머뭇거리면서 일어난다.
ㄴ. 어느 수준까지 자기를 개방하고 참여할 것인지 결정한다.
ㄷ. 변화에 대한 자신의 시도가 지지받는다고 느끼며 새로운 행동을 시도해본다.
ㄹ. 통제와 힘을 얻고자 하는 역동이 드러나거나, 다른 집단원들과 갈등을 경험하기도 한다.
ㅁ. 저항과 방어 심리가 다양한 행동 패턴으로 나타난다.

❶ ㄱ, ㄴ
② ㄴ, ㄷ
③ ㄱ, ㄴ, ㅁ
④ ㄴ, ㄹ, ㅁ
⑤ ㄱ, ㄷ, ㄹ, ㅁ

해설 ㄷ. 변화를 도모하고 새로운 행동을 과감하게 시도하는 것은 **작업단계**의 특징이다.
ㄹ·ㅁ. **과도기 단계의 특징**으로 집단원의 불안감이 고조되며, 방어적인 태도로 인해 갈등이 나타나게 된다. 또한 집단상담자에 대한 도전으로 인한 갈등 및 집단원의 갈등이 나타나게 된다.

16' 14회

34 청소년 집단상담 운영 시 고려해야 할 사항으로 옳지 않은 것은?

① 집단상담에 적합하지 않은 청소년을 선별하여 제외한다.
② 청소년 집단상담 운영에 관련된 법률을 충분히 숙지하여야 한다.
③ 자발성이 낮은 집단인 경우 집단 초기에 재미있는 활동들을 활용하는 것이 좋다.
④ 개인의 목표를 현실적인 수준에서 달성 가능하도록 설정하는 것이 좋다.
❺ 참여동기가 낮은 집단인 경우 집단 초기 오리엔테이션을 짧게 진행하는 것이 좋다.

해설 ⑤ 참여동기가 낮은 집단인 경우에는 **집단 초기에 오리엔테이션을 충분히 진행**하여 참여동기를 높여주는 것이 중요하다.

💡💡 청소년 집단상담 운영 시 고려사항

- 집단상담자로서 최소한의 자격과 조건을 갖춘 후 집단원에게 훈련받은 기법을 적용해야 한다.
- 청소년 집단상담 운영에 관련된 법률을 충분히 숙지한다.
- 집단상담에 적합하지 않은 청소년을 선별하여 제외한다.
- 상담을 시작할 때 집단에 참여함으로써 발생할 수 있는 심리적 위험요소에 대해 인지시킨다.
- 상담을 시작하기 전, 개인적 목표에 도달하기 위해 상담자로부터 어떤 도움을 받을 수 있는지를 알려준다. 또한 개인의 목표를 현실적인 수준에서 달성 가능하도록 설정하는 것이 좋다.
- 자발성이 낮은 집단인 경우 집단 초기에 재미있는 활동들을 활용하는 것이 좋다.
- 집단 내 갈등이 발생하면 다루던 주제를 잠시 미루고 갈등을 먼저 다룰 수 있다.
- 상담 내용을 녹화할 때 집단원에게 녹화한 자료의 용도를 알리고 사전 동의를 받는다.

16' 15회

35 청소년 집단상담에서 피드백에 관한 설명으로 옳지 않은 것은?

① 집단원의 변화에 대한 동기를 높일 수 있다.
② 집단원은 자신의 행동이 타인에게 미치는 영향을 이해할 수 있다.
❸ 상담자는 초기에 부정적 피드백, 종결기에 긍정적 피드백을 주로 사용한다.
④ 상담자의 피드백은 집단원에게 교육적 효과가 있다.
⑤ 상담자는 자신의 피드백에 대한 집단원의 반응을 면밀히 관찰해야 한다.

해설 ③ 상담자는 **초기에 긍정적인 피드백을 주어 행동변화의 가능성을 높이고** 종결기에도 긍정적인 피드백을 주어 자신감이나 희망을 가지고 집단상담을 종료할 수 있도록 한다.

36 청소년 집단상담자의 자기개방 기법에 관한 설명으로 옳지 않은 것은?

① 집단원과 신뢰로운 관계가 형성된 후에 자기개방을 한다.
② 타인의 경험이 아니라 반드시 자기 자신의 경험을 표현한다.
③ 집단원이 관심을 가지고 있는 주제에 대해 자기개방을 한다.
❹ 종결단계에서 적극적으로 사용해야 한다.
⑤ 자기개방을 하기 위해서는 모험을 감행해야 한다.

해설 ④ 자기개방이란 자신에 대한 이해와 수용을 바탕으로 자기자신을 그대로 나타내는 것이다. 자기개방 기법은 집단원과의 신뢰로운 관계가 형성된 후에 사용하는 것이 좋기 때문에 **상담 중기단계에 실행**하는 것이 바람직하다.

37 청소년 집단상담자의 바람직한 행동으로 옳은 것은?

① 집단원이 말할 때마다 즉각적인 반응을 한다.
② 하위집단 간의 갈등이 자체적으로 해결될 때까지 기다린다.
③ 지속적으로 자기개방을 한다.
④ 집단원에게 끊임없는 칭찬과 지지를 한다.
❺ 침묵하는 집단원에 대해 수용적인 태도를 보여준다.

해설
① 집단원이 말할 때마다 <u>즉각적인 반응을 하는 것은 지나친 개입</u>이 될 수 있기 때문에 말할 때마다 즉각적인 반응을 하는 행동은 <u>삼가도록 한다</u>.
② 하위집단 간의 갈등이 발생했을 때 이러한 갈등을 해결할 수 있도록 <u>상담자가 조정</u>하는 것이 필요하다.
③ 집단상담자는 처음 자기개방을 하는 자발적 모범을 통해 집단원들의 자기개방을 유도할 수는 있지만, <u>지속적인 자기개방은 자신의 사적인 내용을 지나치게 노출시키는 실수를 할</u> 수 있다. 따라서 상담자는 자신의 사적인 문제를 이야기하기보다는 <u>집단원들 사이에 자기개방 빈도와 깊이의 차이가 나지 않도록 조정</u>을 해야 한다.
④ 집단원에게 <u>적절한 칭찬과 지지</u>를 통해 용기를 주는 것이 바람직하다.

38 다음 상황에서 상담자가 적용한 집단기술을 모두 고른 것은?

> 향기(별칭) : TV에서 폭행을 당하는 친구를 보면 제가 왕따 당했던 기억이 떠올라요. 지금 괴롭힘을 당하는 그 친구의 마음이 이해가 돼요. 그렇게 친구를 괴롭히는 아이들은 반드시 벌을 받아야 해요.
> 집단상담자 : TV를 보면서 과거 생각이 나서 많이 힘들었나 보다. 또 너를 괴롭혔던 친구들에게 화도 나고 많이 속상하구나. 향기가 힘들었던 이야기를 용기내어 해 주어서 고마워. 그런데 그때 힘들었던 상황을 어떻게 견뎠는지 궁금한데, 말해 줄 수 있겠니?

〈보 기〉
ㄱ. 공 감   ㄴ. 해 석
ㄷ. 재명명   ㄹ. 격 려
ㅁ. 질 문

① ㄱ, ㅁ
❷ ㄱ, ㄹ, ㅁ
③ ㄴ, ㄷ, ㄹ
④ ㄱ, ㄷ, ㄹ, ㅁ
⑤ ㄴ, ㄷ, ㄹ, ㅁ

해설
집단상담자는 'TV를 보면서 과거 생각이 나서 많이 힘들었나 보다. 또 너를 괴롭혔던 친구들에게 화도 나고 많이 속상하구나.'라고 하며 <u>공감</u>을 하고 있고, '향기가 힘들었던 이야기를 용기 내어 해 주어서 고마워.'라고 하면서 <u>격려</u>를 하고 있다. '그런데 그때 힘들었던 상황을 어떻게 견뎠는지 궁금한데, 말해 줄 수 있겠니?'라고 말하는 것을 통해 <u>질문</u>의 기법을 사용하고 있는 것을 알 수 있다.

16' 15회 / 15' 13회

39 청소년 집단상담자의 인간적 자질로 옳은 것을 모두 고른 것은?

ㄱ. 유머 감각
ㄴ. 자신의 청소년기에 대한 통찰
ㄷ. 청소년의 유행과 비속어, 은어에 대한 숙지
ㄹ. 대인관계 기술
ㅁ. 창의성

① ㄱ, ㄴ, ㄷ
❷ ㄱ, ㄴ, ㅁ
③ ㄴ, ㄷ, ㄹ
④ ㄴ, ㄷ, ㅁ
⑤ ㄱ, ㄷ, ㄹ, ㅁ

해설
청소년 집단상담자의 인간적 자질로는 개방적 태도, 타인의 복지에 대한 관심, <u>자신의 청소년기에 대한 통찰, 유머 감각</u>, 자발적 모범, 공감적 이해능력, 심리적 에너지, 새로운 경험 추구, <u>창의성</u>, 자기정체성, 인내 등이 있다.

40 학교폭력 가해자가 교칙에 따라 의무적으로 참여하는 청소년 집단상담에서 상담자의 역할로 옳은 것은?

❶ 집단원의 참여거부권을 수용해야 한다.
② 부모나 법적 보호자의 허락을 확인하지 않아도 된다.
③ 사전 동의 절차를 진행하지 않아도 된다.
④ 비밀보장을 반드시 지켜야 한다.
⑤ 집단원에게 집단이탈 시 발생하는 결과에 대해 고지하지 않아도 된다.

해설
② 집단상담 시작 전에 <u>참여학생의 학부모로부터 참여 동의서를 받는다.</u>
③ <u>사전 동의 절차를 진행</u>하도록 한다.
④ 내담자의 생명이나 타인과 사회의 안전을 위협하는 경우에는 <u>비밀보장이 예외로 되는 경우도 있다.</u> 예를 들면 상담원이 내담자가 약물남용을 했다는 것을 알게 된 경우 비밀보장 원칙을 예외로 하여 보호자에게 알려야 한다.
⑤ 집단이탈 시 발생하는 결과에 대해 <u>집단원에게 고지</u>해야 한다.

💡 **법원명령으로 집단상담에 참여한 청소년을 위한 집단상담자의 개입**
- 필요하다면 관찰자로 참여하게 한다.
- 집단상담에 참여하도록 동기를 부여한다.
- 비자발적 참여로 경험한 정서를 집단초기에 충분히 탐색·표현하게 한다.
- 참여자의 저항이 일어날 수 있는 과거 법률위반 사항의 탐색은 자제하도록 한다.

41 집단상담 이론에 관한 설명으로 옳은 것은?

① REBT는 CBT와 달리 집단원에게 교육적인 입장을 취한다.
② 이야기치료는 현재 행동을 평가하고, 욕구실현이 가능하도록 계획하고 실천하게 돕는다.
③ 현실치료는 집단원의 직접적인 체험, 자각, 지금-여기, 해결되지 않은 문제 등을 다룬다.
④ 게슈탈트는 실제적이고 시간 효율적인 개입으로 무엇이 잘못되었는지에서 무엇이 잘되고 있는지로 초점을 바꾼다.
❺ REBT는 상담자의 무조건적 수용을 통해 집단원으로 하여금 자신이 받아들여질 것이라고 느끼게 한다.

해설
① REBT(합리정서 행동치료)와 CBT(인지치료) <u>모두 집단원에게 교육적인 입장</u>을 취한다.
② <u>현실치료</u>에 관한 내용이며, 이야기치료는 내담자의 문제적 이야기에 대하여 이전과 다른 의미부여와 해석을 하도록 도와주는 <u>치료</u>를 말한다.
③ <u>게슈탈트 치료</u>에 대한 설명이다.
④ <u>해결중심 치료</u>에 대한 설명이다.

42 현실치료 집단상담에서 각 질문에 해당되는 WDEP모델을 순서대로 나열한 것은?

ㄱ. 지난 주와 달리 이번 주에 하고 싶은 것은 무엇입니까?
ㄴ. 원하는 것을 가질 수 있다면, 당신은 무엇을 갖고 싶습니까?
ㄷ. 현재의 상황을 그렇게 바라보는 것이 당신에게 도움이 되고 있나요?

① D - E - P
❷ D - W - E
③ W - D - E
④ W - D - P
⑤ W - E - P

해설
ㄱ은 추구행동에 대한 질문이므로 <u>D(행동)</u>, ㄴ은 소망에 대한 질문으로 <u>W(소망)</u>, ㄷ은 자신에 대한 평가를 내리는 것을 질문하는 것으로 <u>E(평가)</u>에 해당되는 질문이다.

WDEP모델

우볼딩(Wubbolding)은 현실치료의 상담과정을 'WDEP모델'로 설명하였다. WDEP모델은 다음과 같다.

진행과정	내 용
Want (욕구 탐색)	내담자가 자신의 좋은 세계(quality world)를 탐색하여 자신의 바람을 명료하게 밝히도록 돕는다.
Doing (현재행동 파악)	내담자가 현재 어떤 행동을 하며 살아가고 있는지를 명확하게 인식하도록 돕는다.
Evaluation (평가)	내담자의 전행동과 욕구나 바람과의 관계를 점검하여 생산적 행동과 비생산적 행동을 구분한다.
Planning (계획)	생산적 행동으로의 변화를 위한 계획수립을 돕는다.

18' 17회 / 16' 15회 / 16' 14회 / 15' 13회 / 14' 12회

43 상담윤리에 위배되는 집단상담자의 행동은?

① 비밀보장의 중요성 및 한계상황을 설명했다.
② 상담자의 자격과 경력이 집단 진행에 적합하다는 점을 제시했다.
③ 집단원 다수의 압력으로부터 하늘(별칭)을 보호하는 개입을 했다.
❹ 3회기에 알게 된 사(별칭)의 자살 구상을 8회기 집단 종결 후 학급담임교사에게 즉시 알렸다.
⑤ 개인상담 병행 여부를 확인하고 집단상담 참여 사실을 개인상담자에게 알리도록 조언했다.

[해설] ④ 내담자의 자살 구상을 집단상담 중에 알게된 경우 <u>그 즉시 보호자에게 알려야 한다.</u>

14' 12회

44 집단상담자의 역할과 작업의 연결이 옳지 않은 것은?

① 집단의 시작을 돕기 - 두 사람씩 만나서 5분간 예기불안, 기대 등을 나누게 했다.
② 회기 종결을 돕기 - 종결활동을 구조화하여 미완성 문장을 돌아가면서 완성하게 했다.
③ 집단 분위기 조성 - 진솔하고 온화한 분위기를 만드는 워밍업 활동을 진행했다.
④ 상호작용 촉진 - 집단원이 자신을 공개하면 한 사람 이상 피드백 할 것을 제안했다.
❺ 행동모범 보이기 - 회기 중 집단원의 행동과 집단 역동을 관찰하여 기록했다.

[해설] ⑤ 행동모범 보이기는 <u>집단 상담자가 먼저 행동을 보인 후 집단원들이 모범행동을 관찰하고 따라하도록 하는</u> 집단상담자의 역할이다.

18' 17회

45 집단상담계획에 관한 설명으로 옳은 것을 모두 고른 것은?

ㄱ. 계획서를 근거로 집단원의 욕구를 파악한다.
ㄴ. 비구조화 집단을 계획할 때 개괄적 틀(frame)이 필요하다.
ㄷ. 집단 규모를 정할 때 집단의 유형 및 초점을 고려해야 한다.
ㄹ. 계획서에는 목적, 대상, 활동내용 등이 포함되어야 한다.

① ㄱ, ㄴ
② ㄱ, ㄷ
③ ㄴ, ㄹ
❹ ㄴ, ㄷ, ㄹ
⑤ ㄱ, ㄴ, ㄷ, ㄹ

[해설] ㄱ. <u>예비 면담을 통해</u> 집단원의 욕구를 파악하도록 한다.

18' 17회 / 16' 15회 / 16' 14회 / 15' 13회

46 다음 상황의 해결에 공통적으로 유용한 집단상담기술은?

- 집단원들에게 보편성을 체험하게 하고 싶다.
- 구조화집단이라 역동을 활발하게 일으키기가 어렵다.
- 집단원의 자기노출 시 다른 집단원의 피드백이 뒤따르지 않는다.

❶ 연결하기
② 차단하기
③ 해석하기
④ 명료화하기
⑤ 자기개방하기

[해설] 연결하기는 <u>집단원의 말을 다른 집단원의 관심과 행동으로 연결시켜 집단원들 간의 상호작용과 응집력을 촉진</u>시키는 상담기술이다. 따라서 집단원들에게 보편성을 체험하게 하고 집단원들 간의 상호작용을 높이기에 적합하다.

[해설] <u>이야기치료</u>에서는 내담자가 의미를 구성하고 해석하는 방식을 토대로 내담자를 이해해야 한다는 인식을 가지고 있고, <u>문제적인 이야기에 대해 전과는 다른 의미를 부여하거나 해석해 보도록 돕는다.</u> 이 과정에서 내담자와 내담자의 문제를 분리하여 다루게 된다. <u>표현예술치료</u>에서는 <u>예술매체를 통합적으로 사용</u>하여 예술적 형태로 개인의 경험 및 집단 경험을 표현함으로써 내적 능력을 회복시키고 자연치유능력을 경험하는 것과 관련된다.

47 집단상담 참여 소감의 일부이다. ( )에 들어갈 내용을 순서대로 나열한 것은?

- ( )집단 : 내가 가진 문제에 이름을 붙였다. 나와 문제를 떼어놓고 볼 수 있게 되어 문제를 다루기 편했다. 그리고 서로 도와 각자의 삶을 긍정적인 이야기로 새로 만들어서 좋았다.
- ( )집단 : 나를 나타내는 색으로 그림을 그렸다. 음악을 듣고 감상을 말했다. 책상을 차례로 두드려 박자를 만들었는데 잘 어우러졌다. 거울처럼 동작하기를 하면서 짝의 마음이 느껴져 놀랐다.

① 강점중심상담, 게슈탈트
② 이야기치료, 게슈탈트
❸ 이야기치료, 표현예술치료
④ 해결중심상담, 게슈탈트
⑤ 강점중심상담, 표현예술치료

48 시간제한적 단기집단상담을 성공적으로 진행하기 위한 상담자 또는 집단원의 역할로 옳은 것을 모두 고른 것은?

ㄱ. 특별히 주의를 기울여 집단원을 신별해야 한다.
ㄴ. 초점을 명확히 하여 집단 발달과 응집력을 촉진해야 한다.
ㄷ. 초점을 유지하기 위해 진행과정을 꾸준히 평가해야 한다.
ㄹ. 상담자보다 집단원들이 더 적극적 자세를 취해야 한다.

① ㄱ, ㄴ
② ㄷ, ㄹ
❸ ㄱ, ㄴ, ㄷ
④ ㄴ, ㄷ, ㄹ
⑤ ㄱ, ㄴ, ㄷ, ㄹ

[해설] ㄹ. 시간제한적 단기집단상담에서 집단원들보다는 <u>상담자가 적극적인 자세</u>를 취해야 한다.

49 집단상담자 기술사용에 관한 설명으로 옳은 것은?

❶ 집단 역동을 촉진하는 상담자의 기술은 집단 회기의 상황에 맞춰 사용될 때 가장 유용하다.
② 연결하기, 차단하기 같은 개인상담 기본기술을 집단상담에서도 능숙하게 사용할 수 있어야 한다.
③ 대부분의 집단상담기술은 일상생활에서도 경험하는 것들이어서 집단원들의 변화를 일으키는 데 효과적이다.
④ 여성주의 집단상담자는 집단원의 능동성·긍정성 증진을 위해 집단참여 전 변화 경험을 묻는 것이 바람직하다.
⑤ 통합적 접근의 집단 구성 시 이론적 통합보다 기술적 통합에 초점을 둘 때 기법을 더 풍부하게 개발할 가능성이 있다.

해설
② 연결하기와 차단하기는 개인상담 기술이 아닌 **집단상담기술**이다.
③ 대부분의 집단상담기술은 **일상생활에서 경험할 수 없는 것들**이기 때문에 집단원들의 변화를 일으키는 데 효과적이다.
④ 여성주의 상담은 남성과 여성의 성역할 고정관념을 줄이는 변화를 촉구하며, **상담원의 이야기에서 개인적인 것과 사회적인 것을 연관시키는 것에 주력**한다.
⑤ 통합적 접근의 집단 구성 시 기술적 통합보다는 **이론적 통합에 초점을 둘 때** 기법을 더 풍부하게 개발할 가능성이 있다.

50 집단의 유형 중 상담집단의 특징으로 옳지 않은 것은?

❶ 주제 및 내용, 집단지도성에 초점
② 상호피드백 및 지금 여기에 초점
③ 집단원의 자발성 및 주관성에 초점
④ 일상적인 삶의 문제 해결에 초점
⑤ 대인관계 과정에 초점

해설
① 상담집단은 **각 개인의 문제를 다루고 성장과 발달을 위한 태도변화에 초점**을 둔다. 문제에 대해 예방적이고 성장촉진적인 접근을 하게 되며, 개인의 내적자원을 발견하여 현재 겪고 있는 문제를 건설적으로 다루는 것을 강조한다.

3과목(필수) 심리측정 및 평가

16' 14회

51 심리적 구성개념에 관한 설명으로 옳은 것은?
① 구체적이고 가설적인 개념이다.
② 물리적으로 존재하는 개념이다.
③ 측정 시 오차가 발생하지 않는다.
④ 심리검사를 통해 수량화가 불가능하다.
❺ 조작적 정의를 통해 간접적으로 측정할 수 있다.

해설
⑤ 심리적 구성개념은 심리학자들이 만들어낸 추상적이고 가설적인 개념이므로 **직접적인 측정이 불가능**하지만, 간접적으로 측정하는 방법은 여러 가지가 있다.
① **추상적이고 가설적**이다.
② 물리적으로 **존재하지 않는 개념**이며, 행동을 관찰하여 심리적 구성개념을 추론하게 된다.
③ 측정에는 **항상 오차가 있다.**
④ 심리검사를 이용하면 수량화가 **가능**하다.

18' 17회 / 14' 12회

52 규준에 관한 설명으로 옳은 것을 모두 고른 것은?

ㄱ. Z점수는 평균이 0, 표준편차가 1이다.
ㄴ. T점수는 평균이 50, 표준편차가 5이다.
ㄷ. 스태나인(stanine) 점수는 원점수를 0~8까지의 범주로 나눈 것이다.
ㄹ. 백분위는 규준집단에서 주어진 점수보다 낮은 점수를 받은 사람의 비율이다.

① ㄱ, ㄴ
② ㄱ, ㄷ
❸ ㄱ, ㄹ
④ ㄴ, ㄷ
⑤ ㄴ, ㄹ

해설
ㄴ. T점수의 **표준편차는 10**이다.
ㄷ. 스태나인 점수는 원점수를 비율에 따라 **1~9까지의 범주로 구분한 것**이다.

53. 척도에 관한 설명으로 옳지 않은 것은?

❶ 비율척도 : 절대 영점이 존재하지 않는다.
② 서열척도 : 단위 사이의 간격에 관한 정보가 없다.
③ 등간척도 : 수치 간의 비율적 정보는 가능하지 않다.
④ 명명척도 : 개인 간의 순위에 관한 정보를 알 수 없다.
⑤ 등간척도 : 수치 사이의 간격이 동일하다는 정보를 제공한다.

해설
① 절대 영점이 존재하지 않는 것은 **등간척도**이며, 비율척도는 **절대 영점을 가정**한다.

💡 척도의 종류

종류	내 용
명명척도	• 대상을 범주화하거나 명칭을 부여하는 척도이다. • 단순한 분류 목적의 척도이므로 개인 간의 순위에 관한 것과 같은 정보는 알 수 없다. • 성별, 수험번호, 인종, 종교 등의 구별이 해당된다.
서열척도	• 대상의 속성이나 양에 따라 서열이나 순위를 정하기 위해 수치를 부여한 척도이다. • 단위 사이의 간격에 관한 정보가 없다. • 성적순위, 선호, 자격증 등급 등이 해당한다.
등간척도	• 측정대상 간의 측정 단위 간격을 동일하게 부여하는 척도이다. • 구간척도로 대상을 분류화 및 서열화함과 동시에 수치 사이의 간격이 동일하여 범주 간의 간격 측정이 가능하다. • 수치 간의 비율적 정보는 가능하지 않다. • 상대적 의미를 지니는 영점은 존재하지만 절대 영점은 없다. • 온도, 시험점수 등이 해당된다.
비율척도	• 절대 영점을 가정한다. • 측정치 간에 등간성이 있다. • 순위에 대한 정보를 포함한다. • 명명척도, 서열척도, 등간척도의 특성을 모두 포함하고 있어 명명, 서열, 등간척도보다 많은 정보를 포함한다. • 등간척도와 비율척도는 연속변수이다. • 몸무게, 길이, 무게, 거리 등이 해당된다.

54. 신뢰도에 관한 설명으로 옳지 않은 것은?

① 반분법은 신뢰도를 과소 추정하게 된다.
② 동형법은 검사-재검사법의 단점을 보완할 수 있다.
③ 검사-재검사법은 두 검사 간의 시간간격을 고려한다.
❹ 신뢰도계수는 진점수 변량에 대한 관찰점수 변량의 비율이다.
⑤ 내적일관성 방법은 단일시행으로 신뢰도계수를 구할 수 있다.

해설
④ 신뢰도계수는 진점수와 오차점수의 차이인 **관찰점수의 변량에서 진점수 변량의 비율**이다.

55. 검사가 측정하려고 하는 이론적 구성개념이나 특성을 측정하는 정도를 검증하는 것은?

① 안면타당도(face validity)
② 내용타당도(content validity)
❸ 구성타당도(construct validity)
④ 공인타당도(concurrent validity)
⑤ 예언타당도(predictive validity)

해설
① 안면타당도(face validity)는 **비전문가인 피험자의 입장**에서 검사문항이 측정하고자 하는 **내용을 옳게 측정**하고 있는지 나타낸다.
② 내용타당도(content validity)는 **전문가의 입장**에서 검사문항이 **측정하고자 하는 내용을 제대로 측정**하는지 나타내는 것이다.
④ 공인타당도(concurrent validity)는 **시행된 검사결과와 이미 타당성을 인정받은 검사결과와의 일치 정도**를 말한다.
⑤ 예언타당도(predictive validity)는 **제작된 검사결과와 미래의 어떤 행동과 관계를 추정**하는 타당도이다.

56 다음에 해당하는 관찰법은?

> 상담사가 별거 중인 부부에게 부부관계에 대해 이야기하도록 요청한 후 상담실에 설치된 일방거울을 통해 관찰한다.

❶ 유사관찰법
② 자연관찰법
③ 자기관찰법
④ 참여관찰법
⑤ 무선관찰법

해설
① 유사관찰법이란 <u>내담자가 문제행동을 보이는 상황을 조작하여 그 상황에서의 문제행동을 관찰하는 방법</u>이다. 사례에서는 상담사가 별거 중인 부부에게 부부관계에 대해 이야기하도록 요청한 후 상담실에 설치된 일방거울을 통해 관찰하고 있으므로 유사관찰법에 해당한다고 볼 수 있다.
② 자연관찰법이란 상황을 조작하지 않은 <u>일상생활에서 자연적인 행동들을 관찰</u>하는 방법이다.
③ 자기관찰법이란 <u>내담자 스스로</u> 자신의 행동이나 정서, 사고 등을 <u>관찰하고 기록</u>하는 방법이다.
④ 참여관찰법은 <u>관찰자가 내담자와 같은 상황 속에서 내담자의 행동을 관찰하는 방법</u>이다.

15' 13회

57 심리검사 선정기준으로 옳지 않은 것은?
① 신뢰도와 타당도가 높은 검사를 선정한다.
② 검사의 경제성과 실용성을 고려해 선정한다.
❸ 수검자의 특성과 상관없이 의뢰 목적에 맞춰 선정한다.
④ 객관적 검사와 투사적 검사의 장단점을 고려해 선정한다.
⑤ 여러 검사 중 수검자에게 가장 필요한 정보를 제공해 줄 수 있는 검사를 선정한다.

해설
③ <u>수검자의 특성과 의뢰목적에 맞는</u> 심리검사를 선정해야 한다.

 심리검사 선정 시 고려해야 할 사항
- 검사의 신뢰도와 타당도가 높은 검사를 선정해야 한다.
- 검사 제작 연도, 심리검사지의 경제성, 시행시간 등과 같은 검사의 경제성과 검사 실시의 실용성을 고려해야 한다.
- 수검자의 학력 등 수검자의 특성과 의뢰 목적에 맞고, 여러 검사 중 수검자에게 가장 필요한 정보를 제공해 줄 수 있는 검사를 선정하도록 한다.
- 객관적 검사와 투사적 검사의 장단점을 고려하여 선정한다.

15' 13회 / 14' 12회

58 심리검사 실시에 관한 설명으로 옳은 것은?
① 검사자의 기대는 검사결과에 영향을 미치지 않는다.
② 신경심리검사를 실시할 때 수검자의 정서적 안정도는 고려하지 않는다.
③ 검사 전 수집한 수검자에 관한 정보는 검사 과정에 영향을 미치지 않는다.
❹ 표준화검사에서 검사자는 수검자가 동기를 가질 수 있도록 독려할 수 있다.
⑤ 표준화검사는 검사실시에 관한 표준조건을 엄격히 준수할 것을 요구하지 않는다.

해설
① 검사자의 기대에 따라 검사 결과가 기대와 유사하게 나오기 때문에 <u>검사자의 기대는 검사결과에 영향을 미치게 된다.</u>
② 신경심리검사 시 <u>수검자의 정서적 안정도 및 피로도를 고려</u>해야 한다.
③ 검사 전 수집한 수검자에 관한 정보는 <u>검사 과정에 영향을 미쳐 검사의 객관성이 낮아질 수 있다.</u>
⑤ 표준화검사는 검사자가 다르더라도 검사의 실시, 채점, 해석 등이 동일하도록 <u>형식과 절차가 통제되는 검사</u>이므로, 검사 실시에 관한 표준조건을 엄격히 준수할 것을 요구한다.

심리검사의 시행

- 검사 시행 중 비정상적인 행동이 발생할 때 그 내용을 기록한다.
- 어린 아동이나 장애인의 경우 집단검사보다는 개별적 검사가 효율성의 측면에서 더 좋을 수 있다.
- 투사적 검사는 개별적으로 실시하는 것이 효과적이다.
- 검사 시행에서 내담자의 협조적 태도를 높이기 위해 라포 형성은 중요하며 어린 아동은 결과의 객관성을 위해 여러 번 검사하도록 한다.
- 표준절차 외의 부가적 절차로써 산출된 결과는 규준에 의하여 해석하지 않는다.
- 검사 시행 시에는 표준절차를 이용해야 한다.
- 신경심리검사 시행 시 수검자의 정서적 안정도 고려해야 한다.
- 검사 전 수집한 수검자에 관한 정보는 검사 과정에 영향을 미치며, 검사자의 기대는 검사결과에 영향을 미친다.
- 검사를 자동화된 컴퓨터 검사로 전환한 경우더라도 원 검사에 대한 전문적 훈련이 요구된다.

18' 17회 / 16' 15회 / 16' 14회 / 15' 13회

59 심리검사에 관한 윤리적 지침으로 옳지 않은 것은?

① 자격을 갖춘 사람이 검사를 실시해야 한다.
② 수검자에게 검사문항을 사전에 보여주지 않는다.
❸ 반응의 왜곡을 방지하기 위해 검사 목적을 알리지 않는다.
④ 기관에서는 검사자료에 대한 접근을 엄격히 통제해야 한다.
⑤ 법이 요구할 경우 검사결과는 수검자의 동의없이 공개할 수도 있다.

 ③ 검사자는 검사를 시행하기 전 심리검사의 목적, 특성, 절차 등에 관해 설명하고 사전동의를 받아야 한다.

14' 12회

60 MBTI에 관한 설명으로 옳은 것을 모두 고른 것은?

ㄱ. 특질이 성격의 기본단위라는 입장을 취한다.
ㄴ. 이상행동의 진단보다 개인이 가진 타고난 심리적 경향성을 측정한다.
ㄷ. 융(C. Jung)의 심리유형에 관한 내용을 이론적 바탕으로 하고 있다.
ㄹ. ISTJ형은 감각을 주 기능으로 사용하는 내향적 판단형이다.

① ㄱ, ㄴ
② ㄱ, ㄷ
③ ㄱ, ㄴ, ㄷ
❹ ㄴ, ㄷ, ㄹ
⑤ ㄱ, ㄴ, ㄷ, ㄹ

 ㄱ. 특질이 성격의 기본단위라는 입장을 취하는 것은 커텔(Cattell)의 특질이론에 관한 설명이다.

MBTI

- MBTI는 융(C. Jung)의 심리유형론을 바탕으로 한 자기보고식 성격유형지표이며, 개인 성격의 선천적 선호성을 알려주는 검사이다.
- MBTI검사는 4가지 양극적 선호경향{외향(E) – 내향(I), 감각(S) – 직관(N), 사고(T) – 감정(F), 판단(J) – 인식(P)}으로 구성되어 있으며, 4가지 선호경향을 조합하여 16가지 성격유형으로 나타낸다.

61 지능검사와 그 활용에 관한 설명으로 옳지 않은 것은?

① 개인의 성격을 측정하는 도구로도 활용할 수 있다.
② 학습과 진로지도 자료로 활용할 수 있다.
③ 지능지수가 높다고 해서 반드시 높은 학업성취를 보이는 것은 아니다.
④ 검사의 전체 소요시간은 여러 요인에 따라 달라질 수 있다.
❺ 웩슬러 지능검사의 특징 중 하나는 정신연령 개념을 도입한 것이다.

해설
⑤ 정신연령이라는 개념으로 지능을 측정한 검사는 비네(Binet)검사이며, 후에 스탠포드대학의 터만(Terman)교수가 비네(Binet)검사를 미국문화에 맞도록 표준화 한 것이 스탠포드-비네(Stanford-Binet)검사이다. 스탠포드-비네(Stanford-Binet)검사는 정신연령과 생활연령을 이용하여 지능지수(IQ)를 나타내었다.

62 한국판 카우프만 아동용 지능검사(K-ABC)에 관한 설명으로 옳은 것은?

❶ 신경심리학과 인지처리과정 이론을 근거로 개발되었다.
② 만 6~16세 11개월의 아동과 청소년에게 실시할 수 있다.
③ 습득도척도는 순차처리척도와 동시처리척도로 구성된다.
④ 개인의 지적능력을 평가하기 위해 언어성, 동작성 및 전체 IQ를 산출한다.
⑤ 언어장애를 가지고 있는 아동에게 적용하지 못한다.

해설
② 2세 6개월~12세 5개월까지의 아동을 대상으로 한다.
③ K-ABC는 순차처리척도, 동시처리척도, 인지처리과정종합척도, 습득척도로 4개의 하위척도가 구성되어 있으며, 이 중 인지처리과정종합척도는 순차처리척도와 동시처리척도로 구성된다.
④ 웩슬러 지능검사에 대한 설명이다.
⑤ K-ABC에는 하위 검사에서 청력장애, 언어장애 등을 가진 아동의 지적기능을 측정할 수 있는 비언어성척도가 있어 언어장애를 가지고 있는 아동이더라도 K-ABC검사를 적용할 수 있다. 비언어성척도는 K-ABC 하위 검사 중 검사자의 행동을 통해 사용할 수 있고 수검자가 행동으로 반응할 수 있는 하위 검사만으로 구성한 척도이다.

18' 17회 / 16' 15회 / 16' 14회 / 14' 12회

63 성격평가질문지(PAI)에서 치료고려척도에 해당하는 것은?

❶ 공격성 척도
② 지배성 척도
③ 온정성 척도
④ 약물문제 척도
⑤ 저빈도 척도

해설
② 지배성 척도와 ③ 온정성 척도는 대인관계 척도에 해당한다.
④ 약물문제 척도는 임상척도에 해당하며, ⑤ 저빈도 척도는 타당도 척도에 해당한다.

 성격평가질문지(PAI)의 구성척도

척 도	내 용
타당도 척도	비일관성 척도, 저빈도 척도, 부정적 인상 척도, 긍정적 인상 척도
임상척도	신체적 호소척도, 불안 척도, 불안관련 장애 척도, 우울 척도, 조증 척도, 망상 척도, 정신분열병 척도, 경계선적 특징 척도, 반사회적 특징 척도, 알코올문제 척도, 약물문제 척도
치료고려 척도	공격성 척도, 자살관념 척도, 스트레스 척도, 비지지 척도, 치료거부 척도
대인관계 척도	지배성 척도, 온정성 척도

16' 14회

64 MMPI-A에서 품행문제를 측정하며 거짓말, 적대적이고 반항적인 행동, 낮은 치료동기를 반영하는 척도는?

① 척도 2
❷ 척도 4
③ 척도 7
④ 척도 8
⑤ 척도 0

해설
② 척도 4는 반사회성을 측정하는 척도로 권위적 대상이나 규범에 대한 거부감, 분노, 저항성 등을 나타낸다.
① 척도 2는 검사 당시 우울의 정도를 나타내는 척도이다.
③ 척도 7은 강박증에 대한 척도이며 강박증뿐만 아니라 다양한 불안, 공포, 긴장 등을 반영한다.
④ 척도 8은 정신분열증에 대한 척도로 정신병적 사고 및 불안정 상태를 나타낸다.
⑤ 척도 0은 사회적 내향성을 반영하는 척도로서 대인관계 상황에서의 수줍음, 직업에 대한 흥미를 측정한다.

65 MMPI-2의 척도에 관한 설명으로 옳은 것은?

❶ FBS : 개인의 상해와 관련하여 자신의 증상을 과장하려는 경향을 측정
② VRIN : 모든 문항에 대해 '그렇다' 또는 '아니다'로 반응하는 경향을 탐지
③ 척도 1 : 심리적 에너지와 열정, 활력, 과장된 자기지각 경향을 측정
④ 척도 4 : 대인관계 상황에서 수줍음, 직업에 대한 흥미를 측정
⑤ 척도 9 : 신체기능에 대한 과도한 불안과 집착, 염려하는 경향을 측정

해설
① FBS(증상타당도) 척도는 개인 상해 소송과 같은 상황에서 **신뢰롭지 못한 반응을 측정**하는 데 사용한다.
② **TRIN(고정반응 비일관성)** 척도에 대한 설명이다. VRIN(무선반응 비일관성) 척도는 수검자가 아무렇게나 응답하는 경향을 탐지하는 것이다.
③ **척도 9(경조증)**에 관한 설명이다. 척도 1(건강염려증)은 수검자의 신체적 건강에 대한 염려와 걱정 정도를 나타낸다.
④ **척도 0(사회적 내향성)**에 관한 설명이고, 척도 4(반사회성)는 심리적인 갈등 및 권위적인 대상이나 규범에 대한 거부감이나 분노 등을 반영한다.
⑤ **척도 1(건강염려증)**에 관한 설명이며, 척도 9(경조증)는 심리적 에너지와 열정, 활력, 과장 된 자기지각 경향을 측정한다.

66 K-WAIS-IV에 관한 설명으로 옳지 않은 것은?

① 15개의 소검사로 구성되어 있다.
② 전체척도 점수(FSIQ)가 70~79이면 경계선 범위로 분류한다.
③ 전체척도 점수(FSIQ)는 전반적 인지능력을 나타내는 평가치이다.
④ 작업기억(WMI)의 핵심소검사는 숫자, 산수 소검사이다.
❺ 언어이해지표(VCI)의 핵심소검사는 상식, 이해, 공통성, 어휘 소검사이다.

해설
⑤ 언어이해지표(VCI)의 핵심소검사는 **공통성, 어휘, 이해**이다. **상식은 보충소검사**에 해당한다.

 K-WAIS-IV 지수별 소검사

지수	소검사 구성
언어이해 (VCI)	• 핵심소검사 : 공통성, 어휘, 상식 • 보충소검사 : 이해
지각추론 (PRI)	• 핵심소검사 : 토막짜기, 행렬추론, 퍼즐 • 보충소검사 : 빠진 곳 찾기, 무게비교
작업기억 (WMI)	• 핵심소검사 : 숫자, 산수 • 보충소검사 : 순서화
처리속도 (PSI)	• 핵심소검사 : 동형찾기, 기호쓰기 • 보충소검사 : 지우기

67 내담자가 3개월 전부터 환청과 함께 대인관계를 기피하고 두려워하는 증상, 우울하고 죽고 싶다는 생각, 원인을 알 수 없는 두통, 만성적인 피로감을 호소하며 상담실을 방문했다. MMPI-2에서 이 내담자의 증상을 측정하는 것과 관련이 적은 척도는?

① F척도
② 척도 1
③ 척도 2
❹ 척도 5
⑤ 척도 8

해설
대인관계를 기피하고 두려워하는 증상, **우울하고 죽고 싶다는 생각**은 **척도2(우울증)**이다. 원인을 알 수 없는 **두통과 만성적 피로감**을 느끼는 것은 **척도1(건강염려증)**, 3개월 전부터 **환청이 들린다는 증상**은 **척도8(정신분열증)**에 해당한다. F척도는 다수의 사람들과 얼마나 다른지를 반영하는 것으로, 심리적 고통 및 정신병리의 정도 등을 측정한다. 내담자는 **대다수의 사람과 다른 증상 및 심리적 고통을 호소**하며 상담실을 찾았으므로 **F척도와도 관련이 깊다**. 반면, **척도 5는 남성성과 여성성에 관한 것으로서 사례와는 관련이 적은 척도**이다.

68 성격검사에 관한 설명으로 옳지 않은 것은?

① 16성격요인검사는 케텔(R. Cattell)의 성격특성 이론을 근거로 개발되었다.
❷ 에니어그램은 인간의 성격유형을 8개로 설명한다.
③ NEO 인성검사는 Big 5 성격요인을 평가한다.
④ 캘리포니아 성격검사(CPI)는 해석이 용이하도록 4개의 군집으로 나누어 설명한다.
⑤ MBTI는 16가지의 성격유형을 포함한다.

해설) ② 에니어그램은 인간의 성격유형을 <u>9가지(조력가, 성취자, 예술가, 사색가, 충성가, 낙천가, 지도자, 중재자, 개혁가)</u>로 설명한다.

69 로르샤하(Rorschach) 검사의 결정인 기호 중 무채색 반응에 해당하는 것은?

① C
② F
③ T
④ Y
❺ C'

해설)
① C : 유채색 반응
② F : 형태
③ T : 음영 – 재질
④ Y : 음영 – 확산

💡 로르샤하(Rorschach) 검사의 결정인 기호
- F : 형태
- M : 운동
- C : 유채색
- C' : 무채색
- T : 음영 – 재질
- V : 음영 – 차원
- Y : 음영 – 확산
- FD : 형태차원
- (2) / rF, Fr : 쌍반응과 반사반응

70 집 – 나무 – 사람(HTP) 검사에 관한 일반적인 해석으로 옳지 않은 것은?

① 과도한 지우개 사용은 불안정, 초조함을 반영한다.
❷ 지나치게 작은 크기의 그림은 높은 활동성과 심리적 에너지를 반영한다.
③ 그림이 용지의 아래쪽에 위치한 경우 불안정, 부적절감을 반영한다.
④ 나무 그림에서 둥치(trunk)는 수검자의 자아강도나 심리적 힘에 관한 정보를 제공한다.
⑤ 사람 그림에서 불균형하게 큰 머리는 공상에 몰두하는 경향을 반영하는 것일 수 있다.

해설) ② 지나치게 작은 크기의 그림은 <u>열등감이 높고, 자기효능감이 부족</u>한 것을 반영한다.

71 주제통각검사(TAT)에 관한 설명으로 옳은 것은?

① 숫자만 표시된 카드는 성별에 상관없이 성인에게만 실시한다.
❷ 카드 뒷면에 GF라고 적혀 있는 경우 소녀와 성인 여성 모두에게 실시 가능하다.
③ 흑백으로 인쇄된 20장의 그림 카드와 한 장의 백지 카드로 구성되어 있다.
④ 마이어스(I. Myers)와 브릭스(K. Briggs)에 의해 개발되었다.
⑤ 사고의 내용이 아니라 순수한 지각 과정에 관한 정보를 제공한다.

① 숫자만 표시된 카드는 성별, 연령에 상관없이 모두에게 실시한다.
③ 30장의 흑백 그림 카드와 한 장의 백지 카드로 구성되어 있다.
④ 마이어스(I. Myers)와 브릭스(K. Briggs)에 의해 개발된 것은 MBTI 검사이며, 주제통각검사(TAT)는 머레이(H. A. Murray)와 모건(C. D. Morgan)에 의해 개발되었으며, 머레이(H. A. Murray)의 욕구이론에 기초하여 제작된 투사적 검사이다.
⑤ 주제통각검사를 실시하는 과정에서 내담자가 이야기를 구성하며 내담자의 사고 내용에 관한 정보를 제공하게 된다. 그림자극에 대한 이야기를 구성하는 과정에서 성격특성과 무의식적 갈등이 나타난다고 보며, 하나의 이야기 속에 두 명 이상의 주인공이 나타나기도 한다. 개별적·집단적으로 시행이 가능하다.

18' 17회 / 16' 15회 / 16' 14회 / 14' 12회

72 객관적 검사와 비교해 볼 때 투사적 검사에 관한 설명으로 옳은 것을 모두 고른 것은?

> ㄱ. 검사 자극이 모호하기 때문에 방어가 더 쉽다.
> ㄴ. 검사-재검사 신뢰도가 더 낮다.
> ㄷ. 무의식적 내용의 반응을 더 많이 얻을 수 있다.
> ㄹ. 실시와 채점이 더 용이하다.

① ㄱ, ㄴ
② ㄱ, ㄷ
❸ ㄴ, ㄷ
④ ㄱ, ㄴ, ㄹ
⑤ ㄴ, ㄷ, ㄹ

ㄱ. 투사적 검사에 비해 객관적 검사에서 수검자가 자신의 상태를 은폐하거나 과장하기가 용이하다.
ㄹ. 투사적 검사는 객관적 검사에 비해 채점과 해석이 복잡하다.

 투사적 검사와 객관적 검사

종류	내용
투사적 검사	• 종류 : CAT, DAP, HTP, TAT, SCT 등 • 성격의 무의식적 측면에 관한 정보를 제공한다. • 검사의 신뢰도와 타당도에 논란이 많다. • 검사의 채점 및 해석 과정을 표준화하기 어렵다. • 검사 해석 시 검사자의 주관이 개입될 여지가 크다. • 객관적 검사에 비해 채점과 해석이 복잡하며, 검사자에게 상당한 전문성이 요구된다. • 객관적 검사에 비해 검사자극이 모호하다. • 검사-재검사 신뢰도가 객관적 검사에 비해 더 낮다. • 객관적 검사에 비해 무의식적 내용의 반응을 더 많이 얻을 수 있다.
객관적 검사	• 종류 : MMPI-2, K-WAIS-IV, PAI, SCL-90-R 등 • 객관적 검사는 각 개인들의 공통적인 특성을 기준으로 하여 상대적으로 비교하는 것이다. • 투사적 검사에 비해 객관적 검사에서 수검자는 자신의 상태를 은폐하거나 과장하기가 용이하다. • 투사적 검사에 비해 신뢰도와 타당도가 높고, 실시와 채점이 더 용이하다. • 검사자 변인 및 검사상황 변인에 따른 영향을 적게 받으며, 검사자 주관성의 배제가 가능하다.

73 로르샤하(Rorschach) 검사의 엑스너(J. Exner) 종합체계에서 수검자가 자극을 얼마나 인지적으로 조직화했는가를 평가하는 것은?

① R
❷ Z점수
③ AG
④ Afr
⑤ Isolate/R

① R : 전체적인 반응수를 측정한다.
③ AG : 운동반응에서 공격적인 내용이 포함된 경우 사용한다.
④ Afr : 정서적 자극에 관한 관심 정도를 나타낸다.
⑤ Isolate/R : 사회적인 고립 정도를 측정한다.

74 진로검사에 관한 설명으로 옳은 것은? 15' 13회

① 홀랜드 검사는 개별 실시가 가능하나 집단 실시는 불가능하다.
② 홀랜드의 진로탐색검사는 홀랜드(J. Holland)의 4가지 직업적 성격유형을 바탕으로 한다.
③ 위스콘신카드분류검사(WCST)는 직업카드분류검사에 해당한다.
④ 한국판 스트롱 직업흥미검사는 일반직업분류(GOT), 기본흥미척도(BIS) 2개로 구성되어 있다.
❺ 커리어넷의 직업가치관검사는 직업경험을 통하여 충족하고자 하는 욕구 또는 상대적으로 중요시하는 것을 평가한다.

해설
① 홀랜드 검사는 **개별실시 및 집단실시**가 가능하다.
② 홀랜드의 진로탐색검사는 홀랜드(J. Holland)의 **6가지 직업적 성격유형**(현실형, 탐구형, 예술형, 사회형, 진취형, 관습형)을 바탕으로 한다.
③ 위스콘신카드분류검사(WCST)는 **신경심리검사**에 해당하며, 인지적 유연성과 함께 문제 해결능력을 평가하는 데 활용한다.
④ 한국판 스트롱 직업흥미검사는 **기본흥미척도(BIS), 일반직업척도(GOT), 개인특성척도(PSS)** 3개로 구성되어 있다.

진로검사
- 스트롱의 진로탐색검사 중 진로성숙도 척도는 진로정체감, 가족일치도, 진로준비도, 진로합리성, 정보습득률을 측정한다.
- 스트롱의 직업흥미검사는 개인의 흥미 영역을 세분화하여 진로탐색, 진로계획, 경력개발에 사용할 수 있다.
- 한국판 스트롱 직업흥미검사는 기본흥미척도(BIS), 일반직업척도(GOT), 개인특성척도(PSS) 3개로 구성되어 있다.
- 직업흥미검사는 어떤 특정한 직업에 종사하는 사람들의 흥미패턴과 유사성을 측정한다.
- 홀랜드의 진로탐색검사는 RIASEC라는 육각형 모형을 통해 진로결정을 위한 효과적인 정보를 제공하며, 개별 및 집단실시가 가능하다.
- 커리어넷의 직업가치관검사는 직업경험을 통하여 충족하고자 하는 욕구 또는 상대적으로 중요시하는 것을 평가한다.

75 벤더게슈탈트검사(BGT)에 관한 설명으로 옳은 것을 모두 고른 것은? 16' 14회

ㄱ. 노인에게는 실시할 수 없다.
ㄴ. 8개의 도형으로 구성되어 있다.
ㄷ. 언어로 적절히 반응할 수 없는 수검자에게 비언어적 검사로 사용할 수 있다.
ㄹ. 인지, 정서, 성격과 같은 수검자의 심리적 특성에 대해서도 분석 가능하다.

① ㄱ, ㄴ
② ㄱ, ㄷ
③ ㄴ, ㄷ
❹ ㄷ, ㄹ
⑤ ㄱ, ㄴ, ㄹ

해설
ㄱ. 영아부터 노인까지 **모든 사람에게 용이**한 검사이다.
ㄴ. **9개의 도형**을 보고 따라 그리도록 하여 검사를 시행한다.

벤더게슈탈트검사(BGT)
- 검사를 하는 사람의 나이나 문화와는 무관하게 실시하고 해석될 수 있다.
- 비언어적 검사이므로 문화적 영향을 덜 받는다.
- 형태심리학과 역동심리학 이론을 근거로 개인의 심리적 과정을 분석할 수 있다.
- 시각, 운동 및 통합기능을 평가할 수 있을 뿐만 아니라 인지, 정서, 성격과 같은 수검자의 심리적 특성에 대해서도 분석 가능하다.
- 성격, 심리적 과정, 정신장애, 기질적 장애 여부, 치매 등의 상태를 진단하는 데 사용되고 있다.
- 검사실시가 간단하고 경제적이며 효율성이 높아 기질적 정신장애를 변별하는 데 많이 사용된다.

4과목(필수) 상담이론

76 교류분석의 교차적 교류에 해당하는 것은?

❶ 자녀 : 아빠는 몇 시에 퇴근하세요?
  엄마 : 학원 갈 시간 다 됐지...
② 친구1 : 지금 몇 시야?
  친구2 : 3시.
③ 언니 : 오늘 점심은 내가 살게.
  동생 : 고마워.
④ 남편 : 요즘 애들은 너무 예의가 없어.
  아내 : 그러게요. 우리 때와는 너무 달라요.
⑤ 과장 : (지각한 직원에게) 지금 몇 시죠?
  직원 : 아직 10시가 안 됐는데요.

해설 교차적 교류는 <u>타인에게 어떤 반응을 기대하는 교류에서 예상하지 못한 반응이 되돌아오는 것</u>을 말한다. 엄마는 자녀의 물음에 해당하는 답변이 아닌, 전혀 다른 주제에 관해 말을 하고 있어 교차적 교류인 것을 알 수 있다. ②, ③, ④는 상보교류, ⑤는 이면교류에 해당한다.

18' 17회 / 14' 12회

77 상담자 윤리 기준에 위배되지 않는 경우는?

① 동의를 구하지 않고 사례발표를 위해 상담내용을 녹음하였다.
② 상담을 전공한 김교사는 반 학생에게 소정의 상담료를 받으며 주 1회 상담을 진행하였다.
③ 약물남용 사실을 알고 부모에게 알리려고 하였으나 내담자가 약물을 중단하겠다고 하여 부모에게 알리지 않았다.
④ 상담 중 가정폭력 사실을 알게 되었으나 내담자의 어머니가 자녀의 상처받은 마음만 달래주고 더 이상 개입하지 말아달라고 하여 상담에만 전념하였다.
❺ 판사가 정보공개를 요청하여 내담자에게 그 사실을 알리고 필요한 최소한의 정보를 공개하였다.

해설 ⑤ 비밀누설이 내담자의 최대 이익을 보장하거나, 타인의 안녕을 위해 필요한 경우, 법에 의해 요구되는 경우 등에는 비밀보장의 예외의 상황에 해당한다. 판사가 정보공개를 요청한 경우에는 비밀보장 예외의 상황에 해당한다.
① 상담자는 상담내용을 녹음하여 자신이 상담한 사례를 공개 사례 발표할 경우에는 내담자의 <u>동의를 얻어야 한다.</u>
② 상담을 전공했다 하더라도 김교사가 훈련을 제대로 받은 상담 전문가라고는 할 수 없으므로 반 학생에게 <u>소정의 상담료를 받으며 상담을 진행하는 행위는 문제가 있다.</u>
③ 약물남용은 내담자에게 <u>확실한 위험이 예견되는 상황</u>이므로 비밀보장의 원칙을 예외로 하고 <u>보호자에게 알려야 한다.</u>
④ 상담 중 가정폭력 사실을 알게 된 경우에도 <u>내담자에게 위험이 예견</u>되기 때문에 비밀보장 원칙의 예외로 하고 <u>관련기관에 즉시 신고</u>한다.

15' 13회 / 14' 12회

78 아들러(A. Adler) 개인심리학의 격려에 관한 설명으로 옳지 않은 것은?

① 상담자의 기본적인 태도이자 마음자세이다.
② 역경에 처했을 때 견뎌낼 수 있는 능력을 발달시킨다.
③ 상담의 모든 과정에 사용되며 내담자와 관계를 형성하는 데 유용하다.
❹ 잘한 일이나 우수한 결과에 초점을 맞추는 행위이다.
⑤ 타인과 긍정적인 관계를 유지하기 위한 핵심적 요소로 인간관계를 촉진하는 역할을 한다.

해설 ④ 격려는 내담자가 <u>자신의 가치를 알도록 도와주는 것에 초점</u>을 맞추며, 내담자가 가지고 있는 강점과 가치를 깨달을 수 있도록 한다.

개인심리학의 상담기법

상담기법	내용
격려	상담자의 기본적인 태도이자 마음자세이며, 역경에 처했을 때 견뎌낼 수 있는 능력을 발달시킨다.
즉시성	내담자가 현재 어떤 일이 일어나는지 자각하도록 하여, 상담자와 일어나는 사건은 내담자의 일상생활에서의 표본이라는 것을 깨닫도록 한다.
수프에 침뱉기	내담자가 반복적으로 나타내는 자기파멸적인 행동 동기를 확인하고 그것을 매력적이지 못한 것으로 만듦으로써 내담자가 상상한 이익을 제거한다.
마치 ~인 것처럼 행동하기	내담자가 스스로 할 수 없다고 여기는 것을 실제 성취할 수 있는 것처럼 행동하게 하여 자신감을 증가시킨다.
과제부여	내담자의 동의하에 문제해결을 위한 과제를 제시하고 내담자가 수행하게 하여 문제해결을 돕는다.
수렁(악동) 피하기	난처한 상황을 피하도록 돕는 기법으로 내담자의 지속적인 자기파괴적 행동을 변화시키는 방식이다.
단추 누르기	내담자 스스로 감정을 통제할 수 있다는 것을 인식시켜주는 것으로 부적응적 행동을 절제하도록 한다.
자기간파	내담자가 자신의 부적응적 행동을 자각하게 하여 그 행동을 자제하도록 하는 방법이다.

14' 12회

79 상담의 기본원리와 설명의 연결이 옳은 것을 모두 고른 것은?

ㄱ. 개별화의 원리 : 내담자를 하나의 인격체로 존중하는 것
ㄴ. 수용의 원리 : 각각의 내담자에게 적합한 상담방법을 활용하는 것
ㄷ. 자기결정의 원리 : 내담자 스스로 문제를 해결하고 성장할 수 있다고 믿는 것
ㄹ. 감정표현의 원리 : 내담자가 감정을 솔직하게 표현할 수 있도록 돕는 것
ㅁ. 무비판적 태도의 원리 : 내담자의 감정에 민감하고 적절하게 반응하는 것

① ㄱ, ㄴ
❷ ㄷ, ㄹ
③ ㄱ, ㄴ, ㄷ
④ ㄷ, ㄹ, ㅁ
⑤ ㄴ, ㄷ, ㄹ, ㅁ

해설
ㄱ. 개별화의 원리 : 각각의 내담자에게 적합한 상담방법을 활용하는 것이다.
ㄴ. 수용의 원리 : 내담자를 하나의 인격체로 존중하는 것이다.
ㅁ. 무비판적 태도의 원리 : 내담자의 행동, 태도, 가치관 등을 객관적으로 평가하는 것이며, 일방적인 판단 혹은 비판을 하지 않아야 한다. 내담자의 감정에 민감하고 적절하게 반응하는 것은 통제된 정서 관여의 원리이다.

상담의 기본원리

- **개별화의 원리** : 각각의 내담자에게 적합한 상담방법을 활용하는 것으로 내담자의 개인차를 인정하는 범위 안에서 상담이 진행되어야 한다.
- **의도적 감정표현의 원리** : 내담자가 자유롭게 의도적인 감정 표현을 할 수 있도록 분위기를 조성해 주어야 한다. 상담자는 내담자의 감정표현을 비난해서는 안 되며 인내심을 가지고 경청해야 한다.
- **통제된 정서 관여의 원리** : 내담자의 감정에 민감하고 적절하게 반응하여 내담자의 정서에 관여하는 것이 필요하다.
- **수용의 원리** : 내담자를 하나의 인격체로 존중하며, 상담자는 내담자의 장단점, 성격의 긍정적 측면과 부정적 측면 등을 있는 그대로 이해하고 인정해야 한다.
- **무비판적 태도의 원리** : 내담자의 행동, 태도, 가치관 등을 객관적으로 평가하는 것이며, 일방적인 판단 혹은 비판을 하지 않아야 한다.
- **자기결정의 원리** : 상담자는 내담자 스스로의 힘으로 문제를 해결해 나갈 수 있다는 신념을 가져야 하며, 내담자는 자신의 판단을 기준으로 방향 및 태도를 결정해야 한다.
- **비밀보장의 원리** : 상담자의 윤리적 의무이면서 법적 의무이며, 상담에서 알게 된 정보(상담내용, 내담자 관련 정보, 상담진행 관련 사항 등)를 제3자에게 노출할 수 없음을 뜻한다.

80 여성주의상담 이론으로 옳은 것을 모두 고른 것은?

> ㄱ. 밀러(J. Miller)의 관계 모형
> ㄴ. 펠스마와 보거스(D. Pelsma & S. Bogers)의 과정지향 모형
> ㄷ. 앳킨슨(D. Atkinson)의 기대-가치 이론 모형
> ㄹ. 비버즈(R. Beavers)의 순환 모형

❶ ㄱ
② ㄴ
③ ㄱ, ㄷ
④ ㄴ, ㄹ
⑤ ㄴ, ㄷ, ㄹ

해설
> ㄱ. 밀러는 여성주의 상담의 창안자 가운데 **관계적-문화적 이론**을 발전시킨 학자이다.
> ㄴ. 펠스마와 보거스(D. Pelsma & S. Bogers)의 과정지향 모형은 **의사결정이론**이다.
> ㄷ. 앳킨슨(D. Atkinson)의 기대-가치 이론 모형은 **동기이론**이다.
> ㄹ. 비버즈(R. Beavers)의 순환 모형은 **가족 체계이론**이다.

---

81 상담초기의 상담자 반응으로 옳지 않은 것은?

① "점심시간에 혼자 밥 먹을 때 기분이 어땠나요?"
② "학교생활에 대해서 좀 더 이야기해 줄 수 있나요?"
③ "열심히 공부했는데 결과가 기대에 미치지 못해 실망했군요."
❹ "노력하겠다고 말을 하지만 구체적인 행동으로 옮기지는 않고 있네요."
⑤ "남자친구의 마음을 어떻게 하면 돌릴 수 있을지가 가장 큰 고민이군요."

해설
상담초기에는 **내담자와 우호적 분위기를 조성**하고 상담을 구조화하며 호소 문제를 탐색한다. 또한 최근의 주요 기능 상태를 다루며, 내담자의 상담에 대한 기대를 탐색한다. ④의 반응은 내담자가 직면을 통해 변화를 촉진하도록 하는 것으로 **상담의 중기단계**에 해당한다.

---

82 인간중심상담 이론에 관한 설명으로 옳지 않은 것은?

❶ 자아는 성격의 조화와 통합을 위해 노력하는 원형이다.
② 현재 경험이 자기개념과 불일치할 때 불안을 경험하게 된다.
③ 실현화 경향성은 자기를 보전, 유지하고 향상시키고자 하는 선천적 성향이다.
④ 가치의 조건화는 주요 타자로부터 긍정적 존중을 받기 위해 그들이 원하는 가치와 기준을 내면화하는 것이다.
⑤ 현상학적 장은 경험적 세계 또는 주관적 경험으로 특정 순간에 개인이 지각하고 경험하는 모든 것을 뜻한다.

해설
> ① 자아는 성격의 조화와 통합을 위해 노력하는 원형이라는 것은 **융의 분석심리학**과 관련된 내용이다.

---

83 아들러(A. Adler) 개인심리학의 강점으로 옳은 것을 모두 고른 것은?

> ㄱ. 실존주의, 현실치료, 가족치료 등 상담이론에 영향
> ㄴ. 사회와 교육 문제에 대한 폭넓은 관심
> ㄷ. 경험적 연구를 통해 풍부한 치료적 성과 확증

① ㄱ
② ㄴ
❸ ㄱ, ㄴ
④ ㄴ, ㄷ
⑤ ㄱ, ㄴ, ㄷ

해설
> ㄷ. 아들러(A. Adler) 개인심리학에 대한 경험적 연구는 **대부분 사례 연구를 통해 시행**되었으며, **효과를 확증하기 위한 연구들이 제대로 이루어지지 않았다.** 이 때문에 개인 심리학은 실증적 근거가 부족하다는 비판을 받고 있다.

84 상담자와 내담자 간의 치료적 존중에 관한 설명으로 옳지 않은 것은?

① 내담자의 절망감, 고립감, 실패, 불완전성을 수용한다.
❷ 서로 가치관과 규범이 다를 때, 상호존중이 어렵다.
③ 내담자가 자신의 방향을 선택할 권리를 인정한다.
④ 내담자의 책임감 있는 행동능력을 강화한다.
⑤ 상담자가 내담자에 대한 비판을 잠시 보류한다.

해설 ② 상담자와 내담자 간의 <u>가치관과 규범이 다르더라도 그 차이를 인정하고 상호 간의 존중</u>이 이루어지게 하여 내담자가 자신의 모습을 있는 그대로 받아들이게 한다.

85 행동주의 이론가와 그들의 이론 내용에 관한 설명이 옳지 않은 것은?

① 파블로프(I. Pavlov) – 개의 소화샘 연구에서 비롯된 고전적 조건형성
② 스키너(B. Skinner) – 반응의 결과가 행동의 재발 빈도를 좌우하는 강화 원리
❸ 왓슨(J. Watson) – 조작적 조건화를 적용한 정서조건형성
④ 달라드와 밀러(J. Dollard & N. Miller) – 역조건 형성이 습관을 바꾸는 과정
⑤ 울프(J. Wolpe) – 새로운 반응이 습관적 반응을 감소시키는 상호억제

해설 ③ 조작적 조건화를 적용한 정서조건형성은 <u>스키너(B. Skinner)</u>의 이론이다. 왓슨(J. Watson)은 행동주의에서 <u>인간의 성격은 외부의 환경자극에 의해 형성</u>된다고 주장하였다.

86 상담 성과 또는 영향에 관한 설명으로 옳은 것은?

① 내담자의 희망과 낙관적 태도는 상담 성과의 필수 요소는 아니다.
② 상담자의 카리스마나 상담 장면의 신비성은 내담자의 변화를 촉진할 수 없다.
③ 내담자의 긍정적인 변화에 상담 외적 영향은 크지 않다.
❹ 상담을 통해서 내담자가 피해를 입을 수도 있다.
⑤ 각 이론의 독특성이 이론 간 공통성보다 상담 성과에 더 작용한다.

해설 ① 내담자의 희망과 낙관적 태도는 상담 치료 성과의 <u>필수요소</u>이다.
② 상담자의 카리스마나 상담 장면의 신비성은 내담자의 <u>변화를 촉진시킬 수 있다</u>.
③ 상담 외적인 영향도 내담자의 긍정적인 변화에 <u>영향을 많이 미친다</u>.
⑤ <u>이론 간의 공통성은 어떤 이론으로 접근하더라도 상담 성과에 영향</u>을 미치므로 각 이론의 독특성보다 상담 성과에 더 작용한다.

87 상담의 공통적 치료요인과 설명의 연결이 옳은 것을 모두 고른 것은?

> ㄱ. 대리학습 : 정서적 환기, 긴장 해방, 정화
> ㄴ. 희망 : 향상에 대한 기대
> ㄷ. 동일시 : 타인과 자신을 연관시켜 유사성을 자각
> ㄹ. 현실검증 : 피드백과 직면
> ㅁ. 노출 : 다른 사람들도 나와 비슷한 문제로 분투한다는 점을 자각

① ㄱ, ㄴ ❷ ㄴ, ㄷ, ㄹ
③ ㄷ, ㄹ, ㅁ ④ ㄱ, ㄴ, ㄷ, ㄹ
⑤ ㄱ, ㄴ, ㄷ, ㄹ, ㅁ

[해설]
ㄱ. 대리학습은 <u>타인의 행동을 관찰하고 모방하여 긍정적인 행동을 학습</u>하게 되는 것이다.
ㅁ. 다른 사람들도 나와 비슷한 문제로 분투한다는 점을 자각하는 것은 <u>보편성</u>에 대한 설명이며 노출은 자신의 사적인 정보를 제시하는 것이다.

88. 다문화적 관점에서 각 상담이론의 장점 또는 단점의 연결이 옳은 것은?

① 여성주의 : 관습의 힘과 불공평을 비판하므로 가부장사회의 여성 내담자에게 적합하다.
② 행동주의 : 감정의 정화를 강조하므로 감정표현이 어려운 내담자에게 부적절하다.
③ 현실치료 : 선택이론에 의해서 내담자들 간의 세계관 차이는 고려하지 않는다.
④ 게슈탈트 : 형태실험은 행동을 촉진하므로 정서를 억제하는 문화권의 내담자에게 적합하다.
❺ 인간중심접근 : 소수민족의 내담자 위기를 다룰 때 필요한 구체적 대처기술이 부족하다.

[해설]
① 남녀를 이분법으로 구분하는 데서 벗어나 다양성을 인정하고 수용하는 것을 목표로 하고 내담자의 문제를 사회적 관점에서 바라본다. <u>나이, 문화, 계급, 성별 등에 한정됨 없이</u> 개인이나 집단 모두에게 적용할 수 있다.
② 행동주의는 <u>외적으로 나타나는 행동과 반응에 초점</u>을 두며, 행동의 변화를 촉진한다.
③ 현실치료에서 <u>인간은 각자 현실에 대한 인식이 다르다</u>고 가정하므로 내담자들 간의 세계관 차이를 고려해야 한다.
④ 게슈탈트에서 형태실험은 <u>내면의 욕구, 갈등 등을 외부로 표출함으로써</u> 자각하게 하여 내담자의 내면과 접촉하게 하는 것으로 정서를 억제하는 문화권의 내담자에게 적용하기는 어렵다.

89. 해결중심 상담의 질문기법과 그 적용 예가 옳은 것을 모두 고른 것은?

ㄱ. 행동평가 질문 : 당신의 행동은 자신에게 도움이 됩니까?
ㄴ. 예외 질문 : 어떻게 하면 덜 고통스러웠던 상황이 다시 일어날 수 있을까요?
ㄷ. 상담 전 변화 질문 : 예약 후 오늘 오기까지 혹시 어떤 변화가 있었나요?
ㄹ. 대처 질문 : 그러한 상황 속에서 어떤 경험을 했나요?
ㅁ. 논박 질문 : 최악이라고 상상한 것이 현실이 된다면 정말 파멸일까요?

① ㄱ, ㄴ
② ㄱ, ㅁ
❸ ㄴ, ㄷ
④ ㄷ, ㄹ
⑤ ㄹ, ㅁ

[해설]
ㄱ. '당신의 행동은 자신에게 도움이 됩니까?' 라고 묻는 행동평가 질문은 <u>현실치료 기법</u>의 평가하기에 해당한다. 해결중심 상담의 평가질문은 내담자의 만족도를 척도로 나타내어 평가하게 하는 것으로 주관적인 상태 확인과 해결책의 구체적 논의를 위해 시행하는 기법이다.
ㄹ. 대처 질문은 내담자가 <u>자신의 강점을 발견하고 인정하도록 돕는 질문</u>으로 현재 활동 및 삶의 영역에 초점을 맞춘다.
ㅁ. 논박 질문은 <u>합리·정서행동치료</u>에서 사용한다.

16' 14회

90. 게슈탈트의 형성과 해소 주기에서 다음 내용에 관한 단계로 옳은 것은?

함께 대화를 나누고 있는 영희가 철수의 얘기를 듣지 않고 딴 생각을 하면서 멍하니 있었다. 철수는 그런 영희에게 "영희아 나 좀 봐줘! 그리고 내 말 좀 들어봐." 라고 말하였다.

① 신체감각
② 에너지 동원
③ 알아차림
❹ 접촉 시도
⑤ 게슈탈트 해소

④ 게슈탈트의 형성과 해소주기는 <u>배경 → 감각 → 알아차림 → 에너지 동원 → 행동 → 접촉</u>의 순으로 일어난다. 사례는 영희가 철수의 얘기를 듣지 않자 게슈탈트를 해소하기 위해 철수는 영희에게 <u>접촉 시도</u>를 하고 있다.

18' 17회 / 16' 15회 / 16' 14회 / 14' 12회

91 상담의 단계와 설명의 연결이 옳은 것은?

> ㄱ. 관계형성　　ㄴ. 목표와 전략 수립
> ㄷ. 과정목표 설정　ㄹ. 이별 감정 다루기
> ㅁ. 미해결 과제 점검　ㅂ. 상담기간 합의
> ㅅ. 저항해결　　ㅇ. 타협적 목표달성

❶ 초기 - ㄱ, ㄴ, ㅂ
② 중기 - ㄴ, ㄷ, ㅁ
③ 중기 - ㄴ, ㄷ, ㅅ
④ 종결 - ㄷ, ㄹ, ㅇ
⑤ 종결 - ㄹ, ㅅ, ㅇ

 초기단계에는 <u>관계를 형성</u>(ㄱ)하고 <u>목표와 전략을 수립</u>(ㄴ)하며 <u>상담기간 합의</u>(ㅂ)를 한다. 중기단계에서는 <u>과정목표를 설정</u>(ㄷ)하고 저항을 해결(ㅅ)한다. 종결단계에서는 <u>이별 감정을 다루고</u>(ㄹ) <u>미해결 과제를 점검</u>(ㅁ)하며 <u>타협적 목표달성</u>(ㅇ)을 이룬다.

18' 17회 / 16' 15회 / 16' 14회 / 15' 13회 / 14' 12회

92 현실치료의 개념에 관한 설명으로 옳지 않은 것은?

❶ 힘과 성취의 욕구 : 구뇌(old brain)에서 유발되며 칭찬과 인정을 원하는 기본 욕구
② 지각체계 : 지식 여과기와 가치 여과기로 구성
③ 선택이론 : 인간 행동의 대부분은 내적으로 동기화
④ 전(全)행동 : 욕구만족을 위한 활동하기, 생각하기, 느끼기, 생리반응 등의 행동
⑤ 행동체계 : 불균형이 심할 때 강한 좌절과 충동 발생

 ① Glasser는 인간의 기본 욕구를 뇌의 기능과 연관 시켜 설명하였으며, <u>구뇌(old brain)</u>에서는 <u>생존의 욕구</u>, <u>신뇌(new brain)</u>에서는 <u>소속감, 힘, 자유, 즐거움의 욕구</u>가 유발된다고 보았다. 힘과 성취의 욕구는 자신에 대한 유능함을 느끼며 힘과 권력을 추구하고자 하는 욕구로 <u>신뇌(new brain)</u>에서 유발한다고 주장하였다.

15' 13회 / 14' 12회

93 합리적 신념과 비합리적 신념을 구분하는 기준으로 옳지 않은 것은?

① 현실적인 실현가능성
② 사고의 융통성
③ 기능적 유용성
④ 논리적 일치성
❺ 개인의 선호성

해설 합리적 신념과 비합리적 신념을 구분하는 기준은 <u>현실적인 실현가능성</u>(경험적 현실과 일치 여부), <u>사고의 융통성</u>, <u>기능적 유용성</u>(삶의 목적 달성에 도움 여부), <u>논리적 일치성</u>(논리적 모순 여부), <u>파급효과</u>(정서 및 행동에 적절한 영향 여부)가 있다.

💡💡 비합리적 신념

- 비합리적 신념은 부적절하고 자기 패배적 정서를 말하며, 엘리스(Ellis)는 자신에 대한 당위성, 타인에 대한 당위성, 조건에 대한 당위성이 비합리적 신념의 근간이 된다고 주장하였다.
- 자신에 대한 당위성
  - 모든 사람으로부터 사랑과 인정을 받아야 한다.
  - 가치 있는 사람이 되려면 완벽하게 일을 잘해야 한다.
- 타인에 대한 당위성
  - 사악한 사람은 반드시 처벌을 받아야 한다.
- 조건에 대한 당위성
  - 내가 바라는 것을 이루지 못하면 절대 행복할 수 없다.
  - 현재의 나는 과거 행동으로 결정된 것이어서 변화시킬 수 없다.
  - 모든 문제에는 반드시 해결책이 있으며, 이를 찾지 못하는 것은 끔찍한 일이다.

94 다음 설명에 해당하는 통합주의 접근의 관점은?

> 단일의 이론적 학파에 근거를 두고, 이론의 장점과 다른 치료적 접근의 실제를 선택적으로 결합하는 통합방식이며, 마음챙김 기반 인지치료(MBCT)가 이에 해당된다.

❶ 동화적 통합(assimilative integration)
② 기술적 통합(technical integration)
③ 공통요인적 접근(common factors approach)
④ 다세대 접근(multi-generational approach)
⑤ 이론적 통합(theoretical integration)

해설 ① 동화적 통합은 <u>특정 치료적 입장을 기반으로 다른 치료의 관점 및 기법을 통합하여 사용하는 방식</u>이다. 특정 이론을 기반으로 내담자의 내면세계를 이해하고 다양한 치료기법을 통해 부적응적 행동을 치료하고자 할 때 유용하다.

95 정신분석이론에서의 불안에 관한 내용으로 옳은 것은?

① 현실적 불안과 신경증적 불안은 내적 힘의 불균형에 의해 촉발된다.
② 어두운 골목에서 누군가 따라오는 것을 감지할 때 느끼는 불안을 신경증적 불안이라 한다.
❸ 초자아가 자아를 압도하는 상태를 도덕적 불안이라 한다.
④ 실존적 불안은 존재가 주는 것들에 직면할 때 나타나는 어쩔 수 없는 결과이다.
⑤ 원초아가 자아를 압도하는 상태를 현실적 불안이라 한다.

해설 ①·② 현실적 불안은 <u>외부의 실재적 위협</u>에 대한 불안이며, 신경증적 불안은 내적 힘의 불균형에 의한 것이다. 어두운 골목에서 누군가 따라오는 것을 감지할 때 느끼는 불안은 외부의 실재적 위협에 대한 불안이며, 현실적 불안이라고 한다.

④ 정신분석이론에서는 불안의 유형을 <u>현실적 불안, 신경증적 불안, 도덕적 불안</u>으로 나누었다. 실존적 불안은 <u>실존주의 이론</u>에 해당한다.
⑤ 원초아가 자아를 압도하여 욕망과 감정을 통제할 수 없을 것 같은 불안을 느끼는 것을 <u>신경증적 불안</u>이라 한다.

96 실존주의상담에 적합한 내담자로 옳은 것을 모두 고른 것은?

> ㄱ. 정체성에 혼란을 느끼는 청소년
> ㄴ. 남편과 사별한 중년 여성
> ㄷ. 명예퇴직한 중년 남성
> ㄹ. 만성 질환을 앓고 있는 노인

① ㄱ, ㄴ   ② ㄱ, ㄹ
③ ㄴ, ㄷ   ④ ㄴ, ㄷ, ㄹ
❺ ㄱ, ㄴ, ㄷ, ㄹ

해설 ㄱ, ㄴ, ㄷ, ㄹ 모두 실존주의 상담에 적합한 내담자들이다. 실존주의 상담은 죽음, 자유, 고독, 무의미에 대한 실존적 조건의 인식을 증가시켜 내담자가 삶을 주체적으로 선택하고 책임지도록 도와 진정한 삶을 살도록 하는 데에 목표를 둔다.

97 성격발달의 관점에 관한 설명으로 옳지 않은 것은?

① 에릭슨(E. Erikson)은 발달단계별 위기극복을 위한 자아의 역할을 강조했다.
❷ 프로이트(S. Freud)의 항문기는 에릭슨의 주도성 대 죄의식 단계와 시기적으로 일치한다.
③ 프로이트(S. Freud)는 구강기에서 남근기까지를 성격형성의 기초라고 보았다.
④ 에릭슨(E. Erikson)은 성격발달의 각 단계는 연속적이고 유기적인 관계가 있다고 보았다.
⑤ 프로이트(S. Freud)는 항문기의 과도한 배변훈련이 인색, 강박, 통제적 성격특성을 갖게 한다고 보았다.

해설 ② 프로이트의 항문기는 에릭슨의 자율성대 수치심 단계와 시기적으로 일치하며 주도성 대 죄의식 단계와 시기적으로 일치하는 것은 남근기이다.

16' 15회 / 16' 14회 / 15' 13회

98 청소년상담의 목표 설정 시 고려할 점으로 옳지 않은 것은?

① 행동용어로 구체화하여 설정한다.
② 내담자의 문제해결뿐만 아니라 예방 및 성장에 초점을 두어 설정한다.
③ 내담자의 의뢰 사유나 주변 여건을 함께 고려한다.
④ 내담자가 실현가능한 목표를 설정한다.
❺ 상담동기가 낮은 경우 상담자가 주도적으로 설정한다.

해설 ⑤ 내담자의 상담준비 정도를 고려해야 하며, 내담자와 목표를 협의함으로써 내담자가 상담에 적극적으로 참여하게 한다.

💡💡 상담 목표의 설정

- 행동용어로 구체화하여 설정한다.
- 내담자의 문제해결뿐만 아니라 예방 및 성장에 초점을 두어 설정한다.
- 내담자의 의뢰 사유나 주변 여건을 함께 고려한다.
- 내담자가 실현가능한 목표를 설정한다.
- 상담 목표는 구체적이어야 하며, 상담기간 내에 달성 가능해야 하고 측정이 가능해야 한다.
- 내담자의 상담준비도, 개인능력, 관계자원 등을 고려하여 현실적으로 설정한다.
- 최소 문제를 고려하여 목표를 설정한다.
- 구체적인 상담개입과 전략은 목표에 의해 결정된다.
- 뚜렷하고 구체적인 목표는 상담과정에 추진력을 제공한다.
- 최종목표를 달성하기 위하여 하위목표들을 설정할 수 있다.
- 내담자와 목표를 협의함으로써 내담자가 상담에 적극적으로 참여하게 된다.

18' 17회

99 합리정서행동상담의 ABCDE 절차와 내용의 연결이 옳지 않은 것은?

① A – 결과와 관계된 선행사건 탐색
❷ B – 결과를 일으킨 행동 탐색
③ C – 부적절한 정서적·행동적 결과 탐색
④ D – 탐색된 사고 체계 논박
⑤ E – 사고변화에 따른 정서적·행동적 효과 확인

해설 ② B는 신념체계로 부정적 감정을 발생시킨 신념을 탐색하는 것이다.

18' 17회 / 17' 16회 / 16' 15회 / 16' 14회 / 14' 12회

100 다음 사례에서 필요한 청소년상담자의 자질로 옳은 것은?

> 엄마의 과도한 기대와 인색한 칭찬으로 인해 늘 완벽해야 한다는 생각을 갖고 있는 내담자와 상담하면서 자신의 어머니가 떠오르곤 했는데, 상담의 과정에서 내담자와 함께 그의 어머니를 비난하고 있는 자신을 발견했다.

① 다문화적 이해능력
② 심리평가 및 진단능력
❸ 자기이해 및 성찰능력
④ 의사소통능력
⑤ 상담실무능력

해설 ③ 사례에서 집단상담자는 자신의 미해결 주제가 내담자에게 투사되어 나타나는 역전이 현상을 보이고 있으며, 이를 해결하기 위해서는 자기이해 및 성찰능력이 필요하다.

1과목(필수) 학습이론

16' 14회

01 이론적 관점과 주요 관심사의 연결이 옳지 않은 것은?

① 행동주의 – 자극과 반응의 연합
② 인지주의 – 지각, 문제 해결, 추론의 발달
③ 사회학습이론 – 관찰을 통한 학습
❹ 사회인지이론 – 사회구조와 인지발달의 관계
⑤ 인지신경과학 – 뇌의 구조 및 활동과 학습과정의 관련성

해설
④ 사회인지이론은 <u>개인의 특성, 행동과 환경 간의 상호작용으로 인해 학습</u>이 이루어지는 것으로 본다.

💡 **학습의 이론적 관점**
- 행동주의 : 행동은 외적 자극에 의한 것이고 관찰 가능한 현상에 행동 연구의 의미를 둔다. 또한 자극과 반응의 연합을 주요 관심사로 둔다.
- 인지주의 : 지각, 문제해결, 추론의 발달을 주요 관심사로 두며, 학습은 지식을 습득하고 기억하여 활용하는 정신과정이라고 본다.
- 구조주의 : 과거로부터 이어져 오던 행위, 믿음, 가치가 바라던 생활방식을 더 이상 유지시켜주지 않는다면 학습과 변화가 일어난다고 본다.
- 합리주의 : 이성적, 논리적, 필연적인 것을 중시한다.
- 사회학습이론 : 관찰을 통한 학습에 중점을 둔다.
- 사회인지이론 : 개인의 특성, 행동과 환경 간의 상호작용으로 인해 학습이 이루어지는 것으로 본다.
- 인지신경과학 : 뇌의 구조 및 활동과 학습과정의 관련성을 주요 관심대상으로 둔다.

02 학습동기 중 호기심과 탐색 행동에 관한 설명으로 옳지 않은 것은?

① 화이트(R. White)는 탐색행동의 근원이 환경을 다루고 싶어 하는 내적 욕구에 있다고 하였다.
❷ 얼(R. Earl)은 아동이 이미 적응된 자극보다 약간 덜 복잡한 자극을 탐색하려는 동기가 있다고 하였다.
③ 유기체는 새로운 것이나 신기한 것과 상호작용하고 싶어 하며 그 과정에서 학습한다.
④ 진화론적 관점에서 볼 때 동물은 자신의 생존을 보장받기 위하여 탐색을 한다.
⑤ 벌린(D. Berlyne)은 탐색과 놀이행동에 깔려 있는 기본 기제를 각성 수준이라고 하였다.

해설
② 얼(R. Earl)은 아동이 이미 적응된 자극보다는 <u>더 복잡한 자극</u>을 탐색하려는 동기가 있다고 주장하였다.

03 진화론적 관점으로 옳지 않은 것은?

① 종 특유의 차이가 학습에 영향을 미친다.
② 동일한 종 내에서 자연적인 변이성이 발생한다.
❸ 학습된 행동 특성은 모두 유전된다.
④ 유기체 속성과 환경적 요구의 상호작용으로 자연선택이 이루어진다.
⑤ 자연선택을 통해 적응이 이루어진다.

해설
③ 학습된 행동 특성이 모두 유전된다는 것은 <u>유전자 결정론적 관점</u>이다. 유전자 결정론이란 인간의 모든 행동을 유전자가 결정한다는 것이다. 유전자 결정론에서는 환경의 영향을 고려하지 않지만 진화론에서는 학습된 행동 특성이 유전적 요인과 환경적 요인으로 인해 형성된다고 본다.

04 학자와 그 주장의 연결이 옳은 것을 모두 고른 것은?

18' 17회 / 16' 15회 / 16' 14회 / 15' 13회

> ㄱ. 홉스(T. Hobbes) - 생득적 관념(innate idea)이 모든 지식의 근원이다.
> ㄴ. 로크(J. Locke) - 마음은 관념들로 이루어져 있으며, 관념은 순수한 이성적 사고에서 생긴다.
> ㄷ. 갈(F. Gall) - 뇌의 부위에 따라 기능이 다르다.
> ㄹ. 칸트(I. Kant) - 의식적 경험은 경험적 세계에서 유발되는 감각적 경험과 생득적 정신 능력의 영향을 모두 받는다.

① ㄱ
② ㄴ
③ ㄱ, ㄷ
④ ㄴ, ㄹ
❺ ㄷ, ㄹ

해설
ㄱ. 홉스(T. Hobbes)는 <u>모든 지식의 근원이 되는 것은 경험</u>이라고 주장하였으며, 생득적 관념이 모든 지식의 근원이라는 주장에 반대하였다.
ㄴ. 로크(J. Locke)는 인간의 마음은 아무 것도 그려져 있지 않은 하얀 백지와 같고, 주변 환경과의 <u>상호작용(경험)을 통해 관념이 생기며</u>, 이러한 관념이 백지의 한 부분씩 채워가면서 인간이 성숙한다고 주장했다.

14' 12회

05 학습에 있어 기능주의에 관한 설명으로 옳지 않은 것은?

① 다윈(C. Darwin)의 진화론에서 영향을 받았다.
❷ 유기체의 신체적 적응 기능만을 강조하였다.
③ 유기체의 정신과정과 행동이 유기체가 환경에 적응하도록 도와준다.
④ 제임스(W. James)는 개인이 자신의 환경에 적응하도록 돕는 것이 의식의 목적이라고 하였다.
⑤ 듀이(J. Dewey)는 심리학적 실험의 결과가 교육과 일상의 삶에 활용될 수 있어야 한다고 주장하였다.

해설
② 행동과 의식은 환경과의 관계에서 끊임없이 변화하며, <u>의식의 기능과 작용에 초점</u>을 두었다.

💡 **기능주의 학습이론**
- 기능주의는 인간의 의식은 하나의 통일체로 기능하고 요소로 환원될 수 없으며, 유기체의 정신과정과 행동이 유기체가 환경에 적응하도록 도와준다고 본다.
- 의식의 기능과 작용에 초점을 두었으며, 행동과 의식은 환경과의 관계에서 끊임없이 변화한다고 본다.
- 다윈(C. Darwin)의 진화론에서 영향을 받은 이론이다.
- 윌리엄 제임스(W. James)는 대표적인 기능주의 학습이론가이다. 제임스(W. James)는 개인이 자신의 환경에 적응하도록 돕는 것이 의식의 목적이라고 하였다.
- 듀이(J. Dewey)는 심리학적 실험의 결과가 교육과 일상의 삶에 활용될 수 있어야 한다고 주장하였다.
- 쏜다이크(E. Thorndike), 스키너(B. Skinner), 헐(C. Hull)은 공통적으로 기능주의 관점을 채택하였다.

06 학생의 학습에 대한 교사의 기대에 관한 설명으로 옳은 것을 모두 고른 것은?

> ㄱ. 교사의 기대가 바뀌지 않아 학생의 성취수준이 그 기대수준에 계속 머무는 것을 대유지효과라고 한다.
> ㄴ. 학생의 신체적 매력도 교사의 기대에 영향을 미칠 수 있다.
> ㄷ. 교사의 부정적인 기대가 실제로 실현되는 현상을 골렘 효과(Golem effect)라고한다.
> ㄹ. 교사 자신의 능력과 학생의 학습을 어느 정도 통제할 수 있다는 교사의 신념도 교사의 기대에 영향을 미치는 요인이다.

① ㄱ, ㄴ
② ㄴ, ㄷ
③ ㄷ, ㄹ
④ ㄱ, ㄴ, ㄹ
❺ ㄱ, ㄴ, ㄷ, ㄹ

해설 ㄱ, ㄴ, ㄷ, ㄹ 모두 학생의 학습에 대한 교사의 기대에 대한 설명으로 옳다.
ㄱ. 로젠탈과 제이콥스가 검증한 자기충족적 예언이론(피그말리온 효과)에 따르면 주위의 예언이나 기대가 행동을 하는 사람에게 영향을 주어 그 기대나 예언대로 행동하게 된다.
ㄴ. 학생의 신체적 매력뿐만 아니라 지적, 사회적 수행능력은 교사의 기대에 영향을 미치게 된다.
ㄷ. 피그말리온 효과의 반대되는 효과로 교사의 부정적인 기대가 학생에게 영향을 미쳐 학업성적이 낮아지는 것을 말한다.
ㄹ. 교사의 신념은 교사의 기대에 영향을 미칠 수 있다.

08 동기에 관한 자기결정성 이론이 가정하는 욕구가 아닌 것은?

① 유 능(competence)
② 자율성(autonomy)
③ 관 계(relatedness)
④ 환경과의 관계에서 자기 결정적이고자 하는 욕구
❺ 외적 보상에 기반한 수행 욕구

해설 자기결정성 이론이란 <u>외적 보상에 기반한 수행은 동기의 욕구가 가장 낮으며, 내적인 욕구가 있을 때 동기가 가장 높다고 보는 이론</u>이다. 자기결정은 의지와 다르며, 행동에는 기본심리욕구{유능(competence), 자율성(autonomy), 관계(relatedness)}가 기저에 있다고 보며, 환경과의 관계에서 자기 결정적이고자 하는 욕구는 내재적 동기라고 가정한다.

07 외재적 보상의 효과에 관한 인지평가이론의 설명으로 옳지 않은 것은?

❶ 수행수준에 관계없이 과제 수행 자체에 대해 보상을 주는 경우 내재적 동기는 손상되지 않으며 오히려 증가한다.
② 보상을 받는 사람에게 자기결정성에 대한 정보를 제공할 수 있다.
③ 보상을 통제로 받아들이면 내재적 동기를 감소시킬 가능성이 커진다.
④ 보상을 정보로 받아들이면 유능감에 변화가 생기기 시작한다.
⑤ 보상이 실제 행동 또는 발전과 연관될 때 개인에게 자신의 기술 또는 능력에 대한 정보를 줄 수 있다.

해설 ① 인지평가이론은 내재적으로 보상되어 왔던 행동에 대해 통제하는 것처럼 보이는 외재적 보상이 주어질 경우에는 <u>전반적인 동기부여가 감소</u>한다는 자기결정이론이다.

09 행동주의 학습이론의 기본 가정에 관한 설명으로 옳지 않은 것은?

❶ 특정 대상에 대해 특정 정서를 갖는 것은 학습으로 간주할 수 없다.
② 동물 연구에서 나온 학습 원리를 인간 학습에 적용할 수 있다.
③ 새로운 행동의 형성·유지·제거는 환경과의 상호작용에 의해 결정된다.
④ 정상행동뿐만 아니라 이상행동도 동일한 학습원리로 설명할 수 있다.
⑤ 직접 관찰할 수 있거나 측정 가능한 행동에 초점을 둔다.

해설 ① 행동주의 학습이론에서 특정 대상에 대해 특정 정서를 갖는 것 또한 <u>학습으로 간주</u>한다.

16' 14회 / 15' 13회 / 14' 12회

10 다음에 해당하는 개념은?

> 자습시간에 복습을 한 학생에게 숙제를 면제해 주었더니 자습시간에 복습하는 행동이 늘었다.

① 정적 강화
❷ 부적 강화
③ 차별 강화
④ 행동 연쇄
⑤ 자기 강화

해설 ② 부적 강화는 <u>부적 자극을 없애서 긍정적 행동의 빈도를 높이는 것</u>이다. 숙제라는 부적 자극을 없애주는 것으로 복습이라는 긍정적 행동의 빈도를 높인 것은 부적 강화에 해당하는 개념이다.

11 행동주의 학습 개념과 사례의 연결이 옳지 않은 것은?

① 홍수법(flooding) : 뱀 공포 치료를 원하는 내담자에게 뱀을 몸에 감고 1시간 이상을 버티게 했다.
② 조형(shaping) : 옹알이를 시작한 아기에게 '엄마'라는 말을 가르치기 위해 '음음' → '음마' → '엄마' 단계로 강화하였다.
③ 혐오치료(aversion therapy) : 알코올 중독 치료를 원하는 내담자에게 구토제를 복용하도록 하여 술을 마실 때마다 구토를 경험하게 하였다.
❹ 자발적 회복(spontaneous recovery) : 등교거부가 심한 학생에게 교문, 현관, 복도, 교실 순으로 조금씩 시간을 보내면서 자연스럽게 학교에 익숙해지도록 하였다.
⑤ 소거(extinction) : 우는 행동을 줄이기 위해 울 때마다 주었던 관심과 도움을 더 이상 주지 않았다.

해설 ④ <u>체계적 둔감법(systematic desensitization)</u>에 관련된 사례이다. 체계적 둔감법은 조건 형성된 불안 혹은 공포를 극복하기 위한 방법으로, 내담자를 불안유발 수준이 낮은 상황에서 높은 상황으로 노출시켜 불안을 유발하는 상황에 대해 둔감하도록 만드는 것이다. 자발적 회복(spontaneous recovery)은 소거가 완료되고 일정기간 훈련 중지 후 조건 자극을 다시 제시 했을 때 그 조건 반응이 다시 나타나는 것을 말한다.

14' 12회

12 강화에 관한 설명으로 옳은 것을 모두 고른 것은?

> ㄱ. 강화계획에 따른 강화 효과의 차이는 없다.
> ㄴ. 강화물의 양이나 제시 시점은 강화 효과에 영향을 미치지 않는다.
> ㄷ. 한 번 형성된 행동을 유지시키기 위해서는 강화를 즉시 중단하는 것보다 점진적으로 줄이는 것이 좋다.
> ㄹ. 효과적인 강화를 위해서는 학습자에게 직접 강화물을 확인하여 강화를 개별화하는 것이 좋다.

① ㄱ, ㄴ
② ㄴ, ㄷ
❸ ㄷ, ㄹ
④ ㄱ, ㄴ, ㄹ
⑤ ㄱ, ㄴ, ㄷ, ㄹ

해설 ㄱ. 강화계획에 따른 <u>강화 효과의 차이가 있다.</u> 가변비율 강화계획의 경우 강화의 지속성이 높게 유지되지만, 고정간격강화계획은 강화의 지속성이 거의 없으나 강화시간이 다가오면 <u>반응률이 증가</u>하는 특징을 가진다.
ㄴ. 같은 강화물이더라도 <u>양이나 제시 시점에 따라 강화효과가 달라진다.</u>

16' 14회

13 행동 수정에 관한 설명으로 옳은 것을 모두 고른 것은?

> ㄱ. 행동 수정의 효과를 평가하기 위해서는 개입 전·후뿐만 아니라 중간 과정에서도 행동 측정을 반복하는 것이 좋다.
> ㄴ. 목표 행동을 유발하거나 강화할만한 구체적인 사건을 찾기 위한 기능적 행동 평가를 해야 한다.
> ㄷ. 행동 수정의 전(全)과정에서 학습자가 행동 수정의 과정을 눈치 채지 못하도록 신중을 기해야 한다.
> ㄹ. 기초선(baseline) 측정을 위해서는 2명 이상의 관찰자가 동일한 상황에서 표적 행동을 관찰하는 것이 바람직하다.

① ㄱ, ㄴ
② ㄴ, ㄷ
③ ㄷ, ㄹ
❹ ㄱ, ㄴ, ㄹ
⑤ ㄱ, ㄴ, ㄷ, ㄹ

해설

ㄷ. 행동 수정의 전(全)과정에서 학습자와 상담자는 행동 수정 목표를 세우고 과정 중 어떠한 보상을 제공할 것인지에 대한 **합의 등이 필요**하다.

💡💡 **행동 수정 기법**
- 프리맥의 원리 : 더 선호되는 행동이 덜 선호되는 행동을 증가시키기 위한 정적 강화물(reinforcer)로 작용하는 현상이다.
- 소거(Extinction) : 문제행동의 빈도를 줄이는 기법으로 특정 행동 시 강화를 제시하지 않는 것이다.
- 조성(Shaping) : 목표 행동에 점진적으로 접근하도록 체계적인 강화를 하는 것이다.
- 토큰제도(경제) : 특정 행동의 강화물로 토큰을 주고 토큰과 다른 물건을 교환할 수 있도록 하는 방법이다.

15' 13회

14 일차(primary) 강화물에 해당하는 것을 모두 고른 것은?

> ㄱ. 물   ㄴ. 돈
> ㄷ. 상장   ㄹ. 수면
> ㅁ. 토큰

❶ ㄱ, ㄹ
② ㄴ, ㄷ
③ ㄷ, ㅁ
④ ㄱ, ㄴ, ㄹ
⑤ ㄴ, ㄷ, ㅁ

해설

일차 강화물은 <u>물, 수면 등과 같이 생물학적인 욕구가 충족될 수 있는 물질들</u>이다. 이차 강화물은 일차 강화물과 연계되어 강화적 속성을 지니는 물질들이며, 돈, 토큰, 상장, 칭찬스티커 등과 같이 일차 강화물로 교환될 수 있는 것들이다.

15' 13회

15 욕구위계이론에서 매슬로우(A. Maslow)가 주장한 내용으로 옳지 않은 것은?

① 다양한 욕구 사이에 위계가 존재한다.
② 자아실현의 욕구는 욕구위계 중 가장 높은 단계에 해당한다.
③ 아래 단계의 욕구가 어느 정도 충족된 후에 위 단계의 욕구가 나타나는 것이 일반적이다.
❹ 사랑과 소속의 욕구, 자존의 욕구, 자아실현의 욕구는 성장 욕구에 속한다.
⑤ 안전의 욕구는 사랑과 소속의 욕구 아래 단계에 위치한다.

해설

④ 생리적 욕구, 안전의 욕구, <u>사랑과 소속의 욕구, 자존의 욕구</u>는 근본적인 욕구이며, 이 4가지 욕구들이 충분히 충족되지 않았을 경우에는 문제가 발생할 수 있는 욕구들로서 '결핍 욕구(deficiency needs)'라 불린다. 자아실현 욕구는 성장 욕구에 속한다.

💡💡 **매슬로우(A. Maslow)의 욕구위계이론**
- 다양한 욕구 사이에 위계가 존재한다.
- 욕구위계

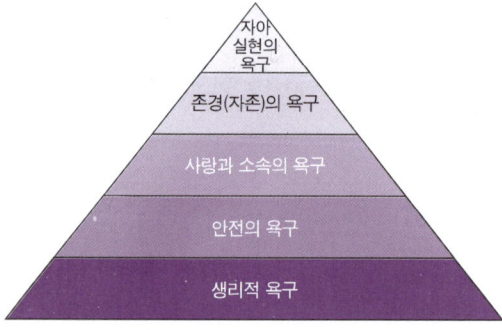

- 하위 수준의 욕구가 충족되지 않으면 상위 수준의 욕구는 만족될 수 없다.
- 아래 단계의 욕구가 어느 정도 충족된 후에 위 단계의 욕구가 나타나는 것이 일반적이다.
- 인간은 선천적으로 자아실현 경향성을 갖고 있으며, 자아실현의 욕구는 욕구위계 중 가장 높은 단계에 해당한다.

16' 15회 / 16' 14회

16 귀인이론에 관한 설명으로 옳지 않은 것은?

① 성공 상황에서 노력 요인으로 귀인할 경우 학습 행동을 동기화할 수 있다.
② 귀인 성향은 과거 성공, 실패 상황에서의 반복적인 원인 탐색 경험에 의해 형성된다.
③ 귀인의 결과에 따라 자부심, 죄책감, 수치심 등의 정서가 유발되기도 한다.
④ 와이너(B. Weiner)는 인과 소재, 안정성, 통제성 등의 차원으로 귀인 유형을 구분하였다.
❺ 능력 귀인은 내적, 안정적, 통제 가능한 귀인 유형으로 분류된다.

해설
⑤ 능력 귀인은 내적, 안정적, **통제 불가능한** 귀인 유형으로 분류된다.

💡 **와이너(B. Weiner)의 귀인이론**
- 귀인은 학습결과의 원인에 대한 학습자의 믿음을 말한다.
- 학습자가 노력 유무에서 원인을 찾을 때 학습자의 학습동기는 높아진다.
- 학습자가 낮은 시험점수의 이유를 시험난이도에서 찾으면 외적이고 통제 불가능한 요인으로 귀인하는 것이다.
- 성공 상황에서 노력 요인으로 귀인할 경우 학습 행동을 동기화할 수 있다.
- 귀인 성향은 과거 성공, 실패 상황에서의 반복적인 원인 탐색 경험에 의해 형성된다.
- 귀인의 결과에 따라 자부심, 죄책감, 수치심 등의 정서가 유발되기도 한다.
- 와이너(B. Weiner)는 인과 소재, 안정성, 통제성의 차원으로 귀인 유형을 구분하였다.
  - 인과 소재 : 성공 및 실패의 원인을 찾는 곳이 자신의 외부인지 내부인지에 관한 것이다.
  - 안정성 : 시간의 경과 혹은 특정 상황에 따라 원인이 변화하는가에 대한 것이다.
  - 통제성 : 학습자의 의지로 통제가 가능한 것인지에 대한 여부이다.

귀인의 예	인과 소재	안정성	통제성
과목 특성	외 부	안 정	통제 불가능
노 력	내 부	불안정	통제 가능
운(행운, 불운)	외 부	불안정	통제 불가능
능 력	내 부	안 정	통제 불가능
타인의 도움	외 부	불안정	통제 가능

17 암묵기억(implicit memory)에 관한 설명으로 옳지 않은 것은?

❶ 습관은 암묵기억이 아니다.
② 절차기억은 암묵기억이다.
③ 비선언적 기억(nondeclarative memory)이라고도 한다.
④ 자전거를 타는 것은 암묵기억이다.
⑤ 말로 표현되는 것이 아니다.

해설
① 암묵기억이란 특정 사건에 대한 개인의 의식은 없지만, 현재 행동에 영향을 주는 기억이다. **습관도 무의식적으로 현재행동에 영향을 주는 것으로 암묵기억에 해당**한다.

16' 14회 / 14' 12회

18 망각에 관한 설명으로 옳은 것은?

① 언어정보는 언어기억만 방해한다.
❷ 망각은 인출실패를 포함한다.
③ 간섭(interference)이론보다는 쇠퇴(decay)이론에 의해 더 잘 설명된다.
④ 망각의 유일한 원인은 부호화(encoding)실패이다.
⑤ 역행간섭보다는 순행간섭이 망각에 더 큰 역할을 한다.

해설
① 언어정보는 언어기억뿐만 아니라 **청각적·시각적 기억도 방해**한다.
③ 쇠퇴이론은 실험적으로 검증하기 어려우며, 파지기간 동안의 경험에 따라 기억정도가 달라지는 것에 대한 설명을 하지 못한다. 쇠퇴이론과 달리 **간섭이론**의 경우 파지기간 동안의 경험에 따라 기억정도가 달라지는 것의 **실험적 검증이 가능**하다.
④ 망각은 기억을 위한 단계인 **부호화, 저장, 인출 단계에서 문제가 생겼을 경우 발생**한다.
⑤ 역행간섭은 새로운 정보가 기존의 정보의 인출을 방해하는 것이고 순행간섭은 새로운 정보를 기억하는 과정을 기존의 정보가 방해하는 현상으로 **두 간섭 모두 망각에 영향을 미친다**.

망각의 원인

- 쇠퇴 : 시간이 흐르며 기억 속의 정보가 자연적으로 사라지는 것이다.
- 간섭 : 기억 속의 정보들 간 충돌로 인해 정보의 인출이 방해되는 것이다.
  - 순행간섭 : 기존 학습된 정보가 새로운 학습을 방해하는 것이다.
  - 역행간섭 : 새로운 학습이 이전학습을 방해하거나 교란하는 것을 말한다.
- 인출실패 : 어떤 정보를 기억하고 있다는 확신이 있으나 기억해 내고자 하는 정보가 무엇인지 알 수 없는 것을 말한다. 대표적으로 인출되어야 할 정보가 혀끝에서 맴도는 설단현상이 있다.
- 동기화된 망각(억압) : 정서적인 아픔이 너무 커서 그 일이 전혀 기억이 나지 않거나 그 일의 일부 조각들만이 기억되는 것이다.
- 인출과 망각에 영향을 주는 요인
  - 정보의 인출 단서
  - 정보의 유의미성
  - 정보의 저장 방식
  - 습득한 다른 정보

19 인지과정에 관한 설명으로 옳은 것을 모두 고른 것은?

> ㄱ. 새로운 과제를 수행할 때 주의가 더 많이 요구된다.
> ㄴ. 과제가 경쟁관계에 있을 때 선택적 주의가 발생한다.
> ㄷ. 과잉 학습된 과제나 반복적인 정보를 처리할 때 자동성이 발생한다.
> ㄹ. 계열처리는 무의식적으로, 병열처리는 의식적으로 발생한다.

① ㄱ, ㄴ
② ㄷ, ㄹ
❸ ㄱ, ㄴ, ㄷ
④ ㄴ, ㄷ, ㄹ
⑤ ㄱ, ㄴ, ㄷ, ㄹ

해설 ㄹ. 계열처리는 <u>의식적으로</u> 발생하고, 병열처리는 <u>무의식적으로</u> 발생한다.

20 해마에 관한 설명으로 옳지 않은 것은?

① 외현기억에 중요한 기능을 한다.
② 장기기억은 응고화되면 해마보다는 대뇌피질에 의존한다.
③ 공간기억에 중요한 역할을 한다.
❹ 손상되면 학습이 불가능하다.
⑤ 손상되면 부신호르몬 분비가 증가한다.

해설 ④ 해마는 새로운 기억을 저장시키는 데 결정적인 역할을 담당하고 있지만, 장기기억을 담는 저장소는 아니기 때문에 반복을 통해 습득되는 기억인 <u>절차기억은 장기기억으로 해마가 일부 손상되어도 형성이 가능</u>하다.

21 장기상승작용(long-term potentiation)에 관한 설명으로 옳은 것을 모두 고른 것은?

> ㄱ. 해마가 아닌 다른 뇌 영역에서도 일어날 수 있다.
> ㄴ. 몇 주간 지속되기도 한다.
> ㄷ. 시냅스 후막이 탈분극 되어야 발생한다.
> ㄹ. 햅(D. Hebb)의 법칙을 따른다.

① ㄱ, ㄴ
② ㄴ, ㄷ
③ ㄱ, ㄷ, ㄹ
④ ㄴ, ㄷ, ㄹ
❺ ㄱ, ㄴ, ㄷ, ㄹ

해설 ㄱ, ㄴ, ㄷ, ㄹ 모두 옳은 내용이다. 장기상승작용은 뉴런들 사이의 연결강도가 장기적으로 증가하는 현상을 말한다.
ㄱ. 해마가 아닌 <u>대뇌피질</u>과 같은 부위에서도 장기강화가 일어난다.
ㄴ. 장기강화의 효과는 <u>몇 주 혹은 몇 달까지 지속</u>되기도 한다.
ㄷ. 시냅스 후막에 <u>약한 자극들이 모여 생성된 탈분극들은 장기상승작용을 일으킬 수 있을 만큼의 탈분극</u>이 된다.
ㄹ. 햅(D. Hebb)의 법칙은 <u>두 개의 뉴런이 지속적으로 한쪽이나 양쪽 모두에 변화를 일으킨다면 상호 간의 점화(firing)효율이 점차적으로 상승한다는 법칙</u>으로 장기상승작용은 이 법칙을 따른다.

22 뇌 쾌락중추에 강화물로 직접적인 전기 자극을 주는 것에 관한 설명으로 옳은 것은?

❶ 훈련 이전의 박탈은 필요없다.
② 포만 상태가 발생한다.
③ 인간에게만 작용한다.
④ 급격히 소거되지 않는다.
⑤ 대부분의 강화 계획(schedule)에 작용한다.

해설
② 포만 상태는 **발생하지 않는다**.
③ 인간뿐만 아니라 **동물에게도 작용**한다. 올즈와 밀러의 실험에서 쥐가 지렛대를 누르게 되면 뇌에 직접적인 전기 자극이 가게끔 만들었는데, 쥐들은 끝없이 지렛대를 눌러 쾌락을 추구하였다. 이 실험에서 올즈와 밀러는 전기 자극이 공급되는 뇌의 영역을 쾌락중추라 불렀다.
④ 오랫동안 유지 되지 않고 **급격히 소거**된다.
⑤ 강화효과가 너무 지나치게 일어나기 때문에 **대부분의 강화 계획에 작용하지 않는다**.

23 반두라(A. Bandura)의 관찰학습 과정 중 파지과정(retentional process)에서 발생하지 않는 것은?

① 인지적 조직화
② 인지적 시연
❸ 행위의 관찰
④ 상징적 부호화
⑤ 시연의 활성

해설
③ 행위의 관찰은 **주의집중과정**에서 일어난다. 파지과정은 관찰을 통해 얻은 정보를 기억하는 과정이며, 상징적 형태로 기억된 관찰내용이 다음 과정에서 행동으로 나타나게 된다. 관찰학습 과정은 주의집중과정 → 파지과정 → 운동 재생과정 → 동기화 과정으로 일어난다.

15' 13회 / 14' 12회

24 메타인지에 관한 설명으로 옳지 않은 것은?

① 학습과 기억을 증진시키기 위해 자신의 학습과 인지과정을 조절하는 것이다.
❷ 메타인지가 활성화되면 학습방해가 일어나지 않는다.
③ 자신의 현재 지식수준을 점검하는 것은 메타인지 기술이다.
④ 집중이 잘 되는 장소를 찾는 것은 메타인지 기술이다.
⑤ 자신이 읽은 내용에 대해 질문하는 것은 메타인지기술이다.

해설
② 메타인지가 활성화되더라도 외부 환경과 같은 요인으로 인해 **학습방해가 일어나게 된다.**

💡 **메타인지(metacognition)**
- 메타인지는 상위인지 혹은 초인지라고 하기도 하며, 자신의 인지에 관해 판단하는 능력을 말한다.
- 학습과 기억을 증진시키기 위해 자신의 학습과 인지 과정을 조절하는 것이다.
- 메타인지에는 계획하기, 점검하기, 수정하기, 평가하기의 개념이 속한다.
- 자신의 현재 지식수준을 점검하는 것, 집중이 잘 되는 장소를 찾는 것, 자신이 읽은 내용에 대해 질문하는 것은 메타인지 기술이다.
- 과제 수행에 어려움이 있을 때 자신의 전략을 점검하는 것도 메타인지이다.
- 메타인지는 청소년기에 발달한다.
- 청소년기 동안 메타인지가 발달하였다고 해서 성인이 되어 과제를 해결할 때 항상 메타인지를 사용하는 것은 아니다.
- 메타인지는 인지과정을 점검하는 데 사용되는 인지로서 어떤 지식이나 정보를 반복적으로 사용하는 것은 메타인지로 볼 수 없다.

18' 17회 / 14' 12회

25 사회인지이론에서 자기조절(self – regulation)에 관한 설명으로 옳은 것을 모두 고른 것은?

> ㄱ. 자기조절은 학습될 수 있다.
> ㄴ. 자기조절 체계는 개방적 특성을 갖는다.
> ㄷ. 반두라(A. Bandura)는 자기조절이 자기관찰, 자기평가, 자기반응의 하위과정으로 구성된다고 한다.
> ㄹ. 짐머만(B. Zimmerman)의 자기조절 단계는 '수행 또는 의지 통제', '선견', '자아 성취'이다.

① ㄱ, ㄴ　　② ㄴ, ㄹ
❸ ㄱ, ㄴ, ㄷ　　④ ㄴ, ㄷ, ㄹ
⑤ ㄱ, ㄴ, ㄷ, ㄹ

해설 ㄹ. 짐머만(B. Zimmerman)은 **자기관찰, 자기평가, 자기반응, 자기효능감**으로 자기조절 단계를 제시하였다.

2과목(선택) 청소년이해론

16' 15회 / 15' 13회 / 14' 12회

26 청소년기의 일반적인 발달 특징으로 옳은 것은?

① 정서표현이 아동기보다 더 직접적이고 일시적이다.
② 사춘기는 남아가 여아보다 더 빨리 시작된다.
③ 청소년 초기보다 후기에 성역할 고정관념이 강화된다.
❹ 에스트로겐은 여아의 사춘기 발달에 중요하다.
⑤ 동조행동에 대한 또래집단의 압력은 약화된다.

해설
① 아동기의 정서표현 방식은 직접적이고 일시적이며 외적으로 표현되지만, 청소년기에는 정서표현이 방어기제에 의해 **외적으로 잘 표현되지 않으며, 비교적 영속적이다**.
② 사춘기는 **여아가** 남아보다 **더 빨리 시작된다**.
③ 성 역할의 고착화는 **성인 초기**에 이루어진다.
⑤ 동조행동에 대한 또래집단의 압력은 **강화**된다.

청소년기의 발달

- 여자청소년의 성적(性的) 발달을 유발하는 대표적인 여성 호르몬은 에스트로겐이며, 남자청소년의 성적(性的)발달을 유발하는 대표적인 남성 호르몬은 테스토스테론이다.
- 청소년기 성장급등 시기는 여자가 남자보다 빠르다.
- 체력과 지구력이 최고조에 달한다.
- 여성의 성적 성숙의 뚜렷한 변화는 초경의 시작이다.
- 급격히 증가하는 성호르몬은 생식기관의 극적인 성장을 초래한다.
- 청소년기에는 정서표현이 방어기제에 의해 외적으로 잘 표현되지 않으며, 비교적 영속적이다.
- 동조행동에 대한 또래집단의 압력은 강화된다.

16' 15회

27 학교 밖 청소년 지원에 관한 법률상 '학교 밖 청소년' 에 해당되지 않는 것은?

❶ 중학교에서 2개월 동안 무단결석한 청소년
② 중학교에서 질병으로 6개월째 취학을 유예한 청소년
③ 중학교 졸업 후 고등학교에 진학하지 않은 청소년
④ 고등학교에서 제적 처분된 청소년
⑤ 고등학교를 자퇴한 청소년

해설 ① 중학교에서 **3개월 이상** 무단결석한 학생을 학교 밖 청소년이라 할 수 있다.

학교 밖 청소년의 정의
(학교 밖 청소년 지원에 관한 법률 제2조 2호)

"학교 밖 청소년"이란 다음 각 목의 어느 하나에 해당하는 청소년을 말한다.
가. 「초·중등교육법」 제2조의 초등학교·중학교 또는 이와 동일한 과정을 교육하는 학교에 입학한 후 3개월 이상 결석하거나 같은 법 제14조 제1항에 따라 취학의무를 유예한 청소년
나. 「초·중등교육법」 제2조의 고등학교 또는 이와 동일한 과정을 교육하는 학교에서 같은 법 제18조에 따른 제적·퇴학처분을 받거나 자퇴한 청소년
다. 「초·중등교육법」 제2조의 고등학교 또는 이와 동일한 과정을 교육하는 학교에 진학하지 아니한 청소년

28 다음에서 설명하는 문화이론의 관점은?

- 상호의존과 균형을 중시함
- 전반적인 사회질서를 흐트러뜨리지 않고 유지하려 함
- 콩트(A. Comte)와 스펜서(H. Spencer)에 의해 기초가 형성되었음

❶ 문화기능주의적 관점 ② 문화진화론적 관점
③ 문화갈등론적 관점 ④ 문화상대주의적 관점
⑤ 문화관념론적 관점

해설
① 문화기능주의는 인간의 기본욕구들로 인해 문화가 만들어진다고 본다. **기능주의는 콩트와 스펜서에 의해 기초가 형성**되었으며, 기능주의에서 사회는 **유기체처럼 서로 상호적이며 균형적**이고 사회 부분 간의 기능상의 차이가 있을 뿐이라고 주장한다.

16' 14회 / 15' 13회

29 설리반(H. Sullivan)이 주장한 대인관계 발달이론의 내용으로 옳지 않은 것은?

① 아동기에는 부모의 관심을 얻으려는 욕구가 강하다.
② 편안하고 성공적인 대인관계가 인생에서 가장 중요하다.
③ 전(前)청소년기에는 단짝친구관계를 형성하려는 욕구가 강하다.
❹ 인간은 자신 속에 없는 것도 타인에게서 발견할 수 있다.
⑤ 청소년 초기에는 이성관계를 형성하려는 욕구가 강하다.

해설
④ 설리반은 **타인과의 관계와 의사소통의 중요성을 강조한 심리사회적 발달이론가**이다. 인간은 자신 속에 없는 것도 타인에게서 발견할 수 있다는 내용은 타인을 모델링하여 학습한다는 반두라의 사회학습이론의 내용에 가깝다.

💡💡 설리반(H. Sullivan)의 대인관계 발달이론

- 설리반의 대인관계 발달이론은 편안하고 성공적인 대인관계가 인생에서 가장 중요하다고 주장한다.
- 발달단계

단 계	내 용
유아기	다른 사람과의 접촉 및 양육자로 부터의 애정을 받고자 하는 욕구가 나타난다.
아동기	아동기에는 부모의 관심을 얻으려는 욕구가 강하며, 아동의 놀이에 성인이 참여해 주기를 바란다.
소년·소녀기	또래 놀이친구를 얻고자 하는 욕구가 커진다.
전(前)청소년기	친밀한 동성 친구를 갖고 싶어 하며 단짝친구관계를 형성하려는 욕구가 강하다.
청소년 초기	이성친구와의 친밀감을 형성하고 싶은 욕구가 강하다.
청소년 후기	친밀감 및 성적욕구가 통합되며 성인사회에 통합되고자 하는 욕구가 나타난다.

14' 12회

30 청소년 관련법에서 규정하고 있는 청소년 연령이 바르게 연결된 것을 모두 고른 것은?

ㄱ. 소년법 - 19세 미만
ㄴ. 청소년 보호법 - 18세 미만
ㄷ. 청소년 기본법 - 9세 이상 24세 이하
ㄹ. 청소년복지 지원법 - 19세 미만
ㅁ. 아동·청소년의 성보호에 관한 법률 - 18세 미만

① ㄱ, ㄴ ❷ ㄱ, ㄷ
③ ㄱ, ㄹ ④ ㄴ, ㄷ, ㅁ
⑤ ㄴ, ㄷ, ㄹ, ㅁ

해설
ㄴ. 청소년 보호법 - **만 19세 미만**으로 규정하고 있다.
ㄹ. 청소년복지 지원법 - 청소년 복지지원법에서 청소년의 정의는 청소년 기본법 제3조 1호의 청소년의 정의를 따르고 있으므로 청소년의 연령은 **9세 이상 24세 이하**이다.
ㅁ. 아동·청소년의 성보호에 관한 법률 - **19세 미만**으로 규정하고 있다.

31 소년법상 소년에 대한 보호처분 결정으로 옳은 것을 모두 고른 것은?

> ㄱ. 1호 – 보호자 감호위탁
> ㄴ. 3호 – 단기보호관찰
> ㄷ. 6호 – 소년보호시설 감호위탁
> ㄹ. 8호 – 1개월 내 소년원 송치
> ㅁ. 10호 – 소년교도소 송치

① ㄱ, ㄴ
❷ ㄱ, ㄷ, ㄹ
③ ㄴ, ㄷ, ㄹ
④ ㄱ, ㄴ, ㄷ, ㄹ
⑤ ㄱ, ㄷ, ㄹ, ㅁ

[해설]
ㄴ. 3호의 보호처분 결정은 <u>사회봉사명령</u>이며, 단기보호관찰은 <u>4호</u>의 내용이다.
ㅁ. 10호의 보호처분 결정은 <u>장기 소년원 송치</u>이다.

보호처분의 결정(소년법 제32조 제1항)
소년부 판사는 심리 결과 보호처분을 할 필요가 있다고 인정하면 결정으로써 다음 각 호의 어느 하나에 해당하는 처분을 하여야 한다.
1. 보호자 또는 보호자를 대신하여 소년을 보호할 수 있는 자에게 감호 위탁
2. 수강명령
3. 사회봉사명령
4. 보호관찰관의 단기(短期) 보호관찰
5. 보호관찰관의 장기(長期) 보호관찰
6. 「아동복지법」에 따른 아동복지시설이나 그 밖의 소년보호시설에 감호 위탁
7. 병원, 요양소 또는 「보호소년 등의 처우에 관한 법률」에 따른 소년의료보호시설에 위탁
8. 1개월 이내의 소년원 송치
9. 단기 소년원 송치
10. 장기 소년원 송치

32 지역사회 청소년통합지원체계와 연계 가능한 기관을 모두 고른 것은?

> ㄱ. 청소년쉼터 ㄴ. 학교
> ㄷ. 병원 ㄹ. 경찰서
> ㅁ. 지방고용노동청

① ㄱ, ㄷ
② ㄴ, ㄷ, ㄹ
③ ㄱ, ㄴ, ㄷ, ㄹ
④ ㄱ, ㄴ, ㄹ, ㅁ
❺ ㄱ, ㄴ, ㄷ, ㄹ, ㅁ

[해설]
지역사회 청소년 통합지원체계란 지역사회 위기청소년 지원을 위해 원스톱으로 상담·보호·의료·자립 등 맞춤형 서비스를 제공하는 여성가족부 청소년복지정책으로, ㄱ, ㄴ, ㄷ, ㄹ, ㅁ 모두 지역사회 청소년통합지원체계와 연계 가능한 기관들이다.

지역사회 청소년통합지원체계 구성
(청소년 복지 지원법 시행령 제4조 제1항)
지역사회 청소년통합지원체계(이하 "통합지원체계"라 한다)는 다음 각 호의 기관 또는 단체(이하 "필수연계기관"이라 한다)를 반드시 포함하여 구성하여야 한다.
1. 법 제29조에 따른 청소년상담복지센터 및 법 제31조에 따른 청소년복지시설
2. 「성매매방지 및 피해자보호 등에 관한 법률」 제9조 제1항 제2호에 따른 청소년 지원시설
3. 「청소년기본법」 제3조 제8호에 따른 청소년단체
4. 「지방자치법」 제2조에 따른 지방자치단체
5. 「지방교육자치에 관한 법률」에 따른 특별시·광역시·도·특별자치도 교육청 및 교육지원청
6. 「초·중등교육법」 제2조에 따른 학교
7. 「경찰법」 제2조 제2항에 따른 지방경찰청 및 경찰서
8. 「공공보건의료에 관한 법률」 제2조 제3호에 따른 공공보건의료기관
9. 「지역보건법」 제10조에 따른 보건소(보건의료원을 포함한다)
10. 「법무부와 그 소속기관 직제」 제39조의2에 따른 청소년 비행예방센터
11. 「고용노동부와 그 소속기관 직제」 제19조 및 제23조에 따른 지방고용노동청 및 지청
12. 「학교 밖 청소년 지원에 관한 법률」 제12조 제1항에 따른 학교 밖 청소년 지원센터
13. 「보호관찰 등에 관한 법률」 제14조에 따른 보호관찰소(보호관찰지소를 포함한다)

33 일반적으로 청소년기에 발달하는 타인에 대한 인상형성(impression formation)의 특징으로 옳지 않은 것은?

① 점점 더 조직화된다.
② 점진적으로 분화된다.
③ 보다 더 추상적이 된다.
④ 추론을 더 많이 사용한다.
❺ 점점 더 자기중심적이 된다.

해설 청소년의 자기중심적인 생각은 약 15세경 이후부터 감소하기 시작하며, 다양한 대인관계를 경험하고 나이가 들어감에 따라 점점 사라진다. 인상형성(impression formation)이란 타인을 처음 만났을 때 풍기는 분위기, 외모, 몇 마디 대화 등의 정보를 통해 상대방에 대한 느낌이나 기대를 말하며 점점 더 자기중심적이 된다는 것은 인상형성의 특징에 해당되지 않는다.

34 친구, 이웃, 학교 등 사회와의 결속이 약한 사람이 비행을 쉽게 저지른다는 비행이론은?

❶ 사회유대이론 ② 차별접촉이론
③ 사회학습이론 ④ 아노미이론
⑤ 낙인이론

해설
① 사회유대이론 : 허쉬(T. Hirschi)에 의해 주장된 이론으로 사회와의 유대가 부족할 때 비행을 저지른다고 보며, 사회적 유대 요인으로 애착(attachment), 관여(commitment), 참여(involvement), 신념(belief)을 제시하였다.
② 차별접촉이론 : 범죄행위는 학습되며, 법위반에 대해 우호적으로 학습된 사람이 비행을 한다고 주장한다.
③ 사회학습이론 : 타인의 행동을 관찰하고 모방하여 행동이 학습된다는 이론이다.
④ 아노미이론 : 문화적으로 규정된 목표와 자신이 갖고 있는 제도화된 수단의 불일치가 비행을 야기한다고 본다.
⑤ 낙인이론 : 청소년의 1차적 비행으로 인해 사회적으로 비행자라 인식되어 사회적 냉대나 제재를 받게 될 때 2차적인 비행을 저지르게 된다는 이론이다.

35 유엔아동권리협약의 기본원칙에 포함되지 않는 것은?

① 차별금지의 원칙
❷ 권한제한의 원칙
③ 아동의사 존중의 원칙
④ 아동이익 최우선의 원칙
⑤ 생명·생존·발달 존중의 원칙

해설 유엔아동권리협약의 기본원칙으로는 무차별의 원칙, 아동 최선의 이익 원칙, 생존과 발달 보장의 원칙, 어린이 의견존중의 원칙이 있다.

💡 **유엔아동권리협약의 기본원칙**
• 무차별의 원칙 : 인종, 종교, 언어, 경제적 능력, 장애 등에 상관없이 모든 아동은 같은 권리를 누려야 한다.
• 아동 최선의 이익 원칙 : 아동에게 영향을 미치는 모든 활동에 있어서 아동의 이익을 우선적으로 고려해야 한다.
• 생존과 발달 보장의 원칙 : 아동은 생존과 발달을 위해 보호 및 지원을 받아야 한다.
• 아동의 의견존중 원칙 : 아동은 자신에게 맞는 적절한 사회활동 참여 기회를 가져야하고 의견을 존중받아야 한다.

36 프로이트(S. Freud)의 방어기제에 관한 설명으로 옳은 것을 모두 고른 것은?

ㄱ. 반동형성 : "미운 사람 떡 하나 더 준다."
ㄴ. 합리화 : 실패의 실제 원인은 감추고 그럴듯한 이유를 제시함
ㄷ. 승 화 : 성적 본능이나 공격성이 사회적으로 바람직한 행동으로 나타남
ㄹ. 퇴 행 : 극심한 스트레스나 좌절을 경험하면 어렸을 때의 행동양식으로 돌아감
ㅁ. 투 사 : "꿩 대신 닭"

① ㄱ, ㄴ
② ㄷ, ㄹ
③ ㄱ, ㄴ, ㄷ
❹ ㄱ, ㄴ, ㄷ, ㄹ
⑤ ㄱ, ㄴ, ㄷ, ㄹ, ㅁ

해설 ㅁ의 사례는 투사가 아니라 **대치**에 해당한다. 대치는 좌절에서 오는 정서적 감정들을 원대상에 표현하지 않고 다른 대상에 표현하는 것을 말한다.

💡💡 **프로이트(S. Freud)의 방어기제**
- 반동형성 : 수용하기 힘든 심리와 반대의 행동을 하는 것이다.
- 합리화 : 실패의 실제 원인을 감추고 그럴듯한 이유를 제시하는 것이다.
- 승화 : 스트레스나 갈등을 일, 문학활동, 운동 등과 같이 사회적으로 용인되는 방법으로 전환시키는 방법이다.
- 퇴행 : 이전 발달단계로 돌아가 현재의 불안을 회피하려 하는 것이다.
- 투사 : 자신의 감정을 다른 사람의 감정에 해당하는 것으로 여기는 것이다.
- 전위(전치) : 어떤 대상에 대해 느낀 자신의 감정을 그 대상보다 약한 상대에게 감정을 표출하는 것이다.
- 동일시 : 타인의 특징을 자신의 것으로 여겨 불안을 다스리는 방어기제이다.

16' 15회 / 14' 12회

37 청소년비행 중 지위비행에 해당하는 것은?

① 절 도　　　② 주거침입
❸ 음 주　　　④ 폭 행
⑤ 친구 협박

해설 청소년의 지위비행은 **흡연, 음주, 유흥장 출입, 관람불가 영화 보기** 등과 같이 청소년의 지위에 맞지 않는 행동을 하는 것을 말한다.

38 시간이 경과함에 따라 물질문화와 정신문화 간의 간격이 점점 더 벌어지는 현상은?

① 문화접변　　　② 문화전계
③ 문화결핍　　　④ 문화이식
❺ 문화지체

해설
① 문화접변은 서로 다른 두 문화가 상호작용을 통하여 전혀 다른 새로운 문화로 변화되는 것을 말한다.
② 문화전계는 개인이 속해 있는 문화를 내면화하는 과정이다.
③ 문화결핍은 문화적 환경에 노출되는 것이 적거나 적절한 시기에 노출되지 않아 사회적, 정서적, 인지적 발달에 부정적 영향을 주는 것이다.
④ 문화이식은 다른 지역의 문화가 또 다른 지역으로 급속하게 전파되어 현지화되는 것을 말한다.

39 셀만(R. Selman)의 역할수용능력 발달단계 중 제3자적 역할수용단계에 관한 설명으로 옳은 것을 모두 고른 것은?

> ㄱ. 자신과 타인의 조망을 동시에 고려
> ㄴ. 동일한 상황을 각기 서로 다르게 볼 수 있음
> ㄷ. 가장 높은 단계의 조망수용능력임
> ㄹ. 자신을 주체 및 객체로서 바라볼 수 있음

① ㄱ, ㄴ　　　② ㄷ, ㄹ
③ ㄱ, ㄴ, ㄷ　　❹ ㄱ, ㄴ, ㄹ
⑤ ㄴ, ㄷ, ㄹ

해설 ㄷ. 가장 높은 단계의 조망수용능력은 **사회관습적 역할수용단계**이다.

💡💡 **셀만(R. Selman)의 역할수용능력 발달단계**
- 자기중심적 미분화 단계 : 자신과 타인의 조망을 분리해서 고려하지 못하며, 타인의 생각은 자신의 생각과 같다고 여긴다.
- 주관적 역할수용단계 : 타인이 자신과 다른 생각을 가질 수 있다고 이해하지만, 타인이 왜 그런 생각을 가지게 되는지에 대해서는 이해하지 못한다.
- 상호적 역할수용단계 : 타인의 관점을 이해하게 되고, 타인도 자신의 관점으로 바라볼 수 있다는 것을 이해하게 되며, 2인에 한정된 상호성이라는 특징을 가진다.
- 제3자적 역할수용단계 : 자신과 타인의 조망을 동시에 고려하게 되며 동일한 상황을 각기 서로 다르게 볼 수 있고, 제3자의 입장에서 자신을 주체 및 객체로서 바라볼 수 있다.
- 사회관습적 역할수용단계 : 가장 높은 단계의 조망수용능력으로 자신과 타인의 조망을 사회적으로 복합적이고 상호적인 것으로 통합한다.

40 청소년쉼터에 관한 설명으로 옳지 않은 것은?

① 일시쉼터는 가출청소년을 24시간 이내 일시 보호하는 곳이다.
② 일시쉼터는 조기발견과 초기개입을 목적으로 한다.
③ 단기쉼터는 가출청소년을 3개월 내외 보호하는 곳으로 가정 및 사회복귀를 목적으로 한다.
❹ 중장기쉼터는 가정복귀가 어려운 가출청소년을 1년 이내로 보호하는 곳이다.
⑤ 중장기쉼터는 가출청소년의 자립지원을 목적으로 한다.

 해설
① 일시쉼터는 **7일 이내**의 기간 동안 가출청소년을 일시적으로 보호한다.
④ 중장기쉼터는 가출청소년을 **3년 동안 보호하며, 필요시에는 1년단위로 연장**하여 보호한다.

41 바움린드(D. Baumrind)의 부모 유형에 관한 설명으로 옳지 않은 것은?

① 권위있는(authoritative) 부모는 자녀의 독립심을 격려한다.
② 권위있는(authoritative) 부모는 훈육 시 논리적으로 설명한다.
❸ 권위주의적(authoritarian) 부모는 애정적, 반응적이고 자녀와 항상 대화를 갖는다.
④ 허용적(indulgent) 부모는 일관성 없는 훈육을 한다.
⑤ 허용적(indulgent) 부모는 자녀에 대한 통제가 거의 없다.

 해설
③ 권위주의적(authoritarian) 부모는 **아이에 대한 기대치가 높으나 아이에게 정서적 지지를 보내지 않는다.** 애정적, 반응적이고 자녀와 항상 대화를 갖는 부모는 권위있는(authoritative) 부모이다.

 바움린드(D. Baumrind)의 부모 유형

유 형	특 징
권위있는 (authoritative) 부모	자녀의 독립심을 격려하며, 훈육 시 논리적으로 설명한다. 애정적, 반응적이고 자녀와 항상 대화를 갖는다.
권위주의적 (authoritarian) 부모	애정이 낮고 통제가 높으며, 엄하고 처벌적인 훈육방식을 선호한다. 자녀에게 많은 요구를 하지만 요구에 대한 논리적인 설명을 하지 않으며, 자녀에 대한 지지가 부족하다.
허용적 (indulgent, Permissive) 부모	애정이 높고 통제가 낮으며, 일관성 없는 훈육을 하게 된다. 자녀를 올바른 방향으로 훈육하기보다는 자녀의 행동을 다 허용해준다.
무관심한 (uninvolved) 부모	애정과 통제가 모두 낮으며, 아이가 어떤 행동을 하든지 관심을 두지 않거나 양육을 거부한다.

42 자신의 흥미와 욕구를 만족시키기 위해 규범을 준수하는 사람이 있다면, 이는 콜버그(L. Kohlberg)의 도덕성발달 단계 중 어느 단계에 해당되는가?

① 법과 질서 지향
❷ 도구적 상대주의 지향
③ 착한 아이 지향
④ 벌과 복종 지향
⑤ 사회계약 지향

 해설
② 도구적 상대주의 지향은 **자신과 타인의 필요를 충족하기 위해 규범에 따르는 것**이다. 문제에서 자신의 흥미와 욕구를 만족시키기 위해 규범을 준수하는 것이므로 **도구적 상대주의 지향단계**에 해당된다.

콜버그(L. Kohlberg)의 도덕성발달 단계

수 준	도덕 발달 단계	내 용
전인습수준	1단계 : 처벌과 복종 지향	• 신체적·물리적 힘이 도덕 판단의 기준이 되며, 권력자로부터 가해지는 처벌을 피하기 위한 방향으로 옳고 그름의 판단이 이루어진다. • 집단따돌림 가해자가 무서워서 그에 동조하는 청소년에게 해당되는 것을 예로 들 수 있다.
	2단계 : 도구적 상대주의 또는 쾌락주의 지향	• 옳은 행동을 자신과 타인의 필요를 충족시켜주는 행동으로 본다. • 아동은 자신의 흥미와 욕구를 만족시키기 위해 규범을 준수하게 된다.
인습수준	3단계 : 착한 소년·소녀 지향	• 다른 사람에 대한 배려, 신의 등이 도덕적 사고 판단의 기준이 된다. • 옳고 그름의 판단 기준으로 자신 주변사람들과의 관계 유지 및 기대를 중요하게 여긴다. • 하인즈 딜레마 이야기를 들은 아이가 "남의 물건을 훔친 하인즈는 도둑으로 소문이 나서 그 동네에서는 창피해서 살 수 없을 거예요."라는 반응을 보인 것을 사례로 들 수 있다.
	4단계 : 법과 질서 지향	• 법과 주어진 사회적 의무가 도덕적 판단의 기준이 되며, 법과 질서를 지키려는 경향이 뚜렷하다. • 일정한 가치체계나 사회 전체적인 입장에서 도덕성을 판단한다.
후인습수준	5단계 : 사회적 계약과 합법성 지향	• 법과 규칙은 사람에 의해 만들어진 것이며, 법과 규칙을 지킴으로써 기본적인 개인의 권리를 보호할 수 있다고 생각한다. • 가치나 권리 등은 법 이상이 될 수 있으며 법은 변화할 수 있다고 본다.
	6단계 : 보편적인 윤리적 원리 지향	• 가장 보편적인 원리에 따라 도덕 판단을 하며, 스스로의 양심에 따라 옳은 것을 판단한다. • 콜버그의 도덕성 발달 단계에서 가장 높은 단계이다.

16' 14회 / 15' 13회

43 긴즈버그(E. Ginzberg)의 직업선택 발달이론 중 현실기(realistic period)에 관한 설명으로 옳은 것은?

① 아동기에 경험한다.
❷ 시험기(tentative period) 다음에 경험한다.
③ 주로 자신의 기호와 흥미에 기초한 선택을 한다.
④ 현실적 고려 없이 자신의 직업을 선택한다.
⑤ 눈에 잡히는 특성만으로 세상을 이해한다.

해설
① 환상기 및 잠정기 전반에 해당한다.
③ 잠정기 단계에서 흥미기에 해당한다.
④ 현실기에서는 현실적 고려를 하여 자신의 직업을 선택하게 된다.
⑤ 환상기에 해당하는 설명이다.

긴즈버그(E. Ginzberg)의 직업선택 발달이론

단 계	특 징
환상기 (fantasy period)	• 6~10세 아동기에 경험한다. • 아동은 자신의 능력이나 현실적인 여건 등에 대한 인식을 거의 하지 못하며, 모든 직업을 다 할 수 있다고 생각한다.
잠정기(시험기) (tentative period)	• 11~18세 사이의 아동 및 청소년기에 경험하게 된다. • 흥미기(interest stage) : 주로 자신의 기호와 흥미에 기초한 선택을 한다. • 능력기(capacity stage) : 흥미를 가지고 있는 분야에 대해 자신의 능력을 시험해 보려고 하며, 직업에 대한 보수나 교육 등에 대해 인식하기 시작한다. • 가치기(value stage) : 직업선호와 직업유형에 대하여 명확하게 지각한 상태에서 자신의 가치나 생애 목표가 직업선택의 주요인이 된다. • 전환기(transition stage) : 직업 선택의 가치가 개인적 흥미나 능력, 가치에 초점이 맞춰졌었다면, 이 시기에는 현실적인 외적 요인들에 초점을 맞추게 된다.

현실기 (realistic period)	• 18~22세 사이의 성인기에 경험하게 된다. • 탐색 단계(exploration stage) : 성인 초기 단계로 직업선택에 필요한 교육을 받거나 경험을 한다. • 구체화 단계(crystalization stage) : 내적·외적 요인들을 통합적으로 고려하여 진로를 선택하고 몰입한다. • 특수화 단계(specification stage) : 자신이 결정한 목표를 위해 구체적 계획을 세우고 실천하는 시기이며, 세분화 및 전문화된 의사결정을 한다.

16' 14회

44 학교폭력예방 및 대책에 관한 법률상 학교폭력에 관한 설명으로 옳지 않은 것은?

① 신체·언어·성·사이버 폭력, 따돌림, 금품갈취 등이 포함된다.
② 학교 내외에서 학생을 대상으로 발생한 폭력이다.
③ 학교폭력 관련 사항을 심의하는 교내 기구는 학교폭력대책자치위원회이다.
④ 학교장은 학생, 교직원 및 학부모 대상 학교폭력 예방교육을 학기별 1회 이상 실시해야 한다.
❺ 학교폭력대책자치위원회는 피해학생 보호 조치로 학교장에게 피해학생의 전학을 요청할 수 있다.

해설
① · ② 학교폭력예방 및 대책에 관한 법률 제2조 1호 참고
③ 동법 제12조 제1항 참고
④ 동법 제15조 제2항
⑤ 자치위원회가 피해학생의 보호조치로서 <u>전학을 권고할 것을 학교의 장에게 요청</u>하는 학교폭력예방 및 대책에 관한 법률 제16조 제1항 제5호는 <u>삭제되었다.</u>

⚖️ **피해학생의 보호조치**
(학교폭력예방 및 대책에 관한 법률 제16조 제1항)
자치위원회는 피해학생의 보호를 위하여 필요하다고 인정하는 때에는 피해학생에 대하여 다음 각 호의 어느 하나에 해당하는 조치(수 개의 조치를 병과하는 경우를 포함한다)를 할 것을 학교의 장에게 요청할 수 있다. 다만, 학교의 장은 피해학생의 보호를 위하여 긴급하다고 인정하거나 피해학생이 긴급보호의 요청을 하는 경우에는 자치위원회의 요청 전에 제1호, 제2호 및 제6호의 조치를 할 수 있다. 이 경우 자치위원회에 즉시 보고하여야 한다.

1. 학내외 전문가에 의한 심리상담 및 조언
2. 일시보호
3. 치료 및 치료를 위한 요양
4. 학급교체
5. 삭제〈2012. 3. 21.〉
6. 그 밖에 피해학생의 보호를 위하여 필요한 조치

45 청소년 흡연예방과 관련된 정부 부처별 정책이 바르게 연결된 것은?

① 교육부 - 건강증진법 제정·운영
② 보건복지부 - 담배사업법 제정·운영
❸ 여성가족부 - 청소년보호종합대책 추진
④ 문화체육관광부 - 인터넷상의 청소년 유해약물 유통 규제
⑤ 경찰청 - 흡연관련 영상물 등급 분류 소위원회 운영

해설
① 건강증진법 제정·운영은 <u>보건복지부</u>의 정책이다.
② 담배사업법 제정·운영은 <u>기획재정부</u>의 정책이다.
④ 인터넷상의 청소년 유해약물 유통 규제(청소년 보호법에 근거한다)는 <u>여성가족부</u>의 정책이다.
⑤ 흡연관련 영상물 등급 분류 소위원회 운영(영화 및 비디오물의 진흥에 관한 법률에 근거한다)은 <u>문화체육관광부</u>의 정책이다.

16' 14회 / 14' 12회

46 다음에 해당되는 학자는?

• 1904년 「Adolescence(청소년기)」 저서 출간
• 청소년기를 독립된 발달단계로 규정

❶ 홀(S. Hall)
② 프로이트(S. Freud)
③ 에릭슨(E. Erikson)
④ 반두라(A. Bandura)
⑤ 피아제(J. Piaget)

① 홀(S. Hall)은 <u>다윈의 진화론을 토대로 청소년기 발달에 관한 이론</u>을 세웠고, 1904년 『Adolescence(청소년기)』 저서를 출간하며 청소년의 개념을 재정립하였다.

💡💡 스탠리 홀(S.Hall)의 이론
- 홀(S. Hall)의 이론은 다윈의 진화론에 영향을 받았으며, 진화론적인 관점에서 인간의 행동은 개체 발생이 계통발생을 반복하는 과정이라 보았다. 여기서 개체발생은 유기체가 배아기에서 세상에 나오기까지의 과정이고, 계통발생은 서로 다른 계열의 유기체(인류, 조류, 어류 등)가 각각의 형태로 다르게 존재하며 살아가는 과정을 말한다.
- 인간의 생애발달은 유아기, 아동기, 전 청년기, 청년기의 4단계를 거쳐 이루어지며, 청소년기에는 생물학적 과정이 사회성 발달을 유도한다고 주장하였다.
- 청소년기는 과도기적 단계로서 '질풍노도의 시기'이며 불안정과 불균형을 경험하게 되고, 극단적인 모순된 성향간의 심한 동요로 인해 갈등과 정서의 혼란을 경험한다.
- 성욕은 청소년기를 '질풍노도의 시기'로 만드는 원인 중 하나이다.

16' 14회

47 다문화가족의 청소년 지원을 위한 이주배경청소년지원센터 설치·운영을 규정하고 있는 법은?

① 다문화가족 지원법
② 청소년 기본법
③ 청소년 보호법
④ 청소년활동 진흥법
❺ 청소년복지 지원법

 <u>청소년복지 지원법</u> 제30조 제1항에서 여성가족부장관이 이주배경청소년 지원을 위한 <u>이주배경청소년지원센터</u>를 설치·운영할 수 있다고 규정하고 있다. 청소년복지 지원법상 이주배경청소년지원센터는 다문화 가족의 청소년을 지원할 목적으로 설치·운영할 수 있는 기관을 말한다.

48 청소년복지 지원법상 일정 기간 지원을 받았는데도 가정·학교·사회로 복귀하여 생활할 수 없는 청소년에게 자립하여 생활할 수 있는 능력과 여건을 갖추도록 지원하는 시설은?

① 청소년쉼터
② 청소년회복지원시설
❸ 청소년자립지원관
④ 청소년치료재활센터
⑤ 청소년특화시설

① 청소년쉼터 : <u>가출청소년에 대하여 가정·학교·사회로 복귀하여 생활할 수 있도록 일정 기간 보호</u>하면서 상담·주거·학업·자립 등을 지원하는 시설
② 청소년회복지원시설 : 「소년법」제32조 제1항 제1호에 따른 <u>감호 위탁 처분을 받은 청소년에 대하여 보호자를 대신하여 그 청소년을 보호할 수 있는 자가 상담·주거·학업·자립 등 서비스를 제공</u>하는 시설
④ 청소년치료재활센터 : <u>학습·정서·행동상의 장애를 가진 청소년을 대상으로</u> 정상적인 성장과 생활을 할 수 있도록 해당 청소년에게 <u>적합한 치료·교육 및 재활을 종합적으로 지원하는 거주형 시설</u>
⑤ 청소년특화시설 : 청소년활동시설로 청소년의 직업체험, 문화예술, 과학정보, 환경 등 특정 목적의 <u>청소년활동을 전문적으로 실시할 수 있는 시설과 설비를 갖춘 수련시설</u>

16' 15회 / 15' 13회

49 다음 현상은 마르샤(J. Marcia)의 자아정체감 상태 중 어디에 해당하는가?

> 고등학교 2학년인 상미는 자존감이 비교적 높고 자율성은 있으나, 대학진학의 필요성에 대해 고민하고 대안을 탐색하면서 방황하고 있다.

❶ 정체감 유예
② 정체감 분리
③ 정체감 성취
④ 정체감 혼미
⑤ 정체감 유실

정체감 유예는 삶의 목표와 가치에 대해 회의하고 <u>대안을 탐색하나 아직 의사 결정을 내리지 못한 상태</u>이다. 사례에서 상미가 대학진학의 필요성에 대해 고민하고 대안을 탐색하며 방황하고 있다는 점에서 <u>정체감 유예의 상태</u>라 볼 수 있다.

50 다음이 설명하는 청소년 참여기구는?

- 10 ~ 20인 이하의 청소년으로 구성됨
- 청소년활동 진흥법에 의해 전국 공공청소년수련시설에 설치·운영됨
- 청소년수련시설의 환경 개선, 프로그램 모니터링, 각종 행사, 홍보 등의 활동을 함

① 청소년의회
② 청소년특별회의
❸ 청소년운영위원회
④ 청소년참여위원회
⑤ 청소년지역사회위원회

해설
① 청소년의회 : 청소년의회는 **청소년들이 피선거권을 가지고 구성한 의회**를 말한다. 현재 우리나라에는 비영리단체인 대한민국청소년의회가 운영되고 있다.
② 청소년특별회의 : **청소년기본법에 규정**되어 있는 회의이며, 국가는 범정부적 차원의 청소년 육성정책과제의 설정·추진 및 점검을 위하여 청소년 분야의 전문가와 청소년이 참여하는 청소년특별회의를 해마다 개최해야 한다.
④ 청소년참여위원회 : 정기·임시회의를 통한 청소년 관련 정책의 모니터링, 청소년 의견 제안과 정책자문, 각종 토론회·워크숍 개최 등 다양한 활동을 위해 **여성가족부 및 지방자치단체에서 설치·운영 중인 청소년 기구**이다.

3과목(선택) 청소년수련활동론

18' 17회 / 16' 15회 / 16' 14회 / 15' 13회 / 14' 12회

51 청소년활동 진흥법상 청소년활동시설이 아닌 것은?

① 청소년특화시설
❷ 청소년회복지원시설
③ 유스호스텔
④ 평생교육시설
⑤ 과학관

해설
② 청소년회복지원시설은 **청소년복지 지원법**상의 청소년복지시설의 종류 중 하나이다.
④·⑤ 평생교육시설과 과학관은 **청소년이용시설**에 해당한다(청소년활동 진흥법 시행령 제17조 참고.).

청소년활동시설의 종류(청소년활동 진흥법 제10조)

1. 청소년수련시설
   가. 청소년수련관 : 다양한 청소년수련거리를 실시할 수 있는 각종 시설 및 설비를 갖춘 종합수련시설
   나. 청소년수련원 : 숙박기능을 갖춘 생활관과 다양한 청소년수련거리를 실시할 수 있는 각종 시설과 설비를 갖춘 종합수련시설
   다. 청소년문화의 집 : 간단한 청소년수련활동을 실시할 수 있는 시설 및 설비를 갖춘 정보·문화·예술 중심의 수련시설
   라. 청소년특화시설 : 청소년의 직업체험, 문화예술, 과학정보, 환경 등 특정 목적의 청소년활동을 전문적으로 실시할 수 있는 시설과 설비를 갖춘 수련시설
   마. 청소년야영장 : 야영에 적합한 시설 및 설비를 갖추고, 청소년수련거리 또는 야영편의를 제공하는 수련시설
   바. 유스호스텔 : 청소년의 숙박 및 체류에 적합한 시설·설비와 부대·편익시설을 갖추고, 숙식편의 제공, 여행청소년의 활동지원(청소년수련활동 지원은 제11조에 따라 허가된 시설·설비의 범위에 한정한다)을 기능으로 하는 시설

2. 청소년이용시설 : 수련시설이 아닌 시설로서 그 설치 목적의 범위에서 청소년활동의 실시와 청소년의 건전한 이용 등에 제공할 수 있는 시설

52 인증수련활동의 최대 유효기간은 인증 받은 날로부터 몇 년 이내인가?

① 1년　　② 3년
❸ 4년　　④ 6년
⑤ 7년

해설 청소년활동 진흥법 제36조의2 제1항에 따른 인증수련활동의 유효기간은 인증 받은 날부터 <u>4년 이내</u>로 한다. 다만, 유효기간의 연장이 필요한 경우 인증위원회의 의결을 거쳐 그 기간을 연장할 수 있다(청소년활동 진흥법 시행규칙 제15조의5 제1항).

16' 15회 / 16' 14회 / 14' 12회

53 청소년 기본법령상 1급 청소년지도사가 반드시 배치되어야 하는 경우는?

① 청소년회원수가 2,000명 이하인 청소년단체
② 수용정원이 500명 이하인 청소년수련원
❸ 수용정원이 500명 이하인 청소년수련관
④ 숙박정원이 500명 이하인 유스호스텔
⑤ 수용정원이 500명 이하인 청소년문화의집

해설
③ 청소년 수련관에는 <u>1급 청소년지도사 1명, 2급 청소년지도사 1명, 3급 청소년지도사 2명 이상</u>을 두되, 수용인원이 500명을 초과하는 경우에는 500명을 초과하는 250명당 1급, 2급 또는 3급 청소년지도사 중 1명 이상을 추가로 둔다(청소년 기본법 시행령 별표5).
① 청소년회원수가 2,000명 이하인 청소년단체의 경우에는 <u>1급 청소년지도사 또는 2급 청소년지도사 1명 이상</u>을 둔다.
② 수용정원이 500명 이하인 청소년수련원에서는 <u>2급 및 3급 청소년지도자를 각각 1명씩</u> 둔다.
④ 유스호스텔은 <u>청소년지도사를 1명 이상</u> 두되, 숙박정원이 <u>500명을 초과하는 경우에는 2급 청소년지도사를 1명 이상을 추가로</u> 둔다.
⑤ 수용정원에 상관없이 청소년문화의 집은 <u>청소년지도사를 1명 이상</u> 둔다.

54 청소년참여정책의 성과와 특징에 관한 설명으로 옳지 않은 것은?

❶ 청소년특별회의는 2년마다 정책과제를 발굴·건의한다.
② 청소년특별회의는 청소년정책과제의 설정·추진·점검을 위해 청소년전문가와 청소년이 함께 참여한다.
③ 2012년 여성가족부는 청소년참여 정책공로로 UN공공행정상을 수상하였다.
④ 청소년참여위원회는 중앙부처와 지방자치단체에 청소년활동, 정책 등을 건의·시행함을 목적으로 한다.
⑤ 청소년운영위원회는 공공청소년수련시설에서 청소년의 욕구와 의견을 반영하고자 설치·운영되고 있다.

해설 ① 국가는 범정부적 차원의 청소년정책과제의 설정·추진 및 점검을 위하여 청소년 분야의 전문가와 청소년이 참여하는 청소년특별회의를 <u>해마다 개최</u>하여야 한다(청소년기본법 제12조 제1항).

16' 14회 / 15' 13회 / 14' 12회

55 칙센트미하이(M. Csikszentmihalyi)의 몰입경험 이론에서 활동과제의 수준이 자신의 수행능력보다 낮을 때 나타나는 것은?

① 불안(anxiety)　　② 몰입(flow)
③ 걱정(worry)　　❹ 지루함(boredom)
⑤ 각성(arousal)

해설
① 불안(anxiety)은 <u>자신의 수행능력은 낮고 활동과제의 수준이 높을 때</u> 나타난다.
② 몰입(flow)은 <u>활동과제의 수준과 자신의 수행능력이 모두 높을 때</u> 나타난다.
③ 걱정(worry)은 <u>자신의 수행능력이 낮고 활동과제의 수준이 중간정도일 때</u> 나타난다.
⑤ 각성(arousal)은 <u>자신의 수행능력이 중간정도이고 활동과제의 수준이 높을 때</u> 나타난다.

칙센트 미하이(M. Csikszentmihalyi)의 몰입

- 몰입은 칙센트미하이(M. Csikszentmihalyi)가 제시한 개념으로 '자기목적인 경험으로서 활동 자체를 즐기면서 모든 관심을 완전히 투사하고 있는 상태'를 의미하는 것이다.
- 과제와 수행능력과의 관계

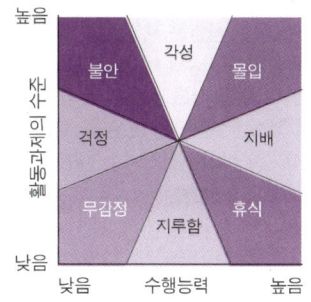

- 청소년활동에서의 몰입
  - 청소년은 자신의 활동목적이 분명하다.
  - 미래의 혜택보다는 활동 자체에서의 보상을 받으며 학습한다.
  - 자신이 현재 수행 중인 활동과제에 관심이 집중되어 있다.
  - 학습과정의 결과에 대한 피드백을 얻게 된다.
  - 행위와 인식의 일체감을 경험하게 되며, 몰입상태에서는 양적시간 개념이 상실된다.

18' 17회

56 청소년활동 진흥법상 시설붕괴 우려로 안전 확보가 현저히 미흡한 경우 시장·군수·구청장이 청소년수련활동 주최자에게 시설운영 또는 활동의 중지를 명할 수 있는 최대 기간은?

❶ 3개월
② 4개월
③ 5개월
④ 6개월
⑤ 1년

해설 시설붕괴 우려로 안전 확보가 현저히 미흡한 경우 시장·군수·구청장은 **3개월 이내**의 기간을 정하여 청소년수련활동 주최자에게 시설운영 또는 활동의 중지를 명할 수 있다.

운영중지명령(청소년활동 진흥법 제20조의2 제1항)

특별자치시장·특별자치도지사·시장·군수·구청장은 수련시설의 운영 또는 청소년활동 중에 다음 각 호의 어느 하나에 해당하는 사유가 발생한 경우에는 수련시설 설치·운영자 또는 위탁운영단체, 숙박형 등 청소년수련활동 주최자에게 3개월 이내의 기간을 정하여 시설 운영 또는 활동의 중지를 명할 수 있다.

1. 시설이 붕괴되거나 붕괴할 우려가 있는 등 안전 확보가 현저히 미흡한 경우
2. 숙박형등 청소년수련활동의 실시 중 참가자 또는 이용자의 생명 또는 신체에 심각한 피해를 입히는 사고가 발생한 경우
3. 「성폭력범죄의 처벌 등에 관한 특례법」 제2조의 성폭력범죄 또는 「아동·청소년의 성보호에 관한 법률」 제2조제2호 및 제3호의 아동·청소년대상 성범죄 및 아동·청소년대상 성폭력범죄가 발생한 경우
4. 「아동복지법」 제17조의 금지행위가 발생한 경우

16' 14회 / 14' 12회

57 집단중심의 청소년활동 지도방법에 해당하는 것을 모두 고른 것은?

ㄱ. 역할연기
ㄴ. CAI(Computer Assisted Instruction)
ㄷ. 도제학습
ㄹ. 감수성훈련
ㅁ. 브레인스토밍

① ㄱ, ㄴ, ㄷ
② ㄱ, ㄴ, ㄹ
❸ ㄱ, ㄹ, ㅁ
④ ㄴ, ㄹ, ㅁ
⑤ ㄱ, ㄴ, ㄹ, ㅁ

해설
ㄴ. CAI(Computer Assisted Instruction)는 **컴퓨터를 이용한 자동교육 시스템**으로 한 번에 많은 사람들을 교육하면서 동시에 개별교육까지 실시 가능한 프로그램을 말한다.
ㄷ. 도제학습은 **개인중심 청소년 지도방법**에 해당한다.

💡 **청소년활동 지도방법**
- 집단중심 지도방법 : 브레인스토밍, 역할연기, 감수성 훈련, 소시오메트리, 필립66, 게임 및 시뮬레이션, 의사결정기법 등
- 개인중심 지도방법 : 도제제도, CAI, 개인상담교육, 현장경험학습, 개인과제학습, 인턴십 등

58 청소년활동 진흥법상 청소년수련활동인증프로그램의 신청 시 작성해야 할 내용으로 옳은 것을 모두 고른 것은?

ㄱ. 활동의 장소	ㄴ. 시기
ㄷ. 목적	ㄹ. 인증심사원
ㅁ. 내용	ㅂ. 개별 청소년 인적사항

① ㄱ, ㄴ, ㄹ
② ㄴ, ㄷ, ㅁ
❸ ㄱ, ㄴ, ㄷ, ㅁ
④ ㄴ, ㄷ, ㅁ, ㅂ
⑤ ㄷ, ㄹ, ㅁ, ㅂ

> 해설) 인증을 신청하려는 자는 청소년수련활동에 필요한 프로그램을 진행하는 활동의 <u>장소·시기·목적·대상·내용·진행방법·평가·자원조달·청소년지도자 및 전문인력</u> 등에 관한 사항을 작성하여 인증위원회에 제출하여야 한다(청소년활동 진흥법 제36조 제4항).

15' 13회

59 청소년활동 진흥법상 숙박형 청소년수련활동에 해당되는 것을 모두 고른 것은?

ㄱ. 만 13세인 청소년이 자신의 주거지를 떠나 청소년수련시설이 아닌 장소에서 숙박하는 청소년수련활동
ㄴ. 만 15세인 청소년이 자신의 주거지를 떠나 청소년수련시설이 아닌 장소에서 야영하는 청소년수련활동
ㄷ. 만 17세인 청소년이 자신의 주거지를 떠나 청소년수련시설에서 야영하는 청소년수련활동
ㄹ. 만 19세인 청소년이 자신의 주거지를 떠나 청소년수련시설에서 숙박하는 청소년수련활동

① ㄱ, ㄴ
❷ ㄱ, ㄴ, ㄷ
③ ㄱ, ㄷ, ㄹ
④ ㄴ, ㄷ, ㄹ
⑤ ㄱ, ㄴ, ㄷ, ㄹ

> 해설) ㄹ. "숙박형 청소년수련활동"이란 <u>19세 미만의 청소년(19세가 되는 해의 1월 1일을 맞이한 사람은 제외한다,</u> 이하 같다)을 대상으로 청소년이 자신의 주거지에서 떠나 제10조 제1호의 청소년수련시설 또는 그 외의 다른 장소에서 숙박·야영하거나 제10조 제1호의 청소년수련시설 또는 그 외의 다른 장소로 이동하면서 숙박·야영하는 청소년수련활동을 말한다(청소년활동 진흥법 제2조 제7호).

💡 **비숙박형 청소년수련활동**
"비숙박형 청소년수련활동"이란 19세 미만의 청소년을 대상으로 청소년수련시설 또는 그 외의 다른 장소에서 실시하는 청소년수련활동으로서 실시하는 날에 끝나거나 숙박 없이 2회 이상 정기적으로 실시하는 청소년수련활동을 말한다.

16' 15회 / 15' 13회 / 14' 12회

60 2015 개정 교육과정에서 제시하고 있는 창의적 체험활동의 4대 영역 중 다음이 설명하고 있는 것은?

- 학생의 개별적 활동보다는 친구와 협력하여 공동으로 문제를 해결하는 경험을 제공한다.
- 학생들이 자발적으로 집단활동에 참여하여 협동하는 태도를 기르고, 각자의 흥미, 적성, 취미, 특기를 신장하는 활동으로서 학술활동, 문화예술활동, 스포츠활동, 실습노작활동, 청소년단체활동 등이 포함된다.

① 자치활동
② 적응활동
③ 진로활동
④ 행사활동
❺ 동아리활동

> 해설) 창의적 체험활동의 4대 영역은 <u>자율활동, 동아리활동, 봉사활동, 진로활동</u>이다. 학술활동, 문화예술활동, 스포츠 활동, 실습노작활동, 청소년단체활동 등이 포함된다는 점에서 동아리활동임을 알 수 있다.

창의적 체험활동

영역	내용
자율활동	• 활동에 자율적으로 참여하여 일상의 문제를 합리적이고 창의적으로 해결할 수 있는 능력을 기르는 활동이다. • 자치·적응활동, 창의주제활동 등
동아리활동	• 학생들이 자발적으로 집단활동에 참여하여 협동하는 태도를 기르고, 각자의 흥미, 적성, 취미, 특기를 신장하는 활동이다. • 예술·체육활동, 학술문화활동, 실습노작활동, 청소년단체활동 등
봉사활동	• 나눔과 배려의 실천, 환경보존의 생활 습관을 형성하여 삶의 가치를 익히는 활동이다. • 이웃돕기활동, 환경보호활동, 캠페인활동 등
진로활동	• 흥미, 소질, 적성을 파악하여 자아 정체성을 확립하고 자신의 진로를 개발하여 지속적으로 발전시키는 활동이다. • 자기이해활동, 진로탐색활동, 진로설계활동 등

〈출처 : 교육부 고시 제2015-74호〉

61. 청소년 자기도전포상제에 참여할 수 있는 청소년의 연령은?

❶ 만 9세~만 13세
② 만 10세~만 14세
③ 만 11세~만 15세
④ 만 12세~만 16세
⑤ 만 13세~만 17세

해설 청소년자기도전포상제는 <u>만 9세~만 13세의 청소년</u>이 참여할 수 있으며, 봉사활동, 자기개발활동, 신체단련활동, 탐험활동의 영역에서 <u>스스로 정한 목표를 성취해 나가며 꿈을 찾아가는 자기성장 프로그램</u>이다.

62. 규범적 요구(normative needs)에 관한 설명으로 옳지 않은 것은?

① 객관적인 차원에서 진단된 요구이다.
② 인증기준에 의해 결정되는 요구도 포함된다.
③ 성취기준에 의해 결정된 요구도 포함된다.
❹ 학습자 개인이 주관적으로 인지한 요구를 말한다.
⑤ 자격기준에 의해 결정된 요구도 포함된다.

해설 ④ 규범적인 요구는 객관적인 차원에서 진단된 요구이며, 객관적인 차원에서 진단된 요구는 <u>전문가나 인증, 자격기준에 의해 결정되는 요구</u>를 말한다.

 요구의 개념

프로그램 개발과정에서는 학습대상자들의 요구를 반영하여 참여를 유도해야 한다.

종류	내용
기본요구 (Basic need)	인간의 교육에 대한 요구이며, 일생 동안 발생되는 교육적이고 학습적인 동기와 관련되는 요구이다.
느낀 요구 (Felt needs)	학습자는 요구를 인식하고 있지만 행동으로 나타내지 않는 요구를 말한다.
표현된 요구 (Expressed needs)	학습자가 언어나 문장으로 표출하거나 행동으로 나타내는 요구이다.
규범적인 요구 (Normative needs)	객관적인 차원에서 진단된 요구이며, 전문가나 인증, 자격에 의해 결정되는 요구이다.
비교 요구 (Comparative needs)	다른 사람이나 집단과 비교하여 나타나는 상대적인 요구이다.

63. 청소년활동 진흥법령상 다음의 입지조건을 갖추어야 하는 수련시설은?

자연경관이 수려한 지역, 국립·도립·군립공원, 그 밖의 지역 중 자연과 더불어 행하는 청소년수련활동 실시에 적합한 곳으로서 청소년이 이용하기에 편리한 지역

① 청소년수련관, 청소년문화의집
② 청소년수련관, 청소년야영장
③ 청소년수련원, 청소년문화의집
❹ 청소년수련원, 청소년야영장
⑤ 청소년야영장, 청소년특화시설

 <u>청소년수련원과 청소년야영장</u>의 입지조건이다.

수련시설의 입지조건(청소년활동 진흥법 시행규칙 별표3)

시 설	입지조건
청소년수련관, 청소년문화의 집 청소년특화시설	일상생활권, 도심지 근교 및 그 밖의 지역 중 청소년수련활동 실시에 적합한 곳으로서 청소년이 이용하기에 편리한 지역이어야 한다.
청소년수련원 청소년야영장	자연경관이 수려한 지역, 국립·도립·군립공원, 그 밖의 지역 중 자연과 더불어 행하는 청소년수련활동 실시에 적합한 곳으로서 청소년이 이용하기에 편리한 지역이어야 한다.
유스호스텔	명승고적지, 역사유적지 부근 및 그 밖의 지역 중 청소년이 여행활동 시 이용하기에 편리한 지역이어야 한다.

64 청소년활동 진흥법령상 인증심사원이 되려는 사람은 인증위원회가 실시하는 직무연수를 최소 몇 시간 이상 받아야 하는가?

① 20시간　　② 25시간
③ 30시간　　④ 35시간
❺ 40시간

[해설] 인증심사원이 되려는 사람은 인증기준, 인증절차 등 인증심사와 관련된 내용을 중심으로 인증위원회가 실시하는 직무연수를 **40시간** 이상 받아야 한다(청소년활동 진흥법 시행규칙 제15조 제3항).

16' 14회 / 15' 13회

65 청소년프로그램개발 패러다임 중 실증주의(positivism)에 관한 설명으로 옳지 않은 것은?

① 청소년은 선행지식과 경험이 없는 빈 그릇 상태로 간주된다.
② 목표에 의해 내용이 결정되는 특성이 강하다.
③ 청소년지도자는 청소년에게 교육내용을 효과적으로 전달하는 사람으로 간주된다.
④ 외부세계에 존재하는 지식과 정보를 청소년에게 전달하는 도구적이고 공학적인 성격이 강하다.
❺ 교육을 의식화 과정으로 간주하고, 억압상태로부터의 해방과 비판적 실천행위(praxis)를 강조한다.

[해설] ⑤ 교육을 의식화 과정으로 간주하고, 억압상태로부터의 해방과 비판적 실천행위(praxis)를 강조하는 것은 **비판주의** 패러다임이다.

청소년프로그램개발 패러다임

종 류	내 용
실증주의 (positivism) 패러다임	• 실증주의는 청소년을 선행지식과 경험이 없는 빈 그릇 상태처럼 수동적이고 피동적인 존재로 간주한다. • 의도와 목표에 의해 내용을 결정하는 '목표-수단모델'의 성격이 강하다. • 청소년지도자는 청소년에게 교육내용을 효과적으로 전달하는 사람으로 간주된다. • 외부세계에 존재하는 지식과 정보를 청소년에게 전달하는 도구적이고 공학적인 성격이 강하다.
구성주의 (constructivism) 패러다임	• 청소년을 실존적이고 의미창조의 주체적인 존재로 간주한다. • 청소년지도과정을 청소년지도사와 청소년이 함께 상호작용하는 과정으로 규정한다. • 청소년지도사와 청소년을 중심으로 한 청소년프로그램개발을 강조하여 청소년지도사가 많은 권한과 책임을 갖게 한다.
비판주의 (criticism) 패러다임	• 사회경제적 힘에 의한 인간의 억압상태를 해방시키는 데 관심을 기울인다. • 억압상태를 극복하기 위해 교육이 필요한 것으로 본다. • 청소년지도과정은 청소년지도사와 청소년 간의 대화와 타협으로 이루어진다고 가정하며, 비판적 실천행위(praxis)를 강조한다.

66 청소년활동 프로그램의 최종 종결단계에서 이루어지는 일반적인 지도전략으로 옳지 않은 것은?

① 활동의 성과를 평가하고, 그 결과에 대하여 포상한다.
② 참여결과가 일상생활에 적용될 수 있도록 지도한다.
❸ 활동목표 달성을 위한 세부 단위활동을 안내한다.
④ 활동의 성과를 다른 참가자와 교환하고 통합하는 기회를 갖도록 지도한다.
⑤ 활동의 결과로 청소년 자신에게 나타난 변화를 인식하도록 도와준다.

해설 ③ 최종 종결단계는 <u>프로그램 활동의 결과단계</u>이다. 프로그램 참가에 대한 확신을 갖게 하고 결과 강화를 위한 활동계획을 세워야 한다. 또한 필요할 경우 건설적인 비판을 하며, 효과적으로 칭찬하고 결과에 대한 체계적 보상을 하도록 한다.

67 ( )에 들어갈 내용으로 옳은 것은?

> 한국청소년수련원의 K지도사는 2017년 9월 16~17일 양일간 숙박형 수련활동을 실시하고자 한다. 이 경우, 청소년활동 진흥법령상 K지도사는 관할시장, 군수, 구청장 등에게 참가자모집 ( ) 전까지 숙박형 청소년수련활동 계획신고서를 제출해야 한다.

① 3일 ② 5일
③ 7일 ④ 10일
❺ 14일

해설 「청소년활동 진흥법」제9조의2 제1항에 따라 숙박형 등 청소년수련활동 계획을 신고하려는 자는 별지 제1호 서식의 숙박형 등 청소년수련활동 계획 신고서에 (청소년 수련활동 운영계획서, 주최자·운영자·보조자 명단, 청소년 수련활동 세부내역서, 보험가입 사실을 증명할 수 있는 서류)서류를 첨부하여 참가자 모집 <u>14일</u> 전까지 관할 특별자치시장·특별자치도지사·시장·군수·구청장(구청장은 자치구의 구청장)에게 제출하여야 한다(청소년활동 진흥법 시행규칙 제1조의2 제1항).

68 프로그램개발 통합모형에서 프로그램 기획단계에 수행되어야 할 내용으로 옳지 않은 것은?

① 청소년의 요구 분석
② 프로그램 아이디어 창출
③ 프로그램 개발의 타당성 분석
❹ 프로그램 평가보고서 작성
⑤ 프로그램 개발의 기본방향 설정

해설 프로그램 평가보고서 작성은 마지막 단계인 <u>프로그램 평가단계에서 수행</u>되어야 한다.

💡💡 프로그램개발과정 순서 및 수행내용

단계	수행내용
기획	프로그램 개발팀 구성, 청소년기관 분석, 청소년의 특성 분석, 프로그램 개발 타당성 분석, 프로그램개발 기본방향 설정, 프로그램 아이디어 창출, 청소년의 요구 분석, 우선순위 설정 등
설계	프로그램 목적·목표 진술, 프로그램 내용선정 및 계열화, 활용 체계·내용·운영 설계, 활용매체개발 등
마케팅	프로그램 마케팅 방법·기법 결정, 자료·매체 제작, 실행 등
실행	청소년, 지도자, 활동자료, 자원 관리 등
평가	프로그램 평가 목적설정, 영역 및 준거 확인, 지표·도구 개발, 자료수집 및 분석, 평가보고 및 개정

69 청소년방과후아카데미의 5대 프로그램 영역으로 옳지 않은 것은?

❶ 자립자활
② 학습지원
③ 자기개발
④ 전문체험
⑤ 생활지원

해설 청소년방과후아카데미는 여성가족부와 지방자치단체가 공동으로 운영하며, 취약계층 등 나홀로 청소년을 대상으로 방과후 학습능력배양·체험활동·급식·건강관리·상담 등 종합학습지원 및 복지·보호활동을 통해 건전한 성장지원을 목적으로 한다. 청소년방과후아카데미의 5대 프로그램 영역으로는 <u>전문체험, 학습지원, 자기개발, 생활지원, 특별지원</u>이 있으며, 청소년수련관, 청소년문화의 집 등을 활용하고 있다.

💡💡 청소년방과후아카데미의 5대 프로그램 영역

영 역	내 용
전문체험 활동 과정	주중과 주말체험활동과정이 있으며, 청소년들의 인성과 창의성을 높이기 위한 체험 활동 위주의 프로그램을 운영한다.
학습지원 활동 과정	• 교과학습과정과 보충학습지원과정이 있다. • 교과학습과정은 교과중심으로 학습이 진행되며, 보충학습지원과정은 독서지도나 숙제, 보충학습이 진행된다.
자기개발 활동 과정	주중 자기개발활동과정과 주말 자기개발활동과정이 있으며, 자치활동이나 동아리활동과 같이 청소년들이 주도하여 진행하는 활동이 운영된다.
생활지원과정	급식이나 상담, 건강관리, 생활일정 관리 등과 같은 프로그램이 운영된다.
특별지원과정	청소년캠프, 보호자교육, 초청인사 특별강의나 발표회 등과 같은 활동이 이루어진다.

[기출수정]

70 청소년활동 진흥법령상 ( )에 들어갈 내용으로 옳은 것은?

> 여성가족부장관 또는 시장, 군수, 구청장은 수련시설의 종합안전·위생 점검을 ( )마다 1회 이상 실시하여야 한다.

① 1년
❷ 2년
③ 3년
④ 4년
⑤ 5년

[해설] 여성가족부장관 또는 시장·군수·구청장은 수련시설에 대한 종합 안전·위생점검을 <u>2년</u>마다 1회 이상 실시하여야 한다(청소년활동 진흥법 시행령 제11조 제1항).

71 청소년활동 진흥법상 청소년문화활동의 정의이다. ( )에 들어갈 각 활동으로 옳은 것은?

> 청소년이 예술활동, ( ), ( ), ( ) 등을 통하여 문화적 감성과 더불어 살아가는 능력을 함양하는 체험활동을 말한다.

① 동아리활동, 봉사활동, 수련활동
② 동아리활동, 봉사활동, 교류활동
③ 스포츠활동, 봉사활동, 교류활동
❹ 스포츠활동, 동아리활동, 봉사활동
⑤ 스포츠활동, 동아리활동, 교류활동

[해설] "청소년문화활동"이란 청소년이 <u>예술활동, 스포츠활동, 동아리활동, 봉사활동</u> 등을 통하여 문화적 감성과 더불어 살아가는 능력을 함양하는 체험활동을 말한다(청소년활동 진흥법 제2조 제5호).

18' 17회 / 15' 13회

72 다음이 설명하고 있는 것은?

> • 하트(R. Hart)가 제시한 청소년의 참여수준 8단계 중 가장 낮은 단계
> • 청소년들이 활동내용에 대해 전혀 이해하지 못한 채 청소년지도자의 지시에 일방적으로 따라다니는 상태

① 장식(decoration) 단계
❷ 조작(manipulation) 단계
③ 명목주의(tokenism) 단계
④ 성인주도(adult initiated) 단계
⑤ 제한적 위임과 정보제공(assigned but informed) 단계

[해설] 하트(R. Hart)가 제시한 청소년의 참여수준 8단계 중 가장 낮은 단계는 <u>조작 단계</u>이며, 청소년은 수련활동내용에 대해 이해하지 못한 채 참여하게 된다.

73 콜브(D. Kolb)의 경험학습 4단계 중 다음에 해당되는 것은?

> 청소년들이 현장견학에서 체험한 내용을 토대로 논리적 분석과 이해과정을 통해 가설적 지식을 도출하는 단계

① 적극적 실험(active experimentation)
② 반성적 관찰(reflective observation)
❸ 추상적 개념화(abstract conceptualization)
④ 구체적 경험(concrete experience)
⑤ 비판적 사고(critical thinking)

해설 ③ 추상적 개념화는 구체적 경험과 그 경험을 다른 관점에서 해석해 보는 반성적 관찰을 **논리적으로 합당한 이론에 통합할 수 있도록 일반화하고 원리를 창출**하는 것이다.

💡 **콜브(D. Kolb)의 경험학습 4단계**
- 구체적 경험(concrete experience) : 새로운 경험에 대해 개방적인 태도를 가지고 실제적으로 경험하는 단계이다.
- 반성적 관찰(reflective observation) : 다양한 관점에서 경험을 되짚어 보는 단계이다.
- 추상적 개념화(abstract conceptualization) : 체험한 내용을 토대로 논리적 분석과 이해과정을 통해 가설적 지식을 도출하는 단계이다.
- 적극적 실험(active experimentation) : 학습한 것들을 의사결정이나 문제해결과 같이 다른 구체적 상황에 활용하는 단계이다.

74 청소년 기본법상 시·도 및 시·군·구 청소년육성 전담기구에 둘 수 있는 것은?

① 청소년보호위원회
② 청소년정책위원회
③ 청소년정책실무위원회
❹ 청소년육성 전담공무원
⑤ 청소년수련활동인증위원회

해설 특별시·광역시·특별자치시·도·특별자치도, 시·군·구(자치구) 및 읍·면·동 또는 청소년육성 전담기구에 **청소년육성 전담공무원**을 둘 수 있다(청소년 기본법 제25조 제1항).

75 청소년활동의 지도원리로 옳지 않은 것은?

① 청소년중심의 원리
❷ 획일적 지도의 원리
③ 상호학습의 원리
④ 동기유발 및 유지의 원리
⑤ 전인성의 원리

해설 ② 청소년활동의 지도원리로는 **청소년중심의 원리, 동기유발 및 유지의 원리, 다양성과 융통성의 원리, 상호학습의 원리, 경험중심 및 활동중심의 원리, 전인성의 원리**가 있다.

1교시 A형 2016년 제15회 기출문제해설

시험시간 : 총 100분

1과목(필수) 발달심리

01 자녀를 양육하는 방식에 관한 설명으로 옳지 않은 것은?

① 심리통제란 죄책감 유발이나 애정철회와 같은 방법으로 자녀의 행동에 영향을 미치는 것을 말한다.
② 권위주의적 양육방식에서는 부모가 자녀에게 냉담하고 거부적이다.
③ 허용적 양육방식에서는 부모가 자녀에게 지나치게 관대하다.
④ 방임적 양육방식에서는 부모가 자녀들의 요구를 방치하거나 자녀들의 요구에 둔감하다.
❺ 권위적 양육방식에서는 부모가 자녀를 많이 통제한다.

[해설] 권위적 양육방식은 민주적 양육방식이라고도 한다. 권위적 양육방식에서 부모는 자녀에 대해 애정을 가지고 자녀와 항상 대화를 한다. **자녀의 독립심을 격려하며 훈육을 할 때 논리적인 설명을 통해 훈육**한다. 부모가 자녀를 많이 통제하는 방식은 권위주의적 양육방식에 해당한다.

18′ 17회 / 17′ 16회 / 16′ 14회 / 15′ 13회 / 14′ 12회

02 수연이는 대학교에서 경제학을 전공하고 있지만 변호사인 부모님의 뜻에 따라 아무런 고민 없이 변호사가 되기로 결정했다. 이러한 수연이의 정체감 상태는 어디에 해당하는가?

① 정체감 획득
② 정체감 유예
③ 정체감 확산
❹ 정체감 유실
⑤ 부정적 정체감

[해설] 정체감 유실은 **부모의 가치나 기대를 그대로 수용하여 선택하는 경우**를 정체감 유실이라고 한다. 수연이는 경제학을 전공하고 있지만 부모님의 뜻에 따라서 변호사로 진로를 정한 것으로 보아 정체감 유실의 상태에 있다는 것을 알 수 있다.

03 발달의 비연속적 측면을 강조하는 이론이 아닌 것은?

① 피아제(J. Piaget)의 인지발달이론
❷ 브레이너드(C. Brainerd)의 흐릿한 흔적이론
③ 프로이트(S. Freud)의 정신분석이론
④ 콜버그(L. Kohlberg)의 도덕성발달이론
⑤ 에릭슨(E. Erikson)의 심리사회이론

[해설] 비연속적으로 발달이 일어난다는 것은 **인간의 능력은 여러 단계를 거쳐 발달**한다고 보는 것이며, ①·③·④·⑤의 학자들은 비연속적인 발달과정이론을 제시한 학자들이다. 반면, 연속적 측면을 강조하는 이론에서는 **연령이 증가함에 따라 능력이 계속적으로 발달하거나 쇠퇴**하는 것으로 보며, 발달을 **연속적·누적적인 양적 변화**라 본다. 브레이너드(C. Brainerd)의 흐릿한 흔적이론이란 인간이 경험을 부호화할 때 정보의 중점적 내용을 희미한 표상의 흔적으로 연속체상에서 부호화한다는 이론으로 인간의 능력 발달 단계를 따로 제시하지 않은 이론이다.

04 강희의 행동을 설명하는 개념은?

중학생 강희는 아침에 학교에 가려다가 이마에 커다란 여드름이 난 것을 보았다. 강희는 "나 오늘 학교에 안 가. 사람들이 모두 내 얼굴만 쳐다볼 거란 말이야."라고 하면서 짜증을 냈다.

① 개인적 우화 　　② 이상주의적 사고
❸ 상상적 관중(청중) 　　④ 이원적 사고
⑤ 상대적 사고

해설 상상적 관중(청중)이란 청소년 자신이 무대 위의 주인공이 된 것처럼 행동하며, **자신은 다른 사람들의 주의와 관심의 대상이라고 생각**하는 것이다. 강희가 "사람들이 모두 내 얼굴만 쳐다볼 거란 말이야."라고 말하며 짜증을 냈다는 부분을 보고 상상적 관중(청중)으로 인한 행동이라는 것을 알 수 있다.

05 알츠하이머병에 관한 설명으로 옳지 않은 것은?

❶ 뇌혈관의 폐쇄로 발병하는 치매이다.
② 연령이 증가하면서 발병률이 증가한다.
③ 유전 가능성이 있다.
④ 초기에 가장 두드러진 증상은 기억력 장애이다.
⑤ 대표적인 노인성 치매이다.

해설 뇌혈관의 폐쇄로 발병하는 치매는 **혈관성 치매**이다. 혈관성 치매는 **뇌혈관 질환으로 인해 뇌조직이 손상되어 발병하는 치매**를 일컫는다. 알츠하이머와 달리 마비증상과 같은 신경학적 증상을 동반하는 경우가 많은 것이 특징이다. **알츠하이머병**은 일상생활이 어려울 정도의 심각한 지적능력과 기억력 상실을 통칭하는 치매의 가장 흔한 형태로서 기억력과 사고력, 행동상의 문제를 일으키는 **퇴행성 뇌질환**이다. 매우 서서히 그리고 점진적으로 발병하며, 추후에는 모든 일상생활의 기능을 상실하게 된다.

06 운동발달의 역동적 체계이론에 관한 설명으로 옳은 것을 모두 고른 것은?

ㄱ. 운동기술은 분리된 능력들이 합쳐진 하나의 체계이다.
ㄴ. 운동기술의 발달은 유전이 전적으로 결정한다.
ㄷ. 영아는 능동적으로 기존의 운동기술을 새롭고 복잡한 운동체계로 재조직한다.
ㄹ. '만지고 싶은 물건에 도달하기'와 같은 목표가 운동기술의 발달에 영향을 미친다.

① ㄱ, ㄷ
② ㄱ, ㄹ
③ ㄴ, ㄷ
④ ㄱ, ㄴ, ㄹ
❺ ㄱ, ㄷ, ㄹ

해설 ㄴ. 운동기술의 발달은 동기부여 및 목표에 의해 촉진되는 것이기 때문에 유전이 전적으로 결정하는 것이 아니며, **신경계 발달, 신체 운동 능력, 아동의 목표, 환경**의 4가지 요인들이 합쳐져서 생기는 결과물이다.

💡 **역동적 체계이론(dynamic systems theory)**
- 인간이 새로운 운동체계를 익히는 것은 복잡한 행동체계를 습득하는 것으로 보는 이론이다.
- 운동기술은 분리된 능력들이 합쳐진 하나의 체계이며, 중추신경계발달, 신체 운동능력, 아동의 목표, 환경 4가지 요인들이 합쳐져서 생기는 결과물이다.
- 영아는 능동적으로 기존의 운동기술을 새롭고 복잡한 운동체계로 재조직한다.
- 운동발달은 동기부여 및 '만지고 싶은 물건에 도달하기'와 같은 목표가 운동기술의 발달에 영향을 미치며, 유전에 의해 전적으로 결정되는 것은 아니다.

18' 17회 / 17' 16회 / 16' 14회 / 14' 12회

07 청소년의 신체발달에 관한 설명으로 옳은 것은?

① 여자 청소년보다 남자 청소년에게 성장급등(growth spurt)이 더 일찍 일어난다.
② 요즘 청소년들이 과거 청소년들보다 성장이 더 느리다.
③ 청소년들의 신체발달에는 개인차가 없다.
❹ 사춘기가 오는 시기는 청소년의 발달에 영향을 미친다.
⑤ 모든 여자 청소년들은 첫 생리를 하자마자 임신이 가능하다.

① 청소년의 성장급등(growth spurt)은 남자 청소년보다 <u>여자 청소년에게서 먼저</u> 나타난다.
② 과거에 비해 영양과 건강 및 위생에 대한 환경이 개선됨에 따라 <u>요즘 청소년들은 과거 청소년들에 비해 성장이 더 빠르다.</u>
③ 청소년의 성적 성숙은 그 시기에 있어서 <u>개인차</u>를 보인다.
⑤ 첫 생리 후 <u>몇 년간은 성호르몬의 분비가 불균형</u>하게 일어나기 때문에 모든 여자 청소년들이 첫 생리를 하자마자 임신이 가능한 것은 아니다.

18' 17회 / 15' 13회

08 기형발생 물질에 의한 구조적 기형이 발생할 가능성이 가장 큰 태내 발달단계는?

① 접합기
❷ 배아기
③ 태아기
④ 민간기
⑤ 수정기

 배아기는 <u>주요 신체기관과 신경계가 형성</u>되는 시기로서 기형발생 물질에 의해 민감하게 영향을 받는다.

16' 14회 / 15' 13회 / 14' 12회

09 기질과 애착에 관한 설명으로 옳은 것을 모두 고른 것은?

ㄱ. 주양육자가 아동의 기질을 고려하여 적절하게 양육한다면 아동의 까다로운 기질이 반드시 불안정 애착으로 이어지는 것은 아니다.
ㄴ. 불안정-회피애착 아동은 주양육자에게 과도한 집착을 보인다.
ㄷ. 내적작동모델(internal working model)은 아동의 대인관계에 대한 지표역할을 한다.
ㄹ. 기질은 행동 또는 반응의 개인차를 설명해 주는 생물학적 기초를 가지고 있다.

① ㄱ, ㄹ
② ㄱ, ㄴ, ㄷ
❸ ㄱ, ㄷ, ㄹ
④ ㄴ, ㄷ, ㄹ
⑤ ㄱ, ㄴ, ㄷ, ㄹ

 ㄴ. <u>불안정-회피애착 아동은 주양육자에 관심을 거의 보이지 않으며,</u> 주양육자가 사라지더라도 반응을 보이지 않는다.

 기 질

• 기질은 행동 또는 반응의 개인차를 설명해 주는 생물학적 기초를 가지고 있다.
• 발달은 영아의 기질과 부모의 기질 간 상호작용의 산물이다.
• 영아의 기질과 부모의 양육행동이 조화를 이루지 못하면 부모와 영아 모두 갈등을 경험하게 된다.
• 생애초기에 애착대상과 자신의 관계에 형성된 정신적 표상을 의미하는 내적작동모델(internal working model)은 아동의 대인관계에 대한 지표역할을 한다.
• 토마스와 체스(S. Thomas & A. Chess)는 기질의 차원을 9가지(활동성, 규칙성, 접근/회피, 적응성, 반응강도, 반응역치, 기분특성, 주의산만성, 지구력)로 제안하였으며, 9가지 기질의 차원을 기준으로 순한 기질, 까다로운 기질, 적응이 느린 기질 유형으로 아동의 기질을 나누었다.
  - 순한 기질 : 수면이 규칙적이고 낯선 사람에게도 미소를 잘 짓는다.
  - 까다로운 기질 : 생활습관이 불규칙적이고 환경의 변화에 부정적이며, 낯선 환경이나 사람에 대해 심하게 위축된다.
  - 적응이 느린 기질 : 생활습관이 비교적 규칙적이며, 낯선 상황에서 처음에는 움츠러들지만 곧바로 불안이 없어지고 흥미를 갖는다.
• 토마스와 체스(S. Thomas & A. Chess)는 기질을 바탕으로 조화의 적합성 이론을 주장하였다. 조화의 적합성이란 영아의 기질과 어머니의 성격 및 양육방식 간의 관계를 나타내는 개념으로, 어머니가 영아의 타고난 기질적 성향을 파악하고 수용하여 양육방식을 조절함으로써 아동 발달을 최적화할 수 있다는 것을 의미한다. 주양육자가 아동의 기질을 고려하여 적절하게 양육한다면 아동의 까다로운 기질이 반드시 불안정 애착으로 이어지는 것은 아니라는 것을 예로 들 수 있다.

18' 17회

10 지능발달에 관한 설명으로 옳지 않은 것은?

❶ 결정성 지능은 유동성 지능보다 학교교육이나 문화의 영향을 덜 받는다.
② 지능의 상관은 이란성 쌍생아보다 일란성 쌍생아 간에 더 높다.
③ 가드너(H. Gardner)에 따르면 인간의 지능은 다양한 차원으로 구성되어 있다.
④ 스턴버그(R. Sternberg)는 지능의 삼두(삼원)이론을 주장했다.
⑤ 문제에 대한 하나의 최적의 답을 만들어내는 능력은 수렴적 사고이다.

 ① 결정성 지능은 교육이나 환경 및 문화의 영향을 받는 지능으로 유전적 영향을 받는 <u>유동성 지능보다 학교교육이나 문화의 영향을 더 받는다.</u>

11 두뇌발달에 관한 설명으로 옳은 것은?

① 뉴런의 크기와 시냅스 생성은 외부 감각경험의 영향을 받지 않는다.
② 청소년기는 두뇌 성장급등기이다.
③ 두뇌 가소성은 좌뇌와 우뇌의 기능분화를 의미한다.
❹ 영아기에는 수초화가 활발하게 이루어진다.
⑤ 전두엽의 발달은 영아기에 완성된다.

 ① 뉴런의 크기와 시냅스 생성은 <u>외부 감각경험의 영향</u>을 받게 되며, 일생 동안 뇌의 시냅스는 외부환경으로 인해 변화될 수 있다.
② 청소년기가 아닌 <u>영아기</u>에 뇌가 급성장한다.
③ 두뇌 가소성은 <u>변화하는 환경에 따라 두뇌의 구조 및 기능을 바꾸는 신경계의 능력</u>이다.
⑤ 전두엽의 발달은 <u>남녀 평균 27세 정도에 완성</u>된다.

12 사회정서발달에 관한 설명으로 옳지 않은 것은?

① 수치심과 죄책감은 2차 정서이다.
❷ 전생애 동안 애착의 유형은 변하지 않는다.
③ 일반적으로 아동의 정서조절은 외적 규제에서 내적 자기조절로 발달한다.
④ 안정애착은 아동의 사회정서발달에 긍정적인 영향을 준다.
⑤ 조망수용능력은 타인에 대한 이해와 관련이 있다.

 ② 보울비(Bowlby)는 어린시절에 형성된 애착 유형은 성장하고 발달해 가면서 <u>새로운 관계나 경험을 통해 달라질 수 있다</u>고 보았다.

13 도덕성 발달에 관한 설명으로 옳은 것은?

❶ 피아제(J. Piaget)의 자율적 도덕성에서는 규칙이란 절대적인 것이 아니라 바뀔 수 있는 임의의 것이다.
② 콜버그(L. Kohlberg)의 도덕성 발달의 최종단계는 사회적 계약 지향 단계이다.
③ 길리건(C. Gilligan)은 여성의 도덕성을 구성하는 핵심개념으로 정의(justice)를 주장한다.
④ 길리건(C. Gilligan)은 피아제(J. Piaget)의 도덕성 발달이론이 남성편향적이라고 비판한다.
⑤ 피아제(J. Piaget)에 따르면 인지적 추론수준과 도덕성 발달수준은 관계가 없다.

 ② 콜버그(L. Kohlberg)의 도덕성 발달의 최종단계는 <u>보편적인 윤리적 원리 지향</u>단계이다.
③ 길리건(C. Gilligan)은 <u>남성</u>의 도덕성을 구성하는 핵심개념으로 정의(justice)와 개인의 권리를 주장하였으며, 여성의 도덕성을 구성하는 핵심개념으로 <u>배려, 책임</u>을 주장하였다.
④ 길리건(C. Gilligan)은 <u>콜버그(L. Kohlberg)</u>의 도덕성 발달 발달이론이 남성편향적이라고 비판한다.
⑤ 피아제(J. Piaget)에 따르면 인지적 추론수준과 도덕성 발달수준은 관계가 있으며, <u>아동의 인지발달에 따라 도덕 발달이 점차적으로 이루어진다</u>고 보았다.

14 피아제(J. Piaget)의 인지발달에 관한 설명으로 옳지 않은 것은?

① 감각운동기는 6개의 하위단계로 구성된다.
② 형식적 조작기에 들어가면 추상적이고 가설적인 사고가 발달한다.
❸ 질량, 수, 부피에 관한 보존 개념은 동일한 연령에서 나타난다.
④ 인지발달 단계의 순서는 불변한다.
⑤ 조절(accommodation)은 새로운 경험을 수용하고 설명하기 위해 기존의 도식을 수정하는 것이다.

해설 ③ 구체적 조작기의 아동은 질량, 수, 부피에 관한 보존 개념을 습득하게 되며, **아동에 따라** 보존 개념을 익히는 **연령의 차이**가 있다.

15 아동·청소년기 발달정신병리에 관한 설명으로 옳은 것을 모두 고른 것은?

ㄱ. 청소년기보다 아동기에 발병하는 품행장애는 예후가 더 좋다.
ㄴ. 청소년기의 섭식장애는 남자보다 여자에게서 더 많이 발생한다.
ㄷ. 학습장애는 타고난 기질적 요인의 영향을 받지 않는다.
ㄹ. ADHD의 치료법에는 인지행동치료, 약물치료 등이 있다.

① ㄱ
② ㄴ
③ ㄱ, ㄴ
④ ㄴ, ㄷ
❺ ㄴ, ㄹ

해설
ㄱ. 아동기에 발병하는 품행장애의 문제는 **일생을 통해 영향을 미칠 가능성이 높으므로** 청소년기에 발병하는 품행장애보다 예후가 좋지 않다.
ㄷ. 학습장애는 타고난 기질적 요인의 영향을 받는다. 학습장애의 원인으로는 대뇌의 특정 영역의 발달적인 기능장애로 인한 것으로 보고되고 있으며, **생물학적, 기질적, 가족적 요인 및 유전적인 요인** 등으로 인해 나타나는 것으로 알려져 있다.

16 레빈슨(D. Levinson)의 인생의 사계절(seasons of life) 이론에 관한 설명으로 옳은 것은?

① 인생주기 중 모두 4번에 걸친 전환기를 설정한다.
❷ 인생(생애)구조란 개인의 인생 기초가 되는 설계를 의미한다.
③ 꿈이나 도전과 같은 인생구조적 요인은 남녀 모두에게 동일하다.
④ 전환기에서는 개인의 요구와 사회적 요구를 조화시키며 인생구조를 형성한다.
⑤ 성인중기(중년기)에는 타인의 권위에서 벗어나 자신을 분명하게 드러내고자 한다.

해설
① 인생주기 중 성인 초기 전환기, 30대 전환기, 중년기 전환기, 50대 전환기, 성인 후기 전환기로 모두 **5번**에 걸친 전환기를 설정한다.
③ 여성과 남성의 인생전체주기는 동일하지만, 꿈이나 도전과 같은 인생구조적 요인의 경우 남성은 꿈이 직업선택에 영향을 주지만, 여성은 자신의 꿈과 가정을 병행하는 직업을 선택하고 30대 전환기에 직업선택을 통한 꿈을 실현하고자 하는 점과 같이 남성과 여성의 **인생구조적 요인의 차이가 있다.**
④ 전환기에는 기존의 **인생구조**를 새로운 환경에 맞춰 **변화하고 수정**하여 다음 단계를 준비하게 된다.
⑤ 타인의 권위에서 벗어나 자신을 분명하게 드러내고자 하는 것은 **성인초기**이다.

레빈슨(D. Levinson)의 사계절 이론
- 인생주기를 네 개의 계절(혹은 시대)로 구분한다.
- 인생주기는 기본적이고 보편적인 양상에 따라 진행되는 출생에서부터 죽음까지의 과정을 의미한다.
- 인생(혹은 생애) 구조에는 직업, 가족, 결혼, 종교와 같은 요소들이 포함된다.
- 성인 초기의 주요 과업은 꿈의 형성과 멘토 관계의 형성이다.

17 성역할 발달에 관한 설명으로 옳은 것은?

❶ 심리적 양성성은 한 사람 내에 여성적 특성과 남성적 특성이 공존하는 것을 의미한다.
② 셀먼(R. Selman)은 성도식 이론을 주창했다.
③ 성역할 발달은 생물학적 성에 따라 모두 결정된다.
④ 생물학적 성을 결정하는 호르몬은 도파민이다.
⑤ 성 일관성(gender consistency)은 어떤 행동이 여성과 남성에게 적합한 행동인가에 대한 신념을 의미한다.

해설
② 벰(S. Bem)이 성도식 이론을 주창하였다.
③ 성역할 발달은 생물학적 성 요인뿐만 아니라 환경적인 요인들로 인해 이루어진다.
④ 생물학적 성을 결정하는 호르몬은 남성의 테스토스테론과 여성의 에스트로겐이다.
⑤ 어떤 행동이 여성과 남성에게 적합한 행동인가에 대한 신념을 의미하는 것은 성 고정관념(Gender stereotype)이다. 성 일관성(gender consistency)이란 개인의 성이 복장이나 놀이, 외모의 변화가 일어나도 변하지 않는다는 것을 인식하는 것이다.

18 수퍼(D. Super)의 직업적 자아개념이론에 관한 설명으로 옳지 않은 것은?

① 청년은 자아상과 정체감에 일치하는 직업을 선택한다.
② 전 생애 동안 사회적 관계에서의 다양한 생애 역할을 통해 자아개념이 발달한다.
❸ 결정화(crystallization)단계에서는 특정 직업을 선택하고, 직업을 자아개념의 일부로 간주하기 시작한다.
④ 강화(consolidation)단계에서는 자신이 선택한 분야에서 더 높은 지위에 오르기 위해 노력한다.
⑤ 직업 정체감의 확립은 일생을 통해 일어난다.

해설
③ 특정 직업을 선택하고, 직업을 자아개념의 일부로 간주하기 시작하는 단계는 확립(Establishment)단계이다. 결정화(crystallization)단계에서는 직업에 대해 막연한 생각만 가지고 있다가 확고한 정체감을 확립하여 직업정체감이 발달하게 된다.

 수퍼(D. Super)의 진로발달단계

단계	내용
성장기	• 자신에 대한 지각이 일어나며, 직업에 대한 기본적 이해가 이루어진다. • 환상기 : 욕구가 지배적이며 환상을 가지고 직업을 바라본다. • 흥미기 : 아동의 취향에 따라 활동목표가 결정된다. • 능력기 : 직업에서 요구하는 능력을 고려한다.
탐색기	• 학교생활이나 여가활동 등을 통하여 진로를 탐색하게 된다. • 결정화 : 막연한 생각만 가지고 있다가 확고한 정체감을 확립하여 직업정체감이 발달하는 시기이다. • 구체화 : 현실적 요인을 중시하게 되며, 자신의 자아개념을 실천하려 한다. • 실행 : 자신에게 적합해 보이는 직업을 선택하게 된다.
확립기	• 특정 직업을 선택하고, 직업을 자아개념의 일부로 간주하기 시작한다. • 시행기 : 선택한 직업이 맞지 않을 경우 적합한 직업을 발견할 때까지 직업전환을 시도한다. • 공고화/강화기 : 진로유형이 분명해지면 공고화시키며, 자신이 선택한 분야에서 더 높은 지위에 오르기 위해 노력한다.
유지기	적합한 직업에 정착하여 그 직업을 유지하기 위해 노력한다.
쇠퇴기	자신이 구축한 영역에서 성공적인 직장인이 되기 위한 노력을 한다.

17' 16회

19 마음이론의 발달에 관한 설명으로 옳지 않은 것은?

① 내적 욕구와 바람이 행동을 결정한다는 사실에 대한 이해는 2세경에 발달한다.
❷ 틀린 믿음에 대한 이해는 6세경에 발달한다.
③ 형제가 있는 아동은 없는 아동보다 틀린 믿음을 더 잘 이해한다.
④ 부모와 대화가 풍부한 아동은 틀린 믿음을 잘 이해한다.
⑤ 마음이론의 발달에는 생물학적 요인이 작용한다.

해설 ② 다른 사람이 자신과 다른 생각을 가질 수 있고, 자신이 아는 것을 다른 사람이 모를 수 있다는 것을 이해하는 것이 틀린 믿음이다. <u>4세경부터</u> 이러한 틀린 믿음에 대한 이해가 가능하다.

 마음이론
- 마음이론이란 마음이 행동에 어떤 영향을 주는지에 대한 이해이며, 정서와 느낌, 바람 등과 같은 마음을 사고의 대상으로 한다.
- 유아의 연령이 증가함에 따라 타인의 행위 혹은 정신에 대해 점차 내적·심리적 이해를 하는 방향으로 발달한다.
- 내적 욕구와 바람이 행동을 결정한다는 사실에 대한 이해는 2세경에 발달한다.
- 틀린 믿음에 대한 이해는 4세경부터 발달한다. 타인이나 또래와의 상호작용은 마음이론의 이해를 도우며, 따라서 형제가 없는 아동보다는 형제가 있는 아동이 틀린 믿음을 더 잘 이해하게 되고, 부모와 대화가 풍부한 아동 역시 틀린 믿음을 잘 이해한다.

18' 17회 / 17' 16회 / 16' 14회 / 15' 13회 / 14' 12회

20 발달연구 설계에 관한 설명으로 옳지 않은 것은?

❶ 횡단연구에서 나타나는 각 연령 간 집단의 차이는 연령 자체의 영향 때문이다.
② 종단연구에서는 동일한 개인 또는 집단을 시간의 차이를 두고 여러 번 측정함으로써 연령에 따른 발달의 추이를 규명한다.
③ 동시대 출생집단효과(cohort effect)는 연령 자체보다는 사회·역사적 요인에 의해 발생한다.
④ 단기종단연구에서는 반복 검사로 인한 연습효과가 존재한다.
⑤ 계열법은 횡단적 접근법과 종단적 접근법을 절충·보완한 연구 설계이다.

해설 ① 횡단연구는 한 시점을 기준으로 행해지는 연구이고 한 시점에서 각 연령 간 집단의 차이는 연령 자체의 영향보다는 <u>사회·역사적 요인의 영향</u>이 더 크게 작용한다. 따라서 횡단연구에서 나타나는 각 연령 간 집단의 차이는 동시대 출생집단 효과의 영향으로 볼 수 있다.

21 발달연구의 자료수집 방법에 관한 설명으로 옳은 것은?

① 자연관찰은 실험실관찰보다 가외변인의 통제가 더욱 용이하다.
② 개인의 정보를 가장 정확하게 수집할 수 있는 방법은 질문지법이다.
❸ 사례연구에서는 소수의 피험자를 깊이 연구함으로써 개인의 복잡한 내적 현상을 기술한다.
④ 구조적 면접법은 정해진 질문 없이 전문 면접관에 의해 체계적으로 이루어진다.
⑤ 면접법에서 면접자의 특성은 자료수집 과정에 영향을 미치지 않는다.

해설
① 실험실관찰에서 <u>가외변인의 통제</u>가 자연관찰보다 <u>용이</u>하다.
② 질문지법은 짧은 시간 안에 다수의 참가자들로부터 정보를 수집할 수 있지만, 질문과 반응양식이 한정되어 있어 <u>제한된 정보만 수집할 확률</u>이 높다.
④ 구조적 면접법은 <u>사전에 질문의 내용 및 순서를 정하여</u> 이루어지는 면접법이다. 정해진 질문 없이 전문 면접관에 의해 체계적으로 이루어지는 면접법은 비구조적 면접법이다.
⑤ 면접법은 면접자가 조사대상자에게 직접 질문하여 응답을 듣고 기록하는 방법이기 때문에 면접자의 특성에 따라 <u>자료수집 과정에 영향을 미칠 수 있다.</u>

22. 발달의 동물행동학적 이론에 관한 설명으로 옳은 것을 모두 고른 것은?

16' 14회 / 14' 12회

> ㄱ. 인간발달에 있어 진화론적 관점을 강조한다.
> ㄴ. 종 특유 행동은 생존을 위한 진화의 산물이다.
> ㄷ. 로렌츠(K. Lorenz) 이론에서 각인은 결정적 시기와 상관없이 이루어지는 본능적 행동이다.
> ㄹ. 동물행동학적 관점에서 볼 때 어머니와 유아 간 애착은 생존을 위한 것이다.

① ㄱ, ㄴ
② ㄷ, ㄹ
③ ㄱ, ㄴ, ㄷ
❹ ㄱ, ㄴ, ㄹ
⑤ ㄱ, ㄴ, ㄷ, ㄹ

해설
ㄷ. 어떤 동물이 생후 특정 시기에 어떤 대상을 뒤따르거나 그 대상의 특정 행동을 습득하게 되는 것을 각인이라고 하며, <u>이 각인은 결정적 시기에 이루어진다.</u> 결정적 시기는 특별한 심리적 특성 혹은 행동을 획득하는 시기로서 이 시기가 지나면 지속적인 자극이 있어도 특별한 심리적 특성 및 행동을 획득하기가 어렵다.

💡 **동물행동학**
- 인간발달에 있어 진화론적 관점을 강조하기 때문에 동물행동학은 모든 문화권의 인간이 공통적으로 갖는 발달의 생물학적 뿌리를 탐색하는 데 도움이 된다.
- 종 특유의 행동은 유기체의 생존가능성을 높이며 진화의 산물이라고 보며, 동물행동학적 관점에서 어머니와 유아 간 애착은 생존을 위한 것으로 본다.
- 동물행동학은 특정한 외적 자극에 의해 유발되는 본능적 행동에 관심이 있으며, 아기의 미소짓기와 옹알이, 귀여움은 아기를 보살피는 어머니의 모성행동을 유발하는 중요한 유발자극이다.
- 동물행동학적 이론은 발달에서 결정적 시기(특별한 심리적 특성이나 행동을 획득하는 시기)라는 개념을 주장한다.
- 동물행동학자들이 발견한 현상 중 하나인 각인이 결정적 시기에 일어난다. 여기서 각인이란 어떤 동물이 생후 특정 시기에 어떤 대상을 뒤따르거나 그 대상의 특정 행동을 습득하게 되는 것이다.
- 동물행동학자들은 동물을 대상으로 주로 자연관찰 방법을 이용한다.
- 동물행동학자 중 로렌츠(K. Lorenz)가 대표적인 학자 중 하나이다.

23. 브론펜브레너(U. Bronfenbrenner)의 생태학적 이론에 관한 설명으로 옳지 않은 것은?

① 인간발달을 사회문화적 맥락에서 이해한다.
② 미시체계에서는 아동과 부모의 직접적 상호작용이 일어난다.
❸ 부모의 직장은 아동에 있어 거시체계에 해당된다.
④ 부모가 자녀의 학교 담임선생님을 전혀 모르는 것은 중간체계가 취약하다는 것을 의미한다.
⑤ 시간체계는 사람과 환경의 일생 동안의 변화를 포함한다.

해설
③ 아동에게 있어서 부모의 직장은 <u>외체계</u>에 해당된다.

💡 **브론펜브레너(U. Bronfenbrenner)의 생태학적 이론**
브론펜브레너는 다섯 가지 환경적 체계의 상호작용이 아동의 발달에 영향을 준다고 주장한다.

체계	내용
미시체계	• 아동과 가까운 주변 환경에서 일어나는 상황과 상호작용하는 것을 말하며, 학교, 가정, 친구 등을 의미한다. • 아동과 부모의 직접적 상호작용을 예로 들 수 있다.
중간체계	• 중간체계는 미시체계들 간의 상호관계를 말한다. • 미시체계 속의 개체가 다른 미시체계와 상호작용하며 이루어지기 때문에 부모가 자녀의 학교 담임선생님을 전혀 모르는 것은 중간체계가 취약하다는 것을 의미한다.
외체계	• 지역사회 수준의 사회적 환경으로 아동에게 영향을 미치는 환경이다. • 아동에게 있어서 부모의 직장, 정부기관, 대중문화 등은 외체계에 해당된다.
거시체계	• 아동이 속해 있는 문화적 환경이다. • 문화적 환경에 따라 신념이나 가치관의 차이가 있으며, 아동의 발달에 영향을 미친다. • 관습과 일상생활습관 등을 예로 들 수 있다.
시간체계	• 전생애에 걸친 변화와 사회역사적 환경이며, 사람과 환경의 일생 동안의 변화를 포함한다. • 일생 동안 누적된 사건이 개인의 발달에 어떤 영향이 있는지에 초점을 둔다.

24. 다음에 제시되어 있는 아동의 언어발달 특성을 설명하는 개념은?

> 비록 문화적 환경이 다르더라도 다양한 문화권에 속한 아동들이 범하는 문법적 오류나 언어발달 과정은 매우 유사하다.

① 스키너(B. Skinner)의 강화
❷ 촘스키(N. Chomsky)의 언어습득장치
③ 레너버그(E. Lenneberg)의 결정적 시기
④ 반두라(A. Bandura)의 모방
⑤ 브루너(J. Bruner)의 언어습득 지원체계

해설
② 놈 촘스키(N. Chomsky)는 인간이 언어습득기제를 가지고 있다고 가정한다. <u>언어습득기제에는 보편문법에 대한 지식이 포함</u>되어 있고, 아동은 보편문법의 법칙에 따라 언어를 해석하게 되며, 이로 인해 다양한 문화권에 속한 아동들의 <u>언어발달 과정이 매우 유사</u>하다고 본다.

25. 4세 혜원이는 엄마의 생일을 맞아 자신이 아끼고 좋아하는 캐릭터 인형을 선물하였다. 이러한 혜원이의 행동을 설명하는 개념은?

① 물활론적 사고
② 가역성
③ 전인과성 사고
④ 직관적 사고
❺ 자아중심성

해설
엄마의 생일을 맞아 자신이 아끼고 좋아하는 캐릭터 인형을 선물한 것은 상대방의 입장에서 생각하지 않고 <u>자신의 사고와 감정을 토대로 행동</u>한 것이므로 자아중심성이 나타난 행동이라고 할 수 있다.

2과목(필수) 집단상담의 기초

26. 다음에서 게슈탈트 집단상담자가 사용한 기법은?

> 집단상담자는 사람들이 너무 이기적이라고 불평하는 집단원에게 이기적인 사람이 되어 연기해 보도록 권유함으로써 그러한 이기적인 욕구나 감정이 자신의 것임을 알아차리도록 하였다.

① 빈 의자 기법   ② 직면시키기
③ 수프에 침 뱉기   ④ 거울기법
❺ 창조적 투사하기

해설
⑤ 창조적 투사하기는 <u>자신의 감정을 부인하고 그 감정을 다른 사람에게 돌리는 집단원에게 사용하는 기법</u>이며, 그 다른 사람의 역할을 해 보라고 지시함으로써 다른 사람에게 돌리는 감정이 자신의 감정임을 알아차리게 하는 것이다.
① 빈 의자 기법은 비어 있는 의자에 특정 대상과 대화를 하거나 일부가 되어 봄으로써 내담자 자신이 가지고 있는 갈등에 접촉해 보도록 하는 기법이다.
② 직면시키기는 내담자의 행동 모순을 지적하여 스스로 통찰하게 하는 기법이다.
③ 수프에 침 뱉기는 내담자의 부정적 행동은 본인에게 손해라는 것을 지적하며 자신의 행동에 책임지게 하는 것이다.
④ 거울기법은 보조자가 내담자의 행동을 재현하여 내담자가 자신의 행동을 객관적으로 경험하게 하는 기법이다.

27. 참만남집단에 관한 설명으로 옳지 않은 것은?

① 개인경험에 중점을 둔다.
② 체험집단이라고도 불린다.
③ 지금-여기에 초점을 맞춘다.
❹ 구체적인 집단목표를 설정한다.
⑤ 몇 시간에서 며칠간 진행되기도 한다.

해설
④ 참만남집단은 친교적 집단 경험을 통해 태도나 가치관, 생활양식의 변화 등의 <u>개인적 변화를 목표</u>로 설정하며, <u>집단원들이 설정한 목표</u>를 성취하도록 돕는다.

28 집단상담자 윤리에 관한 설명으로 옳은 것을 모두 고른 것은?

ㄱ. 상담료는 잠재적 집단원들의 재정 상태와 지위를 고려하여 결정한다.
ㄴ. 다중관계의 범위에는 집단원뿐 아니라 수퍼바이저와의 관계도 포함된다.
ㄷ. 집단상담자는 집단원의 사생활 보호와 비밀유지에 대한 윤리적 책임은 있지만 법적 책임은 없다.
ㄹ. 다른 전문가에게 상담을 받고 있는 잠재적 집단원에게는 그 전문가에게 집단 참여 사실을 알리도록 조언해야 한다.

① ㄱ, ㄴ
② ㄷ, ㄹ
❸ ㄱ, ㄴ, ㄹ
④ ㄴ, ㄷ, ㄹ
⑤ ㄱ, ㄴ, ㄷ, ㄹ

해설
ㄷ. 집단상담자는 집단원의 사생활 보호와 비밀유지에 대한 윤리적 책임과 함께 비밀유지 위반, 집단상담 관련자료 관리 미비, 보편적 치료 관행을 크게 벗어나는 행위 등에 대해 **법률적 책임을 져야 한다.**

29 얄롬(I. Yalom)의 치료집단의 갈등에 관한 진술에서 ( )에 들어갈 말을 순서대로 옳게 나열한 것은?

일차가족과의 관계에서의 경험은 개인에게 ( )의 원인을 제공하여 집단상담자에 대한 태도와 집단에서의 역할 결정에 영향을 미친다. 집단상담자는 집단에서 발생하는 ( )에 작용하는 집단원, 대인관계, 집단역동을 확인해야 한다. 이러한 감정의 일부는 집단원의 자기경멸의 ( )로 인해 발생하는 것이기 때문이다.

① 관계왜곡 - 불안 - 전이
② 신경증 - 불안 - 투사
❸ 관계왜곡 - 적개심 - 투사
④ 신경증 - 불안 - 투사적 동일시
⑤ 관계왜곡 - 분노감 - 투사적 동일시

해설
일차가족과의 관계에서의 경험이라는 점에서 **관계왜곡** 원인을 제공한다는 것을 알 수 있으며, 관계왜곡으로 인한 문제발생은 **적개심**과 관련 있다. 이러한 적개심은 집단원이 자기경멸을 타인에게 **투사**했기 때문에 발생한다.

30 과거에는 다룰 수 없었던 외상 경험의 수정을 위해 집단원을 보다 안전하고 지지적인 환경에 노출시키는 것을 뜻하는 개념은?

① 자기개방
② 모험시도
③ 현실검증
④ 합의적 검증
❺ 교정적 정서체험

해설
교정적 정서체험은 집단원이 과거에 겪고 다룰 수 없던 **외상경험을 수정**하기 위해 안전하고 지지적인 환경에 노출시키는 것이며, 이 경험을 통해 집단원은 내·외적 갈등을 처리하는 능력을 향상시킬 수 있다.

31 실존주의 집단상담에 관한 설명으로 옳은 것은?

① 정신병리의 원인에 대한 체계적인 이론을 기초로 집단원을 범주화한다.
② 공포를 집단원들의 실존에 대한 대표적인 정서반응으로 간주한다.
③ 집단원의 일중독 문제를 실존적 분노 회피를 위한 방어적 노력이라고 여긴다.
❹ 집단원들을 불안의 원천인 죽음이라는 실존적 조건 속에서 살아가는 존재로 본다.
⑤ 과거는 현재에 중요한 영향을 미친다는 가정하에 집단원들의 과거에 관심을 갖는다.

해설
① **정신분석 집단상담**에 해당하는 설명이다.
② 공포가 아닌 **불안**을 집단들의 실존에 대한 대표적 정서반응으로 간주하며, 집단원 자신이 누구인지 혼란스러워 하고 불안해 하는 반응은 삶을 직면하며 당연하게 경험하는 것으로 본다.
③ 집단원의 일중독은 **불안을 지우려는 방어기제**라고 여긴다.
⑤ 실존주의 집단상담에서는 상담원이 불안을 직면하도록 하며, 현재와 미래에서 삶의 의미와 가치를 갖도록 탐색하게 하여 삶의 방향을 제공한다. 따라서 집단원들의 과거보다는 **현재**에 대해 관심을 갖는다.

💡💡 **실존치료**
- 집단원의 행동을 주관적 관점에서 이해하는 것을 추구하며, 삶의 중요성과 목적을 향한 노력은 인간의 독특한 특성임을 강조한다.
- 집단원들을 불안의 원천인 죽음이라는 실존적 조건 속에서 살아가는 존재로 본다.
- 집단상담자는 집단원의 경험이 어떻게 의식으로 나타나는가를 규명한다.
- 집단상담자는 집단원이 오랫동안 회피해 왔던 불안에 직면하도록 도와 현재와 미래의 삶을 탐색하게 하여 삶의 방향을 제공한다.

15' 13회

32 얄롬(I. Yalom)이 수상한 집단상담의 치료적 유인의 내용으로 옳은 것을 모두 고른 것은?

> ㄱ. 실존적 요인은 삶의 방식에 대한 궁극적인 책임이 집단원 자신에게 있다는 사실을 학습하는 것이다.
> ㄴ. 지금-여기 상호작용은 현재 집단에서의 경험에 초점을 맞춤으로써 집단의 힘과 효과를 증가시키는 것이다.
> ㄷ. 정화는 집단의 궁극적인 목표로, 집단원의 내면에 누적되어 있는 감정을 표현함으로써 그 감정을 해소하는 것이다.

❶ ㄱ ② ㄷ
③ ㄱ, ㄴ ④ ㄴ, ㄷ
⑤ ㄱ, ㄴ, ㄷ

해설
ㄴ. 지금-여기 상호작용은 현재 집단에서의 경험에 초점을 맞춤으로써 **개개인**의 문제가 쉽게 드러나도록 돕고, 사회화 기술, 피드백 등을 용이하게 하며, 개인의 축소된 사회를 발전시킨다고 주장하였다.
ㄷ. 정화는 집단원의 내면에 누적되어 있는 감정을 표현함으로써 그 감정을 해소하는 것으로 **궁극적인 목표가 아닌** 얄롬이 주장한 집단상담의 **치료적 요인** 중 하나이다.

💡💡 **얄롬(I. Yalom)의 11가지 치료적 요인**

요 인	내 용
희망고취	집단원이 삶에 대한 희망을 갖는 것으로 다른 집단원의 긍정적인 변화를 보며 자신의 긍정적 변화를 기대하게 된다.
보편성	다른 집단원을 보고 서로의 문제가 다르지만 자신이 혼자가 아니라는 느낌을 가지게 된다.
정보공유	다른 집단원 및 집단상담자로부터 변화에 필요한 정보를 얻게 된다.
이타심	다른 집단원을 위해 도와주는 것이다.
일차가족집단의 교정적 재현	초기 아동기에 겪었던 유사 경험을 집단에서 수정하는 체험을 하며 새로운 학습을 하게된다.
사회화 기술의 개발	집단과정에서 건강한 사회화 기술을 개발하게 된다.
모방행동	다른 집단원 및 상담자의 행동을 긍정적으로 모방하게 된다.
대인학습	다른 집단원들과 상호작용으로 대인관계 형성의 방식을 시험하거나 대인관계에 대한 아이디어를 얻는다.
집단응집력	집단 내에서 함께하는 느낌 또는 공동체라는 느낌을 의미한다.
정화	집단원의 내면에 누적되어 있는 감정을 표현함으로써 그 감정을 해소하는 것이다.
실존적 요인	삶의 방식에 대한 궁극적인 책임이 집단원 자신에게 있다는 사실을 학습하는 것이다.

33 현실치료 집단상담에 관한 설명으로 옳은 것을 모두 고른 것은?

ㄱ. 불행의 가장 주된 근원을 중요한 사람과의 관계라고 간주한다.
ㄴ. 집단원 개개인을 독특한 문화적 존재로 보고 자율성을 성취하도록 돕는다.
ㄷ. 집단원의 매 순간의 모든 행동은 욕구 충족을 위한 선택의 결과라고 가정한다.
ㄹ. 집단상담의 목표에는 집단원의 기본욕구 충족을 통한 사회적 관심 증가가 포함된다.

❶ ㄱ, ㄷ
② ㄴ, ㄹ
③ ㄱ, ㄷ, ㄹ
④ ㄴ, ㄷ, ㄹ
⑤ ㄱ, ㄴ, ㄷ, ㄹ

해설
ㄴ. **교류분석 집단상담**에 관한 설명이다.
ㄹ. 현실치료 집단상담의 목표는 집단원의 기본적인 욕구를 **현실적이고 옳은 방법으로 책임감을 가지고 충족**할 수 있도록 조력하는 데에 있다.

34 집단규범에 관한 설명으로 옳지 않은 것은?

① 집단상담자와 영향력 있는 집단원들에 의해 구성·발달된다.
② '해야 할 것'과 '해서는 안 되는 것'에 대한 공유된 신념이다.
③ 자기개방, 느낌 중심의 상호작용, 즉시성, 자기탐색 등이 포함된다.
④ 집단원들이 집단참여를 통해 얻고자 하는 것의 성취를 촉진하는 기능이 있다.
❺ 암묵적 규범 외에도 집단에 대해 집단원이 나름대로 가지고 있는 신념을 토대로 이루어지는 명시적 규범으로 구성된다.

해설
⑤ 집단에 대해 집단원이 나름대로 가지고 있는 신념을 토대로 이루어지는 것은 **암묵적 규범**이다. 명시적 규범은 집단원 간에 지켜야 할 지침 및 규범을 명확하게 정하는 것을 말하며, 집단 초기에 집단원들이 상의하여 정하게 된다.

💡 **집단규범**
- 집단의 유지, 발전과 관련된 요소로 구성된다.
- 집단규범은 '해야 할 것'과 '해서는 안 되는 것'에 대한 공유된 신념이다.
- 집단 규범에는 자기개방, 느낌 중심의 상호작용, 즉시성, 자기탐색 등이 포함된다.
- 집단원들이 집단참여를 통해 얻고자하는 것의 성취를 촉진한다.
- 집단상담자와 영향력 있는 집단원들에 의해 구성되고 발달된다.
- 필요할 경우 변경될 수 있다.
- 집단 목표달성에 필수요소이며, 집단원들 스스로 규범을 정하는 것이 바람직하다.
- 명시적 규범을 제시하여 상담 진행 시 참여자들의 혼란이 없도록 한다.

35 집단상담자가 갖추어야 할 인간적 자질에 관한 설명으로 옳은 것을 모두 고른 것은?

ㄱ. 자기수용 – 다른 사람의 삶과 가치를 인정해 주는 것
ㄴ. 개방적 태도 – 집단상담 방식에 지속적인 변화를 추구하는 것
ㄷ. 심리적 에너지 – 자신이 소진되지 않도록 스스로를 돌보는 것
ㄹ. 타인의 복지에 대한 관심 – 주변 사람들을 배려하는 마음으로 보살피는 것

① ㄱ, ㄴ
② ㄱ, ㄷ
③ ㄴ, ㄹ
❹ ㄷ, ㄹ
⑤ ㄴ, ㄷ, ㄹ

해설
ㄱ. 자기수용이란 있는 그대로의 자신을 받아들여 수용하는 것이며, 다른 사람의 삶과 가치를 인정해 주는 것은 **개방적 태도**이다.
ㄴ. 집단상담 방식에 지속적인 변화를 추구하는 것은 **창의성**이다.

💡💡 집단상담자의 인간적 자질

자 질	내 용
자기수용	있는 그대로의 자신을 수용하는 것
개방적 태도	다른 사람의 삶과 가치를 인정해 주는 것
타인의 복지에 대한 관심	주변 사람들을 배려하는 마음으로 보살피는 것
유머	웃음을 통해 집단원들이 여유를 가지고 자신의 문제에 대해 조망해 볼 수 있도록 하는 것
자발적 모범	집단상담자가 집단원들의 바람직한 행동 모델이 되는 것
공감적 이해능력	집단원의 감정을 함께 느끼고 표현하며, 집단원과 상호교류하는 것
심리적 에너지	집단상담자 자신이 소진되지 않도록 스스로를 돌보는 것
새로운 경험 추구	집단원의 다양한 문화와 배경에 대해 관심을 가지고 이해하고 개방적 태도를 가지는 것
창의성	독창적 능력으로 집단상담 방식에 지속적인 변화를 추구하는 것

18' 17회 / 16' 14회

36 다음의 집단상담자가 사용한 상담기술에 관한 설명으로 옳지 않은 것은?

> 세훈 : 공부를 열심히 해서 목표를 꼭 이루고 싶어요. 하지만 부모님이 공부하라고 말하면 공부가 싫어져요.
> 집단상담자 : 열심히 공부하는 것이 중요하다고 말하면서 부모님 때문에 공부가 싫다고 말하니 네가 원하는 것이 무엇인지 알기가 어렵구나.

① 적절한 시기를 포착해서 사용해야 한다.
❷ 집단원의 근본적인 문제가 무엇인지 알려준다.
③ 구체적이고 관찰 가능한 행동에 초점을 맞춰 진술한다.
④ 돌보는 태도와 존중하는 방식으로 한다.
⑤ 집단원이 스스로에 대해 정직한 평가를 할 수 있도록 돕는다.

해설 ② 집단상담자가 사용한 기술은 <u>직면하기</u> 기술이며, 문제해결에 방해되는 불일치에 초점을 둔다. 직면하기는 집단원이 <u>스스로의 모순되는 행동을 직시</u>하여 새로운 조망을 갖도록 한다.

37 집단상담의 평가에 관한 설명으로 옳지 않은 것은?

① 심리검사를 사용할 수 있다.
② 집단상담 서비스의 질을 관리하고 발전시키기 위한 것이다.
❸ 집단상담자는 주관적인 평가를 내릴 수 있으므로 평가의 주체에서 제외시킨다.
④ 솔직히 털어놓고 의견을 교환하는 평가방식은 평가 규준이 불분명하다.
⑤ 집단상담자, 집단원, 프로그램, 상담기관 모두 평가의 대상이 될 수 있다.

해설 집단상담자는 주관적인 평가를 내릴 수 있고, <u>평가의 주체가 될 수 있다</u>. 집단상담자는 자신이 진행한 집단상담에 평가를 내림으로써 스스로 상담과정에 대한 피드백을 하여 개선할 수 있다.

16' 14회 / 14' 12회

38 응집력이 높은 집단의 특징으로 옳은 것은?

① 집단원들이 집단상담자의 역할을 공유하지 않는다.
❷ 집단규범을 어기는 집단원이 있을 때 기꺼이 도전한다.
③ 집단원들의 집단에 대한 애착과 정서적 관여도가 낮다.
④ 집단원들 간의 상호작용보다 집단원과 집단상담자 간의 상호작용이 더 활발하다.
⑤ 갈등을 인식하지만 공개적으로 다루지는 않는다.

해설
① 집단원들은 상호협조적이며, 서로를 있는 그대로 수용해주고 보살핌으로써 **집단상담자의 역할을 공유**한다.
③ 집단원들은 집단에 큰 친밀감과 소속감이 형성되어 있고, 집단을 매력있는 곳으로 여기며, 애착과 정서적 관여도가 **높다**.
④ 집단상담자 보다는 **집단원들 간의 상호작용**이 더 활발하게 일어난다.
⑤ 갈등을 인식하고 **공개적으로 다루어** 적합한 방법으로 해결하려 한다.

💡 응집력이 높은 집단의 특성
- 응집력이 높은 집단은 집단원들 간에 상호협조적이며, 자기를 개방하고 더 많은 모험을 시도하고자 한다.
- 집단규범을 지키지 않는 집단원에게는 압력을 가한다.
- 부정적인 감정을 기꺼이 표현하며, 갈등을 공개적으로 다룬다.
- 자발적인 집단 참여, 모임시간의 엄수, 수용·지지·경청의 경험은 집단응집력이 높다는 것을 알 수 있는 지표이다.

18' 17회 / 17' 16회 / 16' 14회 / 15' 13회 / 14' 12회

39 집단원의 문제행동과 그것을 다루기 위한 집단상담자의 반응으로 옳지 않은 것은?

① 대화 독점 : "이야기하고 싶은 것이 많은 것처럼 보이는데, 그것을 한 문장으로 말해 보시겠어요?"
❷ 우월한 태도 : "다른 사람들의 문제는 작고 사소하다고 여기는 태도가 당신의 근본적인 문제인 것 같군요."
③ 소극적 참여 : "뭔가 생각하고 있는 듯 보이는데, 우리에게 그 생각을 나누어 주시겠어요?"
④ 과거 이야기 장황하게 늘어놓기 : "과거 이야기보다 자신이 지금 어떻게 느끼고 있는지 말씀해 주시겠어요?"
⑤ 조언 일삼기 : "별님, 별님의 조언이 어떤 점에서 달님에게 도움이 될 것 같다고 생각하시나요?"

해설
② 우월한 태도를 보이는 집단원은 자신은 문제가 없다는 입장을 고수하며 자신의 문제에 관한 주의를 다른 곳으로 돌리려 한다. 이 경우에 집단상담자는 집단원을 직접적으로 비난하지 않아야 하며, **문제행동을 보이는 집단원이 자신의 느낌과 욕구를 점검할** 수 있도록 해야 한다.

17' 16회 / 16' 14회 / 14' 12회

40 집단상담자의 개입을 집단발달 단계에 따라 순서대로 나열한 것은?

ㄱ. "집단에서 자신에 대해 배운 것들 중 가장 중요한 것은 무엇인가요?"
ㄴ. "집단을 신뢰하고 자신을 드러내는 것을 주저하는 것은 자연스러운 일이에요. 두 명씩 짝을 지어 무엇을 주저하고 있는지 말해 볼까요?"
ㄷ. "앞으로도 이런 감정이 들 때 회피하지 않기 위해 여기서 아버지를 떠오르게 하는 사람에게 자신의 감정을 말해 보겠어요?"
ㄹ. "이 집단에서 얻고 싶은 것이 무엇인가요?"

① ㄴ-ㄱ-ㄷ-ㄹ
② ㄴ-ㄷ-ㄹ-ㄱ
③ ㄷ-ㄴ-ㄱ-ㄹ
❹ ㄹ-ㄴ-ㄷ-ㄱ
⑤ ㄹ-ㄷ-ㄴ-ㄱ

해설
집단상담은 초기단계(ㄹ) → 과도기 단계(ㄴ) → 작업단계(ㄷ) → 종결단계(ㄱ)로 진행된다.
- ㄹ. **초기단계**에서는 집단에 대한 소개 및 탐색이 이루어진다. 집단상담자는 이 집단에서 얻고 싶은 것이 무엇인지 물어봄으로써 집단원이 개인의 목표를 구체적으로 설정하도록 도와준다.
- ㄴ. 집단을 신뢰하고 자신을 드러내는 것을 주저하는 단계는 **과도기 단계**이다. 집단원은 두려움에 직면하게 되어 방어와 저항의 태도를 보이게 되며, 집단상담자는 집단원의 그러한 태도에 대해 존중해주며 치료적으로 다루도록 한다.
- ㄷ. 사례는 집단원이 상황에 대한 통찰로서 자신의 감정을 솔직하게 표현하게 하는 것이며, 심리치료, 문제해결, 학습 및 성장을 위해 노력하는 과정인 **작업단계**에서 이루어진다.
- ㄱ. 사례는 집단원의 집단경험을 되돌아보고 정리하는 기회를 갖는 것으로, **종결단계**에서 이루어진다.

18' 17회 / 17' 16회 / 16' 14회 / 14' 12회

41 코리(G. Corey)의 집단발달 단계 중 작업단계의 특징으로 옳은 것은?

① 모든 집단원들이 최적의 기능을 발휘한다.
② 집단원들이 서서히 집단작업의 강도를 줄인다.
③ 지금-여기보다는 그때-거기에서 일어난 일에 대하여 이야기한다.
❹ 변화를 도모하고 새로운 행동을 과감하게 시도한다.
⑤ 집단에 대한 신뢰 여부가 핵심 주제이다.

① 모든 집단원들이 최적의 기능을 발휘하지 않으며, 심각한 문제행동을 하는 집단원은 퇴출되기도 하고, 집단원이 중도 포기를 선언하는 경우도 있다.
② 집단원들이 서서히 집단작업의 강도를 줄이는 단계는 **종결단계**이다.
③ **지금-여기**에서 일어난 일에 대해 초점을 두고 이야기한다.
⑤ 집단에 대한 신뢰 여부가 핵심주제인 단계는 **초기단계**이다.

42 우볼딩(R. Wubbolding)이 주장한 현실치료의 지침으로 옳은 것을 모두 고른 것은?

> ㄱ. 가장 자기다운 모습으로 상담해야 한다.
> ㄴ. 웃음은 고통에 대한 치유약이므로 상담 중에 유머를 적극적으로 활용한다.
> ㄷ. 상담자 윤리강령에 따라 집단원의 궁극적인 복지를 위해 상담을 전개한다.
> ㄹ. '예상하지 않은 행동하기'를 통해 집단원으로 하여금 자신의 또다른 바람을 탐색하도록 하여 잠시나마 고통상태에서 벗어나게 한다.

① ㄱ, ㄷ
② ㄴ, ㄹ
③ ㄱ, ㄴ, ㄷ
④ ㄴ, ㄷ, ㄹ
❺ ㄱ, ㄴ, ㄷ, ㄹ

해설 ㄱ, ㄴ, ㄷ, ㄹ 모두 우볼딩이 주장한 현실치료의 지침으로 옳다.

💡 **우볼딩(R. Wubbolding)의 현실치료 지침**

- 주의를 기울여 내담자를 열린 마음으로 받아들이려는 언어적·비언어적 행동을 한다.
- 내담자와 우호적 관계를 형성하기 위한 AB-CDEFG 원칙을 준수한다.
  - <u>A</u>lways <u>B</u>e <u>C</u>alm & <u>C</u>ourteous : 항상 침착하고 예의바를 것
  - <u>A</u>lways <u>B</u>e <u>D</u>etermined : 항상 확신을 지닐 것
  - <u>A</u>lways <u>B</u>e <u>E</u>nthusiastic : 항상 열성적일 것
  - <u>A</u>lways <u>B</u>e <u>F</u>irm : 항상 단호할 것
  - <u>A</u>lways <u>B</u>e <u>G</u>enuine : 항상 진실할 것
- 판단을 보류한 채 내담자의 행동을 있는 그대로 이해한다.
- '예상하지 않은 행동하기'를 통해 집단원으로 하여금 자신의 또다른 바람을 탐색하도록 하여 잠시나마 고통상태에서 벗어나게 한다.
- 웃음은 고통에 대한 치유약이므로 상담 중에 유머를 적극적으로 활용한다.
- 가장 자기다운 모습으로 상담해야 한다.
- 자신을 개방하여 내담자의 신뢰를 증진시키고 내담자가 자기개방을 할 수 있도록 한다. 다만 상담자의 자기개방은 지나치지 않게 한다.
- 내담자의 은유적 표현에 집중하여 내면적 진심을 이해할 수 있도록 한다.
- 주제를 파악하기 위해 귀를 기울이고 내담자의 이야기를 경청한다.
- 내담자의 이야기를 요약하면서 초점을 맞추어 내담자가 정말 원하는 것에 초점을 맞출 수 있게 한다.
- 내담자가 자신의 바람직하지 않은 행동에 대한 부정적인 결과를 인정하거나 그 책임을 받아들이도록 돕는다.
- 내담자가 자신을 점검하고 문제해결 계획을 세우며 자신만의 생각을 할 수 있도록 침묵을 허용한다.
- 상담자는 윤리를 인식하고 준수해야 하며, 내담자가 자신 혹은 타인에게 손상을 입히려 하는 것이 명백한 경우 관련자 혹은 관련 기관에 알려야 한다.

43 학교 기반의 집단상담을 계획하고 준비하는 과정에 관한 설명으로 옳지 않은 것은?

❶ 반사회적 성향이 있어 담임교사로부터 의뢰된 학생은 집단원 선별 과정을 생략한다.
② 특정 시기에 공통적으로 겪을 수 있는 문제 해결에 초점을 맞춘다.
③ 집단상담의 주제 선정을 위한 요구조사가 권장된다.
④ 집단상담 시작 전에 참여학생의 학부모로부터 참여 동의서를 받는다.
⑤ 집단상담의 이점에 대해 학교행정가와 교사에게 설명한다.

해설
① 집단상담은 모든 사람에게 적합한 상담형태는 아니며, 집단 과정을 방해하지 않고 집단경험으로 인해 집단원들의 복지가 위태롭지 않을 사람을 집단상담에 참여시켜야 한다. 따라서 담임교사로부터 의뢰된 학생이더라도 집단상담에 적합하지 않은 <u>청소년을 선별하여 제외</u>해야 한다.

17' 16회

44 청소년 집단상담 과정 중에 제공되는 피드백에 관한 설명으로 옳은 것은?

① 다른 집단원에 대한 감정과 생각을 여과 없이 되돌려 주는 것이다.
② 집단상담자의 피드백 모델링은 집단원들의 심리적 의존성을 키울 수 있다.
❸ 집단원에게 자신의 행동이 다른 집단원들에게 미치는 영향을 인식하도록 돕는다.
④ 집단원의 자료에 기초하여 대안적인 설명이나 해석을 제공해 주는 것이다.
⑤ 집단초기에는 부정적 피드백이 긍정적 피드백보다 집단응집력 형성에 도움이 된다.

해설
① 피드백은 피드백 대상이 되는 <u>집단원의 내적 준비 정도를 고려</u>해서 피드백하도록 한다.
② 피드백은 심리적 의존성을 키워 준다기보다는 집단원의 <u>변화에 대한 동기</u>를 높일 수 있다.
④ 집단원의 <u>관찰 가능한 행동</u>에 대해 구체적으로 피드백 하도록 하며, 지각된 사실적 진술을 제공하되 도덕적인 가치판단을 배제하도록 한다.
⑤ <u>긍정적 피드백</u>이 집단 초기의 응집력 형성에 도움이 된다.

17' 16회

45 효과적인 청소년 집단상담 운영 방안에 관한 설명으로 옳은 것을 모두 고른 것은?

ㄱ. 집단원 간의 신뢰와 응집력을 높이기 위하여 개방집단으로 구성한다.
ㄴ. 사전에 설정된 주제를 다루기 위하여 구조화집단으로 운영한다.
ㄷ. 학교폭력 문제를 신속하게 해결하기 위해 피해자와 가해자를 하나의 집단으로 구성한다.
ㄹ. 학급단위 집단상담은 대체로 심리교육집단 형태로 운영한다.

① ㄱ, ㄷ
❷ ㄴ, ㄹ
③ ㄱ, ㄴ, ㄷ
④ ㄴ, ㄷ, ㄹ
⑤ ㄱ, ㄴ, ㄷ, ㄹ

해설
ㄱ. 집단원 간의 신뢰와 응집력을 높이기 위해서는 <u>폐쇄집단</u>으로 구성한다. 개방집단은 집단에 새로운 자극을 줄 수 있으나, 집단응집력 형성이 어렵다.
ㄷ. 가해자들에 대한 두려움으로 피해자들의 상담이 어렵기 때문에 학교폭력 <u>피해자와 가해자를 하나의 집단</u>으로 구성하는 것은 <u>옳지 않다.</u>

46 법원의 수강명령으로 의뢰된 청소년 대상 집단프로그램 운영 시 유의사항으로 옳은 것은?

① 집단원이 지각과 결석을 자주 하더라도 집단에 참여하지 않을 권리가 있으므로 이를 허용한다.
② 집단과정 중에 언급된 모든 내용은 비밀이 보장된다는 것을 약속한다.
③ 집단원에게 중도에 포기할 권리가 없음을 알린다.
❹ 집단 참여가 집단원에게 가져다주는 유익을 강조하면서 적극적인 참여를 독려한다.
⑤ 법원에서 필요한 상담 내용을 요구하더라도 비밀보장의 원칙에 따라 거부한다.

[해설]
① 집단원이 지각과 결석을 자주하게 되면 집단 전체에 안 좋은 영향을 미치므로 집단원이 부득이하게 지각과 결석을 할 경우에는 <u>미리 상담자와 집단에 알리도록</u> 한다.
② 상담자는 집단과정 중에서 언급된 내용은 비밀이 보장되나, <u>비밀보장 예외의 경우에 대해서도 설명</u>해 주어야 한다.
③ 집단원에게는 집단참여를 <u>중도 포기할 권리</u>가 있다.
⑤ 법원에서 필요한 상담 내용을 요구할 경우에는 <u>비밀보장 원칙의 예외상황</u>이므로 정보를 제공할 수 있다. 비밀 누설이 내담자의 최대 이익을 보장하는 경우, 타인의 안녕을 위해 필요한 경우, 법에 의해 요구되는 경우는 비밀보장 예외의 사유에 해당한다.

47 적대적 행동을 보이는 청소년 집단원에 대한 집단상담자의 대처방안으로 옳지 않은 것은?

① 적대적 행동이 집단 응집력 형성에 미치는 영향을 살핀다.
② 다른 집단원이 적대적 행동으로부터 받은 느낌을 표현하고 적대적 집단원은 이를 경청하게 한다.
③ 적대적 행동 이면의 감정을 자각하도록 돕는다.
④ 적대적 행동을 집단에서 다루기 힘든 경우에는 개인상담을 병행한다.
❺ 즉각적으로 개입하기보다는 적대적 행동의 무의식적 의도를 파악하기 위해 관찰만 계속한다.

[해설]
⑤ 적대적 태도를 보일 경우 다른 집단원이 그러한 태도에서 받는 영향과 느낌에 대해서 말하며 <u>즉각적으로 개입</u>하는 것이 좋다.

18' 17회 / 17' 16회 / 16' 14회 / 15' 13회

48 집단상담자가 사용한 상담 기술의 목적에 관한 설명으로 옳은 것은?

> 백현 : 다른 사람에게 제 마음을 표현하는 것이 어려워요. 무슨 말을 어떻게 시작해야 할지 모르겠어요. 특히 여자애들 앞에만 서면 머리가 하얘져요.
> 수호 : (입을 꽉 다문 상태에서 고개를 끄덕인다.)
> 집단상담자 : 백현이와 수호는 친구에게 마음을 표현하는 게 어렵고, 특히 여자애들에게 말을 건네기가 어렵구나.

❶ 집단원들 간의 상호작용과 응집력 촉진
② 집단원의 역기능적인 언어적·비언어적 행동 중단
③ 집단의 초점을 다시 제 궤도에 올려놓기
④ 집단 구조 개선과 집단원 성장 촉진을 위한 틀 제공
⑤ 집단의 방향에 대한 집단원의 책임감을 일깨워주기

[해설]
집단상담자는 백현이와 수호의 말을 토대로 둘이 공통의 관심사 혹은 고민이 있다는 것을 알게 해주는 <u>연결하기 기법</u>을 사용하고 있다. <u>연결하기</u> 기법은 집단원들 간의 상호작용과 응집력을 촉진시킬 뿐만 아니라 자신만 느끼는 문제가 아니라는 보편성도 집단원들에게 제공할 수 있다.

49. 청소년 집단상담의 과정 분석(processing)에 관한 설명으로 옳은 것을 모두 고른 것은?

ㄱ. 집단 목적과 규정 및 한계에 관하여 언급한다.
ㄴ. 가장 먼저 반응을 보인 집단원에게 초점을 설정·유지한다.
ㄷ. 활동경험을 집단원 개개인의 삶과 연관지어 탐색하도록 돕는다.
ㄹ. 과거에 초점을 두기보다 과거 경험이 현재에 미치는 영향을 탐색하도록 돕는다.

① ㄱ, ㄴ
② ㄴ, ㄷ
❸ ㄷ, ㄹ
④ ㄱ, ㄴ, ㄷ
⑤ ㄴ, ㄷ, ㄹ

해설
ㄱ. 과정 분석은 <u>집단회기에서 경험했던 행동·감정·대인관계 등에 대해 서로 공유하는 활동</u>으로 집단논의를 이끌어낸다.
ㄴ. 가장 먼저 반응을 보인 집단원에게 초점을 설정하고 유지해서는 안되며 <u>모든 집단원들에게 평균적인 시간을 주고 특정 주제에 초점을 맞추도록</u> 한다.

14' 12회

50. 쉼터에서 생활하는 청소년들을 대상으로 개방집단을 운영하는 경우 유의할 점이 아닌 것은?

① 한 회기 내에 다룰 수 있는 문제에 초점을 맞춘다.
② 매 회기마다 회기 종결에 대한 느낌을 탐색할 수 있는 시간을 충분히 확보한다.
③ 꾸준히 참여하는 핵심 집단원들을 확보한다.
❹ 신규 집단원에 대한 오리엔테이션은 반드시 회기 내에 실시한다.
⑤ 타당한 이유 없이 지각과 결석을 반복하는 집단원에게는 집단 참여의 제한을 고려한다.

해설
④ 개방집단은 상담을 진행하는 과정 중 탈락하는 집단원의 자리를 새로운 집단원이 대체할 수 있는 집단이다. 따라서 <u>신규집단원에 대한 오리엔테이션은 반드시 회기 내에 실시할 필요는 없으며, 새로운 집단원에 대해서 집단상담자는 오리엔테이션을 개별적으로 진행할 수 있다.</u>

3과목(필수) 심리측정 및 평가

51. T점수에 관한 설명으로 옳은 것은?

❶ 평균은 50이다.
② 표준편차는 15이다.
③ 정규분포를 이루지 않는다.
④ – 값이 나온다는 단점이 있다.
⑤ 중앙치와 최빈치를 사용하여 계산한다.

해설
① · ② 평균은 <u>50</u>이고, 표준편차는 <u>10</u>이다.
③ <u>정규분포</u>를 이룬다.
④ – 값이 나온다는 단점이 있는 것은 <u>Z점수의 단점</u>이다. T점수는 – 값이 나오지 않는다.
⑤ T점수는 <u>평균과 표준편차</u>를 이용하여 계산한다.

18' 17회 / 17' 16회 / 16' 14회 / 15' 13회

52. 신뢰도에 관한 설명으로 옳은 것은?

① 검사 – 재검사 신뢰도는 실시 간격의 영향을 받지 않는다.
② 문항의 난이도는 신뢰도 계수에 영향을 주지 않는다.
③ 문항들의 내용이 이질적일수록 신뢰도는 높아진다.
④ 채점자 간 차이와 검사시간은 신뢰도에 영향을 주지 않는다.
❺ 검사점수의 일관성과 반복 가능성을 의미한다.

해설
① <u>실시 간격에 따라 상관관계가 달라지기 때문에</u> 검사-재검사 신뢰도는 실시 간격의 영향을 받는다.
② 문항의 난이도는 <u>신뢰도 계수에 영향</u>을 주며, 난이도가 적절한 경우 신뢰도는 높아진다.
③ 검사를 구성하는 문항들의 내용이 <u>동질적일수록 신뢰도가 높아진다.</u>
④ <u>문항의 변별도, 검사의 길이, 문항의 내용, 피험자 집단의 이질성 정도</u> 등에 따라 신뢰도에 영향을 준다.

53 정답과 오답으로 채점하는 검사에서 사용하는 신뢰도 추정치는?

① 문항추측도
② 요인부하량
❸ KR(Kuder-Richardson)-20
④ 문항난이도
⑤ 문항변별도

[해설] ③ KR(Kuder-Richardson)-20은 문항 내적 동질성 신뢰도를 추정하는 공식으로 각 문항의 일관성과 동질성, 합치도 정도를 나타낸다. 피험자가 문항들에 대한 반응의 일관성을 신뢰도로 여기며, 정답과 오답으로 채점하는 이분 문항에 사용하는 신뢰도 추정치이다.

💡 문항 내적 일관성 신뢰도
- 문항 내적 일관성 신뢰도란 각 문항을 독립적인 검사로 보며 문항들 간의 일치성을 측정하는 것이다.
- 비슷한 문항에 대해 피험자가 일관되는 반응을 보이는 것을 파악하여 검사의 신뢰도를 추정하게 된다.
- 문항 내적 일관성 신뢰도를 측정하기 위한 방법으로 Hoyt 신뢰도, KR-20, KR-21, Cronbach α 등이 해당한다.

54 검사점수에 관한 설명으로 옳지 않은 것은?

❶ 원점수는 규준집단에서 개인의 상대적 위치에 관한 정보를 제공한다.
② 규준집단에서 개인의 위치를 알아보기 위해 유도된 점수(derived score)를 사용한다.
③ T점수로 변환하면 상이한 검사에서 측정된 점수에 대한 비교가 가능하다.
④ 표준점수는 평균에서 이탈된 정도를 알려준다.
⑤ T점수와 스태나인(stanine)은 정규화된 표준점수이다.

[해설] ① 규준집단 내에서 수검자의 상대적 위치를 알 수 있는 것은 규준점수이며, 규준점수로는 백분위, 표준점수, 변환점수가 있다.

55 백분위 점수(percentile score)에 관한 설명으로 옳지 않은 것은?

① 백분위 점수는 원점수의 최저 점수부터 정한다.
② 백분위 점수가 낮을수록 개인의 원점수는 낮다.
③ 객관적 검사의 경우 백분위 점수는 검사대상에 관계없이 사용할 수 있다.
❹ 백분위 점수 40과 50의 원점수 차이와 백분위 점수 80과 90의 원점수 차이는 같다.
⑤ 백분위 점수는 서열척도이다.

[해설] 백분위 점수는 전체자료를 100등분하여 각 자료를 크기순으로 늘어놓은 것으로 특정 점수 이하를 득점한 사람들이 전체에서 차지하는 백분율을 의미한다. 따라서 백분위 점수 40과 50의 원점수 차이와 백분위 점수 80과 90의 원점수 차이는 다를 수 있다.

💡 백분위 점수
- 백분위는 서열척도이며, 능력검사와 성격검사에서 사용된다.
- 규준집단 내에서 수검자의 상대적 위치를 알 수 있다.
- 원점수가 같아도 백분위는 속한 규준집단에 따라 다르게 나타날 수 있다.
- 백분위 점수는 원점수의 최저 점수부터 정한다.
- 백분위 점수가 낮을수록 개인의 원점수는 낮다.
- 백분위 50은 중앙치에 해당하게 된다.
- 객관적 검사의 경우 백분위 점수는 검사대상에 관계없이 사용할 수 있다.

56 준거타당도에 관한 설명으로 옳지 않은 것은?

① 외적 준거를 이용하여 타당도를 알아본다.
② "현재의 점수로 미래의 수행수준을 예언할 수 있을까?"라는 의문과 관련이 있다.
③ 타당화검사 점수와 준거측정치 간의 상관계수를 사용하여 추정한다.
④ 검사에서 사용하는 준거는 검사의 목적에 따라 다르다.
❺ 예언타당도의 대안으로 공인(concurrent)타당도를 사용하지 못한다.

공인타당도는 **기존에 타당성을 인정받은 검사와 새로 개발된 검사와 비교하여 타당성을 검증**하므로, 현재 검사 점수가 장래의 수행결과를 얼마나 예측하는지 측정하는 예언타당도의 대안으로 사용될 수 있다.

타당도

종류	내용
내용타당도	• 검사가 측정하고자 하는 내용을 적절하게 측정할 수 있는지에 대한 타당도이다. • 검사 내용에 대한 전문가가 내용을 검토하고 문항 내용이 적합한지를 평가한다.
준거타당도	• 외적 준거를 이용하여 타당도를 알아본다. • 타당화검사 점수와 준거측정치 간의 상관계수를 사용하여 추정하며, 검사에서 사용하는 준거는 검사의 목적에 따라 다르다. • 종 류 – 예언타당도 : 미래의 행동유형을 측정하고자 하는 검사에 주로 사용되며, "현재의 점수로 미래의 수행수준을 예언할 수 있을까?"라는 의문과 관련이 있다. – 공인타당도 : 한 검사가 그 준거로 사용된 현재의 어떤 행동이나 특성과 관련된 정도를 나타내는 타당도로, 새로 제작된 검사의 타당도를 기존의 검사와 비교하여 타당성을 검증한다. – 공인타당도와 예언타당도는 검사점수와 준거변인 중 하나라도 점수의 범위가 제한되면 상관계수 크기가 작아진다. • 공인타당도와 예언타당도 모두 통계적 수치가 타당도 계수로 제공된다.
구성타당도	• 검사가 측정하려고 하는 이론적 구성개념이나 특성을 측정하는 정도를 검증하는 것이다. • 종 류 – 수렴적 타당도 : 다른 측정방식을 이용하지만 같은 개념을 측정한다고 가정되는 변수들 간의 상관관계가 높으면 타당도가 높다고 보는 것이다. – 차별적 타당도 : 다른 개념을 같은 방식으로 측정했을 때 상관관계가 낮은 경우 타당도가 높다고 보는 것이다. – 수렴변별타당도 : 다특성-다방법 행렬(multi trait-multimethod matrix)에 따른 실험설계를 통해 확인하는 타당도이다. • 구성타당도를 확인하는 방법으로는 요인분석, 실험처치에 따른 변화, 연령에 따른 발달적 변화, 중다특성-중다방법 행렬(multi-traits multi-methods matrix) 등이 있다.

57 문항반응이론의 가정에 관한 설명으로 옳지 않은 것은?

❶ 측정오차는 모든 수검자에게 동일하다.
② 1개의 검사를 구성하는 모든 문항은 1개의 잠재적 특성을 측정한다.
③ 특정 문항에 대한 반응은 다른 문항의 반응에 영향을 미치지 않는다.
④ 문항 난이도는 수검자 집단의 특성에 의해 영향을 받지 않는다.
⑤ 사용하는 검사 또는 문항에 따라 수검자의 능력은 변화되지 않는다.

 ① 측정오차는 수검자에 따라 **상이**하다.

18' 17회 / 17' 16회 / 16' 14회 / 15' 13회 / 14' 12회

58 척도에 관한 설명으로 옳은 것을 모두 고른 것은?

> ㄱ. 비율척도는 절대 영점을 가정한다.
> ㄴ. 성별은 서열척도이다.
> ㄷ. 온도는 명명척도이다.
> ㄹ. 등간척도와 비율척도는 연속변수이다.

① ㄱ
❷ ㄱ, ㄹ
③ ㄴ, ㄹ
④ ㄱ, ㄴ, ㄷ
⑤ ㄴ, ㄷ, ㄹ

ㄴ. 성별은 **명명척도**에 해당한다.
ㄷ. 온도는 **등간척도**에 해당한다.

59 측정의 표준오차(SEM)에 관한 설명으로 옳은 것은?

❶ 관찰점수의 표준편차와 신뢰도 계수를 사용하여 추정한다.
② 표준오차는 관찰점수들의 합으로 계산한다.
③ 표준오차가 클수록 점수들 간의 이질성은 낮아진다.
④ 신뢰구간을 계산할 때 표준오차를 사용하지 못한다.
⑤ 표준오차는 정규분포를 이루지 않는다.

해설
② 표준점수는 관찰점수의 **표준편차와 신뢰도 계수**로 계산한다. [표준오차의 공식 : $SEM = SD\sqrt{1-r_t}$ (SD : 원점수, Z점수, T점수나 기타 표준 점수시스템에서의 점수들의 표준편차. r_t : 신뢰도 계수)]
③ 표준오차가 클수록 점수들 간의 이질성이 **높아지는 것을** 의미한다.
④ **관찰점수와 측정의 표준오차**를 토대로 신뢰구간을 구할 수 있다.
⑤ 검사를 반복해서 실시하게 되면 점수들은 **정규분포**를 이루게 되며 이 분포의 표준편차를 측정의 표준오차라 일컫는다.

18' 17회

60 아동용 웩슬러 지능검사(K-WISC-IV) 실시에 관한 설명으로 옳은 것은?

① 첫 번째로 실시하는 소검사는 공통성이다.
② 산수는 모든 연령에 대해 시작점이 동일하다.
❸ 아동이 질문에 반응하지 않았을 때는 기록용지에 NR로 표기한다.
④ 행렬추리는 초시계로 정확하게 시간을 측정해야 한다.
⑤ 아동이 "모르겠어요."라고 대답할 때는 기록용지에 CK로 표기한다.

해설
① 소검사에서 첫 번째로 실시하는 것은 **토막짜기**이다.
② 산수는 연령에 따라 **시작점이 다르다.**
④ 행렬추리는 아동이 불완전한 행렬을 보고 5개의 반응 선택지에서 행렬의 빠진 부분을 찾아내는 검사이며, **초시계를 사용하지 않는다.**
⑤ 아동이 모르겠다고 대답할 때는 **DK(Don't Know)**로 표기한다.

61 지능에 관한 설명으로 옳은 것을 모두 고른 것은?

ㄱ. 비네(A. Binet)는 정신연령(Mental Age)이라는 용어를 사용하였다.
ㄴ. 비율IQ의 산출공식은 $\dfrac{생활연령(CA)}{정신연령(MA)} \times 100$이다.
ㄷ. 웩슬러는 비율IQ의 문제점을 보완하기 위해 편차 IQ 개념을 도입하였다.
ㄹ. 웩슬러형 지능검사에서는 평균 100, 표준편차 10인 표준점수를 사용한다.

① ㄱ, ㄴ
❷ ㄱ, ㄷ
③ ㄱ, ㄹ
④ ㄴ, ㄹ
⑤ ㄴ, ㄷ, ㄹ

해설
ㄴ. 비율IQ는 $\dfrac{정신연령(MA)}{생활연령(CA)} \times 100$의 산출공식으로 구한다.
ㄹ. 웩슬러 지능검사에서 평균은 100, 표준편차는 **15**인 표준점수를 사용한다.

62 성인용 웩슬러 지능검사(K-WAIS-IV)의 지각추론지수(PRI)에 포함되지 않는 소검사는?

① 퍼즐
② 무게비교
③ 행렬추론
❹ 동형찾기
⑤ 빠진 곳 찾기

해설
동형찾기는 **처리속도지수**에 포함되는 소검사이다. 지각추론지수에 포함되는 소검사는 토막짜기, 행렬추론, 퍼즐, 무게비교, 빠진 곳 찾기가 있다.

💡💡 성인용 웩슬러 지능검사의 소검사

지표	내용
언어이해(VCI)	• 핵심소검사 : 공통성, 어휘, 상식 • 보충소검사 : 이해
지각추론(PRI)	• 핵심소검사 : 토막짜기, 행렬추론, 퍼즐 • 보충소검사 : 무게비교, 빠진 곳 찾기
작업기억(WMI)	• 핵심소검사 : 숫자, 산수 • 보충소검사 : 순서화
처리속도(PSI)	• 핵심소검사 : 동형찾기, 기호쓰기 • 보충소검사 : 지우기

63 만 4세 수검자에게 실시 가능한 검사는?

① K-DRS
❷ WPPSI
③ MMPI-A
④ MMTIC
⑤ SNSB

해설
② WPPSI : 유아용 지능검사이며, 만 3세에서 7세 5개월까지 검사할 수 있다.
① K-DRS : 한국판 치매 평가 검사로, 만 55세에서 84세 이하 연령의 사람들을 대상으로 한다.
③ MMPI-A : 청소년(만 13~18세)을 위해 개발된 심리검사로 기존 성인을 대상으로 하는 MMPI-2검사에서 청소년에게 적절하지 않은 문항들을 제거하고 청소년을 대상으로 개발된 심리검사이다.
④ MMTIC : 어린이 및 청소년(만 8~13세)의 성격유형검사이다.
⑤ SNSB : 주로 중장년과 노인들을 대상(만 45~90세)으로 시행하며, 인지기능에 대한 종합적·심층적 평가를 통해 치매를 조기진단하고 저하정도를 파악할 수 있는 검사이다.

18' 17회 / 17' 16회 / 16' 14회 / 15' 13회

64 심리평가자의 윤리적 의무에 관한 설명으로 옳지 않은 것은?

① 심리평가에 관한 동의를 받을 때 비밀보장과 그 예외조항을 설명해야 한다.
② 임상 수련생은 수련감독자의 지속적인 감독하에 심리평가를 실시해야 한다.
③ 검사 목적에 맞게 검사를 선정하여 사용해야 한다.
❹ 동의할 능력이 없는 수검자에게는 평가의 본질과 목적에 대해 알리지 않아야 한다.
⑤ 능력검사의 검사 자극이나 문항이 대중매체에 노출되지 않도록 해야 한다.

해설
④ 동의할 능력이 없는 사람에게도 평가의 본질과 목적을 알려야 하고, 보호자 또는 후견인의 동의를 받아야 한다.

65 수검자의 원점수, 환산점수, 검사자극에 관한 수검자의 반응, 진술 및 행동을 지칭하는 용어는?

① 검사도구
❷ 검사자료
③ 검사지침서
④ 진단도구
⑤ 신단보고서

해설
① 검사도구 : MBTI, MMPI처럼 수검자의 검사를 실시하는 데 필요한 도구들을 말한다.
③ 검사지침서 : 검사에 대한 소개, 실시하는 방법 및 채점 방법 등 검사실시에 참고가 되는 기록서이다.
④ 진단도구 : 수검자의 상태 등을 파악하기 위해 사용하는 도구이다.
⑤ 진단보고서 : 검사를 시행한 후 수검자의 상태 등에 대해 진단을 내린 결과서이다.

66 집-나무-사람(H-T-P) 검사에 관한 설명으로 옳은 것은?
① 나무를 그리게 할 때는 종이를 가로방향으로 제시한다.
② 집을 그리게 할 때는 종이를 세로방향으로 제시한다.
❸ 결과를 해석할 때는 구조적 요소와 내용적 요소를 고려한다.
④ 집의 '지붕'은 수검자의 내부와 외부를 구분하는 경계를 의미한다.
⑤ 나무의 '가지'는 초자아의 강도를 나타낸다.

해설
① 나무를 그리게 할 때는 종이를 <u>세로방향</u>으로 제시한다.
② 집을 그리게 할 때는 종이를 <u>가로방향</u>으로 놓아준다.
④ 집의 '지붕'은 수검자의 생각, 관념, 기억과 같은 <u>내적 인지과정</u>을 나타낸다.
⑤ 나무의 '가지'는 수검자가 타인과 접촉하는 데 <u>필요한 자원, 현재 상황 대처 능력</u> 등을 반영한다.

67 내용, 조작, 산출의 3차원으로 구성된 지능의 구조 모델을 제시한 학자는?
❶ 길포드(J. Guilford)
② 케텔(R. Cattell)
③ 스피어만(C. Spearman)
④ 써스톤(L. Thurstone)
⑤ 쏜다이크(E. Thorndike)

해설
① <u>길포드</u>는 지능의 구조 모델을 제시하였으며, 인간의 지능에 <u>내용, 조작, 산출의 3가지 차원</u>이 필수적으로 존재한다고 주장했다.

💡💡 **길포드(J. Guilford)의 지능 구조 모델**
- 길포드(J. Guilford)는 써스톤(L. Thurstone)의 지능요인들을 확장시켜 지능구조모형 SOI(Structure-Of-Intellect Model)를 만들었다.
- 인간 지능에는 내용, 조작, 산출 차원이 필수적으로 존재한다고 주장했다.
  - 내용차원 : 시각, 청각, 상징, 의미론, 행동
  - 조작차원 : 평가, 수렴적 사고, 확산적 사고, 기억파지, 기억저장, 인지
  - 산출차원 : 단위, 유목, 관계, 체계, 변환, 함축

68 투사적 검사가 아닌 것은?
① DAP ② HTP
③ TAT ④ SCT
❺ CBCL

해설
⑤ CBCL은 아동·청소년의 <u>행동평가 척도</u>이며, 부모가 자녀의 사회적 적응, 정서, 문제행동을 평가하는 검사이다.

69 MMPI-2의 재구성 임상척도에 관한 설명으로 옳지 않은 것은?
① 진단적 변별성을 높이기 위한 목적으로 개발되었다.
② 임상척도들의 공통된 일반요인을 추출하여 의기소침(RCd) 척도를 추가하였다.
③ 임상척도들 간에 상관이 높다는 문제점을 보완했다.
❹ 모든 임상척도에 대응되는 재구성 임상척도가 있다.
⑤ T점수 65점 이상을 유의미한 상승으로 해석한다.

해설
④ 재구성 임상척도는 기존 MMPI의 척도에서 임상척도 간의 상관관계가 높게 나타나고, 문항의 타당성이 의심되는 지적의 대안으로 개발된 것이다. MMPI-2의 재구성 임상척도는 5번(Mf), 0번(Si) 척도가 제외된 8개의 임상척도 및 의기소침(RCd)척도로 이루어져있다.

70 홀랜드(J. Holland)의 진로탐색검사에 관한 설명으로 옳은 것은?
① 집단검사로는 사용할 수 없다.
❷ 결과를 해석할 때는 일관성, 변별성, 긍정응답률을 고려한다.
③ LIASEC라는 육각형 모형으로 되어 있다.
④ 현실적 유형은 교육적인 활동이나 치료적인 활동을 좋아한다.
⑤ 관습적 유형은 자유롭고 변화를 좋아한다.

해설
① 홀랜드의 진로탐색검사는 <u>개인검사 및 집단검사</u>로 모두 사용할 수 있다.
③ <u>RIASEC[실재형(R), 탐구형(I), 예술형(A), 사회형(S), 기업형(E), 관습형(C)]</u>이라는 육각형 모형을 통해 진로결정을 위한 효과적인 정보를 제공한다.
④ 현실적 유형은 <u>체계적인 조작활동</u>을 선호한다.
⑤ 관습적 유형은 <u>계획적</u>인 것을 좋아하며, 변화를 좋아하지 않는다.

해설
① 육감에 의존하고 미래지향적인 것은 <u>직관(N)</u>에 해당한다. 감각(S)은 오감에 의존하며, 실제의 경험과 현재를 중시한다.
② 분명한 목적과 방향을 가지고 행동하는 것은 <u>판단(J)</u>에 해당하는 설명이고, 인식(P)은 목적과 방향의 변화가 가능하며 상황에 따라 행동이 달라진다.
④ 계획적이고 신속하게 의사결정을 내리는 것은 <u>판단(J)</u>에 해당한다.
⑤ 원리원칙에 입각하여 논리적이고 분석적으로 판단하는 것은 <u>사고(T)</u>에 해당한다.

18' 17회 / 15' 13회

71 문장완성검사(SCT)에 관한 설명으로 옳은 것을 모두 고른 것은?

> ㄱ. 단어연상 검사를 변형하여 발전시킨 것이다.
> ㄴ. 미완성문장을 사용하여 수검자의 욕구, 감정, 태도를 파악한다.
> ㄷ. 반드시 객관적 채점체계를 적용해야 한다.
> ㄹ. 집단으로 실시하는 것이 가능하다.

① ㄱ, ㄴ
② ㄱ, ㄷ
③ ㄴ, ㄹ
❹ ㄱ, ㄴ, ㄹ
⑤ ㄴ, ㄷ, ㄹ

해설
ㄷ. 문장완성검사(SCT)는 투사적 검사이며, 투사적 검사는 비구조화된 과제를 수검자에게 제시하여 수검자의 욕구, 내적 상태 등이 과제를 통해 나타나도록 하는 검사이다. 미완성된 문장을 수검자가 생각하는 대로 완성한 것을 토대로 채점하기 때문에 반드시 객관적 채점체계가 적용되지는 않는다.

73 로샤(Rorschach) 검사의 반응내용(contents) 채점기호가 아닌 것은?
❶ F
② A
③ H
④ Na
⑤ Xy

해설
① F는 로샤(Rorschach) 검사의 <u>결정인 기호</u>에 해당한다.
② A : 전체적인 동물형태
③ H : 전체적인 인간의 형태
④ Na : 식물, 풍경 외의 자연환경
⑤ Xy : X-레이상에 나타나는 뼈 및 내부기관

14' 12회

74 NEO-PI-R에 포함되어 있는 척도와 그 특성의 연결이 옳지 않은 것은?
① 신경증척도(N) - 충동성
② 외향성척도(E) - 활동성
③ 개방성척도(O) - 심미성
④ 친화성척도(A) - 이타성
❺ 성실성척도(C) - 지배성

해설
성실성척도(C)에는 <u>유능, 질서, 충실, 성취갈망, 자기규제, 신중</u>의 특성을 가진다.

18' 17회 / 17' 16회 / 15' 13회 / 14' 12회

72 MBTI의 각 차원에 관한 설명으로 옳은 것은?
① 감각(S) : 육감에 의존하고 미래지향적이다.
② 인식(P) : 분명한 목적과 방향을 가지고 행동한다.
❸ 직관(N) : 영감과 내적인 인식에 의존한다.
④ 사고(T) : 계획적이고 신속하게 의사결정을 내린다.
⑤ 판단(J) : 원리원칙에 입각하여 논리적이고 분석적으로 판단한다.

NEO-PI-R의 척도와 특성

척 도	특 성
신경증척도(N)	불안(N1), 적대감(N2), 우울(N3), 자의식(N4), 충동(N5), 심약(N6)
외향성척도(E)	온정(E1), 사교성(E2), 주장(E3), 활동(E4), 자극 추구(E5), 긍정적 정서(E6)
개방성척도(O)	상상(O1), 심미(O2), 감정개방(O3), 행동개방(O4), 사고개방(O5), 가치개방(O6)
친화성척도(A)	신뢰(A1), 솔직(A2), 이타성(A3), 순응(A4), 겸손(A5), 동정(A6)
성실성척도(C)	유능(C1), 질서(C2), 충실(C3), 성취갈망(C4), 자기규제(C5), 신중(C6)

18' 17회 / 17' 16회 / 16' 14회 / 14' 12회

75 성격평가질문지(PAI)에 관한 설명으로 옳은 것은?

① 타당도척도는 3개의 척도로 구성되어 있다.
② 공격성척도(AGG)는 보충척도이다.
❸ 긍정적 인상척도(PIM)는 타당도척도이다.
④ 대인관계척도는 3개의 척도로 구성되어 있다.
⑤ 임상척도의 점수가 높을수록 증상이 심각하지 않은 것으로 해석된다.

해설
① 타당도척도는 **4개의 척도**인 ICN(비일관성), INF(저빈도), NIM(부정적 인상), PIM(긍정적 인상)으로 구성되어 있다.
② 공격성척도(AGG)는 **치료고려척도**에 해당한다.
④ 대인관계척도는 **2개의 척도**인 DOM(지배성)과 WRM(온정성)으로 구성되어 있다.
⑤ 임상척도의 점수가 높아질수록 **증상이 심각**한 것으로 해석된다.

4과목(필수) 상담이론

18' 17회 / 16' 14회 / 14' 12회

76 상담에 관한 설명으로 옳지 않은 것은?

① 상담자, 내담자, 상담관계가 있어야 한다.
② 전문자격을 갖춘 사람이 담당한다.
③ 상담관계는 일반 대인관계와 다르다.
④ 조력하는 과정이다.
❺ 상담 대상자는 자발적인 신청자로 제한한다.

해설
⑤ 상담 대상자에는 **자발적인 신청자**와 학부모 및 선생님들의 의뢰, 추천 등으로 참여하는 **비자발적인 신청자**도 포함된다.

상담에 대한 일반적 설명

- 상담의 주요 구성요소는 상담자, 내담자, 상담관계이다.
- 상담은 교육적, 발달적, 예방적, 교정적 기능 등이 있다.
- 상담자는 이론에 대한 이해와 상담 수련을 통해 전문가로서의 자질을 갖추어야 하며, 전문 자격을 갖춘 상담자가 상담을 담당한다.
- 내담자의 동의하에 실현가능한 상담목표를 설정해야 한다.
- 상담자는 낙관적이고 현실주의적인 자세를 가질 필요가 있다.
- 상담관계는 일반 대인관계와 다르며, 상담은 조력하는 과정이다.

18' 17회 / 16' 14회

77 다음 사례에서 내담자가 사용하는 방어기제는?

중학생인 세준이는 이성문제로 상담을 신청하였다. 주호소문제는 자신은 관심이 없는데 어떤 여학생이 자신을 일방적으로 좋아해서 공부에 방해가 된다는 것이었다. 세준이는 그 여학생이 자신을 좋아하는 증거라며 몇 가지 사건을 얘기했지만, 상담자는 타당한 근거를 전혀 찾지 못하였다.

❶ 투 사　　② 치 환
③ 억 압　　④ 반동형성
⑤ 합리화

사례에서 상담자는 세준이가 주장하는 것에 대해 타당한 근거를 전혀 찾지 못했고, 세준이는 자신이 공부가 안되는 이유를 자신 외부의 탓으로 돌리고 있다. 따라서 내담자인 세준이가 사용하는 방어기제는 **투사**인 것을 알 수 있다.

18' 17회 / 17' 16회 / 16' 14회 / 15' 13회 / 14' 12회

78 다음 현상을 설명하는 인간중심 상담 개념은?

> 완벽주의 성향이 강한 은이의 어머니는 은이가 어려서부터 방을 깨끗하게 정리정돈할 때마다 칭찬하셨다. 성격이 털털한 은이는 정리정돈의 필요성을 느끼지 못하지만 어머니의 인정을 받기 위해 자기 방뿐만 아니라 온 집안 청소를 한다. 친구 만나는 것을 좋아하지만 청소를 하다보면 시간이 없다.

① 일치성
② 자기실현 경향성
❸ 가치의 조건
④ 동일시
⑤ 융합

 중요 타인의 가치가 자신이 가지고 있는 가치와 다르지만, 중요 타인으로부터 인정받기 위해 그 타인의 가치를 자신의 내면화시키는 것을 **가치의 조건**이라 한다. 은이는 어머니의 인정을 받기위해 온 집안 청소를 한다는 것을 토대로 인간중심 상담의 주요개념 중 가치의 조건에 해당한다는 것을 알 수 있다.

💡 인간중심 상담

- 주요개념

개념	내용
통합된 유기체로서의 인간	인간은 신체적 기능과 심리적 기능이 통합된 유기체로서 환경과 상호작용하며 유기체적 경험을 하게 된다.
현상학적 장	경험적 세계 또는 주관적 경험으로 특정 순간에 개인이 지각하고 경험하는 모든 것을 뜻한다.
실현화 경향성	자기를 보전, 유지하고 향상시키고자 하는 선천적 성향이다.
자기와 자기개념	각 개인이 가지고 있는 자신에 대한 체계적 인식을 말한다.
가치의 조건화	• 가치의 조건화란 주요 타자로부터 긍정적 존중을 받기 위해 그들이 원하는 가치와 기준을 내면화하는 것이다. • 개인의 느낌에 따라 각각의 경험을 평가하는 것을 유기체적인 가치화 과정(OVP; Organismic Valuing Process)이라 하는데, 가치의 조건을 내면화 하며 개인의 유기체적 경험보다 가치의 조건을 중요하게 여기게 된다.
자기와 경험의 불일치	• 부모가 제시한 가치조건과 자신의 현실적 경험의 불일치는 불안을 유발한다. • 부모의 조건적 사랑을 받은 아동은 자신의 특성을 선택적으로 수용한다. • 심리적 부적응은 의미 있는 타인의 조건적인 수용과 존중에 기인한다. • 왜곡, 부인과 같은 심리적 기제는 자기와 경험의 불일치를 낮추고자 하는 시도이다.
무조건적 긍정적 존중	타인으로부터의 무조건적 긍정적 존중을 통해 개인이 경험하는 가치의 조건을 줄임으로써 경험을 자기개념으로 통합하고 자기존중감을 증진시킬 수 있다.
충분히 기능하는 사람	인간중심치료의 궁극적 목표이며, 방어적 태도 없이 경험을 그대로 받아들이고 개인의 삶을 생산적인 방향으로 이끌며 자신의 행동과 결과에 대한 책임을 진다.

- 인간중심 상담의 관점
  - 공감적 이해를 통해 오랫동안 감추고 있던 이야기를 내담자가 꺼낼 수 있도록 돕는 것을 중시한다.
  - 내담자가 비행행동을 하고 있음에도 불구하고 내담자 안에는 성장동기가 있음을 신뢰한다.
  - 내적 경험을 무시하고 부모의 기준에 맞추는 것이 부적응의 원인이라고 본다.
  - 내담자에게 필요한 것을 무조건적이고 긍정적으로 수용해 주는 것이라고 본다.
  - 현재 경험이 자기개념과 불일치할 때 불안을 경험하게 된다고 본다.
- 다문화적 관점에서 봤을 때 인간중심적 접근은 소수민족의 내담자 위기를 다룰 때 필요한 구체적 대처기술이 부족하다.
- 인간중심 상담의 상담과정 및 기법
  - 상담자는 내담자의 감정, 사고, 행동에 대하여 평가를 하지 않는다.
  - 상담자는 내담자를 대신하여 상담에 관하여 결정하지 않는다.
  - 상담자는 내담자가 스스로 자신을 이해하고 수용하도록 분위기를 만든다.
  - 내담자가 '지금-여기'에서 느끼는 것을 표현하면서 자기의 감정에 솔직해지려는 노력을 하게 한다.

79 여성주의 상담의 창안자 가운데 관계적-문화적 이론을 발전시킨 사람은?

① 엔스(C. Enns) ❷ 밀러(J. Miller)
③ 에스핀(O. Espin) ④ 브라운(L. Brown)
⑤ 길리건(C. Gilligan)

해설
② 밀러(J. Miller) : 밀러는 관계적-문화적 이론을 사회, 직장, 가정 문제의 치료로 사용하려 했다.
① 엔스(C. Enns) : 다문화 여성주의 치료의 중요성을 명확히 밝혔다.
③ 에스핀(O. Espin) : 여성 이민자들을 대상으로 치료를 시행하였으며, 다문화 집단의 치료에 관한 책들을 저술하였다.
④ 브라운(L. Brown) : 여성주의 법정 심리학 및 여성주의 원리를 적용하는 것에 관심을 가진다.
⑤ 길리건(C. Gilligan) : 여성의 도덕성 발달과정에 관한 이론을 제시하였으며, 남성과 여성이 지향하고 선호하는 도덕성이 다르다고 주장하였다.

80 다음 사례에서 슬비가 고착되어 있는 심리성적 발달단계는?

> 고등학생인 슬비는 돈을 쓰는 것이 아까워 친구들과 거의 어울리지 않는다. 더욱이 자신이 좋아하는 것도 돈이 아까워서 하지 못한다. 이 때문에 친구들과 어울리지 못하고 외로움과 소외감을 느끼지만 돈은 아껴 써야 한다는 생각이 든다. 슬비는 외로움이 심해져 상담실을 찾았다.

① 구강기 ❷ 항문기
③ 남근기 ④ 잠복기
⑤ 성기기

해설
사례에서 슬비는 돈을 아껴써야 한다는 생각 때문에 친구들과 거의 어울리지 않고 자신이 좋아하는 것에도 돈을 쓰지 않는다. 이러한 인색함은 **항문기**에 고착되어 있는 것이며, 항문기에 지나친 욕구의 만족 또는 좌절을 경험할 경우에 나타나게 된다. 지나치게 욕구의 만족이나 좌절을 경험할 경우에는 심히 청결하고 완벽주의적이며 인색한 성격이 형성되거나 지나치게 불결하고 분노를 잘 느끼는 성격이 형성된다.

 프로이트(S. Freud)의 심리성적 발달단계

단계	내용
구강기 (출생 직후 ~1년 반)	• 유아는 젖을 빨며 쾌감을 얻게 되고, 엄마와 상호작용하며 외부존재에 대한 기초인식이 형성된다. • 이 시기의 욕구가 과도하게 충족되면 의존적이고 자기중심적이 되고, 과도하게 좌절될 경우 공격적인 성격이 형성될 수 있다. • 적정한 욕구충족이 되었을 경우 관대하고 자신감 있는 성격과 외부세계에 대한 신뢰가 형성된다.
항문기 (생후 1년 반 ~3년)	• 쾌락추구 신체부위가 항문으로 옮겨지는 시기이다. • 아동은 배변훈련을 받는 과정 중 부모와 갈등을 경험하게 되며, 자율성과 자기통제력이 발달된다. • 항문기에 지나친 욕구의 만족이나 좌절을 경험할 경우에는 심히 청결하고 완벽주의적이며 인색한 성격이 형성되거나 지나치게 불결하고 분노를 잘 느끼는 성격이 형성된다. • 적절한 욕구충족시에는 독립적, 자기주장적, 협동적 성격이 형성된다.
남근기 (만 3~6세)	• 쾌락을 추구하는 신체부위가 성기로 옮겨가게 되는 시기이다. • 남자아이들은 거세불안을 경험하게 되며, 아버지와 경쟁하며 느끼는 복잡한 심리적 갈등인 오이디푸스 콤플렉스를 겪게 된다. • 여자아이들은 어머니를 경쟁자로 인식하는 엘렉트라 콤플렉스를 경험하게 된다. • 오이디푸스 콤플렉스와 엘렉트라 콤플렉스를 원만히 해결해야 건강한 성정체감이 형성되고 자아와 초자아가 발달된다.
잠복기 (만 6세 ~사춘기 이전)	• 성적 욕망 표출이 뚜렷하지 않으며, 성적 욕망 대신 학업과 친구에 관심을 가진다. • 자아 성숙 및 초자아 확립이 일어나며 적응능력이 발달된다. • 좌절을 경험할 경우 소극적이고 회피적인 성격이 형성될 수 있다.
성기기 (사춘기 또는 청소년기 이후)	• 성적인 측면에서 성인으로 발달되는 시기로 이성에 대한 관심이 높아진다. • 부모부터 심리적 독립 및 자기정체성을 확립하는 시기이고, 성격형성이 완결된다.

81 상담의 이론적 접근에 따른 주요 상담목표로 옳지 않은 것은?

① 정신분석 : 자아 기능 강화
② 인지치료 : 왜곡된 인지 수정
③ 현실치료 : 의미있는 관계 형성
④ 행동치료 : 부적응 행동의 소거와 적응적 행동 학습
❺ 실존치료 : 생활양식 이해를 통한 공동체감 형성

[해설] ⑤ 실존치료의 상담목표는 <u>내담자가 스스로</u> 삶의 의미와 목적을 발견하고, 삶을 주체적으로 선택하고 책임지도록 돕는 것이다. 생활양식 이해를 통한 공동체감 형성은 <u>아들러의 개인심리치료</u>에 해당된다.

16' 14회 / 15' 13회

82 효과적인 상담목표 설정을 위한 기준으로 옳지 않은 것은?

① 구체적이어야 한다.
② 상담기간 내에 달성 가능하여야 한다.
❸ 내담자의 호소문제를 중심으로 상담자가 설정한다.
④ 측정 가능하여야 한다.
⑤ 내담자의 준비도를 감안하여야 한다.

[해설] ③ 내담자의 호소문제를 상담자가 일방적으로 설정하는 것이 아니라 <u>내담자와 목표를 협의</u>해야 한다.

💡 **상담목표 설정**
- 호소 문제를 고려하여 구체적이고 실행 가능한 목표를 설정한다.
- 내담자의 상담준비도, 개인능력, 관계자원 등을 고려하여 현실적으로 설정한다.
- 뚜렷하고 구체적인 목표는 상담과정에 추진력을 제공한다.
- 내담자와 목표를 협의함으로써 내담자가 상담에 적극적으로 참여하게 된다.
- 구체적인 상담개입과 전략은 목표에 의해 결정된다.
- 최종목표를 달성하기 위하여 하위목표들을 설정할 수 있다.
- 측정이 가능해야 한다.

• 내담자가 상담의 접근방식과 절차를 충분히 이해하였는지, 내담자가 구체적으로 이야기하게 했는지, 내담자가 바라는 목표가 현실적이고 성취 가능한 것인지, 목표를 달성하는 데 장애가 될 만한 요소는 없는지가 상담목표 설정이 효과적인지를 검토하는 기준이 된다.

17' 16회 / 16' 14회 / 15' 13회 / 14' 12회

83 다음의 설명이 나타내는 기법을 순서대로 옳게 나열한 것은?

- 내담자의 감정을 상담자가 동일한 뜻의 말로 부연하는 기법
- 내담자의 모호한 말을 명확하게 확인하기 위한 질문형태의 기법
- 상담자와 내담자의 상호작용을 내담자에게 보여주는 기법
- 상담자가 치료 목적으로 자신의 경험을 드러내는 기법

① 반영, 직면, 즉시성, 자기개방
② 반영, 명료화, 공감, 직면
③ 즉시성, 명료화, 직면, 공감
❹ 반영, 명료화, 즉시성, 자기개방
⑤ 즉시성, 명료화, 반영, 직면

[해설]
- <u>반영</u>은 상담자가 내담자의 감정을 동일한 외미의 <u>말로</u> 다시 말해줌으로써 내담자의 감정이 잘 보이게 하는 것이다.
- <u>명료화</u>는 내담자가 모호한 말을 할 경우 상담자가 그 말에 대한 질문을 하여 명확하게 확인하는 기법이다.
- <u>즉시성</u>은 상담자와 내담자는 지금-여기에 초점을 맞춰 상호작용을 함으로써 치료적인 효과를 갖는 기법이다.
- <u>자기개방</u>은 상담자가 자신의 경험을 내담자에게 드러냄으로써 내담자와 신뢰를 구축하고 상담관계를 촉진한다.

84. 합리정서행동치료(REBT)에 관한 설명으로 옳지 않은 것은?

① 과거 사건보다는 현재 경험에 초점을 둔다.
② 내담자의 신념을 정서와 행동의 원인으로 본다.
③ 단기치료 모델을 지향한다.
④ 비합리적 사고는 경험적인 현실과 일치하지 않는다.
❺ ABCDE 모델에서 D는 Doing으로 합리적으로 행동하기이다.

해설
⑤ ABCDE 모델에서 D는 **논박하기**(Disputing)이다.

 합리정서행동치료(REBT)

- 인간은 선천적으로 합리적이면서도 비합리적이라고 보았다.
- 삶에 대해 현실적이고 관대한 철학을 갖도록 돕는다.
- 과거 사건보다는 현재 경험에 초점을 둔다.
- 내담자의 신념을 정서와 행동의 원인으로 본다.
- 단기치료 모델을 지향한다.
- 비합리적 사고는 경험적인 현실과 일치하지 않는다.
- 치료과정은 ABCDE 모형으로 설명할 수 있다.
- ABCDE 모형

모 형	내 용
선행사건 (Activating events)	내담자가 부정적 감정을 유발하게 된 결과와 관련한 선행사건을 탐색한다.
신념체계 (Belief system)	외부 환경 자극에 대한 내담자의 신념체계를 의미하며, 선행사건에 대해 내담자가 갖는 신념체계는 합리적이거나 비합리적이다.
결과 (Consequence)	내담자의 비합리적인 신념으로 나타난 부적절한 정서적·행동적 결과를 탐색한다.
논박하기 (Disputing)	탐색된 사고 체계를 논박하며 내담자의 비합리적 신념을 합리적인 것으로 변환시키는 것이다.
효과 (Effect)	논박의 결과로 인해 사고변화에 따른 정서적·행동적 효과를 확인하게 된다.

85. 현실치료에 관한 설명으로 옳지 않은 것은?

① 내담자가 실행하지 못한 것에 대한 변명을 허용하지 않는다.
② 전행동(total behavior)의 '생각하기'에는 공상과 꿈이 포함된다.
❸ 개인은 현실에 대한 지각을 통해 현실 그 자체를 알 수 있다.
④ 내담자 개인의 책임을 강조한다.
⑤ WDEP에서 E는 선택행동에 대한 자기평가를 의미한다.

해설
③ 개인은 현실에 대한 지각은 가능하지만, **현실 그 자체는 알 수 없다**. 동일한 현실에 대해 각자의 인식은 다를 수 있으며, Glasser는 현실에 대한 인식은 인간 행동 결정에 중요한 영향을 미친다고 보았다.

86. 개인심리학(individual psychology)에 관한 설명으로 옳은 것을 모두 고른 것은?

ㄱ. 인간을 분리하여 볼 수 없는 전체적 존재로 본다.
ㄴ. 리비도(libido)를 인간 성장의 가장 중요한 힘으로 본다.
ㄷ. 목적론보다는 결정론을 더 중시한다.
ㄹ. 더 나은 세계를 만들기 위해 현재, 과거, 미래 인류와 갖는 유대감, 즉 공동체감을 중시한다.

① ㄱ, ㄴ　　❷ ㄱ, ㄹ
③ ㄴ, ㄷ　　④ ㄴ, ㄷ, ㄹ
⑤ ㄱ, ㄴ, ㄷ, ㄹ

해설
ㄴ. **정신분석 상담**에서 리비도(libido)를 인간 성장의 가장 중요한 힘으로 본다.
ㄷ. 개인심리학은 결정론보다 **목적론**을 더 중시하며, 인간의 모든 행동은 목표를 지향한다고 본다.

87 교류분석에서 시간의 구조화에 해당하는 것을 모두 고른 것은?

> ㄱ. 공생(symbiosis)　ㄴ. 친밀관계(intimacy)
> ㄷ. 의식(ritual)　　　ㄹ. 소일(pastime)
> ㅁ. 차단/폐쇄(withdrawal)　ㅂ. 라켓(racket)

① ㄱ, ㄴ
② ㄷ, ㄹ
③ ㄴ, ㄷ, ㄹ
❹ ㄴ, ㄷ, ㄹ, ㅁ
⑤ ㄱ, ㄴ, ㄷ, ㄹ, ㅁ, ㅂ

해설 교류분석에서 시간의 구조화는 사람들의 시간 사용방법으로서, **차단/폐쇄, 의식, 소일, 활동, 게임, 친밀관계** 6가지 종류가 있다. ㄱ. 공생(symbiosis)과 ㅂ. 라켓(racket)은 시간의 구조화에 해당되지 않는다.

88 상담자의 역할로 옳은 것을 모두 고른 것은?

> ㄱ. 학교 밖 청소년의 밀린 임금을 대신 받아 주었다.
> ㄴ. 초등학생을 대상으로 집단따돌림 예방 교육을 실시하였다.
> ㄷ. 성적이 떨어져 비관하는 학생을 돕기 위해 학부모를 면담했다.
> ㄹ. 소극적인 아동에게 주장훈련을 실시하였다.

① ㄱ, ㄴ　　② ㄴ, ㄷ
③ ㄷ, ㄹ　　❹ ㄴ, ㄷ, ㄹ
⑤ ㄱ, ㄴ, ㄷ, ㄹ

해설 ㄱ. 상담자는 내담자의 심리적 문제를 깊이 이해하고 개선할 수 있는 전문적 지식 및 기술을 가지고 있는 사람으로 학교 밖 청소년의 밀린 임금을 대신 받아 주었다는 것은 상담자로서의 역할에 해당하지 않는다.

16' 14회 / 15' 13회

89 접수면접에 관한 설명으로 옳지 않은 것은?

① 접수면접의 주된 기능은 상담에 필요한 내담자의 기초정보를 수집하는 것이다.
② 전문적 교육을 받은 접수면접자가 심리검사를 사용할 수 있도록 한다.
③ 접수면접자는 내담자와 상담자를 연결시키는 역할을 한다.
④ 접수면접에서 내담자의 외모 및 행동을 관찰하는 것이 필요하다.
❺ 내담자를 격려하여 호소문제와 관련된 감정을 충분히 해소할 수 있게 한다.

해설 **접수면접**은 상담에 필요한 내담자의 기초정보를 수집하는 것으로 내담자가 상담실을 방문하면 **일차적으로 이루어지는 활동**이다. 내담자를 격려하여 호소문제와 관련된 감정을 충분히 해소할 수 있게 하는 것은 **상담의 중기단계**에 해당한다.

💡 접수면접

- 접수면접의 주된 기능은 상담에 필요한 내담자의 기초정보를 수집하는 것으로, 내담자가 상담실을 방문하면 일차적으로 이루어지는 활동이다.
- 내담자의 기본정보, 호소문제, 스트레스 등에 대한 정보를 파악해야 한다.
- 공감, 경청, 관심기울이기 등의 기법을 이용한다.
- 전문적 교육을 받은 접수면접자가 심리검사를 사용할 수 있도록 한다.
- 접수면접자는 내담자와 상담자를 연결시키는 역할을 한다.
- 접수면접에서 내담자의 외모 및 행동을 관찰하는 것이 필요하다.
- 수집된 자료는 완진하시 않을 수 있기 때문에 진단은 잠정적으로 이루어져야 한다.
- 심한 정서장애가 있는 내담자를 접수면접할 때는 '정신상태평가'를 실시한다.

90 상담자의 첫 면담 준비사항에 관한 설명으로 옳지 않은 것은?

① 상담자에 대한 첫 인상이 중요하므로 복장에 신경을 쓴다.
② 개인적 걱정이나 감정으로부터 벗어나 내담자를 맞이할 수 있는 마음의 준비를 한다.
③ 접수면접에서 누락된 주요 정보를 확인한다.
❹ 내담자에 대한 선입견을 줄이기 위해 상담신청서는 활용하지 않는다.
⑤ 불참한 내담자에게 이유를 확인하고 참석을 독려할 수 있다.

해설
④ 상담자는 **상담신청서를 활용**하여 내담자에 대한 정보를 얻고 첫 면담 시에 활용함으로써 누락된 중요정보를 확인할 수 있다.

91 다음의 대화에서 상담자가 활용하고 있는 상담기술은?

> 상담자 : 경수가 상담하는 내내 평소와 달리 고개를 푹 숙이고 있으니까 이 주제를 이야기하는 것이 불편한 것 같구나.
> 경수 : (망설이며) 선생님은 큰누나하고 동갑이잖아요. 어떻게 사춘기 남자 아이의 마음을 제대로 이해할 수 있겠어요. 선생님도 큰누나처럼 저를 야단만 칠까봐 불편해요.

❶ 즉시성   ② 직 면
③ 요 약   ④ 정보제공
⑤ 명료화

해설
즉시성은 상담자와 내담자가 '지금 – 여기'에 초점을 맞춰 즉각적이고 민감하게 반응하여 상호작용함으로써 표면화된 것을 내담자에게 보여주는 기법이다. 사례의 상담자는 '지금 – 여기'의 상황에서 내담자와의 상호작용을 나타내어 즉시성을 사용하고 있는 것을 알 수 있다.

92 상담자 윤리 규정의 기능에 관한 설명으로 옳지 않은 것은?

① 비전문적인 상담으로부터 내담자 보호
② 상담자 스스로 자신의 상담활동을 점검하고 향상시키기 위한 지침 제공
③ 내담자와 보호자가 상담에 관한 결정을 하는 데 필요한 정보 제공
❹ 상담자의 전문적 치료행위에 관한 법률적 책임 면제
⑤ 상담에서 발생할 수 있는 윤리적 문제의 처리기준 제공

해설
④ 상담자 윤리규정이 있다 하더라도, 상담자는 상담자의 전문적 치료행위에 관해서 법률적 **책임을 질 수 있다.**

💡 **상담자 윤리 규정의 기능**
- 상담자의 책무에 대한 의문이 생길 경우 다른 상담자 혹은 관련 전문기관에 자문을 구한다.
- 내담자를 보호하고 상담자에게는 지침을 제공한다.
- 조항에 따라서 명확성이 결여되어 정도를 헤아리기 어려운 경우도 있다.
- 상담에서 요구되는 최소한의 기준을 지키도록 하기 위한 조항들로 구성되어 있다.
- 내담자의 상담 참여 및 지속 여부를 스스로 선택할 권리에 관한 조항이 포함되어 있다.

93 체계적 둔감화에 관한 설명으로 옳은 것을 모두 고른 것은?

> ㄱ. 고전적 조건형성 원리에 기초한 행동치료 기법이다.
> ㄴ. 특정한 대상에 불안을 느끼는 경우에 효과적이다.
> ㄷ. 이완훈련, 불안위계 목록 작성, 둔감화로 구성된다.
> ㄹ. 심상적 홍수법(imaginal flooding)과는 달리 불안 유발 심상에 노출되지 않는다.

① ㄱ, ㄴ   ② ㄱ, ㄷ
❸ ㄱ, ㄴ, ㄷ   ④ ㄴ, ㄷ, ㄹ
⑤ ㄱ, ㄴ, ㄷ, ㄹ

해설
ㄹ. 체계적 둔감화는 불안 유발 요인에 내담자를 노출시켜 부적응적 증상을 제거하는 기법이다. 체계적 둔감법에는 **실제적인 불안 유발 요인에 노출**시키는 방법과 **불안 유발 심상(상상)에 노출**시키는 방법이 있다.

15' 13회

94 다음 사례에서 상담자가 실존치료적 접근으로 시도할 수 있는 개입방법과 그 예가 옳게 짝지어진 것은?

> 중학생인 진우는 운동으로 근육을 단련하는 데에 지나치게 몰두해서 수업시간에도 책상 밑에서 운동기구로 운동을 하느라고 수업에 집중하지 못한다. 이 문제로 담임교사가 상담을 의뢰하였다.

❶ 역설적 의도 – 하루 종일 운동 외에 다른 활동은 절대 하지 않도록 해보라고 제안함
② 소크라테스 대화법 – 수업에 집중하지 못해서 생기는 손해를 깨닫도록 논리적으로 교육함
③ 탈숙고(dereflection) – 운동에 대한 집착이 문제라는 생각을 의식적으로 피해보도록 함
④ 동기강화 – 운동하는 것처럼 공부를 열심히 할 수 있도록 동기를 강화시킴
⑤ 역할전환 – 자기가 운동에 전혀 관심이 없는 학생인 것처럼 가장해서 역할해보기

해설
① 역설적 의도는 내담자에게 모순되는 지시를 함으로써 내담자가 자신의 행동을 통제할 수 있다는 것을 인식하게 해주어 자신의 문제에 대한 생각을 바꾸는 기법이다.
② 소크라테스 대화법 : 인지치료에서 사용하며, 내담자가 스스로 알고 있는 내면 깊이 있는 내용을 인식하도록 하는 대화법이다.
③ 탈숙고(dereflection) : 지나치게 주의하는 내담자의 상태를 자발적인 활동성이 있는 상태로 촉진하거나 잘못된 능동성이 올바른 방향으로 일어나도록 하는 기법이다.
④ 동기강화 : 동기강화상담에서 이용하는 기법으로 내담자와 의사소통하며 문제를 해결하는 데 초점을 둔다.
⑤ 역할전환 : 게슈탈트 상담 혹은 심리극에서 사용하며, 내담자가 상대방의 입장이 되어 연기를 해보는 것이다.

17' 16회

95 상담 종결 시기를 결정할 때 고려 사항이 아닌 것은?

❶ 내담자의 이전 상담 경험
② 상담기관의 관련 지침
③ 상담 기간
④ 호소문제의 해결 정도
⑤ 내담자의 상담 외 지지체계

해설
① 내담자의 이전 상담 경험은 상담을 시작하기 전 **접수면접** 시에 고려해야 할 사항이다.

16' 14회 / 15' 13회 / 14' 12회

96 인지적 왜곡의 유형과 그 예가 바르게 짝지어진 것은?

① 과잉일반화 : "우리 학교 전교 1등 학생이 담배를 피우는 것을 보면 흡연은 나쁜 행동이 아니다."
❷ 임의적 추론 : "담임선생님이 나를 별명으로 부르는 것은 성적이 낮다는 이유로 나를 무시하기 때문이다."
③ 개인화 : "선생님이 유독 나만 주시하고 트집을 잡는 데는 내 잘못도 있을 것이다."
④ 의미확대 : "나는 어디 가든지 사람들의 주목을 받아야 한다."
⑤ 이분법적 사고 : "혈액형은 각각 완전히 다른 거야, A형이면서 B형일 수는 없어!"

해설
① 과잉일반화는 한두 개의 상황에 근거하여 일반화를 시키고 전혀 다른 상황에 대입시키는 것을 말한다. 예는 과잉일반화가 아닌 **선택적 추상화**에 해당한다.
③ 개인화는 **자신과 관련이 없는 사건을 자신과 관련된 것으로 잘못 해석**하는 것이다.
④ 의미확대는 **특정 사건의 의미를 실제보다 지나치게 확대**하는 것이다.
⑤ 이분법적 사고는 **생활사건의 의미**를 중간지대가 없이 이분법적으로 생각하는 것으로, 흑백논리적 사고라고도 한다.

인지치료의 주요개념

주요개념		내 용
자동적 사고		인지치료의 핵심개념이며, 부정적인 생각과 심상이 자동적으로 일어나는 것을 말한다.
인지적 왜곡	임의적 추론	충분한 근거 없이 결론을 이끌어내는 것이다.
	선택적 추상화	전체 중 일부 부정적인 사건을 기준으로 결론을 내리는 것이다.
	과잉일반화	한두 개의 상황에 근거하여 일반화를 시키고 전혀 다른 상황에 대입시키는 것이다.
	개인화	자신과 관련이 없는 사건을 자신과 관련된 것으로 잘못 해석한다.
	흑백논리 (이분법적 사고)	생활사건의 의미를 중간지대가 없이 이분법적으로 생각한다.
	의미 확대·축소	특정 사건의 의미를 실제보다 지나치게 확대하거나 축소한다.
	개인화	인과적 관계에 상관없이 특정사건을 자신에게 귀인시킨다.
	파국화	걱정하는 일을 과장하여 두려워 한다.
역기능적 인지도식		생활에서 일어나는 일의 의미를 부정적으로 해석한다.
인지삼제		내담자가 자신, 미래, 경험에 대해 부정적인 생각을 가지는 것이며, 우울증의 원인 중 하나로 본다.
기저가정		우울한 사람들이 무의석 사고를 하는 원인인 비현실적·완벽주의적 신념을 말하며 역기능적 신념이라고 부르기도 한다.

18′ 17회 / 15′ 13회

97 게슈탈트 상담기법과 그 목표를 짝지은 것으로 옳지 않은 것은?

❶ 실연(enactment) : 명확하고 생생한 내담자 환경 자각
② 과장하기 : 자기 감정이나 욕구에 대한 내담자 이해 촉진
③ 꿈 작업 : 억압하거나 회피했던 충동과의 접촉 및 통합
④ 실험하기 : 문제 명료화와 새로운 해결책 모색 촉진
⑤ 빈 의자 기법 : 내면에 억압된 자기와의 접촉

해설 ① 실연(enactment)은 역할 연기기법이며 내담자가 어떤 상황을 가정한 상태에서 행동이나 역할을 실제로 해보게 하는 것이다. 명확하고 생생한 내담자 환경 자각은 '지금-여기'의 체험에 초점을 맞추는 기법 중 환경 자각에 해당한다.

게슈탈트 상담기법

기 법	내 용
'지금-여기'의 체험에 초점 맞추기	• 욕구와 감정 자각 : 지금-여기에서 느끼는 욕구와 감정을 자각하여 변화와 성장을 이룰 수 있게 한다. • 신체감각 자각 : 몸과 마음은 불가분 관계이므로 내담자가 신체감각을 자각함으로써 감정이나 욕구 등을 알아차릴 수 있다. • 언어와 행위 자각 : 내담자의 언어와 행위에는 욕구와 감정 표현방식이 반영되어 있기 때문에 자각하여 부적응적인 것을 수정할 수 있도록 돕는다. • 환경 자각 : 명확하고 생생하게 내담자가 환경을 자각하게 하여 자신의 공상과 현실의 차이를 명료하게 알아차리게 하고 미해결 과제를 해결할 수 있도록 돕는다.
직 면	내담자가 회피하거나 자각하지 못하는 행동들에 대해 직면시켜 진정한 욕구와 감정을 해결할 수 있도록 도와준다.
역할 연기	내담자가 어떤 상황을 가정한 상태에서 행동이나 역할을 실제로 해보게 하여 내담자가 인식하지 못했던 감정이나 행동패턴을 발견할 수 있다.
빈 의자 기법	내담자는 중요한 타인이 빈 의자에 앉았다고 상상하면서 직접 말과 행동을 실행하게 된다. 이를 통해 내담자는 특정 타인에 대한 감정을 명료화시킬 수 있고 내면에 억압된 자기와 접촉할 수 있다.
꿈 작업하기	꿈에 실존적 의미가 있고, 성격의 일부가 현실에 투사된 것이며, 꿈을 통해 미해결과제가 드러난다고 본다. 또한 꿈을 통하여 내면의 통합을 이룰 수 있다고 본다. 상담자는 꿈에서 본 것을 '지금-여기'에서 일어나고 있는 것처럼 내담자가 연기하도록 하고, 내담자의 말과 행동에서 나타나는 특정 패턴의 감정 혹은 행동을 내담자에게 직면시킨다.
창조적 투사	타인에게 자신의 감정을 투사하는 내담자에게 자신이 그 타인의 역할을 해보게 함으로써 투사한 감정이 자신의 감정임을 알아차리게 한다.

실 험	상담자가 내담자와 상황을 연출해 내어 문제를 드러내고 해결책을 모색하는 방법으로 문제를 명료화하고 내담자가 새로운 경험을 할 수 있다.
과장하기	과장하여 표현함으로써 자기 감정이나 욕구에 대한 내담자의 이해를 촉진시킨다.

18' 17회 / 17' 16회 / 16' 14회 / 15' 13회 / 14' 12회

98 청소년상담자가 갖추어야 할 자질이 아닌 것은?

① 심리적 안정과 조화
② 청소년기 미성숙한 행동의 이해와 수용 능력
❸ 역동적인 청소년기 경험
④ 주요 상담이론 활용 능력
⑤ 청소년 정책에 대한 이해와 적용 능력

해설 ③ 역동적인 청소년기 경험은 청소년상담자가 갖추어야 할 자질이 아니다.

 상담사의 자질

- 유머, 개방성, 유연성, 안정성, 문화적 차이에 대한 민감성
- 자기이해 및 성찰능력
- 자신에 대한 존중, 수용, 변화와 도전에 개방적인 태도
- 심리적 안정과 조화
- 주요 상담이론 활용 능력
- 청소년 상담자의 경우 청소년 정책에 대한 이해와 적용 능력 및 청소년기 미성숙한 행동에 대한 이해 및 수용, 청소년수련기관의 활동 등 사회환경에 대한 지식 습득
- 자신의 신념과 가정들이 다문화 내담자에게 적절한지 숙고
- 효과적인 대인관계 기술 및 타인의 복지에 대한 관심
- 전문지식을 바탕으로 한 적절한 질문을 할 수 있는 능력
- 개인의 성격에 영향을 미치는 사회문화적 요인에 대한 이해
- 개인의 발달적 특성을 고려한 내담자 행동 이해

18' 17회 / 17' 16회 / 16' 14회 / 14' 12회

99 상담 진행과정에 관한 설명으로 옳지 않은 것은?

① 초기 : 내담자 동기 파악과 구조화가 진행됨
❷ 초기 : 비자발적 내담자의 경우 상담목표를 설정하지 않음
③ 중기 : 내담자가 자신의 문제를 이해하고 반복적인 학습이 일어남
④ 중기 : 문제 해결 과정에서 저항이 나타날 수 있음
⑤ 종결기 : 상담목표를 기준으로 상담성과를 평가함

해설 ② 비자발적 내담자의 경우 **상담목표를 설정**해야 한다.

 상담의 단계

단 계	내 용
초 기	• 내담자의 호소문제, 최근의 주요 기능 상태, 문제 이해 및 평가, 상담 구조화를 다루어야 한다. • 내담자와 우호적 분위기를 조성한다. • 내담자와 상담관계를 형성하고 상담목표와 전략을 수립하며, 상담기간을 협의한다. • 내담자의 상담에 대한 기대를 탐색한다.
중 기	• 문제해결을 위한 대안을 모색한다. • 직면을 통해 내담자의 변화를 촉진한다. • 상담과정에서 얻은 통찰을 실행에 옮기도록 돕는다. • 호소문제와 관련된 감정, 사고, 행동 등을 인식하도록 돕는다.
종결기	상담을 종결할 때는 상담기관의 관련 지침, 상담 기간, 호소문제의 해결 정도, 내담자의 상담 외 지지체계 등을 고려하여 종결 시기를 결정한다. 또한, 설정된, 상담목표를 기준으로 상담성과를 평가한다.

17' 16회 / 16' 14회 / 15' 13회 / 14' 12회

100 상담기법에 관한 진술로 옳은 것을 모두 고른 것은?

> ㄱ. '정보 제공'은 글자 그대로 정보를 제공하는 것이 아니라 내담자 스스로 정보를 찾도록 돕는 것을 말한다.
> ㄴ. '과제부여'는 상담자가 내담자와 함께 논의하여 정할 때 더 효과적이다.
> ㄷ. '자기개방'을 하는 경우 상담자가 내담자에게 비밀유지 책임을 물을 수 없다.
> ㄹ. '해석'에 앞서 모순에 직면시키는 과정이 있어야 한다.

① ㄱ, ㄴ
② ㄱ, ㄹ
❸ ㄴ, ㄷ
④ ㄴ, ㄷ, ㄹ
⑤ ㄱ, ㄴ, ㄷ, ㄹ

해설
ㄱ. 정보제공은 글자 그대로 정보를 제공하는 것으로, 내담자가 현재 직면해 있는 상황에 대한 지식이 전혀 없는 것이 문제가 될 경우 사용한다.
ㄹ. 해석을 제시하여 내담자가 문제의 핵심을 파악하도록 하며 다른 관점을 가지도록 한다. 해석에 앞서 모순에 직면시키는 과정이 반드시 있어야 하는 것은 아니며, 상담기법은 상황에 적절하게 사용해야 한다.

2016년 제15회 기출문제해설

2교시 A형 | 시험시간 : 총 50분

1과목(필수) 학습이론

18' 17회 / 16' 14회 / 15' 13회 / 14' 12회

01 성취목표지향성에 관한 설명으로 옳은 것은?

① 수행목표지향 학생은 숙달목표지향 학생보다 자신의 학습과 이해 향상에 초점을 둔다.
② 수행목표지향 학생이 숙달목표지향 학생보다 시험에서 덜 불안해 한다.
③ 숙달목표지향 학생은 다른 학생과 비교해서 자신의 능력이 어느 정도인지에 초점을 둔다.
④ 숙달목표와 수행목표는 상호배타적인 관계이기 때문에 하나가 높으면 다른 하나가 낮은 특성이 있다.
❺ 어려움에 직면할 때 숙달목표지향 학생은 수행목표지향 학생보다 더 끈기 있게 학습한다.

해설
① 자신의 학습과 이해 향상에 초점을 두는 학생은 **숙달목표지향** 학생이다.
② 수행목표지향 학생은 **과제 실패 시 불안을 많이 경험**하기 때문에 숙달목표지향 학생보다 시험에서 **더 불안해 한다.**
③ 다른 학생과 비교해서 자신의 능력이 어느 정도인지 초점을 두는 학생은 **수행목표지향성이 높은 학생**이다.
④ 숙달목표와 수행목표는 상호배타적인 관계가 아니며, 다만, **개인의 능력을 과제자체나 자신의 성장을 기준으로 평가(숙달목표)**하는지, **타인과의 비교를 통한 기준**으로 개인의 능력을 평가(수행목표)하는 것의 차이이다.

성취목표지향성

성향	내용
수행 목표 지향	• 수행목표지향성이 높은 학생은 타인과의 비교를 통하여 자신의 성공 여부를 판단한다. • 수행목표지향성이 높은 학생은 과제 실패 시 불안감을 많이 경험한다. • 수행회피목표지향성이 높은 경우 지능에 대한 고정적 관점을 가진다. • 수행접근목표지향성이 높은 경우 과제 실패의 원인을 자신의 능력에 귀인하는 경향이 높다.
숙달 목표 지향	• 어려움에 직면할 때 숙달목표지향 학생은 수행목표지향 학생보다 더 끈기 있게 학습한다. • 규준지향평가는 숙달목표지향성 발달에 부정적 영향을 미친다. • 숙달목표지향성이 높은 학생은 지능에 대한 고정 신념(entity beliefs)보다 증가 신념(incremental beliefs)이 강하다. • 새롭고 도전적인 과제를 학습할 때 더 큰 만족감을 느낀다.

17' 16회 / 16' 14회

02 와이너(B. Weiner)의 귀인이론에 관한 설명으로 옳은 것을 모두 고른 것은?

ㄱ. 귀인은 학습결과의 원인에 대한 학습자의 믿음을 말한다.
ㄴ. 안정성 차원은 학습자의 심리 상태가 안정적인지를 가리킨다.
ㄷ. 학습자가 노력 유무에서 원인을 찾을 때 학습자의 학습동기는 높아진다.
ㄹ. 학습자가 낮은 시험점수의 이유를 시험난이도에서 찾으면 외적이고 통제 불가능한 요인으로 귀인하는 것이다.

① ㄱ, ㄴ
② ㄱ, ㄹ
③ ㄴ, ㄷ
❹ ㄱ, ㄷ, ㄹ
⑤ ㄴ, ㄷ, ㄹ

해설
ㄴ. 안정성 차원은 **특정 사건의 원인**이 시간의 흐름 등에 따라 **변화하는지에 대한 여부**이다.

귀인이론

- 귀인은 학습결과의 원인에 대한 학습자의 믿음을 말한다.
- 와이너(B. Weiner)는 인과 소재, 안정성, 통제성 등의 차원으로 귀인 유형을 구분하였다.
- 귀인 성향은 과거 성공, 실패 상황에서의 반복적인 원인 탐색 경험에 의해 형성된다.
- 귀인의 결과에 따라 자부심, 죄책감, 수치심 등의 정서가 유발되기도 한다.
- 학습자가 노력 유무에서 원인을 찾을 때 학습자의 학습 동기는 높아진다.
- 학습자가 낮은 시험점수의 이유를 시험난이도에서 찾으면 외적이고 통제 불가능한 요인으로 귀인하는 것이다.
- 성공 상황에서 노력 요인으로 귀인할 경우 학습 행동을 동기화 할 수 있다.

15' 13회 / 14' 12회

03 정서와 학습동기에 관한 설명으로 옳지 않은 것은?

❶ 교수자는 학생의 상황적 흥미보다 개인적 흥미를 더 잘 변화시킬 수 있다.
② 학생의 삶과 연결하여 설명하면 학생의 흥미와 동기가 증진된다.
③ 학습자 흥미를 유발하도록 환경을 만들어 주면 학습동기가 높아진다.
④ 정서는 학습결과를 어떻게 귀인하는가에 따라 달라진다.
⑤ 학생들이 느끼는 정서는 이들의 학습동기와 연관이 있다.

해설 ① 교수자는 맥락 의존적이고 일시적으로 지속되는 학생의 **상황적 흥미**를 더 잘 변화시킬 수 있다.

학습동기와 정서

- 학생들이 느끼는 정서는 이들의 학습동기와 연관이 있다.
- 상황적 흥미는 맥락 의존적이며 일시적으로 지속된다.
- 정서는 학습결과를 어떻게 귀인하는가에 따라 달라진다.
- 일반적으로 비정서적인 정보보다 정서적인 정보를 쉽게 인출한다.
- 정서-상태 의존 인출은 정보인출 시의 기분과 정보부호화 시의 기분이 일치할 때 기억이 향상되는 현상이다.
- 학생의 삶과 연결하여 설명하면 학생의 흥미와 동기가 증진되며, 학습자 흥미를 유발하도록 환경을 조성하여 동기를 높여준다.
- 과제를 학습하는 동안, 정서 과정과 동기 과정은 상호작용을 통해 학습자의 인지와 행동에 영향을 미친다.
- 불안과 걱정은 작업기억의 용량을 차지하여 효율적인 정보처리를 방해한다.
- 학습자에게 위협적이지 않은 방식으로 과제를 제시함으로써 불안의 부정적 효과를 감소시킬 수 있다.
- 과제 난이도에 따라 불안수준이 과제수행에 미치는 결과가 다를 수 있다.
- 성취 수준이 낮은 학생은 반복된 실패와 낮은 성공 기대로 인한 불안이 높지만, 성취 수준이 높은 학생은 스스로 부과한 비현실적인 기대로 인한 불안이 더 높다.
- 과제의 성격에 따라 최적의 각성수준이 다를 수 있으며, 각성 수준이 지나치게 높을 경우 불안이 나타날 수 있다.
- 시험불안의 정도는 시험상황에 대한 학습자의 평가에 따라 달라진다.

16' 14회 / 14' 12회

04 자기효능감에 관한 설명으로 옳지 않은 것은?

❶ 자기 자신에 대한 정서적 반응 또는 가치평가이다.
② 비슷한 과제에 대한 과거 성공경험이 중요한 요인이다.
③ 자기효능감이 높은 학생이 낮은 학생에 비해 더 빨리 효과적인 전략으로 수정한다.
④ 교사의 격려가 학생의 자기효능감을 증진시킨다.
⑤ 동일시 모델을 관찰하는 것은 자기효능감에 영향을 미친다.

해설 ① 자기효능감은 특정 과제를 수행할 수 있는 **자신의 능력에 대한 믿음**이다.

💡💡 **자기효능감**
- 자기효능감은 특정 과제를 수행할 수 있는 자신의 능력에 대한 믿음이며, 다른 사람의 성공이나 실패를 관찰하는 것과 관련이 있다.
- 자기효능감은 노력의 정도에 영향을 줄 수 있으며, 자기효능감이 높으면 새로운 과제에 보다 적극적으로 도전하는 경향이 있다.
- 자기효능감이 높아도 결과기대(outcome expectation)는 낮을 수 있다.
- 비슷한 과제에 대한 과거 성공경험이 중요한 요인이다.
- 동일시 모델을 관찰하는 것은 자기효능감에 영향을 미친다.
- 자기효능감이 높은 학생이 낮은 학생에 비해 더 빨리 효과적인 전략으로 수정하게 되며, 교사의 격려는 학생의 자기효능감을 증진시킨다.

18' 17회 / 17' 16회 / 16' 14회 / 15' 13회

05 학습심리학자가 설명한 주요 개념의 내용으로 옳지 않은 것은?

① 분트(W. Wundt)는 사고의 기본 구성요소를 밝히고자 내성법(introspection)을 사용하였다.
❷ 베르트하이머(M. Wertheimer)는 요소 간 연합을 설명하는 회피학습을 연구하였다.
③ 쏜다이크(E. Thorndike)는 유기체가 행동 후 만족스런 상태를 경험하면 그 행동이 강화된다는 효과의 법칙을 제안하였다.
④ 에빙하우스(H. Ebbinghaus)는 학습이 연합 경험의 횟수로 결정된다는 가정하에 망각곡선을 연구하였다.
⑤ 제임스(W. James)는 인간의 의식과성이 총체로서 환경적응에 관여한다는 기능주의적 입장을 취했다.

[해설] ② 요소 간 연합을 설명하는 회피학습을 연구한 학자는 O.H.마우러이다. 베르트하이머(M. Wertheimer)는 게슈탈트 심리학 창시자 중 한사람이며 사물에 대한 인식은 조직된 전체 형태를 지각하는 것이라고 주장하였다.

06 통찰학습에 관한 설명으로 옳은 것을 모두 고른 것은?

> ㄱ. '전체는 부분의 합 이상이다'라는 형태주의에 기반을 둔다.
> ㄴ. 학습자는 문제해결에서 구조화하고 조직화하는 과정을 거친다.
> ㄷ. 문제해결에서 숙과 과정을 거치면서 학습자가 갑자기 문제를 해결한다.
> ㄹ. 학습자는 통찰로 해결한 문제와 구조적으로 유사한 문제를 쉽게 해결한다.

① ㄱ, ㄴ
② ㄱ, ㄷ
③ ㄱ, ㄴ, ㄹ
④ ㄴ, ㄷ, ㄹ
❺ ㄱ, ㄴ, ㄷ, ㄹ

[해설] 통찰학습은 문제 파악, 문제요소 간 관계 이해, 재구조화를 통한 인지구조의 변화로 문제를 해결하고 학습이 이루어진다고 본다. 쾰러(Köhler)는 행동상 시행착오로만 세상을 배우는 것이 아니며, 인지능력을 통해 학습이 한순간에 이루어진다고 주장하였다. 한순간의 통찰로 얻은 해답은 반복될 수 있고 유사한 문제에 적용할 수 있다.

07 가네(R. Gagné)의 학습이론에 관한 설명으로 옳지 않은 것은?

① 학습의 인지과정으로 학습을 위한 준비, 획득과 수행, 학습의 전이 과정을 제안한다.
② 하나의 학습이론에서 제시하는 학습의 본질을 모든 학습에 적용할 수는 없다고 가정한다.
❸ 학습의 결과 영역을 지적 기능과 운동 기능의 2가지로 구분한다.
④ 하위요소를 먼저 학습하지 않고는 상위요소를 학습할 수 없다는 학습위계를 제안한다.
⑤ 새로운 기능을 습득하기 위한 내적 조건과 내적 과정을 지원하는 환경적 자극을 강조한다.

[해설] ② 학습의 결과 영역을 언어정보, 지적기능, 인지전략, 운동기능, 태도 총 5가지로 구분한다.

08 구성주의 학습이론에 관한 설명으로 옳지 않은 것은?

① 학습에 대한 상대주의적 접근을 강조한다.
② 학습자와 환경 간의 상호작용으로 지식이 형성된다.
❸ 외부에서 제공되는 정보에 집중하고 기존 정보와 연결하여 그대로 저장한다.
④ 개인의 내적 이해에 초점을 맞추어 학습에서 개인차를 인정한다.
⑤ 학습자가 정보를 내면화하는 과정에서 지식을 능동적으로 재조직한다.

해설 ③ 외부에서 제공되는 정보에 집중하고 기존 정보와 연결하여 그대로 저장하는 것은 <u>전통적인 학습이론</u>이다. 구성주의 학습이론에서 학습이란 <u>개인적인 경험에 근거해서 의미를 개발하는 능동적인 과정</u>이다. 학습에 대한 상대주의적 접근을 강조하며, 일정한 교육목표를 규정하여 학습자들에게 일방적으로 제시하는 강의식보다는 문제중심, 토의식, 발견학습의 교수방법을 강조한다.

09 반복적으로 제시되는 자극에 대하여 정향반응이 감소하는 현상은?

① 변별
② 소거
③ 민감화
❹ 습관화
⑤ 자극일반화

해설
① 변별 : 조건자극에 대해서만 조건반응을 하는 현상이다.
② 소거 : 조건형성이 이루어진 후 조건자극과 무조건 자극이 구분 없이 계속적으로 제시되어 조건반응이 없어지는 현상이다.
③ 민감화 : 반응을 유도하는 자극에 미리 노출되어 그 자극에 대한 반응강도 및 확률이 높아진 것을 말한다.
⑤ 자극일반화 : 조건자극과 비슷한 자극이 주어졌을 때 조건자극에 나타나는 반응을 보이는 것이다.

10 고전적 조건형성의 원리를 적용한 연구사례가 아닌 것은?

❶ 밀러(N. Miller)는 바이오피드백을 이용하여 자율적 내장 반응을 조건화하였다.
② 파블로프(L. Pavlov)는 음식물과 결합하여 종소리에 대한 개의 소화액 분비를 유발하였다.
③ 월페(J. Wolpe)는 체계적 둔감화 절차를 이용하여 공포증 환자의 불안 증상을 해소하였다.
④ 왓슨(J. Watson)은 망치소리를 이용하여 흰쥐에 대한 어린 아동의 조건공포 반응을 형성하였다.
⑤ 로스바움(B. Rothbaum)은 가상현실노출치료(VRET)를 사용하여 환자의 고소 공포증을 치료하였다.

해설 ① 밀러(N. Miller)가 바이오피드백을 이용하여 자율적 내장 반응을 조건화한 것은 <u>조작적 조건형성</u>과 관련된 사례이다.

고전적 조건형성 적용 예
• 수능시험을 걱정하는 수험생에게 그 시험 역시 그동안 치렀던 모의시험과 다를 바 없음을 납득시킴으로써 시험불안을 줄여준다.
• 수줍음을 많이 타는 학생에게 학습자료를 배포하게 함으로써 수줍음을 경감시킨다.
• 학생들에게 부정적인 정서반응을 일으키는 개인 간 경쟁보다 집단 경쟁과 협동을 강조하여, 부정적인 정서를 완화시킨다.
• 편안한 공간을 만들어서 독서에 대한 거부감을 줄여준다.
• 파블로프(Pavlov)의 고전적 조건형성의 예
 - 유명배우를 모델로 한 제품의 광고
 - 조건정서반응을 통한 공포의 치료
 - 조건정서반응을 통한 편견의 고착
 - 혐오와의 연계를 통한 성도착증의 치료

11 ( )에 들어갈 용어로 옳은 것은?

> 고전적 조건형성에서 ( )는(은) 일반적으로 조건자극과 무조건자극 간의 간격을 말한다.

① 차폐
❷ 근접성
③ 수반성
④ 자발적 회복
⑤ 잠재적 억제

[해설]
① 차폐 : 특정 조건형성이 다른 조건형성을 방해하는 것을 말한다.
③ 수반성 : 자극과 반응 사이의 연관성이다.
④ 자발적 회복 : 반응 소거가 완료된 후 시간이 지나 조건자극을 다시 제시했을 때 소거되었던 반응이 다시 나타나는 것이다.
⑤ 잠재적 억제 : 조건형성이 되지 않은 상태에서 노출된 자극에 대한 조건화가 어려운 것을 말한다.

12 조작적 조건형성의 원리에 관한 설명으로 옳지 않은 것은?

❶ 조건형성에서 근접성이 수반성보다 더 강력한 효과성 변인이다.
② 정적 강화는 어떤 반응 후에 바람직한 자극이 제시될 때 그 반응이 증가하는 현상이다.
③ 부적 강화는 어떤 반응 후에 혐오스런 자극이 제거될 때 그 반응이 증가하는 현상이다.
④ 제1유형의 처벌은 어떤 반응 후에 혐오스런 자극이 제시될 때 그 반응이 감소하는 현상이다.
⑤ 조건형성에서 연속강화보다 부분강화를 적용할 때 소거에 대한 저항이 더 오래 지속된다.

[해설]
① 근접성이란 시공간적으로 함께 발생하는 두 개의 관념은 쉽게 연합된다는 것이며, 수반성은 당사자가 어떤 행동을 했을 경우 강화물이 주어지는 것을 말한다. 따라서 조건형성에서는 수반성이 근접성보다 더 강력한 효과성 변인이라고 할 수 있다.

15' 13회 / 14' 12회

13 다음의 밑줄 친 부분에서 적용된 강화계획은?

학생들에게 일련의 연산 과제와 스티커를 제시하고, "10문제를 정확하게 마칠 때마다 자신이 좋아하는 스티커를 1개씩 가져도 좋아요."라고 말하는 교사는 "앞으로 30분마다 점검하여 10문제를 정확하게 맞힌 사람은 자신이 좋아하는 스티커를 1개씩 가져도 좋아요."라고 말하는 교사보다 높은 비율의 수행을 기대할 수 있다.

① 연속강화
② 고정간격강화
❸ 고정비율강화
④ 변동간격강화
⑤ 변동비율강화

[해설]
고정비율강화는 바람직한 행동을 일정 횟수 충족 시켰을 때 강화물을 제공하는 것이다. 사례에서 10문제당 스티커 1개가 보상으로 주어지기 때문에 고정비율강화계획이라는 것을 알 수 있다. 반면 고정간격강화는 일정한 시간이 지난 후 강화물이 제공된다는 점에서 차이가 있다.

💡 **강화계획**

강화계획을 세울 때는 강화를 제공하는 시간, 횟수를 고려하며, 제공되는 강화강도를 증가시킨다.
• 연속강화계획 : 특정 행동이 일어날 때마다 강화물을 제시하는 것이다.
• 간헐적 강화계획 : 특정 행동의 비율이나 간격을 두고 일어날 때 강화물을 제시하는 것이다.
 - 고정간격강화 : 일정한 간격이 지난 뒤에 강화물을 제시하는 것으로 학교에서 매주 금요일마다 30분의 자유시간이 허용된 학생들은 고정간격강화를 받고 있는 것으로 볼 수 있다.
 - 변동간격강화 : 강화 시행의 간격을 다르게 하되, 평균적인 시간 간격이 지난 후 강화를 주는 것이다.
 - 고정비율강화 : 일정 횟수의 행동이 일어난 후 강화물을 제시하는 것이다.
 - 변동비율강화 : 평균 횟수의 반응이 일어난 후 강화를 주는 것이다. 고정비율강화와 달리 처음에는 강화 비율을 낮게 하였다가 점진적으로 비율을 높이는 것이 효과적이다.

14 다음 사례에서 적용된 조작적 조건형성 방법은?

김 선생님은 수업 중에 한 아이가 자주 의자에서 일어나 돌아다니는 행동을 목격 하였다. 그는 그 아이가 자기 의자에 앉아 있을 때 일관되게 칭찬하여 앉아 있는 행동을 증가시킴으로써 돌아다니는 행동을 소거하였다.

① 처 벌
② 상표제도
❸ 차별강화
④ 행동연쇄
⑤ 행동조성

> **해설** 차별강화는 바람직한 행동에만 선택적 강화를 제시하는 것이다. 사례에서 <u>아이가 자기 의자에 앉아 있을 때(바람직한 행동) 일관되게 칭찬(강화)</u>하는 것을 토대로 차별강화인 것을 알 수 있다.

15 부분강화 효과에 관한 좌절 가설의 설명으로 옳은 것을 모두 고른 것은?

> ㄱ. 소거는 능동적인 학습 과정이다.
> ㄴ. 강화 받던 행동이 강화 받지 못하면 좌절을 경험하게 되며, 증가된 좌절은 반응에 대한 신호가 되므로 소거에 대한 저항이 오래 지속된다.
> ㄷ. 강화 훈련 과정에서 존재하는 조건들이 행동 발생의 단서가 되며, 유기체의 외부 환경(예 강화와 비강화의 연속적 순서)이 그 주요 단서로 작용한다.

① ㄱ   ❷ ㄱ, ㄴ
③ ㄱ, ㄷ   ④ ㄴ, ㄷ
⑤ ㄱ, ㄴ, ㄷ

> **해설** ㄷ. 좌절 가설이란 이전에 강화를 받던 행동이 강화 받지 못했을 경우 좌절을 경험한다는 것이다. ㄷ에서 설명하고 있는 것은 <u>순서 가설</u>에 대한 설명이다. 좌절 가설과 순서 가설은 모두 소거가 능동적인 학습과정이고, 일종의 변별학습을 포함한다고 가정한다.

16' 14회 / 14' 12회

16 정적 강화가 일어날 때 뇌의 보상중추에서 주로 분비되는 신경전달물질은?

❶ 도파민   ② GABA
③ 세로토닌   ④ 글루타메이트
⑤ 노르에피네프린

> **해설**
> ② GABA : 중추신경계에만 존재하며, 글루타메이트와 같은 아미노산 신경전달물질로서 억제기능을 담당한다.
> ③ 세로토닌 : 신경전달물질로, 수면, 통증, 체온조절 등과 같은 생리현상과 관련이 있는 물질이다. 신체에서 가장 중요한 현상들과 관련이 있어 분비가 저하되면 기억 능력이 저하된다.
> ④ 글루타메이트 : 아미노산 신경전달 물질로 GABA와 상호보완적 관계이며, 흥분성 작용을 한다.
> ⑤ 노르에피네프린 : 자율신경계에 존재하며, 공포반응과 스트레스 반응에 관여하는 물질이며, 일부 기억을 되살리는 데 관여한다.

 아세틸콜린
장기기억의 형성에 가장 직접적인 영향을 미치는 신경전달물질로, 신체의 모든 신경계에서 신경조절 역할을 한다.

18' 17회 / 17' 16회

17 비정서적 사건에 비해서 정서적 사건의 기억에 더 밀접하게 관여하는 뇌 부위는?

① 해마
② 대상회
③ 측두엽
❹ 편도체
⑤ 전전두엽

> **해설**
> ① 해마 : 외현기억 및 공간기억에 중요한 역할을 한다.
> ② 대상회 : 충동성 조절이나 판단능력 등의 실행기능을 담당하며 생각의 고위중추 역할을 하는 부위이다.
> ③ 측두엽 : 일차적으로 청각정보가 전달되는 기관이다.
> ⑤ 전전두엽 : 대뇌피질 중 전두엽의 앞부분으로서 결정하고 계획하는 기능인 집행기능을 담당하고 있다고 추측된다.

18 정보처리이론을 활용하여 기억을 설명한 것으로 옳지 않은 것은?

① 컴퓨터를 모델로 삼고 설명한다.
② 기억의 주요 과정은 부호화, 저장, 인출이다.
③ 감각기억, 단기기억, 장기기억의 방향으로 정보가 부호화된다.
❹ 장기기억의 지식은 인출되어 감각기억에서부터 새로운 정보와 연결된다.
⑤ 단기기억 단계에서 새롭게 학습해야 하는 정보는 유지시연보다 정교화 시연을 할 때 더 효과적이다.

해설
④ 장기기억은 <u>부호화되어 있다가 관련된 특정 단서를 통해 활성화되어 사용</u>된다. 지식을 감각기억에서부터 새로운 정보와 연결하여 기억하는 것을 <u>단기기억(작업기억)</u>이라고 한다.

💡 정보처리이론과 기억
- 정보처리이론은 컴퓨터를 모델로 삼고 설명한다.
- 기억의 주요 과정은 부호화, 저장, 인출이다.
- 기억은 감각기억, 단기기억, 장기기억의 방향으로 정보가 부호화 된다.
  - 감각기억 : 매우 짧은 시간동안의 기억으로, 주의 집중을 하지 않으면 사라지며, 이 중에서 주의집중이 된 기억들은 단기기억으로 전환된다.
  - 단기기억 : 제한된 양의 정보가 짧은 시간동안 저장된다. 단기기억 단계에서 새롭게 학습해야 하는 정보는 유지시연보다 정교화 시연을 할 때 더 효과적이다. 유지시연이란 정보 기억을 위한 단순 반복활동이며, 정교화 시연이란 기억하고자 하는 정보를 이미 알고 있는 정보와 연관 짓는 것을 말한다.
  - 장기기억 : 단기기억에서 시연이 이루어지면 장기기억으로 변환된다. 장기기억에서 정보를 저장할 때, 정교화(elaboration), 조직화(organization), 맥락(context)이 중요한 역할을 한다.
- 삶에서 극적이거나 감동적인 순간들에 대한 기억을 섬광기억이라 한다.

19 고전적 조건형성에서 레스콜라-와그너(Rescorla-Wagner) 모형으로 설명할 수 있는 현상을 모두 고른 것은?

ㄱ. 잠재적 억제 현상
ㄴ. 소거 절차에 의한 조건반응의 감소 현상
ㄷ. 전형적인 조건형성 곡선의 부적 체감 기우기 현상
ㄹ. 두드러진 자극이 더 짧은 시간 안에 더 많은 학습을 일으키는 현상

① ㄱ, ㄴ ② ㄱ, ㄷ
③ ㄴ, ㄹ ④ ㄱ, ㄷ, ㄹ
❺ ㄴ, ㄷ, ㄹ

해설
ㄱ. 레스콜라-와그너 모형은 연합조건의 반복이나 자극의 강도가 강해지면 반응이 증가하지만, 최대치인 연합강도에 근접해질 뿐 무한대로 반응이 증가하지 않는다는 것을 설명한다. 조건반응의 예측을 하는 모형이지만, 조건형성이 되지 않은 상태에서 노출된 자극에 대한 조건화가 어려운 <u>잠재적 억제 현상에 대한 설명은 불가능</u>하다.

20 사회인지학습의 유형이 아닌 것은?

❶ 역전학습(flipped learning)
② 관찰학습(observational learning)
③ 모방학습(modeling)
④ 사회학습(social learning)
⑤ 대리학습(vicarious learning)

해설
역전학습(flipped learning)은 수업 전 교수가 제공한 자료들을 학습하고 강의실에서는 토론이나 과제 등을 수행하는 형태의 수업 방식이다. 학습자는 <u>심화 학습</u>이 가능하게 되고, <u>적극적으로 학습하는 능동적인 역할이 요구</u>된다. 따라서 관찰하고 모방하여 학습하는 사회인지학습의 유형에 해당한다고 보기 어렵다.

사회인지 학습이론

- 사회인지 학습이론은 강화가 없어도 타인의 행동을 관찰하고 모방하여 학습이 일어난다고 보는 이론이다.
- 관찰과 모델링에 의한 학습은 처음에 사회학습이론으로 알려졌으며 이 입장은 행동주의에서 비롯되었으나 지금은 인지주의입장의 개념도 많이 포함되어 있기 때문에 그 명칭이 사회인지이론으로 점차 바뀌게 되었다.
- 행동의 원인을 행동적, 인지적, 환경적 요소들의 상호작용으로 보며, 상호작용적 결정론을 전제한다.
- 관찰학습은 주의집중, 파지·기억과정, 운동재생, 동기화의 순서로 진행된다.
- 모델링의 기능으로 반응촉진, 관찰학습, 억제, 탈억제를 제시하였다.
- 사회학습은 상징적 모델링보다는 직접 모델링이 효과적이다.
- 공포증, 불안감과 같은 정서도 모델링으로 학습될 수 있다.
- 학습과 수행을 구분한다.
- 기본가정
  - 간접적으로 강화를 경험하여도 학습이 가능하다.
  - 학습은 즉각적인 행동변화를 가져오지 않을 수도 있다.
  - 학습자는 환경의 영향을 받을 뿐만 아니라 환경에 영향을 미치기도 한다.

18' 17회 / 17' 16회 / 16' 14회 / 14' 13회

21 반두라(A. Bandura)의 사회인지학습이론에 관한 설명으로 옳지 않은 것은?

① 학습과 수행을 구별한다.
❷ 강화는 학습이 일어나기 위한 필수요건이다.
③ 인간은 대리적 강화를 통해서 학습할 수 있다.
④ 상호작용적 결정론(reciprocal determinism)을 전제한다.
⑤ 다른 사람의 행동관찰을 통해서 새로운 행동을 학습할 수 있다.

해설 ② 사회인지 학습이론은 <u>강화가 없어도 타인의 행동을 관찰하고 모방하여 학습</u>이 일어난다고 보며, 따라서 강화를 학습이 일어나기 위한 필수요건이라 여기지 않는다.

15' 13회

22 다음 내용이 설명하는 것은?

> 아동의 학습장면에서 성인과 아동이 여러 측면에서 학습과정의 주도권을 공유하는 것을 흔히 볼 수 있다. 예를 들면, 성인과 아동은 한 학습과제에 대한 특정 목표를 같이 설정할 수 있고, 성공적인 학습에 대한 준거를 성인이 결정하고 그에 맞추어 아동이 자신의 수행을 평가해 보게 할 수도 있다. 아동의 학습이 진전되면서 성인의 도움(scaffolding)은 점차 사라지는 것이 좋다.

① 발견학습(discovery learning)
② 협력학습(cooperative learning)
❸ 공동조절학습(co-regulated learning)
④ 자기조절학습(self-regulated learning)
⑤ 타인조절학습(other-regulated learning)

해설 공동조절학습은 <u>자신과 타인이 학습과정을 공유하며 학습과제에 대한 특정목표를 같이 설정하는 것</u>으로 성인과 아동의 학습장면에서 주로 나타난다. 성인이 성공적인 학습의 준거를 설정하면 아동은 자신의 수행을 평가한다.

자기조절학습, 공동조절학습, 타인조절학습

성향	내용
자기 조절 학습	• 자기조절학습은 학습목적을 달성하기 위해 체계적 인지, 행동 등을 체계적으로 관리하는 과정이다. • 인지, 동기, 행동을 적극적으로 조절한다. • 내재적 동기가 유발되며, 학습의 목표를 스스로 설정하고 학습한다. • 학습과정 중 학습의 효과를 알아보기 위해 점검활동이 이루어진다. • 메타인지전략을 많이 사용한다.
공동 조절 학습	• 자신과 타인이 학습과정을 공유하며, 학습과제에 대한 특정 목표를 같이 설정하는 것으로 성인과 아동의 학습장면에서 주로 나타난다. • 성인이 성공적 학습의 준거를 설정하고 아동은 자신의 수행을 평가한다. • 타인조절학습과 자기조절학습 사이에 공동조절학습이 있다.

타인조절학습	• 자신의 의지보다는 타인에 의해 학습이 이루어지는 것이다. • 동기의 근원이 외부에 있으며, 의존적으로 학습을 수행한다. • 낮은 자기효능감과 메타인지의 능력을 가진다.

18' 17회

23 톨만(E. Tolman)의 학습이론과 관련이 없는 것은?

① 인지도 ② 장소학습
③ 잠재학습 ❹ 반응학습
⑤ 방사형 미로학습

해설
④ 반응학습은 고전적 조건형성과 관련된다.
① 인지도는 주변환경을 관찰함으로써 발달되는 심적지도이다.
②·⑤ 장소학습과 방사형 미로학습은 미로실험에서 쥐가 반복적인 미로경험을 하며 학습이 일어나고 학습과정에서 목표지점, 장애물 등에 관한 학습이 일어난다.
③ 잠재학습은 강화가 없어도 학습이 일어나며, 강화가 주어졌을 때 학습한 것이 나타난다는 것을 지칭한다.

24 처리수준(levels of processing) 이론에 관한 설명으로 옳지 않은 것은?

① 이중저장모델에 대한 이론적 대안이다.
② 학습의도 자체보다는 처리의 깊이가 중요하다.
③ 심층처리가 되면 우연학습도 의도학습만큼이나 효과적이다.
❹ 구조처리를 하는 조건이 어의처리를 하는 조건보다 재생률이 높다.
⑤ 주어진 학습재료가 어떻게 부호화되느냐에 따라 기억의 지속성이 결정된다.

해설
④ 처리수준이론은 정보를 재생하는 정도가 처리의 깊이(정교성)에 따라 다르다는 이론이며, **구조처리 → 어의(음운)처리 → 의미처리의 순으로 재생률이 높게 일어난다**고 본다.

25 단기기억의 특징이 아닌 것은?

① 용량이 제한되어 있다.
❷ 절차기억이 저장되어 있다.
③ 정보를 유지하는 시간이 제한되어 있다.
④ 망각의 일차적 원인은 간섭(interference)이다.
⑤ 음향부호(acoustic code)가 어문적 정보 유지에 이용된다.

해설
② 절차기억은 '어떻게 하는 것'과 관련된 지식으로서 수학문제를 풀거나 과학실험을 하는 과정에 활용되는 기억이다. 이것은 **장기기억의 종류**에 속한다.

2과목(선택) 청소년이해론

18' 17회 / 16' 14회 / 15' 13회

26 브론펜브레너(U. Bronfenbrenner)의 생태학적 체계 중 가정과 학교, 또래집단 사이의 상호작용으로 이루어지는 체계는?

① 미시체계
❷ 중간체계
③ 외체계
④ 거시체계
⑤ 시간체계

해설
② 중간체계는 아동의 학교, 또래집단, 형제자매, 가정 등과 같은 **미시체계 속의 개체가 다른 미시체계와 상호작용**으로 이루어진다.

27 청소년비행이론에 관한 설명으로 옳은 것을 모두 고른 것은?

> ㄱ. 하위문화이론 : 하층 청소년들의 태도·행위가 중간계층의 기준과 맞지 않아 나타난 지위좌절이 비행을 야기한다.
> ㄴ. 아노미이론 : 문화적으로 규정된 목표와 자신이 갖고 있는 제도화된 수단의 불일치가 비행을 야기한다.
> ㄷ. 차별접촉이론 : 개인마다 다른 신체적 특징, 체격, 유전적 요인이 비행의 차이를 야기한다.
> ㄹ. 중화이론 : 자신의 비행행위를 정당화하는 잠재적 가치가 비행을 야기한다.

① ㄱ, ㄴ　　② ㄱ, ㄷ
③ ㄴ, ㄹ　　❹ ㄱ, ㄴ, ㄹ
⑤ ㄴ, ㄷ, ㄹ

해설 ㄷ. 차별접촉이론은 **범죄행위가 학습**되며, 법위반에 대해 우호적으로 학습된 사람이 비행을 한다고 주장한다. 범죄행위의 학습은 사람들 간의 의사소통을 통해 일어난다고 본다.

16' 14회

28 스턴버그(R. Sternberg)의 사랑의 이론에 관한 설명으로 옳지 않은 것은?

① 친밀감, 열정, 책임(commitment)은 사랑의 3요소이다.
② 친밀감은 사랑의 정서적 측면을 반영한다.
③ 열정은 사랑의 동기적 측면을 이루는 구성요소이다.
④ 책임은 사랑의 인지적 측면을 나타낸다.
❺ 사랑의 유형은 9가지이다.

해설 ⑤ 스턴버그의 사랑이론에서 **사랑의 유형은 8가지**이다. 비사랑, 우정, 짝사랑, 공허한 사랑, 낭만적 사랑, 허구적 사랑, 우애적 사랑, 완전한 사랑의 유형이 있다.

 스턴버그(R. Sternberg)의 사랑의 8가지 유형

스턴버그는 사랑의 3가지 구성요소로 친밀감, 열정, 헌신이 있다고 보았으며, 구성요소를 토대로 사랑을 8가지 유형으로 나누었다.

유 형	내 용
비사랑	열정, 친밀감, 헌신이 없는 형태
우 정	친밀감만 있는 형태
짝사랑	열정만 있는 형태
공허한 사랑	헌신만 있는 형태
낭만적 사랑	친밀감과 열정이 있는 형태
허구적 사랑	열정과 헌신이 있는 형태
우애적 사랑	친밀감과 헌신이 있는 형태
완전한 사랑	친밀감, 열정, 헌신이 결합된 형태

18' 17회 / 16' 14회 / 15' 13회 / 14' 12회

29 엘킨드(D. Elkind)의 청소년기 '자기중심성(egocentrism)'에 관한 설명으로 옳은 것을 모두 고른 것은?

> ㄱ. 대표적 현상으로 개인적 우화와 상상적 청중이 있다.
> ㄴ. 개인적 우화는 자신의 독특성에 대한 합리적 사고를 지칭한다.
> ㄷ. 상상적 청중은 다른 사람들이 자기를 관심의 초점으로 생각하는 현상이다.
> ㄹ. 개인적 우화와 상상적 청중은 후기 청소년기가 되면서 점차 사라진다.

① ㄱ, ㄴ
② ㄱ, ㄷ
③ ㄱ, ㄹ
❹ ㄱ, ㄷ, ㄹ
⑤ ㄱ, ㄴ, ㄷ, ㄹ

해설 ㄴ. 개인적 우화는 자신의 독특성에 대한 **비합리적인 사고**를 지칭하며, 사고와 감정이 특별하고 독특하다고 여겨 다른 사람과는 다르다고 생각하는 것이다.

엘킨드(D. Elkind)의 자기중심성(egocentrism)

- 엘킨드(D. Elkind)는 청소년기의 자기중심성을 초보적인 형식적·조작적 사고의 결과로 보았다.
- 자기중심성은 청소년기의 보편적인 현상이며, 대표적으로 개인적 우화와 상상적 청중이 있다.
- 상상속 청중
  - 형식적 조작사고가 가능해짐에 따라 자신의 생각과 관념에 사로잡혀 나타나는 현상이다.
  - 과장된 자의식으로 인해 타인의 집중을 받고 있다고 여기며, 사소한 실수에도 크게 당황하고 작은 비난에도 심한 분노를 보인다.
  - 다양한 대인관계 경험을 통해 타인도 나름대로의 관심사가 있다는 것을 이해하면서 점차 사라진다.
- 개인적 우화 : 자신의 독특성에 대한 비합리적인 사고를 지칭하며, 사고와 감정이 특별하고 독특하다고 여겨 다른 사람과는 다르다고 생각하는 것이다.
- 개인적 우화와 상상적 청중은 후기 청소년기 정도에 사회적 상호작용을 통해 타인의 관심사와 경험을 이해하게 되면서 사라진다.

15' 13회

30 여자청소년의 성적(性的) 발달을 유발하는 대표적인 여성 호르몬은?

① 안드로겐
❷ 에스트로겐
③ 스테로이드
④ 테스토스테론
⑤ 프로스타글라딘

해설
① 안드로겐 : 남성 생식계 발달에 영향을 미치는 호르몬을 총칭하는 것으로, 테스토스테론, 안드로스테론 등이 포함된다.
③ 스테로이드 : 스테로이드 핵을 가지는 화합물이며, 콜레스테롤이나 담즙산, 호르몬 등과 같은 물질이 포함된다.
④ 테스토스테론 : 남자청소년의 성적(性的) 발달을 유발하는 대표적인 남성호르몬이다.
⑤ 프로스타글라딘 : 프로스탄산의 구조를 가지는 생리활성물질이며, 프로스타글라딘의 종류에 따라 혈압을 조절하거나, 혈소판을 응집시키거나, 자궁이나 기관지를 수축시키는 작용 등을 한다.

18' 17회

31 피아제(J. Piaget)의 형식적 조작기에 나타나는 사고의 특징으로 옳지 않은 것은?

❶ 물활론적 사고
② 가능성의 사고
③ 추상적 사고
④ 가설연역적 사고
⑤ 사고과정에 대한 사고

해설
① 물활론적 사고는 무생물 또한 감정과 의도를 가지고 있는 생명과 같이 생각하는 것으로, <u>전조작기</u>에 나타난다.

17' 16회

32 학교 밖 청소년 지원에 관한 법률상 '학교 밖 청소년'이 아닌 것은?

① 질병으로 초등학교 취학의무를 유예한 11세 청소년
❷ 중학교 입학 후 2개월째 결석한 14세 청소년
③ 고등학교에서 제적처분을 받은 17세 청소년
④ 고등학교에서 자퇴한 17세 청소년
⑤ 중학교 졸업 후 고등학교에 진학하지 않은 17세 청소년

해설
② 중학교 입학 후 <u>3개월 이상</u> 결석한 청소년이 학교 밖 청소년에 해당한다.

학교 밖 청소년의 정의(학교 밖 청소년 지원에 관한 법률 제2조)

"학교 밖 청소년"이란 다음 각 목의 어느 하나에 해당하는 청소년을 말한다.
가. 「초·중등교육법」 제2조의 초등학교·중학교 또는 이와 동일한 과정을 교육하는 학교에 입학한 후 3개월 이상 결석하거나 같은 법 제14조 제1항에 따라 취학의무를 유예한 청소년
나. 「초·중등교육법」 제2조의 고등학교 또는 이와 동일한 과정을 교육하는 학교에서 같은 법 제18조에 따른 제적·퇴학처분을 받거나 자퇴한 청소년
다. 「초·중등교육법」 제2조의 고등학교 또는 이와 동일한 과정을 교육하는 학교에 진학하지 아니한 청소년

33 청소년 비행에 관한 설명으로 옳지 않은 것은?

❶ 청소년의 상해, 절도, 폭행은 지위비행이다.
② 충동성이 높은 청소년은 비행을 저지를 가능성이 높다.
③ 타인에게 인정받기 위해 비행을 저지르기도 한다.
④ 가정, 학교, 지역사회는 청소년 비행에 영향을 미친다.
⑤ 갈등과 긴장이 계속되는 가족 관계는 청소년의 비행을 유발할 가능성이 높다.

해설 ① 청소년의 지위비행은 **흡연, 음주, 유흥장 출입, 관람불가 영화보기** 등과 같이 청소년의 지위에 맞지 않는 행동을 하는 것을 말한다. 상해, 절도, 폭행은 지위비행이 아닌 범죄적 비행에 해당한다.

34 수퍼(D. Super)의 직업발달 5단계가 아닌 것은?

① 유지기　　❷ 환상기
③ 확립기　　④ 쇠퇴기
⑤ 탐색기

해설 환상기는 긴즈버그의 직업발달이론에서 직업선택 단계에 해당한다. 수퍼(D. Super)의 직업발달 5단계는 **성장기, 탐색기, 확립기, 유지기, 쇠퇴기**로 구성된다.

35 콜버그(L. Kohlberg)의 도덕성발달 단계 순서에 따라 옳게 나열된 것은?

ㄱ. 착한 소년·소녀 지향
ㄴ. 법과 질서 지향
ㄷ. 처벌과 복종 지향
ㄹ. 보편적인 윤리적 원리 지향
ㅁ. 사회적 계약과 합법성 지향
ㅂ. 도구적 상대주의 또는 쾌락주의 지향

① ㄱ - ㄷ - ㅂ - ㄴ - ㄹ - ㅁ
② ㄱ - ㄷ - ㅂ - ㄴ - ㅁ - ㄹ
❸ ㄷ - ㅂ - ㄱ - ㄴ - ㅁ - ㄹ
④ ㄷ - ㅂ - ㄴ - ㄱ - ㅁ - ㄹ
⑤ ㅂ - ㄷ - ㄱ - ㄴ - ㄹ - ㅁ

해설 'ㄷ. 처벌과 복종 지향 → ㅂ. 도구적 상대주의 또는 쾌락주의 지향 → ㄱ. 착한 소년·소녀 지향 → ㄴ. 법과 질서 지향 → ㅁ. 사회적 계약과 합법성 지향 → ㄹ. 보편적인 윤리적 원리 지향'의 순서로 이루어진다.

 콜버그(L. Kohlberg)의 도덕성발달 단계

수 준	도덕발달 단계
전인습 수준	1단계 : 처벌과 복종 지향
	2단계 : 도구적 상대주의 또는 쾌락주의 지향
인습 수준	3단계 : 착한 소년·소녀 지향
	4단계 : 법과 질서 지향
후인습 수준	5단계 : 사회적 계약과 합법성 지향
	6단계 : 보편적인 윤리적 원리 지향

36 마르샤(J. Marcia)의 자아정체감에 관한 설명으로 옳은 것을 모두 고른 것은?

ㄱ. 정체감 유실은 위기를 이미 경험한 상태이다.
ㄴ. 정체감 성취를 이룬 사람은 이후에 정체감 유실이 나타나지 않는다.
ㄷ. 정체감 혼미는 위기를 경험하지 않고, 삶의 목표와 가치도 탐색하지 않은 상태이다.
ㄹ. 정체감 유예는 삶의 목표와 가치에 대해 회의하고 대안을 탐색하나 아직 의사결정을 내리지 못한 상태이다.

① ㄱ, ㄷ　　② ㄴ, ㄹ
❸ ㄷ, ㄹ　　④ ㄱ, ㄷ, ㄹ
⑤ ㄱ, ㄴ, ㄷ, ㄹ

해설
ㄱ. 정체감 유실은 <u>위기를 경험하지 않은 상태</u>이며 부모나 다른 사람의 기대를 그대로 수용하여 의사결정을 내리는 경우이다.
ㄴ. 정체감 성취를 이루었다고 하더라도 <u>이후에 정체감 유실이 나타날 수 있다.</u>

37 인지발달에 있어 비계(scaffolding)와 사회문화적 요인의 중요성을 강조한 학자는?

① 피아제(J. Piaget)
❷ 비고츠키(L. Vygotsky)
③ 길리건(C. Gilligan)
④ 로저스(C. Rogers)
⑤ 매슬로우(A. Maslow)

해설
② 비고츠키(L. Vygotsky)는 인지발달을 촉진시키는 방법으로 아이가 문제를 해결하는 데 필요한 도움만 주는 <u>비계(scaffolding)와</u> 아동이 속한 사회 및 문화에서 또래 및 성인과 상호작용하며 사회화 과정이 이루어지는 <u>유도된 참여</u>를 주장하였다.

38 홀랜드(J. Holland)의 직업성격 유형이 아닌 것은?

① 탐구적 유형
② 예술적 유형
③ 사회적 유형
❹ 잠재적 유형
⑤ 기업적 유형

해설
홀랜드(J. Holland)의 직업성격 유형에는 <u>실재적 유형, 탐구적 유형, 예술적 유형, 사회적 유형, 기업적 유형, 관습적 유형</u>이 있다.

39 학교폭력예방 및 대책에 관한 법률상 옳지 않은 것을 모두 고른 것은?

> ㄱ. 학교의 장은 학교폭력의 예방 및 대책 등을 위한 교직원 및 학부모에 대한 교육을 학기별로 1회 이상 실시하여야 한다.
> ㄴ. 교육부장관은 학교폭력의 예방 및 대책에 관한 기본계획을 매년 수립하여야 한다.
> ㄷ. 교육부장관은 시·도교육청에 학교폭력의 예방과 대책을 담당하는 전담부서를 설치·운영하여야 한다.
> ㄹ. 학교폭력의 예방 및 대책에 관련된 사항을 심의하기 위하여 교육청에 학교폭력 대책자치위원회를 둔다.

① ㄱ, ㄴ
② ㄱ, ㄹ
③ ㄴ, ㄷ
④ ㄱ, ㄴ, ㄹ
❺ ㄴ, ㄷ, ㄹ

해설
ㄱ. 학교폭력예방 및 대책에 관한 법률 제15조 제2항
ㄴ. 교육부장관은 학교폭력의 예방 및 대책에 관한 기본계획을 <u>5년마다</u> 수립하여야 한다(동법 제6조 제1항 및 2항).
ㄷ. <u>교육감</u>은 시·도교육청에 학교폭력의 예방과 대책을 담당하는 전담부서를 설치·운영하여야 한다(동법 제11조 제1항).
ㄹ. 학교폭력의 예방 및 대책에 관련된 사항을 심의하기 위하여 <u>학교에</u> 학교폭력 대책자치위원회를 둔다(동법 제12조 제1항).

40 약물남용에 관한 설명으로 옳은 것은?

① 약물의존과 금단증상은 관계가 없다.
② 약물남용을 하더라도 약물중독에는 이르지 않는다.
③ 약물남용은 일시적 현상으로 만성화될 가능성이 낮다.
④ 담배나 술은 환각을 목적으로 지속하여 사용을 하더라도 약물남용이 아니다.
❺ 내성이란 동일한 효과를 얻기 위해 약물의 양과 횟수가 늘어나는 것을 말한다.

① 약물의존과 금단증상은 서로 관련이 있다.
② 약물남용을 하게 되면 내성이 생김에 따라 사용하는 약물의 용량이 증가하게 되고 약물중독에 이르게 된다.
③ 약물남용은 정신적 쾌락을 추구하기 위해 일정 기간 동안 약물을 과다하게 사용하여 일상적인 생활에서 문제가 생기는 것을 말하며 만성화될 가능성이 높다.
④ 담배나 술을 환각 목적으로 지속해서 사용하는 경우도 약물남용에 해당한다.

청소년의 약물남용
- 일단 약물을 남용하게 되면 성인보다 빠른 속도로 약물중독에 이른다.
- 한 가지 약물에서 시작하여 여러 가지 약물을 복합적으로 남용하게 되며, 내성이 생김에 따라 사용하는 약물의 용량이 증가한다.
- 장기적으로 볼 때 정신질환 등 각종 질환을 일으킬 수 있다.
- 청소년의 약물남용은 낮은 자존감, 심리적 스트레스와 관련성이 높다.

41 ( )에 들어갈 기관은?

( )는(은) 위탁소년의 자질과 자질과 비행행동을 과학적으로 진단하여 적합수립하고, 그 결과를 가정법원 소년부에 송부하여 심판의 자료로 사용토록 하는 기관이다.

❶ 소년분류심사원
② 소년교도소
③ 보호관찰소
④ 청소년쉼터
⑤ 청소년상담복지센터

② 소년교도소 : 19세 미만의 소년수형자를 수감하는 시설이며, 일반 교도소와 독립된 시설이다.
③ 보호관찰소 : 재범 방지를 위해 사회봉사, 보호관찰 등의 선도 및 교화업무를 담당하는 기관이다.
④ 청소년쉼터 : 청소년의 가출을 예방하고 가출청소년의 가정 및 사회복귀를 돕기 위한 시설이다.
⑤ 청소년상담복지센터 : 청소년에 대한 상담·긴급구조·자활·의료지원 등의 업무를 수행하는 기관이다.

 15' 13회

42 중추신경 억제제로 옳은 것은?

❶ 술(알코올)
② 담배(니코틴)
③ 카페인
④ 코카인
⑤ 필로폰

약물은 크게 중추신경 흥분제, 중추신경 억제제, 환각제로 구분되며, 중추신경 억제제로는 **아편, 술(알코올), 헤로인, 모르핀** 등이 있다.

43 청소년기 대중스타 수용현상에 관한 설명으로 옳지 않은 것은?

① 대중스타는 청소년 수용자의 정체감 형성에 영향을 미친다.
② 대중스타 수용을 통해 사회참여의 기회를 갖기도 한다.
③ 대중스타에 대한 집단적 추구를 통해 또래집단과의 동질성을 확보하기도 한다.
❹ 일방적으로 대중문화와 대중스타를 수용하고 소비하는 청소년들을 생비자(prosumer)라고 한다.
⑤ 청소년기의 긴장과 갈등, 현실세계의 억압된 불만을 해소시키는 기능이 있다.

④ 생비자(prosumer)는 생산과 소비를 동시에 하는 사람을 말하며, 청소년들은 대중문화와 스타를 수용하고 소비하면서도, 그들만의 즐거움을 창조하기 위한 생산성을 지니기도 한다.

44 다음의 소비이론을 주장한 학자는?

- 소비는 소비자의 사회적지위나 성공에 대한 과시적 상징수단이다.
- 소비행위는 소비자 자신에 대한 표현이며 그가 속한 사회적 계급을 상징한다.
- 소비는 상품 사용으로부터 효용을 얻기보다는 사치나 낭비 그 자체로부터 효용을 얻는 것이다.

① 에써(H. Esser)
② 윌리스(P. Willis)
❸ 베블렌(T. Veblen)
④ 부르디외(P. Bourdieu)
⑤ 보드리야르(J. Baudrillard)

해설
③ 베블렌(T. Veblen) 효과는 **가격이 오름에도 불구하고 소비는 계속적으로 늘어나는 현상**을 말한다. 이러한 현상은 허영심과 과시욕으로 인해 일어나며, 이러한 소비심리를 기반으로 한 VIP마케팅도 베블렌 효과로 설명할 수 있다.

16' 14회

45 문화특성에 관한 설명으로 옳은 것을 모두 고른 것은?

ㄱ. 축적성 : 문화는 다양한 상징적 수단을 통해 세대와 세대를 이어간다.
ㄴ. 공유성 : 개개인의 독특한 취향과 성격, 버릇, 기질 등은 문화로 보기 어렵다.
ㄷ. 학습성 : 문화는 유전적인 특질이 아닌, 후천적으로 습득되는 성질의 것이다.
ㄹ. 총체성 : 문화란 인간이 획득한 지식, 도덕, 법, 관습 등을 포함하는 복합체이다.

① ㄱ, ㄴ
② ㄷ, ㄹ
③ ㄱ, ㄷ, ㄹ
④ ㄴ, ㄷ, ㄹ
❺ ㄱ, ㄴ, ㄷ, ㄹ

해설
문화특성으로는 **축적성, 공유성, 학습성, 총체성 외에도 가변성(변동성)**이 있다. 가변성은 문화가 정체된 것이 아니라 변화하는 것이며, 문화는 사회 외부에서 들어온 요소에 의해 변화가 일어난다고 본다. 또한 문화가 연속적으로 계승되는 과정에서 항상 변화를 수반하는 특성이다.

46 청소년복지 지원법상 청소년복지시설을 모두 고른 것은?

ㄱ. 청소년 쉼터
ㄴ. 청소년자립지원관
ㄷ. 청소년치료재활센터
ㄹ. 이주배경청소년지원센터

① ㄱ, ㄴ
② ㄷ, ㄹ
❸ ㄱ, ㄴ, ㄷ
④ ㄴ, ㄷ, ㄹ
⑤ ㄱ, ㄴ, ㄷ, ㄹ

해설
청소년복지시설의 종류로는 **청소년쉼터, 청소년자립지원관, 청소년치료재활센터, 청소년회복지원시설**이 있다(청소년복지 지원법 제31조 참고). 이주배경청소년지원센터는 청소년 복지법상 청소년복지지원기관 중 하나이다.

18' 17회 / 17' 16회 / 14' 12회

47 청소년쉼터에 관한 설명으로 옳은 것은?

① 일시쉼터는 24시간 이내 일시보호가 가능하며 최장 3일까지 연장이 가능하다.
② 단기쉼터는 일반청소년의 가출예방과 가출청소년의 조기발견 및 초기개입을 지향한다.
③ 단기쉼터는 6개월 이내 단기보호가 가능하며 최장 12개월까지 연장이 가능하다.
④ 중장기쉼터는 1년 이내 중장치보호가 가능하며 최장 2년까지 연장이 가능하다.
❺ 중장기쉼터는 주택가에 위치하며 청소년의 자립지원을 지향한다.

① 일시쉼터는 <u>7일 이내</u> 일시보호가 가능하다.
② 일반청소년의 가출예방과 가출청소년의 조기발견 및 초기 개입을 지향하는 것은 <u>일시쉼터</u>이다.
③ 단기쉼터는 <u>3개월~9개월</u> 기간 동안 보호가 가능하다.
④ 중장기쉼터는 <u>3년간</u> 중장기보호가 가능하며 필요 시 <u>1년 단위로 연장</u>할 수 있다.

48 다음은 청소년 기본법의 제정목적이다. ( )에 들어갈 용어가 아닌 것은?

> 이 법은 청소년의 권리 및 책임과 ( )·( )·( )·( )의 청소년에 대한 책임을 정하고 청소년정책에 관한 기본적인 사항을 규정함을 목적으로 한다.

① 가 정　　　❷ 학 교
③ 사 회　　　④ 국 가
⑤ 지방자치단체

 이 법은 청소년의 권리 및 책임과 <u>가정·사회·국가·지방자치단체</u>의 청소년에 대한 책임을 정하고 청소년정책에 관한 기본적인 사항을 규정함을 목적으로 한다(청소년 기본법 제1조).

49 다음이 설명하는 개념은?

> • 교사의 긍정적 기대는 학생의 긍정적인 자기충족적 예언을 실현하는 데 도움을 준다.
> • 교사가 학생을 기대하고 믿어주면, 그 기대와 믿음의 결과가 학생에게 나타난다.

① 낙인이론　　　② 모델링 효과
③ 프리맥 원리　　❹ 피그말리온 효과
⑤ 반응 - 촉진 효과

 ④ 피그말리온 효과는 <u>교사의 기대가 학생의 학습에 긍정적 영향을 미치는 것</u>을 말한다.

17′ 16회

50 유엔아동권리협약에 관한 설명으로 옳은 것은?
① 국제인권법의 하나로 20세 이하 아동의 인권을 다룬다.
② 우리나라에서는 헌법과 동등한 법적 지위를 가지며 국회에서 제정하는 국내법과 동일한 효력을 지닌다.
③ 비준국인 우리나라는 협약 이행사항에 대한 국가보고서를 제출할 의무가 없다.
④ 아동의 학습권, 보호받을 권리, 발달권, 참여권을 규정하고 있다.
❺ 발달권에는 초등교육의 무상 의무교육, 중등교육의 장려, 고등교육의 개방이 포함된다.

 ① 국제인권법의 하나로 <u>18세 미만</u> 아동의 인권을 다룬다.
② 우리나라에서는 헌법이 아닌 국회에서 제정하는 <u>국내법</u>과 동등한 법적 지위를 가지며, 동일한 효력을 지닌다.
③ 협약에 따라 우리나라는 <u>5년마다 어린이 인권에 관한 국가보고서</u>를 제출할 의무가 있다.
④ <u>건강을 유지할 권리</u>, 보호받을 권리, <u>차별 없이 존중받을 권리</u>, 참여할 권리, 아동의 학습권을 규정하고 있다.

3과목(선택) 청소년수련활동론

51 청소년활동 진흥법상 다음에서 설명하는 청소년활동 유형은?

> 청소년이 청소년활동에 자발적으로 참여하여 청소년 시기에 필요한 기량과 품성을 함양하는 교육적 활동으로서 청소년지도자와 함께 청소년수련거리에 참여하여 배움을 실천하는 체험활동

① 청소년문화활동 ❷ 청소년수련활동
③ 청소년자기계발활동 ④ 청소년직업체험활동
⑤ 청소년교류활동

해설
② 청소년활동 진흥법 제2조 제3호
① 청소년문화활동 : 청소년이 예술활동, 스포츠활동, 동아리활동, 봉사활동 등을 통하여 문화적 감성과 더불어 살아가는 능력을 함양하는 체험활동(청소년활동 진흥법 제2조 제5호)
⑤ 청소년교류활동 : 청소년이 지역 간, 남북 간, 국가 간의 다양한 교류를 통하여 공동체의식 등을 함양하는 체험활동(청소년활동 진흥법 제2조 제4호)

15' 13회

52 경험학습이론에 관한 설명으로 옳지 않은 것은?

① 체험중심의 활동을 통해 청소년들의 참여를 강조한다.
② 청소년활동의 내용 및 방법은 일상생활과 관련성을 가진다.
③ 청소년 행동변화를 유발하기 위하여 반성적 사고과정을 중시한다.
④ 청소년지도자는 참가자들이 활동경험을 공유할 수 있는 분위기를 조성한다.
❺ 콜브(D. Kolb)에 의하면 구체적 경험, 추상적 개념화, 적극적 실험, 반성적 관찰의 순서로 진행된다.

해설
⑤ 콜브(D. Kolb)에 의하면 **구체적 경험, 반성적 관찰, 추상적 개념화, 적극적 실험**의 순서로 진행된다.

53 청소년활동의 목표 진술방법으로 옳지 않은 것은?

① 관찰 가능한 행동동사를 사용한다.
② 청소년의 입장에서 진술한다.
③ 다른 목표와 조화를 유지한다.
❹ 청소년기관장이 지향하는 이념을 진술한다.
⑤ 활동이 끝났을 때 기대되는 행동으로 진술한다.

해설
청소년기관장이 지향하는 것이 아니라 청소년이 활동을 통해 변화될 것으로 보이는 행동의 구체적인 목표 진술이 이루어져야 한다.

18' 17회

54 다음에서 설명하는 프로그램 내용 조직의 원리는?

> 이전의 내용과 다음 단계의 내용 사이에 충분하고도 조화로운 연속성이 보장되어야 한다.

① 개별성
② 타당성
❸ 계속성
④ 다양성
⑤ 통합성

해설
프로그램 내용 조직의 원리에는 **타당성, 통합성, 계열성, 계속성**이 있다. 타당성은 프로그램 내용의 선정 시 프로그램 목표를 충실하게 반영해야 된다는 것이며, 통합성은 프로그램을 이루는 각 요소 및 과정 사이에 밀접한 관계를 가져야 한다는 것이고 계열성은 프로그램 학습의 점진적 발달이 이루어져야 한다는 것이다.

55 프로그램 개발 과정에서 청소년들이 원하는 주제, 내용, 방법 등을 체계적으로 조사하고 분석하는 것은?

① 환경분석 ❷ 요구분석
③ 직무분석 ④ 판별분석
⑤ 경로분석

해설 ② 요구분석에 대한 설명으로, 프로그램의 요구분석은 프로그램의 계획을 위해 청소년들이 원하는 주제, 내용, 방법 등의 정보를 체계적으로 조사하고 분석하게 된다.

56 의사결정 평가모형에 관한 설명으로 옳은 것을 모두 고른 것은?

> ㄱ. 평가의 목적은 프로그램을 실시하기 전에 설정해 두었던 목표에 어느 정도 도달하였는가를 판단하는 것이다.
> ㄴ. 의사결정자에게 필요한 정보를 제공하여 의사결정을 돕고자 한다.
> ㄷ. CIPP 평가모형은 상황평가, 투입평가, 과정평가, 산출평가의 과정을 강조한다.
> ㄹ. 전문가들이 현장을 방문하여 수행과정을 관찰·평가한 후 프로그램을 인증할 때 사용된다.

① ㄱ, ㄴ ❷ ㄴ, ㄷ
③ ㄷ, ㄹ ④ ㄱ, ㄴ, ㄹ
⑤ ㄱ, ㄷ, ㄹ

해설 ㄱ. 평가의 목적이 프로그램을 실시하기 전에 설정해 두었던 목표에 어느 정도 도달하였는가를 판단하는 것은 목표중심 평가모형에 해당한다. 의사결정 평가의 목적은 프로그램을 계속 이어나갈 것인지에 대한 의사결정을 내리는 것이다.
ㄹ. 전문가들이 현장을 방문하여 수행과정을 관찰하고 평가한 후 프로그램을 인증할 때 사용 되는 모형은 전문성 평가모형이다.

17' 16회

57 프로그램 도입단계에서 청소년지도자의 수행 과업으로 옳지 않은 것은?

① 참가자에게 프로그램의 목표를 제시한다.
② 다양한 자극을 사용하여 참가자들의 동기를 유발한다.
❸ 참가자의 긍정적인 참여결과에 대해 칭찬하고 상을 준다.
④ 활동 주제와 관련된 참가자의 선행경험을 재생하도록 돕는다.
⑤ 청소년지도자와 청소년 간, 참여 청소년들 간의 친밀감을 조성한다.

해설 ③ 참가자의 긍정적인 참여결과에 대해 칭찬하고 상을 주는 단계는 프로그램 종결단계에 해당한다.

16' 14회 / 14' 12회

58 청소년지도방법의 원리로 옳지 않은 것은?

① 청소년이 활동의 주체가 되어 참여하도록 지도한다.
② 청소년 간에 유기적인 협력이 이루어질 수 있도록 지도한다.
③ 청소년의 실천적 행위와 체험이 될 수 있도록 지도한다.
❹ 청소년 간에 대립 구조를 조장하여 목표를 선점할 수 있도록 지도한다.
⑤ 청소년이 처해 있는 삶의 상황과 관계를 총체적으로 고려하여 지도한다.

④ 청소년 상호 간의 <u>유기적인 협력</u>이 이루어지도록 해야 한다.

💡 **청소년 지도방법의 원리**

원리	내용
존중의 원리	청소년을 존중하고 자율성이 확립될 수 있도록 해야 함
자기주도성의 원리	청소년이 활동의 주체가 되어 적극적으로 참여하고, 활동의 목적, 내용, 시기 등을 선택하며 결정할 수 있도록 해야 함
활동중심의 원리	청소년의 실천적 행위와 체험이 중심이 되어야 함
맥락의 원리	청소년이 처한 삶의 상황과 관계를 총체적으로 고려하여 청소년을 이해하고 적합한 방법을 구성하여 적용함
다양성의 원리	청소년의 다양한 차이와 요구를 감안하여 그에 적합한 지도방법을 모색함
협동성의 원리	청소년 상호 간의 유기적인 협력이 이루어지도록 함
창의성의 원리	창의적인 청소년 지도방법 및 청소년의 창의적 능력 계발을 고려해야 함
효율성의 원리	능률적이고 효과적인 지도방법을 고려해야 함

18' 17회 / 17' 16회 / 16' 14회 / 15' 13회

59 청소년활동 진흥법상 다음이 설명하는 청소년수련시설은?

> 청소년의 숙박 및 체류에 적합한 시설·설비와 부대·편익시설을 갖추고 숙식편의 제공, 여행청소년의 활동지원을 주된 기능으로 한다.

① 청소년수련관
② 청소년문화의 집
③ 청소년야영장
④ 청소년특화시설
❺ 유스호스텔

🔍 **해설**
① 청소년수련관 : 다양한 청소년수련거리를 실시할 수 있는 각종 시설 및 설비를 갖춘 종합수련시설
② 청소년문화의 집 : 간단한 청소년수련활동을 실시할 수 있는 시설 및 설비를 갖춘 정보·문화·예술 중심의 수련시설
③ 청소년야영장 : 야영에 적합한 시설 및 설비를 갖추고, 청소년수련거리 또는 야영편의를 제공하는 수련시설
④ 청소년특화시설 : 청소년의 직업체험, 문화예술, 과학정보, 환경 등 특정 목적의 청소년활동을 전문적으로 실시할 수 있는 시설과 설비를 갖춘 수련시설

18' 17회

60 청소년 기본법령상 청소년 방과 후 활동 종합지원사업이 아닌 것은?

① 청소년의 역량 개발 지원
② 청소년의 기본학습 및 보충학습 지원
❸ 청소년 유해약물 피해 예방 및 치료와 재활
④ 청소년의 안전하고 건강한 방과 후 활동을 위한 학부모 교육
⑤ 청소년의 안전하고 건강한 방과 후 활동을 위한 급식, 시설 지원 및 상담

🔍 **해설**
③ 청소년 유해약물 피해 예방 및 치료와 재활은 **청소년 보호** 중 하나로 청소년 보호법에 규정되어 있는 사업이다.

 청소년 방과 후 활동 종합지원사업
(청소년 기본법 시행령 제33조의4 제2항)

방과후사업은 다음 각 호의 활동을 포함한다.
1. 청소년의 역량 개발 지원
2. 청소년의 기본학습 및 보충학습 지원
3. 청소년의 안전하고 건강한 방과 후 활동을 위한 급식, 시설 지원 및 상담
4. 청소년의 안전하고 건강한 방과 후 활동을 위한 학부모 교육, 청소년의 방과 후 활동을 지원하는 기관 및 단체 등의 개발 및 연계
5. 그 밖에 청소년의 방과 후 활동을 지원하기 위해 필요한 활동

기출수정   18' 17회 / 15' 13회

61 청소년활동 진흥법령상 청소년수련시설의 안전관련 기준에 관한 설명으로 옳은 것을 모두 고른 것은?

> ㄱ. 정기안전점검 및 수시안전점검을 받아야 하는 시설의 범위·시기, 안전점검기관, 안전점검절차 및 안전기준은 여성가족부령으로 정한다.
> ㄴ. 수련시설의 종합 안전점검의 주기, 절차, 방법 등 필요한 사항은 대통령령으로 정한다.
> ㄷ. 여성가족부장관 또는 특별자치시장·특별자치도지사·시장·군수·구청장은 수련시설에 대한 종합 안전·위생점검을 3년마다 1회 실시할 수 있다.
> ㄹ. 여성가족부장관 또는 특별자치시장·특별자치도지사·시장·군수·구청장은 정기적으로 수련시설에 대한 종합 안전·위생점검을 실시하고 그 결과를 공개하여야 한다.

① ㄱ, ㄴ ② ㄱ, ㄹ
❸ ㄴ, ㄹ ④ ㄱ, ㄴ, ㄷ
⑤ ㄱ, ㄷ, ㄹ

해설
ㄱ. 정기 안전점검 및 수시 안전점검을 받아야 하는 시설의 범위·시기, 안전점검기관, 안전점검 절차 및 안전기준은 <u>대통령령</u>으로 정한다(청소년활동 진흥법 제18조 제5항).
ㄷ. 여성가족부장관 또는 시장·군수·구청장은 법 제18조의3 제1항에 따른 수련시설에 대한 종합 안전·위생점검을 <u>2년마다 1회 이상</u> 실시하여야 한다(청소년활동 진흥법 시행령 제11조 제1항).

17' 16회 / 15' 13회 / 14' 12회

62 청소년 기본법령상 수용인원이 30명인 청소년수련시설의 청소년지도사 배치대상과 배치기준으로 옳은 것은?

① 청소년수련관 - 2급 1명, 3급 1명
❷ 청소년수련원 - 2급 1명, 3급 1명
③ 청소년특화시설 - 3급 2명
④ 청소년수련관 - 2급 2명, 3급 1명
⑤ 청소년수련원 - 3급 2명

해설
①·④ 청소년수련관 - 1급 1명, 2급 1명, 3급 2명 이상
③ 청소년특화시설 - 2급 및 3급 각각 1명 이상
⑤ 청소년수련원 - 2급 및 3급 각각 1명 이상

⚖️ **청소년수련시설 청소년지도사 배치기준**
(청소년기본법 시행령 별표5)

배치대상	배치기준
청소년수련관	• 1급 청소년지도사 1명, 2급 청소년지도사 1명, 3급 청소년지도사 2명 이상을 둔다. • 수용인원이 500명을 초과하는 경우에는 500명을 초과하는 250명당 1급, 2급 또는 3급 청소년지도사 중 1명 이상을 추가로 둔다.
청소년수련원	• 2급 청소년지도사 및 3급 청소년지도사를 각각 1명 이상 두되, 수용정원이 500명을 초과하는 경우에는 1급 청소년지도사 1명 이상과 500명을 초과하는 250명당 1급, 2급 또는 3급 청소년지도사 중 1명 이상을 추가로 둔다. • 지방자치단체에서 폐교시설을 이용하여 설치한 시설로서 특정 계절에만 운영하는 시설의 경우에는 청소년지도사를 두지 않을 수 있다.
유스호스텔	청소년지도사를 1명 이상 두되, 숙박정원이 500명을 초과하는 경우에는 2급 청소년지도사 1명 이상을 추가로 둔다.
청소년야영장	• 청소년지도사를 1명 이상 둔다. 다만, 설치·운영자가 동일한 시·도 안에 다른 수련시설을 운영하면서 청소년야영장을 우영하는 경우로서 다른 수련시설에 청소년지도사를 둔 경우에는 그 청소년야영장에 청소년지도사를 별도로 두지 않을 수 있다. • 국가, 지방자치단체, 그 밖에 공공법인이 설치·운영하는 청소년야영장으로서 청소년수련거리의 실시 없이 이용 편의만 제공하는 경우에는 청소년지도사를 두지 않을 수 있다.
청소년문화의집	청소년지도사를 1명 이상 둔다.
청소년특화시설	2급 청소년지도사 및 3급 청소년지도사를 각각 1명 이상 둔다.

63 청소년 기본법상 한국청소년단체협의회의 기능이 아닌 것은?

① 외국 청소년단체와의 교류·지원
② 청소년지도자의 연수와 권익증진
③ 청소년활동에 관한 연구·조사·지원
④ 청소년관련분야의 국제기구활동
❺ 청소년수련시설의 안전에 관한 홍보 및 실천운동

해설 ⑤ 청소년수련시설의 안전에 관한 홍보 및 실천운동은 <u>한국청소년수련시설협회</u>가 진행하는 사업으로 청소년활동 진흥법 제40조 제1항 제3호에 규정되어 있다.

한국청소년단체협의회의 기능(청소년기본법 제40조 제1항)

청소년단체는 청소년육성을 위한 다음 각 호의 활동을 하기 위하여 여성가족부장관의 인가를 받아 한국청소년단체협의회를 설립할 수 있다.
1. 회원단체의 사업과 활동에 대한 협조·지원
2. 청소년지도자의 연수와 권익 증진
3. 청소년 관련 분야의 국제기구활동
4. 외국 청소년단체와의 교류 및 지원
5. 남·북청소년 및 해외교포청소년과의 교류·지원
6. 청소년활동에 관한 조사·연구·지원
7. 청소년 관련 도서 출판 및 정보 지원
8. 청소년육성을 위한 홍보 및 실천 운동
9. 제41조에 따른 지방청소년단체협의회에 대한 협조 및 지원
10. 그 밖에 청소년육성을 위하여 필요한 사업

64 국립청소년수련시설이 아닌 것은?

① 국립평창청소년수련원
❷ 국립중앙청소년디딤센터
③ 국립고흥청소년우주체험센터
④ 국립김제청소년농업생명체험센터
⑤ 국립영덕청소년해양환경체험센터

해설 국립청소년수련시설에는 <u>국립중앙청소년수련원, 국립평창청소년수련원, 국립청소년농생명센터, 국립청소년우주센터, 국립청소년해양센터</u>가 있다. 국립고흥청소년우주체험센터, 국립김제청소년농업생명체험센터, 국립영덕청소년해양환경체험센터는 2017년 5월 이후 각각 국립청소년우주센터, 국립청소년농생명센터, 국립청소년해양센터로 <u>명칭이 변경</u>되었다.

65 다음이 설명하는 것은?

- 청소년들의 문화적 감성 함양과 역량 개발을 지원하는 시설, 조직, 프로그램 등으로 구성된 지역적 공간
- 청소년들이 상시적으로 다양한 문화 활동을 할 수 있는 지역

① 청소년 레드존
② 청소년 블루존
③ 청소년 스쿨존
④ 오리엔티어링
❺ 청소년어울림마당

해설
① 청소년 레드존은 청소년 유해업소가 모여 있는 지역에 <u>청소년의 통행을 금지하거나 정해진 시간 동안 제한</u>하는 구역이다.
② 청소년 블루존은 청소년들의 건전한 활동을 위해 청소년 <u>유해업소의 단속 강화 및 청소년문화가 조성</u>되는 지역이다.
③ 스쿨존은 <u>어린이보호구역</u>으로 만 13세 미만 어린이 시설을 대상으로 하며, 학교정문의 반경 300미터 이내의 도로 중 일정구간을 보호구역으로 지정하게 되며, 필요한 경우 반경 500미터 이내의 도로도 보호구역으로 지정이 가능하다.
④ 오리엔티어링은 <u>지도상에 표시된 몇 개의 지점을 통과하여 가능한 빨리 결승점에 도달하는 활동</u>이다.

66 범정부적 차원의 청소년정책과제의 설정·추진 및 점검을 위하여 청소년 분야의 전문가와 청소년이 참여하는 기구는?

❶ 청소년특별회의
② 청소년보호위원회
③ 청소년정책위원회
④ 청소년정책실무위원회
⑤ 학교 밖 청소년 지원 위원회

해설
② 청소년보호위원회는 <u>청소년을 유해매체, 환경 등으로부터 보호</u>하기 위해 여성가족부 소속으로 설립된 위원회이다.
③ 청소년정책위원회는 <u>청소년정책에 관한 주요 사항을 심의·조정</u>하기 위해 여성가족부에 설치된 위원회이며, 위원장은 여성가족부장관이 된다.
④ 청소년정책실무위원회는 청소년정책위원회에서 심의·조정할 사항을 미리 검토하거나 위임된 사항을 처리하는 등 <u>청소년정책위원회의 운영을 지원</u>하기 위한 위원회이다.
⑤ 학교 밖 청소년 지원 위원회는 <u>학교 밖 청소년 지원에 관한 사항들을 심의</u>하기 위해 여성가족부장관 소속으로 설치되는 위원회이다.

청소년특별회의의 개최(청소년 기본법 제12조)
① 국가는 범정부적 차원의 청소년정책과제의 설정·추진 및 점검을 위하여 청소년 분야의 전문가와 청소년이 참여하는 청소년특별회의를 해마다 개최하여야 한다.
② 청소년특별회의의 참석대상·운영방법 등 세부적인 사항은 대통령령으로 정한다.

청소년특별회의의 참석 대상(청소년 기본법 시행령 제12조)
① 법 제12조에 따른 청소년특별회의에 참석하는 사람은 다음 각 호와 같다.
  1. 지역회의에서 추천하는 청소년
  2. 청소년 관련 기관·단체에서 추천하는 청소년
  3. 청소년 관련 단체·시설·학계의 관계자
  4. 여성가족부장관이 공개모집을 통하여 선정한 청소년
  5. 그 밖에 여성가족부장관이 필요하다고 인정하는 사람
② 여성가족부장관은 제1항에 따른 참석 대상을 정할 때에는 성별·연령별·지역별로 각각 전체 청소년을 대표할 수 있도록 노력하여야 한다.

67 청소년활동 진흥법상 청소년수련시설의 종합평가에 관한 내용이다. ( )에 들어갈 용어로 옳은 것은?

ㄱ. ( )은(는) 수련시설의 전문성 강화와 운영의 개선 등을 위하여 시설 운영 등 수련시설 전반에 대한 종합평가를 정기적으로 실시하고 그 결과를 공개하여야 한다.
ㄴ. 수련시설 종합평가의 주기·방법·절차 및 평가결과의 공개 등에 필요한 사항은 ( )령으로 정한다.

① 대통령, 보건복지부
② 국무총리, 여성가족부
❸ 여성가족부장관, 여성가족부
④ 여성가족부장관, 대통령
⑤ 국무총리, 보건복지부

해설
ㄱ. 청소년활동 진흥법 제19조의2 제1항
ㄴ. 청소년활동 진흥법 제19조의2 제7항

수련시설의 종합평가(청소년활동 진흥법 제19조의2)
① 여성가족부장관은 수련시설의 전문성 강화와 운영의 개선 등을 위하여 시설 운영 및 관리 체계, 활동프로그램 운영 등 수련시설 전반에 대한 종합평가를 정기적으로 실시하고 그 결과를 공개하여야 한다.
② 여성가족부장관은 제1항에 따른 종합평가를 실시하려면 미리 수련시설의 운영대표자에게 그 종합평가의 절차, 방법 및 기간을 통보하여야 한다.
③ 여성가족부장관은 제2항에 따른 통보를 할 때 또는 그 통보 후에 수련시설의 운영대표자에게 제1항에 따른 종합평가에 필요한 자료의 제출을 요구할 수 있다. 이 경우 수련시설의 대표자는 정당한 사유가 없으면 그 요구에 따라야 한다.
④ 국가 및 지방자치단체는 제1항에 따른 종합평가의 결과 우수한 수련시설에 대하여 포상 등을 실시할 수 있다.
⑤ 여성가족부장관은 제1항에 따른 종합평가의 결과에 따라 수련시설의 운영대표자에게 미흡사항에 대한 개선이나 그 밖의 필요한 조치를 하도록 요구할 수 있다.
⑥ 여성가족부장관은 제1항에 따른 종합평가의 결과를 교육부장관 등 관계 기관의 장에게 알려야 한다.
⑦ 제1항에 따른 종합평가의 주기·방법·절차 및 평가결과의 공개 등에 필요한 사항은 여성가족부령으로 정한다.

68 청소년활동 진흥법령상 청소년운영위원회에 관한 설명으로 옳은 것은?

❶ 10명 이상 20명 이하의 청소년으로 구성하여야 한다.
② 위원의 임기는 2년으로 한다.
③ 위원장은 위원 중에서 연장자가 한다.
④ 여성가족부장관은 청소년운영위원회의 의견을 수련시설 운영에 반영하여야 한다.
⑤ 청소년운영위원회의 구성·운영 등에 필요한 사항은 조례로 정한다.

해설
② 위원의 임기는 <u>1년</u>으로 한다.
③ 위원장은 위원 중에서 <u>호선(互選)</u>한다.
④ <u>수련시설운영단체의 대표자</u>는 청소년운영위원회의 의견을 수련시설 운영에 반영해야 한다.
⑤ 청소년운영위원회의 구성·운영 등에 필요한 사항은 <u>대통령령</u>으로 정한다.

청소년운영위원회(청소년활동 진흥법 제4조)
① 청소년수련시설을 설치·운영하는 개인·법인·단체 및 제16조제3항에 따른 위탁운영단체(수련시설운영단체)는 청소년활동을 활성화하고 청소년의 참여를 보장하기 위하여 청소년으로 구성되는 청소년운영위원회를 운영하여야 한다.
② 수련시설운영단체의 대표자는 청소년운영위원회의 의견을 수련시설 운영에 반영하여야 한다.
③ 제1항에 따른 청소년운영위원회의 구성·운영 등에 필요한 사항은 대통령령으로 정한다.

청소년운영위원회의 구성·운영(동법 시행령 제3조)
① 법 제4조제1항에 따른 청소년운영위원회는 10명 이상 20명 이하의 청소년으로 구성하여야 한다.
② 위원의 임기는 1년으로 한다.
③ 위원장은 위원 중에서 호선(互選)한다.
④ 위원장은 운영위원회를 대표하고, 운영위원회의 직무를 총괄한다.
⑤ 위원장이 부득이한 사유로 직무를 수행할 수 없는 경우에는 위원장이 미리 지명한 위원이 그 직무를 대행한다.
⑥ 위원장은 필요시 회의를 소집하며, 그 의장이 된다.
⑦ 이 영에 규정된 것 외에 운영위원회의 운영에 필요한 사항은 위원회의 의결을 거쳐 위원장이 정한다.
⑧ 국가 및 지방자치단체는 예산의 범위에서 운영위원회의 운영에 필요한 경비를 지원할 수 있다.

---

69 청소년수련활동 인증제의 공통기준으로 옳은 것은?

① 숙박관리
② 이동관리
❸ 프로그램 지원운영
④ 휴식관리
⑤ 영양관리자 자격

해설
① 숙박관리, ② 이동관리, ④ 휴식관리, ⑤ 영양관리자 자격은 모두 <u>개별기준</u>에 해당한다.

인증기준별 구성항목

구 분	영역/유형	기 준
공통기준	활동 프로그램	• 프로그램 구성 • 프로그램 자원운영
	지도력	• 지도자 자격 • 지도자 역할 및 배치
	활동환경	• 공간과 설비의 확보 및 관리 • 안전관리 계획
개별기준	숙박형	• 숙박관리 • 안전 관리인력 확보 • 영양관리자 자격
	이동형	• 숙박관리 • 안전 관리인력 확보 • 영양관리자 자격 • 휴식관리 • 이동관리
특별기준	위험도가 높은 활동	• 전문지도자의 배치 • 공간과 설비의 법령준수
	학교단체 숙박형	학교단체 숙박형 활동 관리

〈출처 : e-청소년〉

14' 12회

70 청소년활동 진흥법령상 인증수련활동의 기록 유지·관리 등에 관한 설명으로 옳지 않은 것은?

① 국가는 인증을 받은 청소년수련활동을 공개하여야 한다.
② 국가는 인증수련활동에 참여한 청소년의 활동기록을 유지·관리하여야 한다.
③ 국가는 청소년이 요청하는 경우 청소년 본인의 동의하에 활동기록을 제공하여야 한다.
❹ 보건복지부령에서 정하는 인증기준에 따라 심사하고, 인증을 요청한 자에게 그 결과를 통지하여야 한다.
⑤ 인증위원회의 구성·운영 등에 필요한 사항은 대통령령으로 정한다.

해설
④ 인증위원회는 인증을 요청받은 경우에는 **인증위원회**에서 정하는 인증기준에 따라 심사하고, 인증을 요청한 자에게 그 결과를 통지하여야 한다(청소년활동 진흥법 시행령 제21조 제2항).
①·②·③ **국가**는 인증을 받은 **청소년수련활동(인증수련활동)을 공개**하여야 하며, 인증수련활동에 참여한 **청소년의 활동기록을 유지·관리**하고, **청소년이 요청하는 경우에는 이를 제공**하여야 한다(동법 제36조 제5항).
⑤ 인증위원회의 구성·운영, 청소년의 활동기록의 유지 및 관리 등에 필요한 사항은 **대통령령**으로 정한다(동법 제35조 제6항).

16' 14회 / 15' 13회 / 14' 12회

71 국제청소년성취포상제에 관한 설명으로 옳은 것은?

① 참여할 수 있는 연령은 만 9세부터 24세까지이다.
② 은장은 만 12세 이상을 대상으로 한다.
❸ 금장 단계에 한하여 합숙활동을 해야 한다.
④ 포상 활동영역은 자율활동, 동아리활동, 봉사활동, 진로활동이다.
⑤ 포상 단계별 최소 활동 기간은 동장 3개월, 은장 6개월, 금장 9개월이다.

해설
① 참여할 수 있는 연령은 <u>만 14세부터 24세까지</u>이다.
② 은장은 <u>만 15세 이상</u>의 청소년을 대상으로 한다.
④ 포상 활동영역은 <u>봉사활동, 자기개발, 신체단련, 탐험활동, 합숙활동</u>이다.
⑤ 포상 단계별 최소 활동 기간의 경우 <u>금장은 최소 12개월 이상</u>이어야 한다.

 포상영역별 활동기준

활동영역 \ 구분	금장 (만 16세 이상)	은장 (만 15세 이상)	동장 (만 14세 이상)
봉사활동	최소 12개월 48회(시간) 이상	최소 6개월 24회(시간) 이상	최소 3개월 12회(시간) 이상
자기개발			
신체단련			
탐험활동	3박 4일	2박 3일	1박 2일
합숙활동	4박 5일	-	-

〈출처 : e-청소년〉

72 청소년활동 진흥법령상 청소년수련활동 인증제의 취소 등에 관한 내용이다. (   )에 들어갈 숫자가 옳은 것은?

인증위원회가 인증을 취소하거나 정지하려는 경우에는 (   )일 이상의 기간을 정하여 인증의 취소 또는 정지처분 대상자에게 의견을 제출할 기회를 주어야 한다.

① 10 ② 15
③ 20 ④ 25
❺ 30

해설
인증위원회가 인증을 취소하거나 정지하려는 경우에는 <u>30일 이상</u>의 기간을 정하여 인증의 취소 또는 정지처분 대상자에게 의견을 제출할 기회를 주어야 한다. 이 경우 지정된 날까지 의견을 제출하지 아니하면 의견이 없는 것으로 본다(청소년활동 진흥법 시행규칙 제15조의6 제1항).

15' 13회 / 14' 12회

73 2015 개정 교육과정상 창의적 체험활동의 영역으로 옳은 것을 모두 고른 것은?

```
ㄱ. 자율활동
ㄴ. 모험활동
ㄷ. 동아리활동
ㄹ. 봉사활동
ㅁ. 진로활동
ㅂ. 교류활동
```

① ㄱ, ㄴ, ㄷ, ㄹ
❷ ㄱ, ㄷ, ㄹ, ㅁ
③ ㄱ, ㄷ, ㅁ, ㅂ
④ ㄴ, ㄹ, ㅁ, ㅂ
⑤ ㄷ, ㄹ, ㅁ, ㅂ

해설 창의적 체험활동의 영역은 <u>자율활동, 진로활동, 봉사활동, 동아리활동</u>이다.

💡 **창의적 체험활동**
- 자율활동, 진로활동, 봉사활동, 동아리활동을 주요영역으로 한다.
- 기존 교과활동과 상호 보완적인 관계에 있으며, 다양한 체험활동을 통해 전인적 성장을 돕는다.
- 지역사회의 인적·물적자원을 계획적으로 활용하도록 한다.
- 영역별 시간 수는 학교의 특성을 고려하여 학교재량으로 배정한다.
- 학생의 자주적인 실천 활동을 중시한다.

18' 17회 / 15' 13회

74 청소년활동 진흥법령상 인증을 받아야 하는 청소년수련활동으로 옳은 것을 모두 고른 것은?

```
ㄱ. 래프팅
ㄴ. 산악스키
ㄷ. 패러글라이딩
ㄹ. 자연암벽 클라이밍
ㅁ. 청소년 참가인원이 50명 이하인 청소년수련활동
```

① ㄱ, ㄴ
② ㄱ, ㄷ, ㄹ
③ ㄴ, ㄷ, ㅁ
❹ ㄱ, ㄴ, ㄷ, ㄹ
⑤ ㄱ, ㄴ, ㄹ, ㅁ

해설
- ㅁ. 청소년 참가인원이 <u>150명 이상</u>인 청소년수련활동이 인증을 받아야 한다.

⚖️ **인증을 받아야하는 청소년수련활동**
(청소년활동 진흥법 시행규칙 제15조의2)

법 제36조제2항 각 호 외의 부분 본문에 따라 인증을 받아야 하는 청소년수련활동은 다음 각 호와 같다.
1. 청소년 참가인원이 150명 이상인 청소년수련활동
2. 별표 7의 위험도가 높은 청소년수련활동

구 분	프로그램
수상활동	래프팅, 모터보트, 동력요트, 수상오토바이, 고무보트, 수중스쿠터, 호버크래프트, 수상스키, 조정, 카약, 카누, 수상자전거, 서프보드, 스킨스쿠버
항공활동	패러글라이딩, 행글라이딩
산악활동	클라이밍(자연암벽, 빙벽), 산악스키, 야간등산(4시간 이상의 경우만 해당한다)
장거리걷기활동	10Km 이상 도보이동
그 밖의 활동	유해성 물질(발화성, 부식성, 독성 또는 환경유해성 등), 집라인(Zip-line), ATV탑승 등 사고위험이 높은 물질·기구·장비 등을 활용하여 이루어지는 청소년수련활동

16' 14회

75 ( )에 들어갈 용어로 옳은 것은?

> ( )(이)란 중학교 교육과정 중 한 학기 동안 학생들이 시험부담에서 벗어나 꿈과 끼를 찾을 수 있도록 수업운영을 토론, 실습 등 학생참여형으로 개선하고, 진로탐색 활동 등 다양한 체험활동이 가능하도록 교육과정을 유연하게 운영하는 제도

❶ 자유학기제
② 홈스쿨링
③ 방과후돌봄서비스
④ 자기도전성취포상제
⑤ 청소년 멘토링

해설
② 홈스쿨링 : 학교에 가는 대신 집에서 부모가 아이의 적성과 특성에 맞게 가르치는 방식이다.
③ 방과후돌봄서비스 : 아동 및 청소년의 건강하고 안전한 성장을 위한 서비스로 초등돌봄교실, 지역아동센터, 청소년방과후아카데미를 운영한다.
④ 자기도전성취포상제 : 만 9~13세 청소년들이 4가지 활동영역(자기개발, 신체단련, 봉사활동, 탐험활동)에서 스스로 정한 목표를 성취하는 자기성장 프로그램이다.
⑤ 청소년 멘토링 : 성인이 청소년의 멘토가 되어 청소년의 인격적 성장 및 발달, 학업지원 등을 돕는 과정이다.

자유학기제

- 자유학기제는 중학교 교육과정 중 한 학기 동안 수업운영을 토론, 실습 등 학생 참여형으로 개선하고, 진로탐색 활동 등 다양한 체험활동이 가능하도록 교육과정을 유연하게 운영하는 제도이다.
- 지역사회와 연계하여 다양한 체험중심의 자유학기 활동을 운영하게 된다.
- 자유학기 활동상황은 학교 생활기록부에 기록된다.
- 해당 학기의 창의적 체험활동을 자유학기의 취지에 부합되도록 편성 및 운영하게 되며, 협동학습이나 토의·토론 학습, 프로젝트 학습 등 학생 참여형 수업을 강화한다.
- 자유학기에는 중간기말고사 등 일제식 지필평가를 실시하지 않으며, 자유학기의 성적은 고등학교 입시성적에 반영되지 않는다.

PART 03

빈틈공략 기출이론정리

- 01 발달심리
  기출 지문 다시보기 O / X
- 02 집단상담의 기초
  기출 지문 다시보기 O / X
- 03 심리측정 및 평가
  기출 지문 다시보기 O / X
- 04 상담이론
  기출 지문 다시보기 O / X
- 05 학습이론
  기출 지문 다시보기 O / X
- 06 청소년이해론
  기출 지문 다시보기 O / X
- 07 청소년수련활동론
  기출 지문 다시보기 O / X

01 발달심리

청소년상담사 3급

◆ **발달의 일반적 특징** [2016]
- 발달은 이전 경험의 누적에 따른 산물이다.
- 삶의 중요한 사건이나 경험이 발달상의 큰 변화를 가져올 수 있다.
- 한 개인의 발달은 역사·문화적 맥락의 영향을 받는다.
- 대부분의 발달적 변화는 성숙과 학습의 산물이다.
- 발달의 각 영역은 상호의존적이다.

◆ **프로이트(S. Freud)의 성격구조** [2016]

성격의 구조	내 용
원초아 (id)	인간의 본능적 욕구들로 구성되어 있으며, 욕구가 직접적이고 즉각적으로 충족되어야 하는 쾌락의 원리에 따라 작용한다.
자아 (ego)	본능적인 욕구들과 외적인 현실세계를 중재하며, 현실의 맥락에 맞게 원초아의 욕구충족을 지연 또는 억제시킨다.
초자아 (superego)	성격의 도덕적인 부분이며, 이상적 목표를 추구한다. 자아이상과 양심으로 구성되어 있으며, 옳고 그름에 대한 판단을 한다.

◆ **프로이트의 인간발달단계와 에릭슨의 심리사회적 위기와의 연결** [2014]

프로이트의 인간발달단계	에릭슨의 심리사회적 위기
구강기(0~1세)	신뢰감 대 불신
항문기(1~3세)	자율성 대 수치심과 회의
남근기(3~6세)	주도성 대 죄책감
잠복기 또는 잠재기(6~12세)	근면성 대 열등감
생식기(12세 이후)	정체감 성취 대 정체감 혼미

◆ **에릭슨의 심리사회적 발달이론에 기초한 청소년기 정체감 형성이 중요한 이유** [2014]
- 내적인 충동의 질적·양적 변화가 일어나기 때문이다.
- 추상적 사고를 하게 되면서 자신의 미래와 존재에 대해 고민하는 기회가 많아지기 때문이다.
- 아동도 성인도 아닌 주변인으로서의 특성 때문이다.
- 진로나 중요 과업에 대해 자기 선택을 강요받기 때문이다.

◆ **행동주의 이론의 특징** [2016]
- 아동발달에서 생물학적 요인보다 환경적 요인을 더 강조한다.
- 행동주의 이론에서는 자극과 반응 간의 관계를 강조한다.
- 초기 행동주의 연구에서는 직접 관찰하고 측정할 수 있는 행동을 중요하게 여긴다.
- 조작적 조건형성이론에서는 강화와 처벌의 역할을 강조한다.

◆ **발달의 주요 쟁점** [2016]
- 오늘날 유전과 환경 중 어느 한쪽만을 주장하는 입장은 설득력이 떨어진다.
- 연속성과 불연속성의 쟁점은 양적·질적 변화의 문제와 관련된다.
- 안정성과 불안정성의 쟁점은 집단 내 개인의 상대적 위치 변동과 관련된다.

- 초기경험을 강조하는 학자에 비해 후기경험을 강조하는 학자들은 발달의 변화가능성을 더 크게 평가한다.
- 인간발달의 특성을 설명하는 데 지속력이 강한 특성이 쉽게 형성되는 시기라는 '민감기(Sensitive Period)'가, 일단 형성되면 변화가 불가능하다는 의미인 '결정기(Critical Period)'보다 설득력이 크다.

◆ 모로반사 [2016]

갑자기 큰 소리가 나거나 갑작스런 머리 위치의 변화에 대해 신생아가 팔과 다리를 쭉 벌리면서 무엇인가를 껴안으려고 하는 것 같은 자세를 취하는 반사이다.

◆ 르위스와 브룩스 건의 연구(거울 루즈 검사) [2016]

아동의 코에 빨간 립스틱으로 점을 찍은 다음 거울 앞에 세워 두고, 아동이 이를 알아차리고 닦으려 하는지를 관찰한다. 이는 아동의 자기 인식을 측정하기 위한 절차이고, 아동 대부분은 생후 18~24개월경 성공적 수행을 보인다. 이 실험을 통해 아동의 자기 인식은 생후 18~24개월 사이에 일어나는 것을 알 수 있다.

◆ 유아기 신체발달 [2015]

- 두미 방향, 중심에서 말단 방향으로 이루어진다.
- 영아기만큼 빠른 속도는 아니지만 신장과 체중이 점진적으로 증가한다.
- 성장함에 따라 활동량과 활동반경이 확대된다.
- 신체성장과 발달에는 개인차와 문화적 차이가 있다.
- 유아기의 발달은 머리부터 시작하기 때문에 뇌와 머리는 신체의 다른 부분보다 빠르게 성장한다.

◆ 아동기 정서조절의 발달 [2016]

- 개인이 목표를 이루기 위해 자신의 정서상태를 억제, 유지, 조정하는 과정을 정서조절이라 한다.
- 나이가 들면서 다양한 정서조절 전략을 융통성 있게 사용하는 능력이 증가한다.
- 연령이 증가함에 따라 정서 자극에 대한 반응강도가 줄어들어 든다.
- 행동조절 전략에서 인지조절 전략으로 변화하게 되며, 부모에게 의지하기보다는 스스로 조절하는 능력이 증가한다.
- 경험하는 정서와 표현하는 정서를 구별하는 능력이 증가한다.

◆ 성인기 인지발달 [2016, 2015]

- 지혜는 연령이 증가할수록 발달하는 경향이 있다.
- 변증법적 사고는 모순 및 대립을 근본원리로 여러 측면의 사고들을 통합하여 총체적인 견해를 가질 수 있게 한다.
- 리겔(K. Riegel)은 성인기 인지발달에서 변증법적 특징을 강조한다. 변증법적 사고에서는 모순과 한계를 인식하는 불평형 상태에서 인지발달이 이루어진다고 본다.
- 후형식적 사고는 성인기 이후에 발달하며, 상황에 따라 진리가 달라질 수 있다고 가정한다.
- 크레이머(D. Kramer)는 후형식적 사고는 모순된 사고나 감정, 경험을 통합하는 능력이라고 보았다.
- 유동적 지능은 결정화된 지능에 비해 상대적으로 더 빨리 낮아지며, 대체로 성인 초기 이후 감소한다.
- 결정화된 지능은 성인기 동안 감퇴하지 않고 오히려 증가하기도 한다.
- 작업기억은 성인 후기가 될수록 급격하게 감퇴한다.

◆ 성인기 성격특성 [2016]

- 5요인 성격특성에 관한 코스타와 멕크레(Costa & McCrae)의 볼티모어 종단연구 결과에 의하면, 성격은 나이에 따라 변하기보다는 안정적으로 된다.
- 나이가 들수록 남성과 여성 간 성역할 정체성의 차이는 감소하는 경향이 있다.
- 레빙거(J. Loevinger)
  - 자아발달단계는 전사회적 단계 → 공생 단계 → 충동적 단계 → 자기보호 단계 → 동조자 단계 → 자기지각적 단계 → 양심적 단계 → 개인적 단계 → 자율적 단계 → 통합적 단계를 거친다고 주장하였다.
  - 단계와 특정연령을 결부시키지 않았으며, 단계마다 이동속도와 도달하는 마지막 단계는 개인차가 있다고 보았다.

◆ 퀴블러 로스(Kübler - Ross)의 죽음에 관한 5단계 [2016]

단 계	내 용
부 정	자신이 죽을 것이라는 사실을 부정한다.
분 노	자신이 죽을 것이라는 사실을 인정하지만, 타인이 아닌 자신이 죽는다는 사실에 대한 분노를 주변인들에게 표현한다.
타 협	죽음을 지연시키거나 피하기 위해 타협을 시도한다.
우 울	자신이 죽는다는 사실을 수용하며, 타인과 만나는 것을 거부하고 홀로 슬퍼하거나 우는 시간이 많아진다.
수 용	죽는다는 사실에 때문에 심리적·신체적 고통을 느끼지 않는다.

◆ 노화원인 이론 [2014]

- 마모이론 : 인체를 장기간 사용함으로써 기능이 약화되고 구조가 와해되어서 노화가 발생하며, 신체의 과도한 사용, 질병, 장애와 같은 요인이 노화를 가속화시킨다고 주장한다.
- 활성산소 이론 : 활성화 산소의 독성 때문에 암이나 관절염 등의 질병이 발생하고 이것의 축적으로 노화가 발생한다.
- 유전적 계획이론(프로그램 이론) : DNA에 노화가 프로그래밍되어 있어 노화는 유전적으로 결정되어 있다는 이론으로 내분비체계와 면역체계의 변화 및 기능상실로부터 노화가 시작된다고 주장한다.
- 유전자 오류이론 : 단백질 합성 오류가 축적되어 세포의 기능이 손상되고 DNA의 손상이 복구 효소에 의해 수정되지 않으면 변이가 일어나 노화를 일으킨다.

◆ 발테스와 발테스(P. Baltes & M. Baltes)의 SOC(Selective Optimization with Compensation) 이론 [2015]

- SOC이론에서는 전 생애적 관점에서 성공적 노화를 개인과 환경의 상호작용 과정으로 보며, 선택·최적화·보상을 발달적 조절의 세 가지 중심적 과정으로 제안한다.
- 선택은 노화에 따라 개인이 수행할 수 있는 중요한 영역에 개인 자원을 집중하여 높은 수행 기능을 유지하려는 것으로 노화에 따른 내적·외적 자원의 제약과 상실로 인해 선택과정이 필요한 것으로 본다.
- 선택한 목표 달성을 위해 최선의 노력을 다하는 최적화를 중시한다.
- 노화에 따른 상실이 일어날 때 타인의 도움이나 부가적인 자원의 동원 등의 보상을 통해 대응한다.
- 전생애적 관점에서 연령에 따른 획득의 최대화와 상실의 최소화를 적응적 발달로 본다.

◆ 유아의 대근육 운동기능 발달 [2015]

나 이	운동기능
2~3세경	제자리에서 두 발로 깡충 뛸 수 있다.
3~4세경	몸을 앞뒤로 흔들며 한 쪽 팔로 공을 던질 수 있다.
4~5세경	곡선 길과 평균대 위를 걸을 수 있다.
5~6세경	높이뛰기와 멀리뛰기를 할 수 있다.

◆ 정신적 표상의 사용증거 [2014]

- 생후 18~24개월경에 정신적 표상단계에 이른다.
- 대상영속성 이해 : 특정 대상이 보이지 않아도 그 대상이 존재한다는 것을 이해한다.
- 지연 모방 : 관찰했던 행동을 시간이 지난 후 기억했다가 행동을 재현한다.
- 지적 능력의 향상이 이루어지며, 언어를 사용하게 된다.
- 눈 앞에 사물이 없어도 사물을 상상할 수 있으며 가상 놀이가 나타난다.

◆ 가드너(H. Gardner)의 다중지능 이론 [2015]

- 가드너는 다중지능의 개념을 제안하며, 지능을 하나의 일반지능으로 기술하는 것을 비판한다.
- 지능은 언어능력, 논리-수리 능력, 공간지능, 음악지능, 신체지능, 대인 간 지능, 개인 내 지능, 자연지능 최소 8개 영역으로 나뉜다고 주장한다.
- 발달장애가 있음에도 불구하고 어느 특정분야에 대한 재능이나 기억력이 뛰어난 것을 석학증후군(savant syndrome)이라 하며, 이것은 지능이 독립되어 있다는 증거가 된다.

◆ 지능검사 [2014]

- 지능검사는 정신적 발달이 이루어지지 않은 아이들을 선별하기 위해 비네(Binet)가 처음으로 고안하였다.
- 비네-시몽(Binet-Simon)검사는 일반아동과 정신적 발달이 더딘 아동을 구별하는 방법을 정부로부터 위탁받아 만들어진 검사이며, 이 검사에서 IQ는 비율점수이다.
- 지능검사는 다양한 인지 능력을 측정한다.
- 지능검사 점수는 학업성취뿐만 아니라 사회정서적 적응과도 상관이 있다.

◆ 영아의 인지능력 측정 기법 [2016]

- EEG 기법 : 뇌의 전기활동을 파악하기 위해 뇌파를 검사하는 것으로 뇌의 기능적 이상으로 인한 정신과적 증상을 판별하기 위해 활용한다.
- 미시 발생적 기법 : 변화가 일어나는 단기간에 참가자를 집중적으로 연구하는 기법이다.
- 고진폭 빨기 기법 : 아기가 자극을 지각했을 경우 고무젖꼭지를 빠는 비율을 통해 지각을 평가하는 기법이다.
- 시각절벽 기법 : 아기의 깊이 지각 실험에 이용되는 기법이다.
- 습관화 기법 : 동일한 자극에 반복적으로 노출되면 영아는 흥미를 잃고 응시하지 않다가 새로운 자극이 제시되면 다시 주의를 집중하여 응시하는데 이러한 반응 차이를 통해 두 자극 사이의 구별 능력을 알아보기 위한 기법이다.

◆ 플린(Flynn) 효과 [2016]

- 플린 효과는 시간이 지나고 세대가 바뀌면서 지능 점수가 점점 높아지고 있는 현상을 말한다.
- 뉴질랜드의 심리학자 제임스 플린은 1940년 이후 미국 신병 지원자들의 IQ 점수는 10년마다 3점씩 높아졌다는 사실을 발견하였다.
- 이러한 현상은 사람들이 추상적인 규칙을 인식하고 개념을 범주화하는 등의 능력이 향상된 결과 과거에 비해 정신적 활동을 더 많이 요구하는 현대의 모습을 반영한다.

◆ 아동의 숙달 지향적 태도를 발달시키는 교사의 전략 [2016]

- 성공했을 때, 수행의 결과보다 과정을 중심으로 칭찬하며, 능력보다는 노력을 중심으로 칭찬하여 아동이 수행을 향상시키는 태도를 가지도록 한다.
- 실패했을 때, 아동이 통제할 수 있는 요인을 찾아 피드백을 한다.
- 한 번의 수행으로 아동의 능력을 판단하지 않는다.
- 다른 사람의 수행보다 아동 자신의 목표와 비교하여 결과에 대한 피드백을 한다.

◆ 영아기 기억상실증의 원인 [2014]

- 영아기 기억상실증이란 3~4세 이전의 경험을 기억하지 못하는 것을 말한다.
- 영아기에 언어적 부호화 능력이 발달하지 못했으며, 영아기에 기억과 관련된 신경구조가 충분히 성숙되지 않았기 때문에 영아기 기억상실증이 나타난다고 본다.
- 자기 개념과 명시적 기억이 충분히 발달하지 않은 것도 영아기 기억상실증의 원인이라 볼 수 있다.

◆ 스크립트(script) [2016]

- 정형화된 상황 속에서 일반적으로 일어나는 사건들의 절차를 스크립트라고 한다.
- 3~4세경의 아이들도 일상을 경험하며 상당한 양의 스크립트가 생성된다.
- 만 3세 아동의 생일잔치에 가족들이 모여앉아 케이크의 촛불을 켜고 노래를 부르자 아동은 자기 차례가 된 것을 알아차리고 촛불을 끄려고 하는 것을 예로 들 수 있다.

◆ 과잉확대 [2015]

- 아동이 단어의 뜻을 기존의 범위보다 더 확대하여 사용하는 것을 말한다.
- 아동이 강아지를 '멍멍이'라고 알고 있는 상태에서 발이 네 개이고 털이 있는 고양이나 소를 보고 '멍멍이'라고 부르는 것을 과잉확대의 예로 들 수 있다.

◆ 조화의 적합성 [2014]

영아의 기질과 어머니의 성격 및 양육방식 간의 관계를 나타내는 개념으로, 어머니가 영아의 타고난 기질적 성향을 파악하고 수용하여 양육방식을 조절함으로써 아동 발달을 최적화할 수 있다는 것을 의미한다.

◆ 발달에 대한 이론가들의 주장 [2015]

- 게젤(A. Gesell) : 유전자가 아동의 성장과 발달의 방향을 결정한다.
- 촘스키(N. Chomsky) : 언어적 성취는 유전적 프로그램에 의한 것이다.
- 보울비(J. Bowlby) : 아동기의 주 양육자와의 애착관계는 성인기의 애착관계에 영향을 미친다.
- 왓슨(J. B. Watson) : 성격 형성은 환경에 의해 좌우된다.

◆ **친사회적 행동** [2014]

- 이타성은 타인의 행복을 위해 자신의 이익과는 상관없이 도우려고 하는 특성이며, 이 이타성이 행동으로 나타난 것을 친사회적 행동이라 한다.
- 이타적 자기도식(자신에 대한 지식의 조직) 및 사회적 조망 수용능력(타인의 태도, 감정 등이 자신과 다름을 인지하고 추론하는 능력)과 높은 관련성이 있다.
- 아동기에 연령과 함께 증가하며 인지능력의 발달을 반영한다.

◆ **공격성** [2015, 2014]

- 부모의 비일관적 훈육과 애정철회는 자녀의 공격성 발달에 영향을 미친다.
- 반응적 공격성 : 타인의 행동을 적대적으로 해석하고 그것에 대한 보복으로 활용되는 공격성을 의미한다.
- 관계적 공격성 : 사회적 배척을 통하여 또래관계에 손상을 가하는 행동을 의미하며, 남아에 비해 여아에게 많이 나타난다. 또한 청소년기 남자보다 여자에게서 더 높은 수준으로 나타나는 공격 유형이다.

◆ **귀인 양식과 실패 후 반응** [2014]

- 와이너(B. Weiner)는 인과 소재, 안정성, 통제성 등의 차원으로 귀인 유형을 구분하였다.
  - 인과 소재 : 성공 및 실패의 원인을 찾는 곳이 자신의 외부인지 내부인지에 관한 것이다.
  - 안정성 : 시간의 경과 혹은 특정 상황에 따라 원인이 변화하는지 여부에 대한 것이다.
  - 통제성 : 학습자의 의지로 통제가 가능한 것인지에 대한 여부이다.

귀인의 예	인과 소재	안정성	통제성
과목 특성	외부	안정	통제 불가능
노력	내부	불안정	통제 가능
운(행운,불운)	외부	불안정	통제 불가능
능력	내부	안정	통제 불가능
타인의 도움	외부	불안정	통제 가능

- 실패 후 반응
  - 숙달지향적 반응 : 실패를 과정 중 발생할 수 있는 시행착오로 받아들이는 반응이다.
  - 무기력 반응 : 실패에 바로 좌절하여 발생한 문제에 대해 회피하는 반응이다.

◆ **죄책감과 수치심** [2014]

- 죄책감과 수치심은 모두 자의식적 복합정서이며 내적 귀인과 관련된다.
- 죄책감은 자신의 잘못을 보상하도록 동기화하며, 수치심은 타인으로부터 숨거나 피하도록 동기화한다.
- 죄책감은 자기 행동(doing)에, 수치심은 자기 존재(being)에 초점을 맞춘다.

◆ **아버지 애착** [2014]

- 아버지의 민감하고 반응적인 양육은 안정애착 발달에 기여한다.
- 아버지와의 안정애착은 자녀의 정서적 안정 및 사회적 유능성에 긍정적 영향을 준다.
- 아버지는 주로 신체적 놀이를 통해서 자녀와 애착 관계를 형성한다.
- 어머니와 불안정 애착을 형성한 경우 어머니를 대신하는 아버지나 다른 애착대상을 가질 수 있다.
- 과거에는 아버지가 어머니 양육을 지원하는 간접적 방식으로 애착형성에 기여했다면, 현재는 아버지도 직접적 방식으로 애착형성에 기여한다.

◆ 쉐퍼와 에멀슨(Schaffer & Emerson)의 애착발달 단계

2016

단계	내용
비사회적 애착 (출생~6주)	사회적·비사회적 자극에 대해 호의적인 반응을 보이고 후기에는 사람들에게 사회적 신호(웃기, 울기, 소리내기 등)를 표현한다.
비변별적 애착 (6주~6, 7개월)	낯선 사람에게도 웃는 표정을 보이며, 사람들과 떨어지는 것을 싫어한다.
특정인 애착 (7~18개월)	영아는 낯선 사람을 두려워하고 경계하며, 양육자와 애착이 발달한다.
다인수 애착 (18개월 이후)	영아는 주양육자 외의 다른 사람과도 애착을 형성한다.

◆ 정신장애

2016

- 청소년기의 신경성 폭식증(bulimia nervosa)은 남학생보다 여학생에게서 더 흔히 나타난다.
- 청소년기의 우울증은 남학생보다 여학생에게서 더 높게 나타난다.
- 아동기에 발병하는 품행장애의 문제는 일생을 통해 영향을 미칠 가능성이 높다.
- 아동기에는 남아가 여아보다 주의력결핍 및 과잉행동장애(ADHD)의 유병률이 높다.
- 조현병(schizophrenia)은 아동기보다 청소년기나 성인초기에 발병하는 경우가 더 많다.

◆ 길리건(C. Gilligan)의 도덕발달 단계

2015

- 길리건(C. Gilligan)은 여성의 도덕성 발달과정에 관한 이론을 제시하였으며, 남성과 여성이 지향하고 선호하는 도덕성이 다르다고 본다.
- 남성은 정의, 여성은 배려를 그 특징으로 한다고 주장하였다.
- 도덕성 발달

단계	내용
1수준	자신의 이익만을 지향
1수준 과도기	개인적 욕구와 책임이 구분되기 시작
2수준	책임감과 자기희생에 초점
2수준 과도기	욕구와 책임감의 균형의 필요성을 깨닫기 시작
3수준	자신의 권리와 타인의 배려가 적절한 조화를 이룸

◆ 신경성 식욕부진증

2014

- 신경성 식욕부진증(anorexia nervosa)은 섭식장애로 본인의 체중을 실제에 비해 과체중으로 지각하며, 비만에 대한 강한 두려움으로 인해 음식을 거부하다가도 폭식이 이루어지고 이후에 구토를 유도하는 등의 비정상적인 식이행동을 보인다.
- 여성의 유병률이 남성보다 더 높으며, 주로 청소년기 또는 초기 성인기에 시작된다.
- 생물학적·사회적·심리적 요인이 원인이 되며 가족 내 상호작용 방식에 문제가 있는 경우가 많다.

◆ 청소년 자살   [2014]

- 청소년의 자살 시도는 죽으려는 의도보다는 어려움을 호소하려는 의도인 경우가 더 많다.
- 청소년의 자살 비율은 국가 간의 차이가 있으며 우리나라의 자살률은 2015년 기준으로 인구 10만 명당 25.8명이었으며, 자살률이 인구 10만 명당 평균 약 14명인 다른 OECD 국가들보다 높은 수치이다.
- 남성이 여성에 비해 죽으려는 의도가 강하고 치명적인 방법을 사용하는 경향이 있다.
- 여자 청소년의 자살 시도 비율이 남자 청소년보다 높으나, 실제 자살 비율은 남자 청소년이 더 높다.
- 청소년 자살의 원인으로는 우울증, 약물남용, 입시위주의 교육환경, 가정불화를 자신의 탓으로 생각하는 죄책감 등으로 알려져 있다.

◆ 아동기와 청소년기 학교부적응   [2015]

- 학교부적응이란 학교 내에서 개인의 욕구가 학교 내의 환경에서 수용 및 충족되지 못할 때 부적절한 행동을 보이는 것을 말한다.
- 학교부적응은 여러 요인에 의해 발생하며, 특히, 개인적 요인으로 낮은 자아존중감(self-esteem)은 학교부적응의 원인이면서 결과가 된다. 가정적 요인 및 학업스트레스와 같은 사회환경적 요인도 학교부적응의 원인이 된다.
- 학교부적응 중 집단따돌림에서는 모든 청소년들이 가해학생이 될 수도 있고 피해학생이 될 수 있다.
- 학업이 우수한 학생이더라도 학업스트레스나 교우관계 등으로 인하여 학교부적응이 나타난다.

◆ 청소년기의 품행장애   [2015, 2014]

- 품행장애는 사회적 규칙을 지속적으로 위반하는 것과 관련된 장애이다.
- 방임적이고 일관적이지 않은 양육과 관련이 있으며, 자기통제력 부족과 관련이 있다.
- 품행장애는 여학생보다 남학생에게서 더 많이 발생하는 것으로 보고되고 있다.
- 주의력결핍 과잉행동장애로 진단되었던 아동이 청소년기에 품행장애로도 진단될 가능성이 높다.
- 아동기에 시작된 품행장애가 청소년기에 시작된 품행장애의 예후보다 더 나쁘다.
- 정신장애진단통계편람(DSM-5)의 진단기준
  - 타인에 대한 공격성
  - 기물 파괴
  - 심각한 규칙위반
  - 사기나 절도

◆ 학습장애에 관한 설명   [2015]

- 학습장애는 정상지능을 가지고 있음에도 읽기, 쓰기, 셈하기 등에 심각한 문제가 있는 경우를 말한다.
- 읽기장애는 난독증이라고도 하며, 글을 유창하게 읽지 못하고 철자를 정확하게 쓰기 힘들어한다.
- 쓰기장애에는 구두점의 잘못된 사용, 철자법 오류, 지나치게 형편없는 필체가 포함된다.
- 셈하기장애에는 언어적, 지각적, 산술적 기능 문제가 포함된다.

◆ 성인기 정신장애   [2016]

- 우울증은 낮은 세로토닌 수준과 관련이 있다.
- 알츠하이머병은 아세틸콜린의 부족과 관련이 있다.
- 파킨슨병에서는 매우 느리게 걷고 손을 떠는 증상이 나타난다.
- 헌팅턴병에서는 팔과 다리가 불수의적으로 춤추듯이 움직이는 증상이 나타난다.

01 발달심리 기출 지문 다시보기 O/X

01 발달의 각 영역은 상호의존적이기보다는 서로 배타적이다. [2016] (○ | ×)

02 프로이트(S. Freud)의 성격구조에서 자아(ego)는 현실원리를 따르며 개인이 현실에 적응하도록 돕는다. [2016] (○ | ×)

03 근면성 대 열등감에서는 타인에 대한 믿음을 증가시키고 자신의 행동을 선택하고 통제한다. [2016] (○ | ×)

04 에릭슨(Erikson)의 심리사회적 발달이론에 기초할 때 청소년기에 정체감 형성이 중요한 이유는 이성과의 진실한 관계를 희망하고, 성역할의 고착화가 일어나기 때문이다. [2014] (○ | ×)

05 행동주의 이론은 아동발달에서 생물학적 요인보다 환경적 요인을 더 강조한다. [2016] (○ | ×)

06 인간발달의 특성을 설명하는 데 '결정기(critical period)'가 '민감기(sensitive period)'보다 설득력이 더 크다. [2016] (○ | ×)

07 갑자기 큰 소리가 나거나 갑작스런 머리 위치의 변화에 대해 신생아가 팔과 다리를 쭉 벌리면서 무엇인가를 껴안으려고 하는 것 같은 자세를 취하는 반사를 모로반사라 한다. [2016] (○ | ×)

08 르위스와 브룩스 건의 거울 루즈 검사를 통해 아동의 자기인식은 생후 18~24개월 사이에 일어난다는 것을 알 수 있다. [2016] (○ | ×)

09 유아기의 뇌와 머리는 신체의 다른 부분보다 느리게 성장한다. [2015] (○ | ×)

10 아동의 연령이 증가함에 따라 정서 자극에 대한 반응 강도가 증가한다. [2016] (○ | ×)

11 리겔(K. Riegel)의 변증법적 사고에서는 모순과 한계를 인식하는 불평형 상태에서 인지발달이 이루어진다고 본다. [2016] (○ | ×)

12 5요인 성격특성에 관한 코스타와 멕크레(Costa & McCrae)의 볼티모어 종단연구 결과에 의하면, 성격은 나이에 따라 변하기보다는 안정적이다. [2016] (○ | ×)

13 퀴블러 로스(Kübler-Ross)는 죽음에 관하여 부정-분노-타협-우울-수용의 5단계로 나누었다. [2016] (○ | ×)

14 유전적 계획이론은 내분비체계와 면역체계의 변화 및 기능상실로부터 노화가 시작된다고 주장한다. [2014] (○ | ×)

15 발테스와 발테스(P. Baltes & M. Baltes)의 SOC(Selective Optimization with Compensation) 이론에서 노화에 따른 상실을 보상하기 위해서는 타인의 도움이나 부가적 자원의 동원 없이 스스로 대응해야 한다고 제안한다. [2015] (○ | ×)

16 2~3세경에는 제자리에서 두 발로 깡충 뛸 수 있다. [2015] (○ | ×)

17 아동의 발달과정에서 정신적 표상의 사용증거로는 대상영속성 이해, 지연 모방, 언어 사용, 가상 놀이를 들 수 있다. [2014] (○ | ×)

18 가드너(H. Gardner)의 다중지능 이론에서는 전통적 지능에서 다루지 않았던 맥락, 경험, 정보처리 기술의 세 가지 요인을 강조한다. 2015 (○ | ×)

19 지능검사 점수는 학업성취뿐만 아니라 사회정서적 적응과도 상관이 있다. 2014 (○ | ×)

20 시간이 지나고 세대가 바뀌면서 지능 점수가 점점 높아지고 있는 현상을 플린(Flynn)효과라 한다. 2016 (○ | ×)

21 아동의 숙달지향적 태도를 발달시키기 위해 교사는 아동이 성공했을 때, 노력보다 능력을 중심으로 칭찬한다. 2016 (○ | ×)

22 영아기에 언어적 부호화 능력이 발달하지 못했기 때문에 영아기 기억상실증이 나타난다. 2014 (○ | ×)

[정답 및 해설]

| 01 | × | 02 | ○ | 03 | × | 04 | × | 05 | ○ | 06 | × | 07 | ○ | 08 | ○ | 09 | × | 10 | × | 11 | ○ | 12 | ○ | 13 | ○ | 14 | ○ |
| 15 | × | 16 | ○ | 17 | ○ | 18 | × | 19 | ○ | 20 | ○ | 21 | × | 22 | ○ | | | | | | | | | | | | | | | | |

01 발달의 각 영역은 상호의존적이며, 밀접한 연관이 있다.
03 근면성 대 열등감에서는 가족의 범주 외의 사회에서 통용되고 유용한 기술들을 배우고자 한다.
04 성인초기에 대한 내용이며, 청소년기에는 내적 충동으로 인한 변화, 진로나 중요 과업에 대한 자기선택 강요받음 등이 일어나는 시기이기 때문에 정체감형성이 중요하다.
06 인간발달의 특성을 설명하는 데 지속력이 강한 특성이 쉽게 형성되는 기간인 '민감기'의 설득력이 더 크다.
09 유아기의 발달은 머리부터 시작하기 때문에 뇌와 머리는 신체의 다른 부분보다 빠르게 성장한다.
10 연령이 증가함에 따라 다양한 정서조절 전략을 융통성 있게 사용하는 능력이 증가하며, 정서 자극에 대한 반응강도가 줄어든다.
15 노화에 따른 상실이 일어날 때 타인의 도움이나 부가적인 자원의 동원 등의 보상을 통해 대응해야 한다고 제안한다.
18 전통적 지능에서 다루지 않았던 맥락, 경험, 정보처리 기술의 세 가지 요인을 강조한 이론은 로버트 스턴버그의 삼원지능이론이다.
21 성공했을 때, 수행의 결과보다 과정을 중심으로 칭찬하며, 능력보다는 노력을 중심으로 칭찬하여 아동이 수행을 향상시키는 태도를 가지도록 한다.

23 조화의 적합성은 영아의 기질과 어머니의 성격 및 양육방식 간의 관계를 나타내는 개념이다. 2014 (○ | ×)

24 왓슨(J. B. Watson)은 성격 형성이 환경에 의해 좌우된다고 주장하였다. 2015 (○ | ×)

25 친사회적 행동은 다른 사람보다 자신의 욕구에 더 관심을 갖는다. 2014 (○ | ×)

26 청소년기에 남자보다 여자에서 더 높은 수준으로 나타나는 공격유형은 관계적 공격이다. 2014 (○ | ×)

27 죄책감은 외적 귀인, 수치심은 내적 귀인과 관련된다. 2014 (○ | ×)

28 어머니와 불안정 애착을 형성한 경우 아버지와는 안정애착을 형성할 수 없다. 2014 (○ | ×)

29 쉐퍼와 에멀슨(Schaffer & Emerson)의 애착발달 단계 중 비변별적 애착단계에서 영아는 격리에 대한 저항을 나타내지 않는다. 2016 (○ | ×)

30 길리건(C. Gilligan)은 남성과 여성이 지향하고 선호하는 도덕성이 다르다고 보며, 남성은 정의, 여성은 배려를 그 특징으로 한다. 2015 (○ | ×)

31 청소년기의 신경성 폭식증(bulimia nervosa)은 남학생보다 여학생에게서 더 흔히 나타난다. 2016 (○ | ×)

32 아동기에 발병하는 품행장애의 문제는 일생을 통해 영향을 미칠 가능성이 높다. 2016 (○ | ×)

33 청소년기의 우울증은 여학생보다 남학생에게서 더 높게 나타난다. 2016 (○ | ×)

34 조현병(schizophrenia)은 아동기보다 청소년기나 성인초기에 발병하는 경우가 더 많다. 2016 (○ | ×)

35 신경성 식욕부진증은 여성이 유병률이 남성보다 더 높으며, 주로 청소년기 또는 초기 성인기에 시작된다. 2014 (○ | ×)

36 청소년의 자살시도는 죽으려는 의도보다는 어려움을 호소하려는 의도인 경우가 더 많다. 2014 (○ | ×)

37 자살하는 청소년은 대부분 품행장애 청소년이다. 2014 (○ | ×)

38 학업성적이 우수한 학생은 학교부적응을 보이지 않는다. 2015 (○ | ×)

39 품행장애는 여학생보다 남학생에게서 더 많이 발생하는 것으로 보고되고 있다. 2015 (○ | ×)

40 품행장애는 방임적이고 일관적이지 않은 양육과 관련이 있으며, 자기통제력 부족과 관련이 있다. 2014 (○ | ×)

41 정신장애진단통계편람(DSM-5) 진단기준에서 품행장애의 진단기준에는 타인에 대한 공격성, 기물 파괴, 사기나 절도, 심각한 규칙위반이 해당된다. 2015 (○ | ×)

42 학습장애는 읽기, 쓰기, 셈하기 등에 심각한 문제가 있는 경우를 말한다. 2015 (○ | ×)

43 쓰기장애에는 구두점의 잘못된 사용, 철자법 오류, 지나치게 형편없는 필체가 포함된다. 2015 (○ | ×)

44 우울증은 낮은 세로토닌 수준과 관련이 있다. [2016] (○ | ×)

45 파킨슨병에서는 매우 느리게 걷고 손을 떠는 증상이 나타난다. [2016] (○ | ×)

46 헌팅턴병에서는 팔과 다리가 불수의적으로 춤추듯이 움직이는 증상이 나타난다. [2016] (○ | ×)

[정답 및 해설]

| 23 | ○ | 24 | ○ | 25 | × | 26 | ○ | 27 | × | 28 | × | 29 | × | 30 | ○ | 31 | ○ | 32 | ○ | 33 | × | 34 | ○ | 35 | ○ | 36 | ○ |
| 37 | × | 38 | × | 39 | ○ | 40 | ○ | 41 | ○ | 42 | ○ | 43 | ○ | 44 | ○ | 45 | ○ | 46 | ○ |

25 자신의 욕구보다는 타인에게 이익이 되는 행동을 하는 것을 친사회적 행동이라 한다.

27 죄책감과 수치심은 모두 자의식적 복합정서이며 내적 귀인과 관련된다.

28 어머니와 불안정 애착을 형성한 경우 어머니를 대신하는 아버지나 다른 애착대상을 가질 수 있다.

29 비변별적 단계에서는 낯선 사람에게도 웃는 표정을 보이며, 사람들과 떨어지는 것을 싫어한다.

33 청소년기의 우울증은 남학생보다는 여학생에게 더 높게 나타난다.

37 우울증, 약물남용, 입시위주의 교육환경, 가정불화를 자신의 탓으로 생각하는 죄책감 등으로 인해 청소년들이 자살을 시도하는 것으로 알려져 있다.

38 학업이 우수한 학생이더라도 학업스트레스나 교우관계 등으로 인하여 학교부적응이 나타난다.

02 집단상담의 기초

청소년상담사 3급

◆ 집단상담 [2015]
- 집단상담에서 집단의 목표가 집단원 개인의 목표 달성과 동일하지는 않아도 개인의 참여 목표와는 일치하는 부분이 있어야 한다.
- 비교적 정상 범위에 속하는 사람들을 대상으로 한다.
- 집단상담의 성과를 높이기 위하여 목표를 구체적으로 설정한다.
- 집단원에게 집단의 특성과 목적, 내용 등을 명확하게 안내하여야 한다.
- 경제성, 실용성, 다양한 자원의 제공, 문제 예방 등의 강점이 있다.

◆ 집단상담에 부적합한 청소년 [2016, 2015]
- 자아가 와해된 청소년
- 극도로 의존적인 청소년
- 반사회적이거나 충동적 행동을 하는 청소년
- 급성 정신증이 있는 청소년
- 자살충동 등 극도의 위기상황에 처해 있는 청소년
- 편집증적이고 극히 자기중심적인 청소년

◆ 집단과정 중 집단상담자의 행동 [2016, 2014]
- 자신의 감정을 자각하고 치료적으로 표현한다.
- 집단원의 모든 진술이나 행동에 일일이 반응하지 않는다.
- 자신의 개인적인 경험을 너무 자주 노출하지 않도록 한다.
- 유머를 적절하게 사용하여 집단의 어색한 분위기를 풀어준다.
- 집단원들 간의 상호작용을 촉진하기 위해 다른 집단원들이 반응을 보일 때까지 잠시 기다려준다.

◆ 집단과정을 촉진하기 위한 집단상담자의 행동 [2016]
- 불안과 긴장을 표현하도록 격려한다.
- 내담자들이 집단상담자에게 의존하는 경향을 줄인다.
- 자기탐색을 위한 새로운 시도를 격려한다.
- 초대하기를 통하여 집단참여를 유도한다.
- 집단원의 갈등표현을 제한하지 않고 나타내도록 한다.

◆ 공동상담자(협동집단상담자) [2016, 2015, 2014]
- 집단원에게 보다 다양한 역할 모델링의 기회가 제공된다.
- 집단원의 전이가 촉진될 수 있다.
- 상담자 서로 간의 집단운영 방식과 전략을 관찰함으로써 전문성이 신장된다.
- 집단원의 상호작용을 관찰할 수 있는 범위가 넓어진다.
- 한 집단상담자가 부득이하게 불참할 경우 다른 집단상담자가 집단을 진행할 수 있다.
- 집단상담자가 신체적, 정서적으로 소진되는 가능성을 줄일 수 있다.
- 역할을 분담함으로써 집단활동을 효율적으로 이끌어 갈 수 있다.
- 각자의 전문성을 적절하게 활용할 경우 집단역동을 활성화시킬 수 있다.
- 서로 다른 관점을 교환함으로써 보다 효과적인 방안을 모색할 수 있다.

◆ 집단상담에서 구조화된 활동 [2015]
- 활동 유형에는 글읽기형, 글쓰기형, 체험형, 의사결정형, 신체접촉형 등이 있다.
- 활동 자체보다는 활동이 의미 있는 경험이 되도록 진행하는 것이 중요하다.
- 사전에 정한 절차에 따라 진행되므로 초보 집단상담자가 운영하기 용이하다.

◆ 청소년 집단원의 문제행동에 대한 집단상담자의 대처방법 [2016, 2014]
- 습관적 불평 : 불평 이유를 파악하되 논쟁이 유발되지 않도록 유의한다.
- 대화 독점 : 독점 행동을 통해 얻고자 하는 것이 무엇인지를 탐색할 수 있게 한다.
- 지성화 : 집단원에게 자신이 말하는 내용과 관련된 감정을 인식하고 표현할 수 있게 한다.
- 하위집단 형성 : 하위집단 형성에 따른 문제점을 전체 집단 내에서 개방적으로 다룬다.
- 소극적 참여 : 집단상담자는 소극적으로 참여하는 집단원의 참여를 유도한다.
- 적대적 태도 : 다른 집단원들이 적대적 태도를 보이는 집단원에 대해 받는 영향과 느낌에 대해 이야기하도록 한다.
- 독점하기 : 독점하는 행동에 대해 판단을 배제하고 관찰한 사실만을 알려준다.
- 사실적 이야기를 늘어놓기 · 집단 안의 역동에 참여히여 '지금-여기'에서 느껴지는 감정에 초점을 맞추도록 돕는다.
- 질문 공세하기 : 질문 속에 포함된 핵심 내용에 대해 자신을 주어로 해서 직접 표현해 보도록 권유한다.
- 충고하기 : 충고를 하게 된 동기에 대해 스스로 탐색하게 하고 그가 경험하고 있는 느낌을 반영해 준다.

◆ 집단상담자의 자기노출 [2015]
- 집단원과 대화하는 동안 집단상담자가 자신에 대한 감정이나 집단원에 대한 감정을 진솔하게 말해 주는 것이다.
- 집단원은 집단상담자의 자기노출을 통해 개인의 내적인 경험과 외적 표현이 일치하는 진실성을 경험하게 되며, 이는 집단원이 내면의 문제와 정서를 표출하도록 도와줄 수 있다.

◆ 피드백 제공 시 고려사항 [2015, 2014]
- 가치판단 없이 피드백한다.
- 관찰가능한 행동에 대해 구체적으로 피드백한다.
- 피드백 대상이 되는 집단원의 내적 준비 정도를 고려해서 피드백한다.
- 피드백은 강요되어서는 안 되며, 변화가 필요한 것이 아닌, 집단원이 개선할 수 있는 부분에 대해서만 시행되어야 한다.

◆ 직면이 필요한 상황 [2016]
- 집단원의 말과 행동이 불일치할 때
- 이전에 한 말과 지금 하는 말이 불일치할 때
- 집단원이 스스로에 대해 인식하는 것과 다른 사람이 인식하는 것이 불일치할 때

◆ **침묵하는 집단원에 대한 개입방법** [2015]
- 침묵 이면에 숨겨진 의미를 탐색할 수 있도록 촉진한다.
- 회기에 대한 준비 부족으로 인해 나타나는 침묵인 경우에는 적극 개입하여 집단활동을 유도한다.
- 상담자가 집단원의 침묵 행동을 조장할 수도 있으므로 상담자 자신을 탐색해 본다.
- 다른 집단원이 침묵하는 집단원에 대해 비난하거나 공격적인 태도를 취하지 않도록 개입한다.
- 집단원의 침묵은 다른 집단원들에게 영향을 미쳐 전반적으로 집단의 응집력과 생산성의 저하를 가져올 수 있으므로 집단원의 침묵이 역동을 방해하지 않는다고 하더라도 침묵을 다루어야 한다.

◆ **집단상담기술** [2016]
- 자기 개방 : 집단원이 순간순간 경험하고 있는 것에 접근하여 지각하고 느껴지는 것을 표현하도록 하는 것이다.
- 보편화 : 집단원이 상호작용하게 되면서 유사한 감정과 관심을 갖고 있다는 사실을 깨닫도록 해주는 것이다.
- 구조화 : 집단참여에 필요한 제반 규정과 한계에 대해 집단원에게 설명하는 것이다.
- 요약하기 : 집단상담자가 집단원 전체를 대상으로 회기 내에서 진행된 내용들을 요약하는 것이다.
- 차단하기 : 집단역동에 방해가 되는 집단원의 의사소통에 직접 개입하여 역기능적 행동을 중지시키는 것이다.
- 초점 맞추기 : 집단원이 지금 현재 논의되고 있는 주제와 활동에 대해 지속적으로 집중하면서 이야기하도록 독려하는 것이다.

◆ **감수성 훈련집단에 관한 설명** [2015]
- 감수성 훈련집단은 사전에 정해진 활동 없이 구성원들이 상호작용하며 치료적 효과를 얻는 비구조화 집단의 형태로 진행된다.
- 인간관계 훈련집단으로도 불린다.
- '지금 – 여기'에서의 정서적 경험에 초점을 맞춘다.
- 집단의 역동과 조직에 대한 이해·개선을 도모한다.
- 학습방법을 학습하기 위한 실험실과 같은 기능을 한다.

◆ **집단의 구조(형태)** [2014]
- 구조화집단은 내용중심의 집단이며, 집단의 목표, 과정, 내용, 절차 등을 체계적으로 구성해 둔다.
- 폐쇄집단은 집단의 안정성이 높아 집단응집력이 강한 편이다.
- 자조집단은 지도자의 전문적 도움 없이 집단원들 간에 서로를 돕는 특성이 강한 집단이다.
- 마라톤집단(스톨러 모형)은 심화된 상호작용의 활성화를 꾀하기 위한 집단이다.

◆ **집단상담계획서에 반드시 포함되어야 할 내용** [2014]
- 집단상담의 필요성
- 집단상담의 목적과 세부목표
- 집단 활동 내용
- 집단 구성
- 집단 유형
- 집단원 선발
- 집단 크기
- 집단 일정

- 모임장소
- 상담자 수
- 집단 홍보
- 기대효과 및 평가
- 피상적인 개인 정보를 늘어놓는다.
- 침묵을 지키거나 도움 받을 문제가 없는 것처럼 행동한다.
- 과장된 행동을 한다.
- 끊임없이 이야기한다.
- 단순히 사교적 분위기를 즐기기 위해 집단을 이용한다.

◆ 집단상담을 실시하고자 할 때 고려해야 할 사항 [2015]

- 중학생을 대상으로 집단상담을 실시할 때는 구조화 집단상담으로 진행하는 것이 좋다.
- 집단원의 수가 10명 이상일 때 집단원 전체를 빠짐없이 살펴 볼 수 있도록 협동집단상담자를 두어야 한다.
- 집단목표에 따라 집단상담의 시간과 목표를 정하며, 중학생의 경우 1회 상담 시 60~90분의 시간이 가능하다.
- 기능수준이 낮은 사람을 대상으로 할 경우 쉬운 수준의 활동으로 진행하되, 상담시간은 짧게 하고 집단상담을 자주 하는 것이 좋다.
- 자발성 향상을 돕기 위해서는 비구조화 집단상담의 형태로 진행하는 것이 좋다.

◆ 정신분석의 정의 [2015]

강박적이고 반복적인 행동들이 더 이상 나타나지 않도록 장기간의 훈습과정을 거치는 것을 특징으로 하는 집단상담의 이론적 접근이다.

◆ 집단상담 중 저항으로 해석할 수 있는 행동 [2015, 2014]

- 타인의 문제만을 다루려 한다.
- 관찰자의 자세를 취한다.
- 특별한 이유 없이 자주 지각한다.

◆ 개인심리학 집단상담 [2015, 2014]

- 사회적 관심을 집단원의 정신건강의 중요한 준거로 삼는다.
- 우월성 개념을 자기완성 또는 자기실현의 의미로 사용한다.
- 집단상담을 통해 개인이 소속감을 얻게 하는 것을 목표로 한다.
- 개인심리학의 상담기법

상담기법	내 용
격 려	상담자의 기본적인 태도이자 마음자세이며, 역경에 처했을 때 견뎌낼 수 있는 능력을 발달시킨다.
역 설	문제 또는 증상에 대한 집단원의 저항에 대항하지 않고 문제에 편승하게 하는 기법이다.
즉시성	내담자가 현재 어떤 일이 일어나는지 자각하도록 하여, 상담자와 일어나는 사건은 내담자의 일상생활에서의 표본이라는 것을 깨닫도록 한다.
수프에 침뱉기	집단원의 행동 뒤에 숨겨진 의도나 목적을 드러내어 집단원이 문제행동을 하는 것을 꺼리게 하는 기법이다.
마치 ~인 것처럼 행동하기	내담자가 스스로 할 수 없다고 여기는 것을 실제 성취할 수 있는 것처럼 행동하게 하여 자신감을 증가시킨다.
과제부여	내담자의 동의하에 문제해결을 위한 과제를 제시하고 내담자가 수행하게 하여 문제해결을 돕는다.
수렁(악동) 피하기	난처한 상황을 피하도록 돕는 기법으로 내담자의 시속적인 자기파괴적 행동을 변화시키는 방식이다.
단추 누르기	집단원에게 행복한 경험과 불행한 경험을 번갈아 가면서 생각하도록 하고, 각 경험과 관련된 감정에 관심을 가지도록 하는 기법이다.
자기간파	내담자가 자신의 부적응적 행동을 자각하게 하여 그 행동을 자제하도록 하는 방법이다.

◆ 집단상담 이론 2016

- 행동주의상담에서 행동시연은 사회성을 기르는 데 유용하다.
- 인간중심상담에서는 수용과 이해를 중시한다.
- 인지행동치료는 변증법 행동치료를 포함한다.
- 교류분석은 개인을 고유한 존재로 보고 자율성을 성취하도록 돕는다.

◆ 라자루스(A. Lazarus)의 BASIC-ID 모형 2015, 2014

양식	내용
Behavior (행동)	외현적으로 나타나는 행동
Affective Reponses (감정)	감정, 정서와 관련된 것
Sensations (감각)	시각, 청각, 후각, 촉각, 미각과 같이 오감에 관련된 것
Images (심상)	꿈, 공상, 상상 등
Cognitions (인지)	자신의 가치, 신념, 태도 등을 이루는 철학, 생각 의견 등
Interpersonal Relationships (대인관계)	사회적 관계, 타인과의 인간관계 등
Drugs or Biology (약물·생리)	약물, 신체적 증상 등

◆ 행동치료 집단상담을 다문화상담에 적용할 때의 이점 2015

- 단기적이며 구조화된다.
- 교육과 예방을 할 수 있다.
- 집단원들에 대한 개인적 평가와 집단과정에서의 행동평가 등을 근거로 집단원 개인별로 접근 방향을 맞춘다.
- 강렬한 감정표현을 중시하지 않으므로, 감정표현 억제를 미덕으로 하는 문화권의 집단원은 감정을 드러내지 않아도 된다.

◆ 인간중심 상담에서 집단상담자의 일치성 2016

- 집단상담자의 일치성 또는 진실성이란 상담자가 내담자와의 현재 경험에 대해 솔직하게 느끼고 경험하는 것을 그대로 표현하며 자신의 감정에 책임을 지는 것을 말한다.
- '지금 - 여기'의 경험과 관련하여 현재에 집중한다.
- 높은 수준의 자각을 유지한다.
- 자기수용과 자기신뢰를 가진다.
- 집단원과의 인간적 만남을 위해 노력한다.

◆ 인간중심치료 집단상담자의 역할 2015, 2014

- 집단원들과 심리적 접촉상태를 형성·유지하기 위해 노력한다.
- 진실성을 가지고 집단원을 일관성 있게 대하며 집단원이 자신의 경험에 진술하게 접촉할 수 있도록 도와준다.
- 지성적인 면보다는 감성적인 면에 초점을 맞추어 공감적 이해를 해준다.
- 집단원이 처한 문제보다는 집단원에게 초점을 맞춘다.
- 집단상담자는 문제 해결보다는 집단원 스스로 해결할 수 있도록 촉진적인 분위기를 조성하는 데 중점을 둔다.
- 상담자의 직접적인 개입이 없어도 집단이 발전해 나갈 수 있다고 믿는다.

◆ **현실치료 집단상담에서 집단원의 바람이나 욕구충족에 효과적인 계획의 특징** [2014]
- 이해하기 쉽고 간단하다.
- 즉각적인 실행이 용이하다.
- 집단원이 통제할 수 있고, 일관성이 있다.
- 과정중심의 활동으로 구성되어야 한다.

◆ **교류분석 집단상담자의 역할** [2015]
- 교사, 분석자, 평가자 역할을 한다.
- 집단원이 자각, 자발성, 친밀성을 회복하도록 조력한다.
- 집단원이 재결단을 통해 유연하고 합리적인 인생각본으로 수정하도록 돕는다.
- 집단원과 상담자가 파트너로서의 동등성을 가지며 각 집단원들의 문제를 충분히 파악한다.
- 집단상담자는 각 집단원 내면에 있는 어른 자아의 요소들을 발견하여 보다 더 성장할 수 있도록 이끌어 주어야 한다.

◆ **집단역동에 영향을 주는 요인** [2015, 2014]
- 집단원의 배경 : 성별, 연령, 출신지역, 집단상담 경험 등과 같이 집단원 개개인에 대한 배경
- 집단의 크기 : 집단을 이루고 있는 인원 수
- 집단의 분위기 : 집단원이 느끼는 집단 상태
- 집단응집력 : 집단원들이 집단에 갖는 매력의 정도와 관심도
- 하위집단 : 집단 내에서 주도권을 잡거나 파벌을 형성하는 무리
- 주제의 회피 : 집단에서 다루어야 할 주제는 회피하면서 어색하지 않은 주제를 다루는 것
- 숨겨진 안건 : 집단에서 노출하지는 않고 있지만 집단활동에 영향을 초래할 수 있는 관심거리나 문제

◆ **집단상담자가 집단역동을 파악하기 위해 관찰해야 할 요소** [2016]
- 집단원 간의 신뢰감
- 집단에 대한 집단원들의 소속감
- 집단원의 책임감
- 집단원 간의 동맹
- 힘의 과시
- 집단원의 집단상담자에 대한 태도

◆ **집단역동에 대한 집단상담자의 대처** [2014]
- 다루기 어색하고 힘든 주제는 비밀유지를 전제로 다루도록 한다.
- 집단상담자는 집단분위기를 민감하게 살피는 것과 동시에 집단목표 달성에 집중한다.
- 집단원들 간의 지도성 경쟁현상이 나타날 경우 집단상담자는 집단원들이 서로 조화를 이루도록 돕는다.
- 어떤 집단원이 제안한 의견이 계속해서 묵살 당하게 되면 집단상담자는 이 사실을 감지하고 당사자와 집단을 도와준다.
- 하위집단은 집단 활동에 암암리 영향력을 행사하며, 이들에 의한 집단감정은 항상 부정적이라고 볼 수는 없다.

◆ **생산적인 집단에서 나타나는 변화 촉진 요인** [2016]
- 비슷한 문제를 가진 집단원을 보면서 안도감을 느낀다.
- 자신의 책임을 수용한다.
- 회피했던 감정을 표현한다.
- 건강한 생활에 대한 정보를 얻는다.
- 다른 집단원의 긍정적인 행동을 모방한다.

◆ 청소년 집단원의 일반적 특징 [2016]
- 부모나 교사에 의해 의뢰된 경우 상담에 대한 의심과 적대감을 표출하는 경향이 있다.
- 상담동기가 낮은 경우 장시간 진행되는 자기탐색 활동에 집중해서 참여하는 것이 어렵다.
- 동시다발적으로 다양한 관심을 갖고, 관심의 변화속도가 빠른 경향이 있다.
- 기성세대에 대한 편견과 왜곡된 기대로 인해 성인 상담자를 부정적으로 지각하는 경향이 있다.
- 청소년기는 형식적 조작기에 해당되며, 가설-연역적 추론능력이 있다.

◆ 청소년 집단상담의 장점 [2015, 2014]
- 또래 집단원들도 자신과 비슷한 감정이나 경험을 갖고 있다는 사실을 깨달을 수 있다.
- 또래 집단원들과의 연대감을 통해 자아를 강화시킨다.
- 집단원들과의 교류를 통해 자기만의 피해의식으로부터 벗어날 수 있다.
- 집단상담자가 제공하는 안전한 구조 속에서 의존성과 독립성을 연습해 볼 수 있다.
- 자기중심적인 태도를 제한함으로써 타인에 대한 배려를 확장시킬 수 있다.
- 집단이 주는 힘의 균형은 성인 상담자와의 불편한 관계를 완화시켜 줄 수 있다.

◆ 학교에서 집단상담 계획 시 교내외 구성원의 적극적인 지지확보를 위한 방법 [2014]
- 집단상담이 학교의 교육목표에 부합한다는 점을 교직원들에게 강조한다.
- 학업·정서행동·등교거부 문제 등 학교의 주된 관심사를 주제로 선정한다.
- 신학기 초뿐만 아니라 지속적으로 집단상담 계획을 교직원들에게 홍보한다.
- 집단상담이 학생들뿐만 아니라 교사들에게도 도움이 된다는 점을 학교행정가들에게 인식시킨다.
- 학부모들과 교내 구성원들에게 집단상담을 홍보한다.

◆ 청소년 집단상담자에게 요구되는 능력과 자질 [2016, 2014]
- 청소년심리 및 발달에 관한 이해, 청소년 환경에 대한 이해, 청소년 주변인들과의 원활한 의사소통기술, 역할극 및 다양한 매체활용 능력을 갖추어야 한다.
- 청소년의 부모와 협력할 수 있는 기술을 갖는다.
- 각 연령집단의 발달과업을 이해한다.
- 자신의 가치관이 다문화 청소년에게 미칠 수 있는 영향을 인식한다.

◆ 청소년 상담사 주요 윤리강령 [2015]
- 청소년 내담자 상담 시 사전에 상담에 대한 동의를 받는다.
- 기록 및 녹음에 관해 내담자의 사전 동의를 구한다.
- 수퍼바이저에게 자문을 받기 위해 내담자의 동의를 구한다.
- 관계법령에서 따로 정한 경우를 제외하고는 내담자의 동의 없이 상담의 기록을 제3자나 기관에 공개하지 않는다.
- 퇴직, 이직 등의 이유로 상담을 중단해야 할 경우 기록과 자료를 절차에 따라 기관이나 전문가에게 양도한다.

"Youth Counselor"

02 집단상담의 기초 기출 지문 다시보기 O/X

01 집단상담은 비교적 정상 범위에 속하는 사람들을 대상으로 한다. 2015 (O | X)

02 집단상담의 성과를 높이기 위하여 목표를 구체적으로 설정한다. 2015 (O | X)

03 집단원에게 집단의 특성과 목적, 내용 등을 명확하게 안내하여야 한다. 2015 (O | X)

04 집단상담은 경제성, 실용성, 다양한 자원의 제공, 문제 예방 등의 강점이 있다. 2015 (O | X)

05 집단상담에서 집단의 목표는 집단원 개인의 목표 달성과 동일하다. 2015 (O | X)

06 자아가 와해된 청소년, 극도로 의존적인 청소년, 반사회적이거나 충동적 행동을 하는 청소년은 집단상담보다 개인참여를 권유해야 한다. 2015 (O | X)

07 집단상담자는 자신의 감정을 자각하고 치료적으로 표현한다. 2016 (O | X)

08 집단상담자는 집단원의 모든 진술이나 행동에 언어적으로 반응한다. 2016 (O | X)

09 집단상담자는 자신의 개인적인 경험을 매번 노출한다. 2016 (O | X)

10 집단과정 시 유머는 심리적 작업을 방해하기 때문에 사용할 수 없다. 2016 (O | X)

11 집단과정을 촉진할 때 집단상담자는 생산적인 집단운영을 위해 갈등표현을 제한한다. 2016 (O | X)

12 집단원에게 다양한 경험의 기회를 제공하기 위해 두 상담자가 상충되는 접근과 전략을 적용하는 것이 효과적이다. 2016 (O | X)

13 협동집단상담자들이 집단상담을 운영할 때 집단원의 상호작용을 관찰 할 수 있는 범위가 넓어진다. 2015 (O | X)

14 공동상담자는 각자의 전문성을 적절하게 활용할 경우 집단역동을 활성화 시킬 수 있다. 2014 (O | X)

15 공동상담자가 집단상담을 운영할 경우 상담자의 신체적·정서적 소진을 감소시킬 수 있다. 2014 (O | X)

16 공동상담자는 역할을 분담함으로써 집단 활동을 효율적으로 이끌어 갈 수 있다. 2014 (O | X)

17 집단상담에서 구조화된 활동 유형에는 글읽기형, 글쓰기형, 체험형, 의사결정형, 신체접촉형 등이 있다. 2015 (O | X)

18 개인상담 경험, 집단상담 경험, 집단계획의 능력과 조직능력, 상담이론에 대한 지식, 새로운 경험에의 추구는 집단상담자의 자질에 해당한다. 2015 (O | X)

19 청소년 집단원이 적대적 태도를 가질 경우 집단원 간의 피드백을 통해 적대적인 집단원으로 하여금 자기비판의 시간을 갖도록 유도한다. 2016 (O | X)

20 집단상담자의 자기노출은 집단원과 대화하는 동안 집단상담자가 자신에 대한 감정이나 집단원에 대한 감정을 진솔하게 말해주는 것이다. 2015 (○ | ×)

21 변화가 필요하다고 생각되면 집단원이 압력으로 느끼더라도 피드백한다. 2015 (○ | ×)

22 집단원이 스스로에 대해 인식하는 것과 다른 사람이 인식하는 것이 불일치할 때 직면이 필요하다. 2016 (○ | ×)

23 집단원이 집단역동을 방해하지 않는 한 침묵을 다루지 않아도 된다. 2016 (○ | ×)

24 보편화는 집단원이 상호작용하게 되면서 유사한 감정과 관심을 갖고 있다는 사실을 깨닫도록 해주는 것이다. 2016 (○ | ×)

[정답 및 해설]

01	02	03	04	05	06	07	08	09	10	11	12	13	14
○	○	○	○	×	○	○	×	×	×	×	×	○	○

15	16	17	18	19	20	21	22	23	24
○	○	○	○	×	○	×	○	×	○

05 집단의 목표는 집단원 개인의 목표 달성과 동일하지는 않지만 일정 부분은 일치해야 집단원의 동기가 유발되고 개개인의 만족감을 높일 수 있다.

08 집단원의 모든 진술이나 행동에 일일이 반응하지 않는다.

09 집단상담자는 집단 상담에서 리더의 역할을 해야 하기 때문에 집단원의 일원으로 활동하지 않도록 자신의 사생활을 과도하게 노출하지 않게 주의한다.

10 유머는 집단의 어색한 분위기를 풀어줄 수도 있고 집단원들이 자신의 문제를 새로운 시각으로 바라볼 수 있도록 해주므로 유머를 적절히 사용하도록 한다.

11 집단원의 갈등표현을 제한하지 않고 나타내도록 한다.

12 두 상담자가 상충되는 접근과 전략을 적용할 시 집단이 양극화 될 수 있으므로 두 상담자 간의 조화로운 상호작용이 중요하다.

19 적대적 태도를 보일 경우 다른 집단원들이 적대적 태도를 보이는 집단원에 대해 받는 영향과 느낌에 대해 이야기하도록 한다.

21 피드백은 강요되어서는 안되며, 변화가 필요한 것이 아닌, 집단원이 개선할 수 있는 부분에 대해서만 시행되어야 한다.

23 집단원의 침묵은 다른 집단원들에게 영향을 미쳐 전반적으로 집단의 응집력과 생산성의 저하를 가져올 수 있으므로 집단원의 침묵이 역동을 방해하지 않는다고 하더라도 침묵을 다루어야 한다.

25 감수성 훈련집단은 대부분 구조화 집단의 형태로 진행된다. [2015] (○ | ×)

26 구조화 집단은 과정중심 집단이다. [2014] (○ | ×)

27 집단상담계획서에는 집단 목적, 집단 유형, 집단 활동내용, 기대효과 및 평가계획이 반드시 포함되어야 한다. [2014] (○ | ×)

28 중학생을 대상으로 집단상담을 실시할 때는 구조화 집단상담으로 진행하는 것이 좋다. [2015] (○ | ×)

29 정신분석이란 강박적이고 반복적인 행동들이 더 이상 나타나지 않도록 장기간의 훈습과정을 거치는 것을 특징으로 하는 집단상담의 이론적 접근이다. [2015] (○ | ×)

30 침묵을 지키거나 도움 받을 문제가 없는 것처럼 행동하는 것은 집단상담 과정에서 저항으로 해석할 수 있다. [2015] (○ | ×)

31 개인심리학에 근거한 집단상담에서는 집단과정에서 집단원에게 이중자아의 역할을 해 보게 한다. [2015] (○ | ×)

32 역설기법은 문제 또는 증상에 대한 집단원의 저항에 대항하지 않고 문제에 편승하게 하는 기법이다. [2014] (○ | ×)

33 단추누르기는 집단원에게 행복한 경험과 불행한 경험을 번갈아 가면서 생각하도록 하고, 각 경험과 관련된 감정에 관심을 가지도록 하는 기법이다. [2014] (○ | ×)

34 스프에 침뱉기는 집단원의 행동 뒤에 숨겨진 의도나 목적을 드러내어 집단원이 문제행동을 하는 것을 꺼리게 하는 기법이다. [2014] (○ | ×)

35 현실치료는 비활동적이고 비지시적이다. [2016] (○ | ×)

36 라자루스(A. Lazarus)의 BASIC-ID에서 S의 예로 자신이 좋아하는 음악을 들을 때 행복을 느낀다고 하는 것을 들 수 있다. [2015] (○ | ×)

37 행동치료 집단상담을 다문화상담에 적용할 때 이점으로 집단원들에게 문화적 금지령을 인식할 수 있게 하는 것을 들 수 있다. [2015] (○ | ×)

38 인간중심 상담에서 집단상담자의 일치성은 집단원에 대한 감정을 여과 없이 표현하는 것이다. [2016] (○ | ×)

39 인간중심치료 집단상담자는 진지하고 일관성 있는 해석을 통해 집단원의 인격 변화를 꾀한다. [2015] (○ | ×)

40 현실치료 집단상담에서 집단원의 바람이나 욕구 충족에 효과적인 계획은 이해하기 쉽고 간단하며 즉각적인 실행이 용이한 계획이다. [2014] (○ | ×)

41 교류분석 집단상담자는 격려기법을 통해 집단원이 자신감을 형성하고 용기를 얻도록 돕는다. [2015] (○ | ×)

42 집단응집력은 집단원들이 집단에 갖는 매력의 정도와 관심도로 집단역동에 영향을 주는 요인이다. [2015] (○ | ×)

43 청소년 집단원이 습관적 불평을 할 때 집단상담자는 불평 이유를 파악하되 논쟁이 유발되지 않도록 유의한다. [2014] (○ | ×)

44 집단상담에서 어떤 집단원이 제안한 의견이 계속해서 묵살 당하게 되면 집단상담자는 이 사실을 감지하고 당사자와 집단을 도와준다. 2016 (○ | ×)

45 비슷한 문제를 가진 다른 집단원을 보면서 안도감을 느끼는 것은 집단상담 과정 중 생산적인 집단에서 나타나는 변화 촉진요인이다. 2016 (○ | ×)

46 청소년 집단원은 구체적 조작기에 해당되므로 경험에서 벗어난 논리적 추론 능력이 충분하다. 2016 (○ | ×)

47 청소년은 집단상담을 통해 또래 집단원들도 자신과 비슷한 감정이나 경험을 갖고 있다는 사실을 깨달을 수 있다. 2015 (○ | ×)

48 청소년이 집단상담을 받을 경우 자기중심적인 태도를 제한함으로써 타인에 대한 배려를 확장시킬 수 있다. 2014 (○ | ×)

49 교내에서 집단상담을 준비할 때 구성원들의 적극적인 지지를 확보하기 위해서 집단상담이 학생들뿐만 아니라 교사들에게도 도움이 된다는 점을 학교행정가들에게 인식시킨다. 2016 (○ | ×)

50 청소년 집단상담자는 청소년 심리 및 발달에 관한 이해와 청소년 주변인들과의 원활한 의사소통기술, 청소년 환경에 대한 이해, 역할극 및 다양한 매체활용능력을 가지고 있어야 한다. 2016 (○ | ×)

51 퇴직, 이직 등의 이유로 상담을 중단해야 할 경우 기록과 자료를 절차에 따라 상담자가 보관한다. 2015 (○ | ×)

[정답 및 해설]

25	×	26	×	27	○	28	○	29	○	30	○	31	×	32	○	33	○	34	○	35	×	36	○	37	×	38	×
39	×	40	○	41	×	42	○	43	○	44	○	45	○	46	×	47	○	48	○	49	○	50	○	51	×		

25 감수성 훈련집단은 사전에 정해진 활동 없이 구성원들이 상호작용하며 치료적 효과를 얻는 비구조화 집단의 형태로 진행된다.

26 구조화 집단은 내용중심의 집단이며, 집단의 목표, 과정, 내용, 질서 등을 체계적으로 구성해 둔다.

31 집단과정에서 집단원에게 이중자아의 역할을 해 보게 하는 것은 심리극이다.

35 현실치료는 활동적·지시적·교훈적·실제적·인지적이다.

37 다문화상담은 집단원들 사이의 문화적 차이를 이해할 수 있도록 하는 것이 바람직하다.

38 집단상담자의 일치성 또는 진실성이란 상담자가 내담자와의 현재 경험에 대해 솔직하게 느끼고 경험하는 것을 그대로 표현하며 자신의 감정에 책임을 지는 것을 말하며 집단원에 대한 감정을 여과 없이 표현하는 것과는 다르다.

39 인간중심치료 집단상담자는 집단원의 문제에 대한 해석을 내려 직접적으로 해결해 주는 것 보다 집단원의 잠재력이 발휘될 수 있도록 옆에서 도움을 주어야 한다.

41 격려기법을 이용하여 집단원이 자신감을 형성하고 용기를 얻도록 돕는 것은 아들러의 개인심리학에 근거한 기법이다.

46 청소년기는 형식적 조작기에 해당되며, 가설-연역적 추론 능력이 있다.

51 퇴직, 이직 등의 이유로 상담을 중단해야 할 경우 기록과 자료를 절차에 따라 기관이나 전문가에게 양도한다.

03 심리측정 및 평가

청소년상담사 3급

◆ **로젠탈 효과**　　　　　　　　　　　　　2014
- 로젠탈 효과는 타인의 긍정적인 기대가 긍정적인 효과를 발휘한다는 것으로 피그말리온 효과와 일맥상통한다.
- 심리측정에서는 검사자의 기대가 검사결과에 영향을 미치는 것을 말한다.

◆ **심리평가(psychological assessment)**　2016, 2015, 2014
- 정의 : 심리검사, 면담, 행동관찰, 개인력 등 개인에 관한 정보를 종합적으로 통합하는 과정이다.
- 기 능
  - 문제의 명료화
  - 상담계획 세우기
  - 상담결과에 대한 평가
  - 수검자에게 통찰의 기회 제공
- 심리평가의 구성요소
  - 면 담
  - 심리검사
  - 행동관찰
  - 정신병리에 대한 전문지식

◆ **심리측정**　　　　　　　　　　　　　　2016
- 측정에는 항상 오차가 있다.
- 심리적 구성개념은 직접적으로 측정할 수 없다.
- 심리적 구성개념을 측정하는 방법은 여러 가지가 있다.
- 행동을 관찰하여 심리적 구성개념을 추론한다.
- 측정을 위한 조작적 정의는 추상적인 개념들을 측정이 가능하도록 한 것이며, 각 연구마다 다르다.

◆ **문항변별도**　　　　　　　　　　　　　2014
- 문항변별도는 개별 문항이 총점이 높은 사람과 낮은 사람을 구분해 주는 정도를 의미한다.
- 문항난이도는 검사에 응한 사람 중 정답을 맞힌 사람의 비율이며, 문항변별도는 문항난이도의 영향을 받는다.
- 개별 문항 점수와 전체점수 간의 상관이 높으면 문항의 변별도가 높아진다.
- 문항의 변별력이 높으면 검사의 신뢰도는 높아지게 된다.

◆ **심리검사 제작과정**　　　　　　　　　　2015

검사의 목적을 구체적으로 정의한다.
↓
실시형태, 검사의 길이, 반응형태 등과 같은 검사설계와 관련된 내용을 결정한다.
↓
문항을 준비하고 분석한다.
↓
표준화를 위해 규준을 설정하고, 신뢰도와 타당도에 대한 연구를 병행한다.
↓
검사도구 및 관련 자료들을 출판한다.

◆ Z점수   [2014]

- Z점수는 평균에서 이탈된 거리와 방향을 동시에 나타내는 점수이다.
- ((원점수-평균점수)/표준편차)의 수식으로 표현할 수 있다.
- 원점수를 Z점수로 변환할 경우 평균은 0, 표준편차가 1이 된다.
- 표준점수를 이용하여 서로 다른 검사의 결과들을 비교할 수 있다.
- 원점수의 분포가 부적으로 편포되어 있으면 표준점수도 부적으로 편포된다.

◆ 규준참조 검사   [2014]

- 점수의 상대적 서열이나 위치에 대한 정보를 제공하는 검사이며 준거나 목표의 도달 여부에는 관심을 두지 않는다.
- 이상적인 점수분포는 0의 편포를 가진 분포이다.
- 검사점수의 표준편차는 의미 있는 정보를 제공한다.
- 보통 표준화된 점수를 사용하며, 다른사람의 수행수준과 비교하여 점수를 해석한다.

◆ 준거참조 검사   [2016]

- 피험자의 검사점수와 준거점수를 비교한 검사결과를 사용한다.
- 검사에서 측정하려고 하는 지식이나 기술영역을 명확하게 규정해야 하며, 준거참조 검사를 통해 특정 내용에 대한 숙달 여부를 검사할 수 있다.
- 자동차 운전면허 시험을 대표적인 예로 들 수 있다.

◆ 표집방법   [2016, 2014]

- 확률표집
  - 확률표집은 모집단의 대상자가 표본이 되는 기회가 균등하게 주어지는 방법이다.
  - 유층(층화)표집 : 의미를 부여하여 모집단을 나눈 후 각 단위에서 무작위로 추출하는 방법이다.
  - 군집표집 : 모집단을 군집단위로 구분하고 각 군집 내에서 요소들을 추출하는 방법이다.
  - 단순무작위표집 : 모집단 내의 요소를 무작위로 추출하는 방법이다.
  - 체계적표집 : 최초의 표본만 무작위 선택 후 일정한 간격을 두고 나머지 표본을 표집하는 방법이다.
- 비확률표집
  - 비확률표집은 모집단의 대상자가 표본이 되는 기회가 균등하지 않은 방법이다.
  - 편의(임의)표집 : 접근하기 쉬운 사람이나 물건을 대상으로하며, 임의로 정한 기준에 부합하는 요소들을 추출하는 방법이다.
  - 목적(의도)표집 : 연구자의 목적에 부합하는 요소들을 선택하는 방법이다.
  - 할당표집 : 모집단의 특성을 나타내는 하위 단계에서 각 단계별로 표본을 추출하여 각 단계를 대표하도록 하는 방법이다.

◆ 집중경향치(central tendency) [2014]
- 집중경향치는 하나의 집단이 가지고 있는 점수분포를 하나의 값으로 나타내는 대표치이며, 평균, 중앙값, 최빈값이 해당한다.
- 평균값에 대한 모든 점수들의 편차 합은 항상 0이다.
- 평균값은 극단 값의 영향을 받아 극단 값이 있을 경우 자료가 왜곡되기도 한다.
- 중앙값은 한 집단에서 중간 수준에 있는 점수를 대푯값으로 정하는 것으로 사례의 수가 짝수인 경우 가장 중앙에 있는 두 숫자의 평균이 중앙값이 된다.
- 최빈값은 가장 높은 빈도를 가지는 값으로 자료에 따라서는 최빈값이 2개가 있을 수 있다. 이 경우 최빈값의 평균을 구하거나 2개의 최빈값을 제시한다.
- 대칭적인 양봉분포의 경우에는 평균값과 중앙값은 같으나 최빈값은 다르게 나타난다.

◆ 정규분포 [2015]
- 정규분포는 수검자의 수가 많을수록 정규분포에 가까워진다.
- 한 점수를 다른 유형의 점수로 전환할 때 정규분포의 속성들을 활용할 수 있다.
- 평균으로부터 1표준편차 이내에는 전체 사례의 약 68%, 2표준편차 이내에서는 약 95%, 3표준편차 이내에서는 약 99%가 포함된다.
- 정규분포에서 평균, 중앙치, 최빈치는 일치한다.
- 측정하는 표본이 클수록 정규분포에 가까워진다.

◆ 신뢰도계수에 영향을 주는 요인 [2014]
- 집단의 동질성
- 검사문항의 수
- 검사 시간
- 문항의 난이도
- 문항의 반응 수
- 신뢰도 추정방법 등

◆ 타당도가 양호하게 산출되는 조건 [2014]
- 검사의 신뢰도가 높은 경우
- 심리검사의 문항 수가 많은 경우
- 소규모보다는 대규모 표본에서 검증하는 경우
- 심리검사의 결과가 실제 선발 여부와 유의한 관계가 있을 때, 선발확률을 낮추는 경우
- 심리검사 결과가 기본구성비율(Base Rate)보다 민감도가 높은 경우

◆ 행동관찰법 [2014]
- 외적 행동을 관찰하는 것으로 관찰할 행동에 대한 조작적 정의가 명확해야 한다.
- 자연적 상황의 관찰은 인위적 상황의 관찰보다 반응성 문제가 적다.
- 평정자가 한 번에 관찰해야 할 표적행동의 개수는 적을수록 좋으며, 발생빈도가 높은 행동을 기록할 경우에는 간격기록법을 사용하도록 한다.

◆ 심리검사 결과의 전달 [2016]

- 검사결과가 수검자에게 어떻게 받아들여졌는지 확인하는 과정을 갖는 것이 바람직하다.
- 수검자가 쉽게 이해할 수 있는 용어를 사용하여 설명한다.
- 보호자의 서면 동의하에 교사가 검사를 의뢰한 경우에는 검사결과를 교사나 학교에 전달할 수 있다.
- 검사결과에 대한 수검자의 정서적 반응을 살피고 검사결과를 이해할 수 있도록 돕는다.
- 나이가 어리다고 해서 검사결과에 대한 설명을 생략해서는 안 된다.

◆ 검사결과에 영향을 미치는 변인 [2014]

- 수검자 변인 : 수검능력, 검사경험, 반응태세, 반응양식, 검사경험, 코칭 등
- 검사자 변인 : 성별, 연령, 경험, 성격, 검사결과에 대한 기대 등
- 검사상황 변인 : 검사 받을 당시 상담실 내부 분위기, 소음, 채광 등

◆ 써스톤(L. Thurstone)의 기초정신능력(Primary Mental Ability) [2016]

구 분	내 용
언어이해력	단어 및 문장 이해능력이며, 어휘력 검사 및 독해력 검사로 이루어진다.
수리 능력	산수능력이며, 기초적인 산수문제로 측정한다.
공간지각력	상징, 기하학적 도형에 대한 정신적 조작 능력으로 도형검사로 이루어진다.
추리 능력	주어진 자료로부터 원칙을 알아내고 적용하는 능력이며, 언어추리 및 수추리 검사로 측정한다.
지각속도	상징들을 빠르게 구체적으로 인식하는 능력이며, 숫자 찾기 검사, 거울보기 검사 등으로 측정한다.
기억력	자료들을 명확히 기억하는 능력으로 단어, 문장, 숫자 등을 회상하는 검사로 측정한다.
언어유창성	신속한 어휘 산출능력이며, 제시한 단어로 시작하거나 끝나는 단어를 가능한 한 많이 나열하는 방식으로 측정한다.

◆ 스턴버그(R. Sternberg)의 삼원지능모형 [2015]

- 스턴버그는 기존의 지능이론이 개인이나 행동, 상황의 일부에서 지능의 근원을 구하려 한 것이기 때문에 불완전한 이론이라 가정하였으며, 지능을 맥락적 지능이론, 경험적 지능이론, 성분적 지능이론으로 구성된 것으로 보았다.
- 지능의 역할을 구성하는 하위 지능이론

맥락적 지능이론	현실상황 적응력을 나타내는 것으로 어떤 상황에든 잘 적응하는 사람에게 강하게 나타난다.
경험적 지능이론	경험을 통해 새로운 과제를 통찰력 있게 다루며 창의력이 높은 사람에게 강하게 나타난다.
성분적 지능이론	지능의 원초적인 부분이며 상위성분, 수행성분, 지식습득성분이 있고 분석적 사고력이 높은 사람에게 강하게 나타난다.

◆ 집단용 지능검사 [2014]

- 검사의 시행조건이 균일화된다.
- 수검자의 반응범위가 제한된다.
- 정서상태가 불안정한 수검자에게 권장되지 않는다.
- 수행을 방해하는 개인적 요인의 탐지가 어렵다.
- 많은 사람들의 검사를 적은 비용과 적은 시간으로 동시에 시행할 수 있다.
- 검사의 융통성이 적고 수검자의 상태가 검사점수에 영향을 주기 때문에 결과 해석 시 주의해야 한다.

◆ 다면적 인성검사(MMPI) [2016]

- 정상의 범위에서 벗어난 행동이나 증상을 객관적으로 측정하는 성격검사이며, 임상적 정보를 제공한다.
- 표준화된 규준을 가지고 있다.
- 수검태도와 검사결과의 타당성을 확인하는 척도가 있다.
- MMPI의 임상척도와 MMPI-2의 기본 임상척도의 수는 동일하다.
- 임상척도 간에 중복되는 문항이 많으며 진단적 변별성이 적다.

◆ **MMPI에서 MMPI-2로 개정된 부분** [2015]
- 원판에서는 특정지역의 집단으로 규준이 제작되었으며, 여러 지역의 표본을 추가하여 규준의 대표성을 확보하였다.
- 시대에 뒤떨어지는 단어나 표현은 현대적인 표현으로 수정하였다.
- 원판에서는 예비문항의 부족으로 성격특성을 충분히 반영하지 못하여 내용차원을 확충하였다.
- 수검태도 평가의 중요성이 인식되어 몇 가지 타당도 척도가 추가되었다.

◆ **MMPI-2와 MMPI-A의 내용척도** [2015]
- MMPI-2의 내용척도 : 불안, 공포, 강박성, 우울, 건강염려, 기태적 정신상태, 분노, 냉소적 태도, 반사회적 특성, A유형 행동, 낮은 자존감, 사회적 불편감, 가정문제, 직업적 곤란, 부정적 치료지표
- MMPI-A의 내용척도 : 불안, 강박성, 우울, 건강염려, 소외, 기태적 정신상태, 분노, 냉소적 태도, 품행 문제, 낮은 자존감, 낮은 포부, 사회적 불편감, 가정문제, 학교문제, 부정적 치료 지표

◆ **일반 직업적성검사(GATB)로 검출되는 적성** [2016]

적성	내용
지능	학습능력 또는 지도내용과 원리를 이해하는 능력을 말한다.
언어 적성	언어와 관련된 뜻과 개념을 이해하고 사용하는 능력이다.
수리 적성	정확하고 빠르게 계산하는 능력이다.
공간 적성	공간의 형태 이해, 평면과 물체 관계를 이해하는 능력이다.
형태 지각	실물, 도해, 표 등에 나타나는 것을 세부적이고 정확하게 지각하는 능력이다.
사무 지각	문자나 인쇄물, 전표 등의 세부 사항들을 식별하는 능력이다.
운동 반응	눈과 손 및 손가락을 사용하여 빠르고 정확하게 움직일 수 있는 능력이다.
손가락 재치	손가락을 빠르고 정교하게 움직이는 능력이다.
손의 재치	손과 손목을 정교하고 자유롭게 조절하는 능력이다.

◆ **직무와 관련된 특수적성검사** [2014]
- 잠재적 능력을 측정한다.
- 미래의 수행능력을 예측한다.
- 미래의 적응도를 예측한다.
- 직무와 관련된 인지적 강점과 약점을 알려줄 수 있다.

◆ **로샤(Rorschach) 검사** [2016, 2014]
- 채점지표 : 위치, 발달질, 결정인, 형태질, 반응내용, 특수점수, 반응영역, 조직화 활동, 쌍반응
- 반응영역 채점지표

지표	채점기준
W	• 전체반응 • 브롯의 전체가 응답에 사용된 경우
D	• 부분반응 • 정상집단의 반응빈도가 높은 브롯이 사용된 경우
Dd	• 드문 부분반응 • 남들이 잘 보이지 않는 반응을 보이는 경우
S	• 공백반응 • 카드의 공백부분에 반응을 보이는 경우

- 검사의 지표와 그 해석적 의미

지표	내용
D	스트레스에 대한 내성과 통제력
T	애정과 의존욕구
Y	불안, 염려, 긴장
MOR	비관적·부정적인 자신의 상
Lambda	타당도 측정

03 심리측정 및 평가 지출 기출 지문 다시보기 O/X

01 로젠탈 효과란 검사자의 기대가 검사결과에 영향을 미치는 것을 말한다. [2014] (○ | ×)

02 심리평가란 심리검사, 면담, 행동관찰, 개인력 등 개인에 관한 정보를 종합적으로 통합하는 과정이다. [2014] (○ | ×)

03 심리평가의 구성요소에는 면담, 심리검사, 행동관찰, 정신병리에 대한 전문지식이 포함된다. [2015] (○ | ×)

04 심리측정에서 측정을 위한 조작적 정의는 모든 연구에서 동일하다. [2016] (○ | ×)

05 문항변별도란 한 문항에 바르게 답한 사례수를 총 사례수의 비율로 표시한 것을 말한다. [2016] (○ | ×)

06 심리검사 제작과정에서 검사의 목적을 구체적으로 정의하는 것이 가장 먼저 이루어져야 한다. [2015] (○ | ×)

07 한 점수 분포에서 원점수를 표준점수(Z)로 변환하면 평균은 50, 표준편차는 10이 된다. [2014] (○ | ×)

08 규준참조검사는 특정 내용에 대한 숙달 여부를 검사할 수 있다. [2016] (○ | ×)

09 청소년 스마트폰 중독 연구를 위해 놀이공원에 방문한 청소년을 대상으로 자료를 수집한 사례는 편의표집의 사례로 볼 수 있다. [2016] (○ | ×)

10 평균값에 대한 모든 점수들의 편차 합은 항상 0이다. [2014] (○ | ×)

11 한 점수를 다른 유형의 점수로 전환할 때 정규분포의 속성들을 활용할 수 있다. [2015] (○ | ×)

12 검사의 활용성은 신뢰도계수에 영향을 주는 요인이다. [2014] (○ | ×)

13 심리검사 결과가 기본구성비율(Base Rate)보다 민감도가 낮은 경우 타당도가 양호하게 산출된다. [2014] (○ | ×)

14 행동관찰법에서 관찰할 행동에 대한 조작적 정의가 명확해야 한다. [2014] (○ | ×)

15 신체운동능력은 써스톤(L. Thurstone)의 기초정신능력(Primary Mental Ability)에 포함된다. [2015] (○ | ×)

16 지능을 맥락적 지능이론, 경험적 지능이론, 성분적 지능이론으로 구성된 것으로 가정한 지능모형은 스턴버그(R. Sternberg)의 삼원지능모형이다. [2015] (○ | ×)

17 집단용 지능검사는 수검자의 반응범위가 제한된다. [2014] (○ | ×)

18 원판에서는 성인용과 아동용으로 구분되어 있으나 MMPI가 MMPI-2로 개정되며 성인용과 청소년용으로 개정되었다. [2015] (○ | ×)

19 MMPI는 임상척도 간에 중복되는 문항이 적어서 진단적 변별성이 높다. [2016] (○ | ×)

20 MMPI-2와 비교하여 MMPI-A에만 있는 내용척도는 품행문제 척도이다. [2015] (○ | ×)

21 문자나 인쇄물, 전표 등의 세부 사항들을 식별하는 능력은 일반 직업적성검사(GATB)로 검출되는 적성 중 사무지각에 해당한다. [2016] (○ | ×)

22 직무와 관련된 특수적성검사는 잠재적 능력을 측정하고 미래의 수행능력 및 적응도를 예측한다. [2014] (○ | ×)

23 로샤(Rorschach) 검사의 지표에서 D는 스트레스에 대한 내성과 통제력을 나타낸다. [2016] (○ | ×)

[정답 및 해설]

01	○	02	○	03	○	04	×	05	×	06	○	07	○	08	○	09	○	10	○	11	○	12	×	13	×	14	○
15	×	16	○	17	○	18	×	19	×	20	○	21	○	22	○	23	○										

04 심리측정을 위한 조작적 정의는 추상적인 개념들이 측정 가능하도록 한 것으로 연구에 따라 다르다.

05 문항변별도는 개별 문항이 총점이 높은 사람과 낮은 사람을 구분해 주는 정도이다. 한 문항에 바르게 답한 사례수를 총 사례수의 비율로 표시한 것은 문항곤란도(문항난이도)이다.

07 한 점수 분포에서 원점수를 Z점수로 변환할 경우 평균은 0, 표준편차는 1이 된다.

12 신뢰도계수에 영향을 주는 요인으로는 집단의 동질성, 검사문항의 수, 문항의 난이도, 신뢰도 추정방법, 검사 시간 등이 있다.

13 심리검사를 받기 전의 집단에서 특정 현상이 자연적으로 발생하는 비율을 기본구성비율(Base Rate)이라 하며, 심리검사에서 기본구성비율보다 민감도가 높은 경우 심리검사의 타당도가 양호하게 산출된다.

15 씨스톤(L. Thurstone)의 기초정신능력(Primary Mental Ability)에는 언어이해력, 수리능력, 공간지각력, 추리능력, 지각속도, 기억력, 언어유창성이 있다.

18 성인용과 아동용의 구분은 없었지만, 18세 이하의 청소년을 대상으로 MMPI-A가 따로 개발되었다.

19 임상척도 간에 중복되는 문항이 많으며 진단적 변별성이 적다.

04 상담이론

청소년상담사 3급

◆ 상담자 - 내담자 관계 [2015]
- 게슈탈트 상담에서는 상담자가 '지금 – 여기'의 경험을 내담자와 나눈다.
- 행동주의 상담에서는 상담관계를 치료전략 수립의 기초라고 본다.
- 벡(A. Beck)의 인지치료에서는 상담관계를 중요시한다.
- 현실치료에서는 상담자를 내담자가 자신의 부모, 형제 등과 같이 느끼는 전이현상을 강조하지 않으며, 따뜻한 인간적 위치에서 내담자와 친밀한 관계를 맺는 것으로 본다.
- 인간중심 상담에서 상담자는 권위적인 존재가 아닌, 내담자와 수평적 관계를 유지한다.

◆ 상담의 이중관계 [2016]
- 상담의 이중관계는 상담자가 내담자와의 관계에서 두 가지 이상의 역할을 동시에 수행할 때 성립된다.
- 상담자의 판단력을 손상시키고 치료관계에 문제를 야기하며, 내담자를 위해하거나 착취할 가능성이 있기 때문에 피해야 한다.
- 이중관계는 상담에 영향을 줄 수 있어서 이중관계가 형성되었을 경우 가급적이면 다른 상담자에게 의뢰하는 것이 바람직하다.
- 이중관계의 예로 상담자가 내담자의 상담 교육을 위해 슈퍼바이저 역할을 하는 것과 친구이면서 상담자의 역할을 하는 것을 들 수 있으며, 내담자와의 성관계도 이중관계에 해당된다.

◆ 상담의 기능 [2015]
- 교육기능 : 내담자의 행동을 바람직한 방향으로 변화시킨다.
- 진단 및 예방기능 : 내담자의 문제행동 원인을 진단하고 문제행동을 제거하기 위하여 적절한 상담기법을 사용한다.
- 교정기능 : 행동의 변화를 가져올 수 있다.
- 치료기능 : 내담자의 문제 혹은 증상을 제거하거나 완화해 준다.
- 상담을 통해 심리적 고통 해소, 삶의 문제 해결, 정신병리 발생 예방, 자기 성장 촉진을 할 수 있다.

◆ 정신분석 상담과정 [2015]
- 상담 중 내담자의 말과 행동에 내담자의 신경증적 증상이 표현된다.
- 상담자는 내담자의 언어적 보고와 행동 등에서 내담자 갈등의 원인을 추론한다.
- 내담자는 상담자의 해석을 수용하면서 부정적 감정의 해소를 경험한다.
- 상담자는 내담자가 보이는 상담자에 대한 감정을 주목해서 표면화시킨다.
- 상담 초기에 상담자와 내담자는 신뢰로운 관계를 맺고 치료과정에서 상담자에게 과거 어떠한 인물에 대한 감정을 상담자에게 표출하는 전이를 형성한다.

◆ 실존적 심리치료   2015, 2014

- "실존은 본질에 앞선다"라는 명제를 앞세운다.
- 의미 추구를 인간의 기본 동기로 본다.
- 인간은 유한성을 의식하는 존재라고 보며, 실존적 불안은 인간이 피할 수 없는 것이라고 본다.
- 인간은 유한하고 고독한 존재로, 대인관계를 맺음으로써 소외에 대한 불안을 완화시키려 한다.
- 무의미감은 전통가치의 영향력이 약화된 현대사회에서 더 문제가 된다고 본다.
- 의미치료는 실존치료에 속한다.
- 현상학의 영향을 받았다.
- 내담자의 주관적인 세계를 중시하고 성장을 돕는다.
- 역설적 의도는 실존치료에서 사용하는 기법이다.

◆ 행동주의 상담기법   2016

- 내담자의 긍정적 행동을 돕는 기법 : 정적 강화, 부적 강화, 행동 조성, 모델링, 프리맥의 원리 등
- 내담자의 부정적 행동을 막는 기법 : 소거, 처벌, 이완훈련, 체계적 둔감법, 혐오치료 등

◆ 안구운동 둔감법 및 재처리 과정(EMDR)   2016

- 외상 후 스트레스 장애를 경험한 내담자를 치료하기 위해 고안한 기법이다. 노출치료의 한 형태로 샤피로(F. Shapiro)가 개발하였다.
- 현재의 문제와 연결되어 있는 과거의 고통스러운 기억을 안구운동을 통해 둔감화시키고 재처리하여 기억은 남아있지만 고통스러운 감정들은 되살아나지 않도록 하는 방법이다.
- 적절한 훈련과 지도감독을 받지 않은 사람은 이 절차를 시행해서는 안 된다.

◆ 게슈탈트 상담의 주요개념   2016, 2015

주요개념	내용
미해결과제	• 완결되지 않거나 해소되지 않은 게슈탈트를 의미하며, 분노, 불안과 같은 감정으로 나타난다. • 신체 증상을 일으킬 수 있기 때문에 상담자는 내담자의 신체적 경험에 주의를 기울인다. • 미해결 과제는 해결을 위해 전경으로 떠올라 다른 게슈탈트가 명확하게 형성되는 것을 방해하여 전경과 배경의 교체를 억제한다.
알아차림	자신의 신체 안에 있는 자신의 존재를 의식하는 것으로 현재 무엇을 느끼고 생각하는지, 어떻게 생각하는지 등에 대한 인식이다.
접촉	접촉은 성장을 위해 반드시 필요한 것으로 접촉경험은 본인과 환경에 대해 알아가며 자신이 누구인지 명확히 정의하게 해 준다.
전경과 배경	• 전경은 만족을 강요하는 욕구이며, 배경은 우리를 둘러싸고 있는 세상이라 할 수 있다. • 건강한 사람은 한 번에 한 가지 욕구에만 초점을 맞추고 다른 욕구는 배경으로 처리하며, 게슈탈트가 완성되었을 때 다른 욕구에 다시 초점을 맞춘다. 이것을 전경과 배경의 교체라고 한다.

◆ 게슈탈트 상담의 다섯 층   2015

게슈탈트 상담의 다섯 층은 상담이 진행되는 동안 성격이 변화되는 단계를 설명한 것이다.

단계	내용
피상층	서로 피상적이고 형식적으로 교류하는 단계
공포층	환경에 적응하기 위해 자신의 욕구를 억압하고 주위의 기대에 맞추어 행동하는 단계
난국층	지금까지 해 왔던 연기를 그만두고 자립을 시도하지만 아직은 힘이 약해서 실존적 딜레마에 빠져 꼼짝하지 못하는 단계
내파층	스스로를 제한했던 것에 대해 자각하게 되어 자신의 욕구를 알아차리는 단계
폭발층	환경과 접촉하여 게슈탈트를 형성하고 이를 해소하는 단계

◆ 개인심리학의 상담과정   [2015]

단계	내용
초기단계	상담자와 내담자가 협동관계를 이루는 단계이다.
탐색단계	내담자의 초기기억을 탐색한다.
해석단계	내담자의 자기이해와 통찰을 촉진하기 위하여 해석을 한다.
재정향단계	내담자가 해석단계를 거치며 얻은 자기이해와 통찰을 통하여 행동변화가 일어나는 단계이다.

◆ 탐색   [2014]

- 내담자가 경험을 보다 분명하게 진술하도록 도우며, 내담자가 자기 문제를 이야기할 때 빠뜨린 부분을 찾도록 하는 상담기술이다.
- 라포 형성은 내담자의 자기탐색을 촉진시킨다.
- 침묵에 성급하게 개입하는 것은 내담자의 자기탐색을 방해할 수 있다.

◆ 교류분석에서의 자아상태   [2016, 2014]

자아상태	특징
CP (지배적 부모)	• 긍정적 기능 : 설교적, 규칙준수, 전통·관습 중시, 강한 책임감 • 부정적 기능 : 비판적, 권위적, 과민반응
NP (양육적 부모)	• 긍정적 기능 : 보호적, 상대방 이해, 격려 • 부정적 기능 : 과보호적, 과도한 챙김, 타인에 대한 많은 기대
A (성인)	• 긍정적 기능 : 차분한, 객관적인, 합리적 • 부정적 기능 : 단조로운, 무미건조한
FC (자유로운 아이)	• 긍정적 기능 : 감정적, 개방적, 명랑한, 흥분된, 자유로운 • 부정적 기능 : 자기 중심적, 반항적, 공격적
AC (순응적인 아이)	• 긍정적 기능 : 순응적, 협조적, 겸손한, 조심스러운 • 부정적 기능 : 눈치를 보는, 우유부단한

◆ 교류분석의 상담단계   [2015]

상담단계	내용
계약	상담자와 내담자가 준수해야 할 사항이나 구체적인 상담목표 등에 관하여 합의한다.
구조분석	내담자가 자신의 자아상태들을 이해할 수 있도록 돕는 단계이다.
교류분석	내담자가 타인과의 의사교류과정에서 나타나는 자아상태 및 의사교류의 유형을 확인하는 단계이다.
게임분석	암시적이거나 이중적인 의사교류를 구체적인 게임의 종류 및 나쁜감정의 유형과 관련하여 분석한다.
각본분석	내담자가 일상생활 중 내렸던 결단의 내용들을 상세히 탐색하게 하여 자신의 성격형성과정을 이해하게 한다.
재결정	내담자가 자신의 인생각본을 변화시키는 단계이다.

◆ 여성주의 상담의 목표   [2015]

- 역량강화 : 능동적으로 선택할 수 있는 행동범위를 넓히도록 돕기
- 수행성과 친교성의 균형 : 남성적 특성(수행성)과 여성적 특성(친교성)의 적절한 균형
- 다양성 수용 : 남녀를 이분법적으로 구분하는 데서 벗어나 다양성을 인정하고 수용하도록 돕기
- 사회변화 실현 : 사회적 불평등 개선을 위한 실천적 행동을 하도록 돕기
- 심리적 문제 재정의 : 문제를 사회·정치적 차원에서 재구성해서 이해하도록 돕기
- 자기양육 : 자신을 가치있는 사람으로 바라보고 자신의 행복을 우선순위에 두기

◆ 가필드(S. Garfield)가 제시한 상담의 치료적 공통요인

[2016]

- 치료적 관계
- 해석, 통찰, 이해
- 정서적 발산, 정화, 표현
- 둔감화
- 문제의 직면
- 인지의 변화
- 이 완
- 정신치료에 대한 정보
- 지지 및 안심시키기
- 치료변인으로서의 기대감
- 치료변인으로서의 시간
- 위약 반응

◆ 해 석

[2015, 2014]

- 해석은 내담자가 자신의 문제를 새로운 각도에서 이해하도록 생활경험과 행동의 의미를 설명해 주는 상담기술이다.
- 정신분석 상담의 주요 기법으로, 효과적인 해석은 내담자를 통찰로 이끌어 행동변화를 유도할 수 있다.
- 상담자의 이론적 입장이나 관심사에 따라 다른 양상으로 해석을 제공할 수 있다.
- 고려해야 할 사항
  - 내담자 스스로 문제를 이해하고 있는 수준과 내담자의 준비 정도를 파악해야 한다.
  - 해석을 할 때 비판하거나 평가적으로 하지 않는다.
  - 다양한 가능성을 고려하여 해석한다.

◆ 침 묵

[2016, 2015]

- 침묵은 내담자가 당황하거나 저항할 때, 상담자의 개입으로 인해 내담자가 깊이 생각할 때, 그리고 비자발적인 내담자의 경우 적대감이나 불안으로 인해 나타날 수 있다.
- 상담자의 대응
  - 침묵에 관해 직접 다룸으로써 내담자가 어떠한 감정이 들었는지 말하게 한다.
  - 상담에 대한 저항으로 나타나는 침묵의 경우, 상담자는 침묵을 먼저 깨고 침묵의 원인이 되는 내담자의 감정을 언급하여 다루어야 한다.
  - 내담자가 자신이 말한 것을 숙고하며 침묵하는 경우, 방해하지 않아야 한다.
  - 내담자가 감정표현 후 휴식하기 위해 침묵하는 경우, 충분한 시간을 허용할 수 있다.
  - 내담자가 무슨 말을 해야 할지 몰라서 가만히 있는 경우, 상담자가 침묵을 깨고 내담자를 도와줄 수 있다.

04 상담이론 기출 지문 다시보기 O/X

01 현실치료에서는 상담자 - 내담자 간의 전이현상을 인정한다. 2015 (O | X)

02 상담을 통해 심리적 고통 해소, 삶의 문제 해결, 정신병리 발생 예방, 자기 성장 촉진을 할 수 있다. 2015 (O | X)

03 상담자가 내담자의 상담 교육을 위해 슈퍼바이저 역할을 하는 것은 상담의 이중관계에 해당되지 않는다. 2016 (O | X)

04 정신분석 상담과정에서 전이현상으로 인해 내담자는 상담자와 신뢰로운 관계를 맺지 못한다. 2015 (O | X)

05 행동조성은 내담자의 부정적 행동을 막는 기법이다. 2016 (O | X)

06 게슈탈트 상담의 주요개념에는 미해결과제, 알아차림, 접촉, 전경과 배경이 포함된다. 2015 (O | X)

07 게슈탈트 상담에서 미해결 과제는 전경과 배경의 교체를 촉진한다. 2016 (O | X)

08 게슈탈트 상담의 다섯 층에서 내파층은 자신의 문제에 대한 통찰을 얻고 증상의 의미 등이 명료화되는 단계이다. 2015

(O | X)

09 개인심리학의 상담과정에서 탐색단계에는 내담자의 초기기억을 탐색한다. 2015 (O | X)

10 라포 형성은 내담자의 자기탐색을 촉진시킨다. 2014 (O | X)

11 교류분석에서 CP(지배적 부모자아)의 특징으로는 설교적, 비판적, 권위적인 것을 들 수 있다. 2014 (O | X)

12 교류분석의 상담단계는 계약 → 구조분석 → 교류분석 → 게임분석 → 각본분석 → 재결정으로 이루어진다. 2015 (O | X)

13 사회적으로 바람직한 성역할을 획득하는 것은 여성주의 상담의 목표에 해당한다. 2015 (O | X)

14 가필드(S. Garfield)가 제시한 상담의 치료적 공통요인에는 저항의 해석이 포함된다. 2016 (O | X)

15 해석은 내담자가 자신의 문제를 새로운 각도에서 이해하도록 생활경험과 행동의 의미를 설명해 주는 상담기술이다. 2014

(O | X)

16 상담기법인 해석을 할 때 내담자 스스로 문제를 이해하고 있는 수준과 내담자의 준비 정도를 파악해야 한다. 2015 (O | X)

17 침묵은 내담자가 당황하거나 저항할 때, 상담자의 개입으로 인해 내담자가 깊이 생각할 때 나타난다. 2016 (O | X)

18 상담 중 침묵에 대해서는 직접 다루지 않는 것이 바람직하다. 2015 (O | X)

19 상담에 대한 저항으로 나타나는 침묵의 경우, 상담자가 먼저 침묵을 깨서는 안 된다. 2015 (O | X)

20 효과적인 해석은 내담자를 통찰로 이끌어 행동변화를 유도할 수 있다. 2014 (○ | ×)

21 내담자가 감정표현 후 휴식하기 위해 침묵하는 경우, 충분한 시간을 허용할 수 있다. 2015 (○ | ×)

[정답 및 해설]

01	02	03	04	05	06	07	08	09	10	11	12	13	14
×	○	×	×	○	○	○	×	○	○	○	○	×	×
15	16	17	18	19	20	21							
○	○	○	×	×	○	○							

01 현실치료에서는 상담자를 내담자가 자신의 부모, 형제 등과 같이 느끼는 전이현상을 인정하지 않는다.

03 상담의 이중관계는 상담자가 내담자와의 관계에서 두 가지 이상의 역할을 동시에 수행할 때 성립된다. 이중관계의 예로 상담자가 내담자의 상담 교육을 위해 슈퍼바이저 역할을 하는 것과 친구이면서 상담자의 역할을 하는 것을 들 수 있으며, 내담자와의 성관계도 이중관계에 해당된다.

04 상담 초기에 상담자와 내담자는 신뢰로운 관계를 맺고 치료과정에서 상담자에게 과거 어떠한 인물에 대한 감정을 상담자에게 표출하는 전이를 형성한다.

05 행동조성은 내담자의 긍정적 행동을 돕는 기법이다.

07 미해결 과제는 해결을 위해 전경으로 떠올라 다른 게슈탈트가 명확하게 형성되는 것을 방해하여 전경과 배경의 교체를 억제한다.

08 내파층은 스스로를 제한했던 것에 대해 자각하게 되어 자신의 욕구를 알아차리는 단계이며, 자신의 문제에 대한 통찰을 얻고 증상의 의미 등이 명료화 되는 단계는 폭발층 이후에 해당하는 내용이다.

13 남성적 특성(수행성)과 여성적 특성(친교성)의 적절한 균형을 이루는 것이 여성주의 상담의 목표이다.

14 가필드(S. Garfield)는 상담의 치료적 공통요인으로 치료적 관계, 해석·통찰·이해, 정서적 발산·정화·표현, 둔감화, 문제의 직면, 인지의 변화, 이완, 정신치료에 대한 정보, 지지 및 안심시키기, 치료변인으로서의 기대감, 치료변인으로서의 시간, 위약 반응을 들었다.

18 침묵에 관해 직접 다룸으로써 내담자가 어떠한 감정이 들었는지 말하게 할 수 있다.

19 상담자는 침묵을 먼저 깨고 침묵의 원인이 되는 내담자의 감정을 언급하여 다루어야 한다.

05 학습이론

◆ **학습에 대한 학자들의 정의** [2015]
- 파블로프(Pavlov)와 손다이크(Thorndike) : 자극과 반응의 결합
- 쾰러(Köhler) : 인지 또는 변별의 과정
- 힐가드(Ernest R. Hilgard) : 새로운 행동이 일어나거나 행동에 변화가 오는 과정
- 모건(A. H. Morgan) : 경험이나 연습으로 인해 비교적 영속적인 행동의 변화
- 스키너(B. Skinner) : 행동의 변화 자체

◆ **지각학습** [2014]

행동주의에서 강화가 제공되지 않아도 학습이 일어나는 현상을 의미한다.

◆ **학습 연구에서 인간 대신 동물을 대상으로 하는 이유** [2015]
- 동물은 선행학습에 의한 효과를 비교적 쉽게 통제할 수 있다.
- 동물은 체계가 단순하여 단일한 변인의 효과를 분리해 내기가 더 쉽다.
- 인간은 연구에 참여하기를 거부하거나 연구 결과를 왜곡할 수 있다.
- 때로는 인간을 대상으로 하는 연구가 매우 어렵거나 윤리적으로 불가능할 경우 대체하여 연구할 수 있다.

◆ **행동주의와 인지주의 학습이론** [2014]
- 행동주의에서 학습 원리는 자극과 반응의 관계성에 기초하며, 관찰 가능한 행동을 연구주제로 한다.
- 인지주의는 관찰된 행동의 변화보다 행동 잠재력의 변화에 관심을 두며, 사고, 언어, 문제해결과 같은 복잡한 지적 과정을 강조한다.
- 행동주의는 행동주의 심리학에 기초하며, 인지주의는 행태심리학 및 인지주의 심리학에 기초한다.

◆ **고전적 조건형성** [2016, 2015, 2014]
- 중립자극 후 무조건 자극이 반복적으로 적용되면, 조건 자극이 조건반응을 유발하게 되는데 이것을 고전적 조건형성이라 한다.
- 대부분의 정서적인 반응들은 고전적 조건형성을 통해 학습될 수 있다.
- 기본원리
  - 무조건 자극 : 학습 없이 자연적으로 특정 반응을 유발하는 자극을 말한다.
  - 중성 자극 : 어떠한 반응도 유발하지 않는 자극이다.
  - 조건 자극 : 조건반응을 유발하는 자극을 말한다.
  - 무조건 반응 : 무조건 자극에 일어나는 선천적 반응을 말한다.
  - 조건 반응 : 조건형성이 일어난 후 조건 자극에 의해 나타나는 반응이다.
- 고전적 조건형성에 영향을 미치는 요인
  - 조건 자극-무조건 자극 간격(자극제시 시간)
  - 무조건 자극 강도

- 자극의 연결방식
  - 동시 조건형성 : 조건자극이 무조건 자극과 동시에 시작되는 것이다.
  - 흔적 조건형성 : 조건자극이 먼저 일어난 후 무조건 자극이 제시되는 것으로 파블로프의 조건형성 절차가 해당된다.
  - 지연 조건형성 : 조건자극이 먼저 일어나고 지속적으로 진행되는 동안 무조건 자극이 주어지는 것을 말하며, 가장 강하고 빠른 조건형성을 만들어 낸다.
  - 후향 조건형성 : 무조건 자극이 먼저 제시되고 난 후 조건자극이 제시되는 것이다.

◆ 조작적 조건형성의 주요 원리 [2015, 2014]

종류	내용
강화	특정 행동에 대해 강화(보상)가 따르게 되면 그 행동은 반복되고 조작적 반응의 비율을 높인다.
소거의 원리	특정 행동에 대한 강화제시를 중지하여 특정행동이 서서히 사라지게 한다.
조형의 원리	조형(Shaping)은 목표 행동에 점진적으로 접근하도록 체계적인 강화를 하는 것이다.
처벌의 원리	특정 행동의 발생 빈도를 감소시키거나 제거하는 것이다.
변별의 원리	정교한 학습이 이루어지는 것으로 유사한 자극의 작은 차이점에 따라 반응을 다르게 보인다.
자발적 회복의 원리	습득된 행동으로 인해 만족스러운 결과물이 주어지지 않아도 그 행동이 소거되지 않는다.
근접성의 원리	학습내용의 파지(얻은 정보를 유지하는 작용)를 촉진하기 위해 새로운 내용과 이미 알고 있는 내용을 연계시키는 것이다.
계속성의 원리	학습 내용의 요소들이 여러 번 반복되어야 한다는 것이다.

◆ 체계적 둔감법(systematic desensitization) [2016, 2015]

- 체계적 둔감법은 불안유발 요인에 내담자를 노출시켜 부적응적 증상을 제거하는 것이다.
- 위계는 주제별 위계와 시·공간적 위계로 분류된다.
- 근육 긴장 감소는 이완과 관련된다는 것을 가정한다.
- 불안 위계를 작성(불안이나 공포 등의 병적인 행동을 일어나게 하는 자극에 따라 여러 단계로 나누어 목록을 작성하는 것)하게 한 후 이완된 상태에서 가장 낮은 단계부터 체계적으로 상상하도록 훈련한다.
- 훈련 과정에서 내담자는 이완을 지속할 수 있어야 하며, 내담자가 불안을 느낄 경우 신호를 보내도록 한다.

◆ 기능적 분석(functional analysis) [2016]

- 문제행동의 평가과정이며, 문제행동과 문제행동을 일으키는 환경 간의 관계를 분석하는 것이다.
- 문제행동의 원인이 되는 환경을 조작하여 행동을 억제한다.

◆ 정보처리이론 학습과정 [2014]

과정	내용
부호화	선택된 정보를 기억할 수 있는 형태로 기록하는 것이다. 감각기관의 정보가 모두 저장되지는 않으며, 특정 정보에 한하여 정보를 처리한다. • 조직화 : 기억하기 쉽게 정보를 조직한다. • 정교화 : 유사한 다른 정보와 혼동이 덜 되도록 하며, 생성효과를 가져온다. 또한 새로운 아이디어, 개념, 정보, 해석 등을 덧붙인다.
저장	부호화한 정보를 유지하는 과정이다.
인출	정보처리과정은 필요할 때 저장된 정보를 꺼내는 과정이다.

◆ 감각등록기(sensory register) [2014]
- 감각등록기는 정보를 시각과 청각과 같은 감각수용 기관을 통해 정보를 최초로 저장하는 곳이다.
- 정보를 단기기억(작업기억)으로 넘기려면 주의를 기울여야 한다.
- 정보의 수용량에는 제한이 없으나, 정보가 유입되고 사라지는 시간이 매우 짧다.

◆ 단기기억에서 장기기억으로의 정보 전환 [2015]
- 저장되어 있는 정보에 새로운 정보를 통합시키는 과정을 공고화(consolidation)라고 한다.
- 기억을 증진하기 위해서는 메타기억전략을 사용하는 것이 도움이 된다.
- 반복학습을 하면 해마(hippocampus)가 반복적으로 재활성화되면서 정보가 장기기억 체계에 통합된다.
- 주관적 조직화란 기억을 체제화할 때 각 개인에 따라 자유로운 방식을 사용하는 것을 말한다.
- 단기간에 학습하는 집중학습보다는 여러 번에 걸쳐 학습하는 분산학습이 정보를 더 오래 기억하게 한다.

◆ 장기기억에서의 지식의 표상 [2015, 2014]
- 서술적 지식은 심리학용어와 같은 사실적 정보를 아는 것이다. 개인의 경험에 대한 기억인 일화기억도 서술적 지식에 해당한다.
- 절차적 지식은 인지활동을 수행하는 방법을 아는 것이다.
  - '어떻게 하는 것'과 관련된 지식으로, 수학문제를 풀거나 과학실험을 하는 과정에 활용된다.
  - 조건적 지식(conditional knowledge)을 포함하고 있다.
  - 언어적 부호와 이미지로 저장될 수 있다.

- 조건적 지식은 서술적 및 절차적 지식을 언제 그리고 왜 채택해야 하는지 아는 것이다.
- 새 정보가 기존 정보와 연합될 수 있을 때에만 유의미 학습이 일어날 수 있으므로 선행지식은 필요하다.
- 이중부호이론(Dual-Code Theory)에 의하면 정보를 언어부호와 시각부호로 약호화하여 저장한다.

◆ 기억술 [2016]
- 약어(Axronym) : 기억해야 할 내용들의 앞글자를 따거나 간단하게 해서 단어나 문장으로 만들어 암기하는 방법이다.
- 연쇄기억술(Chain Mnemenics) : 암기해야 할 내용들을 연관지어 기억하는 것이다.
- 핵심단어법(Keyword Method) : 친숙한 단어의 소리나 의미와 함께 이미지를 연관시키는 방법이다.
- 페그워드법(Pegword Method) : 규격화된 자료에 기억해야 할 사항들을 결합시키는 것이다.
- 장소법(Loci Method) : 어떤 것을 암기할 때 자신과 친숙한 장소의 특정위치와 연관시키고 배치하여 기억하는 방법이다.

◆ 학습의 전이(transfer) [2016, 2014]
- 학습의 전이란 우선적으로 이루어진 학습이 그 후 이루어진 학습에 영향을 미치는 현상이다.
- 전이의 유형
  - 근접전이 : 상황들 간에 중첩이 많으며, 원래의 맥락과 전이 맥락이 유사하다.
  - 원격전이 : 상황들 간에 중첩이 적으며, 원래의 맥락과 전이 맥락이 유사하지 않다.

- 수평전이 : 학습과정 중 습득했던 과제와 복잡성 정도가 비슷한 과제에 전이되는 것을 말한다.
- 수직전이 : 학습과정 중 습득했던 과제보다 더 복잡한 과제에 전이되는 것이다.
- 긍정적 전이 : 먼저 이루어진 학습이 후속 학습에 긍정적으로 작용하는 것이다.
- 부정적 전이 : 먼저 이루어진 학습이 후속 학습을 방해하는 것이다.
- 저도전이 : 의도적인 인지활동이 전혀 없는 전이가 자동적으로 발생되는 것이다.
- 고도전이 : 상황들 간 추상화 활동을 통하여 전이가 발생되는 것이다.
- 축어적 전이 : 원래의 기능이나 지식이 새로운 과제에 전이되는 것을 의미한다.
- 전이는 의식적으로 노력하지 않아도 나타날 수 있다.
- 전이가 촉진되는 경우
  - 구체적 사실보다 일반적인 원리를 학습할 경우
  - 단편적인 지식을 학습할 때보다 포괄적인 법칙이나 개념을 학습할 경우
  - 학습 내용과 실생활 간의 유사성이 클 경우
  - 기본적 원리를 확실히 이해하는 정도가 높을 경우
- 학습의 전이 정도에는 수업방법 및 학습태도뿐만 아니라 연령, 학습자의 지적 능력 등이 해당한다.

◆ 정보처리모형 [2015, 2014]

- 애트킨슨과 쉬프린(Atkinson & Shiffrin)의 이중기억모형
  - 기억의 구조를 고정된 것으로 보았다.
  - 정보 → 감각등록기 → 단기기억 → 장기기억의 순서로 정보가 저장된다고 보았다.
  - 통제과정의 예로 약호화, 시연조작, 탐색방략 등을 들었다.

- 크레이크와 로크하트(Craik & Lockhart)의 정보처리의 수준모형(levels of processing model)
  - 기억은 정보처리 수준에 달려있다고 가정하였으며, 분석수준이 깊을수록 기억이 더 잘된다고 주장하였다.
  - 정보처리과정을 연속적인 과정으로 보았으며, 정보처리의 순서를 가정하지는 않는다.
  - 단일 기억체계를 가정하였다.
  - 정보들을 암기하는 표층처리보다 정보의 의미를 파악하고 자신의 경험과 관련지어 처리하는 심층처리를 더 강조하였다.
  - 정교화 시연은 유지형 시연보다 심층처리가 잘 일어난다.
  - 학습내용을 심층처리했을 경우 우연학습의 조건은 의도학습 조건의 결과만큼 우수하다.

◆ 마이켄바움(D. Meichenbaum)의 인지행동수정 [2015]

- 마이켄바움은 내적 언어의 상호작용, 인지구조, 행동과 행동의 결과들을 포함하는 연속적인 중재과정을 거쳐서 행동변화가 일어난다고 하였다.
- 자기조절행동을 향상시키는 단계

인지적 모델링	교수는 과제를 진행하며 큰소리로 학생에게 어떤 행동을 해야하는지 알려준다.
타인에 의한 외현적 안내	학생은 교수의 지도를 받는 상태에서 큰소리로 말을 하며 과제를 진행한다.
외현적 자기 안내	학습을 하는 학생은 스스로에게 큰소리로 말하며 과제를 진행한다.
외현적 자기 안내 점진적 소멸	학습을 하는 학생은 작은소리로 스스로에게 말하며 과제를 진행한다.
내면적 자기 안내	학습을 하는 학생은 내적 언어를 이용하여 과제를 진행한다.

◆ 좌뇌와 우뇌의 기능적 속성 [2014]

- 좌뇌와 우뇌 간에는 정보의 전이가 가능하다.
- 우뇌 손상이 있을 경우 주의나 지각이 어려워진다.
- 좌우 대뇌 사이에 위치하여 좌뇌와 우뇌를 연결시켜주는 신경세포 집합인 뇌량(corpus callosum)의 절단은 양반구의 정보 전이를 막을 수 있다.
- 좌뇌 손상에 비해 우뇌 손상이 있을 경우 무시증후군이 나타날 확률이 높다.
  - 무시증후군은 뇌병변이 일어난 반대쪽의 공간 및 사물 지각 장애, 움직임 장애, 시각 및 청각 장애 등의 이상증상이 나타나는 병이다.
- 좌뇌는 언어, 논리, 사고력 등 이성과 논리에 관한 정보들을 처리하며 우뇌는 직관 및 감성적 능력 등과 관련된 정보를 처리한다.

◆ 인간의 뇌 발달 [2016, 2015]

- 뇌는 영역별로 발달 최적 시기 및 발달 속도가 다르다.
- 대뇌 피질 영역 중 전두엽은 영유아기에 빠르게 발달하며, 성인이 되어서도 발달한다.
- 아동의 시냅스 수가 성인의 시냅스 수보다 많으며, 이 시기에 시냅스 과밀현상이 가장 크게 나타난다.
- 많이 사용하는 시냅스는 강화되는 반면 사용하지 않는 시냅스는 소멸된다.
- 신경망 가지치기 시기는 각 대뇌 피질 영역에 따라 다르다.
- 풍부한 환경은 시냅스의 연결을 가속화한다.
- 대뇌 피질 영역 중 브로카와 베르니케 영역이 손상되면 실어증을 초래한다.
- 급성 스트레스에 의해 분비되는 코티졸(cortisol)은 시냅스의 수를 줄이고 뉴런(neurons)을 손상되기 쉬운 상태로 만든다.
- 과밀화된 시냅스가 소멸된 이후에도 학습은 뇌 구조에 영향을 미친다.

◆ 티치너(E. Titchener)의 구성주의(structuralism) 심리학 [2015]

- 실험심리학의 창시자인 분트(W. Wundt)의 제자였던 티치너에 의해 구성주의가 형성되었다.
- 티치너는 분트의 제자였지만, 분트의 주의설을 수정 없이 그대로 계승하지는 않았다.

구 분	분트의 주의설	티치너의 구성주의
심리학	혼성적 과학	자연과학
연구 방법	실험, 내성법, 민속심리학	내성법
마 음	역동적	수동적

- 인간의 정신작용에 대해 수동적 마음을 가정했다.
- 구성주의는 의식을 구성하는 요소와 구조를 분석하고자 하였으며, 사고의 형성을 설명함에 있어 연합의 법칙을 강조했다.
- 구성주의 학자들은 감각, 감정, 심상과 같은 의식적인 경험의 기본요소를 분석하는 요소주의 관점에서 내성법을 사용하여 연구했다.
  - 내성법이란 자신의 의식적 경험을 체계적으로 스스로 관찰하는 방법으로 자기관찰법의 일종이다.
- 대상을 지각할 때의 즉각적인 경험만 보고하고 그 대상에 대한 해석은 배제했다.

05 학습이론 기출 지문 다시보기 O/X

01 학습이 행동의 변화자체를 의미한다는 것은 학습의 정의에 대한 스키너(B. Skinner)의 기본입장과 일치한다. 2015 (○ | ×)

02 행동주의에서 강화가 제공되지 않아도 학습이 일어나는 현상을 지각학습이라 한다. 2014 (○ | ×)

03 동물은 체계가 단순하여 단일한 변인의 효과를 분리해 내기가 더 쉽기 때문에 학습연구에서 인간 대신 동물을 사용한다. 2015
(○ | ×)

04 행동주의 학습이론은 행태주의 심리학에 기초한다. 2014 (○ | ×)

05 중립자극 후 무조건 자극이 반복적으로 적용되면, 조건자극이 조건반응을 유발하게 되는데 이것을 고전적 조건형성이라 한다. 2016 (○ | ×)

06 조건 자극-무조건 자극 간격과 무조건 자극 강도는 고전적 조건형성에 영향을 미친다. 2016 (○ | ×)

07 어머니가 노래를 부른 뒤 1초 후 아기에게 젖병을 물리는 것은 흔적 조건형성의 예이다. 2016 (○ | ×)

08 조형(Shaping)은 목표 행동에 점진적으로 접근하도록 체계적인 강화를 하는 것이다. 2016 (○ | ×)

09 학습내용의 파지를 촉진하기 위해 새로운 내용과 이미 알고 있는 내용을 연계시키는 것을 근접성의 원리라 한다. 2016
(○ | ×)

10 체계적 둔감법에서 불안 위계를 작성하게 한 후 이완된 상태에서 가장 높은 단계부터 체계적으로 상상하도록 훈련한다. 2015 (○ | ×)

11 인지과정 중 정교화는 유사한 다른 정보와 혼동이 덜 되도록하며, 새로운 아이디어, 개념, 정보, 해석 등을 덧붙인다. 2014 (○ | ×)

12 정보를 작업기억(Working Memory)으로 넘기려면 주의를 기울여야 한다. 2014 (○ | ×)

13 단기기억에서 장기기억으로의 정보 전환에서 집중학습은 분산학습보다 정보를 더 오래 기억하게 한다. 2015 (○ | ×)

14 이중부호이론(Dual-Code Theory)에 의하면 정보를 언어부호와 청각부호로 약호화하여 저장한다. 2015 (○ | ×)

15 일화기억은 절차적 지식의 대표적인 형태이다. 2014 (○ | ×)

16 익숙한 단어의 소리나 의미와 함께 이미지를 연관시키는 방법을 핵심단어법(Keyword Method)이라 한다. 2016 (○ | ×)

17 근접전이는 상황들 간에 중첩이 많으나 원래의 맥락과 전이 맥락은 다르다. 2016 (○ | ×)

18 전이는 의식적으로 노력하지 않아도 나타날 수 있다. 2016 (○ | ×)

19 전이는 학습자의 학습태도와 수업방법에 따라 다르지만, 연령과는 무관하다. 2016　　　　　　(○ | ×)

20 포괄적인 법칙이나 개념보다 단편적인 지식을 학습할 때 전이가 촉진된다. 2014　　　　(○ | ×)

21 정보처리의 수준모형에서는 정보처리의 순서를 가정하였다. 2014　　　　　　　　(○ | ×)

22 크레이크와 로크하트(Craik & Lockhart)의 정보처리의 수준모형(levels of processing model)에서는 표층처리가 심층처리만큼 중요하다는 것을 강조한다. 2015　　　　　　　　　　　　　　　　(○ | ×)

23 마이켄바움(D. Meichenbaum)의 자기조절행동을 향상시키는 단계는 인지적 모델링 → 타인에 의한 외현적 안내 → 외현적 자기 안내 → 외현적 자기 안내 점진적 소멸 → 내면적 자기 안내의 순서로 이루어진다. 2015　(○ | ×)

24 좌뇌보다 우뇌가 언어정보를 처리하는 데 더 유리하다. 2014　　　　　　　　　　(○ | ×)

25 대뇌 피질 영역 중 전두엽의 발달은 영유아시기에 완성된다. 2016　　　　　　　(○ | ×)

26 티치너(E. Titchener)의 구성주의(Structuralism)는 분트(W. Wundt)의 주의설(Voluntarism)을 수정 없이 계승했다. 2015　　　　　　　　　　　　　　　　　　　　　　　　　　　　(○ | ×)

[정답 및 해설]

| 01 | ○ | 02 | ○ | 03 | ○ | 04 | × | 05 | ○ | 06 | ○ | 07 | ○ | 08 | ○ | 09 | ○ | 10 | × | 11 | ○ | 12 | ○ | 13 | × | 14 | × |
| 15 | × | 16 | ○ | 17 | × | 18 | ○ | 19 | × | 20 | × | 21 | × | 22 | × | 23 | ○ | 24 | × | 25 | × | 26 | × | | | | |

04 행동주의는 행동주의 심리학에 기초하며, 인지주의는 형태심리학 및 인지주의 심리학에 기초한다.

10 체계적 둔감법에서는 불안이나 공포 등의 병적인 행동을 일어나게 하는 자극에 따라 여러 단계로 나누어 목록을 만드는 불안위계를 작성 하게 한 후 이완된 상태에서 가장 낮은 단계부터 체계적으로 상상하도록 훈련한다.

13 단기간에 학습하는 집중학습보다는 여러 번에 걸쳐 학습하는 분산학습이 정보를 더 오래 기억하게 한다.

14 이중부호이론(Dual-Code Theory)에 의하면 정보를 언어부호와 시각부호로 약호화하여 저장한다.

15 개인의 경험에 대한 기억인 일화기억도 사실적 정보를 아는 것인 서술적 지식에 해당한다.

17 근접전이는 상황들 간에 중첩이 많으며, 원래의 맥락과 전이 맥락이 유사하다.

19 학습의 전이 정도에는 수업방법 및 학습태도뿐만 아니라 연령, 학습자의 지적 능력 등이 해당한다.

20 단편적인 지식을 학습할 때보다 포괄적인 법칙이나 개념을 학습할 때 전이가 촉진된다.

21 정보처리과정을 연속적인 과정으로 보았으며, 정보처리의 순서를 가정하지는 않는다.

22 정보들을 암기하는 표층처리보다 정보의 의미를 파악하고 자신의 경험과 관련지어 처리하는 심층처리를 더 강조하였다.

24 좌뇌는 언어, 논리, 사고력 등 이성과 논리에 관한 정보들을 처리하며 우뇌는 직관 및 감성적 능력 등과 관련된 정보를 처리한다.

25 대뇌 피질 영역 중 전두엽은 영유아기에 빠르게 발달하며, 성인이 되어서도 발달한다.

26 티치너는 분트의 제자였지만, 분트의 주의설을 수정 없이 그대로 계승하지는 않았다. 분트는 심리학을 혼성적 과학이라 보았지만, 티치너는 자연과학이라 보았다. 분트의 주의설에서는 마음을 역동적이고 활동적인 실체라고 본 반면, 티치너의 구성주의에서는 인간의 정신작용에 의한 수동적 마음을 가정했다.

06 청소년이해론

청소년상담사 3급

◆ 청소년기 정서의 특징 [2014]

- 격렬하고 쉽게 동요하는 경향이 있다.
- 아동기의 정서표현 방식은 직접적이고 일시적이며 외적으로 표현되지만, 청소년기에는 정서표현이 방어기제에 의해 외적으로 잘 표현되지 않으며, 비교적 영속적이다.
- 신체·생리적 변화는 강렬한 정서적 불안정성을 유발한다.
- 심리·사회적 압박은 강한 정서적 불만이나 갈등을 유발한다.
- 정서를 자극하는 것은 부모와의 갈등 등 주로 대인관계 문제이다.

◆ 청소년기 인지발달의 일반적 특성 [2015]

- 추상적 사고 : 추상적인 사실과 개념에 관해 관심을 가지며, 논리적인 추론이 가능하다.
- 가설연역적 사고 : 발생가능한 조건의 가설을 설정하고 가설로부터 특정 결론을 이끌어 내는 연역적 사고를 할 수 있다.
- 가능성에 대한 사고 : 미래에 원하거나 가능성이 있는 세계로 사고가 확장되며, 더 고차원적인 사고를 하게 된다.
- 사고과정에 대한 사고 : 메타인지로 인지작용을 통제하는 것이다.

◆ 자아정체감 [2016, 2014]

- 연령이 증가할수록 자아정체감 성취의 비율도 증가한다.
- 청소년기는 선택과 결정의 시기이기 때문에 자아정체감이 중요하다.
- 자아정체감 유예와 성취의 공통점은 위기 경험이다.
- 마르샤(J. Marcia)는 자아정체감의 지위(status)를 위기와 관여(commitment)에 따라 구분한다.

		위 기	
		있음	없음
관여	있음	성취 (achievement)	유실 (foreclosure)
	없음	유예 (moratorium)	혼미 (diffusion)

- 청소년의 자아정체감 성취를 지연시키는 요인
  - 선택할 수 있는 대안의 증가
  - 취업을 위한 준비기간의 연장
  - 의사결정할 수 있는 영역의 다양화
  - 아동기와 성인기의 문화적 불연속성의 증가

◆ 반두라(A. Bandura)의 관찰학습과정 [2016]

- 주의과정 : 모델을 지각하는 과정이다.
- 파지과정 : 속으로 모방하며 관찰한 행동을 기억에 저장하는 과정이다.
- 생산과정 : 기억에 저장했던 모델 행동을 적절한 행동으로 전환하는 과정이다.
- 동기화과정 : 행동에 영향을 주는 강화조건에 따라 모델 행동이 수행되는 과정으로, 자기효능감은 동기화의 중요한 변수이다.

◆ 매슬로우(A. Maslow)의 욕구위계이론 [2016]

- 다양한 욕구 사이에 위계가 존재하며, 낮은 단계일수록 욕구 강도가 강하다.
- 매슬로우는 인간의 욕구를 5단계로 설명하고 있다.
- 욕구위계

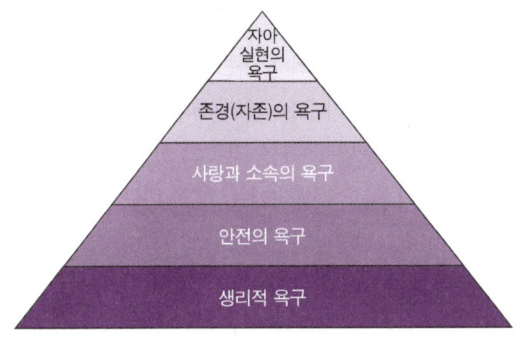

- 하위 단계의 욕구는 개인의 생존에 중요한 역할을 하며, 하위 수준의 욕구가 충족되지 않으면 상위 수준의 욕구는 만족될 수 없다.
- 자아실현의 욕구는 중년기 정도가 되어야 나타나고 가장 상위의 욕구이기 때문에 대부분의 사람들이 자아실현의 욕구를 달성하지는 못한다.

◆ 콜버그(L. Kohlberg)의 성역할 발달 [2016]

- 인지발달적 측면에서 성역할을 설명하였다.
- 인지발달에 따라 자신들의 성에 적합한 지식들을 구성하여 성역할 발달이 이루어진다고 주장한다.
- 성역할 발달 3단계

단 계	내 용
성 정체성 (약 2~4세)	자신을 남성 또는 여성으로 명명하는 능력이다.
성 안정성 (약 5~6세)	시간이 흘러도 성이 고정적임을 이해하지만, 외모나 행동의 변화로 인해 성을 변화시킬 수 있다고 믿는다.
성 항상성 (약 6~7세)	성을 불변하는 것으로 인식한다.

◆ 성역할 초월이론 [2014]

- 성역할 사회화에 대한 전통적인 견해가 성별의 양극개념을 초래한다고 보는 성역할 발달이론이다.
- 인간의 역할을 재정의하고 성차별의 근원을 제거하는 3단계의 모델을 제시하였다.

단 계	내 용
성역할 미분화	성역할, 성유형화 행동에 대한 분화개념이 없다.
성역할 양극화	자신의 행동을 고정관념에 맞추려 한다.
성역할 초월	고정관념에 얽매이지 않고 적응력있게 행동한다.

◆ 성격이론 [2015]

- 특성이론 : 많은 사람들에게 공통적으로 나타나는 여러 특성들을 발견하여 묘사하고 분류하는 이론으로 유형론과 특질론이 있다.
- 과정이론 : 성격이 형성되는 과정과 형성된 성격의 의미를 설명하는 데에 초점을 맞추는 이론으로 정신분석이론, 행동주의이론(조건형성이론, 사회학습이론), 인본주의이론(현상학적 이론)이 있다.

◆ 문화의 개념에 대한 관점 [2015]

- 총체론적 관점 : 문화는 인간집단의 생활양식의 총체이며, 환경에 적응하는 메커니즘으로 기능한다.
- 관념론적 관점 : 문화는 관찰된 행동 그 자체가 아니라, 그런 행위를 규제하는 규칙의 체계이다.

◆ 문화개념의 역사적 변천 순서 [2014]

```
땅이나 곡물의 경작, 가축의 사육
        ↓
마음이나 정신의 수양, 예술
        ↓
사회발전의 일반적 과정
        ↓
특정 사회구성원이 공유하는 의미, 가치, 생활양식
        ↓
의미를 생산하는 실천
```

◆ 문화현상에 대한 벤야민(W. Benjamin)의 주장 [2016]
- 문화산업이 등장한 시대에 들어서면서 예술작품의 복제가 가능하게 되었다.
- 벤야민은 복제되지 않은 예술작품을 아우라(aura)라고 하였으며, 예술작품의 복제는 아우라(aura)의 파괴를 가져왔다고 주장하였다.
- 문화산업의 등장은 예술 수용방식에 있어 수용자의 능동적인 측면을 부각시킨 것으로 보았다.

◆ 청소년문화의 특성 [2014]
- 다양한 하위문화가 존재한다.
- 대중문화에 대한 의존성이 강하다.
- 기본적으로 학교문화와 밀접하게 관련되어 있다.
- 청소년은 단순한 문화소비자가 아닌 문화생산자로 문화현장에 참여한다.

◆ 청소년문화를 바라보는 관점 [2016]
- 비행문화 : '청소년들은 사회적 규범을 깨뜨리는 것에서 쾌감을 느끼며, 이를 통해 자신들의 문화정체성을 찾는다'는 관점이다.
- 미숙한 문화 : 청소년의 문화를 모자라고 미숙한 것으로 보는 관점이다.
- 새로운 문화 : 청소년의 문화를 기존과 비교하여 전혀 새로운 영역으로 바라보는 시각이다.
- 주류 문화 : 청소년 문화를 저항의 문화로 바라보는 것으로 주류를 이루는 기성세대 문화의 반(反)주류문화로 보는 관점이다.
- 하위 문화 : 기성세대 문화의 아류로서 바라보는 관점이다.

◆ 청소년문화에 관한 학자와 이론 내용 [2016, 2015, 2014]
- 미드(M. Mead)
  - 청소년기의 혼란과 갈등이 사춘기의 보편적 산물이 아니라 문화적 맥락에 따라 다를 수 있다고 주장하였다.
  - 연구결과서인 「사모아에서의 성장」에서 사모아 같은 부족사회에서는 '질풍과 노도'와 같은 청소년기의 특성이 나타나지 않는다고 보고하였다.
- 호이징아(J. Huizinga) : 인간을 호모 루덴스(Homo Ludens), 놀이하는 인간으로 명명했다.
- 콜만(J. Coleman) : 청소년문화는 성인사회로부터 구분된다고 보았으며, 하위문화의 개념을 도입하였다.
- 기어츠(C. Geertz)
  - 사회적으로 특정 사건이나 상황에 부여하는 의미를 문화 이해의 중요한 핵심이라고 본다.
  - 상징과 의미체계로 문화 개념을 설명하며, 특정 사건이나 현상에 대한 심층적 기술(thick description)을 강조한다.
- 브루디외(P. Bourdieu) : 행위자의 물질적・비물질적 존재 조건에 의해 형성되며, 취향의 차이를 일관되게 조직하는 것을 의미하는 아비투스(habitus)를 제시하였다.

◆ 청소년 의복문화의 일반적 특성 [2015]
- 소비적
- 충동적
- 동조와 비동조가 혼합
- 정체성 형성도구
- 다양한 색채 및 디자인 추구

◆ 가정의 순기능 [2015]
- 청소년에게 만족을 주어 안정성의 기반이 된다.
- 사회생활에 필요한 습관, 예의, 태도 등을 학습하게 된다.
- 청소년의 능력을 계발하고 발달시키게 된다.
- 청소년의 사회적 인격 기반을 만들어 준다.
- 가족과의 인간관계를 통하여 자기중심적인 행동을 자제하고 타인을 고려하여 행동해야 한다는 것을 배운다.

◆ 우리사회 가족형태 변화의 특징 [2014]
- 자녀 수의 감소
- 핵가족의 증가
- 재혼가족의 증가
- 한부모 가족의 증가
- 가구 수의 증가

◆ 청소년과 지역사회의 환경 [2015]
- 지역사회의 환경은 주민들과의 다양한 사회적 상호작용 속에서 성장·발달하는 준거환경이다.
- 지역사회 환경은 청소년 교육의 장으로 청소년에게 유용한 자원들이 잠재되어 있다.
- 지역사회는 청소년의 삶의 질에 중요한 영향을 미치기 때문에 지역사회의 유해한 사회문화적 환경은 청소년 문제의 확산과 관련이 있다.

◆ 청소년 또래집단의 동조행동 [2014]
- 또래집단의 동조행동은 청소년의 언어, 가치관 등 모든 면에 영향을 미친다.
- 부정적인 동조행동으로 속어나 비어의 사용 등이 있다.
- 동조행동에 대한 또래집단의 압력은 청소년기에 가장 강력하다.
- 또래집단 내에 높은 지위에 있거나 자신감 있는 청소년은 동조행동의 영향을 덜 받는다.
- 청소년은 부모와 또래집단의 가치가 상충되는 경우 또래집단의 영향을 더 크게 받는다.

◆ 서덜랜드(E. Sutherland)의 차별적 접촉이론 [2015]
- 범죄행위는 학습되며, 학습은 친밀한 집단 속에서 이루어진다.
- 법 위반에 대해 우호적으로 학습된 사람이 비행을 한다.
- 범죄행위의 학습은 사람들 간의 의사소통을 통해 일어난다.
- 중류계층의 범죄행위를 설명하는 데 유용하다.

◆ 낙인이론(labeling theory) [2014]
- 범죄행동이 사회적인 평가 및 소외의 결과로 인해 발생한다고 보는 이론이다.
- 일탈의 원인보다는 일탈행동을 규정하는 규범과 처벌하는 과정에 더 관심을 가진다.
- 어떤 행위에 대한 선악의 평가는 사회적으로 이루어진다.
- 일탈자로 규정된 사람은 그 낙인을 벗어나기 힘들기 때문에 계속 다른 일탈행위를 하게 된다.

◆ 학교 부적응   2015
- 학교 부적응은 학교라는 공간에서 개인의 욕구가 교내 환경에 의해 충족되지 못할 경우 갈등 및 부적절한 행동을 보이는 것을 의미한다.
- 또래나 교사와의 관계는 학교 부적응에 영향을 미친다.
- 학업부진, 개인의 정서문제는 학교 부적응과 관련이 있다.
- 학교 부적응 청소년에 대한 개입 시 부모나 보호자를 포함시키는 것이 바람직하다.
- 학업중단 청소년의 추후지도는 관련 전문기관들과 연계하여 진행한다.

◆ 청소년 자살   2015, 2014
- 청소년 자살의 원인 : 우울증, 약물남용, 입시위주의 교육환경, 가정불화를 자신의 탓으로 생각하는 죄책감 등
- 청소년 자살은 학교생활과 관련된 자살이 많다.
- 자살 시도는 여학생이 남학생보다 대체로 많은 편이며, 모방자살, 친구와의 동일시로 인한 집단자살이 많다.
- 가족 간의 유대는 자살을 예방하는 보호요인이 된다.
- 청소년 자살의 경우 더 이상 살고 싶지 않다는 말을 자주 하거나 생명에 위협이 되는 행동을 하는 등의 전조증상을 보인다.
- 감정적인 충동적 자살이 계획적 자살보다 많다.

◆ 청소년의 가출   2016, 2015, 2014
- 가출유형
  - 도피성 가출 : 가정에서 듣는 비판으로부터 도피하기 위한 경우
  - 시위성 가출 : 가족구성원들이 자신에게 관심을 갖기를 원하여 그것을 행하는 경우
  - 추방형 가출 : 가족이나 주위 환경으로부터 가출을 하도록 떠밀려 나온 경우
  - 방랑성 가출 : 밖에서 생활하는 것이 좋아 1~2년 정도 밖에서 배회하면서 사는 것이 생활이 된 경우
  - 생존성 가출 : 가족의 신체적·심리적 학대로부터 생존을 위해 어쩔 수 없이 도망쳐 나온 경우
- 가출의 위험요인
  - 충동성과 낮은 자기 통제력
  - 가족의 구조적·기능적 결손
  - 교우관계의 악화와 학업 스트레스
  - 가정의 낮은 소득수준
- 청소년 가출의 특징
  - 가출 시작 시기가 저연령화되고 있으며, 상습적 가출이 증가하고 있다.
  - 가출청소년 자살 시도가 일반청소년에 비해 높다.
  - 가출청소년은 문제행동을 일으킬 가능성이 높다.
  - 가정·학교에서 문제가 없는 일반청소년의 가출이 증가하고 있다.

◆ 약물 오·남용 등의 개념   2016
- 약물오용 : 약물을 의학적인 목적으로 사용하지만, 의사의 처방에 따르지 않고 임의로 사용하거나 처방된 약을 지시대로 사용하지 않는 것
- 약물남용 : 약물이 불법적이든 합법적이든 사용하는 약물이 육체적·정신적 건강에 위협이 되는 수준까지 사용하는 것
- 약물중독 : 과도하게 약물을 사용하여 지속적으로 약물을 갈망하는 상태
- 약물내성 : 약물을 반복사용하여 전과 같은 동일한 양의 약물을 사용해도 효과가 나타나지 않는 것
- 약물의존 : 약물남용, 내성, 금단현상 등을 포함하는 개념이며 신체적·정신적으로 약물에 의지하는 것
- 금단현상 : 지속적으로 사용한 약물을 중단하거나 사용 양을 줄일 경우 나타나는 신체적·심리적·행동적 반응

◆ **인터넷 중독에 영향을 주는 심리적 요인** [2016]
- 충동성
- 우울감
- 자기통제력 상실
- 낮은 자아존중감

◆ **인터넷 셧다운제** [2014]
청소년 보호법상 인터넷게임 제공자는 16세 미만의 청소년에게 오전 0시부터 오전 6시까지 인터넷 게임을 제공하여서는 아니된다(청소년 보호법 제26조 제1항).

◆ **폭식증(bulimia)** [2015]
- 음식을 먹고자 하는 욕구와 체중증가를 막고자 하는 열망이 충돌을 일으키는 정신적 질병이며, 거식증과 함께 섭식장애에 해당한다.
- 자제력 없이 많은 양의 음식을 먹은 후 체중증가를 막기 위해 구토나 단식이 뒤따른다.
- 자신의 몸매나 체중에 대한 왜곡된 신체상을 지녀 현재 체중과 관계없이 자신이 뚱뚱하거나 뚱뚱해질 것이라고 생각한다.
- 남학생보다 여학생에게 더 많이 발생한다.

◆ **청소년 보호법** [2016, 2015, 2014]
- 청소년 유해약물과 유해업소 등을 규제하기 위한 목적으로 제정된 법률이다.
- 청소년 시청 보호시간대 : 청소년 유해매체물을 방송해서는 안 되는 시간(청소년 보호법 시행령 제19조 제1항)
  - 평일 : 오전 7시부터 오전 9시까지, 오후 1시부터 오후 10시까지
  - 토요일과 공휴일 및 초등학교·중학교·고등학교의 방학기간 : 오전 7시부터 오후 10시까지
  - 시청자와의 계약에 의하여 채널별로 대가를 받고 제공하는 방송의 경우 : 오후 6시부터 오후 10시까지
- 청소년 유해환경 : 청소년 유해매체물, 청소년 유해약물 등, 청소년 유해업소 및 청소년폭력·학대(청소년 보호법 제2조 제8호)

◆ **대한민국청소년박람회** [2014]
- 청소년의 달에 개최하는 국내 최대 규모의 청소년축제의 장이다.
- 청소년의 참여와 체험, 소통을 위한 주제별 공간을 마련하여 청소년들에게 새로운 문화콘텐츠를 공유, 창출, 확산하는 기회를 제공한다.

◆ **청소년 긴급·상담 전화번호** [2014]
- 학교폭력 신고 대표 전화번호 : 117
- 청소년 가출, 학업중단, 인터넷 중독, 고민상담 : 1388
- 자녀 학교·가정생활, 특수교육상담 : 02-2285-1318
- 학교폭력 전화상담, 인터넷 상담, 개인 및 집단상담 : 1588-9128

◆ **청소년복지 지원법** [2016, 2015, 2014]

- 용어의 정의(제2조)
  - 청소년 : 9세 이상 24세 이하인 사람
  - 청소년복지 : 청소년이 정상적인 삶을 영위할 수 있는 기본적인 여건을 조성하고 조화롭게 성장·발달할 수 있도록 제공되는 사회적·경제적 지원
  - 보호자 : 친권자, 법정대리인 또는 사실상 청소년을 양육하는 사람
  - 위기청소년 : 가정 문제가 있거나 학업 수행 또는 사회 적응에 어려움을 겪는 등 조화롭고 건강한 성장과 생활에 필요한 여건을 갖추지 못한 청소년
- 청소년증(제4조)
  - 특별자치시장·특별자치도지사 또는 시장·군수·구청장(자치구의 구청장을 말한다. 이하 같다)은 9세 이상 18세 이하의 청소년에게 청소년증을 발급할 수 있다.
  - 청소년증은 다른 사람에게 양도하거나 빌려주어서는 아니 된다.
  - 누구든지 청소년증 외에 청소년증과 동일한 명칭 또는 표시의 증표를 제작·사용하여서는 아니 된다.
  - 청소년증의 발급에 필요한 사항은 여성가족부령으로 정한다.
- 지역사회 청소년통합지원체계의 구축·운영(동법 제9조)
  - 지방자치단체의 장은 관할구역의 위기청소년을 조기에 발견하여 보호하고, 청소년복지 및 청소년보호를 효율적으로 수행하기 위하여 지방자치단체, 공공기관, 청소년단체 등이 협력하여 업무를 수행하는 지역사회 청소년통합지원체계를 구축·운영하여야 한다.
  - 국가는 통합지원체계의 구축·운영을 지원하여야 한다.
  - 통합지원체계에 반드시 포함되어야 하는 기관 또는 단체 등 통합지원체계의 구성 등에 필요한 사항은 대통령령으로 정한다.
- 위기청소년 상담 및 교육(동법 제13조)
  - 국가 및 지방자치단체는 위기청소년에게 효율적이고 적합한 지원을 하기 위하여 위기청소년의 가족 및 보호자에 대한 상담 및 교육을 실시할 수 있다.
  - 위기청소년의 가족 및 보호자는 국가 및 지방자치단체가 상담 및 교육을 권고하는 경우에는 이에 협조하여 성실히 상담 및 교육을 받아야 한다.
  - 국가 및 지방자치단체는 여성가족부령으로 정하는 일정 소득 이하의 가족 및 보호자가 상담 및 교육을 받은 경우에는 예산의 범위에서 여비 등 실비(實費)를 지급할 수 있다.
- 위기청소년 특별지원(동법 시행령 제7조 제1항)
  - 청소년이 일상적인 의·식·주 등 기초생활을 유지하는 데에 필요한 기초생계비와 숙식 제공 등의 지원
  - 청소년이 신체적·정신적으로 건강하게 성장하기 위하여 요구되는 건강검진 및 치료 등을 위한 비용의 지원
  - 초·중등학교의 입학금 및 수업료, 중학교 졸업학력 검정고시 또는 고등학교 졸업학력 검정고시의 준비 등 학업을 지속하기 위하여 필요한 교육 비용의 지원
  - 취업을 위한 지식·기술·기능 등 능력을 향상시키기 위하여 필요한 훈련비의 지원
  - 폭력이나 학대 등 위기상황에 있는 청소년에게 필요한 법률상담 및 소송비용의 지원
  - 그 밖에 청소년의 건전한 성장을 위하여 필요하다고 여성가족부장관이 인정하는 비용의 지원
- 청소년복지시설의 종류(동법 제31조) : 청소년쉼터, 청소년자립지원관, 청소년치료재활센터, 청소년회복지원시설

국립중앙청소년디딤센터 [2014]

청소년복지 지원법상 학습·정서·행동상의 장애를 가진 청소년을 지원하기 위해 설치한 거주형 청소년치료재활센터이다.

청소년방과후아카데미 [2016, 2014]

- 청소년의 방과 후 생활과 삶의 질 향상을 위해 전문체험과 학습 프로그램, 청소년 생활관리 등의 종합서비스를 지원하는 국가정책지원 사업이다.
- 취약계층 등 방과 후 홀로 시간을 보내는 청소년들에 대한 건전한 성장지원을 목적으로 한다.
- 지원대상은 원칙적으로 초등학교 4학년부터 중학교 3학년까지이다.
- 여성가족부와 지방자치단체가 공동 운영한다.
- 청소년수련관, 청소년문화의집 등의 장소를 활용한다.

하트(Hart)의 청소년참여 사다리 모델(the ladder of participation model) [2014]

- 청소년참여의 가장 높은 단계를 항상 지향해야 하는 것은 아니다.
- 청소년참여 원리 중 가장 중요한 것은 '정보가 주어진 상태에서의 선택권(informed choice)'이다.

수 준	내 용
비참여적 수준	• 조작(manipulation) : 청소년 참여수준 중 가장 낮은 단계이며, 청소년들이 활동내용에 대해 전혀 이해하지 못한 채 청소년지도자의 지시에 일방적으로 따라다니는 상태이다. • 장식(Decoration) : 성인들이 설계한 활동에 동원되는 상태이며, 수련활동에 대한 이해도가 낮은 상태이다. • 명목상참여(Tokenism) : 청소년이 의제에 대해 자문을 제공할 수 있지만, 의제형성이나 피드백 기회를 제공 받지 못한다. 청소년들이 제도나 규정에 따라 대표자로 회의에 참여하지만 주도하지는 않으며 실질적인 청소년 참여로 보지 않는다.
형식적 참여수준	• 제한적 위임과 정보제공(Assigned but informed) : 청소년에게 역할을 주고 수련활동 참여에 대한 정보를 제공해준다. • 자문과 정보제공(Consulted and informed) : 성인이 세운 계획에 청소년들은 의견을 말할 수 있으며, 의견이 어떻게 반영되는지에 대한 정보가 청소년들에게 제공된다.
실질적 참여수준	• 성인 주도하에 의사결정 공유(Adult-initiated, shared decision with children) : 성인이 수련활동을 주도하지만, 청소년이 의사결정과정에 참여할 수 있다. • 청소년주도 및 감독(Child-initiated and directed) : 청소년이 수련활동을 주도하게 되며, 성인은 도움만 주는 상태이다. • 청소년주도 및 성인과 의사결정 공유(child initiated, shared decisions with adults) : 청소년이 주도하고 의사결정을 하며, 성인에게도 의사결정과정의 기회가 주어진다.

06 청소년이해론 기출 지문 다시보기 O/X

01 청소년기에는 정서표현이 아동기보다 더 직접적이고 일시적이다. 2014 (○ | ×)

02 청소년기 인지발달의 일반적인 특성으로는 추상적 사고, 가설연역적 사고, 가능성에 대한 사고, 사고과정에 대한 사고를 들 수 있다. 2015 (○ | ×)

03 마르샤(J. Marcia)가 제시한 자아정체감의 지위(status)에는 통합(Integration)이 포함된다. 2016 (○ | ×)

04 역할실험 기회의 증가는 청소년의 자아정체감 성취를 지연시키는 요인이다. 2014 (○ | ×)

05 반두라(A. Bandura)가 제시한 관찰학습과정에서 관찰한 행동을 기억하는 과정은 파지(Retention)이다. 2016 (○ | ×)

06 매슬로우(A. Maslow)의 욕구위계이론에서 낮은 단계일수록 욕구 강도가 강하다. 2016 (○ | ×)

07 콜버그(L. Kohlberg)는 인지발달적 측면에서 성역할을 설명하였다. 2016 (○ | ×)

08 성역할 사회화에 대한 전통적인 견해가 성별의 양극개념을 초래한다고 보는 성역할 발달이론은 성역할 초월이론이다. 2014 (○ | ×)

09 인본주의이론과 사회학습이론은 성격이론 중 과정이론에 해당한다. 2015 (○ | ×)

10 문화의 개념에 대한 총체론적 관점에서 문화는 관찰된 행동 그 자체가 아니라, 그런 행위를 규제하는 규칙의 체계로 바라본다. 2015 (○ | ×)

11 벤야민(W. Benjamin)은 예술작품의 복제가 아우라(aura)의 파괴를 가져왔다고 주장하였다. 2016 (○ | ×)

12 청소년 문화는 기본적으로 학교문화와 밀접하게 관련되어 있다. 2014 (○ | ×)

13 '청소년들은 사회적 규범을 깨뜨리는 것에서 쾌감을 느끼며, 이를 통해 자신들의 문화정체성을 찾는다'는 관점의 청소년 문화는 비행문화이다. 2016 (○ | ×)

14 콜만(J. Coleman)은 청소년문화의 특징을 주류문화의 개념으로 설명하였다. 2016 (○ | ×)

15 가족과의 인간관계를 통해 항상 자기중심적인 행동을 학습하게 되는 것은 가정의 순기능으로 볼 수 있다. 2015 (○ | ×)

16 우리사회 가족형태 변화의 특징으로 가구 수의 감소를 들 수 있다. 2014 (○ | ×)

17 청소년을 둘러싸고 있는 지역사회의 환경은 주민들과의 다양한 사회적 상호작용 속에서 성장·발달하는 준거환경이다. 2015 (○ | ×)

18 부모와 또래집단의 가치가 상충될 경우 청소년은 부모의 영향을 더 크게 받는다. 2014 (○ | ×)

19 서덜랜드(E. Sutherland)의 차별적 접촉이론에서는 범죄행위가 학습된다고 본다. 2015 (○ | ×)

20 낙인이론은 일탈의 원인보다 일탈행동을 규정하는 규범과 처벌하는 과정에 더 관심을 가진다. [2014] (○ | ×)

21 학업부진은 학교 부적응과 관련이 없다. [2015] (○ | ×)

22 청소년 자살의 경우는 자살 전조행동을 보이지 않는다. [2015] (○ | ×)

23 도피성 가출은 단순히 친구들과 어울려 놀고 싶은 충동에 의해 가출하는 경우이다. [2016] (○ | ×)

24 약물을 의학적인 목적으로 사용하지만, 의사의 처방에 따르지 않고 임의로 사용하거나 처방된 약을 지시대로 사용하지 않는 것을 약물오용이라 한다. [2016] (○ | ×)

25 인터넷 중독에 영향을 주는 심리적 요인으로는 충동성, 우울감, 자기통제력 상실, 낮은 자아존중감이 있다. [2016] (○ | ×)

26 폭식증(bulimia)은 폭식 후에 구토나 단식이 뒤따른다. [2015] (○ | ×)

27 청소년 보호법은 청소년 유해약물과 유해업소 등을 규제하기 위한 목적으로 제정된 법률이다. [2014] (○ | ×)

28 학교폭력 신고 대표 전화번호는 117이다. [2014] (○ | ×)

29 특별자치시장·특별자치도지사 또는 시장·군수·구청장은 9세 이상 18세 이하의 청소년에게 청소년증을 발급할 수 있다. [2015] (○ | ×)

30 청소년방과후아카데미는 취약계층 등 방과 후 홀로 시간을 보내는 청소년들에 대한 건전한 성장지원을 목적으로 한다. [2014] (○ | ×)

[정답 및 해설]

01	×	02	○	03	×	04	×	05	○	06	○	07	○	08	○	09	○	10	×	11	○	12	○	13	○	14	×
15	×	16	×	17	○	18	×	19	○	20	○	21	×	22	×	23	×	24	○	25	○	26	○	27	○	28	○
29	○	30	○

01 아동기의 정서표현 방식은 직접적이고 일시적이며 외적으로 표현되지만, 청소년기에는 정서표현이 방어기제에 의해 외적으로 잘 표현되지 않으며, 비교적 영속적이다.
03 마르샤(J. Marcia)는 자아정체감의 지위(status)를 위기와 관여(commitment)에 따라 성취, 유예, 유실, 혼란으로 구분하였다.
04 역할실험 기회가 증가하는 것은 자아정체감 성취에 긍정적으로 작용하여 성취가능성을 높여준다.
10 문화에 대한 관념론적 관점이다. 총체론적 관점에서 문화는 인간집단의 생활양식의 총체이며, 환경에 적응하는 메커니즘으로 기능한다고 본다.
14 청소년문화는 성인사회로부터 구분된다고 보았으며, 하위문화의 개념을 도입하였다.
15 가족과의 인간관계를 통하여 자기중심적인 행동을 자제하고 타인을 고려하여 행동해야 한다는 것을 배운다.
16 핵가족 및 1인 가족 등의 증가로 인해 가구 수는 상승하였다.
18 청소년은 부모와 또래집단의 가치가 상충되는 경우 또래집단의 영향을 더 크게 받는다.
21 학교 부적응은 학교라는 공간에서 개인의 욕구가 교내 환경에 의해 충족되지 못할 경우 갈등 및 부적절한 행동을 보이는 것을 의미하며, 학업부진과 개인의 정서문제는 학교 부적응과 관련이 있다고 볼 수 있다.
22 청소년 자살의 경우 더 이상 살고 싶지 않다는 말을 자주 하거나 생명에 위협이 되는 행동을 하는 등의 전조증상을 보인다.
23 도피성 가출은 가정에서 듣는 비판으로부터 도피하기 위한 경우에 이루어진다.

07 청소년수련활동론

청소년상담사 3급

◆ 신라 화랑도의 세속오계(世俗五戒) [2015]
- 세속오계는 신라시대 청소년으로 조직된 화랑도가 지켜야 할 계율이었다.
- 사군이충(事君以忠) : 임금을 섬기되 충성으로써 함
- 사친이효(事親以孝) : 부모를 섬기되 효(孝)로써 함
- 교우이신(交友以信) : 친구를 사귀되 믿음으로써 함
- 임전무퇴(臨戰無退) : 전쟁에서 물러서지 않음
- 살생유택(殺生有擇) : 생물을 죽이되 가려서 함

◆ 청소년 기본법상 청소년활동의 정의 [2016]
청소년의 균형 있는 성장을 위하여 필요한 활동과 이러한 활동을 소재로 하는 수련활동·교류활동·문화활동 등 다양한 형태의 활동을 말한다.

◆ 청소년수련활동의 특성 [2015]
- 체험적 활동
- 청소년 중심의 활동
- 집단적이고 경험적 활동
- 도전적이고 모험적 활동
- 자발적 활동
- 지속적이고 정기적인 활동

◆ 청소년활동의 핵심 구성요소 [2014]
- 지도자
- 청소년
- 프로그램
- 활동터전

◆ 청소년활동 프로그램의 특성 [2014]
- 순환적
- 도구적
- 변동적
- 미래·현실지향적

◆ 청소년활동 프로그램의 구성 형태 [2014]
- 연속 프로그램 : 하나의 주제에서 여러 개의 활동이 나뉘어져 일정한 순서에 따라 연결된다.
- 통합 프로그램 : 하나의 주제에서 세분화된 여러 개의 유사 활동이 체계적으로 연결된다.
- 종합 프로그램 : 하나의 주제에 맞추어 여러 영역의 활동이 연관성 있게 전개된다.
- 단위 프로그램 : 하나의 주제를 바탕으로 단위 활동이 이루어진다.
- 개별 프로그램 : 부분적으로 이루어진 프로그램들이 각각의 목표와 성격을 가진다.

◆ 청소년활동 프로그램 개발의 접근원리 [2016, 2014]

- 선형적 접근
  - 한 단계가 마무리 된 후 다음단계가 수행되며, 연속적으로 진행된다.
  - 개발 단계별 지도자의 직무를 파악하는 데 효과적이다.
  - 개발 단계별 순차적 논리성이 강조된다.
  - 개발 경험이 적은 초보자에게 효과적이다.
  - 개발이 완료되면 이전 단계로 되돌려 전면 수정하기 어렵다.
- 비선형적 접근
  - 동시간에 여러 개의 절차가 진행되어 시간상의 제약을 받지 않고, 각 단계가 순환된다.
  - 프로그램 평가가 이 접근의 중심핵이 되어 각 단계마다 적절한 평가가 되풀이되고 피드백된다.
  - 시간과 자원할당에 있어 융통성을 발휘할 수 있다.
  - 기획에 상당한 능력과 전문성이 요구된다.
- 비통합적 접근
  - 청소년단체나 기관 등이 청소년의 참여를 고려하지 않은 채 프로그램 개발을 하는 것이다.
  - 청소년의 요구와 가치를 반영시키려고 노력하기보다는 기존의 타프로그램을 모방하는 방식을 선호한다.
  - 미비한 계획을 쉽게 수정할 수 있으나, 청소년과의 연계체제가 미흡하여 청소년의 흥미와 필요를 왜곡하거나 부정할 수 있다.
- 통합적 접근
  - 프로그램 개발에 영향을 주는 여러 요인들을 종합적으로 고려하는 방법이다.
  - 총체적·분석적이고 복잡하여 전문가의 능력을 필요로 하나, 다른 접근방법에 비해 오차를 최소화할 수 있다.

◆ 청소년활동 프로그램의 실행 과정에 영향을 미치는 요인 [2014]

- 개인적 요인 : 성별, 연령, 직업, 학력, 개인의 신념 및 요구, 생활양식, 생활주기, 개인이 속한 집단의 특성 등
- 환경적 요인 : 청소년수련시설의 접근성, 청소년보호자의 의식, 청소년집단의 규모, 청소년지도자의 역할, 지역 및 사회의 산업·경제·기술, 프로그램 환경의 정비 상황 등

◆ 청소년활동 프로그램의 평가 과정 순서 [2014]

평가의 세부 목표 설정
↓
평가내용과 방법 결정
↓
평가도구 제작
↓
프로그램 평가 실시
↓
평가결과의 처리와 분석
↓
프로그램 평가의 활용

◆ 청소년활동 프로그램의 단계별 평가 유형 [2014]

유형	내용
요구평가	프로그램 실행 시 계획과 현실 사이의 사이점에 대한 평가
타당성평가	프로그램의 제한점이나 성공가능성 여부에 대한 평가
경과평가	프로그램의 목적과 목표가 잘 결합되고 효과적인가에 대한 평가
과정평가	프로그램을 진행하면서 수행하는 지도방법에 대한 평가
비용평가	프로그램 개발에 필요한 재원 산출에 대한 평가

◆ **청소년 지도방법의 특성**　　　2015

- 목표를 달성하기 위한 의도적·계획적·체계적인 활동이며, 수단적인 성격을 지닌다.
- 청소년의 자기주도적이고 능동적인 참여를 필요로 한다.
- 청소년지도자와 청소년 간의 상호작용 속에서 이루어진다.

◆ **청소년수련활동 관점의 집단역동(group dynamics)**　　　2014

- 청소년들이 공유하고 있는 목표를 성취하는 것으로 집단 내에서 보다 효과적인 상호작용을 통해 집단의 발전과 생산성을 높여준다.
- 청소년지도자와 청소년 간의 양방향적인 의사소통을 하며 청소년들의 행동변화를 위해 환경을 적절하게 조성해 주는 과정이다.

◆ **브레인스토밍 지도법**　　　2016, 2014

- 집단의 구성원이 어떤 문제나 과제에 대해 창의적인 집단사고를 통하여 해결방안을 모색하는 방법이다.
- 기발한 아이디어를 얻기 위한 방법으로 아이디어가 많을 수록 좋다.
- 비형식적이며 참여자의 지위, 능력 등에 구애받지 않고 문제를 토의한다.
- 구성원의 어떠한 아이디어에 대해서도 비판하지 않는다.
- 다듬어지지 않은 의견을 내는 것도 장려한다.
- 자유스러운 분위기에서 발표하도록 한다.

◆ **소시오메트리**　　　2015

모레노(J. Moreno)가 개발한 방법으로 집단구성원들 상호 간의 선호, 무관심 배척 등의 관계를 파악하여 집단 내 구성원 간의 역학구조를 이해하는 것이다.

◆ **청소년상담사의 배치기준(청소년 기본법 시행령 별표5)**　　　2016

배치대상 청소년시설	배치기준
특별시·광역시·도 및 특별자치도에 설치된 청소년상담복지센터	청소년상담사 3명 이상
시·군·구에 설치된 청소년상담복지센터	청소년상담사 1명 이상
청소년쉼터, 청소년자립지원관, 청소년치료재활센터	청소년상담사 1명 이상

◆ **허쉬(P. Hersey)와 블랜차드(K. Blanchard) 지도자의 행동유형**　　　2015

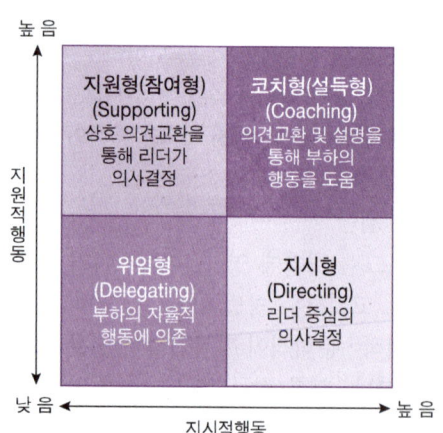

◆ 청소년수련시설 설치·운영(청소년활동 진흥법 제11조) [2016, 2014]

- 국가 및 지방자치단체는 「청소년기본법」 제18조 제1항에 따라 다음 각 호와 같은 수련시설을 설치·운영하여야 한다.
  - ㉠ 국가는 둘 이상의 시·도 또는 전국의 청소년이 이용할 수 있는 국립청소년수련시설을 설치·운영하여야 한다.
  - ㉡ 특별시장·광역시장·특별자치시장·도지사·특별자치도지사 및 시장·군수·구청장은 각각 청소년수련관을 1개소 이상 설치·운영하여야 한다.
  - ㉢ 시·도지사 및 시장·군수·구청장은 읍·면·동에 청소년문화의 집을 1개소 이상 설치·운영하여야 한다.
  - ㉣ 시·도지사 및 시장·군수·구청장은 청소년특화시설·청소년야영장 및 유스호스텔을 설치·운영할 수 있다.
- 국가는 ㉡~㉣에 따른 수련시설의 설치·운영 경비의 전부 또는 일부를 예산의 범위에서 보조할 수 있다.
- 수련시설을 설치·운영하려는 개인·법인 또는 단체는 특별자치시장·특별자치도지사·시장·군수·구청장의 허가를 받아야 한다. 허가 받은 사항 중 대규모의 부지 변경, 건축 연면적의 증감 등 대통령령으로 정하는 중요사항을 변경하려는 경우에도 또한 같다.
- 국가 또는 지방자치단체는 허가를 받아 수련시설을 설치·운영하는 자에게 예산의 범위에서 그 설치 및 운영에 필요한 경비의 일부를 보조할 수 있다.

◆ 청소년수련시설의 운영대표자 자격 기준 (청소년활동 진흥법 시행령 제8조 제1항) [2016, 2015]

- 1급 청소년지도사 자격증 소지자
- 2급 청소년지도사 자격증 취득 후 청소년육성업무에 3년 이상 종사한 사람
- 3급 청소년지도사 자격증 취득 후 청소년육성업무에 5년 이상 종사한 사람
- 「초·중등교육법」 제21조에 따른 정교사 자격증 소지자 중 청소년육성업무에 5년 이상 종사한 사람
- 청소년육성업무에 8년 이상 종사한 사람
- 7급 이상의 일반직공무원 또는 이에 상당하는 별정직공무원(고위공무원단에 속하는 일반직공무원 또는 별정직공무원을 포함한다)으로서 청소년육성업무에 3년 이상 종사한 사람
- 7급 이상의 일반직공무원 또는 이에 상당하는 별정직공무원 외의 공무원 중 청소년육성업무에 5년 이상 종사한 사람

◆ 청소년수련지구에 설치하여야 하는 시설의 종류 (청소년활동 진흥법 시행령 별표4) [2015]

종류	내용
수련시설	청소년수련원 및 유스호스텔 각각 1개소 이상
체육시설	실내체육시설 1개소 이상 및 실외체육시설 3개소 이상
문화시설	공연장, 박물관, 미술관, 과학관, 그 밖에 이와 유사한 시설 중 1개소 이상
자연탐구시설 또는 환경학습시설	자연학습원, 환경학습장, 동·식물원, 그 밖에 이와 유사한 시설 중 1개소 이상
모험활동시설	수상·해양·항공 또는 산악 훈련장, 극기훈련장, 모험활동장, 그 밖에 이와 유사한 모험활동 시설 중 1개소 이상
녹지	수련지구 지정면적의 10퍼센트 이상

◆ 청소년단체 및 수련시설   [2014]

- 청소년단체 상호 간의 교류·협력 등을 위하여 한국청소년단체협의회를 두고 있다.
- 청소년단체는 청소년기본법상 일부 수익사업을 할 수 있다.
- 청소년수련시설의 운영·발전을 위하여 한국청소년수련시설협회를 두고 있다.
- 청소년수련시설 건립 시 타당성 사전검토를 위하여 설계사항의 심의과정에 청소년이 참여할 수 있다.
- 청소년이용시설의 종류(청소년활동 진흥법 시행령 제17조 제1항)
  - 문화시설
  - 과학관
  - 체육시설
  - 평생교육기관
  - 자연휴양림
  - 수목원
  - 사회복지관
  - 시민회관·어린이회관·공원·광장·둔치, 그 밖에 이와 유사한 공공용시설로서 청소년활동 또는 청소년들이 이용하기에 적합한 시설
  - 그 밖에 다른 법령에 따라 청소년활동과 관련되어 설치된 시설

◆ 청소년수련시설의 기록·유지관리
(청소년활동 진흥법 시행규칙 별표5)   [2016]

다음의 장부·서류를 비치하고, 기록·유지하여야 한다.
- 일일 청소년수련활동실시 현황부
- 청소년수련활동참여자 명단(유스호스텔의 경우는 숙박실 이용자 명단을 포함한다)
- 청소년지도사 및 직원명부
- 시설물안전점검 기록대장
- 현금출납부 및 그 밖의 경리관계 장부·서류
- 등록관계 서류
- 종사자 및 이용자에 대한 안전교육실시기록대장

◆ 숙박형 등 청소년수련활동 계획의 신고
(청소년활동 진흥법 제9조의2 제1항)   [2015]

숙박형 청소년수련활동 및 비숙박형 청소년수련활동을 주최하려는 자는 여성가족부령으로 정하는 절차와 방법에 따라 특별자치시장·특별자치도지사·시장·군수·구청장에게 그 계획을 신고하여야 한다. 다만, 다음의 경우는 제외한다.
- 다른 법률에서 지도·감독 등을 받는 비영리 법인 또는 비영리 단체가 운영하는 경우
- 청소년이 부모 등 보호자와 함께 참여하는 경우
- 종교단체가 운영하는 경우
- 비숙박형 청소년수련활동 중 인증을 받아야하는 활동이 아닌 경우

◆ 숙박형 등 청소년수련활동 관련 정보의 공개
(청소년활동 진흥법 제9조의4)   [2016]

- 특별자치시장·특별자치도지사·시장·군수·구청장은 숙박형 등 청소년수련활동 계획의 신고를 수리한 경우에는 여성가족부령으로 정하는 절차와 방법에 따라 해당 내용을 인터넷 홈페이지 등을 이용하여 공개하여야 한다.
- 여성가족부장관은 청소년수련활동 관련정보 공개를 위하여 온라인 종합정보제공시스템을 구축·운영하여야 한다.
- 여성가족부장관은 종합정보제공시스템의 운영을 활동진흥원에 위탁할 수 있다.

◆ **국제청소년교류활동의 지원 (청소년활동 진흥법 시행령 제32조)** [2015]
- 국가 및 지방자치단체는 국제청소년교류활동의 지원에 관한 시행계획의 수립·추진을 위하여 필요한 경우에는 공공기관, 사회단체, 청소년단체 등의 장에게 사전 협의와 협조를 요청할 수 있다.
- 국가 및 지방자치단체는 시행계획을 수립한 경우에는 이를 관계 공공기관, 사회단체, 청소년단체 등에 통보하여야 한다.
- 여성가족부장관은 외교부장관과 협의하여 청소년교류협정의 체결을 연차적으로 확대하고 다변화하여야 한다.

◆ **국가 및 지방자치단체의 청소년문화활동의 지원 (청소년활동 진흥법 제60조~제65조)** [2016, 2015]
- 청소년문화활동의 진흥
  - 청소년문화활동 프로그램 개발, 문화시설 확충 등 청소년문화활동에 대한 청소년의 참여 기반을 조성하는 시책을 개발·시행하여야 한다.
  - 시책을 수립·시행할 때 문화예술 관련 단체, 청소년동아리단체, 봉사활동단체 등이 청소년문화활동 진흥에 적극적이고 자발적으로 참여할 수 있도록 하여야 한다.
- 청소년문화활동의 기반 구축 : 다양한 영역에서 청소년문화활동이 활성화될 수 있도록 기반을 구축하여야 한다.
- 전통문화의 계승 : 전통문화가 청소년문화활동에 구현될 수 있도록 필요한 시책을 수립·시행하여야 한다.
- 청소년축제의 발굴지원 : 청소년축제를 장려하는 시책을 수립하여 시행해야 한다.
- 청소년동아리활동의 활성화 : 청소년이 자율적으로 참여하여 조직하고 운영하는 다양한 형태의 동아리활동을 적극 지원해야 한다.
- 청소년의 자원봉사활동의 활성화 : 청소년의 자원봉사활동을 활성화할 수 있는 기반을 조성해야 한다.

◆ **청소년동아리활동에 필요한 장소, 장비 등을 지원할 수 있는 청소년수련시설** [2016]
- 청소년활동시설은 동아리활동에 필요한 장소 및 장비 등을 제공하고 지원할 수 있다(청소년활동 진흥법 제64조 제2항).
- 청소년활동시설 : 청소년수련관, 청소년수련원, 청소년문화의 집, 청소년특화시설(청소년미디어센터, 청소년문화교류센터, 청소년직업체험센터), 청소년야영장, 유스호스텔, 청소년이용시설

◆ **청소년 문화존** [2014]
생활권 주변에서 청소년들이 주체가 되어 기획하고 진행하며, 다양한 문화·예술·놀이체험의 장으로써 운영되는 사업이다.

◆ **청소년 체험활동 관련 정보 제공 웹사이트** [2016]
- 꿈길(ggoomgil) : 교육부가 운영하는 웹사이트로 청소년들의 다양한 진로체험 지원을 한다.
- 크레존(crezone) : 창의적 체험활동 정보 및 창의·인성 교육 전문자료를 전문적으로 제공한다.
- 커리어넷(career-net) : 진로심리검사와 진로상담 등의 서비스와 진로·진학에 대한 다양한 정보를 제공한다.
- 두볼(Dovol) : 지역별 봉사활동 정보 검색 및 신청, 등의 서비스를 제공한다.

◆ **청소년참여위원회** [2014]
- 정부 및 시·군·구 등의 지방자치단체가 청소년정책과 관련한 청소년 의견을 수렴하기 위하여 설치·운영하고 있는 청소년기구이다.
- 청소년정책을 만들고 추진하는 과정에 청소년이 주체적으로 참여할 수 있도록 만들어진 제도이다.

◆ **청소년수련활동 인증제도** [2016, 2015, 2014]
- 운영(청소년활동 진흥법 제35조)
  - 국가는 청소년수련활동이 청소년의 균형 있는 성장에 기여할 수 있도록 그 내용과 수준을 향상시키기 위하여 청소년수련활동 인증제도를 운영하여야 한다.
  - 국가는 청소년수련활동 인증제도를 운영하기 위하여 청소년수련활동 인증위원회를 활동진흥원에 설치·운영하여야 한다.
  - 인증위원회는 위원장과 부위원장 각 1명을 포함한 15명 이내의 위원으로 구성한다.
  - 인증위원회의 위원은 다음 ㉠ ~ ㉣에 해당하는 사람으로 한다. 이 경우 ㉢에 해당하는 사람이 1명 이상 포함되어야 한다.
    - ㉠ 여성가족부와 교육부의 고위공무원단에 속하는 일반직공무원 또는 이에 상당하는 특정직공무원 중에서 해당 기관의 장이 각각 지명하는 사람
    - ㉡ 활동진흥원의 이사장
    - ㉢ 청소년활동의 안전에 관한 전문자격이나 전문지식을 가진 사람 중에서 여성가족부장관이 위촉하는 사람
    - ㉣ 그 밖에 청소년활동에 관한 지식과 경험이 풍부한 사람 중에서 여성가족부장관이 위촉하는 사람
  - 국가는 인증을 받은 청소년수련활동을 공개하여야 하며, 인증수련활동에 참여한 청소년의 활동기록을 유지·관리하고, 청소년이 요청하는 경우에는 이를 제공하여야 한다.
  - 인증위원회의 구성·운영, 청소년의 활동기록의 유지 및 관리 등에 필요한 사항은 대통령령으로 정한다.
- 인증 절차(동법 제36조 제1항, 제2항 참고)
  - 국가와 지방자치단체 또는 개인·법인·단체 등은 청소년수련활동에 필요한 프로그램을 개발하여 실시하려는 경우에는 인증위원회에 그 인증을 신청할 수 있다.
  - 위탁·재위탁을 포함하여 청소년 참가 인원이 150명 이상이거나 위험도가 높은 청소년수련활동을 주최하려는 자는 그 청소년수련활동에 대하여 미리 인증위원회의 인증을 받아야 한다.
- 인증신청·절차 및 방법(동법 시행령 제21조)
  - 수련활동의 인증을 받으려는 자는 참가자 모집 또는 활동실시 시작 45일 이전에 인증위원회에 인증을 요청하여야 한다.
  - 인증위원회는 인증을 요청받은 경우 인증위원회에서 정하는 인증기준에 따라 심사하고, 인증을 요청한 자에게 그 결과를 통지하여야 한다.
  - 인증위원회는 심사를 위하여 필요한 경우에 인증을 요청한 자의 의견을 들을 수 있으며, 보완 또는 개선이 필요하다고 판단되는 경우에는 이를 보완 또는 개선하도록 요구할 수 있다.
  - 보완 또는 개선의 요구를 받은 자는 10일 이내에 그 보완 또는 개선사항을 제출하여야 한다.
  - 인증위원회는 보완 또는 개선을 요구받고도 정당한 사유 없이 이에 응하지 아니하는 경우에는 인증요청서를 반려할 수 있다.

- 인증의 취소(동법 제36조의 3 제1항, 제2항)
  - 인증위원회는 청소년수련활동을 인증받은 자가 다음 어느 하나에 해당하는 경우에는 그 인증을 취소하거나 6개월 이내의 기간을 정하여 그 인증의 정지를 명할 수 있다. 다만, ㉠의 경우에는 그 인증을 취소하여야 한다.
    - ㉠ 거짓이나 그 밖의 부정한 방법으로 인증을 받은 경우
    - ㉡ 인증을 받은 후 정당한 사유 없이 1년 이상 계속하여 인증수련활동을 실시하지 아니한 경우
    - ㉢ 인증수련활동의 내용과 실제로 실시되는 청소년수련활동의 내용에 중요한 차이가 있는 경우로서 그 원인이 인증받은 자의 고의나 중대한 과실로 인한 경우
  - 인증위원회는 인증을 받은 자가 정지명령을 위반하여 정지기간 중 인증수련활동을 실시하였을 때에는 그 인증을 취소할 수 있다.
- 유사명칭의 사용금지(동법 제38조) : 인증이 취소되거나 인증위원회의 인증을 받지 아니한 경우에는 인증수련활동이나 청소년수련활동의 인증 등 인증을 받았음을 나타내는 표시를 하거나 이와 유사한 표시를 하여서는 아니 된다.
- 인증심사원의 자격 및 선발(동법 시행규칙 제15조 제1항)
  - 청소년수련활동 인증위원회는 다음 어느 하나에 해당하는 자격요건을 갖춘 사람 중에서 인증심사원을 선발한다.
    - ㉠ 1급 또는 2급 청소년지도사 자격 소지자
    - ㉡ 청소년활동분야에서 5년 이상의 실무경력이 있는 사람
- 수련활동 내용 등의 기록 및 통보(동법 시행령 제23조)
  - 인증수련활동을 실시한 활동시설 및 개인, 법인·단체는 청소년이 참여한 수련활동에 관하여 개별 청소년의 인적사항, 활동참여 일자·시간, 장소, 주관기관, 수련활동 내용 등을 기록하여야 한다.
  - 인증수련활동을 실시한 활동시설 및 개인, 법인·단체는 개별 청소년의 활동기록 및 인증수련활동 결과를 해당 인증수련활동이 끝난 후 15일 이내에 인증위원회에 통보하여야 한다.

◆ 인증수련활동의 영역 [2015, 2014]

활동영역	내용
건강·보건활동	성교육캠프, 약물·흡연·음주·비만 등의 예방활동, 응급처치활동 등
과학정보활동	영상매체체험활동, 천문우주체험활동, 자연과학캠프 등
교류활동	해외문화교류활동, 남북 청소년교류활동, 다문화이해활동 등
모험개척활동	해양캠프활동, 야영활동, 수상훈련활동 등
문화예술활동	지역탐구캠프, 연극캠프, 문화체험활동 등
봉사활동	농촌봉사활동, 지도봉사활동, 캠페인활동 등
자기(인성)계발활동	자기탐구활동, 심성수련활동, 표현능력개발수련활동, 자기존중감향상 프로그램 등
직업체험활동	특정직업체험, 경제캠프, 진로탐색캠프 등
환경보존활동	생태체험, 과학 탐구활동, 숲 체험활동 등

◆ 공공 청소년수련시설 운영의 활성화 요건 [2014]
- 마케팅 대상 집단을 명확히 해야 한다.
- 지역사회 중심의 운영 전략을 수립해야 한다.
- 지역사회 연계를 강화해야 한다.
- 지역사회 변화의 견인차 역할을 수행해야 한다.
- 공익성과 수익성 사업의 균형을 유지한다.

◆ **수련시설의 안전점검 등(청소년활동 진흥법 제18조)**

[2016]

- 수련시설의 운영대표자는 시설에 대하여 정기 안전점검 및 수시 안전점검을 실시하여야 한다.
- 수련시설의 운영대표자는 정기 안전점검 및 수시 안전점검을 실시한 후 그 결과를 특별자치시장·특별자치도지사·시장·군수·구청장에게 제출하여야 한다.
- 결과를 받은 특별자치시장·특별자치도지사·시장·군수·구청장은 필요한 경우 수련시설의 운영대표자에게 시설의 보완 또는 개수(改修)·보수(補修)를 요구할 수 있다. 이 경우 수련시설의 운영대표자는 그 요구에 따라야 한다.
- 국가 또는 지방자치단체는 예산의 범위에서 위의 3개 규정에 따른 안전점검이나 시설의 보완 및 개수·보수에 드는 비용의 전부 또는 일부를 보조할 수 있다.
- 정기 안전점검 및 수시 안전점검을 받아야 하는 시설의 범위·시기, 안전점검기관, 안전점검 절차 및 안전기준은 대통령령으로 정한다.

◆ **청소년의 진로교육 활성화를 위하여 시행되고 있는 정책**

[2016]

- 진로전담교사의 학교 배치
- 지역진로교육센터의 설치·운영
- 진로교육법의 제정
- '진로와 직업' 교과의 운영
- 자유학기제의 도입
- 진로교육 콘텐츠 및 프로그램의 계속적 개발·보급
- 진로상담 및 진로심리검사 제공

◆ **OECD의 DeSeCo 프로젝트**

[2016]

- 역량의 개념을 직업이나 직무에서 벗어나 일반적인 삶의 질과 관련된 논의로 발전시켰으며, 핵심역량이라는 용어를 도입하여 삶에 필요한 몇가지 역량만을 추출하였다.

역량	세부역량
도구를 상호적으로 사용하기	• 언어, 상징, 텍스트를 상호교감하며 사용하기 • 지식과 정보를 상호교감하며 사용하기 • 기술을 상호교감하며 사용하기
이질적인 집단과 상호작용하기	• 타인과 원만한 관계 맺기 • 한 그룹으로 일하며 협력하기 • 갈등관리 및 해결하기
자율적으로 행동하기	• 전체적인 조망 속에서 행동하기 • 생애계획 세우고 실천하기 • 권리·이익·한계·요구를 주장하고 지키기

- OECD Education 2030
  - 2030년에 살아갈 현재 청소년들에게 필요한 역량을 찾아내고 그 역량을 기르기 위한 교육방향을 국제적으로 함께 고민하는 데 목적이 있는 프로젝트이다.
  - 현재 초등학생 나이의 아이들이 2030년에는 사회생활을 시작하는 나이이고, 중고등학생들은 사회의 핵심세대가 되는 해이기 때문에 2030년을 특정하며, 현재의 초·중등교육에서 미래를 대비할 수 있도록 방향을 찾는 데 목표를 둔다.

◆ **지역사회 중심의 청소년 프로그램 개발 시 고려해야 할 내용**

[2014]

- 청소년이 지도자의 전문성보다도 고려된 프로그램을 개발해야 한다.
- 청소년과 가족, 지역사회의 다양한 문화적 상황을 고려해야 한다.
- 청소년의 안전보장과 접근성이 용이해야 한다.
- 청소년지도자를 위한 교육·연수 프로그램이 제공되어야 한다.
- 지역사회의 인적·물적 자원을 적절히 활용해야 한다.

07 청소년수련활동론 기출 지문 다시보기 O/X

01 신라 화랑도의 세속오계(世俗五戒)에는 사군이충(事君以忠), 사친이효(事親以孝), 교우이신(交友以信), 임전무퇴(臨戰無退), 살생유택(殺生有擇)이 있다. 2015 (○ | ×)

02 청소년 기본법에서 청소년활동이란 청소년의 균형 있는 성장을 위하여 필요한 활동과 이러한 활동을 소재로 하는 수련활동·교류활동·문화활동 등 다양한 형태의 활동을 말한다. 2016 (○ | ×)

03 청소년수련활동은 타율적 활동이다. 2015 (○ | ×)

04 종합 프로그램은 하나의 주제에 맞추어 여러 영역의 활동이 연관성 있게 전개된다. 2014 (○ | ×)

05 프로그램 평가가 비선형적 접근의 중심핵이 되어 각 단계마다 적절한 평가가 되풀이되고 피드백된다. 2016 (○ | ×)

06 청소년의 자발성은 청소년활동 프로그램의 실행 과정에 영향을 미치는 환경적 요인이다. 2014 (○ | ×)

07 청소년활동 프로그램의 평가 과정은 평가의 세부 목표 설정 → 평가내용과 방법 결정 → 평가도구 제작 → 프로그램 평가 실시 → 평가결과의 처리와 분석 → 프로그램 평가의 활용 순으로 진행된다. 2014 (○ | ×)

08 경과평가는 프로그램의 목적과 목표가 잘 결합되고 효과적인가에 대한 평가이다. 2014 (○ | ×)

09 청소년 지도방법은 목표를 달성하기 위한 비체계적인 활동이다. 2015 (○ | ×)

10 청소년수련활동의 관점에서 집단역동(group dynamics)은 집단 내에서 보다 효과적인 상호작용을 통해 집단의 발전과 생산성을 높여주는 것이다. 2014 (○ | ×)

11 브레인스토밍은 집단의 구성원이 어떤 문제나 과제에 대해 창의적인 집단사고를 통하여 해결방안을 모색하는 방법이다. 2014 (○ | ×)

12 집단구성원들 상호 간의 선호, 무관심 배척 등의 관계를 파악하여 집단 내 구성원 간의 역학구조를 이해하는 방법을 소시오메트리라 한다. 2015 (○ | ×)

13 청소년 기본법령상 특별시·광역시·도 및 특별자치도에 설치된 청소년상담복지센터에는 청소년상담사 2명 이상을 둔다. 2016 (○ | ×)

14 허쉬(P. Hersey)와 블랜차드(K. Blanchard) 지도자의 행동유형에서 지시적 행동도 높고, 지원적 행동도 높은 청소년지도자의 행동유형은 코치형(coaching approach)이다. 2015 (○ | ×)

15 청소년활동 진흥법상 국가는 둘 이상의 시·도 또는 전국의 청소년이 이용할 수 있는 국립청소년수련시설을 설치·운영하여야 한다. 2016 (○ | ×)

16 「초·중등교육법」에 따른 정교사 자격증을 소지한 자로서 청소년육성업무에 1년 종사한 자는 청소년활동진흥법령상 청소년수련시설의 운영대표자로 선임할 수 있다. 2015 (○ | ×)

17 청소년활동 진흥법령상 청소년수련지구에 설치해야 하는 시설에는 체육시설, 문화시설, 모험활동시설이 포함된다. 2015
(○ | ×)

18 청소년이용시설은 과학관, 청소년직업체험센터, 청소년성문화센터 등이 있다. 2014 (○ | ×)

[정답 및 해설]

01	02	03	04	05	06	07	08	09	10	11	12	13	14
○	○	×	○	○	×	○	○	×	○	○	○	×	○

15	16	17	18
○	×	○	×

03 청소년수련활동은 자발적 활동, 체험적 활동, 청소년중심의 활동, 집단적이고 경험적 활동, 도전적이고 모험적 활동, 지속적이고 정기적인 활동이다.

06 청소년의 자발성은 개인적 요인에 해당하며, 청소년활동 프로그램의 실행과정에 영향을 미치는 환경적 요인으로는 청소년수련시설의 접근성, 청소년보호자의 의식, 청소년집단의 규모, 청소년지도자의 역할 등이 있다.

09 청소년 지도방법은 목표를 달성하기 위한 의도적·계획적·체계적인 활동이며, 수단적인 성격을 지닌다.

13 청소년 기본법령상 특별시·광역시·도 및 특별자치도에 설치된 청소년상담복지센터에는 청소년상담사 1명 이상을 둔다.

16 「초·중등교육법」에 따른 정교사 자격증 소지자 중 청소년육성업무에 5년 이상 종사한 사람이어야 청소년활동 진흥법령상 청소년수련시설의 운영대표자로 선임될 수 있다.

18 청소년이용시설의 종류에는 문화시설, 과학관, 체육시설, 평생교육기관, 자연휴양림, 수목원, 사회복지관, 시민회관·어린이회관·공원·광장·둔치, 그 밖에 이와 유사한 공용시설로서 청소년활동 또는 청소년들이 이용하기에 적합한 시설, 그 밖에 다른 법령에 따라 청소년활동과 관련되어 설치된 시설이 있다.

19 청소년활동 진흥법령상 청소년수련시설 숙박자의 개인 신상정보를 기록·보관하여야 한다. [2016] (○ | ×)

20 청소년활동 진흥법상 비숙박형 청소년수련활동 중 인증을 받아야 하는 활동인 경우 "숙박형 등 청소년수련활동"의 계획을 해당관청에 신고하지 않아도 된다. [2015] (○ | ×)

21 청소년활동 진흥법상 여성가족부장관은 청소년수련활동 관련 정보 공개를 위하여 온라인 종합정보제공시스템을 구축·운영하여야 한다. [2016] (○ | ×)

22 청소년활동 진흥법령상 여성가족부장관은 외교부장관과 협의하여 청소년교류협정의 체결을 연차적으로 확대하고 다변화하여야 한다. [2015] (○ | ×)

23 청소년활동 진흥법상 국가 및 지방자치단체의 청소년문화활동의 지원의 내용에는 전통문화의 계승, 청소년문화활동의 기반구축, 청소년축제의 발굴지원, 청소년동아리활동의 활성화가 명시되어 있다. [2015] (○ | ×)

24 청소년수련관, 청소년미디어센터, 청소년문화교류센터, 청소년직업체험센터는 청소년활동 진흥법상 청소년동아리활동에 필요한 장소, 장비 등을 지원할 수 있는 청소년수련시설이다. [2016] (○ | ×)

25 청소년 문화존은 생활권 주변에서 청소년들이 주체가 되어 기획하고 진행하며, 다양한 문화·예술·놀이체험의 장으로써 운영되는 사업이다. [2014] (○ | ×)

26 CYS-Net은 청소년 체험활동 관련 정보를 제공하는 웹사이트이다. [2016] (○ | ×)

27 시·군·구 등의 지방자치단체가 청소년정책과 관련한 청소년 의견을 수렴하기 위하여 설치·운영하고 있는 청소년기구는 청소년참여위원회이다. [2014] (○ | ×)

28 청소년수련활동 인증제도를 운영하는 기관은 한국청소년활동진흥원이다. [2016] (○ | ×)

29 청소년활동 진흥법령상 청소년수련활동 중 위험도가 높은 청소년활동은 인증을 신청할 수 없다. [2016] (○ | ×)

30 국가는 청소년수련활동 인증제도를 운영하기 위하여 청소년수련활동 인증위원회를 보건복지부에 설치·운영해야 한다. [2015] (○ | ×)

31 인증수련활동을 실시한 시설 및 개인, 법인·단체는 그 결과를 인증수련활동이 끝난 후 10일 이내에 인증위원회에 통보하여야 한다. [2014] (○ | ×)

32 자기탐구활동, 심성수련활동, 표현능력개발 수련활동, 자기존중감향상 프로그램은 인증수련활동의 영역 중 자기계발활동에 해당된다. [2015] (○ | ×)

33 경제교육활동은 청소년수련활동 인증제도의 인증수련활동 영역 분류체계에 해당한다. [2014] (○ | ×)

34 다양한 수익사업을 확대하는 것은 공공 청소년수련시설 운영의 활성화 요건으로 보기 어렵다. [2014] (○ | ×)

35 특별자치시장은 청소년활동 진흥법상 청소년수련시설 운영대표자가 정기 안전점검 실시 후 그 결과를 제출해야 하는 대상에 포함된다. 2016 (○ | ×)

36 청소년 진로교육 활성화를 위하여 '진로와 직업' 교과가 운영되고 있다. 2016 (○ | ×)

37 OECD의 DeSeCo 생애핵심역량 체계에서는 역량을 '도구를 상호적으로 사용하기', '이질적인 집단과 상호작용하기', '자율적으로 행동하기' 영역으로 분류하였다. 2016 (○ | ×)

38 지역사회 중심의 청소년 프로그램 개발 시 청소년보다 지도자의 전문성이 고려된 프로그램을 개발해야 한다. 2014 (○ | ×)

[정답 및 해설]

| 19 | × | 20 | × | 21 | ○ | 22 | ○ | 23 | ○ | 24 | ○ | 25 | ○ | 26 | × | 27 | ○ | 28 | ○ | 29 | × | 30 | × | 31 | × | 32 | ○ |
| 33 | × | 34 | ○ | 35 | ○ | 36 | ○ | 37 | ○ | 38 | × | | | | | | | | | | | | | | | | |

19 청소년수련시설 숙박자의 개인 신상정보를 기록·보관해야 한다는 규정은 없으나, 유스호스텔의 경우 청소년수련활동 참여자 명단에 숙박실 이용자 명단을 포함하여 보관해야 한다는 규정이 있다.

20 비숙박형 청소년수련활동 중 인증을 받아야하는 활동이 아닌 경우에 "숙박형 등 청소년수련활동"의 계획을 해당관청에 신고하지 않아도 된다.

26 CYS-Net은 지역사회 내 청소년 관련 자원을 연계하여 위기청소년에 대한 상담, 보호, 교육, 자립 등의 맞춤형 서비스를 제공하는 사업이다.

29 위탁·재위탁을 포함하여 청소년 참가 인원이 150명 이상이거나 위험도가 높은 청소년수련활동을 주최하려는 자는 그 청소년수련활동에 대하여 미리 인증위원회의 인증을 받아야 한다(청소년활동 진흥법 제36조 제2항).

30 국가는 청소년수련활동 인증제도를 운영하기 위하여 청소년수련활동 인증위원회를 활동진흥원에 설치·운영하여야 한다(청소년활동 진흥법 제35조 제2항).

31 인증수련활동을 실시한 활동시설 및 개인, 법인·단체는 개별 청소년의 활동기록 및 인증수련활동 결과를 해당 인증수련활동이 끝난 후 15일 이내에 인증위원회에 통보하여야 한다(청소년활동 진흥법 시행령 제23조 제2항).

33 청소년수련활동 인증제도의 수련활동 영역은 건강·보건활동, 과학정보활동, 교류활동, 모험개척활동, 문화예술활동, 봉사활동, 자기(인성)계발활동, 직업체험활동, 환경보존활동으로 분류된다.

38 지도자의 전문성보다도 청소년이 고려된 프로그램을 개발해야 한다.

참·고·문·헌

장미경 외 2인, 발달심리, 한국방송통신대학교출판문화원, 2017
장미경 외 2인, 집단상담의 기초, 한국방송통신대학교출판문화원, 2016
김영빈 외 2인, 심리검사 및 측정, 한국방송통신대학교출판문화원, 2016
James E. Mazur, 학습심리학, 시그마프레스, 2018
권석만, 현대 심리치료와 상담이론, 학지사, 2018
천성문 외 4인, 상담심리학의 이론과 실제, 학지사, 2015
Philip R. Muskin, DSM-5 평가문항집, 학지사, 2017
존 엑스너, 로르샤하 종합체계 워크북, 학지사, 2006
전희일 외 6명, 청소년지도방법론, 양서원, 2018
신수경, 조성희, 중독과 동기면담의 실제, 시그마 프레스, 2015
김형준, 유상현, 2018 청소년상담사 3급 이론서, 나눔씨패스, 2018
홍평표, 청소년상담사 수험연구소, 2019 청소년상담사 3급 한권으로 끝내기, 2019
석정서 외 2인, 한국판 치매 평가 검사(K-DRS)의 2차 규준 연구, 한국심리학회지, 2010
송영주, 유아의 다양한 마음상태에 대한 이해발달과 과제 유형에 따른 틀린 믿음 이해, 아동학회지, 2008

법제처, http://moleg.go.kr
여성가족부, http://www.mogef.go.kr
온-나라 정책연구, http://www.prism.go.kr
NCIC 국가교육과정정보센터, http://ncic.go.kr
한국교육과정평가원, http://www.kice.re.kr
한국심리학회, http://www.koreanpsychology.or.kr
한국청소년상담복지개발원, https://www.kyci.or.kr
e-청소년, https://www.youth.go.kr
한국청소년정책연구원, http://www.nypi.re.kr
큐넷, http://www.q-net.or.kr

청소년상담사 3급 1교시 답안카드

청소년상담사 3급 2교시 답안카드

청소년상담사 3급 1교시 답안카드

We support Your Challenge!

청소년상담사 3급 2교시 답안카드

청소년상담사 3급 1교시 답안카드

청소년상담사 3급 2교시 답안카드

We support Your Challenge!

청소년상담사 3급 1교시 답안카드

청소년상담사 3급 2교시 답안카드

성 명

종목 및 등급

수험자기재	문제지 형별	
◈ 문제지 형별 (형) ※ 우측 문제지 형별은 미정		Ⓐ Ⓑ

수험번호

⓪	⓪	⓪	⓪	⓪	⓪	⓪	⓪
①	①	①	①	①	①	①	①
②	②	②	②	②	②	②	②
③	③	③	③	③	③	③	③
④	④	④	④	④	④	④	④
⑤	⑤	⑤	⑤	⑤	⑤	⑤	⑤
⑥	⑥	⑥	⑥	⑥	⑥	⑥	⑥
⑦	⑦	⑦	⑦	⑦	⑦	⑦	⑦
⑧	⑧	⑧	⑧	⑧	⑧	⑧	⑧
⑨	⑨	⑨	⑨	⑨	⑨	⑨	⑨

감독위원 확인
㉐

1	① ② ③ ④ ⑤	21	① ② ③ ④ ⑤	41	① ② ③ ④ ⑤	61	① ② ③ ④ ⑤	81	① ② ③ ④ ⑤	101	① ② ③ ④ ⑤	121	① ② ③ ④ ⑤
2	① ② ③ ④ ⑤	22	① ② ③ ④ ⑤	42	① ② ③ ④ ⑤	62	① ② ③ ④ ⑤	82	① ② ③ ④ ⑤	102	① ② ③ ④ ⑤	122	① ② ③ ④ ⑤
3	① ② ③ ④ ⑤	23	① ② ③ ④ ⑤	43	① ② ③ ④ ⑤	63	① ② ③ ④ ⑤	83	① ② ③ ④ ⑤	103	① ② ③ ④ ⑤	123	① ② ③ ④ ⑤
4	① ② ③ ④ ⑤	24	① ② ③ ④ ⑤	44	① ② ③ ④ ⑤	64	① ② ③ ④ ⑤	84	① ② ③ ④ ⑤	104	① ② ③ ④ ⑤	124	① ② ③ ④ ⑤
5	① ② ③ ④ ⑤	25	① ② ③ ④ ⑤	45	① ② ③ ④ ⑤	65	① ② ③ ④ ⑤	85	① ② ③ ④ ⑤	105	① ② ③ ④ ⑤	125	① ② ③ ④ ⑤
6	① ② ③ ④ ⑤	26	① ② ③ ④ ⑤	46	① ② ③ ④ ⑤	66	① ② ③ ④ ⑤	86	① ② ③ ④ ⑤	106	① ② ③ ④ ⑤		
7	① ② ③ ④ ⑤	27	① ② ③ ④ ⑤	47	① ② ③ ④ ⑤	67	① ② ③ ④ ⑤	87	① ② ③ ④ ⑤	107	① ② ③ ④ ⑤		
8	① ② ③ ④ ⑤	28	① ② ③ ④ ⑤	48	① ② ③ ④ ⑤	68	① ② ③ ④ ⑤	88	① ② ③ ④ ⑤	108	① ② ③ ④ ⑤		
9	① ② ③ ④ ⑤	29	① ② ③ ④ ⑤	49	① ② ③ ④ ⑤	69	① ② ③ ④ ⑤	89	① ② ③ ④ ⑤	109	① ② ③ ④ ⑤		
10	① ② ③ ④ ⑤	30	① ② ③ ④ ⑤	50	① ② ③ ④ ⑤	70	① ② ③ ④ ⑤	90	① ② ③ ④ ⑤	110	① ② ③ ④ ⑤		
11	① ② ③ ④ ⑤	31	① ② ③ ④ ⑤	51	① ② ③ ④ ⑤	71	① ② ③ ④ ⑤	91	① ② ③ ④ ⑤	111	① ② ③ ④ ⑤		We
12	① ② ③ ④ ⑤	32	① ② ③ ④ ⑤	52	① ② ③ ④ ⑤	72	① ② ③ ④ ⑤	92	① ② ③ ④ ⑤	112	① ② ③ ④ ⑤		support
13	① ② ③ ④ ⑤	33	① ② ③ ④ ⑤	53	① ② ③ ④ ⑤	73	① ② ③ ④ ⑤	93	① ② ③ ④ ⑤	113	① ② ③ ④ ⑤		Your
14	① ② ③ ④ ⑤	34	① ② ③ ④ ⑤	54	① ② ③ ④ ⑤	74	① ② ③ ④ ⑤	94	① ② ③ ④ ⑤	114	① ② ③ ④ ⑤		Challenge!
15	① ② ③ ④ ⑤	35	① ② ③ ④ ⑤	55	① ② ③ ④ ⑤	75	① ② ③ ④ ⑤	95	① ② ③ ④ ⑤	115	① ② ③ ④ ⑤		
16	① ② ③ ④ ⑤	36	① ② ③ ④ ⑤	56	① ② ③ ④ ⑤	76	① ② ③ ④ ⑤	96	① ② ③ ④ ⑤	116	① ② ③ ④ ⑤		
17	① ② ③ ④ ⑤	37	① ② ③ ④ ⑤	57	① ② ③ ④ ⑤	77	① ② ③ ④ ⑤	97	① ② ③ ④ ⑤	117	① ② ③ ④ ⑤		
18	① ② ③ ④ ⑤	38	① ② ③ ④ ⑤	58	① ② ③ ④ ⑤	78	① ② ③ ④ ⑤	98	① ② ③ ④ ⑤	118	① ② ③ ④ ⑤		
19	① ② ③ ④ ⑤	39	① ② ③ ④ ⑤	59	① ② ③ ④ ⑤	79	① ② ③ ④ ⑤	99	① ② ③ ④ ⑤	119	① ② ③ ④ ⑤		
20	① ② ③ ④ ⑤	40	① ② ③ ④ ⑤	60	① ② ③ ④ ⑤	80	① ② ③ ④ ⑤	100	① ② ③ ④ ⑤	120	① ② ③ ④ ⑤		

[본 답안지는 연습용 답안지입니다.]

YOUTH COUNSELOR

빈출이론 특별부록

1. 발달심리
2. 집단상담의 기초
3. 심리측정 및 평가
4. 상담이론
5. 학습이론
6. 청소년이해론
7. 청소년수련활동론

01 발달심리

■ 발 달

- 발달은 양적 변화와 질적 변화를 포함한다.
- 기능과 구조가 쇠퇴하는 부정적 변화도 포함된다.
- 신체적, 도덕적, 사회적 발달은 독립적이기보다는 통합적이고 총체적이다.
- 수정에서 죽음에 이르기까지 개인의 체계적인 연속성과 변화를 말한다.
- 발달은 이전 경험의 누적에 따른 산물이다.
- 삶의 중요한 사건이나 경험이 발달상의 큰 변화를 가져올 수 있다.
- 한 개인의 발달은 역사·문화적 맥락의 영향을 받는다.
- 대부분의 발달적 변화는 성숙과 학습의 산물이다.

■ 발달연구

종 류	내 용
종단적 연구	• 종단연구에서는 동일한 개인 또는 집단을 시간의 차이를 두고 여러 번 측정함으로써 연령에 따른 발달의 추이를 규명한다. • 실험 초기 및 후기의 인과관계를 규명하는 데 용이하다. • 단기 종단연구에서는 반복 검사로 인한 연습효과가 존재한다. • 연구기간이 길며 피험자를 추적해야 하는 어려움이 있다. • 중도 탈락이 많아 표집의 특성을 상실할 위험이 있다. • 반복 측정에 따른 오염이 발생할 수 있다. • 횡단적 연구보다 시간과 비용이 많이 든다.
횡단적 연구	• 동일한 시점에 서로 비슷한 변인을 가진 집단들을 연구하는 것이다. • 연구대상을 관리하고 선정하는 것이 비교적 용이하다. • 종단적 연구보다 시간과 비용이 적게든다. • 발달적 변화과정을 정확하게 보여주지 못한다. • 출생동시집단(cohort)효과를 통제할 수 없다.
계열적 연구	횡단적 접근법과 종단적 접근법을 절충·보완한 연구설계로, 연령효과와 동시대 출생집단 효과, 측정시기 효과를 분리해서 볼 수 있는 연구접근법이다.

■ 에릭슨(E. Erikson)의 심리사회적 발달 단계

단 계	내 용
신뢰 대 불신 (1단계)	• 출생 ~ 약 1세 • 주양육자와 사회적 관계가 형성된다. • 이 시기에 생성된 기본적 신뢰감은 일생 동안 타인과 사회에 대한 신뢰적인 태도의 토대가 된다.
자율성 대 수치심 (2단계)	• 약 1 ~ 4세 • 이행능력 및 자조기술들의 향상되어 1단계에 비해 상당히 자율적으로 되며, 선택의 상황에서는 자신의 의지를 나타낸다. • 사회적 기대에 적합한 행동을 하지 못했을 경우 수치감을 가지게 된다.
주도성 대 죄책감 (3단계)	• 5 ~ 6세경 • 새로운 것을 시도하고 목표를 설정하며 그에 따라 활동한다. • 대개의 아이들이 점차 주도성을 발달시키게 된다.
근면성 대 열등감 (4단계)	• 6 ~ 11세 • 가족의 범주 외의 사회에서 통용되고 유용한 기술들을 배우고자 하며, 이 과정 중에서 근면성이 발달된다.
정체성 대 역할혼란 (5단계)	• 12~18세 • '나는 누구이며 미래의 나는 어떻게 될 것인가?'에 대해 고민한다. 자아정체감을 확립하는 시기이며, 긍정적인 자아정체감을 확립했을 경우에는 이후 단계에서 심리적 위기가 있더라도 무난히 넘길 수 있다. • 긍정적인 자아정체감이 확립되지 않았을 경우에는 이후 단계에서도 방황이 계속된다.
친밀감 대 고립감 (6단계)	• 18 ~ 30세 • 타인과의 관계에서 친밀감을 쌓는 것이 주요 과업이다. • 확립된 자아정체감을 바탕으로 타인의 정체감과 조화시키려고 노력한다.
생산성 대 침체감 (7단계)	• 30 ~ 65세 • 다음 세대에게 기술을 전수하고 지역사회에 도움이 되는 일을 한다. • 가정을 형성하여 자녀를 양육하고 직업적인 성취 등을 통해 생산성이 발휘된다.
통합 대 절망 (8단계)	• 65세 이상 • 신체적, 사회적 퇴보를 받아들이는 시기이다.

■ 비고츠키(L. Vygotsky)의 인지발달이론

• 아이를 사회적 존재로 바라보며, 사회문화적 영향은 인지발달에 영향을 미친다.
• 인지발달을 촉진시키는 데 부모나 교사의 역할을 중시하며, 근접발달 영역(ZPD)에서 상호작용해야 한다고 주장한다.
• 근접발달 영역이란 혼자서 성취하기는 어렵지만 유능한 타인의 도움으로 성취 가능한 것의 범위이며, 아동보다 유능한 사람의 도움을 받으면 아동은 현재보다 더 잘할 수 있다.

- 인지발달을 촉진시키는 방법으로 아이가 문제를 해결하는 데 필요한 도움만 주는 발판화(scaffolding)와 아동이 속한 사회 및 문화에서 또래 및 성인과 상호작용하며 사회화 과정이 이루어지는 유도된 참여가 있다.
- 언어는 타인과 상호작용을 위해 필수적인 것으로 사고를 내면화된 언어로 바라보았다. 언어와 인지 간의 관련성은 다음과 같이 발달하게 된다.
  - 4세 이하 어린아이의 행동은 타인의 언어에 의해 직접적으로 통제된다.
  - 4세에서 6세 정도 되면, 자신의 규제를 위해 혼잣말을 하게 되며 이것은 문제해결능력을 조절하는 인지적 자기 안내 체계이다.
  - 아동기에 들어서면 혼잣말을 하는 사적언어는 점차 내면화된다.
- 지식은 사회적 상호작용을 통해 내면화되며, 특정 문화권의 지식 및 가치가 전달되어 아동의 인지발달이 이루어진다.

■ 피아제(J. Piaget)의 인지발달이론

- "발달은 연속적인가, 비연속적인가?"라는 기본 쟁점에 대한 입장을 기준으로 발달이론을 구분할 경우, 비연속적 발달이론에 해당한다.
- 도식(scheme)은 사물, 사건이나 사실에 대한 전체적 개념을 뜻한다. 도식은 환경과의 끊임없는 접촉과 경험으로 인해 생성되며 더 복잡하게 발달하게 된다.
- 적응(adaptation)은 도식이 변화하는 과정이며, 동화와 조절로 인한 평형상태이다.
  - 동화(assimilation) : 아동이 이전에 갖고 있던 도식에 근거하여 새로운 경험을 해석하는 과정이다.
  - 조절(accommodation) : 새로운 경험을 수용하고 설명하기 위해 기존의 도식을 수정하는 것이다.
- 인지발달단계는 연령에 따른 차이는 있지만 순서대로 이루어지며, 불변한다.

단 계	내 용
감각운동기 (0~2세)	• 감각 및 운동경험으로 세상을 인지한다. • 기본적인 반사활동(빨기, 먹기, 울기 등)이 주로 일어나며, 손과 눈의 협응이 이루어진다. • 감각운동기 후기에는 대상영속성의 개념을 얻게 되어 대상이 눈앞에서 없어도 그 대상이 존재한다는 것을 인식한다.
전조작기 (2~7세)	• 언어능력이 발달하며 상징적 사고와 표상적 사고가 발달한다. • 아동의 사고는 물활론적이며 자아중심적이다.
구체적 조작기 (7~12세)	• 관찰가능한 구체적 사건이나 사물에 한정하여 조작적사고가 가능하다. • 질량, 수, 부피에 관한 보존개념이 나타나며, 탈중심화로 인해 타인의 조망을 이해한다.
형식적 조작기 (12세 이후)	• 추상적이고 가설적인 사고가 발달한다. • 논리적인 사고로 문제를 해결할 수 있다.

■ 동물행동학

- 인간발달에 있어 진화론적 관점을 강조하기 때문에 동물행동학은 모든 문화권의 인간이 공통적으로 갖는 발달의 생물학적 뿌리를 탐색하는 데 도움이 된다.
- 종 특유의 행동은 유기체의 생존가능성을 높이고 진화의 산물이라고 보며, 동물행동학적 관점에서 어머니와 유아 간 애착은 생존을 위한 것으로 본다.
- 동물행동학은 특정한 외적 자극에 의해 유발되는 본능적 행동에 관심이 있으며, 아기의 미소짓기와 옹알이, 귀여움은 아기를 보살피는 어머니의 모성행동을 유발하는 중요한 유발자극이다.
- 동물행동학적 이론은 발달에서 결정적 시기(특별한 심리적 특성이나 행동을 획득하는 시기)라는 개념을 주장한다.
- 동물행동학자들이 발견한 현상 중 하나인 각인이 결정적 시기에 일어난다. 여기서 각인이란 어떤 동물이 생후 특정 시기에 어떤 대상을 뒤따르거나 그 대상의 특정 행동을 습득하게 되는 것이다.
- 동물행동학자들은 동물을 대상으로 주로 자연관찰 방법을 이용한다.
- 동물행동학자 중 로렌츠(K. Lorenz)가 대표적인 학자 중 하나이다.

■ 밀드레드 파튼(Mildred Parten)의 놀이 형태

놀이 형태	내 용
몰입되지 않은 놀이	놀이로는 볼 수 없는 단계이며, 주변에 흥미가 있어 그저 바라볼 뿐이다. 흥미 있는 것이 없을 경우에는 여기저기 서성이거나, 자신의 몸을 만지작거리거나 하는 행동을 보인다.
방관자적 놀이	유아가 다른 아이들이 노는 것을 흥미로워 하며 지켜보며 말도 걸지만 같이 어울리지는 않는다.
혼자놀이	옆에 엄마나 친구가 있어도 함께 놀지 않고 홀로 논다.
평행놀이	또래 유아와 같은 공간에 있지만 같이 놀지 않고 각자 따로 논다. 두 아이는 서로의 놀이에 직접적인 영향을 미치지는 않는다.
연합놀이	둘 이상의 유아가 공통적인 활동을 하며 놀지만, 각자의 방식대로 행동하게 되고, 놀이를 하는 데 있어서 리더나 일정한 목표는 없다.
협동놀이	하나의 활동을 같이 하면서 서로 도우며 놀이를 하고 역할 분담이 생겨 서로 협동하며 놀게 된다.

■ 청소년기의 특징

- 사춘기가 오는 시기는 청소년의 발달에 영향을 미친다.
- 사춘기를 아동기와 구분 지을 수 있는 중심적인 특징은 생식능력이다.
- 사춘기의 성적 성숙에 영향을 주는 요인은 유전, 건강, 영양 등이다.
- 청소년의 성장급등은 남학생보다 여학생에게서 먼저 나타난다.
- 청소년의 성적 성숙은 그 시기에 있어서 개인차를 보인다.
- 성장폭발, 성장가속화, 성장불균형, 성장의 개인차 등의 특징이 있다.
- 2차 성징의 출현은 안드로겐과 에스트로겐 호르몬 작용 때문이다.
- 뇌신경의 수초화가 계속 진행되며, 그 진행속도는 뇌 영역마다 차이가 있다.
- 전두엽에서 사용되지 않는 시냅스가 계속 제거된다.
- 신경전달물질인 도파민이 증가한다.
- 청소년기에 들어서는 형식적 사고가 가능해진다.

■ 마샤(Marcia)의 자아정체감 분류

분류	내용
성취 (achievement)	자아정체감의 위기를 극복하고 자아성취감을 확립하여 자신의 신념이나 직업 등에 대해 의사결정을 할 수 있는 상태이다.
유예 (moratorium)	자아정체감 위기에 처해 있으면서 삶의 목표와 가치에 대해 회의하고 대안을 탐색하나 아직 의사결정을 내리지 못한 상태이다.
유실 (foreclosure)	자아정체감과 관련된 위기를 경험하지 않고 부모나 다른 사람들의 기대를 수용하여 자신의 의사결정을 내리는 경우이며, 무조건 엄마의 말에 순응하는 '마마보이'와 관련이 깊다.
혼미 (diffusion)	위기를 경험하지 않고, 삶의 목표와 가치도 탐색하지 않은 상태이다.

■ 태내 발달 단계

단 계	내 용
발아기 (수정~착상 후 2주)	정자와 난자가 만나 수정된 이후 수정란이 착상하는 2주간의 기간이다.
배아기 (착상 후 3주~8주)	• 중요 신체기관 및 신경계가 형성되는 시기이다. • 4주차가 되면 심장박동이 시작되며, 신경계와 순환계가 형성되고, 8주차에는 눈, 입, 귀, 팔, 다리, 손발, 성기가 형성되며, 근육과 연골조직이 발달된다. • 태아 신체의 주요 부위들이 생성되기 때문에 산모의 상태가 굉장히 중요한 시기이다.
태아기 (착상 후 8주 이후~출생)	• 형성된 신체기관들이 정교해지고, 중추신경계가 발달하게 되며, 성별 구분이 또한 가능해 진다. • 5개월 차가 되면 손·발톱과 솜털이 생기고, 7개월 차가 되면 호흡기와 순환계의 기능이 완전해진다.

■ 기 질

- 기질은 행동 또는 반응의 개인차를 설명해 주는 생물학적 기초를 가지고 있다.
- 발달은 영아의 기질과 부모의 기질 간 상호작용의 산물이다.
- 영아의 기질과 부모의 양육행동이 조화를 이루지 못하면 부모와 영아 모두 갈등을 경험하게 된다.
- 생애초기에 애착대상과 자신의 관계에 형성된 정신적 표상을 의미하는 내적작동모델(internal working model)은 아동의 대인관계에 대한 지표역할을 한다.
- 토마스와 체스(S. Thomas & A. Chess)는 기질의 차원을 9가지(활동성, 규칙성, 접근/회피, 적응성, 반응강도, 반응역치, 기분특성, 주의산만성, 지구력)로 제안하였으며, 9가지 기질의 차원을 기준으로 순한 기질, 까다로운 기질, 적응이 느린 기질 유형으로 아동의 기질을 나누었다.
  - 순한 기질 : 수면이 규칙적이고 낯선 사람에게도 미소를 잘 짓는다.
  - 까다로운 기질 : 생활습관이 불규칙적이고 환경의 변화에 부정적이며, 낯선 환경이나 사람에 대해 심하게 위축된다.
  - 적응이 느린 기질 : 생활습관이 비교적 규칙적이며, 낯선 상황에서 처음에는 움츠러들지만 곧바로 불안이 없어지고 흥미를 갖는다.
- 토마스와 체스(S. Thomas & A. Chess)는 기질을 바탕으로 조화의 적합성 이론을 주장하였다. 조화의 적합성이란 영아의 기질과 어머니의 성격 및 양육방식 간의 관계를 나타내는 개념으로, 어머니가 영아의 타고난 기질적 성향을 파악하고 수용하여 양육방식을 조절함으로써 아동 발달을 최적화할 수 있다는 것을 의미한다. 주양육자가 아동의 기질을 고려하여 적절하게 양육한다면 아동의 까다로운 기질이 반드시 불안정 애착으로 이어지는 것은 아니라는 것을 예로 들 수 있다.

■ 콜버그(L. Kohlberg)의 도덕성발달

- 도덕적 갈등상황을 제시하고 응답자의 도덕적 판단에 대한 설명에 근거하여 발달단계를 구분하며, 도덕발달은 일정한 순서에 따라 진행된다.
- 인지적 능력은 도덕발달의 필수조건이지만, 충분조건은 아니며, 사회적 경험은 도덕발달에 영향을 미치게 된다.

수 준	도덕 발달 단계	내 용
전 인 습 수 준	1단계 : 처벌과 복종 지향	• 신체적·물리적 힘이 도덕 판단의 기준이 되며, 권력자로부터 가해지는 처벌을 피하기 위한 방향으로 옳고 그름의 판단이 이루어진다. • 집단따돌림 가해자가 무서워서 그에 동조하는 청소년에게 해당되는 것을 예로 들 수 있다.
	2단계 : 도구적 상대주의 또는 쾌락주의 지향	• 옳은 행동을 자신과 타인의 필요를 충족시켜 주는 행동으로 본다. • 아동은 자신의 흥미와 욕구를 만족시키기 위해 규범을 준수하게 된다.
인 습 수 준	3단계 : 착한 소년·소녀 지향	• 다른 사람에 대한 배려, 신의 등이 도덕적 사고 판단의 기준이 된다. • 옳고 그름의 판단 기준으로 자신 주변 사람들과의 관계 유지 및 기대를 중요하게 여긴다. • 하인즈 딜레마 이야기를 들은 아이가 "남의 물건을 훔친 하인즈는 도둑으로 소문이 나서 그 동네에서는 창피해서 살 수 없을 거예요."라는 반응을 보인 것을 사례로 들 수 있다.
	4단계 : 법과 질서 지향	• 법과 주어진 사회적 의무가 도덕적 판단의 기준이 되며, 법과 질서를 지키려는 경향이 뚜렷하다. • 일정한 가치체계나 사회 전체적인 입장에서 도덕성을 판단한다.
후 인 습 수 준	5단계 : 사회적 계약과 합법성 지향	• 법과 규칙은 사람에 의해 만들어진 것이며, 법과 규칙을 지킴으로써 기본적인 개인의 권리를 보호할 수 있다고 생각한다. • 가치나 권리 등은 법 이상이 될 수 있으며 법은 변화할 수 있다고 본다.
	6단계 : 보편적인 윤리적 원리 지향	• 가장 보편적인 원리에 따라 도덕 판단을 하며, 스스로의 양심에 따라 옳은 것을 판단한다. • 콜버그의 도덕성발달 단계에서 가장 높은 단계이다.

■ 주의력결핍 과잉행동장애(ADHD)
- 실행기능의 문제와 관련이 있다.
- 아동기에는 남아가 여아보다 주의력결핍 및 과잉행동장애(ADHD)의 유병률이 높다.
- 과제나 활동에 필요한 물건을 자주 잃어버리며, 과제나 놀이를 할 때 지속적으로 주의 집중할 수 없다.
- 지시를 끝까지 듣지 못하고 학업에 어려움을 보인다.
- 손발을 만지작거리며 가만두지 못하거나 의자에 앉아서도 꿈틀거린다.
- 치 료
  - 주의 및 억제를 다루는 뇌 영역들 간의 정보를 전달하는 신경전달물질과 관련된 치료를 실행한다.
  - ADHD의 치료법에는 인지행동치료, 약물치료 등이 있다.
  - 투약의 효과는 아동에 따라 다르게 나타난다.
  - 흔하게 나타나는 부작용은 식욕부진과 불면증이다.
  - 심리 치료와 병행하는 것이 도움이 된다.

02 집단상담의 기초

■ 집단상담의 장점과 단점

장 점	• 소속감과 연대감의 경험이 가능하며, 새로운 대인관계를 학습할 수 있다. • 새롭게 터득한 사회기술을 연습할 수 있으며, 새로운 행동을 연습하는 장이 된다. • 개인상담에 비해 시간과 비용면에서 효율적이다. • 대리학습이 가능하다. • 소속감이 생기고 동료의식이 발달한다.
단 점	• 다른 사람들의 기대를 따라야 될 것 같은 집단압력의 가능성이 발생한다. • 개인적인 문제나 관심사가 깊게 다루어지지 않는다.

■ 공동상담자(협동집단상담자)
- 집단원에게 보다 다양한 역할 모델링의 기회가 제공된다.
- 집단원의 전이가 촉진될 수 있다.
- 상담자 서로 간의 집단운영 방식과 전략을 관찰함으로써 전문성이 신장된다.
- 집단원의 상호작용을 관찰할 수 있는 범위가 넓어진다.

- 한 집단상담자가 부득이하게 불참할 경우 다른 집단상담자가 집단을 진행할 수 있다.
- 집단상담자가 신체적, 정서적으로 소진되는 가능성을 줄일 수 있다.
- 역할을 분담함으로써 집단활동을 효율적으로 이끌어 갈 수 있다.
- 각자의 전문성을 적절하게 활용할 경우 집단역동을 활성화시킬 수 있다.
- 서로 다른 관점을 교환함으로써 보다 효과적인 방안을 모색할 수 있다.

■ 집단상담자의 인간적 자질

자 질	내 용
자기수용	있는 그대로의 자신을 수용하는 것
개방적 태도	다른 사람의 삶과 가치를 인정해 주는 것
타인의 복지에 대한 관심	주변 사람들을 배려하는 마음으로 보살피는 것
유 머	웃음을 통해 집단원들이 여유를 가지고 자신의 문제에 대해 조망해 볼 수 있도록 하는 것
자발적 모범	집단상담자가 집단원들의 바람직한 행동 모델이 되는 것
공감적 이해능력	집단원의 감정을 함께 느끼고 표현하며, 집단원과 상호교류하는 것
심리적 에너지	집단상담자 자신이 소진되지 않도록 스스로를 돌보는 것
새로운 경험 추구	집단원의 다양한 문화와 배경에 대해 관심을 가지고 이해하고 개방적 태도를 가지는 것
창의성	독창적 능력으로 집단상담 방식에 지속적인 변화를 추구하는 것

■ 집단원의 문제행동과 상담자의 기술

문제행동	상담자의 기술
대화독점	독점하는 행동에 대해 판단을 배제하고 관찰한 사실만을 알려준다.
소극적 참여	집단원이 보이는 태도의 의미를 스스로 탐색하도록 하며, 생산적인 침묵으로 인한 소극적 참여일 경우에는 적극적인 참여를 할 수 있도록 기회를 준다.
습관적 불평	대화의 초점을 다른 집단원이나 주제로 돌린다.
일시적 구원	집단원에게 일시적 구원의 행동이 자신에게 어떤 의미가 있는지 탐색하게 하여 내면적인 고통에 직면하게 하고 자신을 있는 그대로 바라보게 한다.
사실적 이야기를 장황하게 말하기	집단 안의 역동에 참여하여 '지금 - 여기'에서 느껴지는 감정에 초점을 맞추도록 돕는다.
질문공세	질문 속에 포함된 핵심 내용에 대해 자신을 주어로 해서 직접 표현해 보도록 권유한다.
충고하기	충고를 하게 된 동기에 대해 스스로 탐색하게 하고 그가 경험하고 있는 느낌을 반영해 준다.

우월한 태도	문제행동을 보이는 집단원이 자신의 느낌과 욕구를 점검할 수 있도록 해야 하며, 직접적인 비난은 피한다.
지성화	집단원에게 자신이 말하는 내용과 관련된 감정을 인식하고 표현할 수 있게 한다.
문제없는 사람으로 자처하기	문제행동을 보이는 집단원의 행동에 대한 솔직한 피드백을 주어 그러한 태도가 집단에 어떠한 영향을 미치는지 상담자 혹은 집단원들과 함께 의견을 나누어 볼 수 있도록 한다.

■ 집단상담 기술

기 술	내 용
공감하기	집단원의 마음을 알아차려 의사소통하는 기술로 상담자가 집단원의 입장에서 생각하고 느끼는 것이다.
자기노출하기	집단원과 대화하는 동안 집단상담자가 자신에 대한 감정이나 집단원에 대한 감정을 진솔하게 말해 주는 것이다.
피드백	집단원의 행동, 사고, 감정 등에 대해 상담자가 자신의 생각 및 감정들을 언어적으로 집단원에게 표현하는 것이다.
직 면	집단원의 말과 행동이 불일치할 경우 그 모순을 지적하여 스스로 통찰하게 하는 것이다.
명료화하기	집단원이 자신의 감정, 사고 등을 정리되지 않은 상태에서 표현할 경우 상담자가 그 감정이나 사고 등을 정리하여 명확하게 표현해 주는 것이다.
해석하기	해석은 내담자가 자신의 문제를 새로운 각도에서 이해하도록 생활경험과 행동의 의미를 설명해 주는 상담기술이다.
질문하기	상담원의 질문을 통해 집단원이 자기탐색을 촉진하도록 하는 상담기술이다.
연결하기	집단원의 말을 다른 집단원의 관심과 행동으로 연결시켜 집단원들 간의 상호작용과 응집력을 촉진시키는 상담기술이다.
지지와 격려	집단상담자는 집단원들에게 지지와 격려를 해 줌으로써 집단원들이 자기개방을 촉진할 수 있게 한다.
침묵개입	침묵하는 집단원에 대해 수용적인 태도를 보여주며, 침묵 이면에 숨겨진 의미를 탐색할 수 있도록 한다.
차단하기	집단역동에 방해가 되는 집단원의 의사소통에 직접 개입하여 역기능적 행동을 중지시키는 것이다.

- **차단하기(Blocking)**
  - 차단하기는 집단역동에 방해가 되는 집단원의 의사소통에 직접 개입하여 역기능적 행동을 중지시키는 것이다.
  - 부드러운 어조와 태도로 차단하기 기법을 사용할 수 있으며, 다른 집단원의 피드백과 병행할 수 있다.
  - 질문을 사용하여 차단할 경우 집단원에게 변명할 기회가 되지 않도록 유의해야 한다.
  - 집단원의 행동이 집단에 부정적인 영향을 미칠 수 있다고 판단되는 시점에 즉각 개입하는 것이 필요하다.

- **집단상담자의 윤리와 행동**
  - 집단의 성격과 목표, 특성 등을 집단원들에게 분명하게 안내해야 한다.
  - 비밀보장의 중요성 및 한계상황을 설명해야 한다.
    - 약물남용의 경우는 비밀보장의 원칙을 예외로 하고 보호자에게 알려야 한다.
    - 집단원이 치명적인 전염병을 앓고 있다는 것을 알았을 때 관계 기관에 신고해야 한다.
    - 학교폭력으로 힘들어서 자살할 구체적인 계획을 세웠다는 이야기를 듣고 이 사실을 학부모와 담임교사에게 알린다.
  - 상담료는 잠재적 집단원들의 재정 상태와 지위를 고려하여 결정한다.
  - 다중관계의 범위에는 집단원뿐 아니라 슈퍼바이저와의 관계도 포함되며, 다중관계는 상담자의 객관성 및 전문적 판단을 흐리게 하거나 집단원이 집단상담에 충분히 참여할 수 있는 것을 방해하기 때문에 피해야 한다.
  - 다른 전문가에게 상담을 받고 있는 잠재적 집단원에게는 그 전문가에게 집단참여 사실을 알리도록 조언해야 한다.
  - 비자발적 집단인 경우, 특정 활동을 거부할 수 있는 권리, 적극적인 집단참여가 집단 밖의 생활에 미칠 수 있는 영향 등에 대해 명확하게 알려주어야 한다.
  - 집단과 관련된 훈련이나 교육, 슈퍼비전을 받는 등 집단상담자로서의 최소한의 준비와 자격을 갖춘 후에 진행해야 한다.
  - 집단원의 자료를 연구, 교육, 출판의 목적으로 사용할 때 집단원의 신원이 드러나지 않도록 하여야 한다.

■ 코리(G. Corey)의 집단발달 4단계

단 계	내 용
초기단계 (Initial Stage)	• 위험을 감수하는 행동이 상대적으로 적고 탐색도 머뭇거리면서 일어난다. • 어느 수준까지 자기를 개방하고 참여할 것인지 결정한다. • 집단상담을 준비하는 개별면담에서 집단상담자의 임무 　- 집단상담에 대한 이해 도모 　- 발생 가능한 문제 파악 　- 집단참여를 촉진하기 위한 정보 제공 　- 집단상담에 대한 현실적 기대 형성 조력 • 집단상담자는 이 집단에서 얻고 싶은 것이 무엇인지 물어봄으로써 집단원이 개인의 목표를 구체적으로 설정하도록 도와준다.
과도기 단계 (Transition Stage)	• 하위 집단을 이루며 집단원들이 서로 분리된다. • 집단원 자신을 속으로 숨기거나 간접적으로 표현한다. • 다른 사람들에게 조언을 하는 데 많은 에너지를 쏟는다. • 불안이 증가한다. • 방어적 태도로 인하여 갈등이 나타난다. • 집단상담자에 대한 도전이 나타나 갈등이 야기되며, 집단원 간에도 갈등이 나타난다. • 표출된 갈등의 중재기술 　- 부적절한 공격행동은 차단하며, 집단원들의 의사소통 내용을 명료화, 재진술 해준다. 　- 불만은 수용하고 갈등과 관련된 느낌과 생각을 직접 충분히 표현하도록 한다. 　- 집단응집력을 기반으로 갈등을 직접 다루어야 한다. • 집단상담자는 집단원이 두려움과 기대를 표현하도록 도와 신뢰를 형성하며, 집단원 간의 갈등 상황을 인식하고 다뤄야 한다. • 집단원은 두려움에 직면하게 되어 방어와 저항의 태도를 보이게 되며, 집단상담자는 집단원의 그러한 태도에 대해 존중해주며 치료적으로 다루도록 한다.
작업단계 (Working Stage)	• 변화를 도모하고 새로운 행동을 과감하게 시도한다. • 심리치료, 문제해결, 학습 및 성장을 위해 노력하는 과정이다. • 상담자의 역할 　- 집단원의 사고와 정서변화를 촉진하며, 적절한 행동모델이 된다. 　- 행동 패턴의 의미를 설명하여 집단원이 더 깊은 자기 탐색에 도달할 수 있도록 돕는다. 　- 보편성을 제공할 수 있는 공통 주제들을 탐색하고 다른 집단원의 작업과 연계한다.

통합과 종결단계	• 집단경험에 대한 최종 평가 작업이다.
	• 집단원의 집단경험을 되돌아보고 정리하는 기회를 갖는다.
	• 좌절을 극복하고 집단에서의 분리에 대한 감정을 다루며, 집단에서 다루려고 했던 문제를 완결한다.
	• 복합적 감정이 나타나고 자기 관여가 감소한다.
	• 상담자의 역할
	  – 집단에서 해결하지 못한 문제를 표현하고 다룰 수 있는 기회를 제공한다.
	  – 집단원들의 변화를 강화하고 특별한 기술들을 다양한 일상에서 적용시키도록 돕는다.

■ 집단응집력

- 집단원들이 집단에 남아있도록 하는 힘이며, 집단 내에서 함께 하는 느낌 또는 공동체라는 느낌을 의미한다.
- 집단매력도와 관련이 있으며 더 높은 출석률과 더 많은 참여를 이끌어 낸다.
- 집단응집력을 통해 자신의 내면세계를 타인과 공유하고 수용받게 된다.
- '지금 – 여기'에 초점을 맞추어 피드백을 하려는 집단원의 의지는 집단응집력 지표 중 하나이다.
- 초기부터 종결 단계까지 항상 중요하다.

■ 응집력이 높은 집단의 특성

- 응집력이 높은 집단은 집단인들 간에 상호협조적이며, 자기를 개방하고 더 많은 모험을 시도하고자 한다.
- 집단 규범을 지키지 않는 집단원에게는 압력을 가한다.
- 부정적인 감정을 기꺼이 표현하며, 갈등을 공개적으로 다룬다.
- 자발적인 집단 참여, 모임시간의 엄수, 수용·지지·경청의 경험은 집단응집력이 높다는 것을 알 수 있는 지표이다.

03 심리측정 및 평가

■ 심리평가(psychological assessment)

구 분	내 용
정 의	심리검사, 면담, 행동관찰, 개인력 등 개인에 관한 정보를 종합적으로 통합하는 과정이다.
기 능	문제의 명료화, 상담계획 세우기, 상담결과에 대한 평가, 수검자에게 통찰의 기회 제공
구성요소	면담, 심리검사, 행동관찰, 정신병리에 대한 전문지식

■ 정신상태평가(mental status examination)의 주요 항목

외모, 언어, 운동 활동, 면담 시 상호작용, 사고, 기분과 정서, 지각, 행동, 기억, 의식, 집중, 지남력, 정보와 지능, 판단력, 통찰력

■ 규 준
- 규준은 규준집단의 점수 분포를 반영한다.
- Z점수는 평균이 0, 표준편차가 1이다.
- T점수의 평균은 50, 표준편차는 10이다.
- 스테나인의 점수는 원점수를 백분위로 변환한 뒤 비율에 따라 1~9 구간으로 구분하여 각 구간별로 일정한 점수나 등급을 부여한 것이다. 대표적으로 수능점수를 등급화한 것을 예로 들 수 있다.
- 백분위는 규준집단에서 주어진 점수보다 낮은 점수를 받은 사람의 비율이다.
- 규준집단은 전집의 대표적인 표본이어야 하며 구성이 명확하게 규정되어야 한다. 또한 적정한 크기의 표본에 기초해야 한다.
- 규준의 최신성이 유지되어야 한다.

■ 백분위 점수
- 백분위는 서열척도이며, 능력검사와 성격검사에서 사용된다.
- 규준집단 내에서 수검자의 상대적 위치를 알 수 있다.
- 원점수가 같아도 백분위는 속한 규준집단에 따라 다르게 나타날 수 있다.
- 백분위 점수는 원점수의 최저 점수부터 정한다.
- 백분위 점수가 낮을수록 개인의 원점수는 낮다.
- 백분위 50은 중앙치에 해당하게 된다.
- 객관적 검사의 경우 백분위 점수는 검사대상에 관계없이 사용할 수 있다.

■ 척도의 종류

종 류	내 용
명명척도	• 대상을 범주화하거나 명칭을 부여하는 척도이다. • 단순한 분류 목적의 척도이므로 개인 간의 순위에 관한 것과 같은 정보는 알 수 없다. • 성별, 수험번호, 인종, 종교 등의 구별이 해당된다.
서열척도	• 대상의 속성이나 양에 따라 서열이나 순위를 정하기 위해 수치를 부여한 척도이다. • 단위 사이의 간격에 관한 정보가 없다. • 성적순위, 선호도, 자격증 등급 등이 해당한다.
등간척도	• 측정대상 간의 측정 단위 간격을 동일하게 부여하는 척도이다. • 구간척도로 대상을 분류화 및 서열화함과 동시에 수치 사이의 간격이 동일하여 범주 간의 간격 측정이 가능하다. • 수치 간의 비율적 정보는 가능하지 않다. • 상대적 의미를 지니는 영점은 존재하지만 절대 영점은 없다. • 온도, 시험점수 등이 해당된다.
비율척도	• 절대 영점을 가정한다. • 측정치 간에 등간성이 있다. • 순위에 대한 정보를 포함한다. • 명명척도, 서열척도, 등간척도의 특성을 모두 포함하고 있어 명명, 서열, 등간척도보다 많은 정보를 포함한다. • 등간척도와 비율척도는 연속변수이다. • 몸무게, 길이, 무게, 거리 등이 해당된다.

■ 신뢰도

- 신뢰도는 검사점수의 안정성 정도, 일관성과 반복 가능성을 의미한다.
- 신뢰도에서 측정의 표준오차는 검사점수에 어느 정도의 오차가 있는가를 알려준다.
- 다양한 신뢰도 추정방법에 따른 측정오차의 종류는 서로 다르다.
- 진변량과 오차변량들 간의 관계에서 신뢰도를 추정할 수 있다.
- 검사-재검사 신뢰도는 두 번에 걸쳐 피험자를 측정하고 측정치 간의 일관성을 관찰한 것으로 검사와 재검사 간 시간 간격의 영향을 받는다.
- 동형법은 검사-재검사법의 단점을 보완할 수 있으며 두 개의 동형검사 간 상관계수를 통해 신뢰도를 추정할 수 있다. 하지만 검사내용의 차이에 따른 오차가 있을 수 있으며, 완벽한 동형검사를 제작하기는 어렵다.
- 반분신뢰도는 검사-재검사 신뢰도보다 비용 측면에서 장점이 있지만, 신뢰도를 과소 추정하게 된다.

- 평정자 간 신뢰도는 평정자들 사이의 평정결과 유사 정도를 나타내는 것으로 두 명 이상의 평가자가 필요하다.
- 내적일관성 방법은 검사에 구성되어 있는 문항들의 일관성 정도를 측정하는 것이며, 단일시행으로 신뢰도계수를 구할 수 있다.

■ 타당도

종 류	내 용
내용 타당도	• 검사가 측정하고자 하는 내용을 적절하게 측정할 수 있는지에 대한 타당도이다. • 검사 내용에 대한 전문가가 내용을 검토하고 문항 내용이 적합한지를 평가한다.
준거 타당도	• 외적 준거를 이용하여 타당도를 알아본다. • 타당화검사 점수와 준거측정치 간의 상관계수를 사용하여 추정하며, 검사에서 사용하는 준거는 검사의 목적에 따라 다르다. • 종 류 – 예언타당도 : 미래의 행동유형을 측정하고자 하는 검사에 주로 사용되며, "현재의 점수로 미래의 수행수준을 예언할 수 있을까?"라는 의문과 관련이 있다. – 공인타당도 : 한 검사가 그 준거로 사용된 현재의 어떤 행동이나 특성과 관련된 정도를 나타내는 타당도로 새로 제작된 검사의 타당도를 기존의 검사와 비교하여 타당성을 검증한다. • 공인타당도와 예언타당도는 검사점수와 준거변인 중 하나라도 점수의 범위가 제한되면 상관계수 크기가 작아진다. • 공인타당도와 예언타당도 모두 통계적 수치가 타당도 계수로 제공된다.
구성 타당도	• 검사가 측정하려고 하는 이론적 구성개념이나 특성을 측정하는 정도를 검증하는 것이다. • 종 류 – 수렴적 타당도 : 다른 측정방식을 이용하지만 같은 개념을 측정한다고 가정되는 변수들 간의 상관관계가 높으면 타당도가 높다고 보는 것이다. – 차별적 타당도 : 다른 개념을 같은 방식으로 측정했을 때 상관관계가 낮은 경우 타당도가 높다고 보는 것이다. – 수렴변별타당도 : 다특성-다방법 행렬(multitrait-multimethod matrix)에 따른 실험설계를 통해 확인하는 타당도이다. • 구성타당도를 확인하는 방법으로는 요인분석, 심험처치에 따른 변화, 연령에 따른 발달적 변화, 중다특성-중다방법 행렬(multi-traits multi-methods matrix) 등이 있다.

■ 투사적 검사와 객관적 검사

종 류	내 용
투사적 검사	• 종류 : CAT, DAP, HTP, TAT, SCT 등 • 성격의 무의식적 측면에 관한 정보를 제공한다. • 검사의 신뢰도와 타당도에 논란이 많다. • 검사의 채점 및 해석 과정을 표준화하기 어렵다. • 검사 해석 시 검사자의 주관이 개입될 여지가 크다. • 객관적 검사에 비해 채점과 해석이 복잡하며, 검사자에게 상당한 전문성이 요구된다. • 객관적 검사에 비해 검사자극이 모호하다. • 검사 - 재검사 신뢰도가 객관적 검사에 비해 더 낮다. • 객관적 검사에 비해 무의식적 내용의 반응을 더 많이 얻을 수 있다.
객관적 검사	• 종류 : MMPI-2, K-WAIS-IV, PAI, SCL-90-R 등 • 객관적 검사는 각 개인들의 공통적인 특성을 기준으로 하여 상대적으로 비교하는 것이다. • 투사적 검사에 비해 객관적 검사에서 수검자는 자신의 상태를 은폐하거나 과장하기가 용이하다. • 투사적 검사에 비해 신뢰도와 타당도가 높고, 실시와 채점이 더 용이하다. • 검사자 변인 및 검사상황 변인에 따른 영향을 적게 받으며, 검사자 주관성의 배제가 가능하다.

■ 심리검사의 시행

- 검사 시행 중 비정상적인 행동이 발생할 때 그 내용을 기록한다.
- 어린 아동이나 장애인의 경우 집단검사보다는 개별적 검사가 효율성의 측면에서 더 좋을 수 있다.
- 투사적 검사는 개별적으로 실시하는 것이 효과적이다.
- 검사 시행에서 내담자의 협조적 태도를 높이기 위해 라포 형성은 중요하며 어린 아동은 결과의 객관성을 위해 여러 번 검사하도록 한다.
- 표준절차 외의 부가적 절차로써 산출된 결과는 규준에 의하여 해석하지 않는다.
- 검사 시행 시에는 표준절차를 이용해야 한다.
- 신경심리검사 시행 시 수검자의 정서적 안정도도 고려해야 한다.
- 검사 전 수집한 수검자에 관한 정보는 검사 과정에 영향을 미치며, 검사자의 기대는 검사결과에 영향을 미친다.
- 검사를 자동화된 컴퓨터 검사로 전환한 경우라도 원 검사에 대한 전문적 훈련이 요구된다.

심리검사 및 평가의 윤리

구 분	내 용
심리검사	• 검사 동의를 구할 때에는 비밀유지의 한계에 대해 알려야 한다. • 검사의 필요성과 검사 유형 및 용도, 목적을 설명해야 한다. • 검사 목적에 맞게 검사를 선정하여 사용해야 한다. • 자격을 갖춘 사람이 심리검사를 실시해야 한다. • 능력검사의 검사 자극이나 문항이 대중매체에 노출되지 않도록 해야 한다. • 검사자는 실시하는 검사의 제작방식에 대한 충분한 지식을 갖추어야 한다. • 검사규준 및 검사도구와 관련된 최근 동향과 연구방향을 민감하게 파악해야 한다. • 검사자는 자신이 제시한 결과 해석에 대해 책임을 져야 한다.
심리평가	• 심리평가에 관한 동의를 받을 때 비밀보장과 그 예외조항을 설명해야 한다. • 임상 수련생은 수련감독자의 지속적인 감독하에 심리평가를 실시해야 한다. • 평가서를 보여주면 안 되는 경우에는 사전에 수검자에게 이 사실을 알려야 한다. • 동의할 능력이 없는 사람에게도 평가의 본질과 목적을 알려야 한다. • 심리검사 결과 해석 시 수검자의 연령과 교육수준에 맞게 설명해야 한다. • 심리검사 결과가 수검자의 삶에 영향을 줄 수 있음을 인식해야 한다.

웩슬러 지능검사

- 웩슬러 지능검사는 소검사 간 점수들의 분산을 통해 각 소검사가 표상하는 인지적 특성을 추론할 수 있다.
- 소검사의 표준점수 평균은 10, 표준편차는 3이며, 지표별 IQ 및 전체 IQ는 평균 100 표준편차 15이다.
- K-WISC-IV와 K-WAIS-IV는 규준참조검사이다.
- 아동용 웩슬러 지능검사(K-WISC-IV)
  - 실시 연령은 6세에서 16세 11개월이다.
  - 검사 시간 전 도구들을 아동의 눈에 띄지 않도록 한다.
  - 지능검사를 실시할 경우, 검사문항이나 실시 지시문을 변경하지 않아야 한다.
  - 검사 실시 중 오답을 한 경우라도 피드백을 진행하지 않아야 하며, 심리검사 기록용지 혹은 지침서를 아동이 보지 못하게 한다.
  - 문항의 실시 지침에 추가적 질문을 시행할 것이 명시되어 있지 않으면 추가적 탐문을 하지 않는다.
  - 3~6문항이 연속으로 0점일 경우 중지규칙을 적용한다.

- 소검사

지 수		소검사 구성
언어이해 (VCI)	핵심검사	공통성, 어휘, 이해
	보충검사	상식, 단어추리
지각추론 (PRI)	핵심검사	토막짜기, 공통그림찾기, 행렬추리
	보충검사	빠진곳 찾기
작업기억 (WMI)	핵심검사	숫자, 순차연결
	보충검사	산수
처리속도 (PSI)	핵심검사	기호쓰기, 동형찾기
	보충검사	선택

- 성인용 웩슬러 지능검사(K-WAIS-Ⅳ)
  - 16세 11개월 이후의 연령에 실시한다.
  - 검사중지규칙은 2~4개 문항이 연속 실패했을 경우 적용한다.
  - 소검사

지 수		소검사 구성
언어이해 (VCI)	핵심검사	공통성, 어휘, 상식
	보충검사	이 해
지각추론 (PRI)	핵심검사	토막짜기, 행렬추론, 퍼즐
	보충검사	빠진 곳 찾기, 무게비교
작업기억 (WMI)	핵심검사	숫자, 산수
	보충검사	순서화
처리속도 (PSI)	핵심검사	동형찾기, 기호쓰기
	보충검사	지우기

- 지능검사의 해석지침
  - 지능검사를 통해 사고로 인한 뇌손상과 인지능력 손상정도를 평가하여 해석할 수 있다.
  - 언어성 검사와 동작성 검사의 점수 간 비교를 통해 뇌손상이나 정신적 장애와 연관 가능성을 검토할 수 있다.
  - 언어성 지능이 동작성 지능보다 높은 경우 지적 활동은 높으나 낯선 상황에 대한 순발력이나 대응력은 낮다. 반면, 동작성 지능이 언어성 지능보다 높은 경우에는 낯선 상황에 대한 순발력 및 대응력이 높다.
  - 전체지능, 언어성 지능, 동작성 지능에서 15점 이상의 차이가 나며, 소검사 간에 3점 이상의 차이가 났을 경우 통계적으로 유의한 것으로 본다.
  - 지능검사는 객관적인 검사로 해석 시 각 수검자의 과거 성장배경, 현재 상황, 행동 특성 등을 고려한다.

MMPI · MMPI-2

- 정상의 범위에서 벗어난 행동이나 증상을 객관적으로 측정하는 성격검사이며, 임상적 정보를 제공한다.
- 표준화된 규준을 가지고 있다.
- 수검태도와 검사결과의 타당성을 확인하는 척도가 있다.
- MMPI의 임상척도와 MMPI-2의 기본 임상척도의 수는 동일하다.
- 임상척도 간에 중복되는 문항이 많으며 진단적 변별성이 적다.
- MMPI에서 MMPI-2로 개정된 부분
  - 원판에서는 특정지역의 집단으로 규준이 제작되어, 여러 지역의 표본을 추가하여 규준의 대표성을 확보하였다.
  - 시대에 뒤떨어지는 단어나 표현은 현대적인 표현으로 수정하였다.
  - 원판에서는 예비문항의 부족으로 성격특성을 충분히 반영하지 못하여 내용차원을 확충하였다.
  - 수검태도 평가의 중요성이 인식되어 몇 가지 타당도 척도가 추가되었다.

약 어	MMPI의 타당도 척도	MMPI-2의 타당도 척도
?	무응답 척도	무응답 척도
VRIN	–	무선반응 비일관성 척도
TRIN	–	고정반응 비일관성 척도
F	비전형 척도	비전형 척도
F(B)	–	비전형(후반부) 척도
F(P)	–	비전형(정신병리) 척도
FBS	–	증상타당도 척도
L	부인 척도	부인 척도
K	교정 척도	교정 척도
S	–	과장된 자기제시 척도

- MMPI-2의 임상척도

척 도	척도명	문항내용
척도1(Hs)	긴강염려증	신체 전반의 증상과 기능 이상에 대한 집착, 불안 등
척도2(D)	우울증	비관 및 슬픔의 정도 등
척도3(Hy)	히스테리	현실의 어려움, 갈등을 부인하는 형태 및 성도 등
척도4(Pd)	반사회성	사회적 적응곤란, 사회적 침착성 등
척도5(Mf)	남성성-여성성	직업, 취미, 종교, 대인민감성 등
척도6(Pa)	편집증	피해의식, 예민성, 순진성, 도덕적 경직성 등
척도7(Pt)	강박증	완벽성, 자의식, 불안과다 등

척도8(Sc)	정신분열증	사회적・정서적 소외, 환상 등
척도9(Ma)	경조증	정신적 에너지 측정, 과잉활동, 자신에 대한 과대평가 등
척도0(Si)	내향성	고립, 일반적 부적응, 자기비하 등

■ MBTI

- MBTI는 융(C. Jung)의 심리유형론을 바탕으로 한 자기보고식 성격유형지표이며, 개인 성격의 선천적 선호성을 알려주는 검사이다.
- MBTI 지표

지표	내용
외향(E) - 내향(I)	• 심리적 에너지 방향이 자신 내면에 향해 있는 것인지, 외부로 향해 있는 것인지를 나타내는 지표이다. • 외향성(Extraversion) : 주로 자신의 외부에 관심이 있고, 사교적이고 활동적인 편이다. 말로 표현하는 것과 자신을 드러내는 것을 좋아한다. • 내향성(Introversion) : 내적 활동을 추구하는 편이며, 생각이 많고 말보다는 글로 표현하는 것을 더 편하다고 느낀다.
감각(S) - 직관(N)	• 대상을 인식하고 지각하는 방식을 나타내는 지표이다. • 감각형(Sensing) : 실제 경험을 중시하며, 현재에 초점을 맞추어 살아가고자 한다. 정확한 것을 좋아하고, 관찰 능력이 뛰어나며, 상세한 것까지 기억을 잘 하는 편이다. • 직관형(Intuition) : 실제 경험보다는 육감에 의존하며, 가능성을 중요시하고 상세한 것 보다는 큰 그림을 보려는 경향이 있다. 대체로 창조적이고 상상력이 풍부하다.
사고(T) - 감정(F)	• 수집한 정보를 토대로 판단 및 결정을 내릴 때 사고와 감정 중에 어느 것을 중점적으로 생각하는지 나타내는 지표이다. • 사고형(Thinking) : 판단하고 결정을 내릴 때 객관적인 사실에 집중하며 공정성 및 원칙과 규칙을 중요시한다. • 감정형(Feeling) : 판단하고 결정을 내릴 때 인간적 관계 및 상황적 특성을 중점적으로 고려하며, 정서측면을 중요시한다.
판단(J) - 인식(P)	• 상황에 대처하는 방식에 있어서 판단과 인식 중 어느 쪽을 선호하는지 나타내는 지표이다. • 판단형(Judging) : 빠르게 합리적이고 옳은 결정을 내리려 하며, 체계적으로 행동하는 경향이 있다. • 인식형(Perceiving) : 사전에 계획이 있다고 하더라도 상황이 변함에 따라 계획을 유연성 있게 변화시킨다.

■ 홀랜드(J. Holland)의 진로탐색검사의 직업적 성격유형

유 형	특 징
현실형 (Realistic)	솔직, 성실, 검소, 지구력 있음, 신체적으로 건강, 말이 적음, 고집이 셈, 직선적, 단순
탐구형 (Investigative)	논리적, 분석적, 합리적, 정확, 비판적, 내성적, 신중
예술형 (Artistic)	감수성·상상력 풍부, 자유분방, 개방적, 독창적, 개성강함
사회형 (Social)	친절, 이해심 많음, 봉사 선호, 감정적, 이상주의적
진취형 (Enterprising)	지배적, 통솔력·지도력 있음, 설득적, 경쟁적, 외향적, 열성적
관습형 (Conventional)	원칙, 계획, 정리, 조직하는 일 선호, 체계적인 작업환경에서 사무적 능력 발휘, 창의적·모험적인 일 비선호

■ 집 - 나무 - 사람(HTP) 검사
- HTP 검사는 존 벅(John Buck)에 의해 개발된 검사이다.
- 집을 그릴 때는 용지를 가로로 제시하며, 나무와 사람을 그릴 때는 용지를 세로로 제시한다.
- 집 – 나무 – 사람을 순차적으로 그린 후 내담자로 하여금 그 그림에 대해 자유롭게 얘기하는 방식으로 진행되기 때문에 문맹자에게도 실시할 수 있다.
- 그림을 그릴 때 시간제한을 두지 않는다.
- 해 석
  - 결과를 해석할 때는 구조적 요소와 내용적 요소를 고려한다.
  - 과도한 지우개 사용은 불안정, 초조함을 반영한다.
  - 그림이 용지의 아래쪽에 위치한 경우 불안정, 부적절감을 반영한다.
  - 지나치게 작은 크기의 그림은 열등감이 높고, 자기효능감이 부족한 것을 반영한다.
  - 집의 '지붕'은 수검자의 생각, 관념, 기억과 같은 내적 인지과정을 나타낸다.
  - 나무의 '가지'는 수검자가 타인과 접촉하는 데 필요한 자원, 현재 상황 대처 능력 등을 반영한다.
  - 나무 그림에서 둥치(trunk)는 수검자의 자아강도나 심리적 힘에 관한 정보를 제공한다.
  - 사람 그림에서 불균형하게 큰 머리는 공상에 몰두하는 경향을 반영하는 것일 수 있다.

■ SCT검사

- 단어연상 검사를 변형하여 발전시킨 투사적 검사로, 미완성문장을 사용하여 수검자의 욕구, 감정, 태도를 파악한다.
- 집단으로 실시하는 것이 가능하다.
- 가족, 성, 대인관계, 자기개념 4가지 영역을 측정한다.
- 표준적인 실시방법은 수검자가 직접 읽고 쓰는 것이지만, 불안이 심한 피검자에게는 검사자가 읽어주고 수검자가 반응을 쓰도록 할 수 있다.

■ 주제통각검사(TAT)

- 주제통각검사(TAT)는 머레이(H. A. Murray)와 모건(C. D. Morgan)에 의해 개발되었으며, 머레이(H. A. Murray)의 욕구이론에 기초하여 제작된 투사적 검사이다.
- 개별적·집단적으로 시행이 가능한 검사이며, 성인용(TAT)과 아동용(CAT)이 있다.
- 주제통각검사를 실시하는 과정에서 내담자가 이야기를 구성하며 내담자의 사고 내용에 관한 정보를 제공하게 된다.
- 그림자극에 대한 이야기를 구성하는 과정에서 성격특성과 무의식적 갈등이 나타난다고 보며, 하나의 이야기 속에 두 명 이상의 주인공이 나타나기도 한다.
- 30장의 흑백그림 카드와 한 장의 백지 카드로 구성되어 있으며, 숫자만 표시된 카드는 성별, 연령에 상관없이 모두에게 실시한다.
- 카드는 공용도판, 남성공용도판(BM), 여성공용도판(GF), 성인도판(MF), 비성인도판(BG), 성인 남성도판(M), 성인여성도판(F), 소년도판(B), 소녀도판(G)로 구분되어 있으며, 카드의 뒷면에 표시되어 있다.
- 한 사람의 수검자에게 20매의 그림을 2회로 나누어 실시하게 되어있으나, 경우에 따라 9~12매의 도판으로 실시한다.
- 지각 – 이해 – 추측 – 상상의 과정을 통해 대상에 반응하게 되며, 반응은 환경 압력과 욕구 간의 갈등에 의해서 나타난다.

04 상담이론

■ 상담사의 자질
- 유머, 개방성, 유연성, 안정성, 문화적 차이에 대한 민감성
- 자기이해 및 성찰능력
- 자신에 대한 존중, 수용, 변화와 도전에 개방적인 태도
- 심리적 안정과 조화
- 주요 상담이론 활용 능력
- 청소년 상담자의 경우 청소년 정책에 대한 이해와 적용 능력 및 청소년기 미성숙한 행동에 대한 이해 및 수용, 청소년수련기관의 활동 등 사회환경에 대한 지식 습득이 필요
- 자신의 신념과 가정들이 다문화 내담자에게 적절한지 숙고
- 효과적인 대인관계 기술 및 타인의 복지에 대한 관심
- 전문지식을 바탕으로 한 적절한 질문을 할 수 있는 능력
- 개인의 성격에 영향을 미치는 사회문화적 요인에 대한 이해
- 개인의 발달적 특성을 고려한 내담자 행동 이해

■ 상담자의 윤리적 행동
- 비밀누설이 내담자의 최대 이익을 보장하거나, 타인의 안녕을 위해 필요한 경우, 법에 의해 요구되는 경우 등에는 비밀보장의 예외의 상황에 해당한다.
- 비밀보장의 예외의 상황 : 약물남용, 상담 중 가정폭력 사실을 알게 된 경우, 상담과정에서 내담자가 타인을 살해할 의도를 명백하게 밝힌 경우 등
- 상담자는 상담내용을 녹음하여 자신이 상담한 사례를 공개 사례 발표할 경우에는 내담자의 동의를 얻어야 한다.
- 상담에 영향을 줄 수 있는 관계에 있는 사람들은 다른 상담 전문가에게 의뢰하도록 한다.
- 전문적으로 훈련을 받지 않은 영역이라 상담자가 전문적 한계를 느끼는 경우에는 다른 상담 전문가에게 상담을 의뢰해야 한다.
- 청소년상담사 자격증을 취득했더라도 상담자는 상담역량을 향상시키기 위해 상담 관련 교육에 참여한다.
- 상담자는 성별, 인종, 장애 등을 이유로 내담자를 차별해서는 안 된다.
- 상담자는 자신이 가지고 있는 상담역량 이상으로 상담을 할 수 있다고 주장하거나 광고해서는 안 된다.

■ 정신분석 방어기제
- 억압 : 원하지 않는 감정, 경험 등을 의식에서 배제시키는 것이다.
- 부정 : 죽음을 인식 하게 되는 경우 그 고통을 감당하기가 어렵기 때문에 무의식적으로 부정하는 경우이다.
- 투사 : 자신의 감정을 다른 사람의 감정에 해당하는 것으로 여기는 것이다.
- 전위(치환) : 어떤 대상에 대해 느낀 자신의 감정을 그 대상보다 약한 상대에게 표출하는 것이다.
- 주지화 : 심리적 고통을 피하기 위해 추론이나 분석 등의 지적 능력을 이용하는 것이다.
- 퇴행 : 갈등과 불안으로 인해 미성숙한 단계로 되돌아가게 된다.
- 합리화 : 실패의 실제 원인을 감추고 그럴듯한 이유를 제시하는 것이다.
- 동일시 : 타인의 특징을 자신의 것으로 여겨 불안을 다스리는 방어기제이다.
- 반동형성 : 수용하기 힘든 심리와 반대의 행동을 하는 것이다.
- 승화 : 스트레스나 갈등을 일, 문학활동, 운동 등과 같이 사회적으로 용인되는 방법으로 전환시키는 방법이다.

■ 아들러(A. Adler) 개인심리학
- 인간을 분리하여 볼 수 없는 전체적 존재로 본다.
- 더 나은 세계를 만들기 위해 현재, 과거, 미래 인류와 갖는 유대감, 즉 공동체감(범인류적 유대감)을 중시한다.
- 사회 및 교육 문제에 관심을 갖는다.
- 인간은 성적 충동보다 사회적 관계에 의해 일차적으로 동기화된다.
- 핵심 신념과 가정은 행동에 영향을 미치며 삶의 사건들을 해석하고 의미를 부여한다.
- 출생순위와 가족 내의 위치는 심리적 특성과 대인관계 방식에 영향을 미친다.
- 공감과 상호존중을 특징으로 하는 사회적 관심은 정신건강의 핵심 지표이다.

- 개인심리학의 상담기법

상담기법	내 용
격 려	상담자의 기본적인 태도이자 마음자세이며, 역경에 처했을 때 견뎌낼 수 있는 능력을 발달시킨다.
즉시성	내담자가 현재 어떤 일이 일어나는지 자각하도록 하여, 상담자와 일어나는 사건은 내담자의 일상생활에서의 표본이라는 것을 깨닫도록 한다.
수프에 침뱉기	내담자가 반복적으로 나타내는 자기파멸적인 행동 동기를 확인하고 그것을 매력적이지 못한 것으로 만듦으로써 내담자가 상상한 이익을 제거한다.
마치 ~인 것처럼 행동하기	내담자가 스스로 할 수 없다고 여기는 것을 실제 성취할 수 있는 것처럼 행동하게 하여 자신감을 증가시킨다.
과제부여	내담자의 동의하에 문제해결을 위한 과제를 제시하고 내담자가 수행하게 하여 문제해결을 돕는다.
수렁(악동) 피하기	난처한 상황을 피하도록 돕는기법으로 내담자의 지속적인 자기파괴적 행동을 변화시키는 방식이다.
단추 누르기	내담자 스스로 감정을 통제할 수 있다는 것을 인식시켜주는 것으로 부적응적 행동을 절제하도록 한다.
자기간파	내담자가자 자신의 부적응적 행동을 자각하게 하여 그 행동을 자제하도록 하는 방법이다.

■ 인간중심상담

- 주요개념

개 념	내 용
통합된 유기체로서의 인간	인간은 신체적 기능과 심리적 기능이 통합된 유기체로서 환경과 상호작용하며 유기체적 경험을 하게 된다.
현상학적 장	경험적 세계 또는 주관적 경험으로 특정 순간에 개인이 지각하고 경험하는 모든 것을 뜻한다.
실현화 경향성	자기를 보전, 유지하고 향상시키고자 하는 선천적 성향이다.
자기와 자기개념	각 개인이 가지고 있는 자신에 대한 체계적 인식을 말한다.
가치의 조건화	• 가치의 조건화란 주요 타자로부터 긍정적 존중을 받기 위해 그들이 원하는 가치와 기준을 내면화하는 것이다. • 개인의 느낌에 따라 각각의 경험을 평가하는 것을 유기체적인 가치화 과정(OVP; Organismic Valuing Process)이라 하는데, 가치의 조건을 내면화하며 개인의 유기체적 경험보다 가치의 조건을 중요하게 여기게 된다.

자기와 경험의 불일치	• 부모가 제시한 가치조건과 자신의 현실적 경험의 불일치는 불안을 유발한다. • 부모의 조건적 사랑을 받은 아동은 자신의 특성을 선택적으로 수용한다. • 심리적 부적응은 의미 있는 타인의 조건적인 수용과 존중에 기인한다. • 왜곡, 부인과 같은 심리적 기제는 자기와 경험의 불일치를 낮추고자 하는 시도이다.
무조건적 긍정적 존중	타인으로부터의 무조건적 긍정적 존중을 통해 개인이 경험하는 가치의 조건을 줄임으로써 경험을 자기개념으로 통합하고 자기존중감을 증진시킬 수 있다.
충분히 기능하는 사람	인간중심치료의 궁극적 목표이며, 방어적 태도 없이 경험을 그대고 받아들이고 개인의 삶을 생산적인 방향으로 이끌며 자신의 행동과 결과에 대한 책임을 진다.

- 인간중심 상담의 관점
    - 공감적 이해를 통해 오랫동안 감추고 있던 이야기를 내담자가 꺼낼 수 있도록 돕는 것을 중시한다.
    - 내담자가 비행행동을 하고 있음에도 불구하고 내담자 안에는 성장동기가 있음을 신뢰한다.
    - 내적 경험을 무시하고 부모의 기준에 맞추는 것이 부적응의 원인이라고 본다.
    - 내담자에게 필요한 것을 무조건적이고 긍정적으로 수용해주는 것이라고 본다.
    - 현재 경험이 자기개념과 불일치할 때 불안을 경험하게 된다고 본다.
- 다문화적 관점에서 봤을 때 인간중심적 접근은 소수민족의 내담자 위기를 다룰 때 필요한 구체적 대처기술이 부족하다.
- 인간중심 상담의 상담과정 및 기법
    - 상담자는 내담자의 감정, 사고, 행동에 대하여 평가를 하지 않는다.
    - 상담자는 내담자를 대신하여 상담에 관하여 결정하지 않는다.
    - 상담자는 내담자가 스스로 자신을 이해하고 수용하도록 분위기를 만든다.
    - 내담자가 '지금-여기'에서 느끼는 것을 표현하면서 자기의 감정에 솔직해지려는 노력을 하게 한다.

■ 합리정서행동상담(REBT)

- 인간은 선천적으로 합리적이면서도 비합리적이라고 보았다.
- 과거 사건보다는 현재 경험에 초점을 두며, 자동적인 사고 및 부적절한 사고를 수정하여 새로운 사고를 세우는 것을 목표로 한다.
- 신념의 합리성 기준은 개인의 삶을 이롭게 하는 것이 된다.
- 내담자의 신념을 정서와 행동의 원인으로 본다.
- 단기치료 모델을 지향하며, 치료과정은 ABCDE 모형으로 설명할 수 있다.
- 삶에 대해 현실적이고 관대한 철학을 갖도록 돕는다
- 비합리적 사고는 경험적인 현실과 일치하지 않는다.

- 합리적 신념과 비합리적 신념의 구분 기준 : 현실적인 실현가능성, 사고의 융통성, 기능적 유용성, 논리적 일치성, 파급효과
- 비합리적 신념
  - 비합리적 신념은 부적절하고 자기 패배적인 정서를 말하며, 엘리스(Ellis)는 자신에 대한 당위성, 타인에 대한 당위성, 조건에 대한 당위성이 비합리적 신념의 근간이 된다고 주장하였다.

당위성	비합리적 신념
자신에 대한 당위성	• 모든 사람으로부터 사랑과 인정을 받아야 한다. • 가치 있는 사람이 되려면 완벽하게 일을 잘해야 한다.
타인에 대한 당위성	사악한 사람은 반드시 처벌을 받아야 한다.
조건에 대한 당위성	• 내가 바라는 것을 이루지 못하면 절대 행복할 수 없다. • 현재의 나는 과거 행동으로 결정된 것이어서 변화시킬 수 없다. • 모든 문제에는 반드시 해결책이 있으며, 이를 찾지 못하는 것은 끔찍한 일이다.

■ 인지치료의 주요개념

주요개념		내 용
자동적 사고		인지치료의 핵심개념이며, 부정적인 생각과 심상이 자동적으로 일어나는 것을 말한다.
인지적 왜곡	임의적 추론	충분한 근거 없이 결론을 이끌어내는 것이다.
	선택적 추상화	전체 중 일부 부정적인 사건을 기준으로 결론을 내리는 것이다.
	과잉일반화	한두 개의 상황에 근거하여 일반화를 시키고 전혀 다른 상황에 대입시키는 것이다.
	개인화	자신과 관련이 없는 사건을 자신과 관련된 것으로 잘못 해석한다.
	흑백논리 (이분법적 사고)	생활사건의 의미를 중간지대가 없이 이분법적으로 생각한다.
	의미 확대·축소	특정 사건의 의미를 실제보다 지나치게 확대하거나 축소한다.
	개인화	인과적 관계에 상관없이 특정사건을 자신에게 귀인시킨다.
	파국화	걱정하는 일을 과장하여 두려워 한다.
역기능적 인지도식		생활에서 일어나는 일의 의미를 부정적으로 해석한다.
인지삼제		내담자가 자신, 미래, 경험에 대해 부정적인 생각을 가지는 것이며, 우울증의 원인 중 하나로 본다.
기저가정		우울한 사람들이 부정적 사고를 하는 원인인 비현실적·완벽주의적 신념을 말하며 역기능적 신념이라고 부르기도 한다.

- **현실치료**
  - 내담자는 기본적 욕구 충족을 위해 자신의 행동에 대해 선택권이 있으며, 행동은 자신의 욕구를 충족시키기 위한 노력이다.
  - 현실치료의 목표는 내담자가 현재 행동을 평가하고 더 효과적인 행동을 할 수 있는 심리적 힘을 키우도록 돕는 것에 있다.
  - 현실치료는 인간 행동의 대부분은 내적으로 동기화하여 선택한 것으로 보는 선택이론에 근거한다.
  - 인간은 지각체계를 통해 실제세계를 인지하게 되는데, 감각체계에서 지식여과기와 가치여과기를 통과한 것만 인지하게 되고, 인지한 것은 지각세계에 전달된다.
  - 행동체계는 행동을 통제하는 기능을 하는 만족스러운 결과 혹은 좋은 세계와의 괴리를 좁히기 위한 체계이며, 불균형이 심할 때 강한 좌절과 충동이 발생하게 된다.
  - 전(全)행동은 욕구만족을 위한 활동이다. 행동하기, 생각하기, 느끼기, 생리적 반응으로 구성되어 있으며 '생각하기'에는 공상과 꿈이 포함된다.
  - 내담자의 문제들은 대부분 불만족스러운 관계 혹은 관계 결여와 관련되어 있어 내담자의 인간관계 개선에 특히 관심을 가진다.
  - WDEP 체계
    - W(Want) : 내담자가 자신의 좋은 세계(quality world)를 탐색하여 자신의 바람을 명료하게 밝히도록 돕는다.
    - D(Doing) : 내담자가 현재 어떤 행동을 하며 살아가고 있는지 현재행동에 초점을 두어 명확하게 인식하도록 돕는다.
    - E(Evaluate) : 선택행동에 대한 자기평가를 의미하며, 내담자의 전행동과 욕구나 바람과의 관계를 점검하여 생산적 행동과 비생산적 행동을 구분한다.
    - P(Plan) : 생산적 행동으로의 변화를 위한 계획수립을 돕는다. 계획은 간단하고, 실현가능하고, 즉각적이어야 한다.
  - 치료기법
    - 내담자의 말과 행동이 일치하지 않는 것을 인식시켜서 자신의 말과 행동을 책임지게 하며, 내담자가 실행하지 못한 것에 대한 변명을 허용하지 않는다.
    - 현재의 행동에 초점을 두고 개인적인 책임을 강조한다.
    - 내담자와 유머를 나누면서 수평적인 관계를 재확인하고 편안한 분위기에서 솔직한 대화를 나눌 수 있다.
    - 내담자가 자주 사용하는 언어적 표현을 사용하여 내담자와 소통하는 것이 중요하다.
    - 내담자가 대인관계에 어려움을 겪고 있거나 새로운 행동을 실천하고자 할 때 역할연기를 활용한다.
    - 맞닥뜨림, 역설적 기법 등을 사용한다.

■ 교류분석상담

- 번(Berne)이 창시한 이론이다.
- 인간의 행동동기로서 심리적 욕구로 자극 욕구, 구조 욕구, 자세 욕구를 강조한다.
- 의사교류 자극에 대해 상대방의 지각과 반응에 따라 의사소통의 성질이 결정된다고 본다. 따라서 의사소통하는 각 개인의 세 가지 자아상태 분석과 함께 구조분석, 의사교류분석, 게임분석, 생활각본분석을 통해 의사소통의 문제를 파악하고 의사소통의 질을 개선할 수 있는 구체적인 방법을 제시해 준다.
- 자아상태 : 자아(성격)는 부모자아, 어른 자아, 어린이 자아로 구성되어 있으며, 세 가지 자아가 균형이 맞을 때 건강한 상태이다.

자아상태	특 징
CP (지배적 부모)	• 긍정적 기능 : 설교적, 규칙준수, 전통·관습 중시, 강한 책임감 • 부정적 기능 : 비판적, 권위적, 과민반응
NP (양육적 부모)	• 긍정적 기능 : 보호적, 상대방 이해, 격려 • 부정적 기능 : 과보호적, 과도한 챙김, 타인에 대한 많은 기대
A (성인)	• 긍정적 기능 : 차분한, 객관적인, 합리적 • 부정적 기능 : 단조로운, 무미건조한
FC (자유로운 아이)	• 긍정적 기능 : 감정적, 개방적, 명랑한, 흥분된, 자유로운 • 부정적 기능 : 자기 중심적, 반항적, 공격적
AC (순응적인 아이)	• 긍정적 기능 : 순응적, 협조적, 겸손한, 조심스러운 • 부정적 기능 : 눈치를 보는, 우유부단한

■ 상담의 통합적 접근(절충적 접근)

- 각 내담자의 독특한 욕구에 맞추기 위해 여러 접근법에서 기법을 체계적으로 가져온 접근이며, 실용주의(pragmatism)에 근거한다.
- 통합의 궁극적 목표는 치료의 효과와 유용성을 높이는 것이다.
- 모든 내담자들에게 효과적인 단일 접근법은 없다고 믿기 때문에 한 가지 상담이론에 얽매이지 않으며, 두 가지 이상의 상담이론과 기법을 사용하는 접근법이다.
- 동일한 내담자에 대해 서로 다른 이론의 기법 적용을 허용한다.
- 개별 내담자에게 최상의 심리치료가 어떤 것인지 알 수 없기 때문에 내담자에게 효과적인 상담방법을 탐색한다.
- 내담자의 발달수준에 따라 다양한 상담이론을 활용하는 데 유리하다.
- 이론적 통합은 토대가 되는 치료이론들과 그 이론들의 기법을 통합하는 것이다.

- 이론적 근거 없이 여러 상담이론의 기법을 단순히 조합하는 것으로는 절충적 상담의 장점을 발휘할 수 없다고 본다. 따라서 상담성과를 높이기 위해 특정 상담이론의 기법을 수정하기도 하고 다양한 이론적 접근들을 필요에 따라 선별적으로 적용한다.
- 통합적 입장을 취하는 상담자가 과거에 비해 증가하는 추세이다.

05 학습이론

■ 학 습
- 학습은 강화된 훈련의 결과로 나타나는 행동 잠재력의 비교적 영속적인 변화의 과정이다.
- 성숙에 의한 변화는 학습이 아니다.
- 학습에는 가치, 태도, 정서반응의 습득도 포함된다.
- 학습은 변화된 행동이 비교적 지속되어야 함을 전제로 하며, 행동의 변화는 경험이나 연습을 통해 얻어진다.
- 학습과 수행은 구분되어야 한다.
- 학습에 의한 변화가 반드시 즉각적인 행동으로 나타나는 것은 아니다.

■ 학습심리학자
- 분트(W. Wundt) : 사고의 기본 구성요소를 밝히고자 내성법(introspection)을 사용하였다.
- 쏜다이크(E. Thorndike) : 유기체가 행동 후 만족스런 상태를 경험하면 그 행동이 강화된다는 효과의 법칙을 제안하였으며, 학습은 점진적으로 이루어진다고 주장하였다.
- 에빙하우스(H. Ebbinghaus) : 학습이 연합 경험의 횟수로 결정된다는 가정하에 망각곡선을 연구하였다.
- 제임스(W. James) : 인간의 의식과정이 총체로서 환경적응에 관여한다는 기능주의적 입장을 취했다.
- 헵(D. Hebb) : 인간에게는 최적 각성 수준이 존재한다.
- 반두라(A. Bandura) : 인간은 행동을 할 때 자기조절적 특성을 지니고 있다.
- 거스리(E. Guthrie) : 행동 동반 자극들의 연합이 반복되면 그 행동은 추후 유사 상황에서 이어지는 경향이 있다.
- 왓슨(J. Watson)과 쏜다이크(E. Thorndike)는 행동주의적 관점을 채택하였으며, 브루너(J. Bruner)와 레빈(K. Lewin)은 인지적 관점을 채택하였다.
- 쏜다이크(E. Thorndike), 스키너(B. Skinner), 헐(C. Hull)은 행동주의 학파이며, 공통적으로 기능주의의 영향을 받아 기능주의 관점을 채택하였다고도 할 수 있다.

■ 성취목표지향성

성 향	내 용
수행 목표지향	• 수행목표지향성이 높은 학생은 타인과의 비교를 통하여 자신의 성공 여부를 판단한다. • 수행목표지향성이 높은 학생은 과제 실패 시 불안감을 많이 경험한다. • 수행회피목표지향성이 높은 경우 지능에 대한 고정적 관점을 가진다. • 수행접근목표지향성이 높은 경우 과제 실패의 원인을 자신의 능력에 귀인하는 경향이 높다.
숙달 목표지향	• 어려움에 직면할 때 숙달목표지향 학생은 수행목표지향 학생보다 더 끈기 있게 학습한다. • 규준지향평가는 숙달목표지향성 발달에 부정적 영향을 미친다. • 숙달목표지향성이 높은 학생은 지능에 대한 고정 신념(entity beliefs)보다 증가 신념(incremental beliefs)이 강하다. • 새롭고 도전적인 과제를 학습할 때 더 큰 만족감을 느낀다.

■ 고전적 조건형성

- 중립자극 후 무조건 자극이 반복적으로 적용되면, 조건자극이 조건반응을 유발하게 되는데 이것을 고전적 조건형성이라 한다.
- 대부분의 정서적인 반응들은 고전적 조건형성을 통해 학습될 수 있다.
- 기본원리
  - 무조건 자극 : 학습 없이 자연적으로 특정 반응을 유발하는 자극을 말한다.
  - 중성 자극 : 어떠한 반응도 유발하지 않는 자극이다.
  - 조건 자극 : 조건반응을 유발하는 자극을 말한다.
  - 무조건 반응 : 무조건 자극에 일어나는 선천적 반응을 말한다.
  - 조건 반응 : 조건형성이 일어난 후 조건 자극에 의해 나타나는 반응이다.
- 고전적 조건형성에 영향을 미치는 요인
  - 조건 자극-무조건 자극 간격(자극제시 시간)
  - 무조건 자극 강도
- 자극의 연결방식
  - 동시 조건형성 : 조건자극이 무조건 자극과 동시에 시작되는 것이다.
  - 흔적 조건형성 : 조건자극이 먼저 일어난 후 무조건 자극이 제시되는 것으로 파블로프의 조건형성 절차가 해당된다.
  - 지연 조건형성 : 조건자극이 먼저 일어나고 지속적으로 진행되는 동안 무조건 자극이 주어지는 것을 말하며, 가장 강하고 빠른 조건형성을 만들어 낸다.
  - 후향 조건형성 : 무조건 자극이 먼저 제시되고 난 후 조건자극이 제시되는 것이다.

■ 강화와 처벌

- **강 화**
  - 강화란 바람직한 행동의 빈도를 늘리는 것이다.
  - 정적강화 : 어떤 반응 후에 바람직한 자극이 제시될 때 그 반응이 증가하는 현상이다.
  - 부적강화 : 어떤 반응 후에 혐오스런 자극이 제거될 때 그 반응이 증가하는 현상이다. 숙제를 제출한 학생에게 청소를 면제한 경우 숙제 제출 빈도가 늘어나는 것을 예로 들 수 있다.
  - 한 번 형성된 행동을 유지시키기 위해서는 강화를 즉시 중단하는 것보다 점진적으로 줄이는 것이 좋다.
  - 효과적인 강화를 위해서는 학습자에게 직접 강화를 확인하여 강화를 개별화하는 것이 좋다.
- **처 벌**
  - 처벌은 바람직하지 않은 행동의 빈도를 감소시키는 것이다.
  - 행동과 처벌 사이의 시간간격이 짧을수록 처벌효과가 커진다.
  - 처음부터 강한 강도의 처벌을 사용하는 것이 문제행동 감소에 효과적이며, 벌의 강도가 강할수록 벌 받은 행동은 더 많이 감소한다.
  - 벌보다 강화가 더 강력할 경우, 벌 받은 행동은 덜 감소한다.
  - 정적처벌 : 혐오스러운 것을 제시하여 행동의 빈도를 감소시킨다.
  - 부적처벌 : 정적 강화물을 제거하여 행동의 빈도를 감소시키는 것으로 수업시간에 떠드는 학생을 짧은 시간 동안 다른 학생들로부터 격리시키는 일시격리(time out)가 해당된다.

■ 강화계획

강화계획을 세울 때는 강화를 제공하는 시간, 횟수를 고려하며, 제공되는 강화강도를 증가시킨다.

- **연속강화계획** : 특정 행동이 일어날 때마다 강화물을 제시하는 것이다.
- **간헐적 강화계획** : 특정 행동의 비율이나 간격을 두고 일어날 때 강화물을 제시하는 것이다.
  - 고정간격강화 : 일정한 간격이 지난 뒤에 강화물을 제시하는 것으로 학교에서 매주 금요일마다 30분의 자유시간이 허용된 학생들은 고정간격강화를 받고 있는 것으로 볼 수 있다.
  - 변동간격강화 : 강화 시행의 간격을 다르게 하되, 평균적인 시간 간격이 지난 후 강화를 주는 것이다.
  - 고정비율강화 : 일정 횟수의 행동이 일어난 후 강화물을 제시하는 것이다.
  - 변동비율강화 : 평균 횟수의 반응이 일어난 후 강화를 주는 것이다. 고정비율강화와 달리 처음에는 강화 비율을 낮게 하였다가 점진적으로 비율을 높이는 것이 효과적이다.

■ 반두라(A. Bandura)의 관찰학습

- 학습과 수행을 구별하며, 인간은 대리적 강화를 통해 학습할 수 있다고 본다.
- 다른 사람의 행동관찰을 통해서 새로운 행동을 학습할 수 있다.
- 행동, 환경, 개인이 서로 양방향적 영향을 미치는 상호작용적 결정론(reciprocal determinism)을 전제한다.
- 정보를 전달하는 것이면 어떤 것도 모델이 되며, 모델은 반드시 실제 인물이 아니라도 효과가 있다.
- 학습이 이루어지기 위해서는 모델의 행동을 기억해야 한다.
- 모델의 매력도는 관찰학습에 영향을 미치며, 모델의 신뢰성(credibility)은 관찰학습에 도움을 준다.
- 관찰한 것을 반드시 모방하게 되는 것은 아니다.
- 관찰학습은 학습능력을 요구한다.
- 관찰학습과정
  - 주의과정 : 모델을 지각하는 과정이다.
  - 파지과정 : 속으로 모방하며 기억에 저장하는 과정이다.
  - 생산과정 : 기억에 저장했던 모델 행동을 적절한 행동으로 전환하는 과정이다.
  - 동기화과정 : 행동에 영향을 주는 강화조건에 따라 모델 행동이 수행되는 과정으로 자기효능감은 동기화의 중요한 변수이다.

■ 메타인지(metacognition)

- 메타인지는 상위인지 혹은 초인지라고 하기도 하며, 자신의 인지에 관해 판단하는 능력을 말한다.
- 학습과 기억을 증진시키기 위해 자신의 학습과 인지 과정을 조절하는 것이다.
- 메타인지에는 계획하기, 점검하기, 수정하기, 평가하기의 개념이 속한다.
- 자신의 현재 지식수준을 점검하는 것, 집중이 잘 되는 장소를 찾는 것, 자신이 읽은 내용에 대해 질문하는 것은 메타인지 기술이다.
- 과제 수행에 어려움이 있을 때 자신의 전략을 점검하는 것도 메타인지이다.
- 메타인지는 청소년기에 발달한다.
- 청소년기 동안 메타인지가 발달하였다고 해서 성인이 되어 과제를 해결할 때 항상 메타인지를 사용하는 것은 아니다.
- 메타인지는 인지과정을 점검하는 데 사용되는 인지로서 어떤 지식이나 정보를 반복적으로 사용하는 것은 메타인지로 볼 수 없다.

■ 와이너(B. Weiner)의 귀인이론

- 귀인은 학습결과의 원인에 대한 학습자의 믿음을 말한다.
- 학습자가 노력 유무에서 원인을 찾을 때 학습자의 학습동기는 높아진다.
- 학습자가 낮은 시험점수의 이유를 시험난이도에서 찾으면 외적이고 통제 불가능한 요인으로 귀인하는 것이다.
- 성공 상황에서 노력 요인으로 귀인할 경우 학습 행동을 동기화할 수 있다.
- 귀인 성향은 과거 성공, 실패 상황에서의 반복적인 원인 탐색 경험에 의해 형성된다.
- 귀인의 결과에 따라 자부심, 죄책감, 수치심의 정서가 유발되기도 한다.
- 와이너(B. Weiner)는 인과 소재, 안정성, 통제성의 차원으로 귀인 유형을 구분하였다.
  - 인과 소재 : 성공 및 실패의 원인을 찾는 곳이 자신의 외부인지 내부인지에 관한 것이다.
  - 안정성 : 시간의 경과 혹은 특정 상황에 따라 원인이 변화하는가에 대한 것이다.
  - 통제성 : 학습자의 의지로 통제가 가능한 것인지에 대한 여부이다.

귀인의 예	인과 소재	안정성	통제성
과목 특성	외 부	안 정	통제 불가능
노 력	내 부	불안정	통제 가능
운(행운, 불운)	외 부	불안정	통제 불가능
능 력	내 부	안 정	통제 불가능
타인의 도움	외 부	불안정	통제 가능

■ 학습동기와 정서

- 학생들이 느끼는 정서는 이들의 학습동기와 연관이 있다.
- 상황적 흥미는 맥락 의존적이며 일시적으로 지속된다.
- 정서는 학습결과를 어떻게 귀인하는가에 따라 달라진다.
- 일반적으로 비정서적인 정보보다 정서적인 정보를 쉽게 인출한다.
- 정서 - 상태 의존 인출은 정보인출 시의 기분과 정보부호화 시의 기분이 일치할 때 기억이 향상되는 현상이다.
- 학생의 삶과 연결하여 설명하면 학생의 흥미와 동기가 증진되며, 학습자 흥미를 유발하도록 환경을 조성하여 동기를 높여준다.
- 과제를 학습하는 동안, 정서 과정과 동기 과정은 상호작용을 통해 학습자의 인지와 행동에 영향을 미친다.
- 불안과 걱정은 작업기억의 용량을 차지하여 효율적인 정보처리를 방해한다.
- 학습자에게 위협적이지 않은 방식으로 과제를 제시함으로써 불안의 부정적 효과를 감소시킬 수 있다.

- 과제 난이도에 따라 불안 수준이 과제수행에 미치는 결과가 다를 수 있다.
- 성취 수준이 낮은 학생은 반복된 실패와 낮은 성공 기대로 인한 불안이 높지만, 성취 수준이 높은 학생은 스스로 부과한 비현실적인 기대로 인한 불안이 더 높다.
- 과제의 성격에 따라 최적의 각성 수준이 다를 수 있으며, 각성 수준이 지나치게 높을 경우 불안이 나타날 수 있다.
- 시험불안의 정도는 시험상황에 대한 학습자의 평가에 따라 달라진다.

■ 구성주의 학습이론

- 학습이란 개인적인 경험에 근거해서 의미를 개발하는 능동적인 과정이다.
- 학습에 대한 상대주의적 접근을 강조한다.
- 수업의 중심은 학생이며, 일정한 교육목표를 규정하여 학습자들에게 일방적으로 제시하는 강의식보다는 문제중심, 토의식, 발견학습의 교수방법을 강조한다.
- 학습자와 환경 간의 상호작용으로 지식이 형성된다.
- 개인이 경험하는 세계는 자신에 의해 의미가 부여되고 구성된다.
- 반성적 수업(reflective instruction)을 강조한다.
- 개인의 내적 이해에 초점을 맞추어 학습에서 개인차를 인정한다.
- 학습자가 정보를 내면화하는 과정에서 지식을 능동적으로 재조직한다.
- 인지적 구성주의는 개인 내면의 지식과 신념 구성에 초점을 두며, 사회적 구성주의는 학습에 있어서 문화적 맥락과 상황을 중시한다.
- 비고츠키(L. Vygotsky)의 사회적 구성주의는 근접발달영역 안의 학습활동을 할 때 의미 있는 학습이 이루어진다고 본다.

06 청소년이해론

■ 청소년기의 발달
- 여자청소년의 성적(性的) 발달을 유발하는 대표적인 여성 호르몬은 에스트로겐이며, 남자청소년의 성적(性的) 발달을 유발하는 대표적인 남성 호르몬은 테스토스테론이다.
- 청소년기 성장급등 시기는 여자가 남자보다 빠르다.
- 체력과 지구력이 최고조에 달한다.
- 여성의 성적 성숙의 뚜렷한 변화는 초경의 시작이다.
- 급격히 증가하는 성호르몬은 생식기관의 극적인 성장을 초래한다.
- 청소년기에는 정서표현이 방어기제에 의해 외적으로 잘 표현되지 않으며, 비교적 영속적이다.
- 동조행동에 대한 또래집단의 압력은 강화된다.

■ 엘킨드(D. Elkind)의 자기중심성(egocentrism)
- 엘킨드(Elkind)는 청소년기의 자기중심성을 초보적인 형식적·조작적 사고의 결과로 보았다.
- 자기중심성은 청소년기의 보편적인 현상이며, 대표적으로 개인적 우화와 상상적 청중이 있다.
- 상상속 청중
  - 형식적 조작사고가 가능해짐에 따라 자신의 생각과 관념에 사로잡혀 나타나는 현상이다.
  - 과장된 자의식으로 인해 타인의 집중을 받고 있다고 여기며, 사소한 실수에도 크게 당황하고 작은 비난에도 심한 분노를 보인다.
  - 다양한 대인관계 경험을 통해 타인도 나름대로의 관심사가 있다는 것을 이해하면서 점차 사라진다.
- 개인적 우화 : 자신의 독특성에 대한 비합리적인 사고를 지칭하며, 사고와 감정이 특별하고 독특하다고 여겨 다른 사람과는 다르다고 생각하는 것이다.
- 개인적 우화와 상상적 청중은 후기 청소년기 정도에 사회적 상호작용을 통해 타인의 관심사와 경험을 이해하게 되면서 사라진다.

■ 스탠리 홀(S.Hall)의 이론
- 홀(S. Hall)의 이론은 다윈의 진화론에 영향을 받았으며, 진화론적인 관점에서 인간의 행동은 개체 발생이 계통발생을 반복하는 과정이라 보았다. 여기서 개체발생은 유기체가 배아기에서 세상에 나오기까지의 과정이고, 계통발생은 서로 다른 계열의 유기체(인류, 조류, 어류 등)가 각각의 형태로 다르게 존재하며 살아가는 과정을 말한다.

- 인간의 생애발달은 유아기, 아동기, 전 청년기, 청년기의 4단계를 거쳐 이루어지며, 청소년기에는 생물학적 과정이 사회성 발달을 유도한다고 주장하였다.
- 청소년기는 과도기적 단계로서 '질풍노도의 시기'이며 불안정과 불균형을 경험하게 되고, 극단적인 모순된 성향 간의 심한 동요로 인해 갈등과 정서의 혼란을 경험한다.
- 성욕은 청소년기를 '질풍노도의 시기'로 만드는 원인 중 하나이다.

■ 콜버그(L. Kohlberg)의 도덕성발달 단계

수 준		도덕발달 단계
전인습 수준	1단계	처벌과 복종 지향
	2단계	도구적 상대주의 또는 쾌락주의 지향
인습 수준	3단계	착한 소년·소녀 지향
	4단계	법과 질서 지향
후인습 수준	5단계	사회적 계약과 합법성 지향
	6단계	보편적인 윤리적 원리 지향

■ 설리반(H. Sullivan)의 대인관계 발달이론

- 설리반의 대인관계 발달이론은 편안하고 성공적인 대인관계가 인생에서 가장 중요하다고 주장한다.
- 발달단계

단 계	내 용
유아기	다른 사람과의 접촉 및 양육자로부터의 애정을 받고자 하는 욕구가 나타난다.
아동기	아동기에는 부모의 관심을 얻으려는 욕구가 강하며, 아동의 놀이에 성인이 참여해 주기를 바란다.
소년·소녀기	또래 놀이친구를 얻고자 하는 욕구가 커진다.
전(前)청소년기	친밀한 동성 친구를 갖고 싶어 하며 단짝친구관계를 형성하려는 욕구가 강하다.
청소년 초기	이성친구와의 친밀감을 형성하고 싶은 욕구가 강하다.
청소년 후기	친밀감 및 성적욕구가 통합되며 성인사회에 통합되고자 하는 욕구가 나타난다.

■ 긴즈버그(E. Ginzberg)의 직업선택 발달이론

단 계	특 징
환상기 (fantasy period)	• 6~10세 아동기에 경험한다. • 아동은 자신의 능력이나 현실적인 여건 등에 대한 인식을 거의 하지 못하며, 모든 직업을 다 할 수 있다고 생각한다.
잠정기(시험기) (tentative period)	• 11~18세 사이의 아동 및 청소년기에 경험하게 된다. • 흥미기(interest stage) : 주로 자신의 기호와 흥미에 기초한 선택을 한다. • 능력기(capacity stage) : 흥미를 가지고 있는 분야에 대해 자신의 능력을 시험해 보려고 하며, 직업에 대한 보수나 교육 등에 대해 인식하기 시작한다. • 가치기(value stage) : 직업선호와 직업유형에 대하여 명확하게 지각한 상태에서 자신의 가치나 생애 목표가 직업 선택의 주요인이 된다. • 전환기(transition stage) : 직업 선택의 가치가 개인적 흥미나 능력, 가치에 초점이 맞춰졌었다면, 이 시기에는 현실적인 외적 요인들에 초점을 맞추게 된다.
현실기 (realistic period)	• 18~22세 사이의 성인기에 경험하게 된다. • 탐색 단계(exploration stage) : 성인 초기단계로 직업 선택에 필요한 교육을 받거나 경험을 한다. • 구체화 단계(crystalization stage) : 내적·외적 요인들을 통합적으로 고려하여 진로를 선택하고 몰입한다. • 특수화 단계(specification stage) : 자신이 결정한 목표를 위해 구체적 계획을 세우고 실천하는 시기이며, 세분화 및 전문화된 의사결정을 한다.

■ 바움린드(D. Baumrind)의 부모 유형

유 형	특 징
권위있는 (authoritative) 부모	자녀의 독립심을 격려하며, 훈육 시 논리적으로 설명한다. 애정적, 반응적이고 자녀와 항상 대화를 갖는다.
권위주의적 (authoritarian) 부모	애정이 낮고 통제가 높으며, 엄하고 처벌적인 훈육방식을 선호한다. 자녀에게 많은 요구를 하지만 요구에 대한 논리적인 설명을 하지 않으며, 자녀에 대한 지지가 부족하다.
허용적 (indulgent, permissive) 부모	애정이 높고 통제가 낮으며, 일관성 없는 훈육을 하게 된다. 자녀를 올바른 방향으로 훈육하기보다는 자녀의 행동을 다 허용해준다.
무관심한 (uninvolved) 부모	애정과 통제가 모두 낮으며, 아이가 어떤 행동을 하든지 관심을 두지 않거나 양육을 거부한다.

■ 청소년 쉼터

- 「청소년복지 지원법」에서 규정하고 있는 청소년복지시설로 9세~24세의 가출청소년을 대상으로 주거·학업·자립 등을 지원한다.
- 청소년의 가출예방을 위한 거리상담 지원활동을 한다.
- 국가나 지방자치단체에서 직영하거나 민간단체에 위탁하여 운영하기도 한다.

구 분	입소기간	주요기능
일시쉼터(30개소)	7일 이내	조기발견을 통한 초기개입, 일시보호
단기쉼터(53개소)	3개월~9개월	사례관리를 통한 신속한 가정복귀 및 유관시설 연계 등
중장기쉼터(40개소)	3년, 필요 시 1년 단위 연장	사회진출을 위한 취업 등 자립지원

〈출처 : 여성가족부〉

07 청소년수련활동론

■ 청소년활동시설의 종류(청소년활동 진흥법 제10조)

- 청소년수련시설
  - 청소년수련관 : 다양한 청소년수련거리를 실시할 수 있는 각종 시설 및 설비를 갖춘 종합수련시설
  - 청소년수련원 : 숙박기능을 갖춘 생활관과 다양한 청소년수련거리를 실시할 수 있는 각종 시설과 설비를 갖춘 종합수련시설
  - 청소년문화의 집 : 간단한 청소년수련활동을 실시할 수 있는 시설 및 설비를 갖춘 정보·문화·예술 중심의 수련시설
  - 청소년특화시설 : 청소년의 직업체험, 문화예술, 과학정보, 환경 등 특정 목적의 청소년활동을 전문적으로 실시할 수 있는 시설과 설비를 갖춘 수련시설
  - 청소년야영장 : 야영에 적합한 시설 및 설비를 갖추고, 청소년수련거리 또는 야영편의를 제공하는 수련시설
  - 유스호스텔 : 청소년의 숙박 및 체류에 적합한 시설·설비와 부대·편익시설을 갖추고, 숙식편의 제공, 여행청소년의 활동지원(청소년수련활동 지원은 제11조에 따라 허가된 시설·설비의 범위에 한정한다)을 기능으로 하는 시설
- 청소년이용시설 : 수련시설이 아닌 시설로서 그 설치 목적의 범위에서 청소년활동의 실시와 청소년의 건전한 이용 등에 제공할 수 있는 시설

- **콜브(D. Kolb)의 경험학습 4단계**
  - 구체적 경험(concrete experience) : 새로운 경험에 대해 개방적인 태도를 가지고 실제적으로 경험하는 단계이다.
  - 반성적 관찰(reflective observation) : 다양한 관점에서 경험을 되짚어 보는 단계이다.
  - 추상적 개념화(abstract conceptualization) : 체험한 내용을 토대로 논리적 분석과 이해과정을 통해 가설적 지식을 도출하는 단계이다.
  - 적극적 실험(active experimentation) : 학습한 것들을 의사결정이나 문제해결과 같이 다른 구체적 상황에 활용하는 단계이다.

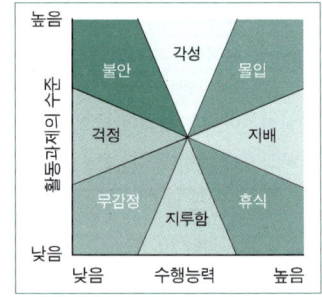

[과제와 수행능력과의 관계]

- **칙센트 미하이의 몰입**
  - 몰입은 칙센트 미하이(M. Csikszentmihalyi)가 제시한 개념으로 '자기목적적인 경험으로서 활동 자체를 즐기면서 모든 관심을 완전히 투사하고 있는 상태'를 의미하는 것이다.
  - 청소년활동에서의 몰입
    - 청소년은 자신의 활동목적이 분명하다.
    - 미래의 혜택보다는 활동 자체에서의 보상을 받으며 학습한다.
    - 자신이 현재 수행 중인 활동과제에 관심이 집중되어 있다.
    - 학습과정의 결과에 대한 피드백을 얻게 된다.
    - 행위와 인식의 일체감을 경험하게 되며, 몰입상태에서는 양적 시간 개념이 상실된다.

- **청소년 지도방법의 원리**

원 리	내 용
존중의 원리	청소년을 존중하고 자율성이 확립될 수 있도록 해야 함
자기주도성의 원리	청소년이 활동의 주체가 되어 적극적으로 참여하고, 활동의 목적, 내용, 시기 등을 선택하며 결정할 수 있도록 해야 함
활동중심의 원리	청소년의 실천적 행위와 체험이 중심이 되어야 함
맥락의 원리	청소년이 처한 삶의 상황과 관계를 총체적으로 고려하여 청소년을 이해하고 적합한 방법을 구성하여 적용함
다양성의 원리	청소년의 다양한 차이와 요구를 감안하여 그에 적합한 지도방법을 모색함
협동성의 원리	청소년 상호 간의 유기적인 협력이 이루어지도록 함
창의성의 원리	창의적인 청소년 지도방법 및 청소년의 창의적 능력 계발을 고려해야 함
효율성의 원리	능률적이고 효과적인 지도방법을 고려해야 함

■ 하트의 참여 사다리(청소년 참여수준)

수준	내용
비참여적 수준	• 조작(manipulation) : 청소년 참여수준 중 가장 낮은 단계이며, 청소년들이 활동내용에 대해 전혀 이해하지 못한 채 청소년지도자의 지시에 일방적으로 따라다니는 상태이다. • 장식(Decoration) : 성인들이 설계한 활동에 동원되는 상태이며, 수련활동에 대한 이해도가 낮은 상태이다. • 명목상참여(Tokenism) : 청소년이 의제에 대해 자문을 제공할 수 있지만, 의제형성이나 피드백 기회를 제공받지 못한다. 청소년들이 제도나 규정에 따라 대표자로 회의에 참여하지만 주도하지는 않으며 실질적인 청소년 참여로 보지 않는다.
형식적 참여수준	• 제한적 위임과 정보제공(Assigned but informed) : 청소년에게 역할을 주고 수련활동 참여에 대한 정보를 제공해준다. • 자문과 정보제공(Consulted and informed) : 성인이 세운 계획에 청소년들은 의견을 말할 수 있으며, 의견이 어떻게 반영되는지에 대한 정보가 청소년들에게 제공된다.
실질적 참여수준	• 성인 주도하에 의사결정 공유(Adult-initiated, shared decision with children) : 성인이 수련활동을 주도하지만, 청소년이 의사결정과정에 참여할 수 있다. • 청소년주도 및 감독(Child-initiated and directed) : 청소년이 수련활동을 주도하게 되며, 성인은 도움만 주는 상태이다. • 청소년주도 및 성인과 의사결정공유(child initiated, shared decisions with adults) : 청소년이 주도하고 의사결정을 하며, 성인에게도 의사결정과정의 기회가 주어진다.

■ 청소년수련시설 청소년지도사 배치기준(청소년 기본법 시행령 별표5)

배치대상	배치기준
청소년 수련관	• 1급 청소년지도사 1명, 2급 청소년지도사 1명, 3급 청소년지도사 2명 이상 • 수용인원이 500명을 초과하는 경우에는 500명을 초과하는 250명당 1급, 2급 또는 3급 청소년지도사 중 1명 이상을 추가로 둔다.
청소년 수련원	• 2급 청소년지도사 및 3급 청소년지도사를 각각 1명 이상 두되, 수용정원이 500명을 초과하는 경우에는 1급 청소년지도사 1명 이상과 500명을 초과하는 250명당 1급, 2급 또는 3급 청소년지도사 중 1명 이상을 추가로 둔다. • 지방자치단체에서 폐교시설을 이용하여 설치한 시설로서 특정 계절에만 운영하는 시설의 경우에는 청소년지도사를 두지 않을 수 있다.
유스 호스텔	청소년지도사를 1명 이상 두되, 숙박정원이 500명을 초과하는 경우에는 2급 청소년지도사 1명 이상을 추가로 둔다.

청소년 야영장	• 청소년지도사를 1명 이상 둔다. 다만, 설치·운영자가 동일한 시·도 안에 다른 수련시설을 운영하면서 청소년야영장을 운영하는 경우로서 다른 수련시설에 청소년지도사를 둔 경우에는 그 청소년야영장에 청소년지도사를 별도로 두지 않을 수 있다. • 국가, 지방자치단체, 그 밖에 공공법인이 설치·운영하는 청소년야영장으로서 청소년수련거리의 실시 없이 이용 편의만 제공하는 경우에는 청소년지도사를 두지 않을 수 있다.
청소년 문화의집	청소년지도사를 1명 이상 둔다.
청소년 특화시설	2급 청소년지도사 및 3급 청소년지도사를 각각 1명 이상 둔다.

■ 청소년운영위원회(청소년활동 진흥법 제4조)
• 청소년수련시설을 설치·운영하는 개인·법인·단체 및 위탁운영단체(수련시설운영단체)는 청소년활동을 활성화하고 청소년의 참여를 보장하기 위하여 청소년으로 구성되는 청소년운영위원회를 운영하여야 한다.
• 수련시설운영단체의 대표자는 청소년운영위원회의 의견을 수련시설 운영에 반영하여야 한다.
• 청소년운영위원회의 구성·운영 등에 필요한 사항은 대통령령으로 정한다.

■ 청소년운영위원회의 구성·운영(청소년활동 진흥법 시행령 제3조)
• 청소년운영위원회는 10명 이상 20명 이하의 청소년으로 구성하여야 한다.
• 위원의 임기는 1년으로 한다.
• 위원장은 위원 중에서 호선(互選)한다.
• 위원장은 운영위원회를 대표하고, 운영위원회의 직무를 총괄한다.
• 위원장이 부득이한 사유로 직무를 수행할 수 없는 경우에는 위원장이 미리 지명한 위원이 그 직무를 대행한다.
• 위원장은 필요시 회의를 소집하며, 그 의장이 된다.
• 이 영에 규정된 것 외에 운영위원회의 운영에 필요한 사항은 위원회의 의결을 거쳐 위원장이 정한다.
• 국가 및 지방자치단체는 예산의 범위에서 운영위원회의 운영에 필요한 경비를 지원할 수 있다.

■ 창의적 체험활동
• 자율활동, 진로활동, 봉사활동, 동아리활동을 주요영역으로 한다.
• 기존 교과활동과 상호 보완적인 관계에 있으며, 다양한 체험활동을 통해 전인적 성장을 돕는다.
• 지역사회의 인적·물적자원을 계획적으로 활용하도록 한다.
• 영역별 시간 수는 학교의 특성을 고려하여 학교 재량으로 배정한다.
• 학생의 자주적인 실천 활동을 중시한다.

- **청소년특별회의의 개최(청소년 기본법 제12조)**
  - 국가는 범정부적 차원의 청소년정책과제의 설정·추진 및 점검을 위하여 청소년 분야의 전문가와 청소년이 참여하는 청소년특별회의를 해마다 개최하여야 한다.
  - 청소년특별회의 참석대상·운영방법 등 세부적인 사항은 대통령령으로 정한다.

- **청소년특별회의의 참석대상(청소년 기본법 시행령 제12조)**
  - 청소년특별회의에 참석하는 사람은 다음과 같다.
    - 지역회의에서 추천하는 청소년
    - 청소년 관련 기관·단체에서 추천하는 청소년
    - 청소년 관련 단체·시설·학계의 관계자
    - 여성가족부장관이 공개모집을 통하여 선정한 청소년
    - 그 밖에 여성가족부장관이 필요하다고 인정하는 사람
  - 여성가족부장관은 참석대상을 정할 때에는 성별·연령별·지역별로 각각 전체 청소년을 대표할 수 있도록 노력하여야 한다.

- **청소년수련활동 인증제도**
  - 운영(청소년활동 진흥법 제35조)
    - 국가는 청소년수련활동이 청소년의 균형 있는 성장에 기여할 수 있도록 그 내용과 수준을 향상시키기 위하여 청소년수련활동 인증제도를 운영하여야 한다.
    - 국가는 청소년수련활동 인증제도를 운영하기 위하여 청소년수련활동 인증위원회를 활동진흥원에 설치·운영하여야 한다.
    - 인증위원회는 위원장과 부위원장 각 1명을 포함한 15명 이내의 위원으로 구성한다.
    - 인증위원회의 위원은 다음 ㉠ ~ ㉣에 해당하는 사람으로 한다. 이 경우 ㉢에 해당하는 사람이 1명 이상 포함되어야 한다.
      - ㉠ 여성가족부와 교육부의 고위공무원단에 속하는 일반직공무원 또는 이에 상당하는 특정직공무원 중에서 해당 기관의 장이 각각 지명하는 사람
      - ㉡ 활동진흥원의 이사장
      - ㉢ 청소년활동의 안전에 관한 전문자격이나 전문지식을 가진 사람 중에서 여성가족부장관이 위촉하는 사람
      - ㉣ 그 밖에 청소년활동에 관한 지식과 경험이 풍부한 사람 중에서 여성가족부장관이 위촉하는 사람

- 국가는 인증을 받은 청소년수련활동을 공개하여야 하며, 인증수련활동에 참여한 청소년의 활동기록을 유지·관리하고, 청소년이 요청하는 경우에는 이를 제공하여야 한다.
- 인증위원회의 구성·운영, 청소년의 활동기록의 유지 및 관리 등에 필요한 사항은 대통령령으로 정한다.

• 인증 절차(동법 제36조 제1항, 제2항 참고)
- 국가와 지방자치단체 또는 개인·법인·단체 등은 청소년수련활동에 필요한 프로그램을 개발하여 실시하려는 경우에는 인증위원회에 그 인증을 신청할 수 있다.
- 위탁·재위탁을 포함하여 청소년 참가 인원이 150명 이상이거나 위험도가 높은 청소년수련활동을 주최하려는 자는 그 청소년수련활동에 대하여 미리 인증위원회의 인증을 받아야 한다.

• 인증신청·절차 및 방법(동법 시행령 제21조)
- 수련활동의 인증을 받으려는 자는 참가자 모집 또는 활동실시 시작 45일 이전에 인증위원회에 인증을 요청하여야 한다.
- 인증위원회는 인증을 요청받은 경우 인증위원회에서 정하는 인증기준에 따라 심사하고, 인증을 요청한 자에게 그 결과를 통지하여야 한다.
- 인증위원회는 심사를 위하여 필요한 경우에 인증을 요청한 자의 의견을 들을 수 있으며, 보완 또는 개선이 필요하다고 판단되는 경우에는 이를 보완 또는 개선하도록 요구할 수 있다.
- 보완 또는 개선의 요구를 받은 자는 10일 이내에 그 보완 또는 개선사항을 제출하여야 한다.
- 인증위원회는 보완 또는 개선을 요구받고도 정당한 사유 없이 이에 응하지 아니하는 경우에는 인증요청서를 반려할 수 있다.

• 인증의 취소(동법 제36조의3 제1항, 제2항)
- 인증위원회는 청소년수련활동을 인증받은 자가 다음 어느 하나에 해당하는 경우에는 그 인증을 취소하거나 6개월 이내의 기간을 정하여 그 인증의 정지를 명할 수 있다. 다만, ㉠의 경우에는 그 인증을 취소하여야 한다.
  ㉠ 거짓이나 그 밖의 부정한 방법으로 인증을 받은 경우
  ㉡ 인증을 받은 후 정당한 사유 없이 1년 이상 계속하여 인증수련활동을 실시하지 아니한 경우
  ㉢ 인증수련활동의 내용과 실제로 실시되는 청소년수련활동의 내용에 중요한 차이가 있는 경우로서 그 원인이 인증받은 자의 고의나 중대한 과실로 인한 경우
- 인증위원회는 인증을 받은 자가 정지명령을 위반하여 정지기간 중 인증수련활동을 실시하였을 때에는 그 인증을 취소할 수 있다.

- 유사명칭의 사용금지(동법 제38조) : 인증이 취소되거나 인증위원회의 인증을 받지 아니한 경우에는 인증수련활동이나 청소년수련활동의 인증 등 인증을 받았음을 나타내는 표시를 하거나 이와 유사한 표시를 하여서는 아니 된다.
- 인증심사원의 자격 및 선발(동법 시행규칙 제15조 제1항) : 청소년수련활동인증위원회는 다음 어느 하나에 해당하는 자격요건을 갖춘 사람 중에서 인증심사원을 선발한다.
  - 1급 또는 2급 청소년지도사 자격 소지자
  - 청소년활동분야에서 5년 이상의 실무경력이 있는 사람
- 수련활동 내용 등의 기록 및 통보(동법 시행령 제23조)
  - 인증수련활동을 실시한 활동시설 및 개인, 법인·단체는 청소년이 참여한 수련활동에 관하여 개별 청소년의 인적사항, 활동참여 일자·시간, 장소, 주관기관, 수련활동 내용 등을 기록하여야 한다.
  - 인증수련활동을 실시한 활동시설 및 개인, 법인·단체는 개별 청소년의 활동기록 및 인증수련활동 결과를 해당 인증수련활동이 끝난 후 15일 이내에 인증위원회에 통보하여야 한다.

■ 청소년수련활동 인증제의 인증기준별 구성항목

구 분	영역/유형	기 준
공통 기준	활동프로그램	• 프로그램 구성 • 프로그램 자원운영
	지도력	• 지도자 자격 • 지도자 역할 및 배치
	활동환경	• 공간과 설비의 확보 및 관리 • 안전관리 계획
개별 기준	숙박형	• 숙박관리 • 안전 관리인력 확보 • 영양관리자 자격
	이동형	• 숙박관리 • 안전 관리인력 확보 • 영양관리자 자격 • 휴식관리 • 이동관리
특별 기준	위험도가 높은 활동	• 전문지도자의 배치 • 공간과 설비의 법령준수
	학교단체 숙박형	학교단체 숙박형 활동 관리

〈출처 : e-청소년〉

■ 인증을 받아야하는 청소년수련활동(청소년활동 진흥법 시행규칙 제15조의2)

법 제36조제2항 각 호 외의 부분 본문에 따라 인증을 받아야 하는 청소년수련활동은 다음 각 호와 같다.
- 청소년 참가인원이 150명 이상인 청소년수련활동
- 별표 7의 위험도가 높은 청소년수련활동

구 분	프로그램
수상활동	래프팅, 모터보트, 동력요트, 수상오토바이, 고무보트, 수중스쿠터, 호버크래프트, 수상스키, 조정, 카약, 카누, 수상자전거, 서프보드, 스킨스쿠버
항공활동	패러글라이딩, 행글라이딩
산악활동	클라이밍(자연암벽, 빙벽), 산악스키, 야간등산(4시간 이상의 경우만 해당한다)
장거리걷기활동	10Km 이상 도보이동
그 밖의 활동	유해성 물질(발화성, 부식성, 독성 또는 환경유해성 등), 집라인(Zip-line), ATV탑승 등 사고위험이 높은 물질·기구·장비 등을 활용하여 이루어지는 청소년수련활동

■ 국제청소년성취포상제

- 참여할 수 있는 연령은 만 14세부터 24세까지이다.
- 포상영역별 활동기준

구 분 활동영역	금장 (만 16세 이상)	은장 (만 15세 이상)	동장 (만 14세 이상)
봉사활동	최소 12개월 48회(시간) 이상	최소 6개월 24회(시간) 이상	최소 3개월 12회(시간) 이상
자기개발			
신체단련			
탐험활동	3박 4일	2박 3일	1박 2일
합숙활동	4박 5일	-	-

〈출처 : e-청소년〉